초등 문해력까지 키워주는 한자 3박자 연상 학습법

어문회
한자능력검정시험

한 권으로 끝내기!

4급

시대에듀

"
소설처럼 재미있게 읽다 보면
정확하고 풍부한 어휘력과 생각하는 힘이 저절로 길러지고,
'한자 3박자 연상 학습법'도 익혀져 어떤 한자라도
자신 있게 분석하고 뜻을 생각해 볼 수 있으며,
자신 있는 언어생활은 물론
어원에 담긴 진리와 아이디어까지 깨쳐
생활에 100배, 1,000배 활용할 수 있습니다.
"

 자격증 · 공무원 · 금융/보험 · 면허증 · 언어/외국어 · 검정고시/독학사 · 기업체/취업
이 시대의 모든 합격! 시대에듀에서 합격하세요!
www.youtube.com ➔ 시대에듀 ➔ 구독

※ 다음 한자어의 독음을 적어 보세요.

한자	독음		한자	독음
31 中繼放送		41 百尺竿頭	
32 千篇一律		42 種豆得豆	
33 大同團結		43 自畫自讚	
34 有名無實		44 思想檢證	
35 其事未完		45 以德報怨	
36 山海珍味		46 行動擧止	
37 死生決斷		47 自激之心	
38 以卵擊石		48 以血洗血	
39 多多益善		49 溫故知新	
40 多聞博識		50 無爲徒食	

31 중계방송 32 천편일률 33 대동단결 34 유명무실 35 기사미완 36 산해진미 37 사생결단
38 이란격석 39 다다익선 40 다문박식 41 백척간두 42 종두득두 43 자화자찬 44 사상검증
45 이덕보원 46 행동거지 47 자격지심 48 이혈세혈 49 온고지신 50 무위도식

미리보는 일자성 사자성어

빈출 사자성어 502개 한눈에 보기

※ 5개의 기출문제를 분석하여 빈출 사자성어 502개를 선별하였습니다.
※ 다음 사자성어의 독음을 적어 보세요.

한자	독음
1 先公後私	
2 凱旋道喜	
3 牛耳讀經	
4 事必歸正	
5 今始初聞	
6 孤立無援	
7 雪上加霜	
8 八方美人	
9 甘呑苦吐	
10 明鏡止水	
11 無所不為	
12 燈火可親	
13 目不忍見	
14 目不識丁	
15 萬古不變	

한자	독음
16 見利思義	
17 非一非再	
18 風前燈火	
19 錦衣夜行	
20 雞卵有骨	
21 走馬看山	
22 騎虎之勢	
23 囊中有錐	
24 脣亡齒寒	
25 孤掌難鳴	
26 日就月將	
27 春秋筆法	
28 十伯一中	
29 知彼知己	
30 美風良俗	

01 십중팔구 02 종횡무진 03 우이독경 04 사생결단 05 동고동락 06 고진감래 07 속수무책
08 촌철살인 09 아전인수 10 팔방미인 11 우유부단 12 동병상련 13 배은망덕 14 역지사지
15 만고불변 16 감지덕지 17 피골상접 18 풍전등화 19 개과천선 20 다정다감 21 자초지종
22 이실직고 23 인중유골 24 우여곡절 25 조삼모사 26 일석이조 27 횡설수설 28 금의환향
29 시시콜콜 30 미풍양속

※ 다음 한자어의 독음을 적어 보시오.

한자	독음		한자	독음
121 漁船		136 準中	
122 物件		137 關心	
123 現實		138 溫權	
124 持續		139 開發	
125 重甲		140 運轉	
126 分類		141 青春	
127 命中		142 財源	
128 分離		143 有信	
129 圖書		144 羅美	
130 發華		145 霧裳	
131 居留		146 認權	
132 麒麟		147 講和	
133 圍善		148 繼員	
134 回線		149 迦線	
135 繼承		150 漢族	

91 등원 92 아지 93 강등 94 등원 95 자왕 96 소원 97 타개 98 투호 99 탁잔 100 공의
101 광치 102 고향 103 채취 104 양조 105 포옹 106 시행 107 모양 108 미래 109 수경
110 안내 111 영웅 112 기원 113 공지 114 자신 115 옹기 116 하천 117 표훈 118 온도변화
119 번역 120 홍수

※ 다음 한자어의 독음을 적어 보세요.

한자	독음		한자	독음
91 陶磚			106 施行	
92 瓷器			107 冒險	
93 陶匏			108 未來	
94 陶壎			109 水耕	
95 甕器			110 案內	
96 所願			111 榜樣	
97 打開			112 橋春	
98 投壺			113 耩材	
99 托盞			114 一方的	
100 攷證			115 甕器	
101 政治			116 河川	
102 故鄉			117 凍結	
103 採取			118 溫度變化	
104 釀造			119 翻譯	
105 抱擁			120 洪水	

※ 다음 한자어의 독음을 적어 보세요.

한자	독음		한자	독음
61 布施		76 鰻魚	
62 直播		77 高校	
63 手術		78 粉飾	
64 參加		79 莊嚴	
65 各種		80 謝禮	
66 記憶		81 希望	
67 圖謀		82 美談	
68 圓滿		83 詩文	
69 祝福		84 辭任	
70 延緩		85 長考	
71 援護		86 痛嘆	
72 參考		87 歎息	
73 增加		88 蔓延	
74 搖頭		89 糾彈	
75 守備		90 賞狀	

61 시설 62 중시 63 기대 64 장기 65 간증 66 악인 67 차례 68 단도 69 지역 70 기준
71 정우 72 증가 73 장고 74 도난 75 수비 76 장어 77 고교 78 장식 79 장엄 80 사례
81 희망 82 미담 83 시문 84 사임 85 장고 86 통탄 87 탄식 88 덩굴 89 규탄 90 상장

31 시비 32 파습 33 강정 34 단비 35 장치 36 양웅 37 상사 38 애상 39 노심 40 공우
41 순시 42 음굉 43 후교 44 이별 45 지성 46 고통 47 지원 48 후로 49 우격 50 충인
51 공정 52 재지 53 곤곤 54 성실 55 가입 56 둔기 57 근각 58 동기 59 하경 60 우수

※ 다음 漢字語의 讀音을 적어 보세요.

번호	漢字	독음	번호	漢字	독음
31	貯蓄		46	作員	
32	破損		47	作品	
33	應答		48	保護	
34	銃撃		49	懷古	
35	鑑識		50	名分	
36	苦難		51	公園	
37	調査		52	其理	
38	陸路		53	守衛	
39	顧客		54	力量	
40	重要		55	加入	
41	順序		56	蒸氣	
42	資料		57	観察	
43	陸橋		58	母校	
44	體現		59	布施	
45	交通		60	應募	

민줄공으로 정리답 한자어

민줄 한자어 1507개 한눈에 보기

※ 5개년 기출문제를 꼼꼼히 분석해 민줄 친 한자어 1507개를 실어있습니다.
민줄의 한자어의 독음을 채워 다음의 학습에 도움 될 수 있도록 만들어 드리세요.

※ 다음 민줄 친 한자어의 독음을 쓰세요.

한자	독음		한자	독음
1 狀況		16 水準	
2 風景		17 根據	
3 態度		18 羨望	
4 逃走		19 盛裝	
5 多幸		20 成長	
6 忍耐		21 春秋	
7 樣式		22 姿勢	
8 物質		23 姿態	
9 强震		24 場所	
10 害溢		25 構築	
11 事情		26 憤怒	
12 配慮		27 殺氣	
13 代價		28 旅裝	
14 價格		29 所期	
15 分斷		30 光州	

01 상황 02 풍경 03 태도 04 도주 05 다행 06 인내 07 양식 08 물질 09 강진 10 해일
11 사정 12 배려 13 대가 14 가격 15 분단 16 수준 17 근거 18 선망 19 정장 20 성장
21 춘추 22 자세 23 자태 24 기억 25 장소 26 구축 27 분노 28 살기 29 여장 30 소기

시월달 193	타래 194	두를 195	용 196	이를 197	남길 198	그림 199	바틀 200
구관 185	시들 186	톤 187	은행을 188	주녹 189	대빌 190	마음 191	수목 192
발올 177	알아기 178	감볼 179	물 180	말감 181	말질달 182	닭이올 183	록 184
운 169	미리 170	달 171	기다림 172	웃들을 173	차울 174	아질 175	마틸 176
가리 161	지힐 162	구문 163	절단 164	배틸을 165	굴 166	배울링 167	그림 168

길 결 81	짤 찰 82	보배 패 83	폭 포 84	사로잡을 금 85	글 기 86	장안 장 87	터 대 88
응달 음 89	강할 강 90	단련할 단 91	충성 충 92	상상할 상 93	광장할 광 94	비늘 린 95	사랑 애 96
감 사 97	별 성 98	새로울 신 99	답 답 100	단정 단 101	기를 가 102	부를 초 103	쉴 수 104
책 책 105	찾을 탐 106	이름 명 107	뿔 각 108	도롱 룡 109	달 감 110	클 태 111	꽃 화 112
장 포 113	웅 기 114	가지런할 정 115	쌍룡 용 이 116	멀 편 117	지혜 지 118	가들 가 119	맑을 숙 120
녹 표 121	글 수 122	나무 수 123	수를 수 124	배들 배 125	배급 배 126	응급 부 127	어깨 견 128
시 지 129	장인들 장 130	범 범 131	구를 구 132	장인 장 133	편들 편 134	공들 공 135	잘 길 136
수 초 137	울림 음 138	돈 전 139	이름 이 140	낱알 곡 141	감녹인 것 142	패 교 143	깨질 파 144
쉬울 이 145	가림 총 146	가을 추 147	아이 148	큰 금 149	옷을 장 150	남을 근 151	대롱 곤 152
배 기 153	끓을 유 154	배를 지 155	이를 성 156	여운들 음 157	북을 고 158	배 병 159	응 문 160

3

①	②	③	④	⑤	⑥	⑦	⑧
매롱 길	달걀 만	갈돌 판	캐돌 갓	삿 푸	마부를 투	조록 드	종달 죽
들을 때	종달 울	기룰 양	이마 하	기호 호	잇기잘 낫	감배 숭	학수알 수
문사 곤	새바 가	걸을 눈	걷을 만	고물인 고	아아라 챠	옷 쫑	독양 종
다를 차	큰 지	홍고 표	물길 용	놓시 죽	달 바	남의 진	배를 사
미밀 응	붕아달 녹	재다 든	밤 간	말 배	자티 비	남비 비	달달임 왕
밤 병	저녁 세	가늘 세	살 샤	용쑥 윤	닷길 얏	중옷 탐	밤앙길 움
술길 슈	몸드길 늑	마비리 더	싹등 움	파밀 미	먹아다 도	바마디 골	돌길 수
맹돌말 방	동죽말 놈	쌍나 ㅂㅕ	눈길 정	기듕 뵈	찻줍 비	등두 누	싸등 방
미록 긔	지경 웅	뇨 미	마들 롤	모티용 흘	암 군	오득 의	집음 길
마뭐 뮹	가득짐 굴	상임 뷰	길린 뷰	군들이 샷	정길 잧	디달 웅	므음 퓻

민통곤으로 성리하는 한자가

민통 한자 200자 한눈에 보기

※ 5개의 기본글자를 유사성에 따라 민통곤으로 분류를 표시했습니다.
앞은 페이지는 훈자, 이들편 페이지는 그음성응으로 반접이 조기 학습에 도움이 되세요.

시리즈 안내

☑ 한글 문자·문장이·사자성어의 시험 자주 나옴 다지기
☑ 한글 문자 200자, 한글 문자어 150개, 한글 사자성어 50개 정리
☑ 한자의 테이블기·기본적인 어휘력·성격 한글 문자 설명 표시

한국어 어휘력 가장 빠르게 정복하장 함께!

부리미디어 급수한자

한자 기출 완벽 분석서

머리말

한자 3박자 연상 학습법은...

❶ 머리에 쏙쏙 들어오는 생생한 어원으로
❷ 동시에 관련된 한자를 익히면서
❸ 그 한자가 쓰인 어휘들까지 생각해 보는

신기하고 재미있는 한자 공부 방법입니다!

복잡하고 어려운 한자!
이제 읽으면서 쉽고 재미있게 익혀 볼까요?

📖 이 책은 이런 점이 달라요.

❶ 읽으면 저절로 외워지는 기적의 한자 학습법!
무작정 읽고 쓰기보다는 **머리에 쏙쏙 들어오는 생생한 어원**을 읽으며 한자를 재미있게 익힐 수 있습니다.

❷ 이 책은 하나의 한자를 익히더라도, 한자의 모양에 따라 그 한자와 관련된 한자들도 동시에 익힐 수 있습니다.

❸ 한자를 똑똑하게 익힐 수 있는 것은 물론, 일상생활에서 자주 쓰이는 단어, 시험에 자주 출제되는 단어, 사자성어, 뜻이 비슷한 한자, 반대인 한자 등 **한국어문회 4급에 해당하는 배정한자**를 한 권에 담았습니다.

❹ 모든 내용이 **바로바로 이해되도록** 자세하게 설명을 덧붙여 나열하였습니다.

❺ 무엇보다 이 책은 급수 시험을 준비할 수 있을뿐만 아니라, 어원을 읽고 곰곰이 생각해 보는 과정을 통해 세상을 깊이 있게 **탐구할 수 있는 안목도 길러지도록** 하였습니다.

부디 여러분의 한자 학습이 쉽고 재미있었으면 좋겠습니다.

여러분을 사랑하는 저자 박정서·박원길 올림

한자능력검정시험 소개

- **주관:** 한국어문회

- **시행:** 한국한자능력검정회

- **공인 자격**
  1. 국가공인자격 : 특급, 특급Ⅱ, 1급, 2급, 3급, 3급Ⅱ
  2. 민간자격 : 4급, 4급Ⅱ, 5급, 5급Ⅱ, 6급, 6급Ⅱ, 7급, 7급Ⅱ, 8급

- **급수 구분**

  특급, 특급Ⅱ, 1급, 2급, 3급, 3급Ⅱ, 4급, 4급Ⅱ, 5급, 5급Ⅱ, 6급, 6급Ⅱ, 7급, 7급Ⅱ, 8급

- **급수 배정** (특급과 Ⅱ가 붙은 급수는 제외했습니다.)

급수	읽기	쓰기	수준 및 특성
1급	3,500	2,005	국한혼용 고전을 불편 없이 읽고, 연구할 수 있는 수준 초급 (상용한자 + 준상용한자 도합 3,500자, 쓰기 2,005자)
2급	2,355	1,817	상용한자를 활용하는 것은 물론 인명지명용 기초한자 활용 단계 (상용한자 + 인명지명용 한자 도합 2,355자, 쓰기 1,817자)
3급	1,817	1,000	고급 상용한자 활용의 중급 단계 (상용한자 1,817자 – 교육부 1,800자 모두 포함, 쓰기 1,000자)
4급	**1,000**	**500**	**중급 상용한자 활용의 고급 단계(상용한자 1,000자, 쓰기 500자)**
5급	500	300	중급 상용한자 활용의 초급 단계(상용한자 500자, 쓰기 300자)
6급	300	150	기초 상용한자 활용의 고급 단계(상용한자 300자, 쓰기 150자)
7급	150	–	기초 상용한자 활용의 초급 단계(상용한자 150자)
8급	50	–	한자 학습 동기 부여를 위한 급수(상용한자 50자)

※시험 정보는 변동될 수 있으므로 반드시 시행처 홈페이지에서 확인하세요.

합격의 공식 Formula of pass | 시대에듀 www.sdedu.co.kr

※ 관련 규정 및 세부 내용은 변경될 수 있으며, 자세한 사항은 시행처 홈페이지(hanja.re.kr)를 참고하시기 바랍니다.

○ 문제유형

❶ 독음 : 한자의 소리를 묻는 문제입니다.
❷ 훈음 : 한자의 뜻과 소리를 동시에 묻는 문제입니다.
❸ 장단음 : 한자 단어 첫소리 발음의 길고 짧음을 구분하는 문제입니다. (4급 이상만 출제)
❹ 반의어/상대어 : 어떤 글자와 반대 또는 상대되는 글자를 알고 있는가를 묻는 문제입니다.
❺ 완성형 : 고사성어나 단어의 빈칸을 채우도록 하여 단어와 성어의 이해력 및 조어력을 묻는 문제입니다.
❻ 부수 : 한자의 부수를 묻는 문제입니다.
❼ 동의어/유의어 : 어떤 글자와 뜻이 같거나 유사한 글자를 알고 있는가를 묻는 문제입니다.
❽ 동음이의어 : 소리는 같고, 뜻은 다른 단어를 알고 있는가를 묻는 문제입니다.
❾ 뜻풀이 : 고사성어나 단어의 뜻을 제대로 알고 있는가를 묻는 문제입니다.
❿ 약자 : 한자의 획을 줄여서 만든 약자를 알고 있는가를 묻는 문제입니다.
⓫ 한자 쓰기 : 제시된 뜻, 단어 등에 해당하는 한자를 쓸 수 있는가를 확인하는 문제입니다.
⓬ 필순 : 한 획 한 획의 쓰는 순서를 알고 있는가를 묻는 문제입니다.
⓭ 한문 : 한문 문장을 제시하고 뜻풀이, 독음, 문장의 이해, 한문법의 이해 등을 측정하는 문제입니다.

○ 급수별 출제 기준

구분	1급	2급	3급	4급	5급	6급	7급	8급
독음	50	45	45	32	35	33	32	24
훈음	32	27	27	22	23	22	30	24
장단음	10	5	5	3	–	–	–	–
반대어(상대어)	10	10	10	3	3	3	2	–
완성형(성어)	15	10	10	5	4	3	2	–
부수	10	5	5	3	–	–	–	–
동의어(유의어)	10	5	5	3	3	2	–	–
동음이의어	10	5	5	3	3	2	–	–
뜻풀이	10	5	5	3	3	2	2	–
약자	3	3	3	3	3	–	–	–
한자 쓰기	40	30	30	20	20	20	–	–
필순	–	–	–	–	3	3	2	2
한문	–	–	–	–	–	–	–	–
총 출제 문항 수	200	150	150	100	100	90	70	50

한자능력검정시험 소개

○ 시험 시간

1급	2급·3급	4급·5급·6급·7급·8급
90분	60분	50분

○ 합격 기준

구분	1급	2급·3급	4급·5급	6급	7급	8급
출제 문항	200	150	100	90	70	50
합격 문항	160	105	70	63	49	35

▶ 1급은 출제 문항의 80% 이상, 2급~8급은 70% 이상 득점하면 합격입니다.
▶ 합격 발표 시 제공되는 점수는 1문항당 1점으로 계산합니다.
▶ 각 급수의 만점은 출제 문항 수이고, 응시자의 점수는 득점한 문항 수입니다.

○ 우수상 시상 기준

구분	1급	2급·3급	4급	5급	6급	7급	8급
초등학생 (미취학포함)	160	105	80	90	81	63	45
중학생	160	112	85	90	–	–	–
고등학생	160	120	90	–	–	–	–

○ 우량상 시상 기준

구분	1급	2급·3급	4급	5급	6급	7급	8급
초등학생 (미취학포함)	–	–	75	85	76	59	42
중학생	–	105	80	85	–	–	–
고등학생	–	112	85	–	–	–	–

합격의 공식 Formula of pass | 시대에듀 www.sdedu.co.kr

※ 관련 규정 및 세부 내용은 변경될 수 있으며, 자세한 사항은 시행처 홈페이지(hanja.re.kr)를 참고하시기 바랍니다.

답안 작성 시 유의사항

❶ 필기구 및 답안 작성과 수정
- 필기구는 검정색 볼펜, 일반 수성(플러스)펜을 사용하셔야 합니다.
- 연필, 붓펜, 네임펜, 컴퓨터용펜, 유성펜류는 뭉개져 흐려지거나, 번져 채점 시 불이익을 받을 수 있습니다.
- 데이터 입력은 문자 인식 과정을 거치는데, 지정된 필기구를 사용하지 않거나, 검정색이 아닌 펜으로 작성된 답안지는 인식 과정에서 문제가 발생할 수 있습니다.
- 답안 수정은 수정액과 수정테이프를 사용하실 수 있습니다. 다만, 수정 항목이 많은 경우 답안지를 새로 받아서 재작성 하시길 바랍니다.
- 미취학생, 초등학교 저학년 학생의 경우 수정액·수정테이프 사용법을 미리 익히시길 권해드립니다.
- 답안지 앞뒷면의 각 귀퉁이에 있는 ■ 표식은 전산입력 시 사용되는 인식기준점입니다. 해당 기준점이 훼손되거나, 주변에 낙서하면 OCR 시스템의 인식 불능으로 0점 처리될 수 있습니다.

❷ 약자 답안 처리
- 약자를 답으로 요구하는 문제는 반드시 약자를 쓰셔야 정답으로 인정됩니다.
- 약자를 답으로 요구하지 않는 문제를 약자로 답안을 작성한 경우는 정답으로 인정됩니다.
  (단, 정자를 요구하는 문제 제외)

❸ 국어 표기법 준수
답안 작성 시 두음법칙을 지키지 않거나, 국어 표기법이 맞지 않으면, 해당 한자 음이더라도 오답 처리됩니다.

❹ 응시자 정보 기재
- 성명, 수험번호, 생년월일은 반드시 응시 원서와 동일하게 작성해야 합니다.
- 성명을 비롯한 모든 항목은 맨 앞칸부터 띄어쓰기 없이 기입하세요.

참고사항

❶ 관련 규정 및 세부 내용은 변경될 수 있으며, 자세한 사항은 한국어문회 홈페이지(www.hanja.re.kr)를 참고해 주시기 바랍니다.

❷ 우대 사항의 경우, 해마다 기관별로 혜택 여부가 상이할 수 있으므로, 자세한 사항은 해당 기관에 문의 하시는 것이 좋습니다.

한자 3박자 연상 학습법

한자 3박자 연상 학습법 이란?

한자 3박자 연상 학습법(LAM: Learning for Associative Memories)은 어렵고 복잡한 한자를 무조건 통째로 익히지 않고, 부수나 독립된 한자로 나누어 ① 머리에 쏙쏙 들어오는 생생하고 명쾌한 어원으로, ② 동시에 관련된 한자들도 익히면서, ③ 그 한자가 쓰인 어휘들까지 생각해 보는 방법입니다.

이런 학습법으로 된 내용을 좀 더 체계적으로 익히기 위해서는 ① 제목을 중심 삼아 외고, ② 제목을 보면서 각 한자들은 어떤 공통점과 차이점으로 이루어진 한자들인지, 어원과 구조로 떠올려 보고, ③ 각 한자들이 쓰인 어휘들은 무엇인지 생각해 보시는 방법이 좋습니다.

그래서 어떤 한자를 보면, 그 한자와 관련된 한자들로 이루어진 제목이 떠오르고, 그 제목에서 각 한자들의 어원과 쓰인 어휘들까지 떠올릴 수 있다면, 이미 그 한자는 완전히 익히신 것입니다.

그러면 한자 박자 연상 학습법의 바탕이 된 일곱 가지를 소개합니다.

● 어원(語源)으로 풀어 보기

한자에는 비교적 분명한 어원이 있는데, 어원을 모른 채 글자와 뜻만을 억지로 익히다 보니, 잘 익혀지지 않고 어렵기만 하지요.
한자의 어원을 생각하는 방법은 아주 간단합니다. 글자를 딱 보아서 부수나 독립된 글자로 나눠지지 않으면, 그 글자만으로 왜 이런 모양에 이런 뜻의 글자가 나왔는지 생각해 보고, 부수나 독립된 글자로 나눠지면 나눠서, 나눠진 글자들의 뜻을 합쳐 보면 되거든요. 그래도 어원이 생각나지 않을 때는, 상상력을 동원하여 나눠진 글자의 앞뒤나 가운데에 말을 넣어 보면 되고요.
아래의 '오랠 고, 옛 고(古)'로 예를 들어보겠습니다.

예

'古'의 경우 '열 십(十)'과 '입 구(口)'로 나누어지지요? 나누어진 한자들의 뜻을 조합해 보세요. 이런 방식으로 어원을 통해 한자를 풀이해 보면 한자를 보다 쉽게 익히고 오래오래 기억할 수 있습니다.

공통 부분으로 익히기

한자는 여러 한자를 합쳐서 만들어진 한자가 많고, 부수 말고도 많은 한자에 공통 부분이 있으니, 이 공통 부분에 여러 부수를 붙여 보는 방법도 유익합니다.

> **예** 5망맹(亡忘忙妄芒盲) - 망할 망(亡)으로 된 한자
> 머리(亠)를 감추어야(乚) 할 정도로 망하여 달아나니 **망할 망, 달아날 망(亡)**
> 또 망하여 죽으니 **죽을 망(亡)**
> 망한(亡) 마음(心)처럼 잊으니 **잊을 망(忘)**
> 마음(忄)이 망할(亡) 정도로 바쁘니 **바쁠 망(忙)**
> (그릇된 생각이나 행동으로) 정신이 망한(亡) 여자(女)처럼 망령되니 **망령될 망(妄)**
> 풀(艹)이 망가진(亡) 티끌이니 **티끌 망(芒)**
> 망한(亡) 눈(目)이면 눈먼 시각장애인이니 **눈멀 맹, 시각장애인 맹(盲)**

이 한자들을 옥편에서 찾으려면 잊을 망(忘)과 바쁠 망(忙)은 마음 심(心)부에서, 망령될 망(妄)은 여자 녀(女)부에서, 티끌 망(芒)은 초 두(艹)부에서, 눈멀 맹, 시각장애인 맹(盲)은 눈 목(目)부에서 찾아야 하고, 서로 연관 없이 따로따로 익혀야 하니 어렵고 비효율적이지요.

> **예** 忘 忙 芒 盲

그러나 부수가 아니더라도 여러 한자들의 공통 부분인 망할 망(亡)을 고정해 놓고, 망한(亡) 마음(心)처럼 잊으니 잊을 망(忘), 마음(忄)이 망할(亡) 정도로 바쁘니 바쁠 망(忙), 정신이 망한(亡) 여자(女)처럼 망령되니 망령될 망(妄), 풀(艹)이 망가진(亡) 티끌이니 티끌 망(芒), 망한(亡) 눈(目)이면 눈먼 시각장애인이니 눈멀 맹, 시각장애인 맹(盲)의 방식으로 익히면, 한 번에 여러 한자를 쉽고도 재미있게 익힐 수 있지요.

한자 3박자 연상 학습법

○ 연결 고리로 익히기

한자는 앞 글자에 조금씩만 붙이면 새로운 뜻의 한자가 계속 만들어져, 여러 한자를 하나의 연결 고리로 꿸 수 있는 경우도 많습니다.

> **예** 도인인인(刀刃忍認) – 刀에서 연결 고리로 된 한자
> 칼 모양을 본떠서 **칼 도(刀)**
> 칼 도(刀)의 날(丿) 부분에 점(丶)을 찍어서 **칼날 인(刃)**
> 칼날(刃)로 마음(心)을 위협하면 두려워 참으니 **참을 인(忍)**
> 하고 싶은 말(言)이 있어도 참고(忍) 인정하니 **인정할 인(認)**

칼 모양을 본떠서 칼 도(刀), 칼 도(刀)에 점 주, 불똥 주(丶)면 칼날 인(刃), 칼날 인(刃)에 마음 심(心)이면 참을 인(忍), 참을 인(忍)에 말씀 언(言)이면 인정할 인(認)이 되지요.

○ 비슷한 한자 어원으로 구별하기

비슷한 한자도 많아 혼동될 때가 많은데, 이 경우도 어원으로 구분하면 쉽고도 분명하게 구분되고, 오래도록 잊히지 않습니다.

> **예** 분분(粉紛) – 粉과 비슷한 한자
> 쌀(米) 같은 곡식을 나눈(分) 가루니 **가루 분(粉)**
> 실(糸)을 나누면(分) 헝클어져 어지러우니 **어지러울 분(紛)**

> **예** 여노 서노(如奴 恕怒) – 如, 恕와 비슷한 한자
> 여자(女)의 말(口)은 대부분 부모나 남편의 말과 같으니 **같을 여(如)**
> 여자(女)의 손(又)처럼 힘들게 일하는 종이니 **종 노(奴)**
> 예전과 같은(如) 마음(心)으로 용서하니 **용서할 서(恕)**
> 일이 힘든 종(奴)의 마음(心)처럼 성내니 **성낼 노(怒)**

● 그림으로 생각해 보기

한자가 부수나 독립된 한자로 나눠지지 않을 경우, 이 한자는 무엇을 본떠서 만들었는지 생각해서 본뜬 물건이 나오면 상형(象形)으로 만들어진 한자고, 본뜬 물건이 나오지 않으면 보이지 않는 무슨 일을 추상하여 만든 지사(指事)로 된 한자입니다.

> **예**
> **상형** 가지 달린 나무를 본떠서 **나무 목(木)**
> **지사** 일정한 기준(一)보다 위로 오르는 모양을 생각하여 **위 상, 오를 상(上)**

● 하나의 한자에 여러 뜻이 있으면, 그 이유를 생각해서 익히기

한자도 처음 만들어질 때는 하나의 한자에 하나의 뜻이었지만, 생각이 커지고 문화가 발달할수록 더 많은 한자가 필요하게 되었어요. 그럴 때마다 새로운 한자를 만든다면 너무 복잡해지니, 이미 있던 한자에 다른 뜻을 붙여 쓰게 되었지요.

그러나 아무렇게 붙여 쓰는 것이 아니고, 그런 뜻이 붙게 된 이유가 분명히 있으니, 무조건 외는 시간에 "이 한자는 왜 이런 뜻으로도 쓰일까?"를 생각하여 "아~해!^^ 그래서 이 한자에 이런 뜻이 붙었구나!"를 스스로 터득하면서 익히면 훨씬 효과적이지요.

예를 들어 '해를 본떠서 만든 해 일(日)'이면 '해 일'이지 어찌 '날 일'의 뜻도 있을까? 아하~! 해가 뜨고 짐으로 구분되는 날이니 '날 일'이라는 뜻이 붙었구나!

앞에 나왔던 쓸 고, 괴로울 고(苦)의 경우도 '쓸 고'면 '쓸 고'지 어찌 '괴로울 고'의 뜻도 있을까? 조금만 생각해도 맛이 쓰면 먹기에 괴로우니 '괴로울 고(苦)'도 되었음을 금방 알게 되지요.

한자 3박자 연상 학습법

● 한자마다 반드시 예(例)까지 알아두기

한자를 익히면 반드시 그 글자가 쓰인 예(例)까지, 자주 쓰이는 낱말이나 고사성어 중에서 적절한 예(例)를 골라 익히는 습관을 들이세요. 그러면 "어? 이 한자가 이런 말에도 쓰이네!" 하면서 그 한자를 더 분명히 알 수 있을뿐더러, 그 한자가 쓰인 단어들까지 정확히 알 수 있으니, 정확하고 풍부한 어휘실력을 기를 수 있는 지름길이 됩니다.

어휘 풀이도 의역 위주로 된 사전식으로 단어 따로 뜻 따로 억지로 외지 마시고, 먼저 아는 한자를 이용하여 직역(直譯)해 보고, 다음에 의역(意譯)해 보는 습관을 들이세요. 그래야 어휘의 뜻도 분명히 알 수 있으면서, 한자 실력도 쑥쑥 늘어납니다.

● 기대되는 효과

이상 일곱 가지 방법을 종합하여 '한자 3박자 연상 학습법'을 만들었습니다.

한자 3박자 연상 학습법으로 한자를 익히면, 복잡하고 어려운 한자에 대하여 자신감을 넘어 큰 재미를 느낄 것이며, 한자 3박자 연상 학습법이 저절로 익혀져, 한자 몇 자 아는 데 그치지 않고, 어떤 한자를 보아도 자신 있게 분석해 보고 뜻을 생각해 볼 수 있는 안목도 생깁니다.

또 일상생활에서 만나는 어려운 단어의 뜻도 막연히 껍데기로만 알지 않고 분명하게 아는 습관이 생겨, 정확하고 풍부한 어휘 실력이 길러지고, 이를 바탕으로 자신 있는 언어생활, 나아가 자신 있는 사회생활을 하게 되며, 중국어나 일본어도 70% 이상 한 셈이 됩니다.

한자 3박자 연상 학습법에 따른 학습법

1박자 학습

첫 번째로 나온 한자는 아래에 나온 한자들의 기준이 되는 '기준 한자'이며, 1박자 학습 시엔 기준 한자부터 오른쪽에 설명되어 있는 생생한 어원과 함께 익힙니다. (또한 필순/배정급수/총 획수/부수 등이 표시되어 있으니 이 또한 참고하며 익히세요.)

6급II / 4획 / 八

나눔(八)에 사사로움(厶) 없이 공평하니 **공평할 공**

또 공평한 사람이 대중에게 통하고 귀공자니 **대중 공, 귀공자 공**

+ 厶(사사로울 사, 나 사)

貴公子(귀공자) ① 귀한 집안의 남자.
② 생김새나 몸가짐이 고상한 남자.
公平無私(공평무사) 공평하고 사사로움이 없음.
先公後私(선공후사) 공적인 일을 먼저 하고 사사로운 일은 뒤로 미룸.

+ 貴(귀할 귀), 子(아들 자, 첫째 지지 자, 자네 자, 접미사 자), 平(평평할 평, 평화 평), 無(없을 무), 私(사사로울 사), 先(먼저 선), 後(뒤 후)

2박자 학습

기준 한자를 중심으로 연결 고리로 된 다른 한자들(첫 번째 한자 아래에 나온 한자들)을 오른쪽의 생생한 어원과 함께 자연스럽게 연상하며 익힙니다.

4급 / 8획 / 木

나무(木) 중 귀공자(公)처럼 모양도 빼어나고 두루 쓰이는 소나무니 **소나무 송**

+ 木(나무 목)

松林(송림) 소나무 수풀.
靑松(청송) 사시사철 잎이 푸른 소나무.

+ 林(수풀 림), 靑(푸를 청, 젊을 청)

4급 / 13획 / 頁

대중(公)들이 머리(頁) 들어 칭송하니 **칭송할 송**

+ 頁(머리 혈) - 제목번호 390 참고

稱頌(칭송) 칭찬하여 기림.
讚頌(찬송) (아름다움과 덕을) 기리고 칭송함.
頌德碑(송덕비) 공덕을 기리기 위하여 세운 비.

+ 稱(일컬을 칭), 讚(칭찬할 찬, 기릴 찬), 德(덕 덕, 클 덕), 碑(비석 비)

3박자 학습

어원을 중심으로 한자들을 자연스럽게 연상하며 익히는 것과 함께, 일상생활이나 교과서에서 자주 사용되는 어휘들을 익히도록 합니다.

책의 구성 & 특징

① 한자 익히기

본 교재는 4급 배정한자 1,000자를 공통점이 있는 한자들끼리 묶어 제목번호 001번부터 400번까지 총 400개의 그룹으로 나눈 뒤 '한자 3박자 연상 학습법'에 따라 공부할 수 있도록 구성하였습니다.

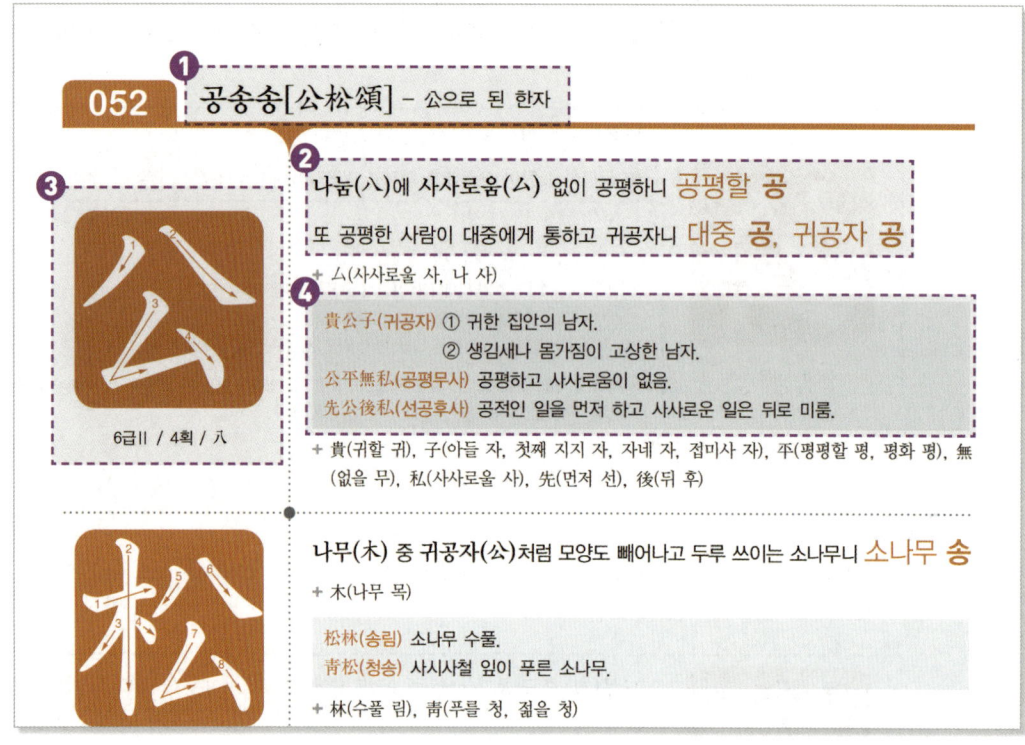

❶ 제목

공통부분으로 된 한자, 연결 고리로 된 한자, 비슷하여 혼동되는 한자 등 서로 관련된 한자들을 모아 묶은 그룹의 제목입니다.

❷ 어원 풀이

각 한자의 어원을 철저히 분석하여 원래의 어원에 충실하면서도 가장 쉽게 이해되도록 간단명료하게 풀었습니다. 이 어원을 그대로만 외지 마시고 참고하여 더 나은 어원도 생각해 보며 한자를 익히면 보다 분명하게 익혀집니다.

❸ 기준 한자

같은 제목으로 묶인 한자들 중 제일 먼저 나오는 한자는 아래 한자들의 기준이 되는 글자입니다. 어떻게 관련된 글자들이며, 이 기준자의 왼쪽, 오른쪽, 위, 아래 순으로 무엇이 붙어서, 어떤 뜻의 글자가 되었는지 생각하면서 익히세요.

❹ 활용 어휘

일상생활이나 교과서에서 자주 사용되는 어휘, 한자능력검정시험에 자주 출제되는 어휘들을 뽑아 수록하였습니다.

② 확인문제

매일 한자 학습을 마친 뒤 확인문제를 통해 오늘 배운 내용을 복습하고, 실제 시험 문제와 같은 유형의 문제를 풀어 보며 실력 점검을 할 수 있도록 하였습니다.

③ 한자 응용하기

시험에 반드시 출제되는 고사성어, 약자, 동음이의어, 유의자, 반대자/상대자 등의 문제에 대비할 수 있도록 출제 유형별 한자만 따로 뽑아 꼼꼼히 학습할 수 있도록 하였습니다.

多多益善(다다익선)
많으면 많을수록 더욱 좋음.
+ 多(많을 다), 益(더할 익, 유익할 익), 善(착할 선, 좋을 선, 잘할 선)

多聞博識(다문박식)
(보고) 들은 것이 많고 아는 것이 넓음(많음).
+ 聞(들을 문), 博(넓을 박), 識(알 식, 기록할 지)

多情多感(다정다감)

同苦同樂(동고동락)
'같이 고생하고 같이 즐거워함'으로, 고락(苦樂)을 같이 하며 함께 삶.
+ 同(한가지 동, 같을 동), 苦(쓸 고, 괴로울 고), 樂(노래 악, 즐길 락, 좋아할 요)

東問西答(동문서답)
'동쪽을 묻는데 서쪽을 대답함'으로, 묻는 말에 엉뚱하게 대답함.
+ 東(동쪽 동, 주인 동), 問(물을 문), 西(서쪽 서), 答(대답할 답, 갚을 답)

得意滿面(득의만면)

책의 구성 & 특징

④ 실전 모의고사

시험 전 모의고사를 풀어보며 실제 시험의 출제 경향을 파악하고 나의 실력을 점검할 수 있도록 실전 모의고사 3회분을 수록하였습니다. 정답 및 해설은 508p에서 확인할 수 있습니다.

⑤ 특별 부록 - 빅데이터 합격한자

시험 전 중요한 내용만 빠르게 복습할 수 있도록, 5년간의 기출문제 빅데이터를 기반으로 빈출 한자 200자, 빈출 한자어 150개, 빈출 사자성어 50개를 수록하였습니다.

TIP 시험장에 들고 가 마지막까지 내 실력을 점검해 보세요!

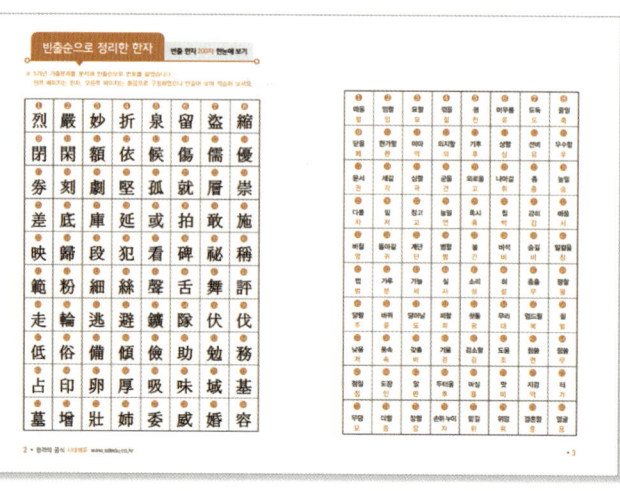

⑥ 부가 자료

PDF 파일

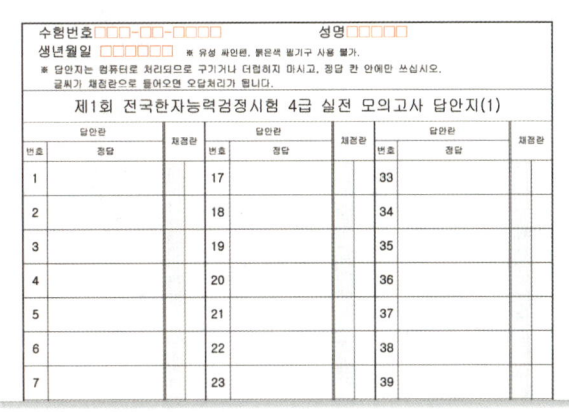

한자 쓰기노트
한자를 더 많이 쓰며 복습할 수 있도록 한자 쓰기노트 PDF 파일을 제공합니다.

답안지
정답을 시험지가 아닌 답안지에 따로 기입하여 제출해야 하는 어문회 시험 특성상, 답안지 작성을 미리 연습할 수 있도록 어문회 답안지 PDF 파일을 제공합니다.

영상 파일

빈출 한자어 암기 영상
시험에 자주 출제되는 한자어만 뽑아 빠르게 복습하고 반복하여 익힐 수 있도록 빈출 한자어 암기 영상을 제공합니다.

*18p의 QR코드를 스캔하면 영상으로 바로 이동하실 수 있습니다.

책의 구성 & 특징

MP3 파일

한자 듣기 자료
학습 시 한자 어원 풀이를 함께 들으며 학습할 수 있도록 MP3 파일을 제공합니다.

부가 자료 다운로드 및 시청   * 우측 QR코드를 스캔하여 바로 접속 가능!

① **PDF 파일**
www.sdedu.co.kr 접속 → 학습자료실 → 도서업데이트
→ 〈어문회 한자능력검정시험 4급 한 권으로 끝내기〉 검색 후 다운로드

PDF 다운로드

② **MP3 파일**
www.sdedu.co.kr 접속 → 학습자료실 → MP3
→ 〈어문회 한자능력검정시험 4급 한 권으로 끝내기〉 검색 후 다운로드

MP3 다운로드

③ **영상 파일**
유튜브(www.youtube.com)접속
→ 〈시대에듀 어문회 4급 빈출 한자어〉 검색 후 영상 시청

영상 시청

30일 완성 학습 플래너

✓ **달성 개수를 채워가며 학습해 봅시다.**

날짜	달성	학습 범위
Day 01	☐	Day 01 학습
Day 02	☐	Day 01 복습
	☐	Day 02
Day 03	☐	Day 02 복습
	☐	Day 03
Day 04	☐	Day 03 복습
	☐	Day 04
Day 05	☐	Day 04 복습
	☐	Day 05
Day 06	☐	Day 05 복습
	☐	Day 06
Day 07	☐	Day 06 복습
	☐	Day 07
Day 08	☐	Day 07 복습
	☐	Day 08
Day 09	☐	Day 08 복습
	☐	Day 09
Day 10	☐	Day 09 복습
	☐	Day 10
Day 11	☐	Day 10 복습
	☐	Day 11
Day 12	☐	Day 11 복습
	☐	Day 12
Day 13	☐	Day 12 복습
	☐	Day 13
Day 14	☐	Day 13 복습
	☐	Day 14
Day 15	☐	Day 14 복습
	☐	Day 15

날짜	달성	학습 범위
Day 16	☐	Day 15 복습
	☐	Day 16
Day 17	☐	Day 16 복습
	☐	Day 17
Day 18	☐	Day 17 복습
	☐	Day 18
Day 19	☐	Day 18 복습
	☐	Day 19
Day 20	☐	Day 19 복습
	☐	Day 20
Day 21	☐	Day 20 복습
	☐	고사성어
Day 22	☐	고사성어 복습
	☐	약자, 일자다음자
Day 23	☐	약자, 일자다음자 복습
	☐	동음이의어
Day 24	☐	동음이의어 복습
	☐	유의자
Day 25	☐	유의자 복습
	☐	유의어 1, 2
Day 26	☐	유의어 1, 2 복습
	☐	반대자/상대자, 반대어/상대어
Day 27	☐	반대자/상대자, 반대어/상대어 복습
	☐	한자음의 장단
Day 28	☐	한자음의 장단 복습
	☐	제1회 실전 모의고사
Day 29	☐	제2회 실전 모의고사
Day 30	☐	제3회 실전 모의고사

이 책의 차례

제1편 한자의 기본 원리
- 제1장 한자의 기초 ········ 002
- 제2장 부수 익히기 ········ 006

제2편 한자 익히기
- 4급 배정한자(1 ~ 20日) ········ 014

제3편 한자 응용하기
- 제1장 고사성어(故事成語) ········ 416
- 제2장 약자(略字) ········ 431
- 제3장 일자다음자(一字多音字) ········ 435
- 제4장 동음이의어(同音異議語) ········ 436
- 제5장 유의자(類義字) ········ 451
- 제6장 유의어[類義語(同義語)] 1 ········ 463
- 제7장 유의어[類義語(同義語)] 2 ········ 470
- 제8장 반대자(反對字)/상대자(相對字) ········ 472
- 제9장 반대어(反對語)/상대어(相對語) ········ 488
- 제10장 한자음(漢字音)의 장단(長短) ········ 492

제4편 실전 모의고사
- 제1회 실전 모의고사 ········ 502
- 제2회 실전 모의고사 ········ 504
- 제3회 실전 모의고사 ········ 506
- 정답 및 해설 ········ 508

제5편 한자 찾아보기
- 한자 찾아보기 ········ 520

제 1 편

한자의 기초 원리

제1장 한자의 기초
제2장 부수 익히기

1장 한자의 기초

1. 육서(六書)

한자는 육서(六書)라는 원리로 만들어졌어요. 그래서 이 六書만 제대로 이해하면 아무리 복잡한 한자라도 쉽게 익힐 수 있습니다.

(1) **상형(象形)** + 象(코끼리 상, 모습 상, 본뜰 상), 形(모양 형)
눈에 보이는 구체적인 사물의 모양(形)을 본떠서(象) 만든 그림과 같은 한자.
예) 山(높고 낮은 산봉우리를 본떠서 **산 산**)

(2) **지사(指事)** + 指(손가락 지, 가리킬 지), 事(일 사, 섬길 사)
눈에 안 보이는 개념이나 일(事)을 점이나 선으로 나타낸(指) 부호와 같은 한자.
예) 上[일정한 기준(一)보다 위로 오르니 **위 상, 오를 상**]

(3) **회의(會意)** + 會(모일 회), 意(뜻 의)
이미 만들어진 둘 이상의 한자가 뜻(意)으로 모여(會) 만들어진 한자, 즉 뜻만 모은 한자.
예) 日 + 月 = 明 (해와 달이 같이 뜬 것처럼 밝으니 **밝을 명**)
女 + 子 = 好 (여자에게 자식이 있으면 좋으니 **좋을 호**)

(4) **형성(形聲)** + 形(모양 형), 聲(소리 성)
이미 만들어진 둘 이상의 한자가 일부는 뜻(形)의 역할로, 일부는 음(聲)의 역할로 결합하여 만들어진 한자, 즉 뜻과 음으로 이루어진 한자.
예) 言 + 靑 = 請 [형부(形部)인 말씀 언(言)은 뜻을, 성부(聲部)인 푸를 청(靑)은 음을 나타내어 '**청할 청**(請)'이라는 한자가 나옴]
+ 部(나눌 부, 거느릴 부)

1. 형성(形聲)에서 뜻을 담당하는 부분을 형부(刑部), 음을 담당하는 부분을 성부(聲部)라고 하는데 실제 한자를 분석해 보면 성부(聲部)가 음만 담당하는 것이 아니라 뜻도 담당하고 있음을 알 수 있지요. 위에서 예로 든 청할 청(請)도 '말(言)을 푸르게(靑), 즉 희망 있게 청하니 청할 청(請)'으로 풀어지네요.
2. **그러면 會意와 形聲은 어떻게 구분할까?**
합해서 새로 만들어진 한자의 독음이 합해진 한자들의 어느 한쪽과 같으면 형성(形聲), 같지 않으면 회의(會意)로 구분하세요.

(5) **전주(轉注)** + 轉(구를 전), 注(물댈 주, 쏟을 주)

이미 있는 한자의 뜻을 유추, 확대하여 다른 뜻으로 굴리고(轉) 끌어내어(注) 쓰는 한자. 하나의 한자에 여러 뜻이 있는 것은 모두 전주(轉注) 때문입니다.

예 樂(원래 '**노래 악**'이었으나 노래는 누구나 즐기니 '**즐길 락**', 노래는 누구나 좋아하니 '**좋아할 요**'로 의미가 확장됨)

(6) **가차(假借)** + 假(거짓 가, 임시 가), 借(빌릴 차)

본래의 뜻과는 상관없이 비슷한 음의 한자를 임시로(假) 빌려(借) 외래어를 표기하는 한자. 가차에는 아시아(亞細亞), 러시아(俄羅斯)처럼 비슷한 음의 한자를 빌려다 표현하는 경우와, 미국(美國), 영국(英國)처럼 새로 이름 지어 부르는 경우가 있지요.

> **정리**
>
> 상형(象形)·지사(指事)는 맨 처음에 만들어져 더 이상 쪼갤 수 없는 기본자로, 象形은 눈에 보이는 것을 본떠서 만든 한자, 指事는 눈에 안 보이는 것을 지시하여 만든 한자고, 회의(會意)·형성(形聲)은 이미 만들어진 한자를 둘 이상 합하여 새로운 뜻의 한자를 만든 합성자로, 會意는 뜻으로, 形聲은 뜻과 음으로 합쳐진 한자며(실제로는 형성자도 뜻으로 합쳐서 만듦), 전주(轉注)·가차(假借)는 이미 있는 한자를 다른 용도로 사용하는 운용자로, 轉注는 하나의 한자를 여러 뜻으로, 假借는 음만 빌려 외래어를 표기하는 경우를 말하지요.

> **한자를 익힐 때는**
>
> 한자를 부수나 독립되어 쓰이는 한자로 나눠서 나눠지지 않으면 상형(象形)이나 지사(指事)로 된 한자니, 무엇을 본떠서 만들었는지 생각하여 본뜬 물건이 나오면 象形이고, 본뜬 물건이 나오지 않으면 무엇을 지시하여 만든 指事로 알면 되고, 부수나 독립되어 쓰이는 한자로 나눠지면 회의(會意)와 형성(形聲)으로 된 한자니, 나눠서 그 뜻을 합쳐보면 그 한자의 뜻을 알 수 있고, 하나의 한자가 여러 뜻으로 쓰이는 전주(轉注)도 아무렇게나 붙여 쓰는 것이 아니고 그런 뜻이 붙게 된 이유가 분명히 있으니 무조건 외는 시간에 '어찌 이 한자에 이런 뜻도 있을까'를 생각하면 그 이유가 생각나고 이렇게 이유를 생각하여 한자를 익히면 절대 잊히지 않지요. 그리고 뜻과는 상관없이 음만 빌려 외래어를 표시했으면 가차(假借)고요.

2. 부수의 명칭

부수는 한자를 만드는 기본 한자들로, 그 부수가 붙어서 만들어진 한자의 뜻을 짐작하게 하고, 옥편에서 모르는 한자를 찾을 때 길잡이 역할도 합니다. 부수의 명칭은 놓이는 위치에 따라 다음 일곱 가지로 구분되니 명칭만은 알아두세요.

(1) **머리·두(頭):** 한자의 머리 부분에 위치한 부수. + 頭(머리 두)

머리	亠(머리 부분 두) 예 交(사귈 교), 亦(또 역)
	艹[풀 초(草)가 부수로 쓰일 때의 모양으로 '초 두'라 부름] 예 花(꽃 화)

(2) **발:** 한자의 발 부분에 위치한 부수.

	儿[사람 인(人)이 발로 쓰일 때의 모양으로 '사람 인 발'이라 부름] 예 元(으뜸 원)
발	灬[불 화(火)가 발로 쓰일 때의 모양으로 '불 화 발'이라 부름] 예 無(없을 무)

제1편 한자의 기초 원리 | **003**

(3) **에운담:** 한자를 에워싸고 있는 부수.

   □(에운담) 예 囚(죄인 수), 固(굳을 고)
+ 門(문 문), 行(다닐 행)도 에운담 형태이지만 이 한자는 부수뿐만 아니라 홀로 독립하여 쓰이는 제부수로도 봄.

(4) **변(邊):** 한자의 왼쪽 부분에 위치한 부수. + 邊(끝 변, 가 변)

   亻[사람 인(人)이 변으로 쓰일 때의 모양으로 '사람 인 변'이라 부름] 예 仙(신선 선)
扌[손 수(手)가 변으로 쓰일 때의 모양으로 '손 수 변'이라 부름] 예 打(칠 타)

(5) **방(傍):** 한자의 오른쪽 부분에 위치한 부수. + 傍(곁 방)

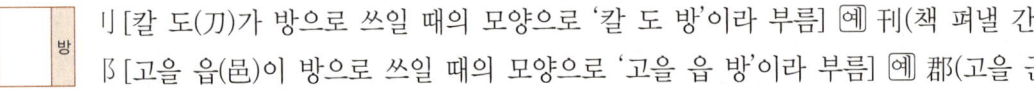   刂[칼 도(刀)가 방으로 쓰일 때의 모양으로 '칼 도 방'이라 부름] 예 刊(책 펴낼 간)
阝[고을 읍(邑)이 방으로 쓰일 때의 모양으로 '고을 읍 방'이라 부름] 예 郡(고을 군)

(6) **엄(掩):** 한자의 위와 왼쪽을 가리고 있는 부수. + 掩(가릴 엄)

   广(집 엄) 예 床(평상 상, 책상 상), 庭(뜰 정), 座(좌석 좌)
厂(굴 바위 엄) 예 厚(두터울 후), 原(근원 원)

(7) **받침:** 한자의 왼쪽과 밑을 받치고 있는 부수.

   辶('갈 착, 뛸 착'으로 '책받침'이라고도 함) 예 道(길 도, 도리 도)
廴('길게 걸을 인'으로 '민책받침'이라고도 함) 예 建(세울 건), 延(끌 연, 늘일 연)

〈제부수〉
부수로만 쓰이는 한자(부수자)들과 달리 '木(나무 목), 馬(말 마), 鳥(새 조)'처럼 부수로도 쓰이고 홀로 독립하여 쓰이기도 하는 한자들을 이르는 말.

정리
부수가 한자의 머리 부분에 붙으면 **머리·두**, 발 부분에 붙으면 **발**, 에워싸고 있으면 **에운담**, 왼쪽에 붙으면 **변**, 오른쪽에 붙으면 **방**('좌변우방'으로 외세요), 위와 왼쪽을 가리면 **엄**, 왼쪽과 아래를 받치면 **받침**, 부수로도 쓰이고 독립되어 쓰이기도 하면 **제부수**로 아세요.

3. 한자의 필순

(1) 기본 순서

① 왼쪽부터 오른쪽으로 쓴다.
예 川(丿 丿 川), 外(' ク タ 列 外)

② 위에서 아래로 쓴다.
예 三(一 二 三), 言(` 一 三 三 言 言 言)

(2) 응용 순서

① 가로획과 세로획이 교차될 때는 가로획을 먼저 쓴다.
예 十(一 十), 土(一 十 土)

② 좌·우 대칭을 이루는 한자는 가운데를 먼저 쓰고 좌·우의 순서로 쓴다.
예 小(亅 亅 小), 水(亅 才 才 水)

③ 에운담과 안으로 된 한자는 에운담부터 쓴다.
예 同(丨 冂 冂 同 同 同), 用(丿 冂 月 月 用), 固(丨 冂 冂 門 門 固 固 固)

④ 가운데를 꿰뚫는 획은 맨 나중에 쓴다.
예 中(丨 口 口 中), 平(一 厂 厂 兀 平), 事(一 一 冂 冂 写 写 事 事)

⑤ 허리를 끊는 획은 맨 나중에 쓴다.
예 子(一 了 子), 女(人 女 女)

⑥ 삐침과 파임이 만날 때는 삐침을 먼저 쓴다.
예 人(丿 人), 文(` 亠 ナ 文), 交(` 亠 六 六 亦 交)

⑦ 오른쪽 위의 점은 맨 나중에 찍는다.
예 犬(一 ナ 大 犬), 代(丿 亻 亻 代 代), 成(丿 厂 厂 厅 成 成 成)

⑧ 뒤에서 아래로 에워싼 획은 먼저 쓴다.
예 刀(フ 刀), 力(フ 力)

⑨ 받침으로 쓰이는 한자는 다음 두 가지로 구분한다.
  ㉠ 달릴 주(走)나 면할 면(免)은 먼저 쓴다.
  예 起(一 十 士 キ ± 丰 走 起 起 起), 勉(丿 ⺈ 各 各 各 免 免 勉)
  ㉡ 뛸 착, 갈 착(辶)이나 길게 걸을 인(廴)은 맨 나중에 쓴다.
  예 近(丿 厂 厂 斤 斤 沂 近 近), 廷(丿 二 千 王 壬 廷 廷)

2장 부수 익히기

부수는 214자가 있는데 '제2편 한자 익히기'에서 필요할 때마다 익히기로 하고 여기서는 많이 쓰이는 부수 위주로, 하나의 한자가 여러 모습으로 쓰이는 경우와 비슷하여 혼동되는 부수를 한 항목에 넣어 알기 쉽게 풀었습니다.

1. 인인인(人 亻 儿)

(1) 다리 벌리고 서 있는 사람을 본떠서 **사람 인**(人)

(2) 사람 인(人)이 한자의 변으로 쓰일 때의 모양으로 **사람 인 변**(亻)

(3) 사람 인(人)이 한자의 발로 쓰일 때의 모양으로 **사람 인 발**(儿)

또 사람이 무릎 꿇고 절하는 모양에서 겸손하고 어진 마음을 지녔다고 생각하여 **어진사람 인**(儿)

> **부수를 독음으로 옥편에서 찾을 때.**
> 부수는 원 한자 그대로, 또는 다른 모양으로 변하여 사용되고, 명칭도 앞에서 설명한 대로 '머리·변·발' 등을 붙여 말하니 독음으로 옥편을 찾을 때 부수 명이 원 한자의 독음과 다르면 원 한자의 독음으로 찾아야 합니다.
> 여기서 '사람 인 변'과 '사람 인 발'은 부수 명이므로 옥편을 찾으려면 원 한자 '사람 인(人)'의 독음 '인'에서 찾아야 하기 때문에 제목을 '인인인(人 亻 儿)'으로 붙였어요. 뒤에 나오는 제목도 모두 이러한 형식으로 수록하였습니다.

2. 심심심(心 忄 㣺)

(1) 마음이 가슴에 있다고 생각하여 심장을 본떠서 **마음 심**(心)

또 심장이 있는 몸의 중심이니 **중심 심**(心)

(2) 마음 심(心)이 한자의 변으로 쓰일 때의 모양으로 **마음 심 변**(忄)

(3) 마음 심(心)이 한자의 발로 쓰일 때의 모양으로 **마음 심 발**(㣺)

+ 마음 심(心) 그대로 발로 쓰일 때도 있어요.

3. 도도비비(刀 刂 匕 比)

(1) 옛날 칼 모양을 본떠서 **칼 도**(刀)

(2) 칼 도(刀)가 한자의 방으로 쓰일 때의 모양으로 **칼 도 방**(刂)

(3) 비수를 본떠서 **비수 비**(匕)

또 비수로 찌르듯 입에 넣어 먹는 숟가락이니 **숟가락 비**(匕)

+ 비수(匕首) - 짧고 날카로운 칼.

(4) 두 사람이 나란히 앉은 모양에서 **나란할 비**(比)

또 나란히 앉혀 놓고 견주니 **견줄 비**(比)

4. 수빙수수빙(水 氷 氺 氵 冫)

(1) 잠겨 있는 물에 물결이 이는 모양을 본떠서 **물 수(水)**

(2) 한 덩어리(丶)로 물(水)이 얼어붙은 얼음이니 **얼음 빙(氷)**

(3) 물 수(水)가 한자의 발로 쓰일 때의 모양으로 **물 수 발(氺)**

(4) 물 수(水)가 한자의 변으로 쓰일 때의 모양으로, 점이 셋이니 **삼 수 변(氵)**

(5) 얼음 빙(氷)이 한자의 변으로 쓰일 때의 모양으로, 점이 둘이니 **이 수 변(冫)**
   + 물(氵)이 얼면 한 덩어리인데 두 점으로 쓴 것은 한자의 균형을 잡기 위해서지요.

5. 화화주(火 灬 丶)

(1) 타오르는 불을 본떠서 **불 화(火)**

(2) 불 화(火)가 한자의 발로 쓰일 때의 모양으로 **불 화 발(灬)**

(3) 점을 본떠서 **점 주(丶)**
   또 불이 타면서 튀는 불똥으로도 보아 **불똥 주(丶)**

6. 엄엄녁(厂 广 疒)

(1) 언덕에 바위가 튀어 나와 그 밑이 굴처럼 생긴 굴 바위 모양을 본떠서 **굴 바위 엄, 언덕 엄(厂)**

(2) 굴 바위 엄, 언덕 엄(厂) 위에 점(丶)을 찍어,
   굴 바위를 지붕 삼아 지은 바위 집 모양을 나타내어 **집 엄(广)**

(3) 머리 부분(亠)을 나무 조각(爿)에 기대야 할 정도로 병드니 **병들 녁(疒)**
   + 爿[나무 조각 장(爿)의 약자], 亠(머리 부분 두)

7. 척인착삼[彳 廴 辶(辶) 彡]

(1) 사거리를 본떠서 만든 다닐 행(行)의 왼쪽 부분으로 **조금 걸을 척(彳)**

(2) 구불구불한 길을 다리를 끌며 길게 걷는다는 데서 조금 걸을 척(彳)의 내리그은 획을 더 늘여서 **길게 걸을 인(廴)**

(3) 길게 걸을 인(廴)에 점(丶)을 찍어 가거나 뛴다는 뜻을 나타내어 **갈 착, 뛸 착(辶,=辶)**
   + '책받침'이라고도 부르는데, 원래는 '쉬엄쉬엄 갈 착(辵)'이 부수로 쓰일 때의 모양이니 '착받침'을 잘못 부르는 말입니다.
   + 위에 점이 둘이면 아래를 한 번 구부리고, 위에 점 하나면 아래를 두 번 구부립니다.

(4) 머리털이 가지런히 나있는 모양을 본떠서 **터럭 삼(彡)**

8. 철(초)초초입공[屮 艸 艹 卄 廾]

(1) 풀의 싹이 돋아 나오는 모양을 본떠서 **싹 날 철, 풀 초**(屮)

(2) 풀은 하나만 나지 않고 여러 개가 같이 나니 싹 날 철, 풀 초(屮) 두 개를 이어서 **풀 초**(艸)
  + 지금은 한자로는 '풀 초(草)'로, 부수로는 변형된 모양의 '초 두(艹)'로 씁니다.

(3) 풀 초(艸, = 草)가 부수로 쓰일 때의 모양으로, 주로 한자의 머리에 쓰이므로 머리 두(頭)를 붙여 **초 두**(艹)

(4) 열 십(十) 둘을 합쳐서 **스물 입**(卄, = 廿)
  + 아래를 막아 써도 같은 뜻입니다.

(5) 양손으로 물건을 받쳐 든 모양을 본떠서 **받쳐 들 공**(廾)

9. 곤궐별을을(l 亅 丿 乙 乚)

(1) 위에서 아래를 뚫는 모양을 본떠서 **뚫을 곤**(l)

(2) 구부러진 갈고리 모양을 본떠서 **갈고리 궐**(亅)

(3) 우측 위에서 좌측 아래로 삐친 모양을 본떠서 **삐침 별**(丿)

(4) 목과 가슴 사이가 굽은 새 모양을 본떠서 **새 을, 굽을 을**(乙)

(5) 새 을(乙)의 변형된 모양으로 **새 을, 굽을 을**(乚)
  + 갈고리 궐(亅)과 새 을(乙)의 변형인 을(乚)은 갈고리의 구부러진 방향으로 구분하세요.

10. 감경방혜[凵 冂 匚 匸(乚)]

(1) 입 벌리고 있는 모양, 또는 빈 그릇을 본떠서 **입 벌릴 감, 그릇 감**(凵)

(2) 멀리 떨어져 윤곽만 보이는 성이니 **멀 경, 성 경**(冂)
  + 좌우 두 획은 문의 기둥이고 가로획은 빗장을 그린 것이지요.

(3) 네모난 상자나 모난 그릇의 모양을 본떠서 **상자 방**(匚)

(4) 뚜껑을 덮어 감춘다는 데서 뚜껑을 덮은 상자 모양을 본떠서 **감출 혜, 덮을 혜**(匸, = 乚)
  + 상자 방(匚)은 모나게 쓴 한자고, 감출 혜, 덮을 혜(匸, = 乚)는 모나지 않은 것으로 구분하세요.

11. 사요사현(厶 幺 糸 玄)

(1) 팔 굽혀 사사로이 나에게 끌어당기는 모양에서 **사사로울 사, 나 사**(厶)

(2) 작고 어린 아기 모양을 본떠서 **작을 요, 어릴 요**(幺)
  + 실 사(糸)의 일부분이니 작다는 데서 '작을 요(幺)'라고도 합니다.

(3) 실을 감아 놓은 실타래 모양을 본떠서 **실 사, 실 사 변(糸)**

(4) 머리(亠) 아래 작은(幺) 것이 검고 오묘하니 **검을 현, 오묘할 현(玄)**

12. 부부읍읍(阜 阝 邑 阝)

(1) 흙이 쌓여 있는 언덕을 본떠서 **언덕 부(阜)**

(2) 언덕 부(阜)가 한자의 변으로 쓰일 때의 모양으로 **언덕 부 변(阝)**

(3) 일정한 경계(囗)의 땅(巴: 뱀 파, 땅 이름 파)에 사람이 사는 고을이니 **고을 읍(邑)**

(4) 고을 읍(邑)이 한자의 방으로 쓰일 때의 모양으로 **고을 읍 방(阝)**

+ 阝는 한자의 어느 쪽에 쓰이느냐에 따라 그 뜻과 명칭이 달라집니다.
阝가 한자의 왼쪽에 쓰이면 언덕 부(阜)가 부수로 쓰인 경우로 '언덕 부 변',
오른쪽에 쓰이면 고을 읍(邑)이 부수로 쓰인 경우로 '고을 읍 방'이라 부르지요.

13. 촌수견(寸 扌 犭)

(1) 손목에서 맥박이 뛰는 곳까지의 마디니 **마디 촌(寸)**
또 마디마디 살피는 법도니 **법도 촌(寸)**

(2) 손 수, 재주 수, 재주 있는 사람 수(手)가 한자의 변으로 쓰일 때의 모양으로 **손 수 변(扌)**

(3) 개 견(犬)이 부수로 쓰일 때의 모양으로 **큰 개 견(犭)**
또 여러 짐승을 나타낼 때도 쓰이는 부수니 **개 사슴 록 변(犭)**

14. 패견(현)혈수[貝 見 頁 首]

(1) 아가미가 나온 조개를 본떠서 **조개 패(貝)**
또 인쇄술이 발달하기 전에는 조개껍데기를 재물이나 돈으로도 썼으니 **재물 패, 돈 패(貝)**

(2) 눈(目)으로 사람(儿)이 보거나 뵈니 **볼 견, 뵐 현(見)**

(3) 머리(一)에서 이마(丿)와 눈(目)이 있는 얼굴 아래 목(八)까지를 본떠서 **머리 혈(頁)**

(4) 머리털(亠) 아래 이마(丿)와 눈(目)이 있는 머리니 **머리 수(首)**
또 머리처럼 조직의 위에 있는 우두머리니 **우두머리 수(首)**

15. 시시의의(示 衤 衣 衤)

(1) 하늘 땅(二)에 작은(小) 기미가 보이니 **보일 시(示)**

또 이렇게 기미를 보이는 신이니 **신 시(示)**

+ 부수로 쓰이면 신, 제사 등과 신이 내려주는 인간의 길흉화복 등을 의미합니다.

(2) 보일 시, 신 시(示)가 한자의 변으로 쓰일 때의 모양으로 **보일 시, 신 시 변(衤)**

(3) 동정과 옷고름 있는 옛날 저고리를 본떠서 **옷 의(衣)**

(4) 옷 의(衣)가 한자의 변으로 쓰일 때의 모양으로 **옷 의 변(衤)**

+ 보일 시, 신 시 변(衤)과 옷 의 변(衤)은 비슷하지만 전혀 다른 뜻이니 잘 구분하세요.

16. 시호호로(尸 戶 虍 耂)

(1) 누워 있는 몸을 본떠서 **주검 시, 몸 시(尸)**

+ 사람이나 집과 관련된 한자에 쓰입니다.

(2) 한 짝으로 된 문을 본떠서 **문 호(戶)**

또 옛날에는 대부분 문이 한 짝씩 달린 집이었으니 **집 호(戶)**

+ 두 짝으로 된 문은 '문 문(門)'

(3) 범의 머리를 본떠서 **범 호 엄(虍)**

(4) 늙을 로(老)가 부수로 쓰일 때의 모양으로,

흙(土)에 지팡이(丿)를 짚으며 걸어야 할 정도로 늙으니 **늙을 로 엄(耂)**

+ 老 : 흙(土 흙 토)에 지팡이(丿)를 비수(匕 비수 비, 숟가락 비)처럼 꽂으며 걸어야 할 정도로 늙으니 '늙을 로'

17. 두면멱혈(亠 宀 冖 穴)

(1) 옛날 갓을 쓸 때 상투를 튼 머리 모양을 본떠서 **머리 부분 두(亠)**

(2) 지붕으로 덮여 있는 집을 본떠서 **집 면(宀)**

(3) 보자기로 덮은 모양을 본떠서 **덮을 멱(冖)**

(4) 집(宀)에 나누어진(八) 구멍이니 **구멍 혈(穴)**

또 구멍이 길게 파인 굴이니 **굴 혈(穴)**

18. 장편알(사)[爿 片 歹(歺)]

(1) 나무를 세로로 나눈 왼쪽 조각을 본떠서 **나무 조각 장(爿)**

(2) 나무를 세로로 나눈 오른쪽 조각을 본떠서 **조각 편(片)**

(3) 하루(一) 저녁(夕) 사이에 뼈 앙상하게 말라 죽으니 **뼈 앙상할 알, 죽을 사 변**(歹, = 歺)

+ 歺: 점(卜)쳐 나온 날 저녁(夕)에 뼈 앙상하게 말라 죽으니 '뼈 앙상할 알, 죽을 사 변'
+ 夕(저녁 석), 卜(점 복)

19. 궤수(几 殳)

(1) 안석이나 책상의 모양을 본떠서 **안석 궤, 책상 궤**(几)
또 갈라 지출하니 **지출할 지**(支)

+ 안석 – 앉을 때 몸을 기대는 도구.

(2) 안석(几) 같은 것을 손(又)에 들고 치니 **칠 수**(殳)
또 들고 치는 창이나 몽둥이니 **창 수, 몽둥이 수**(殳)

20. 지복쇠(치)[支 攴(攵) 夂]

(1) 많은(十) 것을 손(又)으로 잡아 다루고 가르니 **다룰 지, 가를 지**(支)
또 갈라 지출하니 **지출할 지**(支)

+ 十(열 십, 많을 십), 又(오른손 우, 또 우)

(2) 점(卜: 점 복)칠 때 오른손(又)에 회초리 들고 툭툭 치니 **칠 복**(攴)

+ 이리(丿)저리(一) 엇갈리게(乂) 친다는 데서 '칠 복(攵)'과 같이 쓰입니다.

(3) 사람(夂)이 다리를 끌며(乀) 천천히 걸어 뒤져 오니 **천천히 걸을 쇠, 뒤져올 치**(夂)

+ 칠 복(攴, = 攵)은 4획, 천천히 걸을 쇠, 뒤져올 치(夂)는 3획입니다.

21. 예부효발(乂 父 爻 癶)

(1) 이리저리 베어 다스리는 모양이 어지니 **벨 예, 다스릴 예, 어질 예**(乂)
(2) 사람이 알아야 할 것을 조목조목 나누어(八) 어질게(乂) 가르치는 아버지니 **아버지 부**(父)

+ 八(여덟 팔, 나눌 팔)

(3) 육효가 서로 엇갈린 점괘를 본떠서 **점괘 효**(爻)
또 서로 교차하여 사귀며 좋은 점을 본받으니 **사귈 효, 본받을 효**(爻)
(4) 등지고 걸어가는 모양에서 **등질 발, 걸을 발**(癶)

22. 목망명혈[目 网(罓, 罒) 皿 血]

(1) 둥글고 눈동자 있는 눈을 본떠서 **눈 목**(目)
(2) 양쪽 기둥에 그물을 얽어 맨 모양을 본떠서 **그물 망**(网, = 罓, 罒)
(3) 받침 있는 그릇을 본떠서 **그릇 명**(皿)

(4) 고사 지낼 때 희생된 짐승의 피(丿)를 그릇(皿)에 담아 놓은 모양에서 **피 혈(血)**

23. 익과(弋 戈)

(1) 주살을 본떠서 **주살 익(弋)**
  + 주살 – 줄을 매어 쏘는 화살. 원래 '줄살'에서 ㄹ이 빠져 이루어진 말.
(2) 몸체가 구부러지고 손잡이 있는 창을 본떠서 **창 과(戈)**

24. 자구(自 臼)

(1) (얼굴이 자기를 대표하니) 얼굴에서 잘 드러나는 이마(丿)와 눈(目)을 본떠서 **자기 자(自)**
  또 자기 일은 스스로 하니 **스스로 자(自)**
  또 모든 것은 자기로부터 비롯되니 **부터 자(自)**
(2) 곡물을 찧거나 빻는 절구를 본떠서 **절구 구(臼)**

25. 천천(川 巛)

(1) 물 흐르는 내를 본떠서 **내 천(川)**
(2) 내 천(川)이 부수로 쓰일 때의 모양으로 개미허리 같다 하여 **개미허리 천(巛)**

26. 시치(豕 豸)

(1) 서 있는 돼지를 본떠서 **돼지 시(豕)**
(2) 사나운 짐승이 먹이를 잡기 위해 몸을 웅크리고 있는 모양을 본떠서 **사나운 짐승 치(豸)**
  또 지렁이 같은 발 없는 벌레의 총칭으로 **발 없는 벌레 치(豸)**

27. 유아력(격)[内 襾 鬲]

(1) 성(冂)처럼 사사로이(厶) 남긴 발자국이니 **발자국 유(内)**
  + 冂(멀 경, 성 경), 厶(사사로울 사, 나 사)
(2) 뚜껑(丅)을 덮으니(冂) **덮을 아(襾)**
  + 丅(뚜껑의 모습), 冂('멀 경, 성 경'이지만 여기서는 덮은 모양으로 봄)
(3) 하나(一)의 구멍(口)이 성(冂)처럼 패이고(八) 아래를 막은(丅) 솥의 모양에서 **솥 력, 막을 격(鬲)**
  + 口(입 구, 구멍 구, 말할 구), 八(여덟 팔, 나눌 팔)

제 2 편

한자 익히기

4급 배정한자(1~20日)

1日 001 ~ 020

001 수빙영 [水氷永] - 水로 된 한자

8급 / 4획 / 水

잠겨있는 물에 물결이 이는 모양을 본떠서 **물 수**

+ 한자의 왼쪽에 붙는 부수인 변으로 쓰일 때는 氵 모양으로 점이 셋이니 '삼 수 변', 한자의 아래에 붙는 부수인 발로 쓰일 때는 氺 모양으로 '물 수 발'이라 부릅니다.

食水(식수) 먹는 물.
冷水(냉수) 찬 물. ↔ 溫水(온수) 따뜻한 물.

+ 食(밥 식, 먹을 식), 冷(찰 랭), 溫(따뜻할 온, 익힐 온)

5급 / 5획 / 水

한 덩어리(丶)로 물(水)이 얼어붙은 얼음이니 **얼음 빙**

+ 한자의 변으로 쓰일 때는 冫 모양으로 점이 둘이니 '이 수 변'이라 부르지요.

氷山(빙산) (바다에 산처럼 떠 있는) 얼음산.
氷炭(빙탄) '얼음과 숯'으로, 서로 정반대가 되어 용납하지 못하는 관계를 이르는 말.
解氷(해빙) 얼음이 풀림(녹음). ↔ 結氷(결빙) 얼음이 맺힘(얾).

+ 山(산 산), 炭(숯 탄), 解(해부할 해, 풀 해), 結(맺을 결)

6급 / 5획 / 水

높은 산 한 방울(丶)의 물(水)도 길게 오래 흘러 강과 바다를 이루니
길 영, 오랠 영

+ 물 수(水)에 점 주, 불똥 주(丶)를 한 덩어리로 얼어붙음을 강조하기 위해서 처음 쓰는 앞에 붙이면 '얼음 빙(氷)', 물이 솟아나는 높을 산을 나타내기 위하여 위에 붙이면 '길 영, 오랠 영(永)'으로 구분하세요.

永遠(영원) '길고 멂'으로, 계속되어 끝이 없음.
永住(영주) 한곳에 오래 삶.
永續性(영속성) (같은 상태가) 영원히 계속되는 성질.

+ 遠(멀 원), 住(살 주, 사는 곳 주), 續(이을 속), 性(성품 성, 바탕 성, 성별 성)

002 화 염담 [火 炎 談] – 火와 炎으로 된 한자

8급 / 4획 / 火

타오르는 불(🔥)을 본떠서 **불 화**

+ 4획이니, 한자의 아래에 붙는 부수인 발로 쓰일 때도 네 점을 찍어서 '불 화 발(灬)'

火傷(화상) 불에 (데어서) 상함.
火災(화재) 불로 인한 재앙.
風前燈火(풍전등화) '바람 앞의 등불'로, 위태로운 상태를 말함.

+ 傷(상할 상), 災(재앙 재), 風(바람 풍, 풍속·경치·모습·기질·병 이름 풍), 前(앞 전), 燈(등불 등)

3급II / 8획 / 火

불(火)과 불(火)이 타오르는 불꽃처럼 더우니 **불꽃 염, 더울 염**

또 덥게 열나면서 아픈 염증이니 **염증 염**

+ 이 책은 8~4급 한자를 익히는 책이지만, 관련된 한자의 어원 풀이를 위하여 8~4급 이외의 한자를 인용한 곳도 있는데, 이런 한자에는 활용 어휘를 수록하지 않았습니다.

5급 / 15획 / 言

말(言)을 따뜻한(炎) 마음으로 하는 말씀이니 **말씀 담**

+ 言(말씀 언) – 제목번호 209 참고

談笑(담소) 이야기도 하고 웃기도 함.
面談(면담) 얼굴을 보며 말씀을 나눔.

+ 笑(웃을 소), 面(얼굴 면, 향할 면, 볼 면, 행정 구역의 면)

1日

003 일왈 창창[日曰 昌唱] - 日, 曰과 昌으로 된 한자

8급 / 4획 / 日

해의 둥근 모양과 해 가운데의 흑점(☀)을 본떠서 **해 일**

또 해가 뜨고 짐으로 구분하는 날이니 **날 일**

+ 해 일, 날 일(日)처럼 둥근 것을 본떠서 만든 한자도 네모인 이유 – 한자가 만들어졌을 때는 좋은 필기도구가 없어서 나무나 돌 같은 딱딱한 곳에 딱딱한 도구로 한자를 새겼으니, 둥글게 새기기보다 모나게 새기기가 쉬웠기 때문이지요.

> 日光(일광) 햇빛.
> 今日(금일) '오늘날'로, '오늘'의 한자어.
> 消日(소일) '날을 삭임'으로, 하는 일 없이 세월을 보냄.

+ 光(빛 광, 경치 광), 今(이제 금, 오늘 금), 消(끌 소, 삭일 소, 물러설 소)

3급 / 4획 / 曰

말할 때 **입(口)에서 소리(一)가 나옴**을 본떠서 **가로 왈, 말할 왈**

+ 가로다 – '말하다'를 예스럽게 이르는 말.
+ 세로로 길면 해 일, 날 일(日), 가로로 길면 가로 왈, 말할 왈(曰) – 해처럼 둥근 것은 어디로 길쭉해도 되지만 입은 가로로 길쭉하기 때문에 이렇게 만들었네요.

3급II / 8획 / 日

해(日)처럼 밝게 분명히 말하면(曰) 빛나고 창성하니

빛날 창, 창성할 창

+ 태도가 분명한 사람이 빛나고 좋지요.
+ 창성(昌盛)하다 – 기세가 크게 일어나 잘 뻗어 나가다.
+ 盛(성할 성)

5급 / 11획 / 口

입(口)으로 빛나게(昌) 노래 부르니 **노래 부를 창**

+ 口(입 구, 구멍 구, 말할 구) – 제목번호 025 참고

> 唱歌(창가) 노래 부름. 또는 그 노래.
> 合唱(합창) (여러 사람이 소리를) 맞추어 노래함. 또는 그 노래.

+ 歌(노래 가), 合(합할 합, 맞을 합)

004 월명[月明] - 月로 된 한자

8급 / 4획 / 月

초승달(☽)을 본떠서 **달 월**

또 **고기 육**(肉)이 부수로 쓰일 때의 모양으로 **육 달 월**

+ 달은 둥글 때보다 이지러진 모양으로 더 많이 보이니 초승달의 모양을 본떠서 '달 월(月)'입니다. 또 고기 육(肉)이 한자의 왼쪽에 붙는 부수인 변으로 쓰일 때의 모양으로도 보는데, 이때는 '달 월'과 구분하여 '육 달 월'이라 부르지요. 한자의 왼쪽에 붙은 月은 대부분 '육 달 월'입니다.

明月(명월) 밝은 달.
月給(월급) (일한 삯을) 한 달을 단위로 주는(받는) 돈.
正月(정월) 음력으로 한 해의 첫째 달.

+ 明(밝을 명), 給(줄 급, 공급할 급), 正(바를 정)

1日

6급Ⅱ / 8획 / 日

해(日)와 달(月)이 함께 뜬 듯 밝으니 **밝을 명**

淸明(청명) ① 날씨가 맑고 밝음.
　　　　　② 24절기 중 하나로 춘분과 곡우 사이를 말함.
明暗(명암) ① 밝음과 어두움을 통틀어 이르는 말.
　　　　　② 기쁜 일과 슬픈 일, 또는 행복과 불행을 통틀어 이르는 말.
鮮明(선명) 깨끗하고 밝음.

+ 淸(맑을 청), 暗(어두울 암, 몰래 암), 鮮(고울 선, 깨끗할 선, 싱싱할 선)

이 책의 학습법!

각 제목마다 독립된 내용으로 구성되었으니 먼저 순서대로 읽으며 '제목'에서는 어떻게 관련된 한자들인지 생각해 보고, '한자 풀이'에서는 어원을 생각해 보면서 완전히 이해하고, '예시 단어'에서는 한자들이 쓰인 단어를 보면서 그 풀이까지 생각해 보세요.

익힌 한자를 체계적으로 오래 기억하기 위하여

① 제목을 중심 삼아 외고,
② 그 제목을 보면서 각 한자들은 어떤 공통점과 차이점으로 이루어진 한자들인지 어원과 구조를 떠올려 보고,
③ 각 한자들이 쓰인 단어는 무엇인지 생각해 보세요.

그래서 어떤 한자를 보면 그 한자와 관련된 한자들로 이루어진 제목이 떠오르고, 그 제목에서 각 한자들의 어원과 쓰인 단어까지 떠올릴 수 있다면 이미 그 한자는 완전히 익히신 것입니다.

005 석명 다이[夕名 多移] - 夕과 多로 된 한자

7급 / 3획 / 夕

초승달(月) 일부가 구름에 가려진(☾ → ☁) 모양을 본떠서 **저녁 석**

+ 어두워지는 저녁에 보이는 것은 초승달뿐인데 초승달을 본떠서는 이미 '달 월(月)'을 만들었으니, 초승달의 일부가 구름에 가려진 모양을 본떠서 '저녁 석(夕)'을 만든 것이죠. 초승달은 초저녁 서쪽 하늘에 잠깐 떴다가 지니까요.

夕陽(석양) 저물녘의 햇볕.
朝夕(조석) 아침과 저녁.
朝變夕改(조변석개) '아침에 변한 것을 저녁에 다시 고침'으로, 일을 자주 뜯어 고침을 말함.

+ 陽(볕 양, 드러날 양), 朝(아침 조, 조정 조, 뵐 조), 變(변할 변), 改(고칠 개)

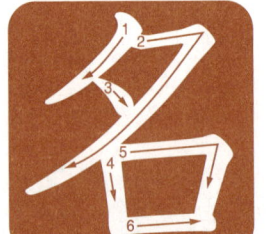

7급II / 6획 / 口

저녁(夕)에 보이지 않을 때 입(口)으로 부르는 이름이니 **이름 명**

또 이름이 알려지도록 이름나니 **이름날 명**

+ 사회생활이 별로 없었던 옛날에는 어두울 때나 이름을 사용했답니다.
+ 口(입 구, 구멍 구, 말할 구)

姓名(성명) 성(姓)과 이름(名)을 함께 이르는 말.
名品(명품) 이름난 물품이나 작품.
名士(명사) 세상에 널리 알려진 사람.

+ 姓(성씨 성, 백성 성), 品(물건 품, 등급 품, 품위 품), 士(선비 사, 군사 사, 칭호나 직업 이름에 붙이는 말 사)

6급 / 6획 / 夕

(세월이 빨라) 저녁(夕)과 저녁(夕)이 거듭되어 많으니 **많을 다**

多福(다복) 복이 많음. 많은 복.
多樣(다양) 종류가 여러 가지로 많음. 가지가지임.
多多益善(다다익선) 많을수록 더욱 좋음.

+ 福(복 복), 樣(모양 양), 益(더할 익, 유익할 익), 善(착할 선, 좋을 선, 잘할 선)

4급II / 11획 / 禾

(못자리의) 벼(禾)가 많이(多) 자라면 옮겨 심으니 **옮길 이**

+ 벼는 일단 못자리에 씨앗을 뿌렸다가 어느 정도 자라면 본 논에 옮겨 심지요.
+ 禾(벼 화) - 제목번호 040 참고

移記(이기) 옮겨 기록함.
移動(이동) 옮기어 움직임. 위치를 변경함.
推移(추이) '밀고 옮김'으로, 일이나 형편이 시간의 경과에 따라 변하여 나가거나 그런 경향.

+ 記(기록할 기, 기억할 기), 動(움직일 동), 推(밀 추)

006 목휴상[木休床] – 木으로 된 한자 1

8급 / 4획 / 木

가지 달린 나무를 본떠서 **나무 목**

木器(목기) 나무로 만든 그릇.
木材(목재) (건축이나 가구 등에 쓰는) 나무로 된 재료.
伐木(벌목) 나무를 침(벰).

+ 器(그릇 기, 기구 기), 材(재목 재, 재료 재), 伐(칠 벌)

1日

7급 / 6획 / 人(亻)

사람(亻)이 나무(木) 옆에서 쉬니 **쉴 휴**

유 体[몸 체(體)의 약자] – 제목번호 371 참고
+ 나무는 산소와 피톤치드가 많이 나와 건강에 좋다지요. 나무 옆에서 쉬면 녹색샤워를 한 셈이네요.
+ 亻(사람 인 변)

休息(휴식) (일의 도중에 잠깐) 쉼.
休暇(휴가) (학업이나 근무를 일정 기간) 쉬는 일.
公休日(공휴일) 공식적으로 쉬는 날.

+ 息(쉴 식, 숨 쉴 식, 자식 식), 暇(겨를 가, 한가할 가), 公(공평할 공, 대중 공, 귀공자 공), 日(해 일, 날 일)

4급II / 7획 / 广

집(广)처럼 나무(木)로 받쳐 만든 평상이나 책상이니 **평상 상, 책상 상**

+ 广 – 언덕(厂)을 지붕 삼아 지은 바위 집 모양을 나타내어 '집 엄'

平床(평상) 나무로 만든 침상의 하나.
寢床(침상) 누워 잘 수 있게 만든 평상.
冊床(책상) 앉아서 책을 읽거나 글을 쓸 때에 앞에 놓고 쓰는 상.

+ 平(평평할 평, 평화 평), 寢(잠잘 침), 冊(책 책, 새울 책)

유사자, 동자

한자 형태가 유사(類似)한 한자는 유로, 뜻이 같거나 비슷한 한자는 동의자(同意者)라는 의미인 동으로 표시했습니다. 유를 뜻이 비슷한 한자인 유의자(類意字)로 혼동하지 마세요.

+ 類(닮을 류, 무리 류), 似(같을 사, 닮을 사), 同(같을 동), 意(뜻 의), 字(글자 자)

007 동래[東來] - 木으로 된 한자 2

8급 / 8획 / 木

나무(木) 사이로 해(日)가 떠오르는 동쪽이니 **동쪽 동**

또 옛날에 동쪽에 앉았던 사람이 주인이니 **주인 동**

유 柬(가릴 간, 편지 간) - 제목번호 282 참고, 束(묶을 속) - 제목번호 283 참고

+ 옛날에는 신분에 따라 앉는 방향이 달라서 임금은 북쪽, 신하는 남쪽, 주인은 동쪽, 손님은 서쪽에 자리하고 앉았답니다.

> 東洋(동양) '동쪽의 큰 바다'로, 동쪽 아시아 일대. (중국과 인도의 문화권에 속하는 대부분의 아시아 지역) ↔ 西洋(서양) 유럽과 남북아메리카의 여러 나라를 통틀어 말함.
> 東問西答(동문서답) '동쪽을 물으니 서쪽을 답함'으로, 물음과는 전혀 상관없는 엉뚱한 대답을 이르는 말.

+ 洋(큰 바다 양, 서양 양), 問(물을 문), 西(서쪽 서), 答(대답할 답, 갚을 답)

7급 / 8획 / 人

나무(木) 밑으로 두 사람(人人)이 오니 **올 래(내)**

약 来 - 한(一) 톨의 쌀(米)이라도 구하려고 오니 '올 래(내)'

+ 옛날에는 쌀이 귀했지요.
+ 人(사람 인), 米(쌀 미) - 제목번호 040 참고

> 來日(내일) '오는 날'로, 오늘의 바로 다음 날. 명일(明日).
> 往來(왕래) 가고 옴.
> 將來(장래) ① 앞으로 닥쳐올 날. 미래.
>   ② 앞날의 전망.

+ 日(해 일, 날 일), 明(밝을 명), 往(갈 왕), 將(장수 장, 장차 장, 나아갈 장)

- **약어 정리**
  - 원: 원자(原字) - 속자나 약자가 아닌 원래의 한자로, 正字라고도 함.
  - 속: 속자(俗字) - 正字는 아니나 세간에서 흔히 쓰는 한자.
  - 약: 약자(略字) - 쓰는 노력을 아껴 편리함을 도모하기 위한 것으로, 한자의 획 일부를 생략하거나 전체 구성을 간단히 줄인 한자.
  - 유: 글자 형태가 유사한 한자.
  - 동: 뜻이 같은 한자.
  - 반: 뜻이 반대인 한자.
  - 참: 참고 한자.

- **4급 외 한자, 급외자, 참고자**
  이 책은 한자마다 어문회의 해당 급수 표시를 했는데, 간혹 있는 '3급, 2급, 1급, 특급 한자'는 어원 풀이를 위하여 인용한 한자고, '급외자'는 전체 급수시험에는 포함되지 않지만 다른 한자의 어원 풀이를 위하여 인용한 한자며, '참고자'는 실제 사용되지는 않지만 같은 어원으로 된 한자들을 참고하여 가정해 본 한자입니다.

008 본말미[本末未] - 木에 一을 더한 한자

6급 / 5획 / 木

나무 목(木) 아래, 즉 뿌리 부분에 일(一)을 그어 나무에서는 뿌리가 제일 중요한 근본임을 나타내어 **근본 본, 뿌리 본**

또 근본을 적어놓은 책이니 **책 본**

+ 나무는 뿌리가 튼튼해야 잘 자라니 묘목을 고를 때도 뿌리가 성한 것을 골라야 하지요.

根本(근본) '뿌리와 뿌리'로, 사물이 생기는 본바탕.
基本(기본) (사물이나 현상·이론·시설 등의) 기초와 근본.
原本(원본) (베끼거나 고친 것에 대하여) 근본이 되는 서류나 문건 등.

+ 根(뿌리 근), 基(터 기, 기초 기), 原(언덕 원, 근원 원)

5급 / 5획 / 木

나무(木)의 긴 가지(一)의 끝이니 **끝 말**

+ 一('한 일'이지만 여기서는 나뭇가지로 봄)

末端(말단) ① 맨 끄트머리.
　　　　　② 조직에서 제일 아랫자리에 해당하는 부분.
結末(결말) 끝을 맺음. 또는 일을 맺는 끝.
本末(본말) 사물의 근본과 대수롭지 않은 일.

+ 端(끝 단, 바를 단, 실마리 단), 結(맺을 결)

4급Ⅱ / 5획 / 木

나무(木)의 짧은 가지(一)니, 아직 자라지 않았다는 데서 **아닐 미, 아직 ~ 않을 미, 여덟째 지지 미**

+ 未는 아닐 불, 아닐 부(不)나 아닐 막(莫)처럼 강한 부정의 의미로 해석해서는 안 되고, 가능성을 두어 '아직 ~ 아니다'로 해석해야 합니다.

未來(미래) '아직 오지 않음'으로, 앞으로 올 때. '앞날'로 순화.
未知(미지) 아직 알지 못함.
未完成(미완성) 아직 완성이 덜 됨.

+ 來(올 래), 知(알 지), 完(완전할 완), 成(이룰 성)

1日

009 미매주[味妹朱] - 未로 된 한자

4급II / 8획 / 口

입(口)으로 아직 삼키지 않고(未) 느끼는 맛이니 **맛 미**

+ 口(입 구, 구멍 구, 말할 구)

甘味(감미) 달콤한 맛.
趣味(취미) '재미와 맛'으로, 전문적으로 하는 것이 아니라 즐기기 위하여 하는 일.
山海珍味(산해진미) '산과 바다의 진귀한 맛'으로, 온갖 귀한 재료로 만든 맛좋은 음식.

+ 甘(달 감, 기쁠 감), 趣(재미 취, 취미 취), 山(산 산), 海(바다 해), 珍(보배 진)

4급 / 8획 / 女

여자(女)가 나보다 아니(未) 자란 누이니 **누이 매**

+ 누이 - 남자가 여자 형제를 이르는 말로, 주로 손아래 여자를 일컫는 말로 쓰이지요.
+ 女(여자 녀) - 제목번호 135 참고

妹弟(매제) 손아래 누이의 남편.
男妹(남매) '사내와 누이'로, 오라비와 누이. 오누이.
姉妹(자매) (여자끼리의) 언니와 아우.

+ 弟(아우 제, 제자 제), 男(사내 남), 姉(손위 누이 자)

4급 / 6획 / 木

작아서(丿) 아직 자라지 않은(未) 어린 싹처럼 붉으니 **붉을 주**

+ 나무나 풀의 어린 싹은 대부분 붉지요.
+ 丿('삐침 별'이지만 여기서는 작은 모양)

朱紅(주홍) 붉은빛과 누런빛의 중간으로 붉은 쪽에 가까운 색.
朱黃(주황) 빨강과 노랑의 중간색.
印朱(인주) 도장 찍을 때 묻히는 붉은 물건.

+ 紅(붉을 홍), 黃(누를 황), 印(찍을 인, 도장 인)

010　림금[林禁] - 林으로 된 한자

7급 / 8획 / 木

나무(木)와 나무(木)가 우거진 수풀이니 **수풀 림(임)**

林野(임야) 숲이 있는 산이나 들.
林業(임업) (각종 임산물에서 얻는 경제적 이윤을 위하여) 삼림을 경영하는 사업.
山林(산림) 산의 수풀.

+ 野(들 야, 거칠 야), 業(업 업, 일 업), 山(산 산)

1日

4급II / 13획 / 示

수풀(林)은 보기(示)만 할 뿐 함부로 베지 못하도록 금하니 **금할 금**

+ 示(보일 시, 신 시) - 제목번호 019 참고

禁止(금지) 금하여 그치도록(못하게) 함.
嚴禁(엄금) 엄하게 금지함.
禁煙(금연) 담배 피우는 것을 금함.

+ 止(그칠 지), 嚴(엄할 엄), 煙(연기 연, 담배 연)

011　목간[目看] - 目으로 된 한자

6급 / 5획 / 目

둥글고 눈동자가 있는 눈( ) 모양을 본떠서 **눈 목**

또 눈으로 보니 **볼 목**

또 눈에 잘 보이게 만든 항목이니 **항목 목**

注目(주목) 눈길을 쏟아(관심을 갖고) 봄.
目標(목표) '보는 표시'로, 목적 삼는 곳.
德目(덕목) [충(忠)·효(孝)·인(仁)·의(義) 등의] 덕을 분류하는 명목.

+ 注(물댈 주, 쏟을 주), 標(표시할 표, 표 표), 德(덕 덕, 클 덕), 忠(충성 충), 孝(효도 효), 仁(어질 인), 義(옳을 의, 의로울 의)

4급 / 9획 / 目

(더 잘 보려고 할 때) 손(𠂇)을 눈(目) 위에 얹고 보니 **볼 간**

+ 𠂇[손 수, 재주 수, 재주 있는 사람 수(手)의 변형] - 제목번호 362 참고

看板(간판) (상점 등에서 사람들이) 보도록 내건 널조각.
看護(간호) (환자나 부상자를) 보살펴 보호함.
走馬看山(주마간산) '달리는 말에서 산을 봄'으로, 자세히 살피지 아니하고 대충대충 보고 지나감을 이르는 말.

+ 板(널조각 판), 護(보호할 호), 走(달릴 주, 도망갈 주), 馬(말 마), 山(산 산)

제2편 한자 익히기 | 023

012 상상[相想] - 相으로 된 한자

5급II / 9획 / 目

나무(木)처럼 마주서서 서로의 모양을 보니(目) **서로 상, 모습 상, 볼 상**

또 임금과 서로 이야기하는 재상이니 **재상 상**

+ 재상(宰相) - 임금을 돕고 모든 관원을 지휘하고 감독하는 이품 이상의 벼슬. 옛날의 영의정, 지금의 수상이나 국무총리에 해당함.
+ 木(나무 목), 宰(주관할 재, 재상 재)

相半(상반) 서로 절반씩 어슷비슷함.
相反(상반) 서로 반대되거나 어긋남.
眞相(진상) 사물의 참된 모습. 실제의 형편.
觀相(관상) '보고 봄'으로, 사람의 얼굴로 그의 운명, 성격, 수명 등을 판단하는 일.
首相(수상) '우두머리 재상'으로, 국무총리. 영의정.

+ 半(반 반), 反(거꾸로 반, 뒤집을 반), 眞(참 진), 觀(볼 관), 首(머리 수, 우두머리 수)

4급II / 13획 / 心

서로(相) 마음(心)으로 생각하니 **생각할 상**

+ 心(마음 심, 중심 심) - 제목번호 189 참고

空想(공상) (객관성이 없는) 빈(헛된) 상상.
構想(구상) '생각을 얽음'으로, (앞으로 하려는 일에 대하여) 그 전체의 짜임이나 해 나가는 차례 등에 대하여 생각을 정리하는 일.

+ 空(빌 공, 하늘 공), 構(얽을 구)

각 제목에 나오는 한자 순서도 참고하세요.
이 책에 나오는 각 제목은, 비록 발음하기는 어렵더라도 순서대로 한자를 생각해 보시라고, 먼저 기준이 되는 한자를 넣고, 그 기준자의 ① 왼쪽에, ② 오른쪽에, ③ 위에, ④ 아래에, 부수자나 무슨 자를 붙였을 때 만들어지는 한자 순으로 배치했습니다. 어느 쪽에 해당 한자가 없으면 다음 순서의 한자를 배치했고요.
그러니 어떤 한자를 보면 그 한자의 왼쪽에, 오른쪽에, 위에, 아래에 무엇을 붙였을 때, 만들어지는 한자를 생각하면서 익히면 보다 효과적입니다.

이 책의 내용은 계속 진화 발전하는 구조입니다.
이 책에 나온 어원은 책이 나올 때까지의 최선의 어원이지만, 아직 명쾌하게 풀어지지 않은 어원은 책이 나온 뒤에도 계속 생각하여, 더 좋은 어원이 생각날 때마다 모아서, 다시 찍을 때마다 수정 보완하고 있습니다.
그러니 이 책은 처음 나올 때의 내용 그대로 고정되지 않고, 판을 거듭할수록 계속 진화 발전하는 구조입니다.

013 차조조사[且組祖査] - 且로 된 한자

3급 / 5획 / 一

그릇(一)에 음식을 또 쌓아올린(旦) 모양을 본떠서 **또 차**

또 또 다시 구해야 할 정도로 구차하니 **구차할 차**

+ 구차(苟且) - ① 살림이 몹시 가난함.
　　　　　　　② 말이나 행동이 떳떳하지 못함.
+ 一('한 일'이지만 여기서는 그릇으로 봄), 苟(구차할 구, 진실로 구)

4급 / 11획 / 糸

실(糸)을 겹치고 또(且) 겹쳐 짜니 **짤 조**

+ 糸(실 사, 실 사 변) - 제목번호 175 참고

組立(조립) 여러 부품을 하나의 구조물로 짜 맞춤. 또는 그 짜 맞춘 것.
組成(조성) 짜 맞추어 이룸(만듦).
組織(조직) ① (베를) 짬.
　　　　　② (어떤 목적을 달성하기 위하여) 일정한 지위와 역할을 지닌 사람이나 물건이 모인 집합체.

+ 立(설 립), 成(이룰 성), 織(짤 직)

7급 / 10획 / 示

보면(示) 또(且) 절해야 하는 할아버지니 **할아버지 조**

또 할아버지 위로 대대의 조상이니 **조상 조**

+ 示(보일 시, 신 시) - 제목번호 019 참고

祖父(조부) 할아버지.
祖上(조상) 할아버지 위로 대대의 어른.
鼻祖(비조) '비롯한 할아버지'로, 맨 처음으로 시작한 사람.

+ 父(아버지 부), 上(위 상, 오를 상), 鼻(코 비, 비롯할 비)

5급 / 9획 / 木

나무(木)까지 또(且) 조사하니 **조사할 사**

+ 木(나무 목)

調査(조사) 사물의 내용을 자세히 살핌.
檢査(검사) 검사하여 옳고 그름을 가려냄.
探査(탐사) (알려지지 않은 사물을) 찾아 조사함.

+ 調(고를 조, 어울릴 조, 가락 조), 檢(검사할 검), 探(찾을 탐)

014 산선[山仙] - 山으로 된 한자

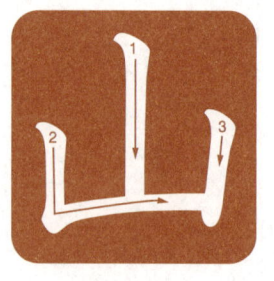

8급 / 3획 / 山

높고 낮은 산봉우리(⛰)를 본떠서 **산 산**

江山(강산) 강과 산.
登山(등산) 산에 오름.
靑山(청산) 푸른 산.

+ 江(강 강), 登(오를 등, 기재할 등), 靑(푸를 청, 젊을 청)

5급II / 5획 / 人(亻)

사람(亻)이 산(山)처럼 높은 것에만 신경 쓰고 살면 신선이니 **신선 선**

+ 세상을 살다 보면 해결해야 할 일이 많은데, 산처럼 높은 것에만 신경 쓰고 살 수 있으면 신선이라고 했네요.
+ 亻- 사람 인(人)이 한자의 왼쪽에 붙는 부수인 변으로 쓰일 때의 모양으로 '사람 인 변'

神仙(신선) 도(道)를 닦아서 신통력을 얻은 사람.
仙境(선경) ① 신선이 사는 곳.
　　　　　　② 속세를 떠난 깨끗한 곳.

+ 神(귀신 신, 신비할 신, 정신 신), 道(길 도, 도리 도, 말할 도, 행정 구역의 도), 境(지경 경, 형편 경)

- **주에 없는 한자 풀이는 앞부분을 보세요.**
  사전 없이도 이 책만으로 혼자서 쉽게 익힐 수 있도록 모든 한자에 주를 달았지만, 바로 앞에 나온 한자나 보통 수준이라면 다 알 수 있는 쉬운 한자, 자주 반복되는 한자는 생략한 경우도 있습니다.
  내용을 읽으시다가 주에 없는 한자는 바로 앞부분을 보세요.

015 곡속욕용[谷俗浴容] - 谷으로 된 한자

3급Ⅱ / 7획 / 谷

양쪽으로 벌어지고(八) 벌어져(八) 구멍(口)처럼 패인 골짜기니

골짜기 곡

+ 八, 八[여덟 팔, 나눌 팔(八)의 변형], 口(입 구, 구멍 구, 말할 구)

4급Ⅱ / 9획 / 人(亻)

사람(亻)이 골짜기(谷)처럼 낮은 것에만 신경 쓰고 살면 저속하니 **저속할 속**

또 저속한 사람들이 모여 사는 속세니 **속세 속**

또 사람(亻)이 같은 골짜기(谷)에 살면서 이룬 풍속이니 **풍속 속**

低俗(저속) (품위가) 낮고 속됨.
俗世(속세) 저속하거나 평범한 사람들의 세상.
風俗(풍속) 옛날부터 그 사회에 전해 오는 생활 전반에 걸친 습관 등을 이르는 말.

+ 低(낮을 저), 世(세대 세, 세상 세), 風(바람 풍, 풍속·경치·모습·기질·병 이름 풍)

5급 / 10획 / 水(氵)

물(氵) 흐르는 골짜기(谷)에서 목욕하니 **목욕할 욕**

+ 氵 - 물 수(水)가 한자의 왼쪽에 붙는 부수인 변으로 쓰일 때의 모양으로 '삼 수 변'

浴室(욕실) 목욕실(목욕할 수 있도록 시설을 갖춘 방).
海水浴(해수욕) 바닷물로 하는 목욕.

+ 室(집 실, 방 실, 아내 실), 海(바다 해), 水(물 수)

4급Ⅱ / 10획 / 宀

집(宀)안일로 골짜기(谷)처럼 주름진 얼굴이니 **얼굴 용**

또 집(宀)에서처럼 마음 씀이 골짜기(谷)처럼 깊어 무엇이나 받아들이고 용서하니 **받아들일 용, 용서할 용**

+ 宀 - 지붕으로 덮여 있는 집을 본떠서 '집 면'

內容(내용) ① 그릇이나 포장 등의 안에 든 것.
② 사물의 속내를 이루는 것.
③ 말·글·그림·연출 등의 모든 표현 매체 속에 들어 있는 것. 또는 그런 것들로 전하고자 하는 것.
許容(허용) 허락하여 받아들임.

+ 內(안 내), 許(허락할 허)

016 인 입전[人 入全] – 人과 入으로 된 한자

8급 / 2획 / 人

다리 벌리고 서 있는 사람(𠆢)을 본떠서 **사람 인**

+ 한자의 왼쪽에 붙는 부수인 변으로 쓰일 때는 '사람 인 변(亻)', 한자의 발 부분에 붙는 부수인 발로 쓰일 때는 '사람 인 발, 어진사람 인(儿)'입니다.

人類(인류) ① 세계의 모든 사람.
② 사람을 다른 동물과 구별하여 이르는 말.
人性(인성) 사람의 성품.
愛人(애인) 사랑하는 사람. 또는 남을 사랑함.

+ 類(무리 류, 닮을 류), 性(성품 성, 바탕 성, 성별 성), 愛(사랑 애, 즐길 애, 아낄 애)

7급 / 2획 / 入

사람(人)이 머리 숙이고 들어가는(入) 모양을 본떠서 **들 입**

入口(입구) 들어가는 문. ↔ 出口(출구) 밖으로 나갈 수 있는 통로. 나가는 곳.
入學(입학) (학생이 되어 공부하기 위해) 학교에 들어감.
侵入(침입) 침범하여 들어가거나 들어옴.

+ 口(입 구, 구멍 구, 말할 구), 出(날 출, 나갈 출), 學(배울 학), 侵(침노할 침)

7급II / 6획 / 入

궁궐에 들어가(入) 왕(王)이 되면 모든 것이 갖추어져 온전하니 **온전할 전**

ㅇ 仝 – 사람(人)이 왕(王)이 되면 모든 것이 갖추어져 온전하니 '온전할 전'

+ 王(임금 왕, 으뜸 왕, 구슬 옥 변) – 제목번호 120 참고

完全(완전) 부족함 없이 온전함.
全體(전체) 대상의 모두. ↔ 部分(부분) 전체를 몇으로 나눈것의 하나하나.
健全(건전) ① 건실하고 완전함.
② 건강하고 병이 없음.

+ 完(완전할 완), 體(몸 체), 部(마을 부, 나눌 부, 거느릴 부), 分(나눌 분, 단위 분, 단위 푼, 신분 분, 분별할 분, 분수 분), 健(건강할 건)

017 대부 천송 [大夫 天送] - 大와 天으로 된 한자

8급 / 3획 / 大

양팔 벌려(一) 사람(人)이 큼을 나타내어 **큰 대**

+ 一('한 일'이지만 여기서는 양팔 벌린 모양으로 봄)

大量(대량) 많은 분량.
巨大(거대) 엄청나게 큼.
偉大(위대) '크고 큼'으로, 뛰어나고 훌륭함.

+ 量(헤아릴 량, 용량 량), 巨(클 거), 偉(클 위, 훌륭할 위)

7급 / 4획 / 大

한(一) 가정을 거느릴 정도로 큰(大) 사내나 남편이니 **사내 부, 남편 부**

夫婦(부부) 남편과 아내.
漁夫(어부) 고기잡이를 업으로 하는 사람.
令夫人(영부인) 남의 아내를 높여 이르는 말.

+ 婦(아내 부, 며느리 부), 漁(고기잡을 어), 令(하여금 령, 명령할 령, 남을 높이는 말 령)

7급 / 4획 / 大

세상에서 제일(一) 큰(大) 것은 하늘이니 **하늘 천**

天命(천명) ① 타고난 수명.
② 타고난 운명.
天地(천지) 하늘과 땅. 온 세상.

+ 命(명령할 명, 목숨 명, 운명 명), 地(땅 지, 처지 지)

4급II / 10획 / 辶(辵)

나누어(八) 하늘(天) 아래 어디로 가도록(辶) 보내니 **보낼 송**

+ 八(여덟 팔, 나눌 팔), 辶(뛸 착, 갈 착)

送金(송금) 돈을 보냄.
送別(송별) (떠나는 사람을) 이별하여 보냄.
放送(방송) (라디오·텔레비전 등을 통하여 널리 듣고 볼 수 있도록 음성이나 영상을 전파로) 내보내는 일.

+ 金(쇠 금, 금 금, 돈 금, 성씨 김), 別(나눌 별, 다를 별), 放(놓을 방)

뛸 착, 갈 착(辶, 辶)의 모양

서체에 따라 모양이 달라지는데, 위에 점이 하나면 아래를 두 번 구부리고, 위에 점이 둘이면 아래를 한 번 구부려야 맞습니다.

018 태 견기[太 犬器] - 太와 犬으로 된 한자

6급 / 4획 / 大

큰 대(大) 아래에 점(丶)을 찍어 더 큼을 나타내어 **클 태**

+ 丶(점 주, 불똥 주)

太陽(태양) ① 태양계의 중심이 되는 항성.
② 매우 소중하거나 희망을 주는 존재를 비유적으로 이르는 말.
太初(태초) '크게 처음'으로, 천지가 생겨난 맨 처음.
太平(태평) 크게 평화로움.

+ 陽(볕 양, 드러날 양), 初(처음 초), 平(평평할 평, 평화 평)

4급 / 4획 / 犬(犭)

(주인을) 크게(大) 점(丶)찍어 따르는 개니 **개 견**

+ 개는 주인을 알아보고 잘 따르지요.
+ 한자의 왼쪽에 붙는 부수인 변으로 쓰일 때는 '큰 개 견(犭)'으로, 개나 사슴 등 여러 짐승을 나타낼 때도 쓰이니 '개 사슴 록 변'으로도 부릅니다.

鷄犬(계견) 닭과 개를 아울러 이르는 말.
愛犬(애견) 개를 사랑함. 또는 사랑하는 개.

+ 鷄(닭 계), 愛(사랑 애, 즐길 애, 아낄 애)

4급Ⅱ / 16획 / 口

개(犬)의 여러 마리 입들(品)이 둘러싸고 먹이를 먹는 그릇이나 기구니
그릇 기, 기구 기

+ 口(입 구, 구멍 구, 말할 구)

食器(식기) 음식을 담아 먹는 그릇.
祭器(제기) 제사에 쓰는 그릇.
武器(무기) 전투에 쓰이는 기구의 총칭.

+ 食(밥 식, 먹을 식), 祭(제사 제, 축제 제), 武(군사 무, 무기 무)

019 시사신[示社神] - 示로 된 한자

示
5급 / 5획 / 示

하늘과 땅(二)에 작은(小) 기미가 보이니 **보일 시**

또 이렇게 기미를 보이는 신이니 **신 시**

+ 한자의 변으로 쓰일 때는 '보일 시, 신 시 변(礻)'으로, 옷 의(衣)가 부수로 쓰일 때의 모양인 '옷 의 변(衤)'과 혼동하지 마세요.
+ 二('둘 이'지만 여기서는 하늘과 땅의 모양으로 봄)

示範(시범) 모범을 보임.
明示(명시) 분명하게 나타내 보임. ↔ 暗示(암시) 넌지시 알림. 또는 그 내용.
展示(전시) 벌여 놓아 보이게 함.

+ 範(법 범, 본보기 범), 明(밝을 명), 暗(어두울 암, 몰래 암), 展(펼 전, 넓을 전)

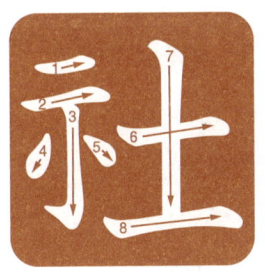
6급II / 8획 / 示

신(示) 중에 토지(土)를 주관하는 토지신이니 **토지신 사**

또 토지신께 제사 지낼 때처럼 모이니 **모일 사**

+ 옛날의 나라는 대부분 농업 국가였으니 나라를 세우면 반드시 제단을 쌓고 토지신과 곡식신께 제사 지냈다는 데서 유래.

社交(사교) 여러 사람이 모여 서로 사귐.
社會(사회) 같은 무리끼리 모여 이루는 집단.

+ 交(사귈 교, 오고갈 교), 會(모일 회)

6급II / 10획 / 示

신(示) 중 모습을 펴(申) 나타난다는 귀신이니 **귀신 신**

또 귀신처럼 신비하고 깨어 있는 정신이니 **신비할 신, 정신 신**

+ 神은 보이지 않지만 가끔 어떤 모양으로 나타난다고도 하지요.
+ 申(아뢸 신, 펼 신, 원숭이 신, 아홉째 지지 신) - 제목번호 032 참고

精神(정신) ① 육체나 물질에 대립되는 영혼이나 마음.
② 사물을 느끼고 생각하며 판단하는 능력. 또는 그런 작용.
③ 마음의 자세나 태도.
神祕(신비) (사람의 지혜로는 도저히 이해할 수 없는) 신묘한 비밀.

+ 精(정밀할 정, 찧을 정), 祕(숨길 비, 신비로울 비)

020 종숭[宗崇] – 宗으로 된 한자

4급II / 8획 / 宀

집(宀) 중 조상의 신(示)을 모시는 종가니 **종가 종**
또 종가는 그 집안의 으뜸이며 마루니 **으뜸 종, 마루 종**

+ 마루 – 일의 근원. 근본.
+ 宀(집 면)

> 宗家(종가) 한 문중에서 맏이로만 이어 온 큰집.
> 宗孫(종손) 종가의 맏손자.
> 宗敎(종교) '으뜸 가르침'으로, 절대자를 믿고 숭배하는 일.

+ 家(집 가, 전문가 가), 孫(손자 손), 敎(가르칠 교)

4급 / 11획 / 山

산(山)처럼 종가(宗)를 높이며 공경하니 **높일 숭, 공경할 숭**

> 崇高(숭고) 숭엄하고 고상함.
> 崇拜(숭배) 우러러 공경함.
> 崇儉(숭검) 검소하고 절약함을 가치 있게 여겨 좋음.

+ 高(높을 고), 拜(절 배), 儉(검소할 검)

확인문제 (001~020)

01~04 다음 漢字의 훈(뜻)과 음(소리)을 쓰세요.

01. 禁 (   )   02. 看 (   )
03. 想 (   )   04. 組 (   )

05~08 다음 훈음에 맞는 漢字를 쓰세요.

05. 얼음 빙 (   )   06. 말씀 담 (   )
07. 노래 부를 창 (   )   08. 끝 말 (   )

09~12 다음 漢字語의 독음을 쓰세요.

09. 移動 (   )   10. 寢床 (   )
11. 姉妹 (   )   12. 朱紅 (   )

13~14 다음 문장 중 밑줄 친 단어를 漢字로 쓰세요.

13. 사건의 <u>진상</u>을 파악하라. (   )
14. 우리는 외래어 사용 실태를 <u>조사</u>했다. (   )

15~16 다음 문장 중 漢字로 표기된 단어의 독음을 쓰세요.

15. 고향에 계신 부모님께 생활비를 送金했다. (   )
16. 많은 문화에서 태양이 신으로 崇拜되었다. (   )

17~18 다음 뜻풀이에 맞는 단어를 漢字로 쓰세요.

17. 민간의 풍속. (   )   18. 분명하게 나타내 보임. (   )

19~20 다음 漢字語의 뜻을 쓰세요.

19. 組成 (   )
20. 許容 (   )

---

01. 금할 금 02. 볼 간 03. 생각할 상 04. 짤 조 05. 氷 06. 談 07. 唱 08. 末 09. 이동 10. 침상 11. 자매 12. 주홍 13. 眞相 14. 調査 15. 송금 16. 숭배 17. 民俗 18. 明示 19. 짜 맞추어 이룸(만듦). 20. 허락하여 받아들임.

2일 021 ~ 040

021 춘봉[春奉] - 夫로 된 한자

7급 / 9획 / 日

하늘과 땅(二)에 점점 크게(大) 해(日)가 느껴지는 봄이니 **봄 춘**

+ 봄에는 해가 북쪽으로 올라오기 시작하여 더욱 크게 느껴지지요.
+ 二('둘 이'지만 여기서는 하늘과 땅의 모양으로 봄), 大(큰 대)

春困(춘곤) 봄철의 나른하고 졸리는 기운.
靑春(청춘) 스무 살 안팎의 젊은 나이를 이르는 말.
到處春風(도처춘풍) 이르는 곳마다 봄바람이란 뜻으로, 누구에게나 좋게 대하는 일이나 그런 사람들을 비유적으로 이르는 말.

+ 困(곤할 곤), 靑(푸를 청, 젊을 청), 到(이를 도, 주도면밀할 도), 處(살 처, 곳 처, 처리할 처)

5급II / 8획 / 大

하늘과 땅(二) 같이 위대한(大) 분을 많이(キ) 받드니 **받들 봉**

+ キ[일천 천, 많을 천(千)의 변형]

奉養(봉양) (부모나 조부모와 같은 웃어른을) 받들어 모심.
奉仕(봉사) '받들어 섬김'으로, (국가나 사회, 또는 남을 위하여) 자신을 돌보지 않고 애씀.

+ 養(기를 양), 仕(벼슬할 사, 섬길 사)

022 금념[今念] - 今으로 된 한자

6급II / 4획 / 人

사람(人)이 하나(一) 같이 모여드는(㇇) 때가 바로 이제 오늘이니

이제 금, 오늘 금

+ 人(사람 인), 一(한 일), ㇇[이를 급, 미칠 급(及)의 변형]

> 今日(금일) 오늘.
> 今時初聞(금시초문) 이제 처음으로 들음.
> 東西古今(동서고금) '동양이나 서양이나 예나 지금이나'로, 언제 어디서나.

+ 日(해 일, 날 일), 時(때 시), 初(처음 초), 聞(들을 문), 東(동쪽 동, 주인 동), 西(서쪽 서), 古(오랠 고, 옛 고)

5급II / 8획 / 心

지금(今) 마음(心)에 있는 생각이니 **생각 념(염)**

+ 心(마음 심, 중심 심)

> 念慮(염려) (마음을 놓지 못하고 늘) 생각함.
> 念願(염원) (마음속으로) 생각하고 원함.
> 觀念(관념) ① 어떤 일에 대한 견해나 생각.
> ② 현실에 의하지 않는 추상적이고 공상적인 생각.

+ 慮(생각할 려), 願(원할 원), 觀(볼 관)

2日

023 합급답[合給答] - 合으로 된 한자

6급 / 6획 / 口

사람(人)이 하나(一) 같이 말할(口) 정도로 뜻이 서로 합하여 맞으니
합할 합, 맞을 합

團合(단합) '둥글게 합함'으로, 많은 사람이 마음과 힘을 한데 뭉침. 단결(團結).
都合(도합) 모두 합한 셈.
合格(합격) 어떤 조건이나 격식에 맞음.

+ 團(둥글 단, 모일 단), 結(맺을 결), 都(도읍 도, 모두 도), 格(격식 격, 헤아릴 격)

5급 / 12획 / 糸

실(糸)을 합쳐(合) 잇듯 끊이지 않고 계속 주니 **줄 급**
또 주듯이 공급하니 **공급할 급**

+ 糸(실 사, 실 사 변)

給食(급식) (학교나 공장 등에서 아동·종업원에게) 식사를 제공함.
發給(발급) 증명서 등을 발행하여 줌.
月給(월급) (일한 삯을) 한 달을 단위로 주는(받는) 돈.

+ 食(밥 식, 먹을 식), 發(쏠 발, 일어날 발), 月(달 월, 육 달 월)

7급II / 12획 / 竹(⺮)

대(⺮)쪽에 글을 써 뜻에 맞게(合) 대답하고 갚으니
대답할 답, 갚을 답

+ 종이가 없던 시절에는 대쪽에 글을 써서 주고받았답니다.
+ ⺮ [대 죽(竹)이 부수로 쓰일 때의 모양]

應答(응답) (물음에) 응하여 대답함.
解答(해답) (문제를) 풀어서 답하는 것. 또는 그 답.
報答(보답) (은혜를) 갚음.

+ 應(응할 응), 解(해부할 해, 풀 해), 報(알릴 보, 갚을 보)

024 사작작[乍作昨] - 乍로 된 한자

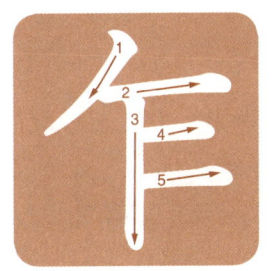

특급II / 5획 / 丿

사람(𠂉)이 하나(丨) 둘(二)을 세는 잠깐이니 **잠깐 사**

+ 𠂉[사람 인(人)의 변형], 丨('뚫을 곤'이지만 여기서는 하나로 봄), 二(둘 이)

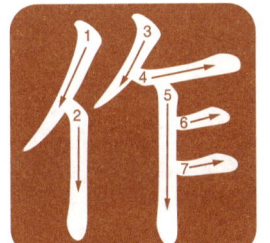

6급II / 7획 / 人(亻)

사람(亻)이 잠깐(乍) 사이에 무엇을 지으니 **지을 작**

+ 亻(사람 인 변)

> 作家(작가) '짓는 전문가'로, (시·소설 등 예술품을) 창작하는 일에 종사하는 사람.
> 始作(시작) '처음 지음'으로, 무엇을 처음으로 하거나 쉬었다가 다시 함.
> 作心三日(작심삼일) 작정한 마음이 삼일을 가지 못함.

+ 家(집 가, 전문가 가), 始(처음 시), 心(마음 심, 중심 심), 日(해 일, 날 일)

6급II / 9획 / 日

하루 해(日)가 잠깐(乍) 사이에 넘어가고 되는 어제니 **어제 작**

> 昨日(작일) 어제.
> 昨年(작년) 지난해. ↔ 來年(내년) 올해의 다음 해.
> 昨今(작금) ① 어제와 오늘을 아울러 이르는 말.
> ② 요즈음(바로 얼마 전부터 이제까지의 무렵).

+ 年(해 년, 나이 년), 來(올 래), 今(이제 금, 오늘 금)

025 구품 위(국)회[口品 囗回] - 口와 囗으로 된 한자

7급 / 3획 / 口

입이나 구멍을 본떠서 **입 구, 구멍 구**

또 입으로 말하니 **말할 구**

口味(구미) 입맛.
口號(구호) (집회나 시위 등에서) 어떤 요구나 주장 등을 간결한 형식으로 표현한 문구.
出入口(출입구) 나가고 들어오는 구멍.

+ 味(맛 미), 號(부르짖을 호, 이름 호, 부호 호), 出(날 출, 나갈 출), 入(들 입)

5급II / 9획 / 口

여러 사람이 말하여(口口口) 정한 물건의 등급과 품위니
물건 품, 등급 품, 품위 품

品目(품목) 물건의 이름을 적은 목록.
商品(상품) 사고파는 물품.
上品(상품) 높은 등급.
品位(품위) 사람이나 물건이 지닌 좋은 인상.

+ 目(눈 목, 볼 목, 항목 목), 商(장사할 상, 헤아릴 상), 上(위 상, 오를 상), 位(자리 위, 위치 위)

부수자 / 3획

사방의 둘레를 에워싸니 **둘레 위, 에워쌀 위**

또 둘레를 에워싸고 지키는 나라니 **나라 국**

+ 圍와 國의 옛 한자지만 에워싼 담 모양이니 '에운담'이라고도 합니다.
+ 圍 - 가죽(韋)으로 둘레를 에워싸니(囗) '둘레 위, 에워쌀 위' - 제목번호 331 참고
+ 韋(가죽 위, 어길 위), 國(나라 국) - 제목번호 241 참고

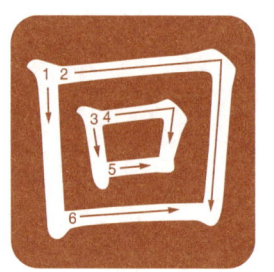

4급II / 6획 / 囗

축을 중심으로 돌아가는 모양에서 **돌 회**

또 돌면서 돌아오는 횟수니 **돌아올 회, 횟수 회**

回覽(회람) 글 등을 여러 사람이 차례로 돌려 봄. 또는 그 글.
回轉(회전) 빙빙 돔.
回答(회답) (물음에) 돌아온 답.
一回(일회) 한 번.

+ 覽(볼 람), 轉(구를 전), 答(대답할 답, 갚을 답), 一(한 일)

026 곤 수온[困 囚 溫] - 困과 囚로 된 한자

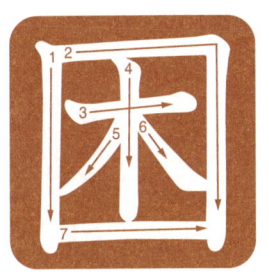

4급 / 7획 / 口

에워싸인(口) 나무(木)처럼 곤하니 **곤할 곤**

+ 곤(困)하다 - 기운이 없이 나른하다.
+ 나무는 적당한 햇볕과 수분 등이 있어야 잘 자라는데 무엇으로 에워싸여 있으면 곤하지요.
+ 木(나무 목)

困境(곤경) 곤란한 지경(경우).
貧困(빈곤) 가난해서 살림이 곤란함.
疲困(피곤) 몸이 지쳐 고달픔.

+ 境(지경 경, 형편 경), 貧(가난할 빈), 疲(피곤할 피)

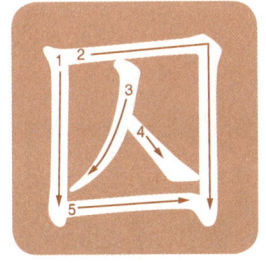

3급 / 5획 / 口

에워싸인(口) 곳에 갇힌 사람(人)은 죄인이니 **죄인 수**

+ 人(사람 인)

6급 / 13획 / 水(氵)

물(氵)을 죄인(囚)에게도 그릇(皿)으로 떠 주는 마음이 따뜻하니 **따뜻할 온**

또 따뜻해지도록 여러 번 반복하여 익히니 **익힐 온**

얜 溫 - 물(氵)이 해(日)가 비친 그릇(皿)에 있으면 따뜻하니 '따뜻할 온'
또 따뜻하도록 여러 번 반복하여 익히니 '익힐 온'

+ 氵(삼 수 변), 日(해 일, 날 일), 皿(그릇 명)

溫情(온정) 따뜻한 인정. ↔ 冷情(냉정) 따뜻한 정이 없이 매정하고 쌀쌀한 마음.
溫冷(온랭) 따뜻한 기운과 찬 기운을 아울러 이르는 말.
溫故知新(온고지신) 옛것을 익히고 그것을 미루어 새것을 앎.

+ 情(뜻 정, 정 정), 冷(찰 랭), 故(연고 고, 옛 고), 知(알 지), 新(새로울 신)

027 인은[因恩] - 因으로 된 한자

5급 / 6획 / 口

에워싼(口) 큰(大) 울타리에 말미암아 의지하니 **말미암을 인, 의지할 인**

+ 사회가 안정되지 않았던 옛날에는 크고 튼튼한 울타리에 많이 의지하였겠지요.
+ 大(큰 대)

因緣(인연) 사람들 사이에 맺어지는 관계.
原因(원인) 일이 말미암아 일어나는 근본.
因果應報(인과응보) '원인과 결과가 응하여 갚음'으로, 좋은 일에는 좋은 결과가, 나쁜 일에는 나쁜 결과가 따름.

+ 緣(인연 연), 原(언덕 원, 근원 원), 果(과실 과, 결과 과), 應(응할 응), 報(알릴 보, 갚을 보)

4급II / 10획 / 心

의지하도록(因) 마음(心) 써주는 은혜니 **은혜 은**

+ 心(마음 심, 중심 심)

恩惠(은혜) 베풀어주는 혜택.
恩德(은덕) 은혜와 덕. 또는 은혜로운 덕.
謝恩(사은) 받은 은혜에 대하여 감사히 여겨 사례함.

+ 惠(은혜 혜), 德(덕 덕, 클 덕), 謝(사례할 사, 사절할 사, 빌 사)

028 구 소조[區 喿操] - 區와 喿로 된 한자

6급 / 11획 / ㄷ

감추려고(ㄷ) 물건(品)을 나누니 **나눌 구**

또 나눠 놓은 구역이니 **구역 구**

[약] 区 - 감추려고(ㄷ) 베어(乂) 나누니 '나눌 구'
또 나눠 놓은 구역이니 '구역 구'

+ ㄷ(감출 혜, 덮을 혜, =匚), 品(물건 품, 등급 품, 품위 품), 乂(벨 예, 다스릴 예, 어질 예)
  - 제목번호 358 참고

> 區別(구별) 성질이나 종류에 따라 차이가 남. 또는 성질이나 종류에 따라 갈라놓음.
> 區分(구분) 구별하여 나눔.
> 區域(구역) 일정한 기준에 의하여 잘라 놓은 지역.

+ 別(나눌 별, 다를 별), 分(나눌 분, 단위 분, 단위 푼, 신분 분, 분별할 분, 분수 분), 域(지역 역, 구역 역)

급외자 / 13획 / 口

많은 입들(品)처럼 나무(木) 위에서 새 떼 지어 우니

새 떼 지어 울 소

+ 品('물건 품, 등급 품, 품위 품'이지만 여기서는 많은 입들의 모양으로 봄)

5급 / 16획 / 手(扌)

손(扌)으로 새 떼 지어 우는(喿) 것처럼 어지러운 일을 잡아 다루니

잡을 조, 다룰 조

+ 扌 - 손 수, 재주 수, 재주 있는 사람 수(手)가 부수로 쓰일 때의 모양으로 '손 수 변'

> 操心(조심) '마음을 잡음'으로, 잘못이나 실수가 없게 마음을 씀.
> 志操(지조) '뜻을 잡음'으로, 곧은 뜻과 절조.
> 體操(체조) '몸을 다룸'으로, 신체 각 부분의 고른 발육과 건강의 증진을 위하여 일정한 형식으로 몸을 움직임. 또는 그런 운동.

+ 心(마음 심, 중심 심), 志(뜻 지), 體(몸 체)

029 중충환[中忠患] - 中에서 연결 고리로 된 한자

8급 / 4획 / ㅣ

사물(口)의 가운데를 뚫어(ㅣ) 맞히니 **가운데 중, 맞힐 중**

+ 口[입 구, 구멍 구, 말할 구(口)의 변형이지만 여기서는 사물의 모양으로 봄], ㅣ(뚫을 곤)

中心(중심) ① 사물의 한가운데.
② 사물이나 행동에서 매우 중요하고 기본이 되는 부분.
的中(적중) ① (화살이) 과녁을 맞힘.
② (예상이나 추측, 또는 목표 등에 꼭) 들어맞음.
百發百中(백발백중) '백 번 쏘아 백 번 다 맞힘'으로, ① 겨눈 곳에 꼭꼭 맞음. ② 무슨 일이나 잘 들어맞음.

+ 心(마음 심, 중심 심), 的(과녁 적, 맞힐 적, 밝을 적, 접미사 적), 百(일백 백, 많을 백), 發(쏠 발, 일어날 발)

4급Ⅱ / 8획 / 心

가운데(中)서 우러나는 마음(心)으로 대하는 충성이니 **충성 충**

+ 心(마음 심, 중심 심)

忠誠(충성) 참마음에서 우러나오는 정성.
忠告(충고) (남의 허물을) 충심으로 알림(타이름).
忠臣(충신) (나라와 임금을 위해) 충성하는 신하.

+ 誠(정성 성), 告(알릴 고, 뵙고 청할 곡), 臣(신하 신)

5급 / 11획 / 心

가운데(中) 가운데(中)에 맺혀 있는 마음(心)은 근심이니 **근심 환**

患者(환자) 병을 앓는 사람.
有備無患(유비무환) (사전에 미리) 갖추어져 있으면 근심이 없음.

+ 者(놈 자, 것 자), 有(가질 유, 있을 유), 備(갖출 비), 無(없을 무)

030 사 리사[史 吏 使] - 史와 吏로 된 한자

5급II / 5획 / 口

중립(屮)을 지키며(乀) 사실대로 써야 하는 역사니 **역사 사**

+ 역사는 어느 쪽으로도 치우치지 않는 중립을 지키는 사람이 사실대로 써야 하지요.
+ 屮[가운데 중, 맞힐 중(中)의 변형], 乀('파임 불'이지만 여기서는 '지키다'의 뜻으로 봄)

歷史(역사) 인류 사회의 과거 변천 흥망의 기록.
史記(사기) 역사적 사실을 기록한 책.
史料(사료) '역사적인 재료'로, 역사 연구에 필요한 문헌이나 유물.

+ 歷(지날 력, 책력 력, 겪을 력), 記(기록할 기, 기억할 기), 料(헤아릴 료, 재료 료, 값 료)

3급II / 6획 / 口

한(一)결같이 중립(屮)을 지키며(乀) 공정하게 일해야 하는 관리니 **관리 리(이)**

+ 관리(官吏) - 관직에 있는 사람.
+ 官(관청 관, 벼슬 관)

6급 / 8획 / 人(亻)

사람(亻)이 관리(吏)로 하여금 일을 하도록 부리니 **하여금 사, 부릴 사**

使命(사명) '하여금 하도록 한 명령'으로, 맡겨진 임무.
使用(사용) 일정한 목적이나 기능에 맞게 씀.
勞使(노사) 노동자와 사용자를 아울러 이르는 말.

+ 命(명령할 명, 목숨 명, 운명 명), 用(쓸 용), 勞(수고할 로, 일할 로)

031 경(갱)편(변)[更便] - 更으로 된 한자

4급 / 7획 / 日

한(一) 번 말(曰)하면 사람(乂)들은 고치거나 다시 하니 **고칠 경, 다시 갱**

+ 한 번 말하면 좋은 사람은 고치지만 그렇지 못한 사람은 다시 하지요.
+ 曰(가로 왈, 말할 왈), 乂[사람 인(人)의 변형]

變更(변경) 다르게 바꾸어 새롭게 고침.
更生(갱생) 다시 살아남.
自力更生(자력갱생) '자기 힘으로 다시 살아남'으로, 남의 힘에 의지하지 않고 자기 힘으로 어려움을 이기고 더 나은 환경을 만듦.

+ 變(변할 변), 生(날 생, 살 생, 사람을 부를 때 쓰는 접사 생), 自(자기 자, 스스로 자, 부터 자), 力(힘 력)

7급 / 9획 / 人(亻)

사람(亻)이 잘못을 고치면(更) 편하니 **편할 편**

또 누면 편한 똥오줌이니 **똥오줌 변**

+ 편할 편(便)에 어찌 '똥오줌 변'이란 뜻도 있을까? 조금만 생각해 봐도 누면 편한 것이 똥오줌이니 그런 것임을 알게 되지요. 이처럼 하나의 한자에 둘 이상의 뜻이 있으면 반드시 그런 뜻이 붙은 이유가 있으니, 무조건 외기 전에 왜 그럴까를 생각해 보세요. 이해가 바탕이 되면 저절로 익혀지고 잊히지 않습니다.

便利(편리) 편하고 이로움.
郵便(우편) 편지나 물품을 전국 또는 전 세계에 보내 주는 제도.
便所(변소) 대소변을 보는 곳.

+ 利(이로울 리, 날카로울 리), 郵(우편 우), 所(장소 소, 바 소)

032 전유갑신[田由甲申] - 田으로 된 한자 1

4급II / 5획 / 田

경계 짓고(口) 나눈(十) 밭이나 논의 모양에서 **밭 전, 논 전**

田穀(전곡) 밭에서 나는 곡식.
田園(전원) 논밭과 동산. 시골.
油田(유전) 석유가 나는 밭.

+ 穀(곡식 곡), 園(동산 원), 油(기름 유)

6급 / 5획 / 田

밭(田)에 싹(丨)이 나는 것은 씨앗을 뿌린 까닭으로 말미암으니
까닭 유, 말미암을 유

+ 말미암다 - 어떤 현상이나 사물 등이 원인이나 이유가 되다.
+ 丨('뚫을 곤'이지만 여기서는 돋아나는 싹으로 봄)

事由(사유) 일의 까닭.
理由(이유) 까닭. 사유.
由來(유래) '말미암아 옴'으로, (사물이나 일이) 말미암아 생겨난 까닭.

+ 事(일 사, 섬길 사), 理(이치 리, 다스릴 리), 來(올 래)

4급 / 5획 / 田

밭(田)에 씨앗을 뿌리면 뿌리(丨)가 첫째로 나오니
첫째 갑, 첫째 천간 갑

또 싹이 날 때 뒤집어 쓴 껍질 같은 갑옷이니 **껍질 갑, 갑옷 갑**

+ 丨('뚫을 곤'이지만 여기서는 아래로 뻗는 뿌리로 봄)

甲種(갑종) 첫째 종류.
鐵甲(철갑) 쇠로 만든 갑옷.

+ 種(씨앗 종, 종류 종), 鐵(쇠 철)

4급II / 5획 / 田

속마음을 아뢰어(曰) 펴듯(丨) 소리 내는 원숭이니
아뢸 신, 펼 신, 원숭이 신

또 원숭이는 아홉째 지지니 **아홉째 지지 신**

+ 曰(가로 왈, 말할 왈), 丨('뚫을 곤'이지만 여기서는 펴는 모양으로 봄)

申告(신고) (해당 기관에 일정한 사실을) 펴서 알림.
上申(상신) 상부 기관이나 윗사람에게 아룀.

+ 告(알릴 고, 뵙고 청할 곡), 上(위 상, 오를 상)

033 세남사[細男思] - 田으로 된 한자 2

4급II / 11획 / 糸

실(糸)처럼 밭(田)이랑이 가느니 **가늘 세**

+ 糸(실 사, 실 사 변)

細密(세밀) 자세하고 꼼꼼함.
細心(세심) '가는 마음'으로, 작은 일에도 꼼꼼하고 빈틈이 없음.
細胞(세포) 생물체를 이루는 기본 단위.

+ 密(빽빽할 밀, 비밀 밀), 心(마음 심, 중심 심), 胞(세포 포)

7급II / 7획 / 田

밭(田)에서 힘(力)써 일하는 사내니 **사내 남**

+ 力(힘 력) - 제목번호 083 참고

男妹(남매) '사내와 누이'로, 오라비와 누이. 오누이.
美男(미남) 아름답게 생긴 남자.
無男獨女(무남독녀) 아들 없는 집안의 외동딸.

+ 妹(누이 매), 美(아름다울 미), 無(없을 무), 獨(홀로 독, 자식 없을 독), 女(여자 녀)

5급 / 9획 / 心

밭(田)을 갈 듯이 마음(心)으로 요모조모 생각하니 **생각할 사**

+ 心(마음 심, 중심 심)

思考(사고) ① 생각하고 궁리함.
         ② 심상이나 지식을 사용하는 마음의 작용.
思想(사상) 생각. 의견.

+ 考(살필 고, 생각할 고), 想(생각할 상)

034 개계[介界] - 介로 된 한자

3급II / 4획 / 人(亻)

사람(人) 사이(儿)에 끼이니 **끼일 개**

6급II / 9획 / 田

밭(田) 사이에 끼어(介) 있는 경계니 **경계 계**

또 여러 나라의 경계로 나누어진 세계니 **세계 계**

+ 세계 지도를 보면 세계가 여러 나라의 경계로 나뉘어져 있지요.
+ 田(밭 전, 논 전)

境界(경계) (일이나 물건이 어떤 표준 밑에) 서로 이어 맞닿은 자리.
限界(한계) ① 땅의 경계.
　　　　　② 사물의 정하여진 범위.
世界(세계) 지구상의 모든 나라. 우주.

+ 境(지경 경, 형편 경), 限(한계 한), 世(세대 세, 세상 세)

035 리리동[里理童] - 里로 된 한자

7급 / 7획 / 里

곡식을 생산하는 전(田)답이 있는 땅(土) 부근에 형성되었던 마을이니

마을 리(이)

또 옛날에는 거리를 재는 단위로도 쓰여 **거리 리(이)**

+ 5리는 2km, 10리는 4km로 정하여 사용하지요.
+ 土(흙 토)

里長(이장) '마을의 어른'으로, 마을의 사무를 맡아보는 사람.
洞里(동리) 마을.

+ 長(길 장, 어른 장, 자랄 장), 洞(마을 동, 동굴 동, 밝을 통)

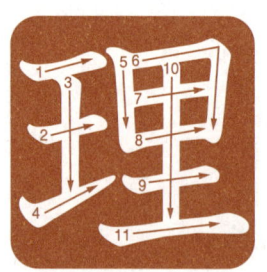

6급Ⅱ / 11획 / 玉(王)

왕(王)이 마을(里)을 이치에 맞게 다스리니

이치 리(이), 다스릴 리(이)

+ 王(임금 왕, 으뜸 왕, 구슬 옥 변) - 제목번호 120 참고

非理(비리) 이치에 어긋나는 일.
整理(정리) 가지런히 잡아서 다스림.
處理(처리) (사건이나 사무를) 다스림(마무리하여 끝냄).

+ 非(어긋날 비, 아닐 비, 나무랄 비), 整(가지런할 정), 處(곳 처, 살 처, 처리할 처)

6급Ⅱ / 12획 / 立

서서(立) 마을(里)에서 노는 사람은 주로 아이니 **아이 동**

+ 어른들은 일터에 나가고 마을에서 노는 사람은 주로 아이들이지요.
+ 立(설 립)

童心(동심) 어린이의 마음. 어린이처럼 순진한 마음.
童話(동화) 어린이를 위하여 동심(童心)을 바탕으로 지은 이야기. 또는 그런 문예 작품.
兒童(아동) 어린아이.

+ 心(마음 심, 중심 심), 話(말씀 화, 이야기 화), 兒(아이 아)

036 량량[量糧] – 量으로 된 한자

5급 / 12획 / 里

아침(旦)마다 그날 가야 할 거리(里)를 헤아리니 **헤아릴 량(양)**

또 헤아려 담는 용량이니 **용량 량(양)**

+ 旦(아침 단) - 제목번호 318 참고

測量(측량) 양을 헤아림.
計量器(계량기) 양을 헤아리는 기구.
降雨量(강우량) 내린 비의 양.

+ 測(헤아릴 측), 計(셈할 계, 꾀할 계), 器(그릇 기, 기구 기), 降(내릴 강, 항복할 항), 雨(비 우)

4급 / 18획 / 米

쌀(米) 같은 곡식을 먹을 만큼 **헤아려(量)** 들여놓는 양식이니
양식 량(양)

+ 米(쌀 미) - 제목번호 040 참고

糧食(양식) 먹고 살 거리. 식량.
食糧(식량) 생존을 위하여 필요한 사람의 먹을거리.
軍糧米(군량미) 군대의 양식으로 쓰는 쌀.

+ 食(밥 식, 먹을 식), 軍(군사 군), 米(쌀 미)

037 중종종동[重種鍾動] - 重으로 된 한자

7급 / 9획 / 里

많은(千) 마을(里)에서 모은 것이라 무겁고 귀중하니 **무거울 중, 귀중할 중**

또 무겁고 귀중하여 거듭 다루니 **거듭 중**

+ 千(일천 천, 많을 천) - 제목번호 062 참고

> 重量(중량) 무게.
> 輕重(경중) ① 가벼움과 무거움. 또는 가볍고 무거운 정도.
> ② 중요함과 중요하지 않음.
> 重要(중요) 귀중하고 필요함.
> 重複(중복) 거듭하거나 겹침.

+ 量(헤아릴 량, 용량 량), 輕(가벼울 경), 要(중요할 요, 필요할 요), 複(겹칠 복)

5급II / 14획 / 禾

벼(禾) 같은 곡식에서 중요한(重) 것은 씨앗이니 **씨앗 종**

또 씨앗처럼 나누어 두는 종류니 **종류 종**

또 씨앗을 심으니 **심을 종**

+ 禾('벼 화'로 곡식을 대표함) - 제목번호 040 참고

> 種子(종자) 씨앗.
> 種類(종류) 사물을 나누는 갈래.
> 接種(접종) 병의 예방·치료·진단·실험 등을 위하여 병원균이나 항독소, 항체 등을 사람이나 동물의 몸에 주입함. 또는 그렇게 하는 일.

+ 子(아들 자, 첫째 지지 자, 자네 자, 접미사 자), 類(무리 류, 닮을 류), 接(이을 접, 대접할 접)

4급 / 17획 / 金

쇠(金)로 만들어 거듭(重) 치는 쇠북이니 **쇠북 종**

또 쇠(金)로 만들어 거듭(重) 사용하는 술잔이니 **술잔 종**

+ 金(쇠 금, 금 금, 돈 금, 성씨 김) - 제목번호 265 참고

> 打鍾(타종) 종을 치거나 때림.
> 鐘聲(종성) 종소리.
> 鍾子(종자) 간장이나 고추장 등을 담아 상에 놓는 작은 그릇. 종지.

+ 打(칠 타), 聲(소리 성)

7급II / 11획 / 力

무거운(重) 것도 힘(力)쓰면 움직이니 **움직일 동**

+ 力(힘 력) - 제목번호 083 참고

> 言動(언동) 말과 행동.
> 生動感(생동감) 살아 움직이는 느낌.

+ 言(말씀 언), 生(날 생, 살 생, 사람을 부를 때 쓰는 접사 생), 感(느낄 감, 감동할 감)

038 비비[卑碑] - 卑로 된 한자

3급II / 8획 / 十

찢어진(丿) 갑옷(甲)을 입은 많은(十) 병사처럼 낮고 천하니
낮을 비, 천할 비
+ 丿('삐침 별'이지만 여기서는 찢어진 모양으로 봄), 甲[첫째 갑, 첫째 천간 갑, 껍질 갑, 갑옷 갑(甲)의 변형], 十(열 십, 많을 십)

4급 / 13획 / 石

돌(石)을 깎아 낮게(卑) 세운 비석이니 **비석 비**
+ 石(돌 석) - 제목번호 128 참고

> 碑文(비문) 비에 새긴 글.
> 墓碑(묘비) 무덤 앞에 세우는 비석.
> 記念碑(기념비) 기념하기 위하여 세운 비석.

+ 文(무늬 문, 글월 문), 墓(무덤 묘), 記(기록할 기, 기억할 기), 念(생각 념)

039 유 인연 [油 寅演] - 由와 寅으로 된 한자

6급 / 8획 / 水(氵)

물(氵)처럼 열매를 짜는 것으로 말미암아(由) 나오는 기름이니 **기름 유**

+ 氵(삼 수 변), 由(까닭 유, 말미암을 유) - 제목번호 032 참고

油性(유성) 기름의 성질.
原油(원유) 뽑은 그대로의 기름.
注油(주유) 자동차 등에 기름을 넣음.

+ 性(성품 성, 바탕 성, 성별 성), 原(언덕 원, 근원 원), 注(물댈 주, 쏟을 주)

3급 / 11획 / 宀

집(宀)에서 하나(一)의 일로 말미암아(由) 마음이 나눠지는(八) 것을 삼가니 **삼갈 인**

또 삼가고 조심해야 하는 범이니 **범 인**

또 범은 셋째 지지니 **셋째 지지 인**

+ 범 - 호랑이.
+ 宀(집 면), 八(여덟 팔, 나눌 팔)

4급II / 14획 / 水(氵)

물(氵)처럼 삼가는(寅) 모양으로 펴고 설명하니 **펼 연, 설명할 연**

+ 물은 담기는 그릇에 맞추고, 항상 아래로 향하며, 채우고 넘쳐야 다음으로 흐르지요. 이처럼 상대의 수준에 맞게 말하고 상대가 분명히 알아야 다음으로 넘어가는 것이 설명이지요.

演劇(연극) ① 배우가 무대 위에서 대본에 따라 동작과 대사를 통하여 표현하는 예술.
② 남을 속이기 위하여 꾸며 낸 말이나 행동.
演說(연설) 여러 사람 앞에서 자기의 주의나 주장 또는 의견을 진술함.

+ 劇(심할 극, 연극 극), 說(달랠 세, 말씀 설, 기쁠 열)

간지(干支)

여기서 干은 천간(天干)의 약칭이고, 支는 지지(地支)의 약칭이며, 干支(간지)는 天干(천간)과 地支(지지)를 합해서 일컫는 말입니다.

천간(天干)	甲(갑)	乙(을)	丙(병)	丁(정)	戊(무)	己(기)	庚(경)	辛(신)	壬(임)	癸(계)
지지(地支)	子(자)	丑(축)	寅(인)	卯(묘)	辰(진)	巳(사)	午(오)	未(미)	申(신)	酉(유)

(戌(술) 亥(해))

干과 支는 따로 쓰일 때도 있고, 위 아래로 짝을 지어 쓰일 때도 있습니다. 干과 支를 차례로 짝지어 놓으면, 육십 개의 각각 다른 짝이 되는데, 이것을 六十甲子(육십갑자)라고 하지요. 또 天干은 10개이므로 十干(십간), 地支는 12개이므로 十二支(십이지)라고도 하고요.

+ 干(방패 간, 범할 간, 얼마 간, 마를 간), 支(다룰 지, 가를 지, 지출할 지)

040 화미변번[禾米采番] - 禾에서 연결 고리로 된 한자

3급 / 5획 / 禾

익어서 고개 숙인 벼(🌾)를 본떠서 **벼 화**

+ 벼는 모든 곡식을 대표하여, 곡식과 관련된 여러 한자에 부수로도 쓰입니다.

6급 / 6획 / 米

벼(米)를 찧으면 알(丶)로 톡 튀어나오는 쌀이니 **쌀 미**

+ 米[벼 화(禾)의 변형], 丶('점 주, 불똥 주'지만 여기서는 쌀알로 봄)

米價(미가) 쌀값(쌀을 팔고 사는 값).
白米(백미) 흰 쌀.
精米(정미) 벼를 찧어 쌀을 만듦.

+ 價(값 가, 가치 가), 白(흰 백, 밝을 백, 깨끗할 백, 아뢸 백), 精(정밀할 정, 찧을 정)

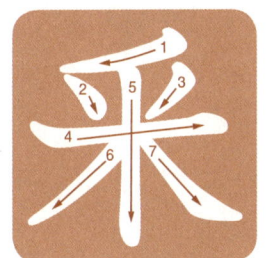

특급 / 7획 / 采

분별하여(丿) 쌀(米)을 나누니 **분별할 변, 나눌 변**

+ 옛날에는 쌀이 모든 물물 교환의 기준이었고 곡식의 대표였으니 이런 어원이 가능하지요.
+ 丿('삐침 별'이지만 여기서는 분별하는 모양으로 봄)

6급 / 12획 / 田

나눈(采) 밭(田)에 차례로 붙인 번지니 **차례 번, 번지 번**

+ 田(밭 전, 논 전)

輪番(윤번) 돌아가는 차례.
當番(당번) 차례의 번이 되거나 또는 그 사람.
地番(지번) 땅 번지.

+ 輪(바퀴 륜, 둥글 륜, 돌 륜), 當(마땅할 당, 당할 당), 地(땅 지, 처지 지)

2日 확인문제 (021~040)

01~04 다음 漢字의 훈(뜻)과 음(소리)을 쓰세요.

01. 困 (   )　　02. 恩 (   )
03. 忠 (   )　　04. 糧 (   )

05~08 다음 훈음에 맞는 漢字를 쓰세요.

05. 받들 봉 (   )　　06. 생각 념 (   )
07. 줄 급 (   )　　08. 말미암을 인 (   )

09~12 다음 漢字語의 독음을 쓰세요.

09. 田園 (   )　　10. 鐵甲 (   )
11. 申告 (   )　　12. 細密 (   )

13~14 다음 문장 중 밑줄 친 단어를 漢字로 쓰세요.

13. 거리에 다닐 때는 차 **조심**을 해야 한다. (   )
14. 그 사람은 **환자**를 잘 보살핀다. (   )

15~16 다음 문장 중 漢字로 표기된 단어의 독음을 쓰세요.

15. 이곳에는 참전 **記念碑**가 있다. (   )
16. 그 **演劇**을 무대에 올리기 위해 1년이나 준비했다. (   )

17~18 다음 뜻풀이에 맞는 단어를 漢字로 쓰세요.

17. 무게. (   )　　18. 여러 종류. 갖가지. (   )

19~20 다음 漢字語의 뜻을 쓰세요.

19. 回轉 (   )
20. 更生 (   )

---

01. 곤할 곤　02. 은혜 은　03. 충성 충　04. 양식 량　05. 奉　06. 念　07. 給　08. 因　09. 전원　10. 철갑　11. 신고　12. 세밀　13. 操心　14. 患者　15. 기념비　16. 연극　17. 重量　18. 各種　19. 빙빙 돎.　20. 다시 살아남.

3日 041 ~ 060

041 사화추[私和秋] - 禾가 앞에 있는 한자

4급 / 7획 / 禾

벼(禾)를 소유함이 사사로우니(厶) **사사로울 사**

+ 사사롭다 - 공적이 아닌 개인적인 범위나 관계의 성질이 있다.
+ 厶(사사로울 사, 나 사) - 제목번호 190 참고

私有(사유) (개인이) 사사로이 가짐.
公平無私(공평무사) 공평하고 사사로움이 없음

+ 有(가질 유, 있을 유), 公(공평할 공, 대중 공, 귀공자 공), 平(평평할 평, 평화 평), 無(없을 무)

6급Ⅱ / 8획 / 口

벼(禾) 같은 곡식을 나누어 같이 입(口)으로 먹으면 화목하니 **화목할 화**

+ 口(입 구, 구멍 구, 말할 구)

調和(조화) 서로 고르게 잘 어울림.
平和(평화) 평온하고 화목함.
和解(화해) (다툼을 그치고) 화목하게 풂.

+ 調(고를 조, 어울릴 조, 가락 조), 平(평평할 평, 평화 평), 解(해부할 해, 풀 해)

7급 / 9획 / 禾

벼(禾)가 불(火)처럼 붉게 익어 가는 가을이니 **가을 추**

+ 火(불 화)

秋風落葉(추풍낙엽) ① 가을바람에 떨어지는 나뭇잎.
② 어떤 형세나 세력이 갑자기 기울어지거나 헤어져 흩어지는 모양.
春夏秋冬(춘하추동) 봄·여름·가을·겨울의 네 철.

+ 風(바람 풍, 풍속·경치·모습·기질·병 이름 풍), 落(떨어질 락), 葉(잎 엽), 春(봄 춘), 夏(여름 하), 冬(겨울 동)

042 위수향[委秀香] - 禾가 위에 있는 한자

4급 / 8획 / 女

벼(禾) 같은 곡식을 여자(女)에게 맡기고 의지하니 **맡길 위, 의지할 위**

+ 지금도 살림은 여자에게 맡기지요.
+ 禾('벼 화'로 곡식의 대표), 女(여자 녀)

委員(위원) (일의 처리를) 위임받은 사람.
委任(위임) (일이나 처리를) 남에게 맡김.
委員長(위원장) 위원(委員) 가운데의 우두머리.

+ 員(관원 원, 사람 원), 任(맡을 임, 맡길 임), 長(길 장, 어른 장, 자랄 장)

4급 / 7획 / 禾

벼(禾)는 심으면 곧(乃) 자라 이삭이 빼어나니 **빼어날 수**

+ 乃(곧 내, 이에 내) - 제목번호 345 참고

秀麗(수려) 빼어나게 아름다움.
秀才(수재) 재주가 빼어난(뛰어난) 사람.
優秀(우수) 여럿 중에서 가장 빼어남.

+ 麗(고울 려, 빛날 려), 才(재주 재, 바탕 재), 優(우수할 우, 머뭇거릴 우, 배우 우)

4급Ⅱ / 9획 / 香

벼(禾) 같은 곡식이 햇(日)빛에 익어 가며 나는 향기니 **향기 향**

+ 日(해 일, 날 일)

香氣(향기) 향기로운 냄새.
香水(향수) 향기를 풍기는 물.
香草(향초) 향기가 나는 풀

+ 氣(기운 기, 대기 기), 水(물 수), 草(풀 초)

043 리 계리(이)[利 季李] - 利와 子로 된 한자

6급II / 7획 / 刀(刂)

벼(禾)를 낫(刂)으로 베어 수확하면 이로우니 **이로울 리(이)**

또 이로움에는 누구나 날카로우니 **날카로울 리(이)**

+ 刂('칼 도 방'이지만 여기서는 '낫'으로 봄)

利得(이득) 이익을 얻음.
勝利(승리) 겨루어서 이김.
利己心(이기심) 자기 이익만을 꾀하는 마음.

+ 得(얻을 득), 勝(이길 승, 나을 승), 己(몸 기, 자기 기, 여섯째 천간 기), 心(마음 심, 중심 심)

4급 / 8획 / 子

벼(禾)의 아들(子) 같은 열매가 맺는 줄기 끝이니 **끝 계**

또 (달력이 없었던 옛날에) 벼(禾) 같은 곡식의 열매(子)가 익어 감을 보고 짐작했던 계절이니 **계절 계**

+ '끝 계(季)'는 형제 중 막내로 쓰이고, 보통 말하는 끝은 '끝 종(終)'이나 '끝 말(末)'로 씁니다.
+ 子(아들 자, 첫째 지지 자, 자네 자, 접미사 자)

季父(계부) 아버지의 막내 아우, 막내 삼촌.
季節(계절) 규칙적으로 되풀이되는 자연 현상에 따라서 일 년을 구분한 것.

+ 父(아버지 부), 節(마디 절, 절개 절, 계절 절)

6급 / 7획 / 木

나무(木)에 열린 아들(子)처럼 귀한 오얏이니 **오얏 리(이), 성씨 이**

+ 오얏은 '자두'의 옛말. 옛날에는 오얏이 매우 귀했던가 봐요.
+ 木(나무 목)

張三李四(장삼이사) 장씨의 셋째 아들과 이씨의 넷째 아들이라는 뜻으로, 이름이나 신분이 특별하지 아니한 평범한 사람들을 이르는 말.

+ 張(벌릴 장, 베풀 장), 三(석 삼), 四(넉 사)

044 엄 력력[厂 曆歷] - 厂과 麻로 된 한자

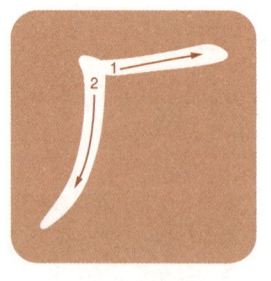

부수자 / 2획

언덕에 바위가 튀어나와 그 밑이 굴처럼 생긴 굴 바위 모양을 본떠서
굴 바위 엄, 언덕 엄

+ 广 - 언덕(厂)을 지붕 삼아 지은 바위 집 모양을 나타내어 '집 엄'
+ 閉 - 이 책에서는 뜻이 유사한 한자가 아니라, 한자 형태가 유사한 한자를 말함.

3급II / 16획 / 日

굴 바위(厂) 밑에 벼들(禾禾)을 쌓아 놓고 살면서 날(日)을 보는 책력이니
책력 력(역)

+ 책력(册曆) - 천체를 측정하여 해와 달의 움직임과 절기를 적어 놓은 책.
+ 日(해 일, 날 일), 册(책 책, 세울 책)

5급II / 16획 / 止

굴 바위(厂) 밑에 벼들(禾禾)을 쌓아 놓고 멈춰서(止) 겨울을 지내며 보는 책력이니 **지날 력(역), 책력 력(역)**
또 지내며 겪으니 **겪을 력(역)**

+ 止(그칠 지) - 제목번호 374 참고

歷史(역사) 지나온 일을 적어 놓은 것.
經歷(경력) 겪어 지나 온 일들.
略歷(약력) 간단히 적은 지나온 내력.

+ 史(역사 사), 經(지날 경, 날실 경, 글 경), 略(간략할 략, 빼앗을 략)

045 후 염압[厚 厭壓] - 厚와 厭으로 된 한자

4급 / 9획 / 厂

굴 바위(厂) 같은 집에서도 날(日)마다 자식(子)을 돌보는 부모의 정성이 두터우니 **두터울 후**

+ 두텁다 - 신의·믿음·관계·인정 등이 굳고 깊다.
+ 厂(굴 바위 엄, 언덕 엄), 子(아들 자, 첫째 지지 자, 자네 자, 접미사 자)

厚德(후덕) (언행이) 어질고 두터움. 또는 그러한 덕행. ↔ 薄德(박덕) 얇은 심덕. 덕이 적음.
厚謝(후사) 후하게 사례함. 또는 그 사례.
厚意(후의) 남에게 두터이 인정을 베푸는 마음.

+ 德(덕 덕, 클 덕), 薄(엷을 박), 謝(사례할 사, 사절할 사, 빌 사), 意(뜻 의)

2급 / 14획 / 厂

굴 바위(厂) 밑에서 해(日)와 달(月)도 보지 못하고 개(犬)처럼 사는 것은 누구나 싫어하니 **싫어할 염**

+ 月(달 월, 육 달 월), 犬(개 견)

4급II / 17획 / 土

싫은(厭) 것을 흙(土)으로 덮어 누르니 **누를 압**

약 压 - 굴 바위(厂)가 흙(土)을 누르니 '누를 압'
+ 土(흙 토)

壓力(압력) 누르는 힘.
壓勝(압승) 눌러 이김.
彈壓(탄압) (권력이나 무력 등으로) 눌러 꼼짝 못 하게 함.

+ 力(힘 력), 勝(이길 승, 나을 승), 彈(탄알 탄, 튕길 탄)

3日

046 일이삼사오 [一二三四五] - 숫자

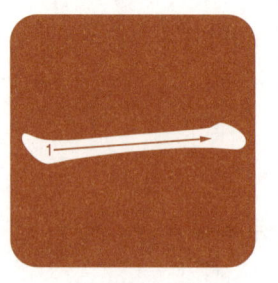

8급 / 1획 / 一

나무토막 하나(━)를 옆으로 놓은 모양에서 **한 일**

一念(일념) 오직 한 가지 생각.
同一(동일) (다른 것과 비교하여) 똑같음.
統一(통일) (나누어진 것들을 합쳐서) 하나의 조직·체계 아래로 모이게 함.

+ 念(생각 념), 同(한가지 동, 같을 동), 統(묶을 통, 거느릴 통)

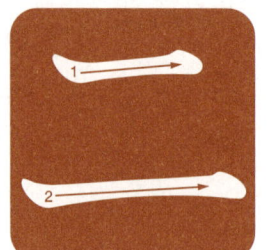

8급 / 2획 / 二

나무토막 두 개(━)를 옆으로 놓은 모양에서 **둘 이**

二輪車(이륜차) 바퀴가 둘 달린 차.
一口二言(일구이언) (하나의 일에 대하여) 한 입으로 두 가지 말을 함.
二律背反(이율배반) '두 가지 법률이 서로 등지고 거꾸로 함'으로, 서로 모순되는 사실이 한 행동이나 사건 속에 주장되는 일.

+ 輪(바퀴 륜, 둥글 륜, 돌 륜), 車(수레 거, 차 차), 口(입 구, 구멍 구, 말할 구), 言(말씀 언), 律(법률 률, 음률 률), 背(등 배, 등질 배), 反(거꾸로 반, 뒤집을 반)

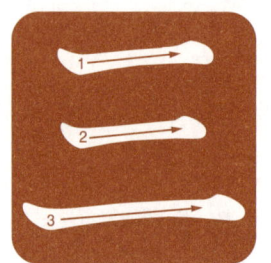

8급 / 3획 / 一

나무토막 세 개(━)를 옆으로 놓은 모양에서 **석 삼**

三南(삼남) 남쪽의 충청도, 전라도, 경상도를 통틀어 이르는 말.
三輪車(삼륜차) 세 바퀴로 가는 차.
益者三友(익자삼우) '사귀어서 도움이 되는 세 가지의 벗'으로, 정직한 사람, 친구의 도리를 지키는 사람, 지식이 있는 사람을 이르는 말.

+ 南(남쪽 남), 益(더할 익, 유익할 익), 者(놈 자, 것 자), 友(벗 우)

8급 / 5획 / 囗

에워싼(囗) 부분을 사방으로 나누어(八) **넉 사**

+ 囗(둘레 위, 에워쌀 위, 나라 국), 八(여덟 팔, 나눌 팔)

四季(사계) 네 계절.
四通五達(사통오달) 길이 사방, 오방(동, 서, 남, 북, 중앙)으로 통함.
文房四友(문방사우) '서재에 꼭 있어야 할 네 벗'으로, 종이·붓·벼루·먹을 말함.

+ 季(끝 계, 계절 계), 通(통할 통), 達(이를 달, 통달할 달), 文(무늬 문, 글월 문), 房(방 방), 友(벗 우)

8급 / 4획 / 二

열(十)을 둘(二)로 나눈(丨) 다섯이니 **다섯 오**

+ 十(열 십, 많을 십), 丨('뚫을 곤'이지만 여기서는 나누는 모양으로 봄)

五感(오감) 시(視)·청(聽)·후(嗅)·미(味)·촉(觸)의 다섯 가지 감각.
五行(오행) 우주 간의 다섯 원기로, 금목수화토(金木水火土)를 말함.

+ 感(느낄 감, 감동할 감), 視(볼 시), 聽(들을 청), 嗅(냄새 맡을 후), 味(맛 미), 觸(닿을 촉), 行(다닐 행, 행할 행, 항렬 항)

047 륙칠팔구십[六七八九十] - 숫자

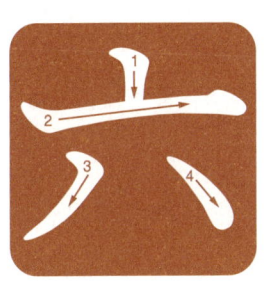

8급 / 4획 / 八

하늘(亠) 아래 나눠지는(八) 방향이 동서남북 상하의 여섯이니

여섯 륙(육)

+ 亠('머리 부분 두'지만 여기서는 하늘로 봄), 八(여덟 팔, 나눌 팔)

三十六計(삼십육계) ① 물주가 맞힌 사람에게 살 돈의 36배를 주는 노름.
② 36가지의 계략. 많은 꾀.
③ 곤란할 때에는 도망가는 것이 가장 좋음.

+ 十(열 십, 많을 십), 計(셀 계, 꾀 계)

8급 / 2획 / 一

하늘(一)의 북두칠성(乚) 모양을 본떠서 **일곱 칠**

+ 一('한 일'이지만 여기서는 하늘로 봄)

七夕(칠석) 음력 칠월 초이렛날의 저녁. (은하의 서쪽에 있는 직녀와 동쪽에 있는 견우가 오작교에서 일 년에 한 번 만난다는 전설이 있음)
七面鳥(칠면조) 꿩과의 새. 머리와 목은 털이 없고 붉은 살이 드러남.

+ 夕(저녁 석), 面(얼굴 면, 향할 면, 볼 면, 행정 구역의 면), 鳥(새 조)

8급 / 2획 / 八

두 손을 네 손가락씩 위로 편(🖐🖐 → 八) 모양에서 **여덟 팔**

또 양쪽으로 잡아당겨 나누는 모양으로도 보아 **나눌 팔**

八達(팔달) ① 길이 팔방으로 통하여 있음. ② 모든 일에 정통함.
八不出(팔불출) 몹시 어리석은 사람.

+ 達(이를 달, 통달할 달), 不(아닐 불, 아닐 부), 出(날 출, 나갈 출)

8급 / 2획 / 乙

열 십(十)의 가로줄을 구부려 하나가 모자란 아홉이라는 데서 **아홉 구**

또 아홉은 한 자리 숫자 중에서 제일 크고 많으니 **클 구, 많을 구**

九死一生(구사일생) '아홉 번 죽다가 한 번 살아남'으로, 여러 번 죽을 고비를 넘기고 간신히 살아남.
九牛一毛(구우일모) '많은 소에서 한 개의 털'로, 썩 많은 것 중의 극히 적은 부분을 일컬음.

+ 死(죽을 사), 生(날 생, 살 생, 사람을 부를 때 쓰는 접사 생), 牛(소 우), 毛(털 모)

8급 / 2획 / 十

일(一)에 하나(丨)를 그어 한 묶음인 열(▦)을 나타내어 **열 십**

또 전체를 열로 보아 열이면 많다는 데서 **많을 십**

十中八九(십중팔구) '열 가운데 여덟이나 아홉'으로, 거의 모두. 대부분.
聞一知十(문일지십) '한 가지를 들으면 열 가지를 미루어 앎'으로, 매우 총명함을 이르는 말.

+ 中(가운데 중, 맞힐 중), 聞(들을 문), 知(알 지)

048 소 소(초)소[小 肖消] - 小와 肖로 된 한자

8급 / 3획 / 小

하나(丨)를 나누어(八) 작으니 **작을 소**

+ 작을 소(小)는 작다는 뜻 외에, 소인(小人)·소자(小子) 등처럼 자신을 낮추어 말할 때도 쓰입니다.
+ 丨('갈고리 궐'이지만 여기서는 하나로 봄)

小路(소로) 작은 길.
縮小(축소) 작게 줄임.
大同小異(대동소이) '크게 같고 조금만 다름'으로, 거의 같음을 말함.

+ 路(길 로), 縮(줄일 축), 大(큰 대), 同(한가지 동, 같을 동), 異(다를 이)

3급II / 7획 / 肉(月)

작은(小) 몸(月)이니 **작을 소**

또 작아도(小) 몸(月)은 부모를 닮으니 **닮을 초**

+ 月(달 월, 육 달 월)

6급II / 10획 / 水(氵)

물(氵)로 작아지게(肖) 끄거나 삭이니 **끌 소, 삭일 소**

또 열정을 삭이고 물러서니 **물러설 소**

+ 氵(삼 수 변)

消火(소화) 불을 끔.
消化(소화) ① 먹은 음식을 삭임.
  ② 배운 것을 잘 익혀 자기 것으로 만듦.
消息(소식) 멀리 떨어져 있는 사람의 사정을 알리는 말이나 글.
消極的(소극적) (자진해서 하지 않고) 물러서기만 하는. ↔ 積極的(적극적) 대상에 대한 태도가 긍정적이고 능동적인 것.

+ 火(불 화), 化(될 화, 변화할 화, 가르칠 화), 息(쉴 식, 숨 쉴 식, 자식 식), 極(끝 극, 다할 극), 的(과녁 적, 맞힐 적, 밝을 적, 접미사 적), 積(쌓을 적)

049 소묘성(생)[少妙省] – 少로 된 한자

7급 / 4획 / 小

작은(小) 것이 또 떨어져 나가(ノ) 적으니 **적을 소**

또 나이가 적으면 젊으니 **젊을 소**

+ 뜻에 따라 '작을 소(小)'의 반대말은 '큰 대(大)', '적을 소, 젊을 소(少)'의 반대말은 '많을 다(多), 늙을 로(老)'네요.
+ ノ('삐침 별'이지만 여기서는 떨어져 나가는 모양을 나타냄)

減少(감소) 양이나 수치가 줆. ↔ 增加(증가) 양이나 수치가 늚.
男女老少(남녀노소) '남자와 여자, 늙은이와 젊은이'로, 모든 사람을 이르는 말.

+ 減(줄어들 감, 덜 감), 增(더할 증), 男(사내 남), 女(여자 녀), 老(늙을 로)

4급 / 7획 / 女

여자(女)가 젊으면(少) 묘하고도 예쁘니 **묘할 묘, 예쁠 묘**

+ 女(여자 녀)

妙技(묘기) 묘한 기술.
妙案(묘안) 뛰어나게 좋은 생각.
絕妙(절묘) 가장(아주) 기묘(奇妙)함.

+ 技(재주 기), 案(책상 안, 생각 안, 계획 안), 絕(끊을 절, 죽을 절, 가장 절), 奇(기이할 기, 홀수 기)

6급Ⅱ / 9획 / 目

적은(少) 것까지도 눈(目)여겨 살피니 **살필 성**

또 사물을 적게(少) 보며(目) 줄이니 **줄일 생**

+ 目(눈 목, 볼 목, 항목 목) – 제목번호 011 참고

反省(반성) 자신의 언행에 대하여 잘못이나 부족함이 없는지 돌이켜 봄.
省察(성찰) 자기의 마음을 반성하고 살핌.
省略(생략) 간략하게 줄임.

+ 反(거꾸로 반, 뒤집을 반), 察(살필 찰), 略(간략할 략, 빼앗을 략)

050 불(부)부(비)[不否] - 不로 된 한자

7급II / 4획 / 一

하나(一)의 작은(小) 잘못도 해서는 아니 되니 **아닐 불, 아닐 부**

不滿(불만) (마음에) 차지 않아 언짢음.
不當(부당) 마땅하지(이치에 맞지) 않음.
不安(불안) 편안하지 않음.

+ 滿(찰 만), 當(마땅할 당, 당할 당), 安(편안할 안)

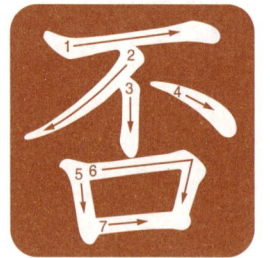

4급 / 7획 / 口

아니(不)라고 말하니(口) **아닐 부**

또 아니 되게 막히니 **막힐 비**

可否(가부) ① 옳고 그름의 여부.
　　　　② 찬성과 반대의 여부.
拒否(거부) 요구나 제의 등을 받아들이지 않고 물리침.
安否(안부) 편안함과 편안하지 않음. 또는 그에 대한 소식이나 인사.

+ 可(옳을 가, 가히 가, 허락할 가), 拒(막을 거, 물리칠 거)

051 반판[半判] - 半으로 된 한자

6급II / 5획 / 十

나누어(八) 둘(二)로 자른(丨) 반이니 **반 반**

+ 八(여덟 팔, 나눌 팔), 丨('뚫을 곤'이지만 여기서는 자르는 모양으로 봄)

折半(절반) 반절로 꺾음(나눔). 또는 그 반.
半信半疑(반신반의) 반쯤 믿고 반쯤 의심함.
功過相半(공과상반) 공로와 과실이 서로 반반임.

+ 折(꺾을 절), 信(믿을 신, 소식 신), 疑(의심할 의), 功(공 공, 공로 공), 過(지날 과, 지나칠 과, 허물 과), 相(서로 상, 모습 상, 볼 상, 재상 상)

4급 / 7획 / 刀(刂)

반(半)을 칼(刂)로 자르듯이 딱 잘라 판단하니 **판단할 판**

+ 半[반 반(半)의 변형]
+ 刂 - 칼 도(刀)가 한자의 오른쪽에 붙는 방으로 쓰일 때의 모양으로 '칼 도 방'

判斷(판단) 사물을 인식하여 논리나 기준 등에 따라 판정을 내림.
判決(판결) 판단하여 결정함.
批判(비판) (사물의 옳고 그름이나 잘되고 못됨에 대하여) 검토하여 평가·판정하는 일.

+ 斷(끊을 단, 결단할 단), 決(터질 결, 결단할 결), 批(비평할 비)

052 공송송[公松頌] - 公으로 된 한자

6급Ⅱ / 4획 / 八

나눔(八)에 사사로움(厶) 없이 공평하니 **공평할 공**
또 공평한 사람이 대중에게 통하고 귀공자니 **대중 공, 귀공자 공**

+ 厶(사사로울 사, 나 사)

貴公子(귀공자) ① 귀한 집안의 남자.
② 생김새나 몸가짐이 고상한 남자.
公平無私(공평무사) 공평하고 사사로움이 없음.
先公後私(선공후사) 공적인 일을 먼저 하고 사사로운 일은 뒤로 미룸.

+ 貴(귀할 귀), 子(아들 자, 첫째 지지 자, 자네 자, 접미사 자), 平(평평할 평, 평화 평), 無(없을 무), 私(사사로울 사), 先(먼저 선), 後(뒤 후)

4급 / 8획 / 木

나무(木) 중 귀공자(公)처럼 모양도 빼어나고 두루 쓰이는 소나무니 **소나무 송**

+ 木(나무 목)

松林(송림) 소나무 수풀.
靑松(청송) 사시사철 잎이 푸른 소나무.

+ 林(수풀 림), 靑(푸를 청, 젊을 청)

4급 / 13획 / 頁

대중(公)들이 머리(頁) 들어 칭송하니 **칭송할 송**

+ 頁(머리 혈) - 제목번호 390 참고

稱頌(칭송) 칭찬하여 기림.
讚頌(찬송) (아름다움과 덕을) 기리고 칭송함.
頌德碑(송덕비) 공덕을 기리기 위하여 세운 비.

+ 稱(일컬을 칭), 讚(칭찬할 찬, 기릴 찬), 德(덕 덕, 클 덕), 碑(비석 비)

053 계침 지기[計針 支技] - 十과 支로 된 한자

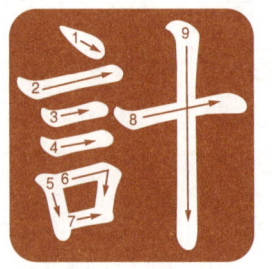

6급II / 9획 / 言

말(言)로 많이(十) 세며 꾀하니 **셀 계, 꾀할 계**

+ 言(말씀 언), 十(열 십, 많을 십)

計算(계산) (수나 어떤 일을 헤아려) 셈함.
統計(통계) ① 한데 묶어서 어림잡아 계산함.
② 어떤 현상을 종합적으로 한눈에 알아보기 쉽게 일정한 체계에 따라 숫자로 나타냄. 또는 그런 것.
凶計(흉계) 흉한 꾀.

+ 算(셈 산), 統(묶을 통, 거느릴 통), 凶(흉할 흉, 흉년 흉)

4급 / 10획 / 金

쇠(金)를 많이(十) 갈아 만든 바늘이니 **바늘 침**

毒針(독침) 독을 묻힌 바늘이나 침.
時針(시침) (시계에서) 시를 나타내는 짧은 바늘.
針葉樹(침엽수) 바늘처럼 생긴 잎을 가진 나무.

+ 毒(독할 독, 독 독), 時(때 시), 葉(잎 엽), 樹(세울 수, 나무 수)

4급II / 4획 / 支

많은(十) 것을 손(又)으로 다루고 가르니 **다룰 지, 가를 지**

또 갈라 지출하니 **지출할 지**

㈜ 攴(칠 복, = 攵)
+ 又(오른손 우, 또 우) - 제목번호 132 참고

支社(지사) 본사에서 갈려 나가, 본사의 관할 아래 일정한 지역에서 본사의 일을 대신 맡아 하는 곳.
支出(지출) 어떤 목적을 위하여 돈을 지급하는 일.

+ 社(토지신 사, 모일 사), 出(날 출, 나갈 출)

5급 / 7획 / 手(扌)

손(扌)으로 무엇을 다루는(支) 재주니 **재주 기**

+ 扌(손 수 변)

技術(기술) 말이나 일을 솜씨 있게 하는 재주.
競技(경기) (일정한 규칙 아래) 기술을 겨룸.
特技(특기) 특별한 재주.

+ 術(재주 술, 기술 술), 競(다툴 경, 겨룰 경), 特(특별할 특)

054 조초탁[早草卓] - 早로 된 한자

4급II / 6획 / 日

해(日)가 지평선(一)에 떠오르는(丨) 아침 일찍이니 **일찍 조**

+ 日(해 일, 날 일), 一('한 일'이지만 여기서는 지평선으로 봄), 丨('뚫을 곤'이지만 여기서는 떠오르는 모양으로 봄)

早期(조기) 이른 시기.
早退(조퇴) (정해진 시간보다) 일찍 물러감.

+ 期(기간 기, 기약할 기), 退(물러날 퇴)

7급 / 10획 / 草(艹)

(대부분의) 풀(艹)은 이른(早) 봄부터 돋아나니 **풀 초**

+ 부수로 쓰일 때는 艹의 형태로, 대부분 한자의 머리 부분에 쓰이니 머리 두(頭)를 붙여 '초두'라 부릅니다.

草家(초가) 풀(볏짚이나 갈대 등)로 지붕을 인 집.
伐草(벌초) '풀을 벰'으로, 무덤의 잡풀을 베는 일.
結草報恩(결초보은) '풀을 묶어서 은혜를 갚음'으로, 죽은 뒤에라도 은혜를 잊지 않고 갚음을 이르는 말.

+ 家(집 가, 전문가 가), 伐(칠 벌), 結(맺을 결), 報(알릴 보, 갚을 보), 恩(은혜 은)

5급 / 8획 / 十

점(卜)치듯 미리 생각하여 일찍(早)부터 일하면 높고 뛰어나니
높을 탁, 뛰어날 탁
또 높게 만든 탁자니 **탁자 탁**

+ 卜(점 복) - 제목번호 270 참고

卓子(탁자) 높게 만든 책상이나 식탁 등.
圓卓(원탁) 둥근 탁자.
卓球(탁구) 가운데에 네트를 치고 라켓으로 공을 쳐 넘겨 승부를 겨루는 경기.

+ 子(아들 자, 첫째 지지 자, 자네 자, 접미사 자), 圓(둥글 원, 화폐 단위 원), 球(둥글 구, 공 구)

055 고고고[古苦固] - 고로 된 한자

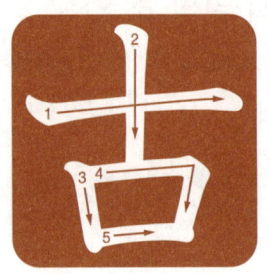

6급 / 5획 / 口

많은(十) 사람의 입에 오르내린 말(口)은 이미 오래된 옛날이야기니
오랠 고, 옛 고

+ 十(열 십, 많을 십), 口(입 구, 구멍 구, 말할 구)

古物(고물) 낡은 오래된 물건.
古典(고전) (가치 있는) 옛날 책.
東西古今(동서고금) '동양이나 서양이나 예나 지금이나'로, 언제 어디서나.

+ 物(물건 물), 典(법 전, 책 전, 저당잡힐 전), 東(동쪽 동, 주인 동), 西(서쪽 서), 今(이제 금, 오늘 금)

6급 / 9획 / 艸(⺾)

풀(⺾), 즉 나물도 오래(古) 자라면 쇠어서 쓰니 **쓸 고**

또 맛이 쓰면 먹기에 괴로우니 **괴로울 고**

+ 쇠다 - 채소가 너무 자라서 줄기나 잎이 뻣뻣하고 억세게 되다.
+ ⺾(초 두)

苦樂(고락) 괴로움과 즐거움.
同苦同樂(동고동락) 같이 고생하고 같이 즐거워함.
苦盡甘來(고진감래) '쓴 것이 다하면 단 것이 옴'으로, 고생 끝에 즐거움이 옴을 이르는 말.

+ 樂(풍류 악, 즐길 락, 좋아할 요), 同(한가지 동, 같을 동), 盡(다할 진), 甘(달 감, 기쁠 감), 來(올 래)

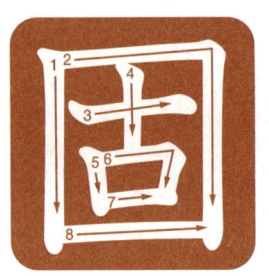

5급 / 8획 / 口

에워싸서(口) 오래(古) 두면 굳으니 **굳을 고**

또 굳은 것은 진실로 변치 않으니 **진실로 고**

+ 口(둘레 위, 에워쌀 위, 나라 국)

堅固(견고) 굳고 단단함.
確固(확고) (태도나 상황 등이) 튼튼하고 굳음.
固所願(고소원) 진실로 바라는 바.

+ 堅(굳을 견, 강할 견), 確(굳을 확, 확실할 확), 所(장소 소, 바 소), 願(원할 원)

056 인복건개[仁伏件個] - 亻으로 된 한자

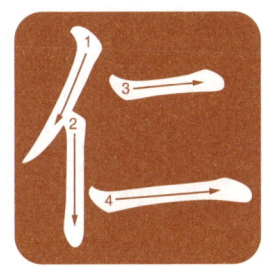

4급 / 4획 / 人(亻)

사람(亻)은 둘(二)만 모여도 어질어야 하니 **어질 인**

+ 亻(사람 인 변), 二(둘 이)

仁愛(인애) 어진 마음으로 사랑함.
殺身成仁(살신성인) '자신의 몸을 죽여(희생하여) 어짊을 이룸'으로, 몸을 바쳐 옳은 도리를 행함.

+ 愛(사랑 애, 즐길 애, 아낄 애), 殺(죽일 살, 빠를 쇄, 감할 쇄), 身(몸 신), 成(이룰 성)

4급 / 6획 / 人(亻)

사람(亻)이 개(犬)처럼 엎드리니 **엎드릴 복**

+ 犬(개 견)

起伏(기복) 일어났다 엎드렸다 함. 올라갔다 내려갔다 함.
降伏·降服(항복) 힘에 눌리어 적에게 굴복함.

+ 起(일어날 기, 시작할 기), 降(내릴 강, 항복할 항), 服(옷 복, 먹을 복, 복종할 복)

5급 / 6획 / 人(亻)

사람(亻)에게 소(牛)는 중요한 물건이니 **물건 건**

또 사람(亻)이 소(牛)에 받히면 사건이니 **사건 건**

+ 옛날 농경 시대에는 소로 논밭을 갈고 짐을 날랐으니, 소가 중요한 물건이었지요.

物件(물건) (자연적으로나 인공적으로 되어) 존재하는 모든 유형의 것.
事件(사건) ① 관심이나 주목을 끌 만한 일.
② '소송 사건'의 준말.

+ 物(물건 물), 事(일 사, 섬길 사)

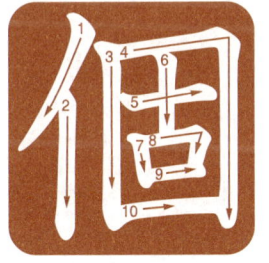

4급Ⅱ / 10획 / 人(亻)

사람(亻)의 성격이 굳어져(固) 각자 개인행동을 하는 낱낱이니 **낱 개**

또 낱낱이 세는 개수니 **개수 개**

+ 固(굳을 고, 진실로 고)

個性(개성) 낱낱이 가지고 있는 독특한 성질.
個人(개인) (국가나 사회, 단체 등을 구성하는) 낱낱의 사람.

+ 性(성품 성, 바탕 성, 성별 성)

057　호호[胡湖] - 胡로 된 한자

3급Ⅱ / 9획 / 肉(月)

오래(古)된 고기(月)도 즐겨 먹었던 오랑캐니 **오랑캐 호**

+ 古(오랠 고, 옛 고), 月(달 월, 육 달 월)

5급 / 12획 / 水(氵)

물(氵)이 오랜(古) 세월(月) 고여 있는 호수니 **호수 호**

湖水(호수) 땅이 우묵하게 들어가 물이 괴어 있는 곳.
湖南(호남) 전라북도와 전라남도를 아울러 이르는 말.
江湖(강호) ① 강과 호수.
　　　　　② 세상(世上)을 비유적으로 이르는 말.

+ 水(물 수), 南(남쪽 남), 江(강 강), 世(세대 세, 세상 세), 上(위 상, 오를 상)

058 백박백[白拍百] - 白으로 된 한자

白

빛나는(ノ) 해(日)처럼 희고 밝으니 **흰 백, 밝을 백**

또 흰색처럼 깨끗하니 **깨끗할 백**

또 깨끗하게 분명히 아뢰니 **아뢸 백**

+ 아뢰다 - 말씀드려 알리다.

黑白(흑백) 검은색과 흰색을 아울러 이르는 말.
明白(명백) '밝고 밝음'으로, (의심할 바 없이) 아주 뚜렷함.
潔白(결백) (행동이나 마음씨가) 깨끗하여 아무 허물이 없음.
告白(고백) (숨김없이 사실대로) 알림.

+ 黑(검을 흑), 明(밝을 명), 潔(깨끗할 결), 告(알릴 고, 뵙고 청할 곡)

8급 / 5획 / 白

拍

손(扌)으로 무엇을 아뢰려고(白) 치니 **칠 박**

+ 扌(손 수 변)

拍手(박수) 손뼉을 침.
拍車(박차) ① 말 탈 때 신는 구두 뒤축에 달아, 말의 배를 차서 빨리 달리게 할 때 쓰는 물건.
② 어떠한 일의 촉진을 위하여 더하는 힘.

+ 手(손 수, 재주 수, 재주 있는 사람 수), 車(수레 거, 차 차)

4급 / 8획 / 手(扌)

百

하나(一)부터 시작하여 소리치는(白) 단위는 일백이니 **일백 백**

또 일백이면 많으니 **많을 백**

+ 물건을 셀 때 속으로 세다가도 큰 단위에서는 소리침을 생각하고 만든 한자.

百貨店(백화점) (한 건물 안에서) 많은 물건을 진열, 판매하는 종합 소매점.
百害無益(백해무익) 백 가지가(많이) 해롭고 (하나도) 이로울 것이 없음.
百聞不如一見(백문불여일견) 백 번 들음보다 한 번 본 것이 나음.

+ 貨(재물 화, 물품 화), 店(가게 점), 害(해칠 해, 방해할 해), 無(없을 무), 益(더할 익, 유익할 익), 聞(들을 문), 不(아닐 불, 아닐 부), 如(같을 여), 見(볼 견, 뵐 현)

7급 / 6획 / 白

059 천선[泉線] - 泉으로 된 한자

4급 / 9획 / 水

하얗도록(白) 맑은 물(水)이 나오는 샘이니 **샘 천**

+ 水(물 수)

冷泉(냉천) 찬물이 나오는 샘.
溫泉(온천) 더운물이 나오는 샘.
源泉(원천) '근원이 되는 샘'으로, 물이 흘러나오는 근원.

+ 冷(찰 랭), 溫(따뜻할 온, 익힐 온), 源(근원 원)

6급Ⅱ / 15획 / 糸

실(糸)이 샘(泉)의 물줄기처럼 길게 이어지는 줄이니 **줄 선**

+ 糸(실 사, 실 사 변)

線路(선로) (차나 전차의) 줄 같은 길.
直線(직선) 곧은 줄. ↔ 曲線(곡선) 구부러진 선.
脫線(탈선) ① 기차나 전차 등의 바퀴가 궤도를 벗어남.
② 말이나 행동 등이 나쁜 방향으로 빗나감.

+ 路(길 로), 直(곧을 직, 바를 직), 曲(굽을 곡, 노래 곡), 脫(벗을 탈)

060 원원원[原源願] - 原으로 된 한자

5급 / 10획 / 厂

바위(厂) 밑에 샘(泉)도 있는 언덕이니 **언덕 원**

또 바위(厂) 밑 샘(泉)이 물줄기의 근원이니 **근원 원**

+ 厂(굴 바위 엄, 언덕 엄), 泉[샘 천(泉)의 변형]

原始(원시) ① 처음.
② 처음 시작된 그대로 있어 발달하지 아니한 상태.
③ 자연 그대로 사람의 손이 더해지지 않음.
原因(원인) 일이 일어나는 근본이 된 일이나 사건.
原則(원칙) 근원적인(기본적인) 법칙.

+ 始(처음 시), 因(말미암을 인, 의지할 인), 則(곧 즉, 법칙 칙)

3日

4급 / 13획 / 水(氵)

물(氵)이 솟아나는 근원(原)이니 **근원 원**

根源・根原(근원) ① 물줄기가 나오기 시작하는 곳.
② 사물이 비롯되는 근본이나 원인.
起源・起原(기원) 사물이 생긴 근원.
資源(자원) ① 인간 생활 및 경제 생산에 이용되는 원료로서의 광물・산림・수산물 등을 통틀어 말함.
② 인간 생활 및 경제 생산에 이용되는 노동력이나 기술 등을 통틀어 말함.

+ 根(뿌리 근), 起(일어날 기, 시작할 기), 資(재물 자, 신분 자)

5급 / 19획 / 頁

근원(原)적으로(원래) 머릿(頁)속은 잘되기를 원하니 **원할 원**

+ 頁(머리 혈) - 제목번호 390 참고

所願(소원) 원하는 바.
念願(염원) (마음에 간절히) 생각하고 기원함. 또는 그런 것.
所願成就(소원성취) 원하는 바를 이룸.

+ 所(장소 소, 바 소), 念(생각 념), 成(이룰 성), 就(나아갈 취, 이룰 취)

확인문제 (041~060)

01~04 다음 漢字의 훈(뜻)과 음(소리)을 쓰세요.

01. 私 (   )   02. 秀 (   )
03. 香 (   )   04. 厚 (   )

05~08 다음 훈음에 맞는 漢字를 쓰세요.

05. 재주 기 (   )   06. 호수 호 (   )
07. 원할 원 (   )   08. 물건 건 (   )

09~12 다음 漢字語의 독음을 쓰세요.

09. 安否 (   )   10. 談判 (   )
11. 靑松 (   )   12. 讚頌 (   )

13~14 다음 문장 중 밑줄 친 단어를 漢字로 쓰세요.

13. 거실에는 **탁자** 하나와 의자 두 개가 놓여 있었다. (   )
14. 그 죄수는 **반성**의 빛이 역력했다. (   )

15~16 다음 문장 중 漢字로 표기된 단어의 독음을 쓰세요.

15. 가을은 독서의 **季節**입니다. (   )
16. 그는 접시 돌리는 **妙技**를 할 줄 안다. (   )

17~18 다음 뜻풀이에 맞는 단어를 漢字로 쓰세요.

17. 수나 어떤 일을 헤아려 셈함. (   )
18. 뛰어나게 좋은 생각. (   )

19~20 다음 漢字語의 뜻을 쓰세요.

19. 委員 (   )
20. 壓力 (   )

---

01. 사사로울 사 02. 빼어날 수 03. 향기 향 04. 두터울 후 05. 技 06. 湖 07. 願 08. 件 09. 안부
10. 담판 11. 청송 12. 찬송 13. 卓子 14. 反省 15. 계절 16. 묘기 17. 計算 18. 妙案
19. 일의 처리를 위임받은 사람. 20. 누르는 힘.

4日 061 ~ 080

061 숙(수)축[宿縮] - 宿으로 된 한자

5급II / 11획 / 宀

집(宀)에서 사람(亻)이 많이(百) 자니 **잘 숙**

또 자는 것처럼 오래 머물러 있는 별자리니 **오랠 숙, 별자리 수**

+ 宀(집 면), 亻(사람 인 변), 百(일백 백, 많을 백)

宿食(숙식) 자고 먹는 것.
宿患(숙환) ① 오래된 걱정거리.
　　　　　② 오래 묵은 병.
星宿(성수) 모든 별자리의 별들.

+ 食(밥 식, 먹을 식), 患(근심 환), 星(별 성)

4급 / 17획 / 糸

실(糸)은 잠재우듯(宿) 눌러두면 줄어드니 **줄어들 축**

+ 糸(실 사, 실 사 변)

縮小(축소) 줄여 작게 함.
短縮(단축) 짧게 줄어듦. 또는 짧게 줄임. ↔ 延長(연장) 시간이나 물건의 길이 등을 본래보다 길게 늘림.
壓縮(압축) 물질 등에 압력을 가하여 그 부피를 줄임.

+ 小(작을 소), 短(짧을 단, 모자랄 단), 延(끌 연, 늘일 연), 壓(누를 압)

062 천간(건)우[千干牛] - 千과 비슷한 한자

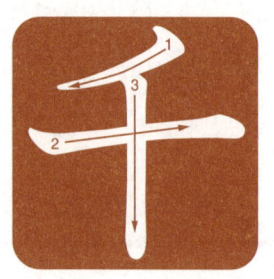

7급 / 3획 / 十

무엇을 강조하는 **삐침 별(丿)**을 **열 십, 많을 십(十)** 위에 찍어서
일천 천, 많을 천

+ 한자에서는 삐침 별(丿)이나 점 주, 불똥 주(丶)로 어느 것이나 어느 부분을 강조합니다.

千里眼(천리안) '천리 밖의 것도 볼 수 있는 눈'으로, 사물을 꿰뚫어 볼 수 있는 뛰어난 관찰력을 비유적으로 이르는 말.
千萬多幸(천만다행) 아주 다행함.

+ 천만(千萬) - '천이나 만'으로, 아주 많은 수효를 이르는 말.
+ 里(마을 리, 거리 리), 眼(눈 안), 萬(일만 만, 많을 만), 多(많을 다), 幸(행복할 행, 바랄 행)

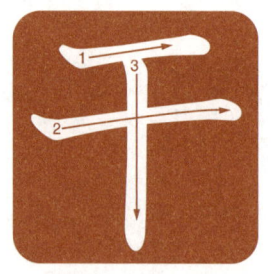

4급 / 3획 / 干

손잡이 있는 **방패(⬚)**를 본떠서 **방패 간**
또 방패로 무엇을 범하면 얼마간 정도 마르니 **범할 간, 얼마 간, 마를 건**

干潮(간조) 바다에서 조수가 빠져나가 해수면이 가장 낮아진 상태. ↔ 滿潮(만조) 밀물이 가장 높은 해면까지 꽉 차게 들어오는 현상.
干滿(간만) 간조와 만조. 밀물과 썰물.
救國干城(구국간성) 나라를 구하는 방패와 성

+ 潮(조수 조), 滿(찰 만), 救(구원할 구, 도울 구), 國(나라 국), 城(재 성, 성 성)

5급 / 4획 / 牛

뿔 있는 **소(⬚)**를 본떠서 **소 우**

牛乳(우유) 소에서 짜낸 젖.
牛耳讀經(우이독경) '소귀에 경 읽기'로, 우둔한 사람은 아무리 가르치고 일러주어도 알아듣지 못함을 이르는 말.

+ 乳(젖 유), 耳(귀 이), 讀(읽을 독, 구절 두), 經(지날 경, 날실 경, 글 경)

063 오허년[午許年] - 누로 된 한자

7급II / 4획 / 十

방패 간(干) 위에 삐침 별(丿)을 그어서
(전쟁터에서 말이 아주 중요한 동물임을 나타내어) **말 오**

또 말은 일곱째 지지니 **일곱째 지지 오**

또 일곱째 지지는 시간으로 낮이니 **낮 오**

+ 12지지인 '자축인묘진사오미신유술해' 중 처음인 자시(子時)는 밤 11시부터 새벽 1시까지. 이를 기준으로 두 시간씩 계산하면 일곱 번째는 낮 11시부터 오후 1시까지로 오시(午時)지요.

正午(정오) '바른 오시'로, 오시의 한 중앙인 12시.
午後(오후) '오시 후'로, 오시의 한 중앙인 낮 12시 이후.
端午(단오) 민속에서 음력 오월 초닷샛날을 명절로 이르는 말.

+ 正(바를 정), 後(뒤 후), 端(끝 단, 바를 단, 실마리 단)

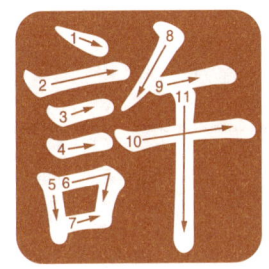

5급 / 11획 / 言

남의 말(言)을 듣고 대낮(午)처럼 분명히 허락하니 **허락할 허**

+ 言(말씀 언)

許可(허가) 행동이나 일을 하도록 허용함.
許容(허용) 허락하여 용납함.
特許(특허) ① 특별히 허락함.
② 특정인에 대하여 일정한 권리, 능력을 주거나 포괄적인 법령 관계를 설정하는 행정 행위.

+ 可(옳을 가, 가히 가, 허락할 가), 容(얼굴 용, 받아들일 용, 용서할 용), 特(특별할 특)

8급 / 6획 / 干

낮(午)이 숨은(⺄) 듯 오고 가고 하여 해가 바뀌고 먹는 나이니
해 년, 나이 년

+ ⺄ [감출 혜, 덮을 혜(匸, = 匚)의 변형]

豊年(풍년) 농사가 잘 된 해. ↔ 凶年(흉년) 농사가 잘 안된 해.
年歲(연세) '나이(사람이나 동·식물 등이 세상에 나서 살아온 햇수)'의 높임말.
百年河淸(백년하청) '백년이 되어도 강(중국의 황하)이 맑아지겠는가?'로, 아무리 기다려도 일이 해결될 가망이 없음을 이르는 말.

+ 豊(풍년 풍, 풍성할 풍), 凶(흉할 흉, 흉년 흉), 歲(해 세, 세월 세), 百(일백 백, 많을 백), 河(내 하, 강 하), 淸(맑을 청)

064 탁택(댁)[毛宅] - 毛으로 된 한자

급외자 / 3획 / 丿

[천(千) 번이나 굽실거리며 부탁한다는 데서]
일천 천(千)을 굽혀서 **부탁할 탁, 의탁할 탁**

5급II / 6획 / 宀

지붕(宀) 아래 의탁하여(乇) 사는 집이니 **집 택, 집 댁**
+ 宀(집 면)

宅地(택지) 집을 지을 땅.
住宅(주택) 사람이 살 수 있도록 지은 집.

+ 地(땅 지, 처지 지), 住(살 주, 사는 곳 주)

065 평평 호호 [平評 乎呼] - 平과 乎로 된 한자

7급II / 5획 / 干

방패(干)의 나누어진(八) 면처럼 평평하니 **평평할 평**

또 평평하듯 아무 일 없는 평화니 **평화 평**

+ 干(방패 간, 범할 간, 얼마 간, 마를 건), 八(여덟 팔, 나눌 팔)

> 平等(평등) '평평하고 같음'으로, 차별 없이 고르고 한결같음.
> 平地(평지) 바닥이 평평한 땅.
> 平和(평화) 평온하고 화목함.

+ 等(같을 등, 무리 등, 차례 등), 地(땅 지, 처지 지), 和(화목할 화)

4급 / 12획 / 言

말(言)로 공평하게(平) 평하니 **평할 평**

+ 평(評)하다 - 좋고 나쁨이나 잘되고 못됨, 옳고 그름 등을 분석하여 논하는 일.
+ 言(말씀 언)

> 評價(평가) ① 물건 값을 헤아려 매김. 또는 그 값.
> ② 사물의 가치나 수준 등을 평함. 또는 그 가치나 수준.
> 品評(품평) 물건이나 작품의 좋고 나쁨을 평함.
> 好評(호평) 좋은 평판.

+ 價(값 가, 가치 가), 品(물건 품, 등급 품, 품위 품), 好(좋을 호)

3급 / 5획 / 丿

(평평하지 않도록) 평평할 평(平)의 위에 변화를 주어 **어조사 호**

+ 어조사(語助辭) - 실질적인 뜻이 없이 다른 글자를 보조하여 주는 한문의 토.
+ 語(말씀 어), 助(도울 조), 辭(말씀 사, 글 사, 물러날 사)

4급II / 8획 / 口

입(口)으로 호(乎)하고 입김이 나도록 부르니 **부를 호**

+ 口(입 구, 구멍 구, 말할 구)

> 呼出(호출) ① 불러 냄.
> ② 소환.
> 歡呼(환호) 기뻐서 큰 소리로 부르짖음.
> 呼吸(호흡) ① 생물이 산소를 체내에 들이마시어 탄산 가스를 내보내는 작용.
> ② 숨쉬기, 숨

+ 出(날 출, 나갈 출), 歡(기뻐할 환), 吸(마실 흡)

066 고(곡)조[告造] - 告로 된 한자

5급II / 7획 / 口

소(牛)고기를 차려 놓고 입(口)으로 알리거나 뵙고 청하니

알릴 고, 뵙고 청할 곡

+ 牛[소 우(牛)의 변형]

報告(보고) (일의 내용이나 결과를) 알림.
廣告(광고) 널리 알림.
出必告(출필곡) 나갈 때는 반드시 뵙고 청함(아룀).

+ 報(알릴 보, 갚을 보), 廣(넓을 광), 出(날 출, 나갈 출), 必(반드시 필)

4급II / 11획 / 辵(辶)

계획을 알리고(告) 가서(辶) 지으니 **지을 조**

+ 辶(뛸 착, 갈 착)

造成(조성) 무엇을 만들어서 이룸.
構造(구조) 부분이나 요소가 전체를 짜 이룸. 또는 그렇게 이루어진 얼개.
創造(창조) (없던 물건을) 처음으로 만듦.

+ 成(이룰 성), 構(얽을 구), 創(비롯할 창, 시작할 창)

067 선세 찬찬[先洗 贊讚] - 先과 贊으로 된 한자

8급 / 6획 / 人(儿)

(소를 몰 때) 소(土)는 사람(儿) 앞에 먼저 가니 **먼저 선**

+ 소를 몰 때는 소를 앞에 세우지요.
+ 土[소 우(牛)의 변형], 儿(사람 인 발, 어진사람 인 발)

先頭(선두) (대열이나 행렬, 활동 등에서) 맨 앞.
先生(선생) ① 학생을 가르치는 사람.
　　　　　② 학예가 뛰어난 사람을 높여 이르는 말.
先覺者(선각자) 남보다 먼저 사물이나 세상일을 깨달은 사람.

+ 頭(머리 두, 우두머리 두), 生(날 생, 살 생, 사람을 부를 때 쓰는 접사 생), 覺(깨달을 각), 者(놈 자, 것 자)

5급II / 9획 / 水(氵)

물(氵)로 먼저(先) 씻으니 **씻을 세**

洗練(세련) '씻고 익힘'으로, 익숙하여 어색한 데가 없음.
洗禮(세례) '씻는 예'로, 죄악을 씻는 표시로 행하는 의식.
水洗式(수세식) '물로 씻는 방식'으로, 오물을 물로 씻도록 설치한 장치.

+ 練(익힐 련), 禮(예도 례), 水(물 수), 式(법 식, 의식 식)

3급II / 19획 / 貝

먼저(先) 먼저(先) 재물(貝)로 돕고 찬성하니 **도울 찬, 찬성할 찬**

+ 찬성(贊成) - 옳다고 동의함.
+ 貝(조개 패, 재물 패, 돈 패) - 제목번호 384 참고, 成(이룰 성)

말(言)로 도우며(贊) 칭찬하고 기리니 **칭찬할 찬, 기릴 찬**

+ 言(말씀 언)

稱讚(칭찬) 잘 한다고 높이 평가하거나 좋은 점을 들어 기림.
讚頌(찬송) (아름다움과 덕을) 기리고 칭송함.

+ 稱(일컬을 칭), 頌(칭찬할 송)

4급 / 26획 / 言

068 료 자공승 [了 子孔承] - 了와 子로 된 한자

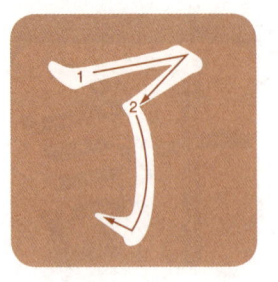

3급 / 2획 / 亅

아들(子)이 양팔 붙이고 모체에서 나온(🍙→了) 모양으로 나왔으니 고통을 마쳤다는 데서 **마칠 료**

7급II / 3획 / 子

아들이 두 팔 벌린(🧒) 모양을 본떠서 **아들 자**

또 아들을 첫째로 여기니 **첫째 지지 자**

또 아들처럼 편하게 부르는 2인칭 대명사 자네니 **자네 자**

또 아들처럼 만들어져 나오는 물건의 뒤에 붙이는 접미사니 **접미사 자**

> 子孫(자손) 아들과 손자.
> 子息(자식) ① 아들과 딸의 총칭.
> ② '놈'보다 낮추어 욕하는 말.
> 卓子(탁자) 높게 만든 책상이나 식탁 등.

+ 孫(손자 손), 息(쉴 식, 숨 쉴 식, 자식 식), 卓(높을 탁, 뛰어날 탁, 탁자 탁)

4급 / 4획 / 子

새끼(子) 새(乚)가 자라는 구멍이니 **구멍 공**

또 구멍으로도 세상 이치를 꿰뚫어 보았던 공자니 **공자 공, 성씨 공**

+ 공자(孔子) - 중국 춘추 전국 시대의 사상가·학자(BC 551년 ~ BC 479).
+ 乚[새 을, 둘째 천간 을, 둘째 을, 굽을 을(乙)이 부수로 쓰일 때의 모양]

> 十九孔炭(십구공탄) 19개의 구멍이 뚫린 연탄.
> 圓孔方木(원공방목) '둥근 구멍에 모난 막대기'라는 뜻으로, 사물이 서로 맞지 않음.

+ 炭(숯 탄, 연탄 탄), 圓(둥글 원), 方(모 방, 방향 방, 방법 방)

4급II / 8획 / 手

아들(子) 둘(二)이 양쪽(八)에서 부모를 받들며 대를 이으니

받들 승, 이을 승

> 繼承(계승) (조상의 전통이나 문화유산, 업적 등을) 물려받아 이어 나감.
> 承服(승복) '받들어 복종함'으로, 납득하여 좇는 것.
> 傳承(전승) (문화 등을) 전하여 이음.

+ 繼(이을 계), 服(옷 복, 먹을 복, 복종할 복), 傳(전할 전, 이야기 전)

069 여야서[予野序] - 予로 된 한자

3급 / 4획 / 亅

서로 주고받는 모양에서 **줄 여**(≒ 與)

또 주는 나를 뜻하여 **나 여**(≒ 余)

또 **미리 예**(豫)의 약자

+ 與 - 제목번호 351, 余 - 제목번호 268, 豫 - 제목번호 155 참고

6급 / 11획 / 里

마을(里)에서 내(予)가 먹을거리를 생산하는 들이니 **들 야**

또 들에서 일하면 손발이 거치니 **거칠 야**

+ 里(마을 리, 거리 리) - 제목번호 035 참고

平野(평야) 평평한 들.
視野(시야) ① 시력이 미치는 범위.
② 사물에 대한 식견이나 사려가 미치는 범위.
野性(야성) '거친 성질'로, 산야에서 제멋대로 자란 것 같은 성질.

+ 平(평평할 평, 평화 평), 視(볼 시), 性(성품 성, 바탕 성, 성별 성)

5급 / 7획 / 广

집(广)에서도 내(予)가 먼저 지켜야 하는 차례니 **먼저 서, 차례 서**

+ 广(집 엄)

序論(서론) '먼저 논함'으로, 본론에 앞서 실마리가 되는 부분.
順序(순서) '순한 차례'로, 정하여 있는 차례.

+ 論(논할 론, 평할 론), 順(순할 순)

4日

070 모무의[矛務疑] - 矛로 된 한자

2급 / 5획 / 矛

손잡이 있는 창을 본떠서 **창 모**

+ 옛날에는 전쟁이 많아서 당시의 무기로 된 한자가 많습니다.

4급II / 11획 / 力

창(矛)으로 적을 치듯이(攵) 힘(力)을 다하여 일에 힘쓰니

일 무, 힘쓸 무

+ 攵(칠 복, = 攴), 力(힘 력)

任務(임무) 맡은 일.
職務(직무) 직책이나 직업상에서 책임을 지고 담당하여 맡은 사무.
勤務(근무) 일에 힘씀.

+ 任(맡을 임), 職(벼슬 직, 맡을 직), 勤(부지런할 근, 일 근)

4급 / 14획 / 疋

비수(匕)와 화살(矢)과 창(㸦)으로 무장하고 점(卜)치며 사람(人)이 의심하니

의심할 의

+ 匕(비수 비, 숟가락 비), 矢(화살 시), 㸦[창 모(矛)의 획 줄임], 卜(점 복)

疑心(의심) 믿지 못하는 마음.
疑問(의문) 의심스럽게 생각함. 또는 그런 문제나 사실.
半信半疑(반신반의) '반은 믿고 반은 의심함'으로, 얼마쯤 믿으면서도 한편으로는 의심함.

+ 心(마음 심, 중심 심), 問(물을 문), 半(반 반), 信(믿을 신, 소식 신)

071 기기기개[己記紀改] - 己로 된 한자

5급II / 3획 / 己

사람이 엎드려 절하는 모양에서 **몸 기, 자기 기, 여섯째 천간 기**

知己(지기) '자기를 알아줌'으로, 서로 마음이 통하는 벗을 이르는 말.
利己心(이기심) 자기의 이익만을 꾀하는 마음.

+ 知(알 지), 利(이로울 리, 날카로울 리), 心(마음 심, 중심 심)

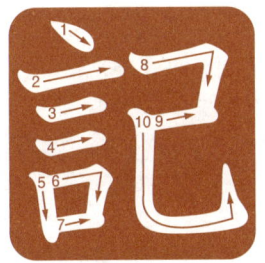

7급II / 10획 / 言

말(言) 중에 자기(己)에게 필요한 부분은 기록하고 기억하니
기록할 기, 기억할 기

+ 言(말씀 언)

記錄(기록) (어떤 사실을) 기록함. 또는 그 글.
書記(서기) 기록을 맡아보는 사람.
記念(기념) 마음에 기억하여 생각함.

+ 錄(기록할 록), 書(쓸 서, 글 서, 책 서), 念(생각 념)

4급 / 9획 / 糸

실(糸)에서 몸(己)처럼 중요한 벼리니 **벼리 기**
또 벼리처럼 중요한 질서나 해니 **질서 기, 해 기**
또 벼리처럼 중요한 것은 기록하니 **기록할 기**

+ 벼리 - 그물의 위쪽 코를 꿰어 오므렸다 폈다 하는 줄로 그물에서 제일 중요한 부분.
+ 糸(실 사, 실 사 변)

軍紀(군기) 군대에서의 질서.
西紀(서기) 기원 원년 이후, 주로 예수가 태어난 해를 원년으로 하여 이름.
世紀(세기) ① 백 년을 단위로 하는 기간.
          ② 일정한 역사적 시대나 연대.
紀行文(기행문) 여행하며 보고 듣고 느낀 것을 기록한 글.

+ 기원(紀元) - '원래의 해'로, 연대를 계산할 때 기초가 되는 해.
+ 軍(군사 군), 西(서쪽 서), 世(세대 세, 세상 세), 行(다닐 행, 행할 행, 항렬 항), 文(무늬 문, 글월 문)

5급 / 7획 / 攵

자기(己)를 치며(攵) 허물을 고치니 **고칠 개**

+ 攵(칠 복, = 攴)

改良(개량) (나쁜 점을) 고쳐 좋게 함.
改善(개선) (잘못을) 고쳐 좋게 함.

+ 良(좋을 량, 어질 량), 善(착할 선, 좋을 선, 잘할 선)

072 인아광 [儿兒光] - 儿으로 된 한자

급외자 / 2획 / 人(儿)

사람 인(人)이 한자의 아래에 붙는 부수인, 발로 쓰일 때의 모양으로
사람 인 발

또 사람이 무릎 꿇고 절하는 모양에서, 겸손하고 어진 마음을 지녔다고 생각하여
어진사람 인

5급II / 8획 / 人(儿)

절구(臼)처럼 머리만 커 보이는 아이(儿)니 **아이 아**

얜 児 - 태어난 지 일(|) 일(日) 정도 되는 사람(儿)은 아이니 '아이 아'
+ 臼(절구 구) - 제목번호 350 참고, | ('뚫을 곤'이지만 여기서는 숫자 1로 봄)

兒童(아동) 어린아이.
孤兒(고아) 부모를 여의어 몸 붙일 곳이 없는 아이.
育兒(육아) 어린아이를 기름.

+ 童(아이 동), 孤(외로울 고, 부모 없을 고), 育(기를 육)

6급II / 6획 / 人(儿)

조금(⺌)씩 땅(一)과 사람(儿)에게 비치는 빛이니 **빛 광**

또 빛으로 말미암은 경치니 **경치 광**

+ ⺌[작을 소(小)의 변형], 一('한 일'이지만 여기서는 땅으로 봄)

觀光(관광) (다른 나라 다른 지방의) 문화·풍광 등을 봄.
光明(광명) 밝고 환함. 또는 밝은 미래나 희망을 상징하는 밝고 환한 빛.
光復(광복) (잃었던) 빛을 회복함(도로 찾음).

+ 觀(볼 관), 明(밝을 명), 復(다시 부, 돌아올 복)

073 원 완원[元 完院] - 元과 完으로 된 한자

5급II / 4획 / 人(儿)

하늘과 땅(二) 사이에 사람(儿)이 원래 으뜸이니 **원래 원, 으뜸 원**

+ 二('둘 이'지만 여기서는 하늘과 땅으로 봄)

元金(원금) (이자 없이) 원래의 돈.
復元(복원) 원래의 모습이나 상태로 회복함.
壯元(장원) 씩씩하게 으뜸으로 뽑힘. 또는 뽑힌 사람.

+ 金(쇠 금, 금 금, 돈 금, 성씨 김), 復(다시 부, 돌아올 복), 壯(굳셀 장, 씩씩할 장)

5급 / 7획 / 宀

집(宀)도 으뜸(元)으로 잘 지으면 모든 것이 갖추어져 완전하니 **완전할 완**

+ 宀(집 면)

完全(완전) 필요한 것이 모두 갖추어져 모자람이나 흠이 없음.
完成(완성) 완전히 다 이룸.
完全無缺(완전무결) 완전하여 아무런 결점이 없음.

+ 全(온전할 전), 成(이룰 성), 無(없을 무), 缺(이지러질 결, 빠질 결)

5급 / 10획 / 阜(阝)

언덕(阝)에 완전하게(完) 지은 집이나 관청이니 **집 원, 관청 원**

+ 阝(언덕 부 변)

院長(원장) 원(院)자가 붙은 기관의 우두머리.
病院(병원) 병자를 진찰·치료하는 데에 필요한 설비를 갖추어 놓은 곳.
學院(학원) '배우는 집'으로, 학교 설치 기준을 갖추지 않은 사립 교육 기관.

+ 長(길 장, 어른 장, 자랄 장), 病(병 병, 근심할 병), 學(배울 학)

074 형황축경[兄況祝競] - 兄으로 된 한자

8급 / 5획 / 人(儿)

동생을 말하며(口) 지도하는 사람(儿)이 형이고 어른이니 **형 형, 어른 형**

+ 口(입 구, 구멍 구, 말할 구)

兄夫(형부) 언니의 남편. ↔ 弟夫(제부) 언니가 여동생의 남편을 부르는 말.
兄弟(형제) 형과 아우.

+ 夫(사내 부, 남편 부), 弟(아우 제, 제자 제)

4급 / 8획 / 水(氵)

물(氵)이 점점 불어나서 위험한 상황을 하물며 형(兄)이 모르겠는가에서 **상황 황, 하물며 황**

[속] 况 - 얼음이 언 상황을 하물며 형이 모르겠는가에서 '상황 황, 하물며 황'

+ [속] - 속자(俗字). 정자(正字)는 아니나 세간에서 흔히 쓰는 한자.
+ 俗(저속할 속, 속세 속, 풍속 속), 字(글자 자), 正(바를 정)

狀況(상황) (일이 되어 가는) 과정이나 형편.
不況(불황) 경기가 좋지 못함.

+ 狀(모습 상, 문서 장), 不(아닐 불, 아닐 부)

5급 / 10획 / 示

신(示)께 입(口)으로 사람(儿)이 비니 **빌 축**

또 좋은 일에 행복을 빌며 축하하니 **축하할 축**

+ 示(보일 시, 신 시)

祝福(축복) 앞날의 행복을 빎.
祝辭(축사) 축하하는 인사의 글이나 말.

+ 福(복 복), 辭(글 사, 말씀 사, 물러날 사)

5급 / 20획 / 立

마주 서서(立·立) 두 형(兄·兄)들이 다투며 겨루니 **다툴 경, 겨룰 경**

+ 立(설 립) - 제목번호 157 참고

競爭(경쟁) (같은 목적에 서로) 겨루어 다툼.
競技(경기) (일정한 규칙 아래) 기술을 겨룸.

+ 爭(다툴 쟁), 技(재주 기)

075 태세세(설·열)탈[兌稅說脫] - 兌로 된 한자

1급Ⅱ / 7획 / 人(儿)

요모조모 **나누어(八)** 생각하여 **형(兄)**이 마음을 바꾸며 기뻐하니
바꿀 태, 기뻐할 태
+ 八(여덟 팔, 나눌 팔), 兄(형 형, 어른 형)

4日

4급Ⅱ / 12획 / 禾

(다른 곡식을 수확했어도) **벼(禾)**로 **바꾸어(兌)** 냈던 세금이니 **세금 세**
+ 옛날에는 벼나 쌀, 포목(布木)이 물물 교환의 기준이었답니다.
+ 포목(布木) - 베와 무명.
+ 禾(벼 화), 布(베 포, 펼 포, 보시 보)

税金(세금) 조세로 바치는 돈.
納稅(납세) 세금을 냄.
課稅(과세) 세금을 부과함.

+ 金(쇠 금, 금 금, 돈 금, 성씨 김), 納(들일 납, 바칠 납), 課(부과할 과, 공부할 과, 과정 과)

5급Ⅱ / 14획 / 言

(알아듣도록) **말(言)**을 **바꾸어(兌)** 가면서 달래고 말씀해 주면 기쁘니
달랠 세, 말씀 설, 기쁠 열
+ 言(말씀 언)

遊說(유세) 자기, 또는 자기가 속한 정당(政黨)의 주장을 선전하며 돌아다님.
說明(설명) (내용을 잘 알 수 있도록) 분명하게 말함.

+ 遊(놀 유, 여행할 유), 政(다스릴 정), 黨(무리 당), 明(밝을 명)

4급 / 11획 / 肉(月)

벌레가 **몸(月)**을 **바꾸려고(兌)** 허물을 벗으니 **벗을 탈**
+ 月(달 월, 육 달 월)

脫落(탈락) 빠지거나 떨어져서 없음.
脫盡(탈진) 기운이 다 빠져 없어짐.
脫出(탈출) (일정한 환경이나 구속에서) 빠져나옴.

+ 落(떨어질 락), 盡(다할 진), 出(날 출, 나갈 출)

076 륙륙[坴陸] - 坴으로 된 한자

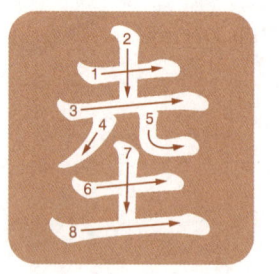

급외자 / 8획 / 土

흙(土)에 사람(儿)이 또 흙(土)을 쌓아 만든 언덕이니 **언덕 륙(육)**

+ 실제는 '흙덩이 클 륙'이지만 坴이 들어간 글자들의 어원 풀이를 위해 '언덕 륙'으로 풀었어요.
+ 土(흙 토), 儿(사람 인 발, 어진사람 인)

5급II / 11획 / 阜(阝)

언덕(阝)과 언덕(坴)이 높고 낮게 이어진 뭍이니 **뭍 륙(육)**

+ 뭍 – 지구의 표면에서 바다를 뺀 나머지 부분.
+ 阝(언덕 부 변)

陸軍(육군) 육지에서의 전투를 맡은 군대.
陸地(육지) 강이나 바다와 같이 물이 있는 곳을 제외한 지구의 겉면.
水陸兩用(수륙양용) 물이나 육지에서 두루 활용할 수 있는 것.

+ 軍(군사 군), 地(땅 지, 처지 지), 水(물 수), 兩(두 량, 짝 량, 냥 냥), 用(쓸 용)

077 예예열세[埶藝熱勢] - 埶로 된 한자

급외자 / 11획 / 土

흙(土)을 사람(儿)이 파서 흙(土)에다 둥근(丸) 씨앗을 심으니 **심을 예**

+ 丸 - 많은(九) 것들이 점(丶)처럼 둥글둥글한 알이니 '둥글 환, 알 환' - 3급
+ 九(아홉 구, 클 구, 많을 구)

4급II / 19획 / 草(艹)

초목(艹)을 심고(埶) 이용하는 방법을 말하는(云) 재주와 기술이니

재주 예, 기술 예

[얀] 芸 - 초목(艹)을 심고 이용하는 방법을 말하는(云) 재주와 기술이니 '재주 예, 기술 예'
+ 云(이를 운, 말할 운)

> 書藝(서예) 글씨를 붓에 의해 조형적으로 쓰는 예술.
> 藝術(예술) 미를 창조하고 표현하려고 하는 인간 활동. 또는 그 작품.

+ 書(쓸 서, 글 서, 책 서), 術(재주 술, 기술 술)

5급 / 15획 / 火(灬)

심어(埶) 놓은 불씨(灬)라도 있는 듯 더우니 **더울 열**

+ 성냥이나 라이터가 없었던 옛날에는 불씨를 재 속에 심어놓고 필요할 때 꺼내 사용했답니다.
+ 灬(불 화 발)

> 熱望(열망) 열렬히 바람. 진심으로 원함.
> 解熱(해열) 열을 풀어 내림.

+ 望(바랄 망, 보름 망), 解(해부할 해, 풀 해)

4급II / 13획 / 力

심어(埶) 놓은 초목이 힘(力)차게 자라나는 형세의 권세니

형세 세, 권세 세

+ 力(힘 력)

> 強勢(강세) 강한 형세.
> 姿勢(자세) ① 몸을 가누는 모양.
> ② 무슨 일에 대하는 마음가짐.
> 勢力(세력) 남을 누르고 자기 마음대로 할 수 있는 힘.

+ 強(강할 강, 억지 강), 姿(맵시 자, 모양 자), 力(힘 력)

078 첨담[詹擔] - 詹으로 된 한자

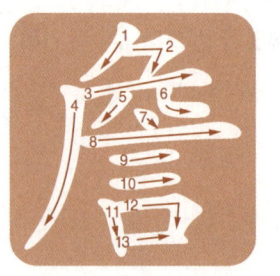

특급II / 13획 / 言

사람들(ク儿)이 언덕(厂) 위아래에 이르러 **말하며**(言) 살피니
이를 첨, 살필 첨

+ ク[사람 인(人)의 변형], 儿(사람 인 발, 어진사람 인), 厂(굴 바위 엄, 언덕 엄), 言(말씀 언)

4급II / 16획 / 手(扌)

짐을 손(扌)으로 살펴(詹) 메거나 맡으니 **멜 담, 맡을 담**

[역] 担 - 손(扌)으로 아침(旦)마다 짐을 메거나 맡으니 '멜 담, 맡을 담'
+ 扌(손 수 변), 旦(아침 단) - 제목번호 318 참고

負擔(부담) (어떤 일에 의무나 책임을) 지고 맡음.
分擔(분담) (일을) 나누어서 멤(맡음).
擔當(담당) (어떤 일을) 당하여 맡음.

+ 負(짐질 부, 패할 부, 빚질 부), 分(나눌 분, 단위 분, 단위 푼, 신분 분, 분별할 분, 분수 분), 當(마땅할 당, 당할 당)

079 서 인연[西 垔煙] – 西와 垔으로 된 한자

8급 / 6획 / 襾

지평선(一) 아래(口)로 해가 들어가는(儿) 서쪽이니 **서쪽 서**

🔑 襾(덮을 아) – 제목번호 103 참고
+ 口('둘레 위, 에워쌀 위, 나라 국'(四)이지만, 여기서는 지평선 아래 땅으로 봄), 儿('사람 인 발, 어진사람 인'이지만 여기서는 들어가는 모양으로 봄)

東西(동서) 동쪽과 서쪽을 아울러 이르는 말.
東西古今(동서고금) '동양이나 서양이나 예나 지금이나'로, 언제 어디서나.

+ 東(동쪽 동, 주인 동), 古(오랠 고, 옛 고), 今(이제 금, 오늘 금)

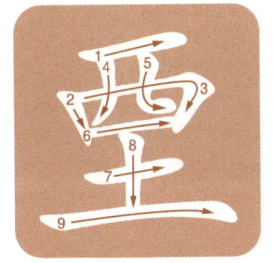

급외자 / 9획 / 土

서쪽(西)을 흙(土)으로 막으니 **막을 인**

+ 덮을 아(襾)의 변형(西)과 흙 토(土)의 구조로 보아 '덮어(西) 흙(土)으로 막으니 막을 인(垔)'으로 풀기도 합니다.

4급II / 13획 / 火

불(火)을 잘 타지 못하게 막으면(垔) 나는 연기니 **연기 연**

또 연기 내며 피우는 담배니 **담배 연**

+ 火(불 화)

禁煙(금연) 담배 피우는 것을 금함.
無煙炭(무연탄) 연기를 내지 않고 타는 석탄.

+ 禁(금할 금), 無(없을 무), 炭(숯 탄, 석탄 탄)

4日

080 유주배의[酉酒配醫] - 酉로 된 한자

3급 / 7획 / 酉

술 담는 그릇(🝪 → 🝫)을 본떠서 **술그릇 유, 술 유**
또 술 마시듯 고개를 쳐들고 물을 마시는 닭이니 **닭 유**
또 닭은 열째 지지니 **열째 지지 유**

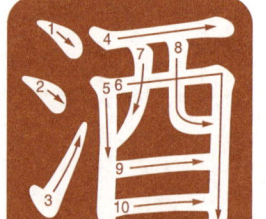
4급 / 10획 / 酉

물(氵)처럼 술그릇(酉)에 있는 술이니 **술 주**

酒量(주량) 술을 마시는 분량.
飮酒(음주) 술을 마심.

+ 量(헤아릴 량, 용량 량), 飮(마실 음)

4급Ⅱ / 10획 / 酉

술(酉)을 자기(己)와 나누어 마시는 짝이니 **나눌 배, 짝 배**

+ 己(몸 기, 자기 기, 여섯째 천간 기)

配慮(배려) '나누어서 생각함'으로, 도와주거나 보살펴 주려고 마음을 씀.
配列(배열) (일정한 차례나 간격에 따라) 나누어 벌여 놓음.
分配(분배) ① 배분(配分 - 몫몫이 나눔).
② 생산 과정에 참여한 개개인이 생산물을 사회적 법칙에 따라서 나누는 일.

+ 慮(생각할 려), 列(벌일 렬, 줄 렬), 分(나눌 분, 단위 분, 단위 푼, 신분 분, 분별할 분, 분수 분)

6급 / 18획 / 酉

상자(匚)처럼 패이고 화살(矢)과 창(殳)에 다친 곳을 약술(酉)로 소독하고 치료하는 의원이니 **의원 의**

얙 医 - 약상자(匚)를 들고 화살(矢)처럼 달려가 치료하는 의원이니 '의원 의'
+ 소독약이 없으면 알코올 성분이 있는 술로 소독하지요.
+ 匚(상자 방), 矢(화살 시), 殳(칠 수, 창 수, 몽둥이 수)

醫師(의사) 면허를 얻어 의술과 약으로 병을 진찰·치료하는 사람.
醫院(의원) 진료 시설을 갖추고 의사가 의료 행위를 하는 곳. [병원은 30명 이상의 환자를 수용할 수 있는 시설을 갖춘 의료 기관이고, 이보다 작으면 의원]

+ 師(스승 사, 전문가 사, 군사 사), 院(집 원, 관청 원)

확인문제 (061~080)

01~04 다음 漢字의 훈(뜻)과 음(소리)을 쓰세요.

01. 縮 (   )　　02. 評 (   )
03. 呼 (   )　　04. 造 (   )

05~08 다음 훈음에 맞는 漢字를 쓰세요.

05. 소 우 (   )　　06. 허락할 허 (   )
07. 알릴 고 (   )　　08. 씻을 세 (   )

09~12 다음 漢字語의 독음을 쓰세요.

09. 干潮 (   )　　10. 讚頌 (   )
11. 繼承 (   )　　12. 勤務 (   )

13~14 다음 문장 중 밑줄 친 단어를 漢字로 쓰세요.

13. 정해진 순서에 따라 줄을 섰다. (   )
14. 좋은 것은 다 자신이 가지려 하는 동생의 이기심에 화가 났다. (   )

15~16 다음 문장 중 漢字로 표기된 단어의 독음을 쓰세요.

15. 그는 疑心이 가득한 눈으로 나를 쳐다봤다. (   )
16. 군대에서는 엄정한 軍紀가 생명이다. (   )

17~18 다음 뜻풀이에 맞는 단어를 漢字로 쓰세요.

17. 완전히 다 이룸. (   )
18. 내용을 잘 알 수 있도록 분명하게 말함. (   )

19~20 다음 漢字語의 뜻을 쓰세요.

19. 近況 (   )
20. 禁煙 (   )

---

01. 줄어들 축 02. 평할 평 03. 부를 호 04. 지을 조 05. 牛 06. 許 07. 告 08. 洗 09. 간조 10. 찬송
11. 계승 12. 근무 13. 順序 14. 利己心 15. 의심 16. 군기 17. 完成 18. 說明 19. 가까운 요 사이의 형편.
20. 담배 피우는 것을 금함.

5日 081 ~ 100

081   추존[酋尊] - 酋로 된 한자

1급 / 9획 / 酉

나누어(八) 술(酉)까지 주는 우두머리니 **우두머리 추**

+ 八(여덟 팔, 나눌 팔)

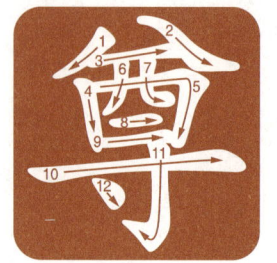

4급II / 12획 / 寸

우두머리(酋)에게는 말 한 마디(寸)라도 높이니 **높일 존**

+ 寸(마디 촌, 법도 촌)

尊敬(존경) 높여서 공경함.
尊稱(존칭) 높여서 부르는 칭호.

+ 敬(공경할 경), 稱(일컬을 칭)

082   심탐[深探] - 罙으로 된 한자

4급II / 11획 / 水(氵)

물(氵)에 덮여(冖) 사람(儿)과 나무(木)도 보이지 않게 깊으니 **깊을 심**

+ 冖(덮을 멱), 儿(사람 인 발, 어진사람 인), 木(나무 목)

深夜(심야) 깊은 밤.
深層(심층) 속의 깊은 층.
水深(수심) 물의 깊이.

+ 夜(밤 야), 層(층 층), 水(물 수)

4급 / 11획 / 手(扌)

손(扌)으로 덮여(冖) 있는 사람(儿)과 나무(木)를 찾으니 **찾을 탐**

探究(탐구) 진리·학문 등을 파고들어 연구함.
探訪(탐방) 어떤 사실이나 소식 등을 알아내기 위하여 사람이나 장소를 찾아감.
探査(탐사) (알려지지 않은 사물을) 찾아 조사함.

+ 究(연구할 구), 訪(찾을 방, 방문할 방), 査(조사할 사)

5日

083 력조가[力助加] - 力으로 된 한자

7급II / 2획 / 力

팔에 힘줄이 드러난 모양에서 **힘 력(역)**

力說(역설) 힘주어 말함.
全力投球(전력투구) ① 야구에서 투수가 타자를 상대로 모든 힘을 기울여 공을 던짐.
② 어떤 일에 최선을 다함.
全心全力(전심전력) 온 마음과 온 힘.

+ 說(달랠 세, 말씀 설, 기쁠 열), 全(온전할 전), 投(던질 투), 球(둥글 구, 공 구), 心(마음 심, 중심 심)

4급II / 7획 / 力

또(且) 힘(力)써 도우니 **도울 조**

+ 且(또 차, 구차할 차) - 제목번호 013 참고

內助(내조) 아내가 집안에서 남편을 도움.
援助(원조) 물품이나 돈 등으로 도와줌.
協助(협조) 힘을 보태어 서로 도움.

+ 內(안 내), 援(도울 원, 당길 원), 協(도울 협)

5급 / 5획 / 力

힘(力)써 말하며(口) 용기를 더하니 **더할 가**

+ 口(입 구, 구멍 구, 말할 구)

加減(가감) 더하고 뺌.
加害(가해) (남에게) 해를 더함(끼침).
參加(참가) 모임이나 단체 또는 일에 관계하여 들어감.

+ 減(줄어들 감, 덜 감), 害(해칠 해, 방해할 해), 參(참여할 참, 석 삼)

084 협협[劦協] - 劦으로 된 한자

급외자 / 6획 / 力

힘(力)을 셋이나 합하니 **힘 합할 협**
+ 한자는 많음을 나타낼 경우 같은 한자를 두세 번 반복하여 씁니다.

4급II / 8획 / 十

많은(十) 힘을 합하여(劦) 도우니 **도울 협**
+ 十(열 십, 많을 십)

協同(협동) 같이 도움.
協商(협상) ① 여러 사람이 모여 서로 의논함.
② 나라 사이에 외교 문서를 교환하여 어떤 일을 약속하는 일.
農協(농협) 농가들이 서로 협력하여 조직한 조합.

+ 同(한가지 동, 같을 동), 商(장사할 상, 헤아릴 상), 農(농사 농)

085 야지타[也地他] - 也로 된 한자

3급 / 3획 / 乙(乚)

힘(九)껏 새(乚) 같은 힘이라도 또한 보태는 어조사니 **또한 야, 어조사 야**

+ 九[힘 력(力)의 변형], 乚[새 을(乙)이 부수로 쓰일 때의 모양]

7급 / 6획 / 土

흙(土) 또한(也) 온 누리에 깔린 땅이니 **땅 지**

또 어떤 땅 같은 처지니 **처지 지**

+ 土(흙 토)

處地(처지) 처하여 있는 사정이나 형편.
地域(지역) ① 일정하게 구획된 어느 범위의 토지.
　　　　　② 전체 사회를 어떤 특징으로 나눈 일정한 공간 영역.
驚天動地(경천동지) '하늘을 놀라게 하고 땅을 움직임'으로, 세상을 몹시 놀라게 함.

+ 處(살 처, 곳 처, 처리할 처), 域(지역 역, 구역 역), 驚(놀랄 경), 天(하늘 천), 動(움직일 동)

5급 / 5획 / 人(亻)

사람(亻) 또한(也) 모두 다르고 남이니 **다를 타, 남 타**

他鄕(타향) (자기 고향이 아닌) 다른 고장.
自他共認(자타공인) 자기나 남이 함께(모두) 인정함.

+ 鄕(시골 향, 고향 향), 自(자기 자, 스스로 자, 부터 자), 共(함께 공), 認(알 인, 인정할 인)

086 재재재[才材財] - 才로 된 한자

6급II / 3획 / 手(扌)

땅(一)의 초목(亅)에서 싹(丿)이 자라나듯이,
사람에게도 있는 재주와 바탕이니 **재주 재, 바탕 재**

㌻ 扌(손 수 변)
+ 초목은 처음에는 작지만 자라면 꽃도 피고 열매도 맺고 큰 재목도 되는 것처럼 사람에게도 그런 재주와 바탕이 있다는 데서 만든 한자.

才能(재능) 재주와 능력.
秀才(수재) 재주가 빼어난 사람.
天才(천재) '하늘이 낸 재주'로, 태어날 때부터 뛰어난 재주를 가진 사람.

+ 能(능할 능), 秀(빼어날 수), 天(하늘 천)

5급II / 7획 / 木

나무(木) 중 무엇의 바탕(才)이 되는 재목이나 재료니 **재목 재, 재료 재**

+ 木(나무 목)

材木(재목) ① 재료로 쓰는 나무.
② '큰일을 할 인물'을 비유하여 이르는 말.
材料(재료) 물건을 만드는 바탕으로 쓰이는 것.
骨材(골재) '뼈가 되는 재료'로, 콘크리트나 모르타르를 만드는 데 쓰는 모래나 자갈 등의 재료.

+ 料(헤아릴 료, 재료 료, 값 료), 骨(뼈 골)

5급II / 10획 / 貝

돈(貝) 버는 재주(才)가 있어 늘어나는 재물이니 **재물 재**

+ '조개 패, 재물 패, 돈 패(貝)'는 재물을 뜻하는 부수, '재물 재(財)'는 재물을 나타내는 한자.

財物(재물) 돈이나 값나가는 물건을 통틀어 일컫는 말.
財産(재산) '재물을 낳을 수 있는 것'으로, 경제적 가치가 있는 것들을 일컫는 말.
財貨(재화) ① 재물.
② 사람의 욕망을 만족시키는 물질.

+ 物(물건 물), 産(낳을 산, 생산할 산), 貨(재물 화, 물품 화)

087 촌촌토수 [寸村討守] - 寸으로 된 한자

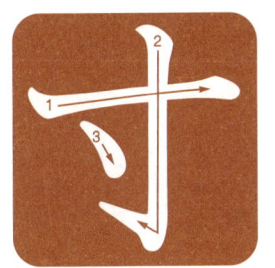

8급 / 3획 / 寸

손목(✋ → 寸)에서 **맥박**(丶)이 뛰는 곳까지의 마디니 **마디 촌**
또 마디마디 살피는 법도니 **법도 촌**

寸刻(촌각) 아주 짧은 시간.
寸志(촌지) '마디(조그마한) 뜻'으로, 자기 마음을 낮추어 이르는 말.

+ 刻(새길 각, 시각 각), 志(뜻 지)

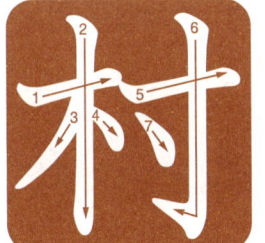

7급 / 7획 / 木

나무(木)를 마디마디(寸) 이용하여 집을 지었던 마을이니 **마을 촌**

村落(촌락) 시골의, 몇 집씩 떨어져 이루어진 마을.
江村(강촌) 강가의 마을.
農村(농촌) 농업을 생업으로 하는 마을.

+ 落(떨어질 락), 江(강 강), 農(농사 농)

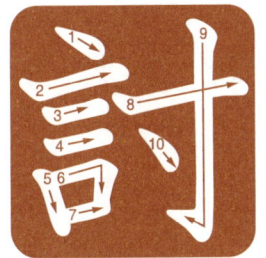

4급 / 10획 / 言

말(言)로 마디마디(寸) 치며 토론하니 **칠 토, 토론할 토**

+ 言(말씀 언)

討伐(토벌) 군대를 보내어 침.
討論(토론) 어떤 문제에 대하여 여러 사람이 의견을 내세워 그것의 정당함을 논함. 또는 그 논의.

+ 伐(칠 벌), 論(논할 론, 평할 론)

4급Ⅱ / 6획 / 宀

집(宀)에서도 법도(寸)는 지키니 **지킬 수**

+ 宀(집 면)

守舊(수구) 묵은 관습이나 제도를 그대로 지키고 따름.
守備(수비) 외부의 침략이나 공격을 막아 지킴.
守護(수호) 지키고 보호함.

+ 舊(오랠 구, 옛 구), 備(갖출 비), 護(보호할 호)

088 사사 부부[射謝 付府] - 射와 付로 된 한자

4급 / 10획 / 寸

활이나 총을 몸(身)에 대고 조준하여 손마디(寸)로 당겨 쏘니 **쏠 사**

+ 身(몸 신) - 제목번호 188 참고

射擊(사격) (총 등을) 쏘아 침.
發射(발사) (총·대포·로켓 등을) 쏨.
注射(주사) 약액을 주사기에 넣어 생물체 속에 직접 주입하는 일.

+ 擊(칠 격), 發(쏠 발, 일어날 발), 注(물댈 주, 쏟을 주)

4급Ⅱ / 17획 / 言

말(言)을 쏘듯이(射) 갈라 끊어 분명하게 사례하고 사절하며 비니
사례할 사, 사절할 사, 빌 사

感謝(감사) ① 고마움을 나타내는 인사.
② 고맙게 여김. 또는 그런 마음.
謝絶(사절) 요구나 제의를 받아들이지 않고 물리침.
謝罪(사죄) 지은 죄에 대하여 용서를 빎.

+ 感(느낄 감, 감동할 감), 絶(끊을 절, 죽을 절, 가장 절), 罪(죄지을 죄, 허물 죄)

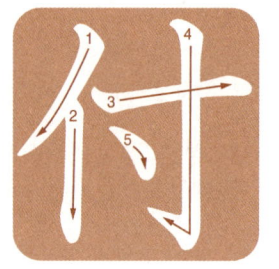

3급Ⅱ / 5획 / 人(亻)

사람(亻)들은 촌(寸)수 가까운 친척끼리 서로 주기도 하고 부탁도 하니
줄 부, 부탁할 부

4급Ⅱ / 8획 / 广

집(广)에서 문서를 주고(付)받는 관청이 있는 마을이니 **관청 부, 마을 부**
또 집(广)에서 줄(付) 물건을 넣어 두는 창고니 **창고 부**

+ 广(집 엄)

政府(정부) (국가를) 다스리는 관청.
府庫(부고) 문서나 재물을 넣어두는 창고.

+ 政(다스릴 정), 庫(곳집 고, 창고 고)

089 사시특등[寺詩特等] – 寺로 된 한자 1

4급II / 6획 / 寸

일정한 땅(土)에서 법도(寸)를 지키며 수도하도록 지은 절이니 **절 사**

+ 어느 사회에나 규칙이 있지만 절 같은 사원(寺院)이 더욱 엄격하지요.
+ 土(흙 토), 寸(마디 촌, 법도 촌), 院(집 원, 관청 원)

寺院(사원) 절·교회 등의 종교 기관.
寺名(사명) 절 이름.

+ 名(이름 명, 이름날 명)

5日

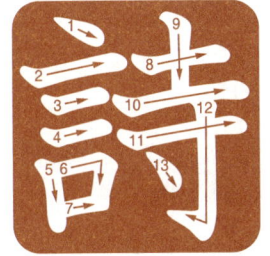

4급II / 13획 / 言

말(言)을 아끼고 절(寺)처럼 경건하게 지은 시니 **시 시**

+ 言(말씀 언)

詩人(시인) 시를 짓는 사람.
童詩(동시) ① 주로 어린이를 독자로 예상하고 어린이의 정서를 읊은 시.
② 어린이가 지은 시.

+ 童(아이 동)

6급 / 10획 / 牛(牜)

소(牜)가 절(寺)에 가는 일처럼 특별하니 **특별할 특**

+ 牜 - 소 우(牛)가 부수로 쓰일 때의 모양으로 '소 우 변'

特別(특별) 보통과 구별되게 다름.
特技(특기) 특별한 재주.
特惠(특혜) 특별한 혜택.

+ 別(나눌 별, 다를 별), 技(재주 기), 惠(은혜 혜)

6급II / 12획 / 竹(⺮)

대(⺮)가 절(寺) 주변에 같은 무리를 이루고 서 있는 차례니

같을 등, 무리 등, 차례 등

+ ⺮[대 죽(竹)이 부수로 쓰일 때의 모양]

等號(등호) (두 식, 또는 두 수가) 같음을 나타내는 부호.
一等(일등) (순위 등급에서) 첫째.
等高線(등고선) 지도상 표준 해면에서 같은 높이의 지점을 이은 선.

+ 號(부르짖을 호, 이름 호, 부호 호), 高(높을 고), 線(줄 선)

090 시지대[時持待] - 寺로 된 한자 2

7급II / 10획 / 日

(해시계로 시간을 재던 때에) 해(日)의 위치에 따라 절(寺)에서 종을 쳐 알리던 때니 **때 시**

> 時針(시침) (시계에서) 시를 나타내는 짧은 바늘.
> 時代(시대) ① 역사적으로 어떤 표준에 의하여 구분한 일정한 기간.
> ② 지금 있는 그 시기. 또는 문제가 되고 있는 그 시기.
> 同時多發(동시다발) 같은 시간에 많이 발생함.

+ 針(바늘 침), 代(대신할 대, 세대 대, 대금 대), 同(한가지 동, 같을 동), 多(많을 다), 發(쏠 발, 일어날 발)

4급 / 9획 / 手(扌)

손(扌)으로 절(寺)에서 염주를 가지듯 가지니 **가질 지**

+ 扌(손 수 변)

> 持病(지병) (오랫동안 낫지 않아) 늘 가지고 있는 병.
> 持續(지속) 어떤 상태가 오래 계속됨. 또는 어떤 상태를 오래 계속함.

+ 病(병 병, 근심할 병), 續(이을 속)

6급 / 9획 / 彳

천천히 걸어(彳) 절(寺)에 가며 뒤에 오는 사람을 대접하여 같이 가려고 기다리니 **대접할 대, 기다릴 대**

+ 彳(조금 걸을 척)

> 待接(대접) 음식을 차려서 손님을 대접함.
> 招待(초대) (손님을) 불러 대접함.
> 待期(대기) (준비를 마치고) 때를 기다림.

+ 接(이을 접, 대접할 접), 招(부를 초), 期(기간 기, 기약할 기)

091 직식 진[直植 眞] - 直과 眞으로 된 한자

7급II / 8획 / 目

많은(十) 눈(目)으로 감춰진(ㄴ) 부분까지 살펴도 곧고 바르니
곧을 직, 바를 직
+ 十(열 십, 많을 십), 目(눈 목, 볼 목, 항목 목), ㄴ(감출 혜, 덮을 혜, = 匸)

正直(정직) (마음이) 바르고 곧음.
不問曲直(불문곡직) '구부러지고 곧음을 묻지 않음'으로, 옳고 그른 것을 묻지도 않고 함부로 마구함의 뜻.
以實直告(이실직고) 실제로 써 바르게 알림.

+ 正(바를 정), 不(아닐 불, 아닐 부), 問(물을 문), 曲(굽을 곡, 노래 곡), 以(써 이, 까닭 이), 實(열매 실, 실제 실), 告(알릴 고, 뵙고 청할 곡)

7급 / 12획 / 木

나무(木)를 곧게(直) 세워 심으니 **심을 식**
+ 木(나무 목)

植木(식목) 나무를 심음.
植樹(식수) 나무를 심음. 또는 심은 나무.
移植(이식) (식물 등을) 옮겨 심음.
定植(정식) 온상에서 기른 모종을 밭에 내어다 제대로 심는 일.

+ 樹(세울 수, 나무 수), 移(옮길 이), 定(정할 정)

4급II / 10획 / 目

비수(匕)처럼 눈(目) 뜨고 감추어진(ㄴ) 것을 나누고(八) 파헤쳐 보아도 참되니
참 진
閻 真 - 많은(十) 눈(目)이 쳐다봐도 하나(一)같이 팔(八)방에 통하도록 참되니 '참 진'
+ 匕(비수 비, 숟가락 비), ㄴ(감출 혜, 덮을 혜, = 匸), 八(여덟 팔, 나눌 팔), 十(열 십, 많을 십)

眞價(진가) 참된 가치.
眞實(진실) ① 거짓이 없는 사실.
② 마음에 거짓이 없이 순수하고 바름.
寫眞(사진) (물건의) 진짜 모습 그대로 그려 냄.

+ 價(값 가, 가치 가), 實(열매 실, 실제 실), 寫(그릴 사, 베낄 사)

092 덕덕 청청[悳德 聽廳] - 悳과 聽으로 된 한자

1급II / 12획 / 心

바르게(直) 마음(心)씀이 덕이니 **덕 덕**

+ 덕 덕, 클 덕(德)의 고자(古字).
+ 덕(德) - 공정하고 남을 넓게 이해하고 받아들이는 마음이나 행동.
+ 고자(古字) - (옛날에는 많이 쓰였으나 지금은 잘 쓰이지 않는) 옛 한자.
+ 心(마음 심, 중심 심), 古(오랠 고, 옛 고), 字(글자 자)

5급II / 15획 / 彳

행실(彳)이 덕스러우니(悳) **덕 덕**

또 덕이 있으면 쓰임이 크니 **클 덕**

+ '덕 덕(悳)'에 행실을 강조하는 '조금 걸을 척(彳)'을 붙여 덕 덕, 클 덕(德)을 만들었네요.
+ 悳[덕 덕(悳)의 변형]에 쓰인 罒은, '그물 망'이지만 여기서는 '눈 목, 볼 목, 항목 목(目)'을 눕혀 놓은 모양으로 봄.

恩德(은덕) 은혜와 덕. 또는 은혜로운 덕.
厚德(후덕) (언행이) 어질고 두터움. 또는 그러한 덕행.
德用(덕용) 크게 쓰임.

+ 恩(은혜 은), 厚(두터울 후), 用(쓸 용)

4급 / 22획 / 耳

귀(耳)로 왕(王)처럼 덕스러운(悳) 소리만 들으니 **들을 청**

액 聴 - 귀(耳)로 덕스러운(悳) 소리만 들으니 '들을 청'
+ 약자에 쓰인 恵은 덕 덕(悳)의 변형(悳)을 더 줄인 것.
+ 耳(귀 이), 王(임금 왕, 으뜸 왕, 구슬 옥 변)

聽衆(청중) (강연, 설교 등을) 듣는 군중.
視聽(시청) 보고 들음.
敬聽(경청) 남의 말을 공경하는 태도로 듣는 것.

+ 衆(무리 중), 視(볼 시), 敬(공경할 경)

4급 / 25획 / 广

집(广) 중 백성들의 의견을 들어(聽) 처리하는 관청이니 **관청 청**

액 庁 - 집(广) 중 장정(丁)들이 일하는 관청이니 '관청 청'
+ 广(집 엄), 丁(고무래 정, 못 정, 장정 정, 넷째 천간 정)

廳舍(청사) 관청의 사무실로 쓰는 집(건물).
廳長(청장) 관청(廳)의 우두머리.

+ 舍(집 사), 長(길 장, 어른 장, 자랄 장)

093 수도도 전[首道導 前] - 首와 前으로 된 한자

5급II / 9획 / 首

머리털(㸃) 아래 이마(丿)와 눈(目) 있는 머리를 본떠서 **머리 수**

또 머리처럼 조직의 위에 있는 우두머리니 **우두머리 수**

> 首都(수도) '우두머리 도시'로, 한 나라의 중앙 정부가 있는 도시.
> 首席(수석) 우두머리 자리. 일등.

+ 都(도읍 도, 모두 도), 席(자리 석)

7급II / 13획 / 辵(辶)

머리(首)를 향하여 가는(辶) 길이니 **길 도**

또 가는 길처럼 사람이 지켜야 할 도리니 **도리 도**

또 도리에 맞게 말하니 **말할 도, 행정 구역의 도**

+ 辶(뛸 착, 갈 착)

> 道路(도로) 사람, 차 등이 잘 다닐 수 있도록 만들어 놓은 비교적 넓은 길.
> 鐵道(철도) '철 길'로, 기차 길.
> 道德(도덕) 인간으로서 마땅히 지켜야 할 도리.

+ 路(길 로), 鐵(쇠 철), 德(덕 덕, 클 덕)

4급II / 16획 / 寸

도리(道)와 법도(寸)에 맞게 인도하니 **인도할 도**

+ 寸(마디 촌, 법도 촌)

> 引導(인도) ① 끌어 인도함.
> ② 가르쳐 일깨움.
> 領導(영도) 거느려 이끎. 앞장서 지도함.
> 指導(지도) (어떤 목적이나 방향으로 남을) 가르쳐 이끎.

+ 引(끌 인), 領(거느릴 령, 우두머리 령), 指(손가락 지, 가리킬 지)

7급II / 9획 / 刀(刂)

머리털(㸃) 세우며 몸(月)에 칼(刂)을 차고 서는 앞이니 **앞 전**

+ 月(달 월, 육 달 월), 刂(칼 도 방)

> 前面(전면) 앞면. ↔ 後面(후면) 향하고 있는 방향의 반대되는 쪽의 면.
> 前夜(전야) ① 어제의 밤.
> ② 특정한 날을 기준으로 그 전날 밤.
> ③ 특정한 시기나 단계를 기준으로 하여 그 앞이 되는 시기나 단계.
> 前進(전진) 앞으로 나아감. ↔ 後退(후퇴) 뒤로 물러남.

+ 面(얼굴 면, 향할 면, 볼 면, 행정 구역의 면), 後(뒤 후), 夜(밤 야), 進(나아갈 진), 退(물러날 퇴)

5日

094 역면[逆面] - 逆과 面으로 된 한자

4급II / 10획 / 辵(辶)

거꾸로(屰) 가며(辶) 거스르고 배반하니 **거스를 역, 배반할 역**

+ 辶(뛸 착, 갈 착), 屰[사람이 거꾸로 선 모양에서 '거꾸로 설 역']

逆境(역경) '거스르는 형편'으로, 일이 순조롭지 않아 매우 어렵게 된 처지나 환경.
逆行(역행) (일정한 순서·체계·방향 등을) 거슬러 행함. ↔ 順行(순행) 차례대로 나아감.
反逆(반역) ① 나라와 겨레를 배반함.
② 통치자에게서 나라를 다스리는 권한을 빼앗으려고 함.

+ 境(지경 경, 형편 경), 行(다닐 행, 행할 행, 항렬 항), 順(순할 순), 反(거꾸로 반, 뒤집을 반)

7급 / 9획 / 面

머리(一)와 이마(丿)와 눈코가 있는 얼굴(→ 面)을 본떠서 **얼굴 면**
또 서로 얼굴 향하고 볼 정도로 작은 행정 구역이니
향할 면, 볼 면, 행정 구역의 면

面談(면담) 얼굴 맞대고 이야기를 나눔.
對面(대면) 서로 얼굴을 마주 향하고(대고) 대함.
地面(지면) 땅의 표면. 땅바닥.

+ 談(말씀 담), 對(상대할 대, 대답할 대), 地(땅 지, 처지 지)

095 경향남[冂向南] - 冂으로 된 한자

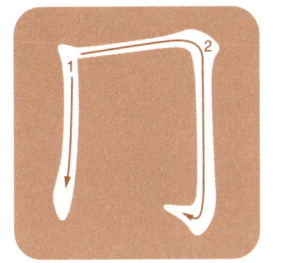

부수자 / 2획

멀리 떨어져 윤곽만 보이는 성을 본떠서 **멀 경, 성 경**

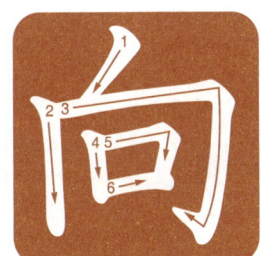

6급 / 6획 / 口

표시(丿)된 성(冂)의 입구(口) 쪽을 향하여 나아가니 **향할 향, 나아갈 향**

+ 丿('삐침 별'이지만 여기서는 안내 표시로 봄), 口(입 구, 구멍 구, 말할 구)

> 方向(방향) ① 어떤 방위를 향한 쪽.
> ② 어떤 뜻이나 현상이 일정한 목표를 향하여 나아가는 쪽.
> 趣向(취향) 취미가 쏠리는 방향.
> 向上(향상) '위로 나아감'으로, 생활이나 기술·학습 등의 수준이 나아짐.

+ 方(모 방, 방향 방, 방법 방), 趣(재미 취, 취미 취), 上(위 상, 오를 상)

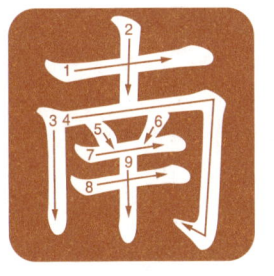

8급 / 9획 / 十

많은(十) 성(冂)마다 양쪽(丷)으로 열리는 방패(干) 같은 문이 있는 남쪽이니 **남쪽 남**

+ 대부분의 성은 남쪽을 향하여 짓고 남쪽에 방패처럼 넓은 문이 있지요.
+ 十(열 십, 많을 십), 干(방패 간, 범할 간, 얼마 간, 마를 간) - 제목번호 062 참고

> 南向(남향) 남쪽으로 향함.
> 南半球(남반구) 적도를 경계로 지구를 반으로 나누었을 때의 남쪽 부분.

+ 半(반 반), 球(둥글 구, 공 구)

096 내납 육[內納 肉] - 內과 肉으로 된 한자

7급II / 4획 / 入

성(冂)으로 들어(入)간 안이니 **안 내**

图 内 - 성(冂) 안으로 사람(人)이 들어간 안이니 '안 내'
+ 入(들 입), 人(사람 인)

內科(내과) 몸 내부의 병을 치료하는 의술의 한 부분.
內助(내조) 아내가 집안에서 남편을 도움.
案內(안내) 어떤 내용을 소개하여 알려 줌. 또는 그런 일.

+ 科(조목 과, 과목 과), 助(도울 조), 案(책상 안, 생각 안, 계획 안)

4급 / 10획 / 糸

실(糸)을 안(內)으로 들여 바치니 **들일 납, 바칠 납**

+ 糸(실 사, 실 사 변)

納得(납득) 다른 사람의 말이나 행동, 형편 등을 잘 알아서 긍정하고 이해함.
納稅(납세) 세금을 바침.
未納(미납) 아직 바치지 못함.

+ 得(얻을 득), 稅(세낼 세, 세금 세), 未(아닐 미, 아직 ~ 않을 미, 여덟째 지지 미)

4급II / 6획 / 肉

덩어리(冂)에 근육이나 기름(仌)이 붙어있는 고기니 **고기 육**

또 부수로 쓰일 때는 **육 달 월(月)**

+ 부수로 쓰일 때는 변형된 모양의 '月'로 쓰여 실제의 '달 월(月)'과 구분하기 위하여 '육 달 월'이라 부르는데, 한자의 왼쪽에 붙은 月은 대부분 육 달 월(月)이지요.
+ 여기서 멀 경, 성 경(冂)은 고깃덩어리, 사람 인(人) 둘은 살에 붙은 기름이나 근육을 나타냄.

肉體(육체) 사람의 몸.
羊肉(양육) 양의 고기.

+ 體(몸 체), 羊(양 양)

097 량(냥)만[兩滿] - 兩으로 된 한자

4급II / 8획 / 入

하나(一)의 성(冂)을 나누어(丨) 양쪽에 들어(入) 있는 둘이나 짝이니
두 량(양), 짝 량(양)

또 화폐 단위로도 쓰여 **냥 냥**

역 両 - 하나(一)의 성(冂)이 산(山) 때문에 나뉜 둘이나 짝이니 '두 량, 짝 량'
 또 화폐 단위로도 쓰여 '냥 냥'
+ 丨('뚫을 곤'이지만 여기서는 나뉜 모양으로 봄), 入(들 입), 山(산 산)

兩分(양분) 둘로 나눔.
兩者擇一(양자택일) 둘 중 하나를 택함.
物心兩面(물심양면) 물질적인 면과 정신적인 면의 양면.

+ 分(나눌 분, 단위 분, 단위 푼, 신분 분, 분별할 분, 분수 분), 者(놈 자, 것 자), 擇(가릴 택), 物(물건 물), 心(마음 심, 중심 심), 面(얼굴 면, 향할 면, 볼 면, 행정 구역의 면)

4급II / 14획 / 水(氵)

물(氵)이 여기저기 나는 잡초(艹)처럼 양(兩)쪽에 가득 차니 **찰 만**

역 満
+ 艹[초 두(艹)의 약자]

滿期(만기) 정한 기한이 다 참. 또는 그 기한.
不滿(불만) 마음에 차지 않아 언짢음.
充滿(충만) 가득 참.

+ 期(기간 기, 기약할 기), 不(아닐 불, 아닐 부), 充(가득 찰 충, 채울 충)

098 동동동(통)[同銅洞] – 同으로 된 한자

7급 / 6획 / 口

성(冂)에서 하나(一)의 출입구(口)로 다니는 것처럼 한가지로 같으니
한가지 동, 같을 동

+ 冂(멀 경, 성 경), 口(입 구, 구멍 구, 말할 구)

同行(동행) 같이 감.
同音語(동음어) 동음이의어(同音異義語 – 소리는 같으나 뜻이 다른 단어).
同姓同本(동성동본) 성도 같고 본(본관)도 같음.

+ 行(다닐 행, 행할 행, 항렬 항), 音(소리 음), 語(말씀 어), 異(다를 이), 義(옳을 의, 의로울 의), 姓(성씨 성, 백성 성), 本(근본 본, 뿌리 본, 책 본)

4급Ⅱ / 14획 / 金

금(金)과 같은(同) 색의 구리니 **구리 동**

+ 색을 몇 가지로 밖에 구분하지 못하던 옛날에 구리와 금을 같은 색으로 보고 만든 한자.
+ 金(쇠 금, 금 금, 돈 금, 성씨 김)

銅鏡(동경) 구리로 만든 거울.
銅錢(동전) 구리로 만든 돈.

+ 鏡(거울 경), 錢(돈 전)

7급 / 9획 / 水(氵)

물(氵)을 같이(同) 쓰는 마을이나 동굴이니 **마을 동, 동굴 동**
또 물(氵) 같이(同) 살아 사리에 밝으니 **밝을 통**

+ 물은 자기 모양을 주장하지 않으며, 항상 낮은 곳으로만 흐르고, 구덩이가 있으면 채우고 넘쳐야 흐르는 등 배울 점이 많지요. 그래서 이런 물 같이 살면 사리에 밝다고 본 것이네요.

洞里(동리) 마을. 동네. 부락.
洞察(통찰) '밝게 살핌'으로, 예리한 관찰력으로 사물을 꿰뚫어 봄.

+ 通察(통찰) – 책이나 글을 처음부터 끝까지 모두 훑어봄.
+ 里(마을 리, 거리 리), 察(살필 찰), 通(통할 통)

099 주조주[周調週] - 周로 된 한자

4급 / 8획 / 口

성(冂)안의 영토(土)를 입(口)으로 잘 설명하여 두루 둘레까지 알게 하니
두루 주, 둘레 주

+ 冂(멀 경, 성 경), 土(흙 토)

周知(주지) (여러 사람이 어떤 사실을) 두루 앎.
周圍(주위) ① 어떤 곳의 바깥 둘레.
② 사물·인물 등을 둘러싼 환경.
用意周到(용의주도) '뜻(마음) 씀이 두루 이름(미침)'으로, 빈틈이 없음.

+ 知(알 지), 圍(둘레 위, 둘러쌀 위), 用(쓸 용), 意(뜻 의), 到(이를 도, 주도면밀할 도)

5급Ⅱ / 15획 / 言

말(言)을 두루(周) 듣고 고르게 잘 어울리니 **고를 조, 어울릴 조**
또 높낮음이 고르게 어울린 노래 가락이니 **가락 조**

+ 言(말씀 언)

調査(조사) (사물의 내용을) 고르게 살핌.
調和(조화) 서로 고르게 잘 어울림.
時調(시조) '시절을 읊은 가락'으로, 고려 말기부터 발달하여 온 우리나라 고유의 정형시.

+ 査(조사할 사), 和(화목할 화), 時(때 시)

5급Ⅱ / 12획 / 辶

두루(周) 뛰어(辶) 주일마다 도니 **주일 주, 돌 주**

+ 辶(뛸 착, 갈 착), 周[두루 주, 둘레 주(周)의 변형]

週日(주일) 월요일부터 일요일까지의 이레 동안.
週番(주번) 한 주일마다 번갈아 하는 근무나 역할. 또는 그 사람.
週末(주말) 한 주일의 끝 무렵. 주로 토요일부터 일요일까지를 이름.

+ 日(해 일, 날 일), 番(차례 번, 번지 번), 末(끝 말)

100 앙영영[央映英] - 央으로 된 한자

3급II / 5획 / 大

성(冂)이 크게(大) 서 있는 가운데니 **가운데 앙**
+ 冂(멀 경, 성 경), 大(큰 대)

4급 / 9획 / 日

해(日)가 가운데(央)서 비치니 **비칠 영**
+ 日(해 일, 날 일)

映畫(영화) '비친 그림'으로, 필름에 기록된 영상을 스크린에 비쳐 어떤 의미를 가지게 제작한 것.
反映(반영) ① 반사하여 비침.
② 어떤 영향이 다른 것에 미쳐 나타남.
放映(방영) '놓아 비침'으로, 텔레비전으로 방송함.

+ 畫(그림 화, 그을 획), 反(거꾸로 반, 뒤집을 반), 放(놓을 방)

6급 / 9획 / 草(艹)

풀(艹)의 가운데(央)에서 핀 꽃부리니 **꽃부리 영**
또 꽃부리처럼 빛나는 업적을 쌓은 영웅이니 **영웅 영**

+ 꽃부리 - 꽃잎 전체를 이르는 말.
+ 艹(초 두)

英特(영특) 남달리 뛰어나고 훌륭함.
英雄(영웅) 재능과 지혜가 뛰어나 대중을 슬기롭게 인도할 만한 사람.

+ 特(특별할 특), 雄(수컷 웅, 클 웅)

5日 확인문제 (081~100)

01~04 다음 漢字의 훈(뜻)과 음(소리)을 쓰세요.

01. 尊 (   )   02. 深 (   )
03. 探 (   )   04. 助 (   )

05~08 다음 훈음에 맞는 漢字를 쓰세요.

05. 더할 가 (   )   06. 특별할 특 (   )
07. 앞 전 (   )   08. 주일 주 (   )

09~12 다음 漢字語의 독음을 쓰세요.

09. 注射 (   )   10. 謝罪 (   )
11. 政府 (   )   12. 寺院 (   )

13~14 다음 문장 중 밑줄 친 단어를 漢字로 쓰세요.

13. 음식 **재료**가 신선해야 음식이 맛있다. (   )
14. 그는 **재물**에는 욕심이 없다. (   )

15~16 다음 문장 중 漢字로 표기된 단어의 독음을 쓰세요.

15. 우리 집 근처에 **農協** 직영의 농수산물 시장이 있다. (   )
16. 우리는 찬반 **討論**으로 밤을 새웠다. (   )

17~18 다음 뜻풀이에 맞는 단어를 漢字로 쓰세요.

17. '우두머리 도시'로, 한 나라의 중앙 정부가 있는 도시. (   )
18. 서로 고르게 잘 어울림. (   )

19~20 다음 漢字語의 뜻을 쓰세요.

19. 守護 (   )
20. 恩德 (   )

---

01. 높일 존 02. 깊을 심 03. 찾을 탐 04. 도울 조 05. 加 06. 特 07. 前 08. 週 09. 주사
10. 사죄 11. 정부 12. 사원 13. 材料 14. 財物 15. 농협 16. 토론 17. 首都 18. 調和
19. 지키고 보호함. 20. 은혜와 덕.

6日 101 ~ 120

101 쾌쾌결결[夬快決缺] - 夬로 된 한자

특급 / 4획 / 大

가운데 앙(央)의 앞쪽이 터지니 **터질 쾌**

4급II / 7획 / 心(忄)

막혔던 마음(忄)이 터진(夬) 듯 쾌하니 **쾌할 쾌**
+ 쾌(快)하다 - ① 마음이 유쾌하다. ② 병이 다 나은 상태에 있다. ③ 하는 짓이 시원스럽다.
+ 忄(마음 심 변)

快樂(쾌락) 기분이 좋고 즐거움.
快適(쾌적) '쾌하고 알맞음'으로, 기분이 상쾌하고 즐거움.
明快(명쾌) ① 말이나 글 등의 내용이 명백하여 시원함. ② 명랑하고 쾌활함.

+ 樂(노래 악, 즐길 락, 좋아할 요), 適(알맞을 적, 갈 적), 明(밝을 명)

5급II / 7획 / 水(氵)

물(氵)이 한쪽으로 터지니(夬) **터질 결**
또 물(氵)이 한쪽으로 터지듯(夬) 무엇을 한쪽으로 결단하니 **결단할 결**

決斷(결단) 결정적인 판단을 하거나 단정을 내림. 또는 그런 판단이나 단정.
決勝(결승) 운동 경기 등에서, 마지막 승자를 결정함.
解決(해결) (얽힌 일을) 잘 처리함.

+ 斷(끊을 단, 결단할 단), 勝(이길 승, 나을 승), 解(해부할 해, 풀 해)

4급II / 10획 / 缶

장군(缶)이 터져(夬) 이지러지고 내용물이 빠지니 **이지러질 결, 빠질 결**
역 欠
+ 장군 - 배가 불룩하고 목 좁은 아가리가 있는 질그릇.
+ 缶(장군 부, 두레박 관) - 제목번호 400 참고

缺如(결여) 있어야 할 것이 없거나 모자람.
缺席(결석) '자리에 빠짐'으로, 출석하지 않음.
缺損(결손) ① 어느 부분이 없거나 잘못되어서 불완전함. '모자람'으로 순화.
② 수입보다 지출이 많아서 생기는 금전상의 손실.

+ 如(같을 여), 席(자리 석), 損(덜 손)

102 재 구구강[再 冓構講] - 再와 冓로 된 한자

5급 / 6획 / 冂

한(一) 개의 성(冂)처럼 흙(土)으로 다시 두 번씩 쌓아 올리니

다시 재, 두 번 재

+ 冂(멀 경, 성 경), 土(흙 토)

再建(재건) (이미 없어졌거나 허물어진 것을) 다시 일으켜 세움.
再起(재기) (능력이나 힘 등을 모아서) 다시 일어남.
再考(재고) (어떤 일이나 문제 등에 대하여) 다시 생각함.

+ 建(세울 건), 起(일어날 기, 시작할 기), 考(살필 고, 생각할 고)

6日

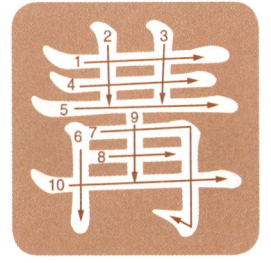

급외자 / 10획 / 冂

우물틀(井)처럼 다시(再) 쌓으니 **쌓을 구**

+ 한자의 위에 井이 들어갔지만 필순은 井과 다르네요.
+ 井(우물 정, 우물틀 정) - 제목번호 183 참고

4급 / 14획 / 木

나무(木)를 쌓아(冓) 얽으니 **얽을 구**

構成(구성) 얽어서 만듦.
構築(구축) ① 어떤 시설물을 쌓아 올려 만듦.
　　　　　② 체제·체계 등의 기초를 닦아 세움.
虛構性(허구성) 사실에서 벗어나 만들어진 모양이나 요소를 가지는 성질.

+ 成(이룰 성), 築(쌓을 축, 지을 축), 虛(빌 허, 헛될 허), 性(성품 성, 바탕 성, 성별 성)

4급II / 17획 / 言

말(言)을 쌓듯이(冓) 여러 번 익혀 강의하니 **익힐 강, 강의할 강**

+ 言(말씀 언)

講習(강습) (일정 기간 동안 학문·기예·실무 등을) 배우고 익힘.
講堂(강당) 강의나 의식 때 쓰는 큰 방.
講師(강사) 강의를 하는 사람.

+ 習(익힐 습), 堂(집 당, 당당할 당), 師(스승 사, 전문가 사, 군사 사)

103 아요 표표[襾要 票標] – 襾와 票로 된 한자

부수자 / 6획

뚜껑(⼕)을 덮으니(冂) 덮을 아

+ ⼕(뚜껑의 모양으로 봄), 冂['멀 경, 성 경'이지만 여기서는 덮을 멱(冖)의 변형으로 봄]

5급II / 9획 / 襾(覀)

몸을 덮는(覀) 옷이 여자(女)에게는 더욱 중요하고 필요하니
중요할 요, 필요할 요

+ 覀[덮을 아(襾)의 변형], 女(여자 녀)

> 重要(중요) 귀중하고 필요함.
> 要求(요구) 받아야 할 것을 필요에 의하여 달라고 청함. 또는 그 청.
> 必要(필요) 반드시 있어야 함.

+ 重(무거울 중, 귀중할 중, 거듭 중), 求(구할 구), 必(반드시 필)

4급II / 11획 / 示

덮인(覀) 것이 잘 보이게(示) 표시한 표니 **표 표**

+ 示(보일 시, 신 시)

> 票決(표결) 투표로 가부를 결정함.
> 開票(개표) 투표함을 열고 투표의 결과를 검사함.
> 車票(차표) 차를 탈 수 있는 표.

+ 決(정할 결, 터질 결), 開(열 개), 車(수레 거, 차 차)

4급 / 15획 / 木

나무(木)에 알리려고 표시(票)한 표니 **표시할 표, 표 표**

+ '票'는 종이에 써서 만든 일반적 표시, '標'는 나무로 드러나게 한 표시.
+ 木(나무 목)

> 標示(표시) 표를 하여 외부에 드러내 보임.
> 標的(표적) '표시한 과녁'으로, 목표가 되는 물건.
> 目標(목표) '보는 표'로, 도달해야 할 목적으로 삼는 곳.

+ 表示(표시) – 겉으로 드러내 보임.
+ 示(보일 시, 신 시), 的(과녁 적, 맞힐 적, 밝을 적, 접미사 적), 表(겉 표), 目(눈 목, 볼 목, 항목 목)

104 용비 각해[用備 角解] - 用과 角으로 된 한자

6급II / 5획 / 用

성(冂)에서 두(二) 개의 송곳(丨)을 쓰니 **쓸 용**

+ 원래는 '(옛날에는 거북이 등 껍데기도 도구로 썼으니) 거북이 등 껍데기 모양을 본떠서 쓸 용'입니다.
+ 冂(멀 경, 성 경), 二(둘 이), 丨('뚫을 곤'이지만 여기서는 송곳으로 봄)

使用(사용) 일정한 목적이나 기능에 맞게 씀.
善用(선용) ① 좋은 일에 씀. ② 알맞게 잘 씀.
　　↔ 惡用(악용) 알맞지 않게 쓰거나 나쁜 일에 씀.
誤用(오용) 잘못 씀.

+ 使(하여금 사, 부릴 사), 善(착할 선, 좋을 선, 잘할 선), 惡(악할 악, 미워할 오), 誤(그릇될 오)

4급II / 12획 / 人(亻)

사람(亻)은 풀(艹)을 바위(厂) 위에 말려 겨울에 쓸(用) 건초를 갖추니 **갖출 비**

+ 건초(乾草) - 베어서 말린 풀.
+ 亻(사람 인 변), 艹[초 두(艹)의 약자], 厂(굴 바위 엄, 언덕 엄(厂)의 변형], 乾(하늘 건, 마를 건), 草(풀 초)

備品(비품) 늘 갖추어 두고 쓰는 물건.
準備(준비) 미리 마련하여 갖춤.
有備無患(유비무환) 미리 갖춤이 있으면 근심될 것이 없음.

+ 品(물건 품, 등급 품, 품위 품), 準(평평할 준, 법도 준, 준할 준), 有(가질 유, 있을 유), 患(근심 환)

6급II / 7획 / 角

짐승의 뿔(🂠)을 본떠서 **뿔 각**

또 뿔은 모나서 뿔을 대고 겨루니 **모날 각, 겨룰 각**

三角(삼각) 세모.
角者無齒(각자무치) '뿔 있는 자는 이가 없음'으로, 한 사람이 모든 재주나 복을 다 가질 수 없음을 이르는 말.

+ 者(놈 자, 것 자), 齒(이 치, 나이 치)

4급II / 13획 / 角

뿔(角)부터 칼(刀)로 소(牛)를 갈라 해부하니 **해부할 해**

또 해부하듯 문제를 푸니 **풀 해**

웹 解 - 뿔(角)부터 양(羊)을 갈라 해부하니 '해부할 해'
　　　또 해부하듯 문제를 푸니 '풀 해'
+ 刀(칼 도), 牛(소 우), 羊(양 양)

解決(해결) (얽힌 일을) 풀어서 결정함.
解答(해답) (문제를) 풀어서 답하는 것. 또는 그 답.
和解(화해) (다툼을 그치고) 화목하게 풂.

+ 決(터질 결, 결단할 결), 答(대답할 답, 갚을 답), 和(화목할 화)

105 용용통[甬勇通] - 甬으로 된 한자

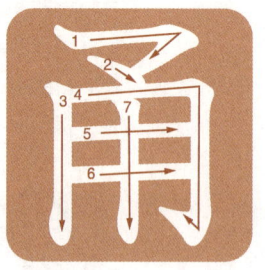

특급II / 7획 / 用

꽃봉오리(🌷)가 부풀어 오르는 모양을 본떠서 **솟을 용**

6급II / 9획 / 力

솟는(甬) 힘(力)이 넘쳐 날래니 **날랠 용**

+ 力(힘 력)

勇敢(용감) 씩씩하고 겁이 없으며 기운참.
勇斷(용단) 용감하게 결단함.
勇退(용퇴) 용기 있게(미련 없이) 물러남.

+ 敢(감히 감, 용감할 감), 斷(끊을 단, 결단할 단), 退(물러날 퇴)

6급 / 11획 / 辶(辵)

무슨 일이든 솟을(甬) 정도로 뛰며(辶) 열심히 하면 통하니 **통할 통**

+ 辶(뛸 착, 갈 착)

通達(통달) 막힘없이 환히 통함. 달통(達通).
普通(보통) 특별하지 않고 예사로움.
交通(교통) (자동차·기차·배·비행기 등을 이용하여) 사람이나 짐이 오고 가거나, 짐을 실어 나르는 일.

+ 達(이를 달, 통달할 달), 普(넓을 보, 보통 보), 交(사귈 교, 오고갈 교)

106 거(차)진고련 [車陣庫連] - 車로 된 한자

7급II / 7획 / 車

수레 모양을 본떠서 **수레 거**

또 수레처럼 물건이나 사람을 실어 옮기는 차니 **차 차**

+ 曰은 수레의 몸통, ㅣ은 세로축, 一과 一은 앞뒤축과 바퀴.

人力車(인력거) 사람의 힘으로 끄는 수레.
停車場(정거장) (손님이 타고 내리도록) 차가 머무는 곳.
三輪車(삼륜차) 세 바퀴로 가는 차.

+ 人(사람 인), 力(힘 력), 停(머무를 정), 場(마당 장, 상황 장), 輪(바퀴 륜, 둥글 륜, 돌 륜)

4급 / 10획 / 阜(阝)

언덕(阝) 옆에 수레(車)들이 줄지어 진 치니 **줄 진, 진 칠 진**

+ 진(陣)치다 - 자리를 차지하다.
+ 阝(언덕 부 변)

敵陣(적진) 적의 진영.
陣地(진지) (전투 부대의 공격이나 방어를 위한 준비로) 구축해 놓은 지역.

+ 敵(원수 적), 地(땅 지, 처지 지)

4급 / 10획 / 广

집(广)에 차(車) 같은 물건을 넣어두는 곳집(창고)이니 **곳집 고, 창고 고**

+ '곳집'은 창고로 쓰는 집으로 '고(庫)+집'의 구조로 만들어진 단어.
+ 广(집 엄)

車庫(차고) 차를 넣어 두는 곳간.
寶庫(보고) 귀중한 물건을 간수해 두는 창고.
在庫(재고) 창고에 있음.

+ 寶(보배 보), 在(있을 재)

4급II / 11획 / 辵(辶)

차(車)가 지나간(辶) 바퀴 자국처럼 이어지게 이으니 **이을 련(연)**

+ 辶(뛸 착, 갈 착)

連結(연결) ① 하나로 이어지게 함.
② 서로 관계가 있게 함.
連休(연휴) 이어지는(계속되는) 휴일.

+ 結(맺을 결), 休(쉴 휴)

107 군휘운[軍揮運] - 軍으로 된 한자

8급 / 9획 / 車

덮어서(冖) 차(車)까지 위장한 군사니 **군사 군**

+ 冖(덮을 멱)

軍歌(군가) 군인들이 부르는 노래.
軍隊(군대) (일정한 질서를 갖고 조직된) 군사의 집단.
軍犬(군견) 군사적 목적을 위하여 특별한 훈련을 시킨 개.

+ 歌(노래 가), 隊(무리 대, 군대 대), 犬(개 견)

4급 / 12획 / 手(扌)

손(扌) 휘둘러 군사(軍)를 지휘하여 흩어지게 하니
휘두를 휘, 지휘할 휘, 흩어질 휘

+ 군대는 모여 있으면 포탄 한 발로도 당할 수 있으니 흩어져 있어야 하지요. "뭉치면 살고 흩어지면 죽는다"는 속담이 군대에서는 달리 쓰일 때도 있습니다.

指揮(지휘) 지시해 일을 하도록 시킴.
揮發(휘발) 보통 온도에서 액체가 기체로 되어 날아 흩어지는 현상.

+ 指(손가락 지, 가리킬 지), 發(쏠 발, 일어날 발)

6급II / 13획 / 辵(辶)

군사(軍)들이 갈(辶) 때는 차도 운전하여 옮기니 **운전할 운, 옮길 운**
또 삶을 옮기는 운수니 **운수 운**

運轉(운전) ① 기계나 자동차 등을 움직여 부림.
② 사업이나 자본 등을 조절하여 움직임.
運動(운동) 옮겨 다니며 움직임.
運數(운수) 이미 정하여져 있어 인간의 힘으로는 어쩔 수 없는 천운(天運)과 기수(氣數).

+ 轉(구를 전), 動(움직일 동), 數(셀 수, 두어 수, 자주 삭, 운수 수), 天(하늘 천), 氣(기운 기, 대기 기)

108 보 부(포)박 [甫 尃 博] - 甫와 尃로 된 한자

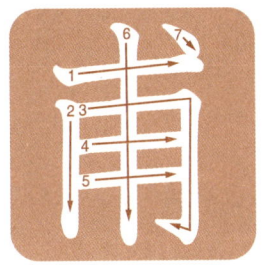

1급II / 7획 / 用

많이(十) 쓰이도록(用) 점(丶)까지 찍어가며 만들어 크고 넓으니
클 보, 넓을 보

+ 十(열 십, 많을 십), 用(쓸 용), 丶(점 주, 불똥 주)

급외자 / 10획 / 寸

널리(甫) 법도(寸)에 맞게 펴니 **펼 부, 펼 포**

[유] 專(오로지 전, 마음대로 할 전) - 제목번호 109 참고
+ 寸(마디 촌, 법도 촌)

4급II / 12획 / 十

많은(十) 방면에 두루 펴(尃) 넓으니 **넓을 박**

博愛(박애) (모든 사람을) 널리 사랑함.
博學多識(박학다식) 널리 배우고 많이 앎.

+ 愛(사랑 애, 즐길 애, 아낄 애), 學(배울 학), 多(많을 다), 識(알 식, 기록할 지)

109 전전전단 혜 [專傳轉團 惠] - 專과 惠로 된 한자

4급 / 11획 / 寸

삼가고(叀) 마디마디(寸) 살피며 오로지 하나에만 전념하니 **오로지 전**

또 오로지 자기 마음대로 하니 **마음대로 할 전**

+ 叀 - 차(車)에 점(丶)찍는 일은 삼가니 '삼갈 전'(어원 설명을 위한 참고자로 실제 쓰이는 한자는 아님)
+ 車[수레 거, 차 차(車)의 변형]

專攻(전공) 오로지 하나만 닦고 연구함.
專念(전념) (한 가지 일에만) 오로지 마음을 씀.
專權(전권) 마음대로 권력을 휘두름.

+ 攻(칠 공, 공격할 공), 念(생각 념), 權(권세 권)

제2편 한자 익히기 | 123

5급Ⅱ / 13획 / 人(亻)

사람(亻)들은 오로지(專) 자기 뜻을 전하니 **전할 전**

또 전하는 이야기니 **이야기 전**

옙 伝 - 사람(亻)이 자기 뜻을 말하여(云) 전하니 '전할 전'
　　　　 또 전하는 이야기니 '이야기 전'

+ 云(이를 운, 말할 운) - 제목번호 194 참고

> 傳受(전수) (기술이나 지식 등을) 전하여 받음.
> 傳記(전기) ① 한 사람의 일생 동안의 행적을 적은 기록.
> 　　　　　　② 전하여 듣고 기록함.
> 以心傳心(이심전심) 마음으로써 마음을 전함.

+ 受(받을 수), 記(기록할 기, 기억할 기), 以(써 이, 까닭 이), 心(마음 심, 중심 심)

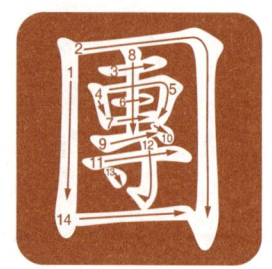

4급 / 18획 / 車

수레(車) 바퀴처럼 오로지(專) 구르니 **구를 전**

옙 転 - 수레(車) 바퀴가 말하듯(云) 소리 내며 구르니 '구를 전'

> 轉用(전용) (예정되어 있는 곳에 쓰지 아니하고 다른 데로) 돌려서 씀.
> 移轉(이전) ① 장소나 주소 등을 다른 데로 옮김.
> 　　　　　　② 권리 등을 남에게 넘겨주거나 또는 넘겨받음.

+ 用(쓸 용), 移(옮길 이)

5급Ⅱ / 14획 / 囗

에워싸듯(囗) 오로지(專) 하나로 둥글게 모이니 **둥글 단, 모일 단**

옙 団 - 에워싼(囗) 듯 법도(寸)에 맞게 둥글게 모이니 '둥글 단, 모일 단'

+ 囗(둘레 위, 에워쌀 위, 나라 국), 寸(마디 촌, 법도 촌)

> 團合(단합) '둥글게 합침'으로, 많은 사람이 마음과 힘을 한데 뭉침.
> 團結(단결) '모여서 맺음'으로, 많은 사람이 한데 뭉침.
> 團體(단체) ① 같은 목적을 달성하기 위하여 모인 사람들의 일정한 조직체.
> 　　　　　　② 여러 사람이 모여서 이루어진 집단.

+ 合(합할 합, 맞을 합), 結(맺을 결), 體(몸 체)

惠

4급Ⅱ / 12획 / 心

언행을 삼가고(叀) 어진 마음(心)을 베푸는 은혜니 **은혜 혜**

+ 心(마음 심, 중심 심)

> 恩惠(은혜) 사람이나 신(神)이 누구에게 베푸는 도움이나 고마운 일.
> 施惠(시혜) 은혜를 베풂.

+ 恩(은혜 은), 神(귀신 신, 신비할 신, 정신 신), 施(행할 시, 베풀 시)

110 녁병통[疒病痛] - 疒으로 된 한자

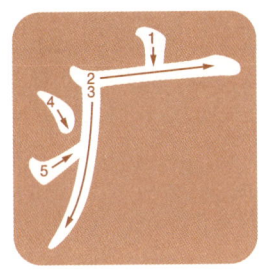

부수자 / 5획

병들어 머리 부분(亠)을 나무 조각(爿)에 기대야 할 정도로 병드니 **병들 녁**

+ 亠(머리 부분 두), 爿[나무 조각 장, 장수 장 변(爿)의 약자]

6급 / 10획 / 疒

병들어(疒) 밤새 불 밝혀(丙) 놓고 간호하며 근심하니 **병 병, 근심할 병**

+ 丙 - (북반구의) 하늘(一)에서는 안(内)이 남쪽이고 밝으니 '남쪽 병, 밝을 병, 셋째 천간 병' - 3급Ⅱ
+ 一('한 일'이지만 여기서는 하늘로 봄), 内[안 내(內)의 속자]

病苦(병고) 병으로 인한 괴로움.
病患(병환) 질병. 병의 높임말.
鬪病(투병) 병과 싸움.

+ 苦(쓸 고, 괴로울 고), 患(근심 환), 鬪(싸울 투)

4급 / 12획 / 疒

병(疒) 기운이 솟은(甬)듯 아프니 **아플 통**

+ 甬(솟을 용, 날랠 용) - 제목번호 105 참고

痛感(통감) (마음에 사무치도록) 아프게 느낌.
頭痛(두통) 머리가 아픔.
憤痛(분통) 몹시 분하여 마음이 쓰리고 아픔. 또는 그런 마음.

+ 感(느낄 감, 감동할 감), 頭(머리 두, 우두머리 두), 憤(분할 분)

111 괘(와)과[咼過] - 咼로 된 한자

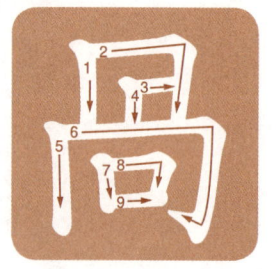

급외자 / 9획 / 口

입(口)이 비뚤어진 모양을 본떠서 **입 비뚤어질 괘, 입 비뚤어질 와**

5급Ⅱ / 13획 / 辵(辶)

비뚤어지게(咼) 걸어가며(辶) 지나치니 **지날 과, 지나칠 과**

또 지나쳐서 생기는 허물이니 **허물 과**

過去(과거) ① 지나간 때.
② 지나간 일이나 생활.
過速(과속) (일정한 표준에서) 지나친 속도.
功過(공과) 공로와 허물.

+ 去(갈 거, 제거할 거), 速(빠를 속), 功(공 공, 공로 공)

112 문문문한 [門問聞閑] – 門으로 된 한자 1

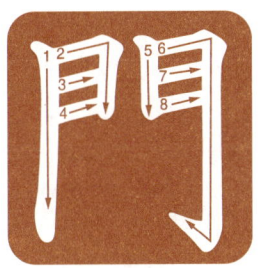

8급 / 8획 / 門

두 개의 문짝 있는 문(🏛)을 본떠서 **문 문**

+ 한 짝으로 된 문을 본떠서는 '문 호, 집 호(戶)' – 제목번호 340 참고

大門(대문) 큰 문. 집의 정문.
守門將(수문장) 옛날 대궐문이나 성문을 지키던 장수.
門前成市(문전성시) 어떤 집 문 앞이 방문객이 많아 시장을 이루다시피 함.

+ 守(지킬 수), 將(장수 장, 장차 장, 나아갈 장), 前(앞 전), 成(이룰 성), 市(저자 시, 시내 시)

7급 / 11획 / 口

문(門) 앞에서 말하여(口) 물으니 **물을 문**

+ 口(입 구, 구멍 구, 말할 구)

問答(문답) 물음과 대답. 또는 서로 묻고 대답함.
問責(문책) (잘못을) 묻고 꾸짖음.
不問曲直(불문곡직) '구부러지고 곧음을 묻지 않음'으로, 옳고 그름을 따지지 아니함.

+ 答(대답할 답, 갚을 답), 責(꾸짖을 책, 책임 책), 不(아닐 불, 아닐 부), 曲(굽을 곡, 노래 곡), 直(곧을 직, 바를 직)

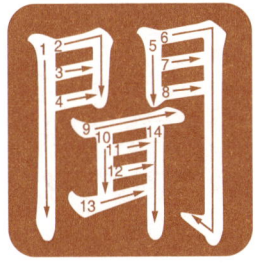

6급II / 14획 / 耳

문(門)에 귀(耳) 대고 들으니 **들을 문**

+ 耳(귀 이)

見聞(견문) 보고 들음. 또는 보고 들어서 얻은 지식.
新聞(신문) '새로 들음'으로, 새로운 소식을 전달하는 정기 간행물.
前代未聞(전대미문) 이제까지 들어 본 적이 없다는 데서 매우 놀랍거나 새로운 일을 이르는 말.

+ 見(볼 견, 뵐 현), 新(새로울 신), 前(앞 전), 代(대신할 대, 세대 대, 대금 대), 未(아닐 미, 아직 ~ 않을 미, 여덟째 지지 미)

4급 / 12획 / 門

문(門) 안에서 나무(木)를 가꿀 정도로 한가하니 **한가할 한**

+ 木(나무 목)

閑暇(한가) 겨를이 생기어 여유가 있음.
閑散(한산) ① 일이 없어 한가함.
② 조용하고 쓸쓸함.

+ 暇(겨를 가, 한가할 가), 散(흩어질 산)

113 개폐관[開閉關] - 門으로 된 한자 2

6급 / 12획 / 門

문(門)의 빗장(一)을 받쳐 들고(廾) 여니 **열 개**

또 문을 열고 시작하니 **시작할 개**

+ 一('한 일'이지만 여기서는 빗장으로 봄), 廾(받쳐 들 공) - 제목번호 346 참고

開發(개발) '열고 일어남'으로, 연구하거나 개척하여 유용하게 만듦.
開花(개화) 꽃이 핌.
開始(개시) 행동이나 일 등을 시작함.

+ 發(쏠 발, 일어날 발), 花(꽃 화), 始(처음 시)

4급 / 11획 / 門

문(門)에 빗장(才)을 끼워 닫으니 **닫을 폐**

+ 才('재주 재, 바탕 재'지만 여기서는 빗장으로 봄)

閉會(폐회) 집회나 회의를 마침. ↔ 開會(개회) 집회나 회의가 시작함.
開閉(개폐) 열고 닫음.

+ 會(모일 회)

5급II / 19획 / 門

문(門)의 작고(幺) 작은(幺) 이쪽(ㅓ)저쪽(卜)을 이어주는 빗장이니 **빗장 관**

또 빗장처럼 이어지는 관계니 **관계 관**

[약] 関 - 문(門)의 양쪽(丷)으로 나눠지는 문짝을 하나(一)로 크게(大) 막는 빗장이니 '빗장 관'
또 빗장처럼 이어지는 관계니 '관계 관'

+ 빗장 - 문을 닫고 가로질러 잠그는 것.
+ 幺(작을 요, 어릴 요)

關門(관문) ① 옛날에 그곳을 지나야만 드나들 수 있는 중요한 길목에 설치했던 문.
② 어떤 일을 하려면 반드시 거쳐야 하는 중요한 대목.
關係(관계) (두 가지 이상이 서로) 관련이 있음.
關心(관심) 어떤 것에 마음이 끌려 주의를 기울임. 또는 그런 마음이나 주의.

+ 係(맬 계, 묶을 계), 心(마음 심, 중심 심)

114 간간[間簡] - 間으로 된 한자

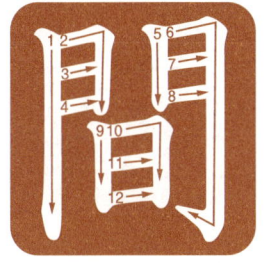

7급II / 12획 / 門

문(門)틈으로 햇(日)빛이 들어오는 사이니 **사이 간**

間食(간식) 끼니 사이에 먹는 음식. 새참.
期間(기간) 어느 일정한 시기부터 다른 어느 일정한 시기까지의 사이.
間接(간접) 중간에 매개가 되는 사람이나 사물 등을 통하여 맺어지는 관계.
↔ 直接(직접) 중간에 제삼자나 매개물이 없이 바로 연결되는 관계.

+ 食(밥 식, 먹을 식), 期(기간 기, 기약할 기), 接(이을 접, 대접할 접), 直(곧을 직, 바를 직)

4급 / 18획 / 4급 竹(⺮)

(종이가 없던 옛날에) 대(⺮)쪽 사이(間)에 적은 편지니 **대쪽 간, 편지 간**

또 편지처럼 줄여 써 간략하니 **간략할 간**

+ ⺮[대 죽(竹)이 부수로 쓰일 때의 모양]

書簡(서간) 편지.
簡潔(간결) 간단하고 깔끔함.
簡素(간소) 간략하고 소박함.

+ 書(쓸 서, 글 서, 책 서), 潔(깨끗할 결), 素(흴 소, 바탕 소, 요소 소, 소박할 소)

6日

115 토적 좌좌[土赤 坐座] - 土와 坐로 된 한자

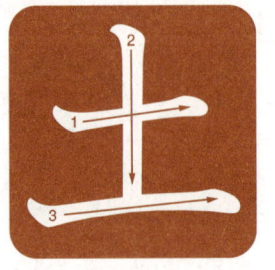

8급 / 3획 / 土

많이(十) 땅(一)에 있는 흙이니 **흙 토**

+ 十(열 십, 많을 십), 一('한 일'이지만 여기서는 땅으로 봄)

土地(토지) 땅. 흙. 논밭.
土俗(토속) 그 지방 특유의 습관이나 풍습.
領土(영토) 국제법에서, 국가의 통치권이 미치는 구역.

+ 地(땅 지, 처지 지), 俗(속세 속, 저속할 속, 풍속 속), 領(거느릴 령, 우두머리 령)

5급 / 7획 / 赤

흙(土)이 불(灬) 타듯이 붉으니 **붉을 적**

또 붉게 벌거벗으니 **벌거벗을 적**

亦 - 머리(亠)가 불(灬) 타듯이 또 고민하니 '또 역' - 3급Ⅱ
+ 灬[불 화(火)의 변형], 亠(머리 부분 두)

赤色(적색) 붉은 색.
赤外線(적외선) 파장이 적색 가시광선보다 길고 열 작용이 큰 전자파.

+ 色(빛 색), 外(밖 외), 線(줄 선)

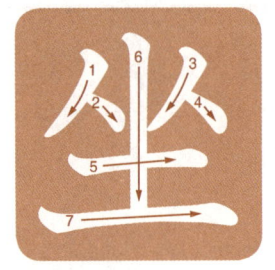

3급Ⅱ / 7획 / 土

흙(土) 위에 두 사람(人人)이 앉으니 **앉을 좌**

+ 人(사람 인)

4급 / 10획 / 广

집(广)의 앉는(坐) 자리나 위치니 **자리 좌, 위치 좌**

+ 广(집 엄)

座席(좌석) ① 앉는 자리.
② 여러 사람이 모인 자리.
權座(권좌) '권력의 자리'로, 특히 통치권을 가지고 있는 지위.
座談會(좌담회) 여러 사람이 한자리에 모여 앉아서 어떤 문제에 대하여 의견이나 견문을 나누는 모임.

+ 席(자리 석), 權(권세 권), 談(말씀 담), 會(모일 회)

116 생성성 성산[生性姓 星産] – 生으로 된 한자

8급 / 5획 / 生

사람(ㅗ)이 흙(土)에 나서 사니
날 생, 살 생, 사람을 부를 때 쓰는 접사 생

+ ㅗ[사람 인(人)의 변형]

生産(생산) 인간이 생활하는 데 필요한 각종 물건을 만들어 냄.
生命(생명) ① 목숨.
② 사물의 유지되는 기간.
學生(학생) 글을 배우는 사람.

+ 産(낳을 산, 생산할 산), 命(명령할 명, 목숨 명, 운명 명), 學(배울 학)

5급Ⅱ / 8획 / 心(忄)

마음(忄)에 나면서(生)부터 생긴 성품이고 바탕이니 **성품 성, 바탕 성**

또 바탕이 다른 남녀의 성별이니 **성별 성**

+ 忄(마음 심 변)

性品(성품) 사람의 성질이나 됨됨이.
個性(개성) '낱낱의 바탕'으로, 낱낱의 물건이 가지고 있는 독특한 성질.
性別(성별) 남녀나 암수의 구별.

+ 品(물건 품, 등급 품, 품위 품), 個(낱 개), 別(나눌 별, 다를 별)

7급Ⅱ / 8획 / 女

여자(女)가 자식을 낳아(生) 다른 사람과 구별하기 위하여 붙인 성씨니
성씨 성

또 이런 사람들이 모인 백성이니 **백성 성**

姓名(성명) 성과 이름.
百姓(백성) ① 일반 국민
② 문벌이 높지 않은 보통 사람.
同姓同本(동성동본) 성도 같고 본(본관)도 같음.

+ 名(이름 명, 이름날 명), 百(일백 백, 많을 백), 同(한가지 동, 같을 동), 本(근본 본, 뿌리 본, 책 본)

4급Ⅱ / 9획 / 日

해(日)처럼 빛나는(生) 별이니 **별 성**

星星(성성) 하늘의 별처럼 머리털이 희뜩희뜩한 모양.
星行夜歸(성행야귀) 별이 있는 이른 아침에 가서 밤늦게 귀가함.

+ 行(다닐 행, 행할 행, 항렬 항), 夜(밤 야), 歸(돌아갈 귀, 돌아올 귀)

5급II / 11획 / 生

머리(亠)를 받치고(丷) 바위(厂)에 의지하여 새끼를 낳으니(生) **낳을 산**

또 아이를 낳듯이 물건을 생산하니 **생산할 산**

+ 亠(머리 부분 두), 厂(굴 바위 엄, 언덕 엄)

産母(산모) 아이를 갓 낳은 여자.
産業(산업) (인간 생활에 필요한 여러 가지 재화를) 생산하는 사업.
動産(동산) '움직이는 재산'으로, 돈 등을 말함. ↔ 不動産(부동산) 움직여 옮길 수 없는 재산. 토지나 건물, 수목 등.

+ 母(어미 모), 業(업 업, 일 업), 動(움직일 동), 不(아닐 불, 아닐 부)

117 수우[垂郵] - 垂로 된 한자

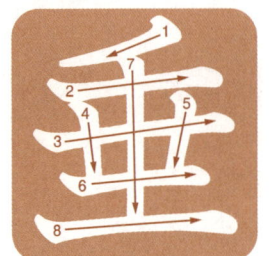

3급II / 8획 / 土

많은(千) 풀(艹)잎이 흙(土) 바닥에 드리우니 **드리울 수**

+ 千(일천 천, 많을 천), 艹[초 두(艸)의 약자], 土(흙 토)

4급 / 11획 / 邑(阝)

드리워(垂) 고을(阝)까지 전달하는 우편이니 **우편 우**

+ 阝(고을 읍 방)

郵送(우송) 우편으로 보냄.
郵便(우편) 편지나 물품을 전국 또는 전 세계에 보내 주는 제도.
郵票(우표) (우편 요금을 납부한 표시로) 우편물에 붙이는 증표.

+ 送(보낼 송), 便(편할 편, 똥오줌 변), 票(표시할 표, 표 표)

118 사사 지지[士仕 志誌] - 士와 志로 된 한자

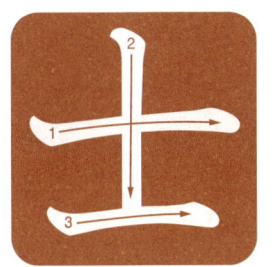

5급Ⅱ / 3획 / 士

열(十)까지 하나(一)를 배우면 아는 선비니 **선비 사**
또 선비 같은 군사나, 사람의 칭호나, 직업에 붙이는 말이니
군사 사, 칭호나 직업에 붙이는 말 사

+ 열까지 안다는 데서 '열 십, 많을 십(十)'을 크게 쓴 한자는 '선비 사, 군사 사, 칭호나 직업 이름에 붙이는 말 사(士)', 넓은 땅을 나타내기 위하여 아래 한 일(一)을 넓게 쓴 한자는 '흙 토(土)'로 구분하세요.

士氣(사기) '선비 기운'으로, 의욕이나 자신감 등으로 충만하여 굽힐 줄 모르는 기세.
兵士(병사) 하사관 아래의 군인. 군사(軍士).
壯士(장사) (기개와 체질이) 굳센 사람.

+ 氣(기운 기, 대기 기), 兵(군사 병), 軍(군사 군), 壯(굳셀 장, 장할 장)

5급Ⅱ / 5획 / 人(亻)

사람(亻)이 선비(士)처럼 벼슬하여 백성을 섬기니 **벼슬할 사, 섬길 사**

出仕(출사) 벼슬을 하여 관직에 나아감.
奉仕(봉사) '받들어 섬김'으로, (국가나 사회, 또는 남을 위하여) 자신을 돌보지 않고 애씀.

+ 出(날 출, 나갈 출), 奉(받들 봉)

4급Ⅱ / 7획 / 心

선비(士) 같은 마음(心)의 뜻이니 **뜻 지**

+ '뜻 지(志)'는 이상을 향한 높은 뜻이고, '뜻 의(意)'는 말이나 글 속에 들어 있는 의미를 말합니다.

志操(지조) '뜻을 잡음'으로, 곧은 뜻과 절조.
意志(의지) 마음의 뜻.
志願書(지원서) 지원에 필요한 서식을 적은 서류.

+ 操(잡을 조, 다룰 조), 意(뜻 의), 願(원할 원), 書(글 서, 책 서, 쓸 서)

4급 / 14획 / 言

말(言)이나 뜻(志)을 기록하여 만든 책이니 **기록할 지, 책 지**

+ 言(말씀 언)

日誌(일지) 그날그날의 일을 적은 기록. 또는 그 책.
校誌(교지) 학교에서 편집·발행하는 책.
雜誌(잡지) 여러 가지 글을 모아서 편집한 정기 간행물.

+ 日(해 일, 날 일), 校(학교 교, 교정볼 교, 장교 교), 雜(섞일 잡)

119 길수희[吉樹喜] - 吉로 된 한자

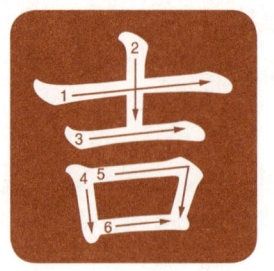

5급 / 6획 / 口

선비(士)처럼 말하면(口) 길하고 상서로우니 **길할 길, 상서로울 길**

+ 길하다 - 운이 좋거나 일이 상서롭다.
+ 상서(祥瑞)롭다 - 복되고 좋은 일이 있을 듯하다.
+ 口(입 구, 구멍 구, 말할 구), 祥(상서로울 상), 瑞(상서로울 서)

吉運(길운) 길한(좋은) 운수.
吉凶(길흉) 좋은 일과 언짢은 일.

+ 運(운전할 운, 옮길 운, 운수 운), 凶(흉할 흉, 흉년 흉)

6급 / 16획 / 木

나무(木)로 좋게(吉) 받쳐(丷) 법도(寸)에 맞게 세우니 **세울 수**

또 세워 심는 나무니 **나무 수**

+ 寸(마디 촌, 법도 촌)

樹立(수립) (국가·정부·제도·계획 등을) 세움.
樹木(수목) 살아 있는 나무.
常綠樹(상록수) (잎이) 항상 푸른 나무.

+ 立(설 립), 常(항상 상, 보통 상, 떳떳할 상), 綠(푸를 록)

4급 / 12획 / 口

좋은(吉) 음식을 받쳐 들고(丷) 입(口)으로 먹으면 기쁘니 **기쁠 희**

+ 丷[초 두(艹)의 약자(艹)의 변형]

喜悲(희비) 기쁨과 슬픔.
歡喜(환희) 즐겁고 기쁨.
喜色滿面(희색만면) 기쁜 빛이 얼굴에 가득함.

+ 悲(슬플 비), 歡(기쁠 환), 色(빛 색), 滿(찰 만), 面(얼굴 면, 향할 면, 볼 면, 행정 구역의 면)

120 왕주옥[王主玉] - 王으로 된 한자

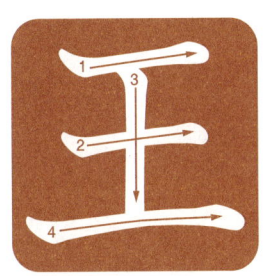

8급 / 4획 / 玉(王)

하늘(一) 땅(一) 사람(一)의 뜻을 두루 꿰뚫어(丨) 보아야 했던 임금이니
임금 왕

또 임금처럼 그 분야에서 으뜸이니 **으뜸 왕**

또 구슬 옥(玉)이 부수로 쓰일 때의 모양으로 **구슬 옥 변**

+ 一('한 일'이지만 여기서는 하늘·땅·사람으로 봄), 丨(뚫을 곤)

王權(왕권) 임금이 지닌 권력.
王侯將相(왕후장상) '왕과 제후와 장수와 재상'으로, 훌륭한 사람을 비유.

+ 權(권세 권), 侯(과녁 후, 제후 후), 將(장수 장, 장차 장, 나아갈 장), 相(서로 상, 모습 상, 볼 상, 재상 상)

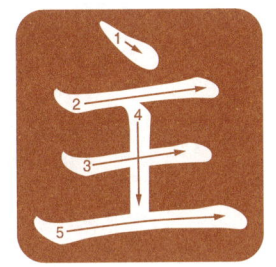

7급 / 5획 / 丶

(임금보다 더 책임감을 가지는 사람이 주인이니)
점(丶)을 임금 왕(王) 위에 찍어서 **주인 주**

+ 그래서 그런지 '왕인정신'이라는 말은 없지만 '주인정신'이란 말은 있네요.

主人(주인) ① 한 집안의 주되는 사람.
② 물건의 임자.
主客一體(주객일체) '주인과 손님이 한 몸'으로, 어떤 대상에 완전히 동화된 경지를 일컬음.
民主主義(민주주의) 백성을 주인으로 삼는 정치를 하는 제도.

+ 客(손님 객), 體(몸 체), 民(백성 민), 義(옳을 의, 의로울 의)

4급II / 5획 / 玉(王)

임금 왕(王) 우측에 점(丶)을 찍어서 **구슬 옥**

+ 원래는 구슬 세(三) 개를 끈으로 꿰어(丨) 놓은 모양(王)이었으나 '임금 왕(王)'과 구별하기 위하여 점 주(丶)를 더했네요. 그러나 '임금 왕(王)'은 부수로 쓰이지 않으니, '구슬 옥(玉)'이 부수로 쓰일 때는 원래의 모양인 '王'으로 쓰고 '구슬 옥 변'이라 부르지요.

玉篇(옥편) 한자를 모아서 일정한 순서로 늘어놓고 한자 하나하나의 뜻과 음을 풀이한 책.
金科玉條(금과옥조) '금 같은 과목, 옥 같은 조목'으로, 아주 귀중한 법칙이나 규범을 이르는 말.

+ 篇(책 편), 金(쇠 금, 금 금, 돈 금, 성씨 김), 科(과목 과, 조목 과), 條(가지 조, 조목 조)

6일 확인문제 (101~120)

01~04 다음 漢字의 훈(뜻)과 음(소리)을 쓰세요.

01. 快 (   )   02. 構 (   )
03. 票 (   )   04. 備 (   )

05~08 다음 훈음에 맞는 漢字를 쓰세요.

05. 중요할 요 (   )   06. 전할 전 (   )
07. 지날 과 (   )   08. 빗장 관 (   )

09~12 다음 漢字語의 독음을 쓰세요.

09. 缺席 (   )   10. 講堂 (   )
11. 目標 (   )   12. 解決 (   )

13~14 다음 문장 중 밑줄 친 단어를 漢字로 쓰세요.

13. 그는 **개성**이 뚜렷하여 잘 드러난다. (   )
14. 그는 헌신적인 **봉사**활동에 전념한다. (   )

15~16 다음 문장 중 漢字로 표기된 단어의 독음을 쓰세요.

15. 사흘 동안 내리 쉴 수 있는 連休는 행운이다. (   )
16. 그는 합창단을 指揮한다. (   )

17~18 다음 뜻풀이에 맞는 단어를 漢字로 쓰세요.

17. 최후의 승부를 결단함. (   )
18. 이미 없어졌거나 허물어진 것을 다시 일으켜 세움. (   )

19~20 다음 漢字語의 뜻을 쓰세요.

19. 在庫 (   )
20. 專攻 (   )

---

01. 쾌할 쾌 02. 얽을 구 03. 표 표 04. 갖출 비 05. 要 06. 傳 07. 過 08. 關 09. 결석 10. 강당 11. 목표 12. 해결 13. 個性 14. 奉仕 15. 연휴 16. 지휘 17. 決勝 18. 再建 19. 창고에 있음. 20. 오로지 하나만 닦고 연구함.

7일 121 ~ 140

121 임임 정정 [壬任 廷庭] - 壬과 廷으로 된 한자

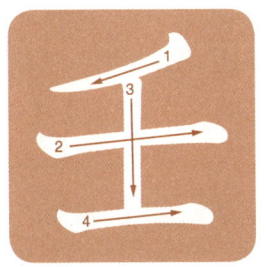
3급II / 4획 / 士

삐뚤어진(丿) 선비(士)는 간사하여 나중에 큰 죄업을 짊어지니
간사할 임, 짊어질 임, 아홉째 천간 임
또 땅(一) 위에 표시한 네 방위(十) 중 위쪽이 가리키는(丿) 북방이니
북방 임
+ 丿(삐침 별), 士(선비 사, 군사 사, 칭호나 직업 이름에 붙이는 말 사)

5급II / 6획 / 人(亻)

사람(亻)이 어떤 일을 짊어져(壬) 맡으니 **맡을 임**
⊞ 仕(벼슬할 사, 섬길 사) - 제목번호 118 참고

任務(임무) 맡은 일.
新任(신임) 새로 임명되거나 새로 취임함. 또는 그 사람.
責任(책임) 맡아해야 할 임무.

+ 務(일 무, 힘쓸 무), 新(새로울 신), 責(꾸짖을 책, 책임 책)

3급II / 7획 / 廴

걸어가(廴) 임무를 맡는(壬) 조정이나 관청이니 **조정 정, 관청 정**
+ 廴(길게 걸을 인)

6급II / 10획 / 广

집(广) 안에 조정(廷)처럼 가꾼 뜰이니 **뜰 정**
+ 广(집 엄)

庭園(정원) '집의 동산'으로, 집안의 뜰.
家庭(가정) '집의 뜰'로, 한 가족이 살림하고 있는 집.
校庭(교정) 학교의 뜰.

+ 園(동산 원), 家(집 가, 전문가 가), 校(학교 교, 교정볼 교, 장교 교)

122 정정성[呈程聖] - 呈으로 된 한자

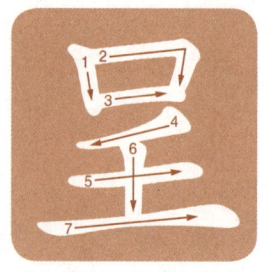

2급 / 7획 / 口

입(口)에 맞는 음식을 짊어지고(壬) 가서 보이고 드리니 **보일 정, 드릴 정**

4급II / 12획 / 禾

벼(禾)를 얼마나 드릴(呈) 것인지 법으로 정한 정도니 **법 정, 정도 정**

또 법에 맞는 길이니 **길 정**

+ 옛날에는 물물 교환의 기준이 벼나 쌀이었답니다.
+ 禾(벼 화)

規程(규정) 조목별로 정해 놓은 법(표준).
程度(정도) (사물의 성질이나 가치를 양이나 우열 등에서 본) 분량이나 수준.
過程(과정) (일이 되어) 나가는 길(경로).

+ 規(법 규), 度(법도 도, 정도 도, 헤아릴 탁), 過(지날 과, 지나칠 과, 허물 과)

4급II / 13획 / 耳

귀(耳)를 보이듯(呈) 기울여 잘 들어주는 성스러운 성인이니
성스러울 성, 성인 성

+ 자기주장을 내세우지 않고 남의 말을 많이 들어주는 분이 성인이고 성스럽다는 어원이네요.
+ 耳(귀 이)

聖心(성심) 성스러운 마음.
聖人(성인) 덕과 지혜가 뛰어나 모든 사람의 스승이 될 만한 사람.
太平聖代(태평성대) 어질고 착한 임금이 다스리는 태평한 세상이나 시대.

+ 心(마음 심, 중심 심), 太(클 태), 平(평평할 평, 평화 평), 代(대신할 대, 세대 대, 대금 대)

123 주주왕[注住往] - 主로 된 한자

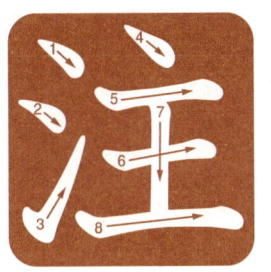

6급II / 8획 / 水(氵)

물(氵)을 한쪽으로 주(主)로 대고 쏟으니 **물댈 주, 쏟을 주**

+ 主(주인 주)

注油(주유) 기름을 넣음.
注射(주사) 약액을 주사기에 넣어 생물체 속에 직접 주입하는 일.
注意(주의) ① 마음에 새겨 두고 조심함.
② 어떤 한 곳이나 일에 관심을 집중하여 기울임.

+ 油(기름 유), 射(쏠 사), 意(뜻 의)

7급 / 7획 / 人(亻)

사람(亻)이 주인(主) 되어 사는 곳이니 **살 주, 사는 곳 주**

㊉ 隹(새 추) - 제목번호 324 참고

住居(주거) (일정한 지역에 자리 잡고) 삶.
住民(주민) 일정한 지역에 살고 있는 사람.
住宅(주택) 사람이 살 수 있도록 지은 집.

+ 居(살 거, 앉을 거), 民(백성 민), 宅(집 택, 집 댁)

4급II / 8획 / 彳

걸어서(彳) 주인(主)에게 가니 **갈 왕**

+ 彳(조금 걸을 척)

往來(왕래) 가고 옴.
往復(왕복) 갔다가 돌아옴.
右往左往(우왕좌왕) '오른쪽으로 가고 왼쪽으로 감'으로, 방향을 정하지 못하고 오락가락함.

+ 來(올 래), 復(다시 부, 돌아올 복), 右(오른쪽 우), 左(왼쪽 좌, 낮은 자리 좌)

7日

124 원(엔) 청소독[円 靑素毒] - 円과 主의 변형(㐄)으로 된 한자

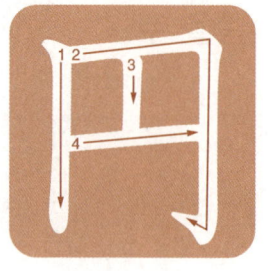

특급II / 4획 / 冂

성(冂)은 세로(丨)로 가로(一)로 보아도 둥근 둘레니 **둥글 원, 둘레 원**

또 일본 화폐 단위로도 쓰여 **일본 화폐 단위 엔**

+ 冂(멀 경, 성 경)

8급 / 8획 / 靑

주된(㐄) 둘레(円)의 색은 푸르니 **푸를 청**

또 푸르면 젊으니 **젊을 청**

靑 - 주(㐄)된 몸(月)의 마음은 언제나 푸르고 젊으니 '푸를 청, 젊을 청'
+ 靑이 들어간 한자를 약자로 쓸 때는 '円' 부분을 '月'로 씁니다.
+ 㐄[주인 주(主)의 변형], 月(달 월, 육 달 월)

靑山(청산) 푸른 산.
靑春(청춘) 스무 살 안팎의 젊은 나이. 청년.
靑少年(청소년) 청년과 소년을 아울러 이르는 말.

+ 山(산 산), 春(봄 춘), 少(적을 소, 젊을 소), 年(해 년, 나이 년)

4급II / 10획 / 糸

주된(㐄) 실(糸)의 색은 희니 **흴 소**

또 흰색은 모든 색의 바탕이 되고 요소가 되며 소박하니
바탕 소, 요소 소, 소박할 소

+ 糸(실 사, 실 사 변)

素服(소복) 하얗게 차려 입은 한복.
素材(소재) (예술 작품의) 바탕이 되는 재료.
要素(요소) (사물의 성립, 효력 등에) 꼭 필요한 성분. 또는 근본 조건.
儉素(검소) 사치하지 않고 꾸밈없이 수수함.

+ 服(옷 복, 먹을 복, 복종할 복), 材(재목 재, 재료 재), 要(중요할 요, 필요할 요), 儉(검소할 검)

4급II / 9획 / 毋

주인(㐄)이나 어머니(母)는 강하고 독하니 **독할 독**

또 독한 독이니 **독 독**

+ 여자는 약하지만 어머니는 강하다는 말처럼 주인이나 어머니가 되면 강하고 독하지요.
+ 母(어미 모) - 제목번호 138 참고

毒感(독감) 지독한 감기.
毒舌(독설) '독한 말'로, 남을 해치거나 비방하는 모질고 악독스러운 말을 함. 또는 그런 말.
至毒(지독) 몹시 독함.

+ 感(느낄 감, 감동할 감), 舌(혀 설, 말 설), 至(이를 지, 지극할 지)

125 청청정정[清請情精] - 靑으로 된 한자

6급Ⅱ / 11획 / 水(氵)

물(氵)이 푸른(靑)빛이 나도록 맑으니 **맑을 청**

淸潔(청결) 맑고 깨끗함.
淸算(청산) ① 서로 간에 채무·채권 관계를 셈하여 깨끗이 해결함.
② 과거의 부정적 요소를 깨끗이 씻어 버림.
淸掃(청소) 깨끗이 쓺(치움).

+ 潔(깨끗할 결), 算(셈 산), 掃(쓸 소)

4급Ⅱ / 15획 / 言

말(言)로 푸르게(靑), 즉 희망 있게 청하니 **청할 청**

+ 言(말씀 언)

請婚(청혼) 결혼하기를 청함.
申請(신청) (관계 기관이나 관계 부서 등에 대하여 어떤 일을 해 주거나 어떤 물건을 내줄 것을) 청구하는 일.
招請(초청) 사람을 청하여 부름.

+ 婚(결혼할 혼), 申(아뢸 신, 펼 신, 원숭이 신, 아홉째 지지 신), 招(부를 초)

5급Ⅱ / 11획 / 心(忄)

마음(忄)을 푸르게(靑), 즉 희망 있게 베푸는 뜻이며 정이니 **뜻 정, 정 정**

+ 忄(마음 심 변)

熱情(열정) (어떤 일에) 열중하는 마음.
友情(우정) 벗(친구) 사이의 정.
多情多感(다정다감) 정도 많고 느낌도 많음. 감수성이 풍부함.

+ 熱(더울 열), 友(벗 우), 多(많을 다), 感(느낄 감, 감동할 감)

4급Ⅱ / 14획 / 米

쌀(米)을 푸른(靑)빛이 나도록 정밀하게 찧으니 **정밀할 정, 찧을 정**

+ 米(쌀 미)

精密(정밀) 아주 정교하고 치밀하여 빈틈이 없고 자세함.
精讀(정독) 정밀하게 읽음.
精米所(정미소) 벼를 찧어 쌀을 만드는 곳.

+ 密(빽빽할 밀, 비밀 밀), 讀(읽을 독, 구절 두), 米(쌀 미), 所(장소 소, 바 소)

126 책적적 [責積績] – 責으로 된 한자

5급II / 11획 / 貝

주인(主)이 꾸어간 돈(貝)을 갚으라고 꾸짖으며 묻는 책임이니

꾸짖을 책, 책임 책

+ 主[주인 주(主)의 변형], 貝(조개 패, 재물 패, 돈 패) – 제목번호 384 참고

責望(책망) '꾸짖으며 바람'으로, 잘못을 고치도록 꾸짖음. 또는 그 일.
責任(책임) 맡아 해야 할 임무.
問責(문책) 잘못을 캐묻고 꾸짖음.

+ 望(바랄 망, 보름 망), 任(맡을 임), 問(물을 문)

4급 / 16획 / 禾

벼(禾)를 책임지고(責) 묶어 쌓으니 쌓을 적

+ 요즘은 벼를 콤바인으로 한 번에 수확하지만 옛날에는 일일이 손으로 수확했어요. 익은 벼는 제때에 베어서 말려 묶어 쌓아 놓고 타작에 대비해야 했으니, 이 과정에서 잘못하여 비를 맞추면 안 되지요.
+ 禾(벼 화)

積極(적극) '끝까지 쌓음'으로, 대상에 대하여 긍정적이고 능동적으로 활동함.
積金(적금) '돈을 쌓음'으로, 일정 기간 동안 일정 금액을 불입한 다음에 찾는 저금.
積小成大(적소성대) 작은 것이 쌓여 큰 것을 이룸.

+ 極(끝 극, 다할 극), 金(쇠 금, 금 금, 돈 금, 성씨 김), 小(작을 소), 成(이룰 성), 大(큰 대)

4급 / 17획 / 糸

실(糸)을 책임지고(責) 맡아 길쌈하니 길쌈할 적

+ 길쌈하다 – 실을 뽑아 옷감을 짜다.

功績(공적) 노력과 수고를 들여 이루어 낸 일의 결과.
成績(성적) '이루어진 짜임'으로, 일이나 사업 등의 결과.
實積(실적) 실제로 이룬 업적이나 공적.

+ 功(공 공, 공로 공), 成(이룰 성), 實(열매 실, 실제 실)

127 각로격략 객락[各路格略 客落] - 各으로 된 한자

6급II / 6획 / 口

(이름은 각각 다르니) 이름 명(名)을 변형시켜 **각각 각**

各各(각각) 따로따로. 제각각.
各種(각종) 온갖 종류. 또는 여러 종류.
各人各色(각인각색) '각 사람마다 각각의 색'으로, 사람마다 모두 다름.

+ 種(씨앗 종, 종류 종, 심을 종), 人(사람 인), 色(빛 색)

6급 / 13획 / 足(⻊)

발(⻊)로 각각(各) 걸어 다니는 길이니 **길 로(노)**

+ ⻊[발 족, 넉넉할 족(足)의 변형] - 제목번호 377 참고

路線(노선) ① 자동차, 철도 선로 등과 같이 일정한 두 지점을 정기적으로 오가는 교통선.
② 일정한 목표를 실현하기 위하여 지향하여 나가는 견해의 방향이나 행동 방침.
道路(도로) 사람, 차 등이 잘 다닐 수 있도록 만들어 놓은 비교적 넓은 길.

+ 線(줄 선), 道(길 도, 도리 도, 말할 도, 행정 구역의 도)

5급II / 10획 / 木

나무(木)로 각각(各)의 물건을 만드는 격식이니 **격식 격**

또 격식에 맞게 헤아리니 **헤아릴 격**

格式(격식) 격에 맞는 일정한 방식.
資格(자격) 어떤 신분이나 지위를 가지는 데에 필요한 조건이나 능력.
價格(가격) '가치를 헤아림'으로, 물건이 지니고 있는 가치를 돈으로 나타낸 것.

+ 式(법 식, 의식 식), 資(재물 자, 신분 자), 價(값 가, 가치 가)

4급 / 11획 / 田

밭(田)의 경계를 각각(各)의 발걸음으로 간략히 정하여 빼앗으니
간략할 략(약), 빼앗을 략(약)

+ 길이를 재는 자가 귀했던 옛날에는, 길이를 발걸음으로 간략히 정했다는 데서 만든 한자.

略字(약자) 복잡한 글자의 획 일부를 생략하여 간략하게 한 글자.
省略(생략) 간략하게 줄임.
侵略(침략) (남의 나라를) 침범하여 빼앗음.

+ 字(글자 자), 省(살필 성, 줄일 생), 侵(침노할 침)

5급II / 9획 / 宀

집(宀)에 온 각각(各) 다른 손님이니 **손님 객**

+ 宀(집 면)

客觀(객관) (자기와의 관계를 떠나) 제삼자의 입장에서 봄. ↔ 主觀(주관) 자기만의 견해나 관점.
觀客(관객) (운동 경기·공연·영화 등을) 보거나 듣는 사람.
賞春客(상춘객) 봄 경치를 구경하는 사람들.

+ 觀(볼 관), 主(주인 주), 賞(상줄 상, 구경할 상), 春(봄 춘)

5급 / 13획 / 草(艹)

풀(艹)에 맺힌 물(氵)방울이 각각(各) 떨어지니 **떨어질 락(낙)**

+ 艹(초 두), 氵(삼 수 변)

落心(낙심) (소원이 이루어지지 않아) 떨어지는(실망하는) 마음.
落葉(낙엽) 나뭇잎이 떨어짐. 또는 그 잎.
當落(당락) 당선과 낙선을 아울러 이르는 말.

+ 心(마음 심, 중심 심), 葉(잎 엽), 當(마땅할 당, 당할 당)

128 석연파[石研破] - 石으로 된 한자

6급 / 5획 / 石

언덕(厂) 밑에 있는 돌(口)을 본떠서 **돌 석**

+ 厂[굴 바위 엄, 언덕 엄(厂)의 변형], 口('입 구, 구멍 구, 말할 구'지만 여기서는 돌로 봄)

石器(석기) 돌로 만든 기구.
一石二鳥(일석이조) 한 가지 일을 하여 동시에 두 가지 이득을 얻는다는 말.
電光石火(전광석화) 매우 짧은 시간이나 매우 재빠른 움직임 등을 말함.

+ 器(그릇 기, 기구 기), 鳥(새 조), 電(번개 전, 전기 전), 光(빛 광, 경치 광), 火(불 화)

4급II / 11획 / 石

돌(石)을 방패(干)와 방패(干)를 이은 것처럼 평평하게 가니 **갈 연**

또 갈고 닦듯이 연구하니 **연구할 연**

역 硏 - 돌(石)의 표면을 한(一)결같게 받쳐 들고(廾) 가니 '갈 연'
또 갈고 닦듯이 연구하니 '연구할 연'

+ 干(방패 간, 범할 간, 얼마 간, 마를 건) - 제목번호 062 참고. 廾(받쳐 들 공)

硏究(연구) (일이나 대상을) 깊게 조사하고 생각하여 이치나 사실을 밝힘.
硏修(연수) (학업 등을) 연구하고 닦음.

+ 究(연구할 구), 修(닦을 수, 다스릴 수)

4급II / 10획 / 石

돌(石)의 가죽(皮), 즉 돌 표면처럼 단단하면 잘 깨지니 **깨질 파**

또 깨져서 생명이 다하니 **다할 파**

+ 皮(가죽 피) - 제목번호 134 참고

破損(파손) 깨져 못 쓰게 되거나 깨뜨려 못 쓰게 함.
看破(간파) 속내를 꿰뚫어 알아차림.
讀破(독파) ① 글을 막힘없이 죽 읽어 내림. ② 책을 모조리 다 읽음.

+ 損(덜 손), 看(볼 간), 讀(읽을 독, 구절 두)

129 재존[在存] - 亻로 된 한자

6급 / 6획 / 土

한(一) 사람(亻)에게 땅(土)이 있으니 **있을 재**

+ 亻(사람 인 변), 土('흙 토'지만 여기서는 땅으로 봄)

在庫(재고) 창고에 있음.
散在(산재) 흩어져 있음.
現在(현재) ① 지금의 시간.
② 기준으로 삼은 그 시점.

+ 庫(곳집 고, 창고 고), 散(흩어질 산), 現(이제 현, 나타날 현)

4급 / 6획 / 子

한(一) 사람(亻)에게 아들(子)이 있으니 **있을 존**

+ 子(아들 자, 첫째 지지 자, 자네 자, 접미사 자)

共存(공존) (둘 이상의 사물이) 함께 있음.
存在(존재) 현실에 실제로 있음. 또는 그런 대상.
適者生存(적자생존) '적응한 것만 살아 존재함(남음)'으로, 생존 경쟁의 결과 환경에 적응하는 생물만이 살아남고, 그렇지 못한 것은 도태되어 멸망하는 현상.

+ 共(함께 공), 適(알맞을 적, 갈 적), 者(놈 자, 것 자), 生(살 생, 날 생, 사람을 부를 때 쓰는 접사 생)

130 유우좌[有右左] - ナ으로 된 한자

7급 / 6획 / 肉(月)

많이(ナ) 고기(月)를 가지고 있으니 **가질 유, 있을 유**

+ ナ[열 십, 많을 십(十)의 변형], 月(달 월, 육 달 월)

所有(소유) '가진 바'로, 가지고 있음.
有罪(유죄) 죄가 있음. ↔ 無罪(무죄) 아무 잘못이나 죄가 없음.
固有語(고유어) '진실로 가지고 있는 말'로, 어떤 고장 고유의 독특한 말.

+ 所(장소 소, 바 소), 罪(죄지을 죄, 허물 죄), 無(없을 무), 固(굳을 고, 진실로 고), 語(말씀 어)

7급II / 5획 / 口

자주(ナ) 써서 말(口)에 잘 움직이는 오른쪽이니 **오른쪽 우**

🔁 石(돌 석) - 제목번호 128
+ 요즘은 어느 손이나 잘 써야 하지만 옛날에는 오른손만을 썼고, 늘 써서 습관이 되어서 오른손이 편하니 대부분의 일을 오른손으로 했지요.
+ 有, 右는 필순이 石, 左, 灰와 다르니 참고하세요.

左右(좌우) '왼쪽과 오른쪽'으로, 주변을 뜻함.
右心房(우심방) 심장 안의 오른쪽 윗 부분.

+ 心(마음 심, 중심 심), 房(방 방)

7급II / 5획 / 工

(목수는 왼손에 자를 들고 오른손에 연필이나 연장을 드는 것을 생각하여)
많이(ナ) 자(工)를 쥐는 왼쪽이니 **왼쪽 좌**
또 왼쪽은 낮은 자리도 뜻하여 **낮은 자리 좌**

+ 工(자를 본떠서 만든 한자로 '장인 공, 만들 공, 연장 공'이지만 여기서는 본떠 만든 '자'로 봄)

左傾(좌경) ① 왼쪽으로 기울어짐.
② (사회주의・공산주의 등의) 좌익 사상에 물듦.
左右間(좌우간) 이렇든 저렇든 간에.
右往左往(우왕좌왕) 이리저리 왔다 갔다 하며 일이나 방향을 종잡지 못함.

+ 傾(기울 경), 間(사이 간), 往(갈 왕)

131 회탄[灰炭] - 灰로 된 한자

4급 / 6획 / 火

많이(十) 불(火) 타고 남은 재니 **재 회**

+ 十[열 십, 많을 십(十)의 변형], 火(불 화)

灰心(회심) 재처럼 고요히 사그라져 외부의 유혹을 받지 아니하는 마음.
灰質(회질) 석회질(석회 성분을 많이 포함하고 있는 물질).
石灰石(석회석) 탄산 칼슘을 주성분으로 하는 퇴적암. 시멘트·석회 비료 원료로 쓰임. 석회암.

+ 心(마음 심, 중심 심), 質(바탕 질), 石(돌 석)

5급 / 9획 / 火

산(山)에 묻혀 있는 재(灰) 같은 숯이나 석탄이니 **숯 탄, 석탄 탄**

+ 山(산 산), 灰[재 회(灰)의 변형]

炭鑛(탄광) 석탄을 캐내는 광산.
氷炭(빙탄) '얼음과 숯'으로, 서로 정반대가 되어 용납하지 못하는 관계를 이르는 말.

+ 鑛(쇳돌 광), 氷(얼음 빙)

7日

132 우우 반판[又友 反板] - 又와 反으로 된 한자

3급 / 2획 / 又

주먹을 쥔 오른손(🖐)을 본떠서 **오른손 우**

또 오른손은 또 자주 쓰이니 **또 우**

5급II / 4획 / 又

자주(ナ) 손(又) 잡으며 사귀는 벗이니 **벗 우**

+ ナ[열 십, 많을 십(十)의 변형]

交友(교우) 벗을 사귐. 또는 그 벗.
友愛(우애) 형제간 또는 친구 간의 사랑이나 정분.
校友(교우) 같은 학교를 다니거나 다녔던 벗.

+ 交(사귈 교, 오고갈 교), 愛(사람 애, 즐길 애, 아낄 애), 校(학교 교, 교정볼 교, 장교 교)

6급II / 4획 / 又

가린(厂) 것을 손(又)으로 거꾸로 뒤집으니 **거꾸로 반, 뒤집을 반**

+ 厂('굴 바위 엄, 언덕 엄'이지만 여기서는 가린 모양으로 봄)

反對(반대) (남의 의견에 따르지 않고) 거꾸로 대함.
反擊(반격) '거꾸로 침'으로, 되받아 하는 공격.
相反(상반) 서로 반대되거나 어긋남.

+ 對(상대할 대, 대답할 대), 擊(칠 격), 相(서로 상, 모습 상, 볼 상, 재상 상)

5급 / 8획 / 木

나무(木)를 톱으로 켜면 반대(反)쪽으로 벌어지면서 생기는 널빤지니 **널빤지 판**

+ 木(나무 목)

板子(판자) 널빤지.
板書(판서) 칠판에 글을 씀.
看板(간판) (상점 등에) 보이게 내 건 널빤지(표지).

+ 子(아들 자, 첫째 지지 자, 자네 자, 접미사 자), 書(쓸 서, 글 서, 책 서), 看(볼 간)

133 상하 숙독[上下 叔督] - 上, 下와 叔으로 된 한자

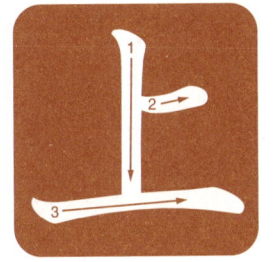

7급II / 3획 / 一

일정한 기준(一)보다 위로 오르니 **위 상, 오를 상**

上京(상경) (시골에서) 서울로 올라옴.
祖上(조상) 할아버지 위로 대대의 어른.
上水道(상수도) (먹거나 쓸) 윗물이 오는 길. ↔ 下水道(하수도) 빗물이나 집·공장·병원 등에서 쓰고 버리는 더러운 물이 흘러가도록 만든 설비.

+ 京(서울 경), 祖(할아버지 조, 조상 조), 水(물 수), 道(길 도, 도리 도, 말할 도, 행정 구역의 도)

7급II / 3획 / 一

일정한 기준(一)보다 아래로 내리니 **아래 하, 내릴 하**

下降(하강) 높은 곳에서 아래로 향하여 내려옴.
下山(하산) 산을 내려감.
眼下無人(안하무인) 성질이 방자하고 교만하여 모든 사람을 업신여김을 말함.

+ 降(내릴 강, 항복할 항), 眼(눈 안), 無(없을 무)

4급 / 8획 / 又

손위(上)로 아버지보다 작은(小) 또(又) 다른 작은아버지나 아저씨니
작은아버지 숙, 아저씨 숙

또 위(上)부터 작게(小) 또(又) 열린 콩이니 **콩 숙**

+ 小(작을 소), 又(오른손 우, 또 우) - 제목번호 132 참고

叔父(숙부) 아버지의 남동생을 이르는 말. 작은아버지.
堂叔(당숙) 아버지의 사촌 형제로 오촌이 되는 관계.

+ 父(아버지 부), 堂(집 당, 당당할 당)

4급II / 13획 / 目

아저씨(叔)가 보고(目) 감독하니 **감독할 독**

+ 目(눈 목, 볼 목, 항목 목)

監督(감독) 보살펴 단속함. 또는 그렇게 하는 사람.
總督(총독) 식민지 등의 정치·경제·군사의 모든 통치권을 가진 최고 행정 관리.

+ 監(볼 감), 總(모두 총, 거느릴 총)

134 피파피[皮波疲] - 皮로 된 한자

3급II / 5획 / 皮

가죽(厂)을 칼(丨) 들고 손(又)으로 벗기는 모양에서 **가죽 피**

+ 굴 바위 엄, 언덕 엄(厂)의 변형이지만 필순은 厂과 다르네요.
+ 厂[굴 바위 엄, 언덕 엄(厂)의 변형으로, 여기서는 가죽으로 봄], 丨('뚫을 곤'이지만 여기서는 칼로 봄), 又(오른손 우, 또 우)

4급II / 8획 / 水(氵)

물(氵)의 가죽(皮)에서 치는 물결이니 **물결 파**

+ 물의 표면이 물의 가죽인 셈이지요.

> 波長(파장) 충격적인 일이 끼치는 영향. 또는 그 영향이 미치는 정도나 동안을 비유적으로 이르는 말.
> 餘波(여파) ① 큰 물결이 지나간 뒤에 일어나는 잔물결.
> ② 어떤 일이 끝난 뒤에 남아 미치는 영향.

+ 長(길 장, 어른 장, 자랄 장), 餘(남을 여)

4급 / 10획 / 疒

병(疒)에 걸린 것처럼 살가죽(皮)에 드러나도록 피곤하니 **피곤할 피**

+ 피곤하면 얼굴빛부터 달라지지요.
+ 疒(병들 녁) - 제목번호 110 참고

> 疲困(피곤) 몸이 지쳐 고달픔.
> 疲勞(피로) 몸이나 정신이 지쳐 나른함.
> 疲勞感(피로감) 정신이나 몸이 지쳐 힘든 느낌.

+ 困(곤할 곤), 勞(수고할 로, 일할 로), 感(느낄 감, 감동할 감)

135 녀여호[女如好] - 女로 된 한자

8급 / 3획 / 女

두 손 모으고 앉아 있는 여자(🧎) 모양을 본떠서 **여자 녀(여)**

女兒(여아) 여자아이.
孫女(손녀) 아들의 딸. 또는 딸의 딸.
男女有別(남녀유별) 유교 사상에서, 남자와 여자 사이에 분별이 있어야 함을 이르는 말.

+ 兒(아이 아), 孫(손자 손), 男(사내 남), 有(있을 유, 가질 유), 別(나눌 별, 다를 별)

7日

4급II / 6획 / 女

여자(女)의 말(口)은 대부분 부모나 남편의 말과 같았으니 **같을 여**

+ 옛날에는 여자들이 부모나 남편의 뜻을 따르는 경우가 많았지요.

如前(여전) 전과 같음. (전과 다름이 없음).
萬事如意(만사여의) 모든 일이 뜻대로 됨.
始終如一(시종여일) '시작과 마침이 하나같음'으로, 처음부터 끝까지 변함없이 한결같음.

+ 前(앞 전), 萬(일만 만, 많을 만), 事(일 사, 섬길 사), 意(뜻 의), 始(처음 시), 終(다할 종, 마칠 종)

4급II / 6획 / 女

여자(女)에게 자식(子)이 있으면 좋으니 **좋을 호**

+ 子(아들 자, 첫째 지지 자, 자네 자, 접미사 자)

好惡(호오) 좋음과 미워함(싫음).
好評(호평) 좋은 평판.
愛好(애호) 사랑하며 좋아함.

+ 惡(악할 악, 미워할 오), 評(평할 평), 愛(사랑 애, 즐길 애, 아낄 애)

136 노노노[奴怒努] - 奴로 된 한자

3급II / 5획 / 女

여자(女)의 손(又)처럼 힘들게 일하는 종이니 **종 노**

또 남을 흉하게 부르는 접미사로도 쓰여 **남을 흉하게 부르는 접미사 노**

+ 又(오른손 우, 또 우)

4급II / 9획 / 心

일이 힘든 종(奴)의 마음(心)처럼 성내니 **성낼 노**

+ 心(마음 심, 중심 심)

憤怒(분노) 분개하여 몹시 성을 냄. 또는 그렇게 내는 성.
怒發大發(노발대발) '성내고 크게 일어남'으로, 크게 성내고 몹시 노함을 말함.
天人共怒(천인공노) 하늘과 사람이 함께 노한다는 뜻으로, 누구나 분노할 만큼 증오스럽거나 도저히 용납할 수 없음을 이르는 말.

+ 憤(분할 분), 發(쏠 발, 일어날 발), 天(하늘 천), 人(사람 인), 共(함께 공)

4급II / 7획 / 力

종(奴)처럼 힘(力)쓰니 **힘쓸 노**

+ 力(힘 력)

努力(노력) 힘을 다하여 씀.
努力家(노력가) 무엇을 이루려고 끈질기게 애를 쓰고 힘을 들이는 사람.

+ 家(집 가, 전문가 가)

137 취취최[取趣最] - 取로 된 한자

4급II / 8획 / 又

귀(耳)로 듣고 손(又)으로 취하여 가지니 **취할 취, 가질 취**

+ 耳(귀 이), 又(오른손 우, 또 우)

取得(취득) (어떤 물건이나 자격 등을 자기 것으로) 가짐.
爭取(쟁취) 싸워서 취함(가짐).
採取(채취) ① 풀·나무·광석 등을 찾아 베거나 캐거나 하여 얻어 냄.
② 연구나 조사에 필요한 것을 찾거나 받아서 얻음.

+ 得(얻을 득), 爭(다툴 쟁), 採(가릴 채, 캘 채)

4급 / 15획 / 走

달려가(走) 취할(取) 정도로 느끼는 재미와 취미니 **재미 취, 취미 취**

+ 走(달릴 주, 도망갈 주) - 제목번호 272 참고

趣味(취미) 전문적으로 하는 것이 아니라 즐기기 위하여 하는 일.
趣向(취향) 취미가 쏠리는 방향.
興趣(흥취) (마음이 끌릴 만큼) 흥미를 느끼는 취미.

+ 味(맛 미), 向(향할 향), 興(흥할 흥, 흥겨울 흥)

5급 / 12획 / 曰

(무슨 일을 결정할 때) 여러 사람의 말(曰)을 취하여(取) 들음이 가장 최선이니 **가장 최**

+ 曰(가로 왈, 말할 왈) - 제목번호 003 참고

最高(최고) ① 가장 높음.
② 제일임.
最善(최선) 가장 좋거나 훌륭한 것.

+ 高(높을 고), 善(착할 선, 좋을 선, 잘할 선)

138 모 매해[母 每海] - 母와 每로 된 한자

8급 / 5획 / 母

여자(毋) 중 젖(ㅛ)을 드러낸 어미니 **어미 모**

+ 毋[여자 녀(女)의 변형], ㅛ(젖의 모양)

母情(모정) (자식에 대한) 어머니의 정.
子母(자모) 아들과 어머니.
字母(자모) 하나의 음절을 자음과 모음으로 갈라서 적을 수 있는 낱낱의 글자.

+ 情(뜻 정, 정 정), 子(아들 자, 첫째 지지 자, 자네 자, 접미사 자), 字(글자 자)

7급II / 7획 / 毋

사람(ㄣ)이 매양 어머니(母)를 생각하듯 매양(항상)이니 **매양 매, 항상 매**

+ 매양 - 번번이. 매 때마다. 항상.
+ ㄣ[사람 인(人)의 변형]

每週(매주) 각 주. 주마다.
每日(매일) 날마다.
每時間(매시간) 한 시간마다.

+ 週(주일 주, 돌 주), 日(해 일, 날 일), 時(때 시), 間(사이 간)

7급II / 10획 / 水(氵)

물(氵)이 항상(每) 있는 바다니 **바다 해**

+ 큰 바다는 '큰 바다 양, 서양 양(洋)' - 제목번호 247 참고

海流(해류) 바닷물의 흐름.
航海(항해) ① 배를 타고 바다 위를 다님.
② 어떤 목표를 향하여 나아감. 또는 그런 과정을 비유적으로 이르는 말.
山海珍味(산해진미) '산과 바다의 진귀한 맛'으로, 온갖 귀한 재료로 만든 맛 좋은 음식.

+ 流(흐를 류), 航(배 항, 건널 항), 山(산 산), 珍(보배 진), 味(맛 미)

139 계(우)사급숙[크事急肅] - 크로 된 한자

부수자 / 3획

고슴도치 머리 모양을 본떠서 **고슴도치 머리 계**

또 오른손의 손가락을 편 모양으로도 보아 **오른손 우**

+ 오른손 주먹을 쥔( ) 모양을 본떠서 '오른손 우, 또 우(又)', 오른손 손가락을 편( ) 모양을 본떠서 '오른손 우(크)'입니다.
+ 원래 크인데 변형된 모양인 크로도 많이 쓰이지요.

7日

7급II / 8획 / 亅

한(一) 입(口)이라도 더 먹이기 위해 손(크)에 갈고리(亅) 같은 도구도 들고 하는 일이니 **일 사**

또 일하여 섬기니 **섬길 사**

+ 크[고슴도치 머리 계, 오른손 우(크)의 변형], 亅(갈고리 궐)

事故(사고) ① 뜻밖에 일어난 불행한 일.
② 사람에게 해를 입혔거나 말썽을 일으킨 나쁜 짓.
事大(사대) ① 약자가 강자를 섬김.
② 작은 나라가 큰 나라를 떠받들어 섬김.
事事件件(사사건건) '일마다 사건마다'로, 해당하는 모든 일이나 사건.

+ 故(연고 고, 옛 고), 大(큰 대), 件(물건 건, 사건 건)

6급II / 9획 / 心

위험을 느껴 아무 사람(勹)이나 손(크)으로 잡는 마음(心)처럼 급하니 **급할 급**

+ 勹[사람 인(人)의 변형], 心(마음 심, 중심 심)

急速(급속) (사물의 발생이나 진행 등이) 급하고 빠름.
救急車(구급차) 위급한 환자나 부상자를 신속하게 병원으로 실어 나르는 자동차.
不要不急(불요불급) 꼭 필요하지도 않고 급하지도 않음.

+ 速(빠를 속), 救(구원할 구, 도울 구), 車(수레 거, 차 차), 要(중요할 요, 필요할 요)

4급 / 13획 / 聿

손(크)으로 노(丨)를 깊은 연못(㸚)에서 저을 때처럼 엄숙하니 **엄숙할 숙**

阁 肅 - 손(크)으로 자루를 뚫어(丨) 쌀(米)의 품질을 이쪽(ノ)저쪽(丨)으로 헤아릴 때처럼 엄숙하니 '엄숙할 숙'

+ 잘못하면 물에 빠지니 엄숙해야 하고, 쌀이 물물 거래의 기준이었던 옛날에는 쌀의 품질을 따질 때 엄숙했겠지요.
+ 丨('뚫을 곤'이지만 여기서는 배를 젓는 노로 봄), 㸚[연못 연(淵)의 획 줄임], 米(쌀 미)

嚴肅(엄숙) ① 장엄하고 정숙함.
② 위풍 있고 엄중함.
自肅(자숙) 스스로 행동이나 태도를 삼감.
靜肅(정숙) 조용하고 엄숙함.

+ 嚴(엄할 엄), 自(자기 자, 스스로 자, 부터 자), 靜(고요할 정)

140 윤 군군군[尹 君郡群] - 尹과 君으로 된 한자

1급II / 4획 / 尸

오른손(⺕)에 지휘봉(丿) 들고 다스리는 벼슬이니 **다스릴 윤, 벼슬 윤**

+ 丿('삐침 별'이지만 여기서는 지휘봉으로 봄)
+ 부수가 주검 시, 몸 시(尸)임이 특이하네요.

4급 / 7획 / 口

다스리며(尹) 입(口)으로 명령하는 임금이니 **임금 군**

또 임금처럼 섬기는 남편이나 그대니 **남편 군, 그대 군**

君臣(군신) 임금과 신하.
君主(군주) '임금과 주인'으로, 세습적으로 나라를 다스리는 최고 지위에 있는 사람.
君師父一體(군사부일체) 임금과 스승과 아버지의 은혜는 똑같다는 말.

+ 臣(신하 신), 主(주인 주), 師(스승 사, 전문가 사, 군사 사), 父(아버지 부), 體(몸 체)

6급 / 10획 / 邑(⻖)

임금(君)이 다스리는 고을(⻖)이니 **고을 군**

+ ⻖(고을 읍 방)

郡民(군민) 그 군에 사는 백성.
郡守(군수) '군을 지킴'으로, 한 군의 행정을 맡아보는 으뜸 관직.
郡廳(군청) 군(郡)의 행정 사무를 맡아보는 기관. 또는 그 청사.

+ 民(백성 민), 守(지킬 수), 廳(관청 청)

4급 / 13획 / 羊

임금(君)을 따르는 양(羊) 떼처럼 많은 무리니 **무리 군**

+ 羊(양 양) - 제목번호 247 참고

群舞(군무) 여러 사람이 무리지어 춤을 춤. 또는 그 춤.
群衆(군중) 모여 있는 사람의 무리.
學群(학군) (입시 제도의 개편에 따라 지역별로 나누어 설정한 몇 개의) 중학교 또는 고등학교의 무리.

+ 舞(춤출 무), 衆(무리 중), 學(배울 학)

확인문제 (121~140)

01~04 다음 漢字의 훈(뜻)과 음(소리)을 쓰세요.

01. 往 (   )   02. 毒 (   )
03. 請 (   )   04. 積 (   )

05~08 다음 훈음에 맞는 漢字를 쓰세요.

05. 손님 객 (   )   06. 떨어질 락 (   )
07. 벗 우 (   )   08. 가장 최 (   )

09~12 다음 漢字語의 독음을 쓰세요.

09. 成績 (   )   10. 侵略 (   )
11. 研究 (   )   12. 破損 (   )

13~14 다음 문장 중 밑줄 친 단어를 漢字로 쓰세요.

13. 이번 일이 실패한 것은 우리 모두의 **책임**이다. (   )
14. 학문과 예술에 대한 **열정**이 대단하다. (   )

15~16 다음 문장 중 漢字로 표기된 단어의 독음을 쓰세요.

15. 그는 중산층의 의식과 생활을 **素材**로 한 작품을 쓰고 있다. (   )
16. 책을 읽는 방법에는 다독, 속독, **精讀** 등이 있다. (   )

17~18 다음 뜻풀이에 맞는 단어를 漢字로 쓰세요.

17. 잘못을 캐묻고 꾸짖음. (   )   18. 격에 맞는 일정한 방식. (   )

19~20 다음 漢字語의 뜻을 쓰세요.

19. 規程 (   )
20. 聖心 (   )

---

01. 갈 왕   02. 독할 독   03. 청할 청   04. 쌓을 적   05. 客   06. 落   07. 友   08. 最   09. 성적   10. 침략
11. 연구   12. 파손   13. 責任   14. 熱情   15. 소재   16. 정독   17. 問責   18. 格式   19. 조목별로 정해 놓는 법.
20. 성스러운 마음.

8日 141 ~ 160

141 율률필 건건[聿律筆 建健] - 聿과 建으로 된 한자

특급II / 6획 / 聿

오른손(⇒)에 잡고 쓰는 붓을 본떠서 **붓 율**

+ 붓대는 대로 만드니 대 죽(竹)을 붙인 '붓 필(筆)'로 많이 씁니다.
+ ⇒[고슴도치 머리 계, 오른손 우(크)의 변형]

4급II / 9획 / 彳

행할(彳) 법을 붓(聿)으로 적은 법률이니 **법률 률(율)**

또 법률처럼 지켜야 하는 소리의 음률이니 **음률 률(율)**

+ 彳(조금 걸을 척)

戒律(계율) '경계하는 법률'로, (승려나 신도가) 지켜야 할 행동 규범.
規律(규율) 질서나 제도를 유지하기 위하여 정해놓은, 행동의 준칙이 되는 본보기.
音律(음률) 소리와 음악의 가락.

+ 戒(경계할 계), 規(법 규), 音(소리 음)

5급II / 12획 / 竹(⺮)

대(⺮)로 붓대를 만든 붓(聿)이니 **붓 필**

또 붓으로 쓰는 글씨니 **글씨 필**

鉛筆(연필) 흑연 심을 나무에 박은 필기구의 한 가지.
筆答(필답) 글씨로 써서 대답함.

+ 鉛(납 연), 答(대답할 답, 갚을 답)

5급 / 9획 / 廴

붓(聿)으로 길게 써가며(廴) 계획을 세우니 **세울 건**

+ 廴(길게 걸을 인)

建物(건물) '세운 물건'으로, 여러 종류의 집을 통틀어 이르는 말.
再建(재건) (이미 없어졌거나 허물어진 것을) 다시 일으켜 세움.

+ 物(물건 물), 再(다시 재, 두 번 재)

5급 / 11획 / 人(亻)

사람(亻)은 몸을 바로 세워야(建) 건강하니 **건강할 건**

健康(건강) 병 없이 좋은 기능을 가진 상태.
健全(건전) ① 건실하고 완전함.
② 건강하고 병이 없음.

+ 康(편안할 강), 全(온전할 전)

8日

142 서주화(획)[書晝畫] - 聿의 변형(聿)으로 된 한자

6급II / 10획 / 日

붓(聿)으로 말하듯(曰) 쓰니 **쓸 서**

또 써 놓은 글이나 책이니 **글 서, 책 서**

+ 聿[붓 율(聿)의 변형]

書記(서기) 기록을 맡아보는 사람.
書畫(서화) 글씨와 그림.
證書(증서) 권리나 의무·사실 등의 증명하는 문서.

+ 記(기록할 기, 기억할 기), 畫(그림 화, 그을 획), 證(증명할 증, 증거 증)

6급 / 11획 / 日

붓(聿)으로 해(日) 하나(一)를 보고 그릴 수 있는 낮이니 **낮 주**

[얜] 昼 - 한 자(尺) 이상 아침(旦) 해가 올라온 낮이니 '낮 주'
+ 尺(자 척 - 1자는 약 30.3cm)
+ 旦(아침 단)

晝間(주간) 낮 동안. ↔ **夜間(야간)** 밤 사이. 밤 동안.
晝夜不息(주야불식) '낮이나 밤이나 쉬지 않음'으로, 열심히 일함.
晝夜長川(주야장천) 밤낮으로 쉬지 아니하고 연달아.

+ 夜(밤 야), 息(쉴 식, 숨 쉴 식, 자식 식), 長(길 장, 어른 장, 자랄 장)

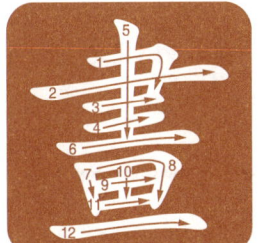

6급 / 12획 / 田

붓(聿)으로 밭(田) 하나(一)를 그린 그림이니 **그림 화**

또 그림 그리듯이 그으니 **그을 획**

[속] 畵 - 붓(聿)으로 밭(田)의 경계(凵)까지 그린 그림이니 '그림 화'
또 그림 그리듯이 그으니 '그을 획'
[얜] 画 - 하나(一)를 대상으로 말미암아(由) 경계(凵)까지 그린 그림이니 '그림 화'
+ 凵('입 벌릴 감, 그릇 감'이지만 여기서는 경계로 봄), 由(까닭 유, 말미암을 유)

畫家(화가) 그림을 전문으로 그리는 사람.
壁畫(벽화) (건물이나 동굴·무덤 등의) 벽에 그린 그림.
畫順(획순) (글자의) 획을 긋는 순서. 필순(筆順).

+ 家(집 가, 전문가 가), 壁(벽 벽), 順(순할 순), 筆(붓 필, 글씨 필)

143 추소부귀 [帚掃婦歸] - 帚로 된 한자

급외자 / 8획 / 巾

한쪽은 고슴도치 머리(⺕)처럼 펴지게 하고, 다른 한쪽은 덮어(冖) 수건(巾)같은 천으로 묶어 손잡이를 만든 비니 **비 추**

+ 冖(덮을 멱), 巾(수건 건)

4급II / 11획 / 手(扌)

손(扌)에 비(帚)를 들고 쓰니 **쓸 소**

+ 扌(손 수 변)

> 掃除(소제) '쓸고 제거함'으로, 청소와 같은 말.
> 淸掃(청소) 더럽거나 어지러운 것을 쓸고 닦아서 깨끗하게 함.
> 一掃(일소) '한 번에 다 쓺'으로, 모조리 쓸어버림.

+ 除(제거할 제, 덜 제, 나눗셈 제), 淸(맑을 청)

4급II / 11획 / 女

여자(女) 중 비(帚)를 들고 집안일을 하는 아내나 며느리니 **아내 부, 며느리 부**

> 夫婦(부부) 남편과 아내.
> 新婦(신부) 갓 결혼했거나 결혼하는 여자.
> 弟婦(제부) 아우의 아내.

+ 夫(사내 부, 남편 부), 新(새로울 신), 弟(아우 제, 제자 제)

4급 / 18획 / 止

쌓이고(𠂤) 그쳐(止)있던 잡념을 비(帚)로 쓸어내고 본심으로 돌아오거나 돌아가니 **돌아올 귀, 돌아갈 귀**

역 帰 - 두 번(刂)이나 비(帚)로 쓸어내고 본심으로 돌아오니 '돌아올 귀'
+ 𠂤 - 무엇이 쌓여 있는 모양에서 '쌓일 퇴, 언덕 퇴(堆)'의 원자인 垍의 획 줄임.
+ 止(그칠 지), 刂[칼 도 방(刂)의 변형이지만 여기서는 두 번으로 봄]

> 歸家(귀가) 집으로 돌아옴.
> 歸鄕(귀향) 고향으로 돌아가거나 돌아옴.
> 事必歸正(사필귀정) 모든 일은 결과적으로 반드시 바른 길로 돌아가기 마련임.

+ 家(집 가, 전문가 가), 鄕(시골 향, 고향 향), 事(일 사, 섬길 사), 必(반드시 필), 正(바를 정)

144 침침[侵寢] - 룟으로 된 한자

4급II / 9획 / 人(亻)

사람(亻)이 비(彐)를 오른손(又)에 들고 조금씩 쓸어나가듯이 남의 땅을 침노하니 **침노할 침**

+ 침노하다 - 불법으로 침범하다.
+ 彐[비 추(帚)의 획 줄임], 又(오른손 우, 또 우)

> **侵攻(침공)** 침범하여 침.
> **侵入(침입)** 침범하여 들어가거나 들어옴.
> **侵害(침해)** 침범하여 해를 끼침.

+ 攻(칠 공), 入(들 입), 害(해칠 해, 방해할 해)

4급 / 14획 / 宀

집(宀)에서 나무 조각(爿)으로 만든 침대에 비(彐)를 손(又)에 들고 쓸고 닦은 다음에 누워 자니 **잘 침**

+ 宀(집 면), 爿(나무 조각 장, 장수 장 변)

> **寢食(침식)** 잠자는 일과 먹는 일.
> **就寢(취침)** 잠자리에 듦.

+ 食(밥 식, 먹을 식), 就(나아갈 취, 이룰 취)

8日

145 과고[瓜孤] - 瓜로 된 한자

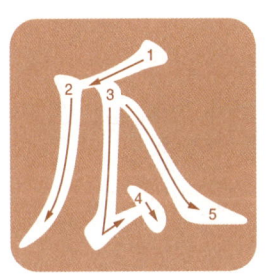

2급 / 5획 / 瓜

넝쿨에 오이(🥒 → 瓜)가 열린 모양을 본떠서 **오이 과**

4급 / 8획 / 子

자식(子)이 부모를 잃으면 말라 버린 줄기에 오이(瓜)만 앙상하게 매달린 모양처럼 외로우니 **외로울 고**
또 외롭게 부모가 없으니 **부모 없을 고**

> **孤獨(고독)** ① 외로움.
> ② 부모 없는 어린아이와 자식 없는 늙은이.
> **孤兒(고아)** 부모를 여의어 몸 붙일 곳이 없는 아이.
> **歲寒孤節(세한고절)** ① 추운 계절에도 혼자 푸르른 대나무.
> ② 겨울.

+ 獨(홀로 독, 자식 없을 독), 兒(아이 아), 歲(해 세, 세월 세), 寒(찰 한), 節(마디 절, 절개 절, 계절 절)

146 조 위은 [爪 爲隱] - 爪와 爫로 된 한자

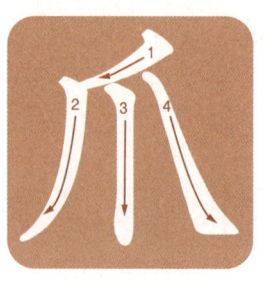

1급 / 4획 / 爪

손톱 모양을 본떠서 **손톱 조**
+ 부수로 쓰일 때는 '爫' 모양으로 길이가 짧습니다.

4급Ⅱ / 12획 / 爪(爫)

손톱(爫) 하나(丿)로라도 허리 구부리며(ㄱ) 불(灬)처럼 뜨겁게 일하고 위하니 **할 위, 위할 위**

얜 爲 - 점(丶) 하나(丿)까지 허리 구부리며(ㄱ) 불(灬)처럼 뜨겁게 일하고 위하니 '할 위, 위할 위'
+ 丿('삐침 별'이지만 여기서는 하나로 봄), ㄱ(구부리는 모양으로 봄), 灬(불 화 발)

爲主(위주) 주인(으뜸)으로 함(삼음).
當爲(당위) 마땅히 하여야 하는 것.
無爲徒食(무위도식) ① 하는 일 없이 한갓 먹기만 함.
② 게으르거나 능력 없는 사람을 이르는 말.

+ 主(주인 주), 當(마땅할 당, 당할 당), 無(없을 무), 徒(한갓 도, 걸을 도, 무리 도), 食(밥 식, 먹을 식)

4급Ⅱ / 17획 / 阜(阝)

언덕(阝)을 손톱(爫)처럼 움푹 패게 만들어(工) 손(ㅋ)과 마음(心)까지 숨으니 **숨을 은**

또 숨은 듯 들려오는 소리나 풍기는 향기가 은은하니 **은은할 은**

얜 隱 - 언덕(阝)의 손톱(爫)처럼 패인 곳에 손(ㅋ)과 마음(心)까지 숨으니 '숨을 은'
또 숨은 듯 들려오는 소리나 풍기는 향기가 은은하니 '은은할 은'
+ 阝(언덕 부 변), 工(장인 공, 만들 공, 연장 공), 心(마음 심, 중심 심)

隱居(은거) (세상을 피하여) 숨어서 삶.
隱密(은밀) '숨은 비밀'로, 행적이 표면에 나타나지 않음.
隱身(은신) 몸을 숨김.

+ 居(살 거, 앉을 거), 密(빽빽할 밀, 비밀 밀), 身(몸 신)

147 칭 채채[稱 采採] – 稱과 采로 된 한자

4급 / 14획 / 禾

벼(禾)를 손(爫)으로 땅(土)에서 들어(冂) 달며 무게를 일컬으니 **일컬을 칭**

역 称 – 벼(禾)를 사람(亻)이 조금(小)씩 들어 달며 무게를 일컬으니 '일컬을 칭'
+ 冂('멀 경, 성 경'이지만 여기서는 들어 올리는 모양으로 봄), 亻[사람 인(人)의 변형]

稱頌(칭송) (공덕을) 일컬어 기림.
稱讚(칭찬) 좋은 점이나 착하고 훌륭한 일을 높이 평가함. 또는 그런 말.
尊稱(존칭) 높여서 부르는 칭호.

+ 頌(칭송할 송), 讚(칭찬할 찬, 기릴 찬), 尊(높일 존)

1급Ⅱ / 8획 / 采

손톱(爫)으로 나무(木)를 가려 캐니 **가릴 채, 캘 채**

또 가려서 꾸민 풍채니 **풍채 채**

+ 爫(손톱 조), 木(나무 목)

4급 / 11획 / 手(扌)

손(扌)으로 가려 캐니(采) **가릴 채, 캘 채**

採用(채용) 인재(人材)를 가려서(뽑아서) 씀.
採擇(채택) 가려서 택함.
採鑛(채광) 쇳돌(광석)을 캐냄.

+ 用(쓸 용), 擇(고를 택), 鑛(쇳돌 광)

8日

148 수수 애[受授 愛] – 受와 愛로 된 한자

4급II / 8획 / 又

손톱(爫)처럼 덮어(冖) 손(又)으로 받으니 **받을 수**

+ 冖(덮을 멱), 又(오른손 우, 또 우)

受賞(수상) 상을 받음.
甘受(감수) (책망이나 괴로움 등을 불만 없이) 기쁘게 받음.
傳受(전수) (기술이나 지식 등을) 전하여 받음.

+ 賞(상줄 상, 구경할 상), 甘(달 감, 기쁠 감), 傳(전할 전, 이야기 전)

4급II / 11획 / 手(扌)

손(扌)으로 받도록(受) 주거나 가르치니 **줄 수, 가르칠 수**

授與(수여) (증서·상장·상품 등을) 줌.
授受(수수) 주고받음.
授業(수업) 학업을 가르침.

+ 與(줄 여, 더불 여, 참여할 여), 業(업 업, 일 업)

6급 / 13획 / 心

손톱(爫)처럼 덮어주며(冖) 마음(心)으로 서서히 다가가면(夂) 느끼는 사랑이니 **사랑 애**

또 사랑하여 즐기고 아끼니 **즐길 애, 아낄 애**

+ 心(마음 심, 중심 심), 夂(천천히 걸을 쇠, 뒤져올 치)

愛好(애호) 사랑하고 좋아함.
愛着(애착) 아끼고 사랑하는 대상에 정이 붙어 그것과 떨어질 수 없음. 또는 그런 마음.
愛情(애정) ① 사랑하는 마음.
② 남녀 사이에 서로 그리워하는 정.

+ 好(좋을 호), 着(붙을 착), 情(뜻 정, 정 정)

149 원원난[爰援暖] - 爰으로 된 한자

특급II / 9획 / 爪(爫)

손(爫)으로 한(一) 명의 벗(友)을 이에 끌어당기니
이에 원, 끌 원, 당길 원

+ 이에 – 이리하여 곧.
+ 爫('손톱 조'지만 여기서는 손으로 봄), 友(벗 우)

4급 / 12획 / 手(扌)

손(扌)으로 당겨(爰) 도우니 **도울 원, 당길 원**

🔁 授(줄 수, 가르칠 수) – 제목번호 148 참고

援助(원조) 물품이나 돈 등으로 도와줌.
救援(구원) (어려움이나 위험에 빠진 사람을) 구하여 도와줌.
應援(응원) ① 운동 경기 등에서, 선수들이 힘을 낼 수 있도록 도와주는 일.
② 곁에서 성원함. 또는 호응하여 도와줌.

+ 助(도울 조), 救(구원할 구, 도울 구), 應(응할 응)

4급II / 13획 / 日

햇(日)빛을 끌어당긴(爰) 듯 따뜻하니 **따뜻할 난**

暖帶(난대) '따뜻한 지대'로, 아열대(열대와 온대의 중간 지대).
溫暖(온난) 날씨가 따뜻함.
異常暖冬(이상난동) 보통과 다르게 따뜻한 겨울.

+ 帶(찰 대, 띠 대), 溫(따뜻할 온, 익힐 온), 異(다를 이), 常(항상 상, 보통 상, 떳떳할 상), 冬(겨울 동)

150 쟁정[爭靜] - 爭으로 된 한자

5급 / 8획 / 爪(爫)

손톱(爫)도 세우고 오른손(⺕)에 갈고리(亅) 같은 도구도 들고 다투니
다툴 쟁

얔 争 - 사람(ク)이 오른손(⺕)에 갈고리(亅) 같은 도구도 들고 다투니 '다툴 쟁'
+ 亅(갈고리 궐), ク[사람 인(人)의 변형]

競爭(경쟁) (같은 목적에 서로) 겨루어 다툼.
論爭(논쟁) '논하며 다툼'으로, 사리를 따져서 말이나 글로 다툼.
戰爭(전쟁) ① 국가와 국가, 또는 교전(交戰) 단체 사이에 무력을 사용하여 싸움.
② 극심한 경쟁이나 혼란, 또는 어떤 문제에 대한 아주 적극적인 대응을 말함.

+ 競(다툴 경, 겨룰 경), 論(논할 론, 평할 론), 戰(싸울 전, 무서워 떨 전), 交(사귈 교, 오고 갈 교)

4급 / 16획 / 靑

푸르게(靑), 즉 공정하게 경쟁하면(爭) 불평이 없어 고요하니 **고요할 정**

얔 静
+ 靑(푸를 청, 젊을 청) - 제목번호 124 참고. 青[푸를 청, 젊을 청(靑)의 약자]

靜肅(정숙) 조용하고 엄숙함.
動靜(동정) ① 움직임과 고요함.
② 어떤 일이 되어 가는 모습.
靜的(정적) 정지 상태에 있는 것.

+ 肅(엄숙할 숙), 動(움직일 동), 的(과녁 적, 맞힐 적, 밝을 적, 접미사 적)

151 부유[孚乳] - 孚로 된 한자

특급Ⅱ / 7획 / 子

새가 발톱(爫)으로 알(子)을 품어 굴리며 알 까게 알 속의 새끼를
기르니 **알 깔 부, 기를 부**

+ 알은 품으면서 적당히 굴려 고루 따뜻하게 해야 부화되지요.
+ 爫(손톱 조), 子('아들 자, 첫째 지지 자, 자네 자, 접미사 자'지만 여기서는 '알'로 봄)

4급 / 8획 / 乙(乚)

기를(孚) 때 꼭지(乚)로 먹이는 젖이니 **젖 유**

+ 乚[새 을, 둘째 천간 을, 둘째 을, 굽을 을(乙)이 부수로 쓰일 때의 모양이지만 여기서는 꼭지로 봄]

乳兒(유아) 젖 먹는 아이. 젖먹이.
牛乳(우유) 암소에서 짜낸 젖.
離乳食(이유식) 젖을 떼는 시기의 아기에게 먹이는 젖 이외의 음식.

+ 兒(아이 아), 牛(소 우), 離(헤어질 리), 食(밥 식, 먹을 식)

152 사란[辭亂] - 𤔔으로 된 한자

4급 / 19획 / 辛

손(爫)에 창(𠂆) 들고 성(冂)을 지키는 군인들이 사사로운(厶) 욕심으로 또(又) 매서운(辛) 말씀이나 글을 쓰고 물러나니 **말씀 사, 글 사, 물러날 사**

@ 辞 - 혀(舌)로 매서운(辛) 말씀이나 글을 쓰고 물러나니 '말씀 사, 글 사, 물러날 사'

+ 爫('손톱 조'지만 여기서는 손의 뜻), 𠂆[창 모(矛)의 획 줄임], 冂(멀 경, 성 경), 厶(사사로울 사, 나 사), 又(오른손 우, 또 우), 辛(고생할 신, 매울 신), 舌(혀 설, 말 설)

辭典(사전) 어휘를 해설한 책.
讚辭(찬사) 칭찬하거나 찬양하는 말이나 글.
辭職(사직) 맡은 직무를 내놓고 물러남.

+ 典(법 전, 책 전, 저당잡힐 전), 讚(칭찬할 찬, 기릴 찬), 職(벼슬 직, 맡을 직)

4급 / 13획 / 乙(乚)

손(爫)에 창(𠂆) 들고 성(冂)을 지키는 군인들이 사사로운(厶) 욕심으로 또(又) 새(乚) 떼처럼 난리를 일으켜 어지러우니 **어지러울 란(난)**

@ 乱 - 혀(舌)로 아무 말이나 새(乚)처럼 지저귀면 어지러우니 '어지러울 란(난)'

+ 乚[새 을, 둘째 천간 을, 둘째 을, 굽을 을(乙)이 부수로 쓰일 때의 모양]

亂動(난동) 질서를 어지럽히며 함부로 행동함. 또는 그러한 행동.
戰亂(전란) 전쟁으로 인한 난리.
混亂(혼란) 섞여 어지러움.

+ 動(움직일 동), 戰(싸울 전, 무서워 떨 전), 混(섞을 혼)

153 해계[奚鷄] - 奚로 된 한자

3급 / 10획 / 大

손톱(爫)으로 세상의 작고(幺) 큰(大) 일을 어찌할까에서 **어찌 해**
또 손톱(爫)으로라도 작고(幺) 큰(大) 일을 해야 하는 종이니 **종 해**

+ 爫(손톱 조), 幺(작을 요, 어릴 요), 大(큰 대)

4급 / 21획 / 鳥

(닭은 날지 못하니) **어찌(奚) 새(鳥)**란 말인가에서 **닭 계**

+ 鳥(새 조) - 제목번호 327 참고

養鷄(양계) 닭을 기름.
鬪鷄(투계) 닭싸움. 또는 싸움닭.

+ 養(기를 양), 鬪(싸울 투)

154 시가대[豕家隊] - 豕로 된 한자

특급II / 7획 / 豕

서 있는 돼지를 본떠서 **돼지 시**

7급II / 10획 / 宀

지붕(宀) 아래 **돼지**(豕)처럼 먹고 자는 집이니 **집 가**

또 하나의 집처럼 어느 분야에 일가를 이룬 전문가니 **전문가 가**

+ 일가(一家) - ① 한집안.
　　　　　　② 성(姓)과 본이 같은 겨레붙이.
　　　　　　③ 학문·기술·예술 등의 분야에서 독자적인 경지.
　　　　　　여기서는 ③의 뜻.

家屋(가옥) 사람이 사는 집.
家族(가족) 한 가정을 이루는 사람들.
作家(작가) (시·소설 등 예술품을) 창작하는 일에 종사하는 사람.

+ 屋(집 옥), 族(겨레 족), 作(지을 작)

4급II / 12획 / 阜(阝)

언덕(阝)에 **여덟**(八) 마리의 **돼지**(豕)처럼 모인 무리니 **무리 대**

또 무리를 이루는 군대도 뜻하여 **군대 대**

+ 阝(언덕 부 변), 八(여덟 팔, 나눌 팔)

隊員(대원) 무리의 인원.
軍隊(군대) (일정한 질서를 갖고 조직된) 군사의 집단.
除隊(제대) 규정된 기한이 차거나 질병 또는 집안 사정으로 현역에서 해제하는 일.

+ 員(관원 원, 인원 원), 軍(군사 군), 除(제거할 제, 덜 제, 나눗셈 제)

155 상예 단연[象豫 彖緣] - 象과 彖으로 된 한자

4급 / 12획 / 豕

코끼리(🐘 → 象) 모양을 본떠서 **코끼리 상, 모양 상, 본뜰 상**

阁 衆(무리 중) - 제목번호 357 참고

+ 원래는 '코끼리 상'인데 뜻이 확대되어 '모양 상, 본뜰 상'으로도 쓰입니다.

氣象(기상) 대기(大氣) 속에서 일어나는 현상.
象形(상형) (어떤 물건의) 모양을 본뜸.

+ 氣(기운 기, 대기 기), 形(모양 형)

4급 / 16획 / 豕

자기(予)가 할 일을 코끼리(象)는 미리 아니 **미리 예**

얍 予[줄 여, 나 여, 미리 예(豫)의 약자] - 제목번호 069 참고

+ 묻기도 전에 대답하는 한자는? 미리 '예'라고 대답하기 때문에, '미리 예(豫)'

豫告(예고) 미리 알림.
豫備(예비) 미리 준비함.
豫想(예상) 어떠한 일을 당하기 전에 미리 생각함.

+ 告(알릴 고, 뵙고 청할 곡), 備(갖출 비), 想(생각할 상)

특급II / 9획 / 彐(彑)

엇갈려(彑) 돼지(豕)가 여기저기를 물어 끊으니 **끊을 단**

+ 원래는 彑와 豕로 나누어 부수가 '彐'입니다. '彐(고슴도치 머리 계, 오른손 우)'는 변형하여 '彑'로도 쓰입니다.
+ 豕(돼지 시) - 제목번호 154 참고

4급 / 15획 / 糸

실(糸)로 끊어진(彖) 곳을 잇듯이 서로를 이어주는 인연이니 **인연 연**

+ 糸(실 사, 실 사 변)

因緣(인연) 사람들 사이에 맺어지는 관계.
結緣(결연) 인연을 맺음. 또는 그런 관계.
事緣(사연) 일의 앞뒤 사정과 까닭.

+ 因(말미암을 인, 의지할 인), 結(맺을 결), 事(일 사, 섬길 사)

156 록록록[彔錄綠] - 彔으로 된 한자

특급 / 8획 / 彑(彐)

엇갈리게(彑) 한(一) 곳으로 물(氺) 같은 진액이 나오도록 나무를 깎으니 **깎을 록(녹)**

또 나무를 깎아 새기니 **새길 록(녹)**

+ 氺 - 물 수(水)가 한자의 아래에 붙는 부수인, 발로 쓰일 때의 모양으로 '물 수 발'

4급Ⅱ / 16획 / 金

쇠(金)에 새겨(彔) 기록하니 **기록할 록(녹)**

+ 金(쇠 금, 금 금, 돈 금, 성씨 김)

記錄(기록) (어떤 사실을) 적음.
登錄(등록) 올려 기록함.
採錄(채록) 필요한 자료를 찾아 모아서 적거나 녹음함. 또는 그런 기록이나 녹음.

+ 記(기록할 기, 기억할 기), 登(오를 등, 기재할 등), 採(가릴 채, 캘 채)

6급 / 14획 / 糸

실(糸)이 나무 깎을(彔) 때 나오면 푸르니 **푸를 록(녹)**

+ 糸(실 사, 실 사 변)

綠豆(녹두) '푸른 콩'으로, 콩과의 한해살이풀.
葉綠素(엽록소) 녹색식물의 잎 속에 들어 있는 화합물.
草綠同色(초록동색) '풀색과 녹색은 같은 색'으로, 서로 같은 편끼리 어울리거나 편을 들어 주는 것. (속) 가재는 게 편)

+ 豆(콩 두, 제기 두), 葉(잎 엽), 素(흴 소, 바탕 소, 요소 소, 소박할 소), 草(풀 초), 同(한 가지 동, 같을 동), 色(빛 색)
+ (속)은 속담을 칭함.

157 립위제[立位帝] - 立으로 된 한자

7급II / 5획 / 立

사람이 다리 벌리고 땅(一)에 서있는 모양에서 **설 립(입)**

+ 一 ('한 일'이지만 여기서는 땅으로 봄)

獨立(독립) (남에게 의존하지 않고) 홀로 섬.
樹立(수립) (국가나 정부·제도·계획 등을 이룩하여) 세움.
創立(창립) 비롯하여(처음으로) 설립함.

+ 獨(홀로 독, 자식 없을 독), 樹(세울 수, 나무 수), 創(비롯할 창, 시작할 창)

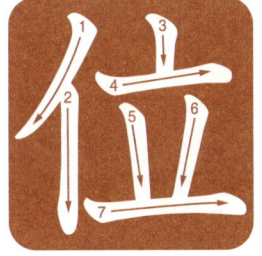

5급 / 7획 / 人(亻)

사람(亻)이 서(立)있는 자리니 **자리 위**

位置(위치) (사람이나 물건이) 있는 자리.
方位(방위) 어떤 방향의 위치.
上位(상위) 높은 자리(위치나 지위).

+ 置(둘 치), 方(모 방, 방향 방, 방법 방), 上(위 상, 오를 상)

4급 / 9획 / 巾

머리 부분(亠)을 받치고(丷) 덮어(冖) 수건(巾) 같은 왕관을 쓴 임금이니 **임금 제**

+ 亠(머리 부분 두), 冖(덮을 멱), 巾(수건 건)

帝國(제국) 임금이 통치하는 나라.
日帝(일제) ① 일본 제국.
② '일본 제국주의'를 줄인 말.
大韓帝國(대한제국) 조선 고종 30년(1897년 8월 16일부터 한일 병합) 때까지의 우리나라 국호

+ 國(나라 국), 日(해 일, 날 일), 大(큰 대), 韓(한국 한)

8日

158 음암 의억[音暗 意億] - 音과 意로 된 한자

6급II / 9획 / 音

서서(立) 말하듯(曰) 내는 소리니 **소리 음**

+ 曰(가로 왈, 말할 왈)

音讀(음독) 소리 내어 읽음.
音樂(음악) 목소리나 악기를 통하여 사상 또는 감정을 나타내는 예술.
防音(방음) 소리를 (새어 나가거나 새어 들어오는 것을 어떤 시설이나 장치로) 막음.

+ 讀(읽을 독, 구절 두), 樂(노래 악, 즐길 락, 좋아할 요), 防(둑 방, 막을 방)

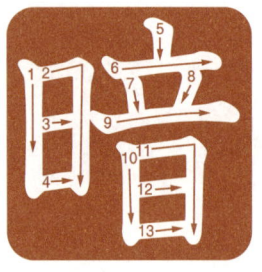

4급II / 13획 / 日

해(日)가 지고 소리(音)만 들릴 정도로 어두우니 **어두울 암**

또 어둡게 몰래 하니 **몰래 암**

暗黑(암흑) ① 어둡고 캄캄함.
　　　　　② 암담하고 비참한 상태를 비유적으로 이르는 말.
明暗(명암) 밝음과 어두움. 또는 행복과 불행.
暗去來(암거래) (법을 어기면서) 몰래 물품을 사고파는 행위.

+ 黑(검을 흑), 明(밝을 명), 去(갈 거, 제거할 거), 來(올 래)

6급II / 13획 / 心

소리(音)를 듣고 마음(心)에 생각되는 뜻이니 **뜻 의**

+ 心(마음 심, 중심 심)

意見(의견) 어떤 대상에 대하여 가지는 생각.
同意(동의) '같은 뜻'으로, 어떤 의견에 찬성함.
萬事如意(만사여의) 모든 일이 뜻대로 됨.

+ 見(볼 견, 뵐 현), 同(한가지 동, 같을 동), 萬(일만 만, 많을 만), 事(일 사, 섬길 사), 如(같을 여)

5급 / 15획 / 人(亻)

너무 커서 **사람**(亻)이 뜻(意)을 생각해 보아야 하는 억이니 **억 억**

+ 億은 1초에 하나를 세는 속도로 3년 가까이 쉬지 않고 세어야 하는 큰 수입니다.

億代(억대) 아주 오랜 세대.
億萬長者(억만장자) 수억의 돈을 가진 부자.

+ 代(대신할 대, 세대 대, 대금 대), 長(길 장, 어른 장, 자랄 장), 者(놈 자, 것 자)

159 장장[章障] – 章으로 된 한자

6급 / 11획 / 立

소리(音)를 적은 한자 열(十) 개 정도면 이루어지는 문장이나 글이니
문장 장, 글 장

> 文章(문장) 생각이나 느낌 등을 말과 글로 표현한 것.
> 章句(장구) 글의 문장과 구절을 아울러 이르는 말.
> 圖章(도장) 나무, 수정 등의 재료를 깎아 이름을 새겨 개인이나 단체가 어떤 것을 확인했음을 표시하는 데 쓰는 물건.

+ 文(무늬 문, 글월 문), 句(글귀 구, 굽을 구), 圖(그림 도, 꾀할 도)

4급Ⅱ / 14획 / 阜(阝)

위험한 언덕(阝)에 글(章)을 써 붙여 막으니 막을 장

+ 阝(언덕 부 변)

> 障害(장해) 막아서 해를 끼침.
> 故障(고장) 기구나 기계가 제대로 움직이지 못하게 되는 기능상의 장애.
> 保障(보장) '지키고 막음'으로, 침해받지 않도록 지켜 줌.

+ 害(해칠 해, 방해할 해), 故(연고 고, 옛 고), 保(지킬 보, 보호할 보)

8日

160 경경경[竟境鏡] – 竟으로 된 한자

3급 / 11획 / 立

소리(音)치며 사람(儿)이 마침내 일을 다 했음을 알리니

마침내 경, 다할 경

+ 儿(사람 인 발, 어진사람 인)

4급Ⅱ / 14획 / 土

땅(土)이 다한(竟) 지경이니 **지경 경**

또 어떤 지경에 이른 형편이니 **형편 경**

+ 土('흙 토'지만 여기서는 땅으로 봄)

> 地境(지경) ① 땅의 경계.
> ② 어떠한 처지나 형편.
> 境界(경계) (일이나 물건이 어떤 표준 밑에) 서로 이어 맞닿은 자리.
> 困境(곤경) 곤란한(어려운) 형편이나 처지.

+ 地(땅 지, 처지 지), 界(경계 계, 세계 계), 困(곤할 곤)

4급 / 19획 / 金

쇠(金)를 닦으면 마침내(竟) 빛나면서 비추는 거울이니 **거울 경**

+ 유리가 없던 옛날에는 쇠로 거울을 만들었답니다.
+ 金(쇠 금, 금 금, 돈 금, 성씨 김)

> 銅鏡(동경) 구리로 만든 거울.
> 破鏡(파경) '깨진 거울'로, 부부의 금실이 좋지 않아 이별하는 일을 비유하는 말.

+ 銅(구리 동), 破(깨질 파, 다할 파)

확인문제 (141~160)

01~04 다음 漢字의 훈(뜻)과 음(소리)을 쓰세요.

01. 掃 (   )   02. 侵 (   )
03. 寢 (   )   04. 稱 (   )

05~08 다음 훈음에 맞는 漢字를 쓰세요.

05. 세울 건 (   )   06. 건강할 건 (   )
07. 다툴 쟁 (   )   08. 자리 위 (   )

09~12 다음 漢字語의 독음을 쓰세요.

09. 當爲 (   )   10. 隱密 (   )
11. 採集 (   )   12. 傳受 (   )

13~14 다음 문장 중 밑줄 친 단어를 漢字로 쓰세요.

13. 토론자들의 말을 <u>서기</u>가 열심히 받아 적고 있다. (   )
14. 이 감동을 한 <u>문장</u>으로 표현할 수가 없구나. (   )

15~16 다음 문장 중 漢字로 표기된 단어의 독음을 쓰세요.

15. 그는 **孤兒**를 입양해 기르고 있다. (   )
16. 퇴근 시간이 되자 모두 **歸家**를 서둘렀다. (   )

17~18 다음 뜻풀이에 맞는 단어를 漢字로 쓰세요.

17. 글씨로 써서 대답함. (   )   18. 낮 동안. (   )

19~20 다음 漢字語의 뜻을 쓰세요.

19. 夫婦 (   )
20. 音律 (   )

---

01. 쓸 소 02. 침노할 침 03. 잘 침 04. 일컬을 칭 05. 建 06. 健 07. 爭 08. 位 09. 당위
10. 은밀 11. 채집 12. 전수 13. 書記 14. 文章 15. 고아 16. 귀가 17. 筆答 18. 晝間 19. 남편과 아내.
20. 소리와 음악의 가락.

9日 161 ~ 180

161 직직식(지)[職織識] - 戠로 된 한자

4급II / 18획 / 耳

귀(耳)로 들은 상관의 소리(音)대로 창(戈) 들고 맡아 일하는 벼슬이니
맡을 직, 벼슬 직

+ 다른 종족과 싸움이 많았던 옛날에는 모두 무기를 갖고 일했으니, 한자에는 창 같은 당시 무기가 많이 나옵니다.
+ 耳(귀 이), 音(소리 음), 戈(창 과)

職務(직무) 직책이나 직업상에서 책임을 지고 담당하여 맡은 사무.
天職(천직) 하느님이 맡긴 직업.

+ 務(일 무, 힘쓸 무), 天(하늘 천)

4급 / 18획 / 糸

바디로 실(糸)을 치는 소리(音)가 마치 창(戈) 부딪치는 것과 같은 소리를 내며 베를 짜니 **짤 직**

+ '바디'는 베틀에서 날실에 씨실을 쳐서 베를 짜는 구실을 하는 도구로, 베를 짤 때 날실에 씨실이 촘촘하게 박히도록 바디로 실을 치는 소리가 나지요.
+ 糸(실 사, 실 사 변)

織物(직물) '짠 물건'으로, 온갖 천의 총칭.
毛織(모직) 털실로 짠 천.
組織(조직) 짜서 이루거나 얽어서 만듦.

+ 物(물건 물), 毛(털 모), 組(짤 조)

5급II / 19획 / 言

말(言)이나 소리(音)를 창(戈)으로 알게 기록하니 **알 식, 기록할 지**

+ 言(말씀 언)

常識(상식) (일반이 지녀야 할) 보통의 지식.
知識(지식) (어떤 대상에 대하여 배우거나 실천을 통하여) 알게 된 명확한 인식이나 이해.
標識(표지) 무엇을 나타내기 위하여 기록한 표.

+ 常(항상 상, 보통 상, 떳떳할 상), 知(알 지), 標(표시할 표, 표 표)

162 첩접[妾接] - 妾으로 된 한자

3급 / 8획 / 女

서(立) 있는 본부인 아래에 있는 **여자**(女)는 첩이니 **첩 첩**

+ 立(설 립), 女(여자 녀)

4급Ⅱ / 11획 / 手(扌)

손(扌)으로 **첩**(妾)처럼 친절하게 오는 손님을 주인에게 이어주고 대접하니
이을 접, 대접할 접

+ 扌(손 수 변)

> 接着(접착) 끈기 있게 붙음. 또는 끈기 있게 붙임.
> 間接(간접) 중간에 매개가 되는 사람이나 사물 등을 통하여 맺어지는 관계.
>   ↔ 直接(직접) 중간에 제삼자나 매개물 없이 바로 연결되는 관계.
> 待接(대접) (음식을 차리거나 마땅한 예로) 손님을 맞음.

+ 着(붙을 착), 間(사이 간), 直(곧을 직, 바를 직), 待(대접할 대, 기다릴 대)

163 친신 룡[親新 龍] - 亲과 龍으로 된 한자

6급 / 16획 / 見

서(立) 있는 나무(木)를 돌보듯(見) 자식을 보살피는 어버이니 **어버이 친**

또 어버이처럼 친하니 **친할 친**

+ 木(나무 목), 見(볼 견, 뵐 현)

> 兩親(양친) '두 어버이'로, 아버지와 어머니. 부모(父母).
> 親密(친밀) 지내는 사이가 아주 친하고 가까움.
> 親切(친절) 매우 정답고 고맙게 함.

+ 兩(두 량, 짝 량, 냥 냥), 密(빽빽할 밀, 비밀 밀), 切(모두 체, 끊을 절, 간절할 절)

6급II / 13획 / 斤

서(立) 있는 나무(木)를 도끼(斤)로 잘라 새로 만들어 새로우니 **새로울 신**

+ 斤(도끼 근, 저울 근) - 제목번호 254 참고

> 新羅(신라) 우리나라 삼국 시대의 삼국 가운데, 기원전 57년 박혁거세가 지금의 영남 지방을 중심으로 세운 나라.
> 新聞(신문) ① 새로운 소식이나 견문.
> ② 사회에서 발생한 사건에 대한 사실이나 해설을 널리 신속하게 전달하기 위한 정기 간행물.
> 新設(신설) 새로 설치하거나 설비함.

+ 羅(벌일 라), 聞(들을 문), 設(세울 설, 베풀 설)

4급 / 16획 / 龍

머리 세우고(立) 몸(月)을 꿈틀거리며(𤰔) 하늘로 오르는 용이니

용 룡(용)

@ 竜 - 머리 세우고(立) 몸을 길게 펴며(甩) 하늘로 오르는 용이니 '용 룡(용)'

+ 𤰔(꿈틀거리며 오르는 모양으로 봄), 甩[아뢸 신, 펼 신, 원숭이 신, 아홉째 지지 신(申)의 변형]

> 龍宮(용궁) 전설에서, 바닷속에 있다고 하는 용왕의 궁전.
> 登龍門(등용문) '용문(龍門)에 오름'으로, 어려운 관문을 통과하여 크게 출세하게 됨. 또는 그 관문을 이르는 말(잉어가 중국 황하(黃河)강 상류의 급류인 용문을 오르면 용이 된다는 전설에서 유래).

+ 宮(집 궁, 궁궐 궁), 登(오를 등, 기재할 등), 門(문 문)

164 신변행[辛辯幸] - 辛으로 된 한자

3급 / 7획 / 辛

서(立) 있는 곳이 십(十)자가 위처럼 고생하니 **고생할 신**

또 먹기에 고생하도록 매우니 **매울 신**

4급 / 21획 / 辛

어려운 일 틈(辛辛)에 끼어서도 말(言)을 잘하니 **말 잘할 변**

+ '辛' 둘을 어려운 일 틈으로 보았습니다.
+ 言(말씀 언)

> 達辯(달변) '통달한 말'로, 매우 능란한 말.
> 辯護(변호) (남의 이익을 위하여) 말을 잘하여 보호함.

+ 達(이를 달, 통달할 달), 護(보호할 호)

6급II / 8획 / 干

하나(一)만 바꿔 생각하면 고생(辛)도 행복하니 **행복할 행**

또 행복은 누구나 바라니 **바랄 행**

> 幸福(행복) 욕구가 충족되어 부족감이 없는 상태. ↔ 不幸(불행) 행복하지 아니함.
> 多幸(다행) '많은 행복'으로, 운수가 좋음.
> 幸運(행운) 행복한 운명이나 운수.

+ 福(복 복), 不(아닐 불, 아닐 부), 多(많을 다), 運(운전할 운, 옮길 운, 운수 운)

165 벽벽피[辟壁避] - 辟으로 된 한자

특급 / 13획 / 辛

몸(尸)과 입(口)으로 백성들의 어려움(辛)을 물리치는 임금이니
물리칠 벽, 임금 벽

또 물리치고 한쪽으로 치우치니 **치우칠 벽**

+ 尸(주검 시, 몸 시), 辛(고생할 신, 매울 신)

4급Ⅱ / 16획 / 土

물리치려고(辟) 흙(土)으로 쌓아 막은 벽이니 **벽 벽**

壁報(벽보) 벽에 써 붙여 여러 사람에게 알린 글.
壁畫(벽화) 벽에 그린 그림.
城壁(성벽) 성곽의 벽.

+ 報(알릴 보, 갚을 보), 畫(그림 화, 그을 획), 城(재 성, 성 성)

4급 / 17획 / 辵(辶)

치우친(辟) 곳으로 뛰어가(辶) 피하니 **피할 피**

+ 辶(뛸 착, 갈 착)

避難(피난) 재난을 피함.
避身(피신) 위험을 피하여 몸을 숨김.
逃避(도피) 도망하여 몸을 피함.

+ 難(어려울 난, 비난할 난), 身(몸 신), 逃(달아날 도)

166 복복보[𠬝服報] - 𠬝으로 된 한자

참고자 / 4획

병부(㔾)를 손(又)으로 잡아 다스리니 **다스릴 복**

+ 어원 해설을 위한 참고자로 실제 쓰이는 한자는 아닙니다.
+ 병부(兵符) - 병사를 동원하는 패로 쓰던 동글납작한 나무패.
+ 㔾(무릎 꿇을 절, 병부 절, = 卩), 又(오른손 우, 또 우), 兵(군사 병), 符(부절 부, 부호 부, 들어맞을 부)

9日

6급 / 8획 / 肉(月)

몸(月)을 잘 다스려(𠬝) 보호하려고 옷도 입고 밥도 먹으며
상관의 명령에도 복종하니 **옷 복, 먹을 복, 복종할 복**

+ 月(달 월, 육 달 월)

洋服(양복) 서양식으로 만든 남자 옷.
服用(복용) 약을 먹음.
服從(복종) 남의 명령이나 의사에 따름.

+ 洋(큰 바다 양, 서양 양), 用(쓸 용), 從(좇을 종, 따를 종)

4급II / 12획 / 土

다행히(幸) 재산을 잘 다스려(𠬝) 소식도 알리고 은혜도 갚으니
알릴 보, 갚을 보

+ 幸(행복할 행, 바랄 행)

速報(속보) 빨리 알리는 것. 또는 그런 보도.
報答(보답) (은혜를) 갚음.
陰德陽報(음덕양보) 그늘지게(남모르게) 덕을 쌓으면 드러나게 복을 받음.

+ 速(빠를 속), 答(대답할 답, 갚을 답), 陰(그늘 음), 德(덕 덕, 클 덕), 陽(볕 양, 드러날 양)

167 착업대[丵業對] - 丵으로 된 한자

급외자 / 10획 / l

매울 신(辛) 위에 점 셋(ㆍㆍ)을 더 붙여 풀 무성한 모양을 나타내어

풀 무성할 착

6급II / 13획 / 木

풀 무성한(丵) 곳에 있는 나무(木)와 같이 이미 정해진 업이고 일이니

업 업, 일 업

+ 업(業) - ① 몸과 입과 마음으로 짓는 선악의 소행.
② 직업.

業報(업보) 선악의 행위로 말미암은[과보(果報) 결과에 따른 갚음].
産業(산업) (인간 생활에 필요한 여러 가지 재화를) 생산하는 사업.
操業(조업) (기계 등을) 다루어 일을 함.
就業(취업) 일에 나아감. 취직(就職).

+ 報(알릴 보, 갚을 보), 果(과실 과, 결과 과), 産(낳을 산, 생산할 산), 操(잡을 조, 다룰 조), 就(나아갈 취, 이룰 취), 職(벼슬 직, 맡을 직)

6급II / 14획 / 寸

풀 무성하듯(丵) 많은 사람이 자리(一)에 앉아 정해진 법도(寸)에 따라 상대하고 대답하니 **상대할 대, 대답할 대**

역 対 - 글(文)로 법도(寸)에 따라 상대하고 대답하니 '상대할 대, 대답할 대'
+ 一('한 일'이지만 여기서는 자리로 봄), 寸(마디 촌, 법도 촌), 文(무늬 문, 글월 문)

對象(대상) 어떤 일의 상대. 또는 목표나 목적이 되는 것.
對話(대화) 상대하여 이야기함.
對答(대답) (묻는 말에) 대하여 답함.

+ 象(코끼리 상, 모양 상, 본뜰 상), 話(말할 화, 이야기 화), 答(대답할 답, 갚을 답)

168 적적적 [啇敵適] - 啇으로 된 한자

급외자 / 11획 / 口

머리 부분(亠)을 받친(丷) 성(冂) 모양으로 오래(古)된 밑동이나 뿌리니
밑동 적, 뿌리 적

+ 亠(머리 부분 두), 丷(받친 모양으로 봄), 冂(멀 경, 성 경)

4급II / 15획 / 攵

뿌리(啇), 즉 근본까지 치며(攵) 달려드는 원수니 **원수 적**

+ 攵(칠 복, = 攴)

敵軍(적군) 적의 군대.
無敵(무적) 매우 강하여 겨룰 만한 맞수가 없음. 또는 그런 사람.
對敵(대적) 적과 맞서서 싸움.

+ 軍(군사 군), 無(없을 무), 對(상대할 대, 대답할 대)

4급 / 15획 / 辵(辶)

뿌리(啇)가 알맞은 곳으로 뻗어가듯(辶) 알맞은 곳으로 가니
알맞을 적, 갈 적

適當(적당) 알맞고 마땅함.
適性(적성) (어떤 사물에) 알맞은 성질.
適應(적응) (일정한 조건이나 환경 등에 맞추어) 응하거나 알맞게 됨.

+ 當(마땅할 당, 당할 당), 性(성품 성, 바탕 성, 성별 성), 應(응할 응)

169 병 병보[竝 並普] - 竝과 並으로 된 한자

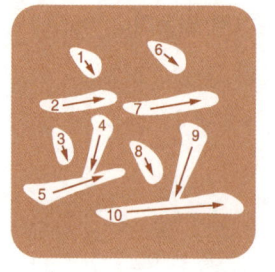

3급 / 10획 / 立

둘이 나란히 서니(立·立) **나란히 설 병**

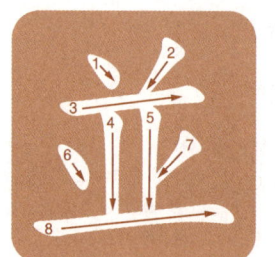

급외자 / 8획 / 一

나란히 설 병(竝)을 합쳐서 **나란히 설 병(竝)**의 약자

4급 / 12획 / 日

나란히(並) 해(日)처럼 비춤이 넓으니 **넓을 보**

또 널리 통하면 보통이니 **보통 보**

普通(보통) 특별하지 않고 예사로움.
普施(보시) 은혜를 널리 베풂.

+ 通(통할 통), 施(행할 시, 베풀 시)

170 부배부[音倍部] - 音로 된 한자

급외자 / 8획 / 口

서서(立) 입(口)씨름하면서 튀기는 침처럼 갈라지니 **갈라질 부**

+ 立(설 립), 口(입 구, 구멍 구, 말할 구)

5급 / 10획 / 人(亻)

사람(亻)이 물건을 둘로 가르면(音) 숫자는 곱이고 갑절이니
곱 배, 갑절 배

倍加(배가) 갑절로 늘리거나 늘어남.
倍數(배수) 어떤 수의 갑절이 되는 수.
倍前(배전) 이전의 갑절.

+ 加(더할 가), 數(셀 수, 두어 수, 운수 수, 자주 삭), 前(앞 전)

6급II / 11획 / 邑(阝)

갈라놓은(音) 것처럼 고을(阝)에 여기저기 나눠진 마을이니 **나눌 부, 마을 부**

또 나눠진 마을을 함께 거느리니 **거느릴 부**

+ 阝(고을 읍 방)

細部(세부) '가늘게 나눔'으로, 자세한 부분.
部落(부락) (시골의 몇 집씩) 나뉘고 떨어져 이루어진 마을.
部品(부품) '나누어진 물품'으로, 기계 등의 어떤 부분에 쓰는 물품.

+ 細(가늘 세), 落(떨어질 락), 品(물건 품, 등급 품, 품위 품)

171 요 기기 [幺 幾機] – 幺와 幾로 된 한자

부수자 / 3획

작고 어린 아기(👶) 모양을 본떠서 **작을 요, 어릴 요**

3급 / 12획 / 幺

(아직은) 작고(幺) 작게(幺) 보이는 창(戈)과 사람(人)이지만
몇이나 되는지 살피는 기미니 **몇 기, 기미 기**

+ 戈(창 과), 人(사람 인)

4급 / 16획 / 木

나무(木) 몇(幾) 개로 얽어 만든 베틀이니 **베틀 기**
또 베틀 같은 기계나 기회니 **기계 기, 기회 기**

+ 木(나무 목)

> 機能(기능) ① 하는 구실이나 작용을 하거나 또는 그런 것.
> ② 권한이나 직책, 능력 등에 따라 일정한 분야에서 하는 역할과 작용.
> 機智(기지) 기회에 따라 재치 있게 대응하는 지혜.
> 危機一髮(위기일발) '위험한 기회가 털 하나 사이'라는 뜻으로, 여유가 조금도 없이 몹시
> 절박한 순간.

+ 能(능할 능), 智(지혜 지), 危(위험할 위), 髮(터럭 발, 머리털 발)

172 계단[繼斷] - 𢇍으로 된 한자

4급 / 20획 / 糸

실(糸)로 상자(匚) 속이나 밖을 조금씩 계속(𢇍) 이으니 **이을 계**

[약] 継 - 실(糸)로 감춰(乚)놓은 쌀(米)이 나오지 않도록 터진 곳을 이으니 '이을 계'
+ 糸(실 사, 실 사 변), ㅌ[상자 방(匚)의 변형], 乚(감출 혜, = 匚), 米(쌀 미)

繼續(계속) (끊어지지 않고) 앞과 뒤를 이어 나감.
繼承(계승) (조상의 전통이나 문화유산, 업적 등을) 물려받아 이어 나감.
繼走(계주) 이어달리기.

+ 續(이을 속), 承(받을 승, 이을 승), 走(달릴 주, 도망갈 주)

4급Ⅱ / 18획 / 斤

상자(匚)의 물건을 조금씩 계속(𢇍) 꺼내어 도끼(斤)로 끊으니 **끊을 단**

또 끊듯이 무슨 일을 결단하니 **결단할 단**

[약] 断 - 감춰(乚)놓은 쌀(米)이 나오도록 도끼(斤)로 끊으니 '끊을 단'
또 끊듯이 무슨 일을 결단하니 '결단할 단'
+ 斤(도끼 근, 저울 근) - 제목번호 254 참고

斷念(단념) (무엇에 대한) 생각을 끊음.
斷食(단식) '먹음을 끊음'으로, 일정 기간 음식물을 먹지 않음.
判斷(판단) (사물을 인식하여 논리나 기준 등에 따라) 판정을 내림.

+ 念(생각 념), 食(밥 식, 먹을 식), 判(판단할 판)

9日

173 축축[畜蓄] - 畜으로 된 한자

3급Ⅱ / 10획 / 田

머리(亠) 작은(幺) 어린 짐승을 밭(田)에서 기르니 **기를 축**

또 이렇게 기르는 가축이니 **가축 축**

+ 亠(머리 부분 두), 田(밭 전, 논 전)

4급Ⅱ / 14획 / 草(艹)

풀(艹)을 가축(畜)에게 먹이려고 모아 쌓으니 **모을 축, 쌓을 축**

+ 艹(초 두)

備蓄(비축) (만약의 경우에) 대비하여 쌓아둠.
貯蓄(저축) (절약하여) 쌓아둠.
蓄積(축적) (지식·자금·경험 등을) 모아서 쌓음. 또는 모아서 쌓은 것.

+ 備(갖출 비), 貯(쌓을 저), 積(쌓을 적)

174 악(락·요)약 향 [樂藥 鄕] – 樂과 鄕으로 된 한자

6급II / 15획 / 木

(악기의 대표인) 북(白)을 작고(幺) 작은(幺) 실로 나무(木) 받침대 위에 묶어 놓고 치며 노래 부르고 즐기며 좋아하니

노래 **악**, 즐길 **락(낙)**, 좋아할 **요**

연 樂 – (악기의 대표인) 북(白)을 나무(木) 받침대 위에 올려 놓고 양손으로 두드리며(ᄿ) 노래 부르고 즐기며 좋아하니 '노래 악, 즐길 락, 좋아할 요'
+ 白('흰 백, 밝을 백, 깨끗할 백, 아뢸 백'이지만 여기서는 북의 모양으로 봄)

樂器(악기) 음악을 연주하기 위해 쓰이는 기구.
音樂(음악) (박자, 가락, 음성 등을 갖가지 형식으로 조화하고 결합하여) 목소리나 악기를 통하여 사상 또는 감정을 나타내는 예술.
樂山樂水(요산요수) 산수(山水)의 자연을 즐기고 좋아함.

+ 器(그릇 기, 기구 기), 音(소리 음), 山(산 산), 水(물 수)

6급II / 19획 / 草(艹)

풀(艹) 중에 환자가 좋아하는(樂) 약이니 **약 약**

연 薬
+ 옛날에는 대부분의 약을 풀에서 구했지요.
+ 艹(초 두)

藥局(약국) 약을 파는 곳.
藥水(약수) (먹거나 몸을 담그면) 약효(藥效)가 있는 샘물.
劇藥(극약) ① 독약(毒藥)보다는 약하나 적은 분량으로 사람이나 동물에 위험을 줄 수 있는 약품.
② 극단적인 해결 방법을 비유적으로 이르는 말.

+ 局(판 국, 부분 국), 效(본받을 효, 효험 효), 劇(심할 극, 연극 극), 毒(독할 독, 독 독)

4급II / 13획 / 邑(⻏)

어린(彡) 시절 흰(白) 쌀밥을 숟가락(匕)으로 먹으며 살던 시골 고을(⻏)이 고향이니 **시골 향, 고향 향**

+ 彡[작을 요, 어릴 요(幺)의 변형], 匕(비수 비, 숟가락 비), ⻏(고을 읍 방)

鄕校(향교) 고려·조선 시대에, 지방에 있던 교육 기관.
故鄕(고향) '연고 있는 시골'로, 태어나 자란 곳. ↔ 他鄕(타향) 자기 고향이 아닌 다른 고장.
歸鄕(귀향) 고향으로 돌아가거나 돌아옴.

+ 校(학교 교, 교정볼 교, 장교 교), 故(연고 고, 옛 고), 他(다를 타, 남 타), 歸(돌아올 귀, 돌아갈 귀)

175 사사종결[糸絲終結] - 糸로 된 한자

특급 / 6획 / 糸

실을 감아 놓은 실타래(🧵) 모양을 본떠서 **실 사, 실 사 변**

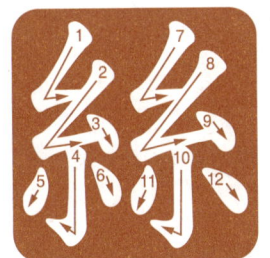

4급 / 12획 / 糸

실타래의 실이 겹쳐진 모양을 본떠서 **실 사**

明絲(명사) 명주실(누에고치에서 뽑은 가늘고 고운 실).
鐵絲(철사) 철로 된 실.
一絲不亂(일사불란) '한 오리 실도 엉키지 아니함'으로, 질서가 정연하여 조금도 흐트러지지 아니함을 이르는 말.

+ 明(밝을 명), 鐵(쇠 철), 亂(어지러울 란)

5급 / 11획 / 糸

(누에 같은 벌레가) 실(糸) 뽑아 집 짓는 일은 겨울(冬)이 되기 전에 다하여 마치니 **다할 종, 마칠 종**

+ 冬(겨울 동) - 제목번호 302 참고

終結(종결) 끝을 맺음.
始終(시종) ① 처음과 끝을 아울러 이르는 말.
② 처음부터 끝까지.

+ 結(맺을 결), 始(처음 시)

5급II / 12획 / 糸

실(糸)로 좋게(吉) 맺으니 **맺을 결**

+ 吉(길할 길, 상서로울 길) - 제목번호 119 참고

結果(결과) ① 과실을 맺음. 또는 그 과실.
② 어떤 원인으로 생긴 결말.
結論(결론) 끝맺는 말이나 글.
結合(결합) 둘 이상의 사물이나 사람이 서로 관계를 맺어 하나가 됨.

+ 果(과실 과, 결과 과), 論(논할 론, 평할 론), 合(합할 합, 맞을 합)

176 련변[戀變] - 戀으로 된 한자

3급II / 23획 / 心

실(絲)처럼 계속 말(言)과 마음(心)이 이어가며 사모하니 **사모할 련(연)**

+ 絲(실 사), 言(말씀 언), 心(마음 심, 중심 심)

5급II / 23획 / 言

실(絲)처럼 길게 말하며(言) 치면(攵) 변하니 **변할 변**

약 変 - 역시(亦) 세상 만물은 또(又)한 변하니 '변할 변'
　　変 - 또(亦) 천천히(夂) 변하니 '변할 변'
+ 攵(칠 복, = 攴), 亦(또 역), 又(오른손 우, 또 우), 夂(천천히 걸을 쇠, 뒤져 올 치)

變化(변화) 변하여 다르게 됨.
朝變夕改(조변석개) '아침에 변한 것을 저녁에 다시 고침'으로, 일을 자주 뜯어 고침.

+ 化(될 화, 변화할 화, 가르칠 화), 朝(아침 조, 조정 조, 뵐 조), 夕(저녁 석), 改(고칠 개)

177 계계손[系係孫] - 系로 된 한자

4급 / 7획 / 糸

하나(丿)의 실(糸)처럼 이어 매진 혈통이니 **이어 맬 계, 혈통 계**

+ 丿('삐침 별'이지만 여기서는 하나로 봄)

系列(계열) 관련 있는 계통이나 조직.
系統(계통) 일정한 체계에 따라 서로 관련되어 있는 부분들의 통일적 조직.
體系(체계) '몸을 이음'으로, 각기 다른 것을 계통적으로 통일한 조직.

+ 列(벌일 렬, 줄 렬), 統(묶을 통, 거느릴 통), 體(몸 체)

4급Ⅱ / 9획 / 人(亻)

사람(亻)들이 이어 매(系) 묶으니 **맬 계, 묶을 계**

係員(계원) 어느 한 계(係)에서 일하는 사람.
關係(관계) (두 가지 이상이 서로) 관련이 있음.
因果關係(인과관계) 원인과 결과의 관계.

+ 員(관원 원, 사람 원), 關(빗장 관, 관계 관), 因(말미암을 인, 의지할 인), 果(과실 과, 결과 과)

6급 / 10획 / 子

아들(子)의 대를 이어주는(系) 손자니 **손자 손**

+ 子(아들 자, 첫째 지지 자, 자네 자, 접미사 자)

孫子(손자) 아들이 낳은 아들.
子孫(자손) ① 자식과 손자를 아울러 이르는 말.
② 후손(後孫 - 자신의 세대에서 여러 세대가 지난 뒤의 자녀를 통틀어 말함).
代代孫孫(대대손손) 대대로 내려오는 자손.

+ 代(대신할 대, 세대 대, 대금 대), 後(뒤 후)

9日

178 공강홍 공공 [工江紅 攻功] – 工으로 된 한자

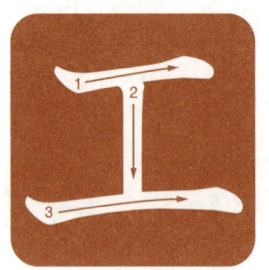

7급II / 3획 / 工

장인이 물건을 만들 때 쓰는 자를 본떠서 **장인 공, 만들 공, 연장 공**

+ 장인 ① 匠人 – 물건 만듦을 직업으로 삼는 기술자
　　　② 丈人 – 아내의 아버지. 여기서는 ①의 뜻.
+ 匠(장인 장), 丈(어른 장, 길이 장)

木工(목공) ① 나무를 다루어 물건을 만드는 일. ② 목수(木手).
工具(공구) (기계 등을 만들거나 조작하는 데 쓰이는) 기구.
施工(시공) 공사를 시행함.

+ 木(나무 목), 具(갖출 구, 기구 구), 施(행할 시, 베풀 시)

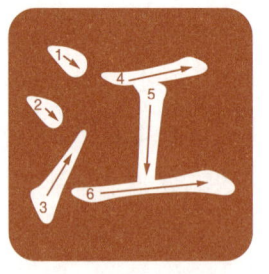

7급II / 6획 / 水(氵)

물(氵)이 흘러갈 때 만들어지는(工) 강이니 **강 강**

江山(강산) 강과 산.
漢江(한강) 우리나라 중부를 흐르는 강. 태백산맥에서 시작하여 황해로 흘러듦.

+ 山(산 산), 漢(한나라 한, 남을 흉하게 부르는 접미사 한)

4급 / 9획 / 糸

(붉은 색을 좋아하는 중국에서) 실(糸)을 가공하면(工) 주로 붉은 색이니 **붉을 홍**

+ 지금도 중국인들은 붉은 색을 좋아하여 환영, 찬양, 축하의 뜻으로 많이 사용하지요.

朱紅(주홍) 붉은빛과 누런빛의 중간으로 붉은 쪽에 가까운 색.
紅東白西(홍동백서) '붉은색 과일은 동편에, 하얀색 과일은 서편에 놓음'으로, 제사상 차리는 방법 중 하나. 동쪽은 제관의 오른편, 서쪽은 제관의 왼편임.

+ 朱(붉을 주), 東(동쪽 동, 주인 동), 白(흰 백, 밝을 백, 깨끗할 백, 아뢸 백), 西(서쪽 서)

4급 / 7획 / 攵

연장(工)으로 치며(攵) 닦으니 **칠 공, 닦을 공**

+ 攵(칠 복, = 攴)

攻擊(공격) '치고 침'으로, 나아가 적을 침.
攻略(공략) 남의 땅을 쳐서 빼앗음
攻守(공수) 공격과 수비.

+ 擊(칠 격), 略(간략할 략, 빼앗을 략), 守(지킬 수)

6급II / 5획 / 力

만드는(工) 데 힘(力) 들인 공(공로)이니 **공 공, 공로 공**

+ 공 – 힘들여 이루어낸 결과.

功過(공과) 공과 허물.
成功(성공) 공(목적 하는 바)을 이룸.
功勞(공로) 일에 애쓴 공적.

+ 過(지날 과, 지나칠 과, 허물 과), 成(이룰 성), 勞(수고할 로, 일할 로)

179 후후[侯候] - 侯로 된 한자

3급 / 9획 / 人(亻)

사람(亻)이 만들어(⺈) 화살(矢)을 쏘는 과녁이니 **과녁 후**

또 과녁을 잘 맞힌 사람이 되었던 제후니 **제후 후**

+ ⺈[장인 공, 만들 공, 연장 공(工)의 변형], 矢(화살 시)

4급 / 10획 / 人(亻)

바람에 날릴까봐 **과녁(侯)**에 **화살(丨)**을 쏠 때는 기후를 염탐하니

기후 후, 염탐할 후

+ 丨('뚫을 곤'이지만 여기서는 화살로 봄)

> 氣候(기후) 기온·비·눈·바람 등의 대기(大氣) 상태.
> 節候(절후) 절기(節氣 - 한 해를 스물넷으로 나눈, 계절의 표준이 되는 것).
> 候鳥(후조) 철새.

+ 氣(기운 기, 대기 기), 節(마디 절, 절개 절, 계절 절), 鳥(새 조)

180 거거[巨拒] - 巨로 된 한자

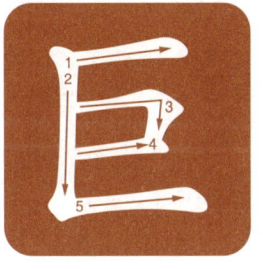

4급 / 5획 / 工

ㄷ 자형의 큰 자를 손에 든(㠪 → 巨) 모양을 본떠서 **클 거**

+ 지금도 큰 작업을 하는 분들은 ㄷ 자나 T 자 모양의 큰 자를 사용하지요.

> 巨物(거물) 큰 인물이나 물건.
> 巨富(거부) 큰 부자.
> 巨額(거액) 큰(아주 많은) 액수의 돈.

+ 物(물건 물), 富(부자 부, 넉넉할 부), 額(이마 액, 액수 액, 현판 액)

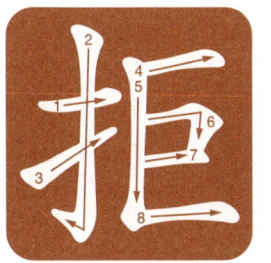

4급 / 8획 / 手(扌)

손(扌)을 크게(巨) 벌려 막거나 물리치니 **막을 거, 물리칠 거**

+ 扌(손 수 변)

> 拒否(거부) 승낙하지 않고 물리침.
> 拒絶(거절) '물리치고 끊어버림'으로, (상대방의 부탁을) 받아들이지 않고 물리침.
> 抗拒(항거) '대항하여 물리침'으로, 순종하지 아니하고 맞서서 반항함.

+ 否(아닐 부, 막힐 비), 絶(끊을 절, 죽을 절, 가장 절), 抗(겨룰 항, 대항할 항)

확인문제 (161~180)

01~04 다음 漢字의 훈(뜻)과 음(소리)을 쓰세요.

01. 織 (   )   02. 壁 (   )
03. 避 (   )   04. 敵 (   )

05~08 다음 훈음에 맞는 漢字를 쓰세요.

05. 곱 배 (   )   06. 마칠 종 (   )
07. 맺을 결 (   )   08. 변할 변 (   )

09~12 다음 漢字語의 독음을 쓰세요.

09. 天職 (   )   10. 待接 (   )
11. 登龍門 (   )   12. 適當 (   )

13~14 다음 문장 중 밑줄 친 단어를 漢字로 쓰세요.

13. 그는 **보통** 때와 다른 옷차림으로 참석하였다. (   )
14. 더욱 분발하겠사오니 **배전**의 성원을 보내 주십시오. (   )

15~16 다음 문장 중 漢字로 표기된 단어의 독음을 쓰세요.

15. 진행자의 끝인사로 행사가 **終結**되었다. (   )
16. 이 글은 **體系**적으로 잘 정돈되었다. (   )

17~18 다음 뜻풀이에 맞는 단어를 漢字로 쓰세요.

17. 상대하여 이야기함. (   )   18. 행복한 운명이나 운수. (   )

19~20 다음 漢字語의 뜻을 쓰세요.

19. 壁紙 (   )
20. 洋服 (   )

---

01. 짤 직 02. 벽 벽 03. 피할 피 04. 원수 적 05. 倍 06. 終 07. 結 08. 變 09. 천직 10. 대접
11. 등용문 12. 적당 13. 普通 14. 倍前 15. 종결 16. 체계 17. 對話 18. 幸運 19. 벽을 도배하는 종이.
20. 서양식으로 만든 남자 옷.

10日 181 ~ 200

181 신와 감람 [臣臥 監覽] – 臣과 臥로 된 한자

5급II / 6획 / 臣

임금 앞에 엎드려 눈을 크게 뜬 신하를 본떠서 **신하 신**

功臣(공신) 공을 세운 신하.
使臣(사신) 임금이나 국가의 명령을 받고 외국에 사절로 가는 신하.
忠臣(충신) 충성하는 신하.

+ 功(공 공, 공로 공), 使(하여금 사, 부릴 사), 忠(충성 충)

3급 / 8획 / 臣

항상 몸을 굽히는 신하(臣)처럼 사람(人)이 엎드리거나 누우니
엎드릴 와, 누울 와

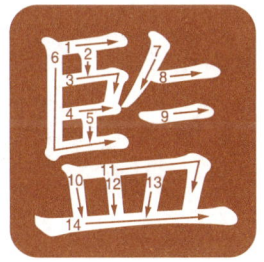

4급II / 14획 / 皿

(거울이 없던 옛날에는) 엎드려(臥) 물(一)이 있는 그릇(皿)에 비추어 보았으니
볼 감

[약] 监 – 칼(刂)로 대(艹)를 잘라 그릇(皿)을 만들려고 보니 '볼 감'
+ 한 일(一) 대신에 점 주, 불똥 주(丶)를 쓰기도 합니다.
+ 臥[누울 와, 엎드릴 와(臥)의 변형], 一('한 일'이지만 여기서는 평평한 물의 모양으로 봄),
  皿(그릇 명), 刂[칼 도 방(刂)의 변형], 艹[대 죽(竹)의 획 줄임]

監督(감독) 보살펴 단속함.
監査(감사) 감독하고 조사함.
令監(영감) ① 급수가 높은 공무원이나 지체가 높은 사람을 높여 이르는 말.
           ② 나이 든 부부 사이에서 아내가 그 남편을 말하거나 부르는 말.

+ 督(살필 독), 査(조사할 사), 令(하여금 령, 명령할 령, 남을 높이는 말 령)

4급 / 21획 / 見

보고(臨) 또 보니(見) 볼 람(남)

+ 臨[볼 감(監)의 변형], 見(볼 견, 뵐 현)

觀覽(관람) (연극·영화·경기 등을) 봄.
遊覽(유람) 돌아다니며 구경함.
展覽(전람) ① 펴서 봄.
② (여러 가지 물건 등을) 벌여 놓고 봄.

+ 觀(볼 관), 遊(놀 유, 여행할 유), 展(펼 전, 넓을 전)

182 견현[堅賢] - 臤로 된 한자

4급 / 11획 / 土

신하(臣)처럼 오른손(又)을 흙(土)에 짚고 충성을 맹세함이 굳고 강하니
굳을 견, 강할 견

역 堅 - 칼(刂)을 손(又)으로 땅(土)에 꽂고 맹세함이 굳으니 '굳을 견'
+ 臣(신하 신), 又(오른손 우, 또 우), 土(흙 토), 刂[칼 도 방의(刂)의 변형]

堅固(견고) 강하고 굳음.
堅實(견실) 튼튼하고 착실함.
堅持(견지) ① 어떤 견해나 입장 등을 굳게 지니거나 지킴.
② 굳게 지지함.

+ 固(굳을 고, 진실로 고), 實(열매 실, 실제 실), 持(가질 지)

4급Ⅱ / 15획 / 貝

신하(臣)의 마음으로 또(又) 돈(貝)을 벌어 베풂이 어지니 **어질 현**

역 賢 - 칼(刂)을 손(又)에 들고 재물(貝)을 관리함이 어지니 '어질 현'
+ 貝(조개 패, 재물 패, 돈 패)

賢明(현명) 어질고 영리하여 사리에 밝음.
才賢(재현) 재주가 뛰어나고 현명함. 또는 그런 사람.
竹林七賢(죽림칠현) 중국 진나라 초기에 노자와 장자의 무위 사상을 숭상하여 죽림에 모여
청담으로 세월을 보낸 일곱 명의 선비.

+ 明(밝을 명), 才(재주 재, 바탕 재), 竹(대 죽), 林(수풀 림), 七(일곱 칠)

183 정 형형[井 形刑] - 井과 开로 된 한자

3급II / 4획 / 二

나무로 엇갈리게 쌓아 만든 우물이나 우물틀( ) 모양을 본떠서
우물 정, 우물틀 정

+ 옛날에는 우물을 파고 흙이 메워지지 않도록 통나무를 井자 모양으로 쌓아 올렸답니다.

6급II / 7획 / 彡

우물(开)에 머리털(彡)이 비친 모양이니 **모양 형**

+ 거울이 없던 옛날에는 우물에 자기 모습을 비추어 보기도 했지요.
+ 开[우물 정, 우물틀 정(井)의 변형], 彡(터럭 삼, 긴머리 삼)

形態(형태) 사물의 생김새나 모양.
成形(성형) ① 일정한 형체를 만듦.
② 신체의 어떤 부분을 고치거나 만듦.
形形色色(형형색색) '모양과 색이 각각임'으로, 가지각색의 사물을 말함.

+ 態(모양 태), 成(이룰 성), 色(색 색)

4급 / 6획 / 刀(刂)

우물틀(开) 같은 형틀에 매어 칼(刂)로 집행하는 형벌이니 **형벌 형**

+ 刂(칼 도 방)

刑罰(형벌) 국가 등이 범죄자에게 제재를 가함. 또는 그 제재.
死刑(사형) 죄인으로서 형벌을 받은 사람의 목숨을 끊음.
終身刑(종신형) 죽을 때까지 받는 형.

+ 罰(벌할 벌), 死(죽을 사), 終(다할 종, 마칠 종), 身(몸 신)

10日

184 한색(새)[寒塞] - 寒로 된 한자

5급 / 12획 / 宀

집(宀)의 우물(井) 하나(一)에서 나뉘어(八) 나온 물이 얼음(冫)처럼 차니

찰 한

+ 宀(집 면), 八(여덟 팔, 나눌 팔), 冫(이 수 변)

寒氣(한기) 찬 기운. 추위. ↔ 暑氣(서기) 더운 기운. 더위에 걸린 병.
貧寒(빈한) 가난하고 차가움(쓸쓸함).
嚴冬雪寒(엄동설한) 엄하게(몹시) 춥고 눈이 오는 겨울.

+ 氣(기운 기, 대기 기), 暑(더울 서), 貧(가난할 빈), 嚴(엄할 엄), 冬(겨울 동), 雪(눈 설, 씻을 설)

3급II / 13획 / 土

집(宀)의 벽을 우물틀(井)처럼 하나(一)씩 나누어(八) 흙(土)으로 막으니

막을 색

또 출입을 막고 지키는 변방이니 **변방 새**

+ 土(흙 토)

185 면 안안 [宀 安案] - 宀과 安으로 된 한자

부수자 / 3획

지붕으로 덮여 있는 집을 본떠서 **집 면**

冖 – 보자기로 덮은 모양을 본떠서 '덮을 멱'

7급II / 6획 / 宀

집(宀)을 여자(女)가 관리하면 편안하니 **편안할 안**

安否(안부) 편안함과 편안하지 않음. 또는 그에 대한 소식이나 인사.
慰安(위안) 위로하여 마음을 편하게 함. 또는 그렇게 하여 주는 대상.
安分知足(안분지족) 편안한 마음으로 제 분수를 지키며 만족할 줄을 앎.

+ 否(아닐 부, 막힐 비), 慰(위로할 위), 分(나눌 분, 단위 분, 단위 푼, 신분 분, 분별할 분, 분수 분), 知(알 지), 足(발 족, 넉넉할 족)

5급 / 10획 / 木

편안하게(安) 공부하도록 나무(木)로 만든 책상이니 **책상 안**

또 책상에 앉아 짠 생각이나 계획이니 **생각 안, 계획 안**

+ 木(나무 목)

案件(안건) 생각해 보아야 할(토의하거나 조사해야 할) 사건.
妙案(묘안) 묘한(뛰어나게 좋은) 생각.
方案(방안) (일을 처리하거나 해결하여 나갈) 방법이나 계획.

+ 件(물건 건, 사건 건), 妙(묘할 묘, 예쁠 묘), 方(모 방, 방향 방, 방법 방)

186 궁자보[宮字寶] - 宀으로 된 한자

4급II / 10획 / 宀

집(宀) 여러 칸이 등뼈(呂)처럼 이어진 집이나 궁궐이니 **집 궁, 궁궐 궁**

+ 呂 - 등뼈가 서로 이어진 모양을 본떠서 '등뼈 려'
  또 등뼈처럼 소리의 높낮음이 이어진 음률이니 '음률 려' - 2급
+ 옛날에는 천자가 거처하는 황궁은 9,999칸, 임금이 거처하는 궁궐은 999칸, 대부의 집은 99칸까지 지었답니다.

王宮(왕궁) 임금이 기거하는 궁전.
宮合(궁합) 혼인할 남녀의 사주를 오행에 맞추어 보아 부부로서의 좋고 나쁨을 알아보는 점.

+ 王(임금 왕, 으뜸 왕, 구슬 옥 변), 合(합할 합, 맞을 합)

7급 / 6획 / 子

집(宀)에서 자식(子)이 배우고 익히는 글자니 **글자 자**

字源(자원) 글자의 구성 원리. (주로 한자가 만들어진 원리를 말함).
一字無識(일자무식) 한 글자도 알지 못함.

+ 源(근원 원), 無(없을 무), 識(알 식, 기록할 지)

4급II / 20획 / 宀

집(宀) 안의 구슬(王)과 장군(缶) 속에 간직한 재물(貝) 같은 보배니 **보배 보**

宝 - 집(宀) 안의 구슬(玉) 같은 보배니 '보배 보'
+ 王(임금 왕, 으뜸 왕, 구슬 옥 변), 缶(장군 부, 두레박 관), 貝(조개 패, 재물 패, 돈 패), 玉(구슬 옥)

寶物(보물) 보배로운 물건. 썩 드물고 귀한 물건.
寶庫(보고) 귀중한 물건을 간수해 두는 창고.
國寶(국보) '나라의 보배'로, 가치가 높아 국가가 보호·관리하는 문화재.

+ 物(물건 물), 庫(곳집 고, 창고 고), 國(나라 국)

187 혈구공창[穴究空窓] - 穴로 된 한자

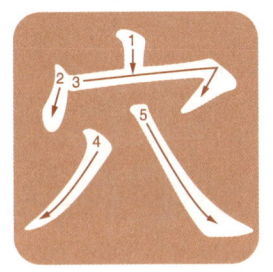

3급II / 5획 / 穴

(오래된) 집(宀)에 나누어진(八) 구멍이니 **구멍 혈**

또 구멍이 길게 파인 굴이니 **굴 혈**

+ 宀(집 면), 八(여덟 팔, 나눌 팔)

4급II / 7획 / 穴

굴(穴)의 많은(九) 부분까지 들어가 찾으며 연구하니 **연구할 구**

+ 九(아홉 구, 클 구, 많을 구)

推究(추구) 이치를 미루어서 깊이 생각하여 밝힘.
講究(강구) (좋은 대책과 방법을) 궁리하여 찾아내거나 좋은 대책을 세움.
探究(탐구) 찾고 연구함.

+ 推(밀 추), 講(익힐 강, 강의할 강, 연구할 강), 探(찾을 탐)

7급II / 8획 / 穴

굴(穴)처럼 만들어(工) 속이 비니 **빌 공**

또 크게 빈 공간은 하늘이니 **하늘 공**

+ 工(장인 공, 만들 공, 연장 공) - 제목번호 178 참고

空間(공간) (아무것도 없는) 빈 곳.
空白(공백) (아무것도 없이) 비어 깨끗함.
空氣(공기) 지구를 둘러싼 대기의 하층부를 구성하는 무색, 무취의 투명한 기체.

+ 間(사이 간), 白(흰 백, 밝을 백, 깨끗할 백, 아뢸 백), 氣(기운 기, 대기 기)

6급II / 11획 / 穴

구멍(穴)처럼 사사로운(厶) 마음(心)으로 벽에 뚫어 만든 창문이니 **창문 창**

+ 厶(사사로울 사, 나 사) - 제목번호 190 참고, 心(마음 심, 중심 심)

窓門(창문) 벽이나 지붕에 낸 작은 문.
窓口(창구) '창구멍'으로, 창을 내거나 뚫어 놓은 곳.

+ 門(문 문), 口(입 구, 구멍 구, 말할 구)

188 신궁[身窮] - 身으로 된 한자

6급II / 7획 / 身

임신한 여자의 몸(→ → 身)을 본떠서 **몸 신**

身體(신체) 사람의 몸.
全身(전신) 온몸.
殺身成仁(살신성인) (자기) 몸을 희생하여 인(仁)을 이룸.

+ 體(몸 체), 全(온전할 전), 殺(죽일 살, 감할 쇄, 빠를 쇄), 成(이룰 성), 仁(어질 인)

4급 / 15획 / 穴

굴(穴) 속에서 몸(身)을 활(弓)처럼 웅크리고 사는 모양이 곤궁하니 **곤궁할 궁**

또 곤궁함을 벗어나려고 최선을 다하니 **다할 궁**

+ 弓(활 궁)

困窮(곤궁) ① 가난하여 살림이 구차함.
② 처지가 이러지도 저러지도 못하게 난처하고 딱함.
窮理(궁리) 마음속으로 이리저리 따져 깊이 생각함.
無窮無盡(무궁무진) 끝이 없고 다함이 없음.

+ 困(곤할 곤), 理(이치 리, 다스릴 리), 無(없을 무), 盡(다할 진)

189 심 필비밀 [心 必秘密] - 心과 必로 된 한자

7급 / 4획 / 心

(마음이 가슴에 있다고 생각하여) 심장(♡)을 본떠서 **마음 심**

또 심장이 있는 몸의 중심이니 **중심 심**

放心(방심) ① 마음을 다잡지 아니하고 풀어 놓아 버림.
　　　　　② 안심.
疑心(의심) 확실히 알 수 없어서 믿지 못하는 마음.
都心(도심) 도시의 중심부.

+ 放(놓을 방), 疑(의심할 의), 都(도읍 도, 모두 도)

5급Ⅱ / 5획 / 心

하나(丿)에만 매달리는 마음(心)으로 반드시 이루니 **반드시 필**

+ 丿('삐침 별'이지만 여기서는 하나로 봄)

必勝(필승) 반드시 이김.
必要(필요) 반드시 요구되는 바가 있음.
生必品(생필품) 살아가는데 반드시 필요한 물건.

+ 勝(이길 승, 나을 승), 要(중요할 요, 필요할 요), 生(날 생, 살 생, 사람을 부를 때 붙이는 접사 생), 品(물건 품, 등급 품, 품위 품)

4급 / 10획 / 示

신(示)처럼 반드시(必) 모양을 숨겨서 신비로우니 **숨길 비, 신비로울 비**

[속] 秘 - 옛날 곡식이 귀하던 시절에 벼(禾)는 반드시(必) 숨겨야 한다는 데서 '숨길 비'
　　　또 드러내지 않고 숨긴 듯 신비로우니 '신비로울 비' - 특급Ⅱ

+ 示(보일 시, 신 시), 禾(벼 화)

祕密(비밀) 숨겨 남에게 공개하지 아니하는 일.
極祕(극비) 극비밀(절대 알려져서는 안 되는 중요한 일).
神祕(신비) (사람의 지혜로는 도저히 이해할 수 없는) 신묘한 비밀.

+ 密(빽빽할 밀, 비밀 밀), 極(끝 극, 다할 극), 神(귀신 신, 신비할 신, 정신 신)

4급Ⅱ / 11획 / 宀

집(宀)을 반드시(必) 산(山)에 짓고 산다면 빽빽할 정도로 많은 비밀이 있으니 **빽빽할 밀, 비밀 밀**

+ 宀(집 면), 山(산 산)

密林(밀림) (나무가) 빽빽한 숲. 정글.
細密(세밀) 자세하고 꼼꼼함.
密談(밀담) 남몰래 이야기함. 또는 그렇게 하는 이야기.

+ 林(수풀 림), 細(가늘 세), 談(말씀 담)

190 사이육 거법[厶以育 去法] - 厶와 去로 된 한자

부수자 / 2획

팔로 사사로이 나에게 끌어당기는 모양에서 **사사로울 사, 나 사**

+ 지금은 부수로만 쓰이고 '사사롭다' 뜻으로는 '사사로울 사(私)'를 씁니다.

5급II / 5획 / 人

사사로운(′) 욕심 까닭에 사람(人)으로써(써)의 가치를 잃으니 **써 이, 까닭 이**

+ 써 - '그것을 가지고', '그것으로 인하여'의 뜻을 지닌 접속 부사.
+ ′[사사로울 사, 나 사(厶)의 변형]

所以(소이) 어떤 행위를 하게 된 까닭.
以心傳心(이심전심) 마음으로써 마음을 전함.

+ 所(장소 소, 바 소), 心(마음 심, 중심 심), 傳(전할 전, 이야기 전)

7급 / 8획 / 肉(月)

머리(亠)부터 내(厶) 몸(月)처럼 기르니 **기를 육**

+ 亠(머리 부분 두), 月(달 월, 육 달 월)

育成(육성) 길러 이루게(자라게) 함.
教育(교육) 가르쳐서 기름.
養育(양육) '기르고 기름'으로, 아이를 보살펴서 자라게 함.

+ 成(이룰 성), 敎(가르칠 교), 養(기를 양)

5급 / 5획 / 厶

어떤 땅(土)으로 사사로이(厶) 가니 **갈 거**

또 가도록 제거하니 **제거할 거**

+ 土(흙 토)

去年(거년) 간(지난) 해.
去來(거래) 돈이나 물건을 서로 꾸고 갚거나 주고받고 함.
除去(제거) 없애거나 사라지게 함.

+ 年(해 년, 나이 년), 來(올 래), 除(제거할 제, 덜 제, 나눗셈 제)

5급II / 8획 / 水(氵)

물(氵)이 흘러가듯(去) 순리에 맞아야 하는 법이니 **법 법**

方法(방법) 어떤 일을 하거나 목적을 이루기 위해 취하는 수단이나 방식.
手法(수법) (일을 다루는) 재주나 방법.
立法(입법) 법을 세움(만듦).

+ 方(모 방, 방향 방, 방법 방), 手(손 수, 재주 수, 재주 있는 사람 수), 立(설 립)

191 지도치 옥실[至到致 屋室] - 至로 된 한자

4급II / 6획 / 至

하나(一)의 사사로운(厶) 땅(土)에 이르니 **이를 지**
또 이르러(至) 돌봄이 지극하니 **지극할 지**

至極(지극) 이르러 정성을 다함. 더없이 극진함.
至誠(지성) 지극한 정성.
自初至終(자초지종) 처음부터 끝에 이르기까지(의 과정).

+ 極(끝 극, 다할 극), 誠(정성 성), 自(자기 자, 스스로 자, 부터 자), 初(처음 초), 終(다할 종, 마칠 종)

10日

5급II / 8획 / 刀(刂)

무사히 목적지에 이르려고(至) 위험을 대비하여 칼(刂)을 가지고 이를 정도로 주도면밀하니 **이를 도, 주도면밀할 도**

+ 刂(칼 도 방)

到達(도달) (목적한 곳에) 이르러 닿음.
到着(도착) 목적한 곳에 다다름.
殺到(쇄도) '빠르게 이름'으로, 전화·주문 등이 한꺼번에 세차게 몰려듦.

+ 達(이를 달, 통달할 달), 着(붙을 착), 殺(죽일 살, 빠를 쇄, 감할 쇄)

5급 / 10획 / 至

지극한(至) 지성으로 치며(攵) 지도하면 꿈을 이루고 목표에 이르니 **이룰 치, 이를 치**

+ 攵(칠 복, = 攴)

景致(경치) 산이나 들·강·바다 등의 자연이나 지역의 모습.
致命打(치명타) 죽을 지경에 이를 정도의 (치명적인) 타격.
滿場一致(만장일치) '마당 가득히 하나를 이룸'으로, 회의장에 모인 모든 사람의 의견이 완전히 같음.

+ 景(볕 경, 경치 경, 클 경), 命(명령할 명, 목숨 명, 운명 명), 打(칠 타), 滿(찰 만), 場(마당 장, 상황 장)

5급 / 9획 / 尸

몸(尸)이 이르러(至) 쉬는 집이니 **집 옥**

+ 尸(주검 시, 몸 시) - 제목번호 335 참고

家屋(가옥) 사람이 사는 집.
洋屋(양옥) 서양식으로 지은 집. ↔ 韓屋(한옥) 우리나라 고유의 형식으로 지은 집.

+ 家(집 가, 전문가 가), 洋(큰 바다 양, 서양 양), 韓(한국 한)

8급 / 9획 / 宀

지붕(宀) 아래 중 이르러(至) 쉬는 집이나 방이니 **집 실, 방 실**
또 주로 집에서 살림하는 아내도 가리켜서 **아내 실**

室內(실내) ① 집이나 방의 안.
　　　　　 ② 남의 아내를 점잖게 이르는 말.
寢室(침실) 잠자는 방.

+ 內(안 내), 寢(잠잘 침)

192 태(이·대)시치[台始治] - 台로 된 한자

1급Ⅱ / 5획 / 口

사사로운(厶) 말(口)들처럼 무수히 뜬 별이니 **별 태**

또 사사로운(厶) 말(口)들에도 나는 기쁘니 **나 이, 기쁠 이**

또 사사로이(厶) 입(口) 다물고 이르는 누각이나 정자니
누각 대, 정자 대(臺)의 약자

6급Ⅱ / 8획 / 女

여자(女)에게 별(台)처럼 새 생명이 잉태되는 처음이니 **처음 시**

始終(시종) ① 처음과 끝을 아울러 이르는 말.
　　　　　② 처음부터 끝까지.
始初(시초) 맨 처음.
年末年始(연말연시) 한 해의 마지막 때와 새해의 첫머리를 아울러 이르는 말.

+ 終(다할 종, 마칠 종), 初(처음 초), 年(해 년, 나이 년), 末(끝 말)

4급Ⅱ / 8획 / 水(氵)

물(氵)을 기쁘게(台) 사용하도록 잘 다스리니 **다스릴 치**

+ 수리시설이 미비했던 옛날에는 물로 인한 패해가 많았으니, 치산치수(治山治水)가 지도자의 큰 임무였답니다.

治安(치안) 편안하게 다스림.
政治(정치) 국가의 주권자가 그 영토와 국민을 다스림.

+ 安(편안할 안), 政(다스릴 정)

193 우설전[雨雪電] – 雨로 된 한자

5급II / 8획 / 雨

하늘(一)의 구름(冂)에서 물(ㅖ)로 내리는 비니 **비 우**

+ 雨는 날씨와 관계되는 한자의 부수로도 쓰입니다.
+ 一('한 일'이지만 여기서는 하늘로 봄), 冂('멀 경, 성 경'이지만 여기서는 구름으로 봄), ㅖ[물 수 발(氺)의 변형]

降雨(강우) 비가 내림. 또는 내린 비.
暴雨(폭우) (갑자기) 사납게 많이 쏟아지는 비.

+ 降(내릴 강, 항복할 항), 暴(사나울 폭, 사나울 포, 드러날 폭)

10日

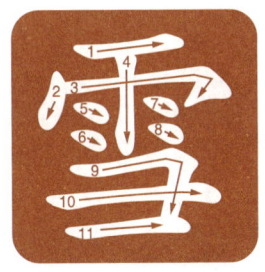

6급II / 11획 / 雨

비(雨)가 얼어 고슴도치 머리(彐)처럼 어지럽게 내리는 눈이니 **눈 설**

또 눈처럼 깨끗하게 씻으니 **씻을 설**

+ 그릇 등을 씻는다는 '설거지'라는 말도 여기서 유래된 말입니다.
+ 彐[고슴도치 머리 계, 오른손 우(又)의 변형]

雪景(설경) 눈이 내리거나 눈이 쌓인 경치.
嚴冬雪寒(엄동설한) 눈 내리는 깊은 겨울의 심한 추위.

+ 景(볕 경, 경치 경, 클 경), 嚴(엄할 엄), 冬(겨울 동), 寒(찰 한)

7급II / 13획 / 雨

비(雨) 올 때 번쩍 빛을 펼치는(电) 번개니 **번개 전**

또 번개처럼 빛나는 전기니 **전기 전**

+ 电[아뢸 신, 펼 신, 원숭이 신, 아홉째 지지 신(申)의 변형]

電擊(전격) 번개처럼 (갑작스럽게) 들이침.
電燈(전등) 전기로 빛을 내는 등불.
電話(전화) ① 전화기를 이용하여 말을 주고받음.
② 전화기.

+ 擊(칠 격), 燈(등불 등), 話(말할 화, 이야기 화)

194 운운음 [云雲陰] - 云으로 된 한자

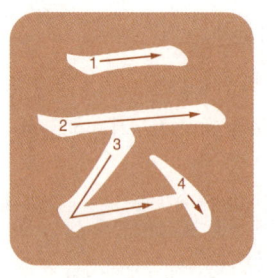

3급 / 4획 / 二

둘(二)이 사사롭게(厶) 이르니(말하니) **이를 운, 말할 운**

+ 二(둘 이), 厶(사사로울 사, 나 사)

5급Ⅱ / 12획 / 雨

비(雨)가 오리라고 말해(云) 주는 구름이니 **구름 운**

+ 구름이 끼면 비가 올 것을 알게 되지요.

雲集(운집) 구름처럼 많이 모임.
雲海(운해) 바다처럼 널리 깔린 구름.

+ 集(모일 집, 책 집), 海(바다 해)

4급Ⅱ / 11획 / 阜(阝)

언덕(阝) 아래는 지금(今)도 말하면(云) 그늘이니 **그늘 음**

[족] 陰 - 언덕(阝)처럼 생기는 사람(人)의 긴(镸) 그늘이니 '그늘 음'

+ 阝(언덕 부 변), 今(이제 금, 오늘 금), 镸[길 장, 어른 장, 자랄 장(長)의 변형]

陰陽(음양) ① (우주 만물을 만들어 내는 상반된 성질의 두 가지 기운으로서의) 음과 양.
② 남녀의 성에 관한 이치.
陰地(음지) 그늘진 곳. ↔ 陽地(양지) 볕이 바로 드는 곳.
陰凶(음흉) (마음이) 음침하고 흉악함.

+ 陽(볕 양, 드러날 양), 地(땅 지, 처지 지), 凶(흉할 흉, 흉년 흉)

195 충총통[充銃統] – 充으로 된 한자

5급Ⅱ / 6획 / 人(儿)

머리(亠)속에 사사로운(厶) 생각을 사람(儿)이 가득 차게 채우니
가득 찰 **충**, 채울 **충**

+ 亠(머리 부분 두), 儿(사람 인 발, 어진사람 인)

> 充滿(충만) 가득 참.
> 充足(충족) 분량에 차서 넉넉함.
> 充電(충전) (축전지 등에) 전기를 채움.

+ 滿(찰 만), 足(발 족, 넉넉할 족), 電(번개 전, 전기 전)

10日

4급Ⅱ / 14획 / 金

쇠(金)에 총알을 채워(充) 쏘는 총이니 **총 총**

+ 金(쇠 금, 금 금, 돈 금, 성씨 김)

> 銃擊(총격) 총으로 침(사격함).
> 銃殺(총살) 총으로 (쏘아) 죽임.
> 銃彈(총탄) 총알.

+ 擊(칠 격), 殺(죽일 살, 빠를 쇄, 감할 쇄), 彈(탄알 탄, 튕길 탄)

4급Ⅱ / 12획 / 糸

실(糸)을 그릇에 채워(充) 헝클어지지 않게 묶어 거느리니
묶을 **통**, 거느릴 **통**

+ 糸(실 사, 실 사 변)

> 統一(통일) 여럿을 하나로 묶음.
> 統治(통치) 거느려 다스림.
> 傳統(전통) (어떤 집단이나 공동체에서, 지난 시대에 이미 이루어져) 계통을 이루며 전하여 내려오는 사상·관습·행동 등의 양식.

+ 治(다스릴 치), 傳(전할 전, 이야기 전)

196 두단두[豆短頭] - 豆로 된 한자

4급II / 7획 / 豆

제기(祭器)를 본떠서 **제기 두**

또 제기(→ 豆)처럼 둥근 콩이니 **콩 두**

+ 제기(祭器) - 제사 때 쓰는 그릇.
+ 祭(제사 제, 축제 제), 器(그릇 기, 기구 기)

豆油(두유) 콩에서 짜낸 기름.
豆乳(두유) 물에 불린 콩을 간 다음, 물을 붓고 끓여 걸러서 만든 우유 같은 액체.

+ 油(기름 유), 乳(젖 유)

6급II / 12획 / 矢

화살(矢)이 콩(豆)만하여 짧고 모자라니 **짧을 단, 모자랄 단**

+ 矢(화살 시)

短縮(단축) 짧게 줄어듦. 또는 짧게 줄임. ↔ 延長(연장) 시간이나 길이 등을 길게 늘임.
長短(장단) ① 길고 짧음.
　　　　　② 장점과 단점.
　　　　　③ 곡조의 빠름과 느림.
短點(단점) 잘못되고 모자라는 점. ↔ 長點(장점) 좋은 점.

+ 縮(줄일 축), 延(끌 연, 늘일 연), 長(길 장, 어른 장, 자랄 장), 點(점 점, 불 켤 점)

6급 / 16획 / 頁

콩(豆)처럼 둥근 머리(頁)니 **머리 두**

또 머리처럼 위에 있는 우두머리니 **우두머리 두**

+ 頁(머리 혈) - 제목번호 390 참고

頭痛(두통) 머리가 아픔.
頭角(두각) 여럿 중에서 특히 뛰어남.
頭領(두령) 여러 사람을 거느리는 우두머리.

+ 痛(아플 통), 角(뿔 각, 모날 각, 겨룰 각), 領(거느릴 령, 우두머리 령)

197 투투[鬥鬪] – 鬥로 된 한자

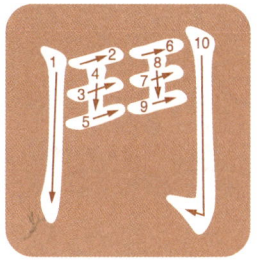

부수자 / 10획

두 임금(王王)이 발을 뻗어(丨丨) 싸우니 **싸울 투**

+ 王(임금 왕, 으뜸 왕, 구슬 옥 변)

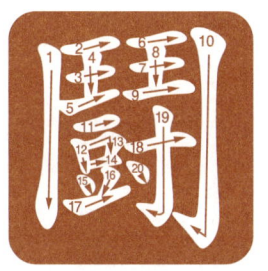

4급 / 20획 / 鬥

싸움(鬥)을 제기(豆)의 음식이 법도(寸)에 맞지 않는다고 싸우니 **싸울 투**

+ 제사를 요즘은 약식으로도 지내지만, 옛날에는 정해진 제물을, 정해진 원칙에 맞게 차려, 정해진 절차에 따라 엄숙하게 지냈는데 그런 법도에 맞지 않으면 싸웠다고 하네요.
+ 寸(마디 촌, 법도 촌)

鬪病(투병) 병과 싸움.
鬪志(투지) 싸우고자 하는 뜻.
戰鬪(전투) 두 편의 군대가 조직적으로 무장하여 싸움.

+ 病(병 병, 근심할 병), 志(뜻 지), 戰(싸울 전, 무서워 떨 전)

10日

한자에 많이 쓰인 소재들

한자가 만들어지던 시절을 생각하면 한자의 어원이 보다 쉽게 이해됩니다.
한자가 만들어지던 시절에 많이 쓰인 소재로 된 한자들을 뽑아보면 대강 다음과 같은데, 이 한자들을 부수로 이용하여 많은 한자들이 만들어졌지요.

① 사람과 몸에 관련된 한자 – 사람 인(人), 입 구(口), 눈 목(目), 귀 이(耳), 손 수(手), 발 족(足), 이 치(齒), 마음 심(心), 육 달 월(月), 아들 자(子), 여자 녀(女) 등.
② 먹고 입고 말하고 힘쓰고 점치는 것과 관련된 한자 – 밥 식(食), 옷 의(衣), 말씀 언(言), 힘 력(力), 점 복(卜), 보일 시, 신 시(示) 등.
③ 날씨와 우주에 관련된 한자 – 해 일(日), 달 월(月), 별 성(星), 비 우(雨), 산 산(山), 물 수(水), 내 천(川), 바람 풍(風) 등.
④ 농사와 곡식과 관련된 한자 – 밭 전(田), 마을 리(里), 벼 화(禾), 쌀 미(米), 보리 맥(麥) 등.
⑤ 당시에 쓰던 무기와 관련된 한자 – 칼 도(刀), 활 궁(弓), 화살 시(矢), 주살 익(弋), 창 과(戈), 창 모(矛), 방패 간(干) 등.
⑥ 당시 주요 소재였던 것으로 된 한자 – 나무 목(木), 대 죽(竹), 풀 초(草), 실 사(絲), 돌 석(石), 흙 토(土) 등.
⑦ 실생활과 밀접한 동물로 된 한자 – 양 양(羊), 소 우(牛), 말 마(馬), 사슴 록(鹿), 범 호(虎), 원숭이 우(禺), 물고기 어(魚) 등.
⑧ 집이나 생활 도구로 된 한자 – 집 면(宀), 문 문(門), 방 방(房), 불 화(火), 실 사(糸), 말 두(斗), 배 주(舟) 등.

198 발 등등증 [癶 登燈證] – 癶과 登으로 된 한자

부수자 / 5획

등지고 걸어가는 모양을 본떠서 **등질 발, 걸을 발**

7급 / 12획 / 癶

걸어서(癶) 제기(豆)처럼 높은 곳에 오르니 **오를 등**

또 올려 기재하니 **기재할 등**

> 登記(등기) (어떤 사실이나 관계를) 공식 문서에 올려 적음.
> 登場(등장) ① 사물이나 이론, 인물 등이 새로이 세상에 나옴.
> ② 무대나 연단 등에 나옴.
> 登錄(등록) 올려 기록함.

+ 記(기록할 기, 기억할 기), 場(마당 장, 상황 장), 錄(기록할 록)

4급II / 16획 / 火

불(火)을 올려(登) 켜는 등불이니 **등불 등**

약 灯 - 불(火)을 고무래(丁) 같은 등잔에 올려 켠 등불이니 '등불 등'
+ 火(불 화), 丁(고무래 정, 못 정, 장정 정, 넷째 천간 정)

> 消燈(소등) 등불이나 전등을 끔. ↔ 點燈(점등) 등에 불을 켬.
> 街路燈(가로등) 길가를 따라 설치해 놓은 등.
> 燈火可親(등화가친) '등불과 가히 친함'으로, 서늘한 가을밤은 등불을 가까이 하여 글 읽기에 좋음을 이르는 말.

+ 消(끌 소, 삭일 소, 물러설 소), 點(점 점, 불 켤 점), 街(거리 가), 路(길 로), 火(불 화), 可(옳을 가, 가히 가, 허락할 가), 親(어버이 친, 친할 친)

4급 / 19획 / 言

말(言)로 높은 데 올라(登)서서 떳떳하게 증명하는 증거니

증명할 증, 증거 증

약 証 - 말(言)로 바르게(正) 증명하니 '증명할 증'
+ 言(말씀 언), 正(바를 정)

> 證明(증명) (그것이 진실인지 아닌지) 증거를 들어서 밝힘.
> 證言(증언) (사실을) 증명하는 말.
> 確證(확증) 확실히 증명하는 것. 또는 확실한 증거.

+ 明(밝을 명), 確(굳을 확, 확실할 확)

199 두졸상도[亠卒商圖] - 亠로 된 한자

부수자 / 2획

옛날 갓을 쓸 때 상투를 튼 머리 부분을 본떠서 **머리 부분 두**

10日

5급Ⅱ / 8획 / 十

우두머리(亠) 밑에 모인 사람들(人人)의 많은(十) 무리는 졸병이니 **졸병 졸**
또 졸병은 전쟁에서 앞장서야하기 때문에 갑자기 죽어 생을 마치니
갑자기 졸, 죽을 졸, 마칠 졸

역 추 – 많고(九) 많은(十) 졸병이니 '졸병 졸'
또 졸병은 전쟁에서 앞장서야 하기 때문에 갑자기 죽어 생을 마치니 '갑자기 졸, 죽을 졸, 마칠 졸'

卒兵(졸병) 지위가 낮은 병사.
卒業(졸업) 학업 과정을 마침.

+ 兵(군사 병), 業(업 업, 일 업)

5급Ⅱ / 11획 / 口

머리(亠)에 물건을 이고(丷) 다니며 성(冂) 안에서 사람(儿)이 말하며(口) 장사하니 **장사할 상**
또 장사하듯 이익을 헤아리니 **헤아릴 상**

+ 丷(머리에 인 모양으로 봄), 冂(멀 경, 성 경), 儿(사람 인 발, 어진사람 인), 口(입 구, 구멍 구, 말할 구)

商街(상가) 상점들이 죽 늘어서 있는 거리.
商品(상품) ① 사고파는 물건이나 재화.
② 장사로 파는 물건.
協商(협상) 어떤 일을 조정하고 우호 관계를 유지하기 위하여 협의함.

+ 街(거리 가), 品(물건 품, 등급 품, 품위 품), 協(도울 협)

6급Ⅱ / 14획 / 囗

종이(囗)에 말하듯(口) 머리(亠) 돌려(回) 보면서 그림을 그리고 꾀하니 **그림 도, 꾀할 도**

역 図 – 일정한 지면(囗)을 점점(冫)이 다스려(攵) 그림을 그리고 꾀하니 '그림 도, 꾀할 도'
+ 囗('둘레 위, 에워쌀 위, 나라 국'이지만 여기서는 종이로 봄), 回(돌 회, 돌아올 회, 횟수 회), 攵(벨 예, 다스릴 예, 어질 예)

地圖(지도) 지구 표면의 상태를 일정한 비율로 줄여, 이를 약속된 기호로 평면에 나타낸 그림.
略圖(약도) 중요한 곳만 간단히 그린 지도.
試圖(시도) (어떤 일을) 시험 삼아 꾀함.

+ 地(땅 지, 처지 지), 略(간략할 략, 빼앗을 략), 試(시험할 시)

200 야액 망망[夜液 亡望] - 夜와 亡으로 된 한자

6급 / 8획 / 夕

머리(亠) 두르고 사람(亻)이 자는 저녁(夕)부터 이어진(㇏) 밤이니 **밤 야**

+ 夕(저녁 석), ㇏('파임 불'이지만 여기서는 이어진 모양으로 봄)

夜間(야간) 밤사이.
夜景(야경) 밤의 경치.
晝夜(주야) ① 낮과 밤을 아울러 이르는 말.
② 쉬지 않고 계속함.

+ 間(사이 간), 景(볕 경, 경치 경, 클 경), 晝(낮 주)

4급Ⅱ / 11획 / 水(氵)

물(氵) 중 밤(夜)처럼 어두운 진액이나 즙이니 **진액 액, 즙 액**

血液(혈액) 피.
液體(액체) 일정한 부피는 가졌으나 일정한 형태를 가지지 못한 물질.
樹液(수액) ① 나무껍질 등에서 분비되는 액체.
② 땅속에서 식물의 줄기를 지나 잎으로 올라가는 액체.

+ 血(피 혈), 體(몸 체), 樹(세울 수, 나무 수)

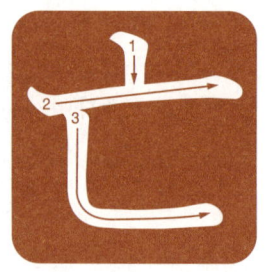

5급 / 3획 / 亠

머리(亠)를 감추어야(乚) 할 정도로 망하여 달아나니 **망할 망, 달아날 망**

또 망하여 죽으니 **죽을 망**

+ 乚(감출 혜, 덮을 혜, = 匸)

興亡(흥망) 흥함(잘되어 번성하여 일어남)과 망함(못되어 다해 없어짐).
逃亡(도망) ① 몰래 피해 달아남.
② 쫓기어 달아남.
死亡(사망) 죽음.

+ 興(흥할 흥, 흥겨울 흥), 逃(달아날 도), 死(죽을 사)

5급Ⅱ / 11획 / 月

망가진(亡), 즉 이지러진 달(月)을 보고 왕(王) 같은 보름달이 되는 보름을 바라니 **바랄 망, 보름 망**

+ 月(달 월, 육 달 월), 王(임금 왕, 으뜸 왕, 구슬 옥 변)

所望(소망) 바라는 바. 희망.
展望(전망) ① 멀리 바라봄.
② 다가올 앞날을 미리 내다봄.
希望(희망) 바라는 소망.
望月(망월) 보름달.

+ 所(장소 소, 바 소), 展(펼 전, 넓을 전), 希(바랄 희), 月(달 월, 육 달 월)

10日 확인문제 (181~200)

01~04 다음 漢字의 훈(뜻)과 음(소리)을 쓰세요.

01. 監 (   )   02. 覽 (   )
03. 賢 (   )   04. 刑 (   )

05~08 다음 훈음에 맞는 漢字를 쓰세요.

05. 찰 한 (   )   06. 반드시 필 (   )
07. 써 이 (   )   08. 갈 거 (   )

09~12 다음 漢字語의 독음을 쓰세요.

09. 國寶 (   )   10. 推究 (   )
11. 窮理 (   )   12. 祕密 (   )

13~14 다음 문장 중 밑줄 친 단어를 漢字로 쓰세요.

13. 해결 **방안**이 좀처럼 떠오르지 않는다. (   )
14. 비행기 **도착** 시간에 맞춰 공항에 나갔다. (   )

15~16 다음 문장 중 漢字로 표기된 단어의 독음을 쓰세요.

15. 울창한 **密林** 속을 헤쳐 나갔다. (   )
16. 그녀는 효성이 **至極**하다. (   )

17~18 다음 뜻풀이에 맞는 단어를 漢字로 쓰세요.

17. 법을 세움(만듦). (   )   18. 서양식으로 지은 집. (   )

19~20 다음 漢字語의 뜻을 쓰세요.

19. 堅固 (   )
20. 陰地 (   )

---

01. 볼 감 02. 볼 람 03. 어질 현 04. 형벌 형 05. 寒 06. 必 07. 以 08. 去 09. 국보 10. 추구
11. 궁리 12. 비밀 13. 方案 14. 到着 15. 밀림 16. 지극 17. 立法 18. 洋屋 19. 강하고 굳음.
20. 그늘진 곳.

11일 201 ~ 220

201 경취경[京就景] - 京으로 된 한자

6급 / 8획 / 亠

높은(亠) 곳에도 작은(小) 집들이 많은 서울이니 **서울 경**

+ 지금은 정비되어 많이 좋아졌지만 옛날에 서울 같은 큰 도시는 땅이 부족하여 높은 지대에까지 집을 짓고 살았지요.
+ 亠[높을 고(高)의 획 줄임], 小(작을 소)

京鄕(경향) 서울과 시골을 아울러 이르는 말.
歸京(귀경) 서울로 돌아감. ↔ 歸鄕(귀향) 고향으로 돌아가거나 돌아옴.
上京(상경) (시골에서) 서울로 올라옴.

+ 鄕(시골 향, 고향 향), 歸(돌아갈 귀, 돌아올 귀), 上(위 상, 오를 상)

4급 / 12획 / 尢

(벼슬자리가 많은) 서울(京)로 더욱(尤) 나아가 꿈을 이루니

나아갈 취, 이룰 취

+ 尤 - 절름발이(尢)에 점(丶)까지 있어 더욱 허물이니 '더욱 우, 허물 우' - 3급
+ 尢 - 양팔과 양다리를 벌린 모양을 본뜬 큰 대(大)의 한 획을 구부려 절름발이를 나타내어 '굽을 왕, 절름발이 왕' - 부수자

就業(취업) 일에 나아감.
就職(취직) 직업을 얻어 직장에 나감.
成就(성취) 목적한 바를 이룸.

+ 業(업 업, 일 업), 職(벼슬 직, 맡을 직), 成(이룰 성)

5급 / 12획 / 日

햇(日)볕이 서울(京)을 비추면 드러나는 경치가 크니 **볕 경, 경치 경, 클 경**

景致(경치) 자연의 아름다운 모습.
風景(풍경) ① 감상의 대상이 되는 자연이나 세상의 모습.
　　　　　② 자연의 아름다운 모습을 주제로 하여 그린 회화.
　　　　　③ 어떤 정황이나 상태.
景福(경복) 큰 복.
景福宮(경복궁) '큰 복의 궁궐'로, 서울에 있는 조선 시대의 궁궐.

+ 致(이룰 치, 이를 치), 風(바람 풍, 풍속·경치·모습·기질·병 이름 풍), 福(복 복), 宮(집 궁, 궁궐 궁)

202 교교효[交校效] - 交로 된 한자

6급 / 6획 / 亠

(옛날에는) 머리(亠)에 갓을 쓰고 아버지(父)는 사람을 사귀거나 오고갔으니
사귈 교, 오고갈 교

+ 사람을 맞을 때는 옷을 단정하게 입지요.
+ 亠(머리 부분 두), 父(아버지 부)

交際(교제) (어떤 사람이 누구와) 서로 사귐.
交通(교통) (자동차·기차·배·비행기 등을 이용하여) 사람이나 짐이 오고 가거나, 짐을 실어 나르는 일.

+ 際(때 제, 사귈 제), 通(통할 통)

8급 / 10획 / 木

나무(木)에 지주를 교차(交)시켜 바로잡듯이 사람을 바르게 가르치는 학교니
학교 교

또 글을 바로잡으면서 교정보니 **교정볼 교**

또 사병을 바로잡는 장교니 **장교 교**

+ 木(나무 목)

學校(학교) 학생에게 교육을 실시하는 기관.
校正(교정) 교정쇄와 원고를 대조하여 잘못된 부분을 바르게 고침.
將校(장교) 군인 신분 상 소위 이상의 간부.

+ 學(배울 학), 正(바를 정), 將(장수 장, 장차 장, 나아갈 장)

5급Ⅱ / 10획 / 攵

좋은 분과 **사귀며**(交) 자신을 **치며**(攵) 본받으면 효험이 있으니
본받을 효, 효험 효

+ 攵(칠 복, = 攴)

效則(효칙) 본받아 법으로 삼음.
效果(효과) 보람. 좋은 결과.
效驗(효험) 일의 좋은 보람. 또는 어떤 작용의 결과.

+ 則(곧 즉, 법칙 칙), 果(과실 과, 결과 과), 驗(경험할 험)

203 항항항 [亢抗航] – 亢으로 된 한자

1급II / 4획 / 亠

머리(亠) 아래 안석(几)처럼 이어진 목이니 **목 항**

또 목처럼 높으니 **높을 항**

+ 亠(머리 부분 두), 几(안석 궤, 책상 궤) – 제목번호 256 참고

4급 / 7획 / 手(扌)

손(扌)으로 높은(亢) 자와 겨루고 대항하니 **겨룰 항, 대항할 항**

抗拒(항거) 순종하지 아니하고 맞서서 반항함.
對抗(대항) (굽히거나 지지 않으려고) 맞서서 버티거나 항거함.
抗辯(항변) (어떤 일을 부당하다고 여겨) 따지거나 반대하는 뜻을 주장함.

+ 拒(막을 거, 물리칠 거), 對(상대할 대, 대답할 대), 辯(말 잘할 변)

4급II / 10획 / 舟

(옛날 돛단배로 건너던 시절에는) 배(舟) 중 높이(亢) 돛을 단 배로 건넜으니 **배 항, 건널 항**

+ 舟(배 주) – 통나무배를 본떠서 '배 주' – 3급

航海(항해) 배가 바다 위를 건넘(감).
航路(항로) 선박이나 항공기가 다니는 길.
就航(취항) 배나 비행기가 일정한 항로에 나아감(오름).

+ 海(바다 해), 路(길 로), 就(나아갈 취, 이룰 취)

204 단단단[亶壇檀] - 亶으로 된 한자

특급Ⅱ / 13획 / 亠

머리(亠) 돌려(回) 아침(旦)부터 일에 열중하면 생기는 많은 믿음이니
많을 단, 믿음 단

+ 亠(머리 부분 두), 回(돌 회, 돌아올 회, 횟수 회), 旦(아침 단) - 제목번호 317 참고

11日

5급 / 16획 / 土

흙(土)을 많이(亶) 쌓아 만든 제단이나 단상이니 **제단 단, 단상 단**

+ 土(흙 토)

祭壇(제단) 제사를 지내는 단.
壇上(단상) (교단·강단 등의) 단 위.
登壇(등단) ① 단상에 오름. ↔ 下壇(하단) 단에서 내려옴.
　　　　　 ② (어떠한 사회적 분야에) 등장함.

+ 祭(제사 제, 축제 제), 上(위 상, 오를 상), 登(오를 등, 기재할 등), 下(아래 하, 내릴 하)

4급Ⅱ / 17획 / 木

나무(木) 중 단단하여 많이(亶) 사용하는 박달나무니 **박달나무 단**

檀君(단군) 우리 겨레의 시조로 받들어지는 임금. [기원전 2333년 아사달(阿斯達)에 도읍하여 고조선(古朝鮮)을 세워 약 2000년 동안 나라를 다스렸다고 함]
檀紀(단기) 단군이 즉위한 해인 서력 기원전 2333년을 원년으로 하는 기원.

+ 君(임금 군, 남편 군, 그대 군), 紀(벼리 기, 질서 기, 해 기, 기록할 기)

205 해핵각[亥核刻] - 亥로 된 한자

3급 / 6획 / 亠

돼지의 **머리**(亠)와 **뼈대**(→ 𠃑) 모양을 본떠서 **돼지 해**

또 돼지는 열두째 지지니 **열두째 지지 해**

4급 / 10획 / 木

나무(木) 열매에서 **돼지**(亥) 가죽처럼 단단한 껍질로 둘러싸인 씨나 알맹이니 **씨 핵, 알맹이 핵**

> 核心(핵심) 가장 중요하거나 중심이 되는 부분.
> 結核(결핵) '결핵병'의 준말.

+ 心(마음 심, 중심 심), 結(맺을 결)

4급 / 8획 / 刀(刂)

돼지(亥) 뼈에 **칼**(刂)로 새기니 **새길 각**

또 눈금을 새겨 나타내는 시각이니 **시각 각**

+ 하루 24시간을 96각법으로 계산하면 1각(刻)은 15분입니다.
+ 刂(칼 도 방)

> 刻印(각인) ① 도장을 새김.
> ② 어떤 사건이나 느낌이 머릿속이나 마음속에 깊이 새겨져 뚜렷하게 기억됨.
> 木刻(목각) (그림이나 글씨 등을) 나무에 새김.
> 時時刻刻(시시각각) 시간의 흐름에 따라.

+ 印(찍을 인, 도장 인), 木(나무 목), 時(때 시)

206 의의표[衣依表] – 衣로 된 한자

6급 / 6획 / 衣

동정과 옷고름 있는 저고리(　) 모양을 본떠서 **옷 의**

+ 한자의 왼쪽에 붙는 부수인 변으로 쓰일 때는 '衤(옷 의 변)'인데, 보일 시, 신 시(示)가 부수로 쓰일 때의 '보일 시, 신 시 변(礻)'과 비슷하니 혼동하지 마세요.

衣服(의복) 옷.
好衣好食(호의호식) '좋은 옷과 좋은 음식'으로, 잘 입고 잘 먹음.

+ 服(옷 복, 먹을 복, 복종할 복), 好(좋을 호), 食(밥 식, 먹을 식)

4급 / 8획 / 人(亻)

사람(亻)은 옷(衣)에 의지하니 **의지할 의**

+ 옷으로 추위를 막고 부끄러운 부분도 가릴 수 있으니, 사람은 옷에 의지하는 것이지요.

依支(의지) 다른 것에 몸을 기댐. 또는 그렇게 하는 대상.
依他(의타) 남에게 의지함.
依據(의거) ① 어떤 사실에 근거함.
② 남의 힘에 기대어 의지함.

+ 支(다룰 지, 가를 지, 지출할 지), 他(다를 타, 남 타), 據(의지할 거)

6급Ⅱ / 8획 / 衣

흙(土)이 묻은 옷(衣)의 겉이니 **겉 표**

+ 土(흙 토)

表面(표면) 겉면.
表出(표출) 겉으로 드러냄.

+ 面(얼굴 면, 향할 면, 볼 면, 행정 구역의 면), 出(날 출, 나갈 출)

11日

207 원원원[袁遠園] - 袁으로 된 한자

1급II / 10획 / 衣

한(一) 벌씩 옷(衣)을 식구(口) 수대로 챙기니 **옷 챙길 원**

+ 口('입 구, 구멍 구, 말할 구'지만 여기서는 식구로 봄)

6급 / 14획 / 辵(辶)

옷 챙겨(袁) 가야(辶)할 만큼 머니 **멀 원**

+ 辶(뛸 착, 갈 착)

遠近(원근) 멀고 가까움.
望遠鏡(망원경) 먼 곳의 물체를 크고 똑똑하게 볼 수 있도록 렌즈를 끼워 만든 관(管) 모양의 도구.

+ 近(가까울 근, 비슷할 근), 望(바랄 망, 보름 망), 鏡(거울 경), 管(대롱 관, 피리 관)

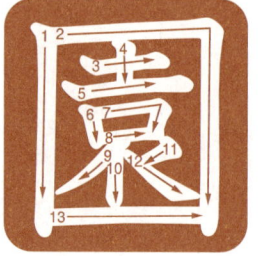

6급 / 13획 / 囗

옷 챙겨(袁) 싸듯 울타리를 친(囗) 동산이니 **동산 원**

+ 囗(둘레 위, 에워쌀 위, 나라 국)

園藝(원예) (농업의 일부로) 채소나 화훼·과수 등을 심어 가꾸는 일. 또는 그 기술.
公園(공원) 관광이나 자연보호를 위하여 지정된 지역.
庭園(정원) 집안의 뜰이나 꽃밭.

+ 藝(재주 예, 기술 예), 公(공평할 공, 대중 공, 귀공자 공), 庭(뜰 정)

208 수강 구구구[氺康 求救球] - 氺와 求로 된 한자

부수자 / 5획

물 수(水)가 한자의 발 부분에 붙는 부수인 발로 쓰일 때의 모양으로 **물 수 발**

+ '발'은 부수 이름이기에, 본자의 독음으로 제목을 달았습니다.

11日

4급II / 11획 / 广

집(广)에 돌아와 손(⺻)까지 물(氺)에 씻은 듯 편안하니 **편안할 강**

+ 广(집 엄), ⺻[고슴도치 머리 계, 오른손 우(又)의 변형]

健康(건강) 심신이 탈이 없고 튼튼함. 또는 그런 상태.
小康(소강) ① 병이 조금 나아감.
② 소란하던 세상이 조금 안정됨.
③ 형세가 다소 안온함.

+ 健(건강할 건)

4급II / 7획 / 水(氵)

하나(一)의 물(氺) 방울(丶)이라도 구하니 **구할 구**

+ 丶('점 주, 불똥 주'지만 여기서는 물방울로 봄)

求愛(구애) 사랑을 구함.
求職(구직) 일자리를 구함.
要求(요구) 어떠한 것을 필요하다고 바라거나 요청함.

+ 愛(사랑 애, 즐길 애, 아낄 애), 職(벼슬 직, 맡을 직), 要(중요할 요, 필요할 요)

5급 / 11획 / 攵

(나쁜 길에 빠진 사람을 쳐서라도) 구하기(求) 위하여 치며(攵) 구원하고 도우니 **구원할 구, 도울 구**

+ 攵(칠 복, = 攴)

救援(구원) (어려움이나 위험에 빠진 사람을) 구하여 도와줌.
救急(구급) (위급한 병이나 부상 환자를) 급하게 도움.
救濟(구제) 자연적인 재해나 사회적인 피해를 당하면 어려운 처지에 있는 사람을 도와줌.

+ 援(도울 원, 당길 원), 急(급할 급), 濟(건널 제, 구제할 제)

6급II / 11획 / 玉(王)

구슬(王)처럼 재료를 구해(求) 만든 둥근 공이니 **둥글 구, 공 구**

+ 대부분의 옥은 둥글게 가공함을 생각하고 만든 한자.
+ 王(임금 왕, 으뜸 왕, 구슬 옥 변)

地球(지구) 인류가 사는 천체.
球技(구기) 공을 사용하는 운동 경기.
卓球(탁구) 나무로 된 탁자의 가운데에 네트를 치고 라켓으로 공을 쳐 넘겨 승부를 겨루는 경기.

+ 地(땅 지, 처지 지), 技(재주 기), 卓(높을 탁, 뛰어날 탁, 탁자 탁)

209 언신어[言信語] - 言으로 된 한자

6급 / 7획 / 言

머리(亠)로 두(二) 번 생각하고 입(口)으로 말하는 말씀이니 **말씀 언**

+ 한 번 한 말은 되돌릴 수 없으니 말은 잘 생각하고 해야 하지요.
+ 亠(머리 부분 두)

言約(언약) 말로써 약속함.
言語(언어) 인간의 사상이나 감정을 표현하고, 의사를 소통하기 위한 소리나 문자 등의 수단.
有口無言(유구무언) '입은 있으나 말이 없음'으로, 아무 소리도 못함. 또는 변명할 말이 없음을 이르는 말.

+ 約(맺을 약, 약속할 약), 語(말씀 어), 有(가질 유, 있을 유), 無(없을 무)

6급II / 9획 / 人(亻)

사람(亻)이 말한(言) 대로 행하면 믿으니 **믿을 신**

또 믿을 만한 소식이니 **소식 신**

信念(신념) (자기가 옳다고) 믿는 생각.
書信(서신) 글로 전하는 소식.
半信半疑(반신반의) 반쯤 믿고 반쯤 의심함.

+ 念(생각 념), 書(쓸 서, 글 서, 책 서), 疑(의심할 의), 半(반 반)

7급 / 14획 / 言

말(言)로 나(吾)의 뜻을 알리는 말씀이니 **말씀 어**

+ 吾 - 다섯(五) 손가락, 즉 손으로 자신을 가리키며 말하는(口) 나니 '나 오' - 3급

語感(어감) 말에서 오는 느낌.
國語(국어) ① 우리나라의 언어.
② 한 나라의 국민이 사용하는 말.
語不成說(어불성설) 말이 사리에 맞지 않음.

+ 感(느낄 감, 감동할 감), 國(나라 국), 成(이룰 성), 說(달랠 세, 말씀 설, 기쁠 열)

210 설활화사[舌活話舍] - 舌로 된 한자

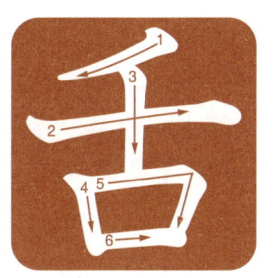

4급 / 6획 / 舌

혀(千)가 입(口)에서 나온 모양을 본떠서 **혀 설**

또 혀로 하는 말이니 **말 설**

+ 千('일천 천, 많을 천'이지만 여기서는 내민 혀의 모양으로 봄)

舌戰(설전) '말싸움'으로, 말다툼.
毒舌(독설) '독한 말'로, 남을 사납게 비방하거나 매도하여 해치는 말.
口舌數(구설수) 남과 시비하거나 남에게서 헐뜯는 말을 듣게 될 운수.

+ 戰(싸울 전, 무서워 떨 전), 毒(독할 독, 독 독), 口(입 구, 구멍 구, 말할 구), 數(셀 수, 두어 수, 자주 삭, 운수 수)

7급Ⅱ / 9획 / 水(氵)

물(氵)기가 혀(舌)에 있어야 사니 **살 활**

+ 氵(삼 수 변)

活動(활동) ① 몸을 움직여 행동함.
② 어떤 일의 성과를 거두기 위하여 힘씀.
活路(활로) (고난을 헤치고) 살아나갈 수 있는 길.
活力素(활력소) 활동의 힘이 되는 본바탕.

+ 動(움직일 동), 路(길 로), 力(힘 력), 素(흴 소, 바탕 소, 요소 소, 소박할 소)

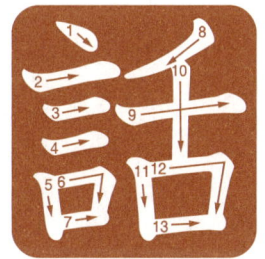

7급Ⅱ / 13획 / 言

말(言)은 혀(舌)로 하는 말씀이나 이야기니 **말씀 화, 이야기 화**

+ 言(말씀 언)

談話(담화) ① 서로 이야기를 주고받음.
② 한 단체나 공적인 자리에 있는 사람이 어떤 문제에 대한 견해나 태도를 밝히는 말.
對話(대화) 마주 대하여 이야기함.
實話(실화) 실지로 있었던 사실의 이야기.

+ 談(말씀 담), 對(상대할 대, 대답할 대), 實(열매 실, 실제 실)

4급Ⅱ / 8획 / 舌

사람(人)이 입 속의 혀(舌)처럼 깃들여 사는 집이니 **집 사**

舍監(사감) 기숙사에서 기숙생을 관리하는 사람.
廳舍(청사) 관청의 사무실로 쓰는 건물.
寄宿舍(기숙사) (소속원을) 기숙시키려고 지은 집.

+ 監(볼 감), 廳(관청 청), 寄(붙어살 기, 부칠 기), 宿(잘 숙, 오랠 숙, 별자리 수)

211 감 기기기[甘 其期基] - 甘과 其로 된 한자

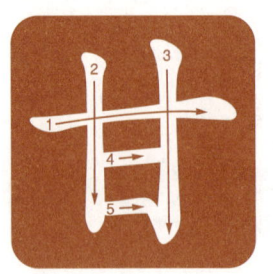

4급 / 5획 / 甘

(단맛을 느끼는) 혀 앞부분(●)에 一을 그어서 **달 감**

또 단맛은 먹기 좋아 기쁘니 **기쁠 감**

> 甘味(감미) 단맛.
> 甘受(감수) (책망이나 괴로움 등을 불만 없이) 기쁘게 받음.
> 甘言利說(감언이설) 달콤한 말과 이로운 조건을 내세워 꾀는 말.

+ 味(맛 미), 受(받을 수), 言(말씀 언), 利(이로울 리, 날카로울 리), 說(달랠 세, 말씀 설, 기쁠 열)

3급II / 8획 / 八

달콤한(甘) 음식을 그릇(一)에 나누어(八) 놓고 유인하는 그니 **그 기**

+ 甘[달 감, 기쁠 감(甘)의 변형], 一('한 일'이지만 여기서는 그릇으로 봄), 八(여덟 팔, 나눌 팔)

5급 / 12획 / 月

그(其) 달(月)의 모양으로 기간을 정하고 기약했으니 **기간 기, 기약할 기**

+ 달은 늘 모양이 변하니 달의 어떤 모양일 때 다시 만나자고 할 수 있지요.

> 期間(기간) 어느 때부터 다른 어느 때까지의 사이.
> 延期(연기) 정해진 기한을 뒤로 물려서 늘림.
> 期約(기약) 때를 정하여 약속함.

+ 間(사이 간), 延(끌 연, 늘일 연), 約(맺을 약, 약속할 약)

5급II / 11획 / 土

그(其) 바탕에 흙(土)을 다진 터나 기초니 **터 기, 기초 기**

+ 터 - ① 공사를 하거나 하였던 자리.
         ② 일의 토대.

> 基地(기지) (군대의 보급·수송·통신 등의) 기초가 되는 땅(곳).
> 基本(기본) (사물이나 현상·이론·시설 등의) 기초와 근본.
> 基準(기준) 기초(기본)가 되는 표준.

+ 地(땅 지, 처지 지), 本(근본 본, 뿌리 본, 책 본), 準(평평할 준, 법도 준, 준할 준)

212 비사 지지[匕死 旨指] - 匕와 旨로 된 한자

비수를 본떠서 **비수 비**

또 비수로 찌르듯 입에 넣어 먹는 숟가락이니 **숟가락 비**

+ 비수(匕首) - 짧고 날이 날카로운 칼.

1급 / 2획 / 匕

뼈까지 부서지게(歹) 비수(匕)에 찔려 죽으니 **죽을 사**

+ 歹(뼈 부서질 알, 죽을 사 변) - 제목번호 215 歹의 주 참고

死亡(사망) 사람이 죽음.
死因(사인) 죽음의 원인.

+ 亡(망할 망, 달아날 망, 죽을 망), 因(말미암을 인, 의지할 인)

6급 / 6획 / 歹

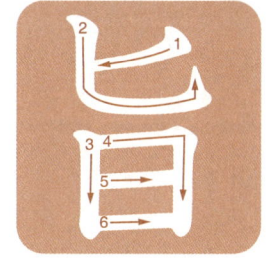

비수(匕)로 햇빛(日)에 익은 과일을 잘라 먹어보는 맛이니 **맛 지**

또 말이나 글에 담긴 맛은 뜻이니 **뜻 지**

2급 / 6획 / 日

손(扌)으로 맛(旨)볼 때 쓰는 손가락이니 **손가락 지**

또 손가락으로 무엇을 가리키니 **가리킬 지**

指壓(지압) (질병의 치료나 건강을 위해) 손가락으로 누르거나 두드림.
指導(지도) (어떤 목적이나 방향으로) 가르쳐 이끎.
指揮(지휘) (어떤 목적을 효과적으로 이루기 위하여 단체를) 이끌어 통솔함.

+ 壓(누를 압), 導(인도할 도), 揮(휘두를 휘, 지휘할 휘, 흩어질 휘)

4급II / 9획 / 手(扌)

213 능태[能態] - 能으로 된 한자

5급II / 10획 / 肉(月)

곰은 주둥이(厶)와 몸뚱이(月), 그리고 네 발(匕)로 재주 부림이 능하니

능할 능

+ 厶('사사로울 사, 나 사'지만 여기서는 곰의 주둥이로 봄), 匕('비수 비, 숟가락 비' 둘이지만 여기서는 곰의 네 발로 봄)

能力(능력) '능한 힘'으로, 어떤 일을 제대로 할 수 있는 힘.
可能(가능) '가히 능함'으로, 할 수 있거나 될 수 있는 것.
效能(효능) 좋은 결과나 보람을 나타내는 능력.

+ 力(힘 력), 可(옳을 가, 가히 가, 허락할 가), 效(본받을 효, 효험 효)

4급II / 14획 / 心

능히(能) 할 수 있다는 마음(心)이 얼굴에 나타나는 모양이나 태도니

모양 태, 태도 태

+ 心(마음 심, 중심 심)

動態(동태) (감시·조사 대상의) 움직이는 모양.
態度(태도) (동작이나 표정, 말씨 등의) 모습.
狀態(상태) 어떤 사물이나 현상이 현재 처하여 있는 형편이나 모양.

+ 動(움직일 동), 度(법도 도, 정도 도, 헤아릴 탁), 態(모양 태)

214 화화화[化花貨] – 化로 된 한자

5급II / 4획 / 匕

사람(亻)이 비수(匕) 같은 마음을 품고 일하면 안 되는 일도 되고 변화하니
될 화, 변화할 화

또 되도록 가르치니 **가르칠 화**

化石(화석) 변해서 돌처럼 된 것.
變化(변화) 변하여 다르게 됨.
敎化(교화) 가르치고 이끌어서 좋은 방향으로 나아가게 함.

+ 石(돌 석), 變(변할 변), 敎(가르칠 교)

11日

7급 / 8획 / 艸(艹)

풀(艹)의 일부가 **변하여(化)** 피는 꽃이니 **꽃 화**

+ 艹(초 두)

花草(화초) 꽃이 피는 풀과 나무.
生花(생화) 살아 있는 꽃. ↔ 造花(조화) 종이나 헝겊 등으로 만든 꽃.

+ 草(풀 초), 生(살 생, 날 생, 사람을 부를 때 쓰는 접사 생), 造(지을 조)

4급II / 11획 / 貝

변하여(化) 돈(貝)이 되는 재물이나 물품이니 **재물 화, 물품 화**

+ 貝(조개 패, 재물 패, 돈 패)

貨物(화물) ① 물품.
　　　　　 ② 차 등으로 옮기는 물건.
財貨(재화) ① 인간이 바라는 바를 충족시켜 주는 모든 물건.
　　　　　 ② 돈과 값나가는 물건.
百貨店(백화점) 상품을 부문별로 나누어 진열·판매하는 대규모의 현대식 종합 소매점.

+ 物(물건 물), 財(재물 재), 百(일백 백, 많을 백), 店(가게 점)

215 렬례렬 [列例烈] - 列로 된 한자

4급Ⅱ / 6획 / 刀(刂)

짐승을 잡아(歹) 칼(刂)로 잘라 벌이니 **벌일 렬(열)**

또 벌여 놓은 줄이니 **줄 렬(열)**

+ 歹 - 하루(一) 저녁(夕) 사이에 뼈 앙상하게 말라 죽으니 '뼈 앙상할 알, 죽을 사 변(= 歺)' - 특급
+ 歺 - 점(卜)쳐 나온 대로 저녁(夕)에 뼈 앙상하게 말라 죽으니 '뼈 앙상할 알, 죽을 사 변'
+ 벌이다 - 여러 가지 물건을 늘어놓다.
+ 刂(칼 도 방), 夕(저녁 석)

> 列擧(열거) 실례나 사실을 죽 들어서 말함.
> 列車(열차) 여러 대를 연결한 차.
> 系列(계열) 같은 계통에 따른 배열.

+ 擧(들 거, 행할 거, 일으킬 거), 車(수레 거, 차 차), 系(이어 맬 계, 혈통 계)

6급 / 8획 / 人(亻)

사람(亻)이 물건을 벌여 놓는(列) 법식과 보기니

법식 례(예), 보기 례(예)

+ 법식(法式) - 법도와 양식을 아울러 이르는 말.
+ 法(법 법), 式(법 식, 의식 식)

> 例示(예시) 예를 들어서 보임.
> 事例(사례) 이전에 실제로 일어난 예.
> 次例(차례) 나가는 순서.

+ 示(보일 시, 신 시), 事(일 사, 섬길 사), 次(다음 차, 차례 차, 번 차)

4급 / 10획 / 火(灬)

거세게 퍼지는(列) 불(灬)처럼 세차고 매우니 **세찰 렬(열), 매울 렬(열)**

+ 灬(불 화 발)

> 烈士(열사) 나라를 위하여 절의를 굳게 지키며 충성을 다하여 싸운 사람.
> 強烈(강렬) 강하고 맹렬함.
> 熱烈(열렬) 매우 세차고 강함.

+ 士(선비 사, 군사 사, 칭호나 직업 이름에 붙이는 말 사), 強(강할 강, 억지 강), 熱(더울 열)

한자의 음(音)이 단어의 위치에 따라 달라지는 이유는?

국어의 문법에 있는 두음 법칙(頭音法則) 때문입니다.

두음 법칙이란 '(단어의) 첫소리 법칙'으로, '리유(理由) → 이유, 녀자(女子) → 여자, 래일(來日) → 내일'처럼 단어의 첫머리에 오는 'ㄹ'과 'ㄴ'이 'ㄴ, ㅇ'으로 바뀌는 법칙입니다. 물론 원리(原理), 남녀(男女), 왕래(往來)에서처럼 이 한자가 단어의 첫머리에 오지 않을 때는 원래대로 씁니다.

216 비비 개계[比批 皆階] - 比와 皆로 된 한자

5급 / 4획 / 比

두 사람이 나란히 앉은( ) 모양을 본떠서 **나란할 비**

또 나란히 앉혀 놓고 견주니 **견줄 비**

[유] 北(등질 배, 달아날 배, 북쪽 북) - 제목번호 219 참고

比例(비례) 한쪽의 양이나 수가 증가하는 만큼 그와 관련 있는 다른 쪽의 양이나 수도 증가함.
對比(대비) (두 가지의 차이를 밝히기 위해) 서로 맞대어 비교함. 또는 그런 비교.

+ 例(법식 례, 보기 례), 對(상대할 대, 대답할 대)

4급 / 7획 / 手(扌)

손(扌)으로 견주어(比) 비평하니 **비평할 비**

批評(비평) ① 평가하여 가치를 판단하는 것.
② 남의 결점을 드러내어 말하는 것.
批判(비판) (사물의 옳고 그름이나 잘되고 못됨을) 검토하여 평가·판정하는 일.

+ 評(평할 평), 判(판단할 판)

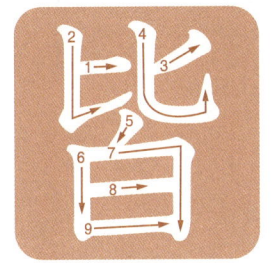

3급 / 9획 / 白

나란히(比) 앉아 말하는(白) 모두 다니 **다 개**

+ 白(흰 백, 밝을 백, 깨끗할 백, 아뢸 백)

4급 / 12획 / 阜(阝)

언덕(阝)에 오르도록 다(皆) 같은 간격으로 만든 섬돌이나 계단이니
섬돌 계, 계단 계

또 계단처럼 단계가 있는 계급이니 **계급 계**

+ 섬돌 - 오르내릴 수 있게 놓은 돌층계.
+ 阝(언덕 부 변)

段階(단계) 일이 나아가는 과정. 순서.
階層(계층) 사회적 지위와 역할에 따라 구별되는 비슷한 사람들의 부류.
階級(계급) 사회적 지위나 관직 등의 등급.

+ 段(계단 단, 차례 단), 層(층 층), 級(등급 급)

11日

217 혼습[混濕] - 混과 濕

4급 / 11획 / 水(氵)

물(氵)과 햇(日)빛이 적당히 비례하는(比) 곳에 동식물이 섞여 살듯 섞으니

섞을 혼

混同(혼동) ① 뒤섞여 하나가 됨.
　　　　　② 구별하지 못하고 뒤섞어서 생각함.
混亂(혼란) 섞여 어지러움.

+ 同(한가지 동, 같을 동), 亂(어지러울 란)

3급Ⅱ / 17획 / 水(氵)

물(氵)이 햇(日)빛이나 작고(幺) 작은(幺) 불(灬)빛처럼 스며들어 젖으니

젖을 습

+ 幺(작을 요, 어릴 요), 灬(불 화 발)

218 록려경[鹿麗慶] – 鹿으로 된 한자

3급 / 11획 / 鹿

사슴(🦌 → 鹿)을 본떠서 **사슴 록(녹)**

4급II / 19획 / 鹿

고운(丽) 사슴(鹿)처럼 곱고 빛나니 **고울 려(여), 빛날 려(여)**

- 麗 – 하나(一)하나(丨) 어울려 이리저리(ヽ) 다니는 사슴(鹿)의 모양처럼 곱고 빛나니 '고울 려(여), 빛날 려(여)'
+ 丽 – 이쪽(丽)저쪽(丽)을 꾸며 곱고 빛나니 '고울 려(여), 빛날 려(여)'

秀麗(수려) (경치나 용모가) 빼어나게 고움(아름다움).
華麗(화려) 번화하고 고움.
美辭麗句(미사여구) 아름답게 꾸민 말과 글귀.

+ 秀(빼어날 수), 華(화려할 화, 빛날 화), 美(아름다울 미), 辭(말씀 사, 글 사, 물러날 사), 句(글귀 구, 굽을 구)

4급II / 15획 / 心

사슴(严)처럼 하나(一)씩 기쁜 마음(心)으로 서서히(夂) 모여드는 경사니 **경사 경**

+ 경사스러운 좋은 날에는 많은 사람이 모임을 사슴이 모여 사는 모양으로 나타냈네요.
+ 严[사슴 록(鹿)의 획 줄임], 一[한 일(一)의 변형], 夂(천천히 걸을 쇠, 뒤져올 치)

慶事(경사) 축하할 만한 기쁜 일.
慶祝(경축) (어떤 일을) 경사스럽게 여겨 축하함.

+ 事(일 사, 섬길 사), 祝(빌 축, 축하할 축)

219 배(북)배[北背] - 北으로 된 한자

8급 / 5획 / 匕

두 사람이 등지고 달아나는 모양에서 **등질 배, 달아날 배**

또 항상 남쪽을 향하여 앉는 임금의 등진 북쪽이니 **북쪽 북**

+ 임금은 어느 장소에서나 그 곳의 북쪽에서 남쪽을 향하여 앉았으니, 항상 남쪽을 향하여 앉는 임금의 등진 쪽이라는 데서 '등질 배, 달아날 배(北)'에 '북쪽 북(北)'이라는 뜻이 붙게 되었지요.
유 比(나란할 비, 견줄 비), 兆(조짐 조, 조 조) - 제목번호 220 참고

敗北(패배) 싸움에 져서 달아남.
北極(북극) 지구의 북쪽 끝.
南男北女(남남북녀) '남쪽에는 남자 북쪽에는 여자'로, 우리나라에서 남자는 남쪽에서 여자는 북쪽에서 아름답게 태어난다는 말.

+ 敗(패할 패), 極(끝 극, 다할 극), 南(남쪽 남), 男(사내 남), 女(여자 녀)

4급II / 9획 / 肉(月)

등진(北) 몸(月)의 등이니 **등질 배, 등 배**

+ 북쪽의 뜻으로는 '北'을, '등지다'의 뜻으로는 '背'를 많이 씁니다.
+ 月(달 월, 육 달 월)

背景(배경) ① 뒤쪽의 경치.
② 사건이나 환경, 인물 등을 둘러싼 주위의 정경.
背信(배신) 믿음을 등져버림.

+ 景(볕 경, 경치 경, 클 경), 信(믿을 신, 소식 신)

- **한자어는 먼저 한자대로 직역(直譯)해 보세요.**
  한자로 이루어진 한자어도 사전에는 대부분 의역만 되어 있어, 한자를 알아도 잘 적용하지 못하고 단어 따로 뜻 따로 외는 경우가 많지요?
  한자어는 먼저 한자대로 직역(直譯)해보고, 다음에 의역(意譯)해 보는 습관을 들여 보세요. 그러면 한자와 그 말의 뜻을 더욱 분명히 알게 됩니다.
  처음에는 좀 힘들고 어렵겠지만 이런 습관을 들이면 얼마 되지 않아서 아주 쉬워지고 저절로 단어박사, 한자박사가 될 것입니다.
  + 直(곧을 직, 바를 직), 譯(번역할 역), 意(뜻 의)
    직역(直譯) - 외국어로 된 말이나 글을 하나하나의 의미에 충실하게 번역함.
    의역(意譯) - 원문의 단어나 구절에 너무 구애되지 않고 전체의 뜻을 살리는 번역.

- **모르는 단어의 뜻도 한자로 생각해 보세요.**
  모르는 단어를 보았을 때 외국어 느낌이 들면 영어로, 외국어 느낌이 들지 않으면 한자로 그 뜻을 생각해 보세요.
  우리말의 대부분은 한자로 되었기 때문에 각 한자의 무슨 자 무슨 자로 된 말일까를 생각해보면 대부분의 경우 그 뜻을 쉽게 알 수 있습니다.
  한자로 생각하는 힘을 기르면 말하기와 글쓰기에도 자신이 생깁니다.

220 조도 비비[兆逃 非悲] - 兆와 非로 된 한자

3급II / 6획 / 人(儿)

옛날에 점치던 거북 등껍질에 나타난 조짐이니 **조짐 조**

또 큰 숫자인 조를 나타내어 **조 조**

+ 옛날에는 거북 등 껍데기를 불에 태워 갈라진 모양을 보고 길흉화복의 조짐을 점쳤답니다.

4급 / 10획 / 辵(辶)

조짐(兆)을 알아차리고 뛰어(辶) 달아나니 **달아날 도**

+ 辶(뛸 착, 갈 착)

逃亡(도망) 패하여 달아남.
逃走(도주) 피하거나 쫓기어 달아남. 도망.
逃避(도피) 도망하여 피함.

+ 亡(망할 망, 달아날 망, 죽을 망), 走(달릴 주, 도망갈 주), 避(피할 피)

4급II / 8획 / 非

새의 날개가 서로 어긋나(🕊→非) 있음을 본떠서 **어긋날 비**

또 어긋나면 아니라고 나무라니 **아닐 비, 나무랄 비**

非行(비행) 어긋난 행동.
非難(비난) (남의 잘못이나 흠 등을) 책잡아 나쁘게 말함.

+ 行(다닐 행, 행할 행, 항렬 항), 難(어려울 난, 비난할 난)

4급II / 12획 / 心

아니(非) 된다고 느끼는 마음(心)은 슬프니 **슬플 비**

+ 心(마음 심, 중심 심)

悲觀(비관) ① 인생을 슬프게 보거나 세상을 어둡고 쓸쓸하게 생각함.
② 앞으로의 일이 잘 안될 것이라고 봄.
喜悲(희비) 기쁨과 슬픔.

+ 觀(볼 관), 喜(기쁠 희)

11日

11日 확인문제 (201~220)

01~04 다음 漢字의 훈(뜻)과 음(소리)을 쓰세요.

01. 檀 (　　　　)　　02. 舌 (　　　　)
03. 依 (　　　　)　　04. 求 (　　　　)

05~08 다음 훈음에 맞는 漢字를 쓰세요.

05. 터 기 (　　　　)　　06. 능할 능 (　　　　)
07. 될 화 (　　　　)　　08. 나란할 비 (　　　　)

09~12 다음 漢字語의 독음을 쓰세요.

09. 健康 (　　　　)　　10. 舍監 (　　　　)
11. 甘味 (　　　　)　　12. 指導 (　　　　)

13~14 다음 문장 중 밑줄 친 단어를 漢字로 쓰세요.

13. 시간을 헛됨이 없이 **효과**적으로 쓰다. (　　　　)
14. 다음을 **기약**하고 오늘은 그만 돌아갑시다. (　　　　)

15~16 다음 문장 중 漢字로 표기된 단어의 독음을 쓰세요.

15. 나는 공과 사를 **混同**하는 사람이 아닙니다. (　　　　)
16. 우리는 작년부터 비닐하우스를 짓고 **園藝** 작물을 가꾸기 시작하였다. (　　　　)

17~18 다음 뜻풀이에 맞는 단어를 漢字로 쓰세요.

17. 눈이 내리거나 쌓인 경치. (　　　　)
18. 여러 대를 연결한 차. (　　　　)

19~20 다음 漢字語의 뜻을 쓰세요.

19. 成就 (　　　　)
20. 航海 (　　　　)

---

01. 박달나무 단　02. 혀 설　03. 의지할 의　04. 구할 구　05. 基　06. 能　07. 化　08. 比　09. 건강
10. 사감　11. 감미　12. 지도　13. 效果　14. 期約　15. 혼동　16. 원예　17. 雪景　18. 列車
19. 목적한 바를 이룸.　20. 배가 바다 위를 건넘.

221 ~ 240

221 도인인인[刀刃忍認] - 刀에서 연결 고리로 된 한자

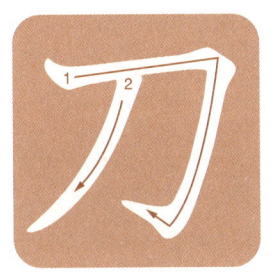

3급II / 2획 / 刀

(옛날) 칼(🗡→刀) 모양을 본떠서 **칼 도**

+ 한자의 오른쪽에 붙는 부수인 방으로 쓰일 때는 '칼 도 방(刂)'입니다.

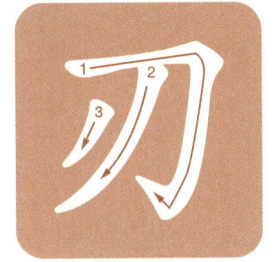

2급 / 3획 / 刀

칼 도(刀)의 날 부분(丿)을 강조하려고 점(丶)을 찍어서 **칼날 인**

+ 한자에서는 점 주, 불똥 주(丶)나 삐침 별(丿)로 무엇이나 어느 부분을 강조합니다.

3급II / 7획 / 心

칼날(刃)로 심장(心)을 위협하는 것 같은 상황도 참으니 **참을 인**

또 칼날(刃)로 심장(心)을 위협하듯 잔인하니 **잔인할 인**

+ 잔인(殘忍) - 인정이 없고 아주 모짊.
+ 心(마음 심, 중심 심), 殘(잔인할 잔, 해칠 잔, 나머지 잔)
+ 心 - 마음이 가슴에 있다고 생각하여 심장을 본떠서 '마음 심'
      또 심장이 있는 몸의 중심이니 '중심 심'

4급II / 14획 / 言

남의 말(言)을 참고(忍) 들어 알고 인정하니 **알 인, 인정할 인**

+ 言(말씀 언)

認識(인식) 사물을 분별하고 판단하여 앎.
認知(인지) 알고 있음.
認可(인가) 인정하여 허가함.

+ 識(알 식, 기록할 지), 知(알 지), 可(옳을 가, 가히 가, 허락할 가)

222 소초 분(푼)분[召招 分粉] - 召와 分으로 된 한자

3급 / 5획 / 口

칼(刀)처럼 날카롭게 입(口)으로 부르니 **부를 소**

4급 / 8획 / 手(扌)

손(扌)으로 부르니(召) **부를 초**

招待(초대) (손님을) 불러 대접함.
招來(초래) (어떤 결과를) 불러옴.
招請(초청) (사람을) 청하여 부름.

+ 待(대접할 대, 기다릴 대), 來(올 래), 請(청할 청)

6급Ⅱ / 4획 / 刀

여덟(八) 번이나 칼(刀)질하여 나누니 **나눌 분**

또 나누어 놓은 단위나 신분이니 **단위 분, 단위 푼, 신분 분**

또 나누어 분별할 줄 아는 분수니 **분별할 분, 분수 분**

+ 할, 푼, 리 - 비율을 소수로 나타낼 때, 소수 첫째 자리, 소수 둘째 자리, 소수 셋째 자리를 이르는 말.

區分(구분) (일정한 기준에 따라) 전체를 몇 개로 갈라 나눔.
身分(신분) 사람의 법률상 지위나 자격.
分別(분별) ① 사물을 종류에 따라 나누어 가름.
② (무슨 일) 사리에 맞게 판단함.
分數(분수) 주어진 자기의 처지. 제 신분에 알맞은 한도.

+ 區(나눌 구, 구역 구), 身(몸 신), 別(나눌 별, 다를 별), 數(셀 수, 두어 수, 자주 삭, 운수 수)

4급 / 10획 / 米

쌀(米) 같은 곡식을 나눈(分) 가루니 **가루 분**

+ 米(쌀 미)

粉食(분식) 가루로 된 음식.
粉乳(분유) 가루우유.
粉筆(분필) '가루로 만든 붓'으로, 칠판에 글씨를 쓰는 필기구.

+ 食(밥 식, 먹을 식), 乳(젖 유), 筆(붓 필, 글씨 필)

223 초체(절) 별반[初切 別班] - 刀와 刂로 된 한자

5급 / 7획 / 刀

옷(衤)을 만드는 데는 옷감을 칼(刀)로 자르는 일이 처음이니 **처음 초**

+ 衤(옷 의 변), 刀(칼 도)

初聲(초성) 음절의 구성에서 처음 소리인 자음. '님'에서 'ㄴ' 등.
始初(시초) 맨 처음.
今時初聞(금시초문) 이제 처음 들음.

+ 聲(소리 성), 始(처음 시), 今(이제 금, 오늘 금), 時(때 시), 聞(들을 문)

5급Ⅱ / 4획 / 刀

일곱(七) 번이나 칼(刀)질하여 모두 끊으니 **모두 체, 끊을 절**

또 목숨이 끊어질 정도로 간절하니 **간절할 절**

+ 七(일곱 칠)

一切(일체) 모두.
切斷(절단) 끊어 자름.

+ 斷(끊을 단, 결단할 단)

6급 / 7획 / 刀(刂)

입(口)으로 먹기 위해 칼(力)과 칼(刂)로 나누어 다르니 **나눌 별, 다를 별**

+ 力[칼 도(刀)의 변형], 刂(칼 도 방)

差別(차별) (둘 이상의 대상을 등급이나 수준 등의) 차이를 두어서 구별함.
離別(이별) 서로 갈려 떨어짐.
別名(별명) (본이름 외의) 다른 이름.

+ 差(다를 차, 어긋날 차), 離(헤어질 리), 名(이름 명, 이름날 명)

6급Ⅱ / 10획 / 玉(王)

구슬(王)과 구슬(王)을 칼(刂)로 나누니 **나눌 반**

또 옛날에 서민과 나누어 대접했던 양반이니 **양반 반**

+ 王(임금 왕, 으뜸 왕, 구슬 옥 변), 刂[칼 도 방(刂)의 변형]

班長(반장) 반(班)을 대표하거나 지휘하는 사람.
兩班(양반) ① 조선 시대에 문반(文班)과 무반(武班)을 아울러 이르던 말.
② 점잖고 착한 사람.
③ 자기 남편을 남에게 이르는 말.

+ 長(길 장, 어른 장, 자랄 장), 兩(두 량, 짝 량, 냥 냥), 文(무늬 문, 글월 문), 武(군사 무, 무기 무)

224 인약 홍강[引弱 弘強] - 弓과 弘으로 된 한자

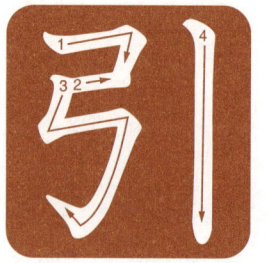

4급II / 4획 / 弓

활(弓)시위에 화살(丨)을 걸고 잡아끄니 **끌 인**

+ 弓 – 등이 굽은 활을 본떠서 '활 궁'
+ 丨('뚫을 곤'이지만 여기서는 화살로 봄)

引導(인도) ① 끌어 인도함.
② 가르쳐 일깨움.
引上(인상) (물건값을) 끌어올림.

+ 導(인도할 도), 上(위 상, 오를 상)

6급II / 10획 / 弓

한 번에 활 두 개(弓弓)에다 화살 두 개(ノノ)씩을 끼워 쏜 듯 힘이 약하니 **약할 약**

+ ノ('삐침 별'이지만 여기서는 화살로 봄)

弱點(약점) 모자라서 남에게 뒤떨어지거나 떳떳하지 못한 점.
強弱(강약) ① 강하고 약함. 또는 그런 정도.
② 강자와 약자를 아울러 이르는 말.
虛弱(허약) 힘이나 기운이 없고 약함.

+ 點(점 점, 불 켤 점), 強(강할 강, 억지 강), 虛(빌 허, 헛될 허)

3급 / 5획 / 弓

활(弓)시위를 내(厶) 앞으로 당기면 넓게 커지니 **넓을 홍, 클 홍**

+ 厶(사사로울 사, 나 사)

6급 / 11획 / 弓

큰(弘) 벌레(虫)는 강하니 **강할 강**

또 강하게 밀어붙이는 억지니 **억지 강**

㈜ 強 – 활(弓)처럼 당겨 입(口)으로 벌레(虫)가 무는 힘이 강하니 '강할 강'
또 강하게 밀어붙이는 억지니 '억지 강'
+ 虫(벌레 충)

強制(강제) 권력이나 위력(威力)으로 남의 자유의사를 억눌러 원하지 않는 일을 억지로 시킴.
強賣(강매) 억지로 팖.

+ 制(마름질 제, 제도 제, 억제할 제, 절제할 제), 威(위엄 위), 力(힘 력), 賣(팔 매)

225 불불비[弗佛費] - 弗로 된 한자

2급 / 5획 / 弓

하나의 활(弓)로 동시에 두 개의 화살(刂)은 쏘지 않으니 **아닐 불**

또 글자가 미국 돈 달러($)와 비슷하니 **달러 불**

+ 하나의 활에 동시에 두 개의 화살을 쏘면 힘이 약하고 조준이 어려우니 잘 쏘지 않지요.
+ 丿['뚫을 곤(丨)'의 변형이지만 여기서는 화살로 봄)]

4급Ⅱ / 7획 / 人(亻)

보통 사람(亻)이 아닌(弗) 듯 도를 깨친 부처니 **부처 불**

또 발음이 프랑스와 비슷하니 **프랑스 불**

역 仏 - 사람(亻)이 사사로이(厶) 모시는 부처니 '부처 불'
+ 부처 - ① 큰 도를 깨친 불교의 성자.
　　　　② 화낼 줄 모르고 자비심이 두터운 사람을 비유하여 이르는 말.

佛敎(불교) 부처의 가르침.
佛語(불어) ① 프랑스 말.
　　　　　② 부처님 말씀.
念佛(염불) (부처님의 공덕을) 생각하면서 나무아미타불을 욈.

+ 敎(가르칠 교), 語(말씀 어), 念(생각 념)

5급 / 12획 / 貝

귀하지 않게(弗) 재물(貝)을 쓰니 **쓸 비**

또 쓰는 비용이니 **비용 비**

+ 貝(조개 패, 재물 패, 돈 패)

消費(소비) (돈이나 물자·시간·노력 등을) 들이거나 써서 없앰.
費用(비용) 드는 돈. 쓰이는 돈.
旅費(여비) 여행에 드는 비용.

+ 消(끌 소, 삭일 소, 물러설 소), 用(쓸 용), 旅(군사 려, 나그네 려)

제2편 한자 익히기 | 241

226 제제[弟第] - 弟로 된 한자

8급 / 7획 / 弓

머리 땋고(丫) 활(弓)과 화살(丿)을 가지고 노는 아이는 아우나 제자니
아우 제, 제자 제

+ 丫 – 나무줄기가 갈라지게 묶은 모양(가장귀)을 본떠서 만든 상형 문자로 '가장귀 아, 가장귀지게 묶은 머리 아'
+ 가장귀 – 나뭇가지의 갈라진 부분. 또는 그렇게 생긴 나뭇가지.
+ 丿('삐침 별'이지만 여기서는 화살의 모양으로 봄)

兄弟(형제) 형과 동생.
弟子(제자) 스승의 가르침을 받거나 받은 사람.
師弟(사제) 스승과 제자.

+ 兄(형 형, 어른 형), 子(아들 자, 첫째 지지 자, 자네 자, 접미사 자), 師(스승 사, 전문가 사, 군사 사)

6급Ⅱ / 11획 / 竹(⺮)

대(⺮)마디나 아우(弟)처럼 있는 차례니 차례 제

+ 弔[아우 제(弟)의 변형]

落第(낙제) ① 진학 또는 진급을 못함.
② 시험이나 검사 등에 떨어짐.
③ 일정한 기준에 미치지 못함.
第三者(제삼자) '차례로 세 번째 사람'으로, 직접 관계없는 남을 말함.

+ 落(떨어질 락), 者(놈 자, 것 자)

227 시실 지지[矢失 知智] - 矢와 知로 된 한자

3급 / 5획 / 矢

화살(↑ → ↑) 모양을 본떠서 **화살 시**

6급 / 5획 / 大

화살 시(矢) 윗부분을 연장하여 이미 쏜 화살을 나타내어

쏜 화살은 잃어버린 것이란 데서 **잃을 실**

> 失敗(실패) 일을 잘못하여 뜻한 대로 되지 아니하거나 그르침.
> 過失(과실) 잘못함이나 허물. ↔ 故意(고의) 일부러 하는 생각이나 태도.
> 得失(득실) ① 얻음과 잃음.
>   ② 이익과 손해를 아울러 이르는 말.

+ 敗(패할 패), 過(지날 과, 지나칠 과, 허물 과), 故(연고 고, 옛 고), 意(뜻 의), 得(얻을 득)

5급Ⅱ / 8획 / 矢

(과녁을 맞히는) 화살(矢)처럼 사실에 맞추어 말할(口) 정도로 아니 **알 지**

+ 口(입 구, 구멍 구, 말할 구)

> 探知(탐지) 더듬어 살펴 알아냄.
> 親知(친지) 친하게 알고 지내는 사람.
> 格物致知(격물치지) 실제의 사물의 이치를 연구하며 지식을 완전하게 함.

+ 探(찾을 탐), 親(어버이 친, 친할 친), 格(격식 격, 헤아릴 격), 物(물건 물), 致(이룰 치, 이를 치)

4급 / 12획 / 日

아는(知) 것을 응용하여 해(日)처럼 비추는 지혜니 **지혜 지**

+ 〈知와 智〉 음식을 먹었다고 바로 살로 가는 것이 아니고 잘 소화하여 필요한 대로 섭취하여 이용해야만 살로 가는 것이지요. 마찬가지로 무엇을 배워 알았다(知) 해도 그것을 응용하여 자기 나름의 지혜(智)로 터득해 놓지 않으면 그냥 먹어 놓은 음식물에 지나지 않습니다. 知를 智로 바꾸어야 진정한 자기 것이 되지요.

> 機智(기지) 기회에 따라 재치 있게 대응하는 지혜.
> 衆智(중지) 여러 사람의 생각이나 의지.

+ 機(베틀 기, 기계 기, 기회 기), 衆(무리 중)

228 씨지 혼혼[氏紙 昏婚] - 氏와 昏으로 된 한자

4급 / 4획 / 氏

(사람의 씨족이 나무뿌리처럼 뻗으니)
나무뿌리(夭)가 지상으로 나온 모양을 본떠서 **성 씨, 뿌리 씨**

또 사람을 높여 부르는 조사로도 쓰여 **사람을 높여 부르는 조사 씨**

+ 남의 성씨를 말할 때는 김씨(金氏), 이씨(李氏)처럼 '씨(氏)'를 붙여 말하고, 자기 성씨를 말할 때는 김가(金哥), 이가(李哥)처럼 '성씨 가(哥)'를 붙여 말합니다.

氏族(씨족) 공동의 조상을 가진 혈족 단체.
姓氏(성씨) '성(姓)'을 높여 부르는 말.

+ 族(겨레 족), 姓(성씨 성, 백성 성)

7급 / 10획 / 糸

(나무의 섬유질) 실(糸)이 나무**뿌리**(氏)처럼 엉겨서 만들어지는 종이니
종이 지

便紙(편지) 소식을 알리기 위해 쓴 글.
韓紙(한지) (닥나무 등의 섬유를 원료로 하여) 한국 전통의 제조법으로 만든 종이.
休紙(휴지) ① 쓸모없는 종이.
② 밑을 닦거나 코를 푸는 데 허드레로 쓰는 얇은 종이.

+ 便(편할 편, 똥오줌 변), 韓(한국 한), 休(쉴 휴)

3급 / 8획 / 日

나무**뿌리**(氏) 아래로 해(日)가 지며 저무니 **저물 혼**

+ 日(해 일, 날 일)

4급 / 11획 / 女

여자(女)와 저문(昏) 저녁에 결혼했으니 **결혼할 혼**

+ 옛날에는 주로 저녁에 결혼했답니다.

婚期(혼기) 결혼하기에 적당한 기간(나이).
婚談(혼담) 결혼을 시키기 위하여 오고 가는 말.
約婚(약혼) 결혼하기로 약속함.

+ 期(기간 기, 기약할 기), 談(말씀 담), 約(맺을 약, 약속할 약)

229 저저저[氏低底] – 氏로 된 한자

특급 / 5획 / 氏

나무는 뿌리(氏)가 있는 밑(一)이 근본이니 **밑 저, 근본 저**

+ 一('한 일'이지만 여기서는 밑으로 봄)

4급Ⅱ / 7획 / 人(亻)

사람(亻)이 밑(氏)에 있어 낮으니 **낮을 저**

低價(저가) 싼 값.
低級(저급) (내용·성질·품질 등의) 정도가 낮음.
低俗(저속) (품위가) 낮고 속됨.

+ 價(값 가, 가치 가), 級(등급 급), 俗(저속할 속, 속세 속, 풍속 속)

4급 / 8획 / 广

집(广)의 밑(氏)부분이니 **밑 저**

+ '낮을 저(低)'는 주로 높낮이가 낮다는 말이고, '밑 저(底)'는 눈에 보이지 않는 밑 부분을 가리킵니다.
+ 广(집 엄)

底力(저력) 사람이 속으로 간직하고 있는 강한 힘.
底意(저의) 마음속에 감추고 있는 생각.
海底(해저) 바다의 밑바닥.

+ 力(힘 력), 意(뜻 의), 海(바다 해)

230 맥파[脈派] - 瓜으로 된 한자

4급II / 10획 / 肉(月)

몸(月)에서 바위(厂) 사이로 뻗은 나무**뿌리**(瓜) 같은 혈관이니 **혈관 맥**

또 혈관 같은 줄기니 **줄기 맥**

[얜] 脉 - 몸(月)에서 길게(永) 이어지는 혈관이니 '혈관 맥'
또 혈관 같은 줄기니 '줄기 맥'

+ 月(달 월, 육 달 월), 厂(굴 바위 엄, 언덕 엄), 瓜[성 씨, 뿌리 씨, 사람을 높여 부르는 조사 씨(氏)의 변형], 永(길 영, 오랠 영)

山脈(산맥) '산줄기'로, 여러 산이 뻗쳐 줄기를 이룬 지대.
血脈(혈맥) ① 혈통(같은 핏줄의 계통).
② 각 부분을 서로 통하게 하여 활력을 불어넣는 것을 비유적으로 이르는 말.

+ 山(산 산), 血(피 혈)

4급 / 9획 / 水(氵)

물(氵)이 바위(厂) 속으로 뻗은 나무**뿌리**(瓜)처럼 갈라져 흐르는 갈래니 **물갈래 파**

또 물갈래처럼 나눠지는 파벌이니 **파벌 파**

派生(파생) (사물이 어떤 주제로부터) 갈려 나와 생김.
政派(정파) 정치상의 파벌.

+ 生(날 생, 살 생, 사람을 부를 때 쓰는 접사 생), 政(다스릴 정)

231 민면 안[民眠 眼] – 民과 眼으로 된 한자

8급 / 5획 / 氏

모인(冖) 여러 씨(氏)족들로 된 백성이니 **백성 민**

+ 백성(百姓) – 나라의 근본을 이루는 일반 국민을 예스럽게 이르는 말.
+ 冖('덮을 멱'이지만 여기서는 모여 있는 모양으로 봄)

> 國利民福(국리민복) 국가의 이익과 백성의 행복.
> 以民爲天(이민위천) '백성으로써 하늘을 삼음'으로, 백성을 하늘처럼 높이 섬김.

+ 國(나라 국), 利(이로울 리, 날카로울 리), 福(복 복), 以(써 이, 까닭 이), 爲(할 위, 위할 위), 天(하늘 천)

12日

3급Ⅱ / 10획 / 目

눈(目) 감고 백성(民)들은 잠자니 **잠잘 면**

+ 目(눈 목, 볼 목, 항목 목)

4급Ⅱ / 11획 / 目

눈(目)동자를 멈추고(艮) 바라보는 눈이니 **눈 안**

+ 艮(멈출 간, 어긋날 간) – 제목번호 265 참고

> 眼鏡(안경) 시력이 나쁜 눈을 잘 보이게 만든 물건.
> 眼目(안목) 사물을 보고 분별하는 견식.
> 眼下無人(안하무인) '눈 아래 사람이 없음'으로, 성질이 방자하고 교만하여 모든 사람을 업신여김을 말함.

+ 鏡(거울 경), 目(눈 목, 볼 목, 항목 목), 下(아래 하, 내릴 하), 無(없을 무), 人(사람 인)

232 장장장[長張帳] - 長으로 된 한자

8급 / 8획 / 長

입(一)의 위아래에 난 긴 수염을 본떠서 **길 장**

또 수염도 긴 어른이니 **어른 장**

또 길게 자라니 **자랄 장**

+ 一('한 일'이지만 여기서는 다문 입으로 봄)

> 長短(장단) ① 길고 짧음.
> ② 장단점(좋은 점과 나쁜 점).
> 校長(교장) 학교의 우두머리.
> 成長(성장) ① 사람이나 동식물 등이 자라서 점점 커짐.
> ② 사물의 규모나 세력 등이 점점 커짐.

+ 短(짧을 단, 모자랄 단), 校(학교 교, 교정볼 교, 장교 교), 成(이룰 성)

4급 / 11획 / 弓

활(弓)시위를 길게(長) 벌리니 **벌릴 장**

또 마음을 열고 베푸니 **베풀 장**

+ 弓(활 궁) - 제목번호 224 弓의 주 참고

> 主張(주장) 자기의 의견이나 주의를 굳게 내세움. 또는 그런 의견이나 주의.
> 虛張聲勢(허장성세) '헛되이 소리와 세력만 벌림(키움)'으로, 실력이 없으면서도 허세로만 떠벌림.

+ 主(주인 주), 虛(빌 허, 헛될 허), 聲(소리 성), 勢(형세 세, 권세 세)

4급 / 11획 / 巾

수건(巾) 같은 천으로 길게(長) 둘러 가린 장막이니 **장막 장**

또 장막처럼 가리고 쓰는 장부니 **장부 장**

+ 巾(수건 건) - 제목번호 363 참고

> 揮帳(휘장) '휘둘러 친 장막'으로, 피륙을 여러 폭으로 이어서 빙 둘러치는 장막.
> 通帳(통장) 금융 기관에서, 예금한 사람에게 출납의 상태를 적어 주는 장부.

+ 피륙 - 아직 끊지 아니한 베로, 무명·비단 등의 천을 통틀어 이르는 말.
+ 揮(휘두를 휘, 지휘할 휘, 흩어질 휘), 通(통할 통)

233 파읍 색절 [巴邑 色絶] - 巴와 色으로 된 한자

1급 / 4획 / 己

뱀(巳 → ㉻)에 먹이가 내려가는 **볼록한(丨)** 모양을 본떠서 **뱀 파**

또 **뱀(巳)** 꼬리처럼 생긴 땅 이름이니 **꼬리 파, 땅 이름 파**

+ 뱀은 먹이를 통째로 삼켜 내려가는 부분이 볼록하지요.
+ 丨('뚫을 곤'이지만 여기서는 볼록한 모양으로 봄)

12日

7급 / 7획 / 邑

일정한 **경계(口)**의 **땅(巴)**에 있는 고을이니 **고을 읍**

+ 한자의 왼쪽에 붙는 阝은 '언덕 부(阜)'가 한자의 변으로 쓰일 때의 모양으로 '언덕 부 변', 한자의 오른쪽에 붙는 阝은 '고을 읍(邑)'이 부수로 쓰일 때의 모양으로 '고을 읍 방'이라 부릅니다.
+ 口('입 구, 구멍 구, 말할 구'지만 여기서는 경계로 봄)

> 邑內(읍내) 고을 안.
> 都邑(도읍) ① 한 나라의 중앙 정부가 있는 곳.
> ② 그 나라 수도를 정함.
> ③ 작은 도시.

+ 內(안 내), 都(도읍 도, 모두 도)

7급 / 6획 / 色

사람(ク)이 **뱀(巴)**을 보고 놀라는 얼굴빛이니 **빛 색**

+ 옛날에는 뱀이 많아 자주 나타났답니다.
+ ク[사람 인(人)의 변형]

> 保護色(보호색) 다른 동물의 공격을 피하고 자신의 몸을 보호하기 위하여, 다른 동물의 눈에 띄지 아니하도록 주위와 비슷하게 되어 있는 몸의 색깔.
> 形形色色(형형색색) 온갖 모양과 가지가지의 색깔. 가지각색.

+ 保(지킬 보, 보호할 보), 護(보호할 호), 形(모양 형)

絕

4급Ⅱ / 12획 / 糸

실(糸) 자르듯 **사람(ク)**이 **뱀(巴)**을 끊으면 죽으니 **끊을 절, 죽을 절**

또 잡념을 끊고 하나에만 열중하여 가장 뛰어나니 **가장 절**

+ 糸(실 사, 실 사 변)

> 絕交(절교) 교제를 끊음. 단교(斷交).
> 絕景(절경) 가장 아름다운 경치.
> 絕妙(절묘) 가장(더할 수 없이) 묘함.

+ 交(사귈 교, 오고 갈 교), 斷(끊을 단, 결단할 단), 景(볕 경, 경치 경, 클 경), 妙(묘할 묘, 예쁠 묘)

234 절범범[㔾(卩)犯範] - 㔾로 된 한자

부수자 / 2획 / 㔾(卩)

사람이 무릎 꿇은 모양을 본떠서 **무릎 꿇을 절**

또 부절이나 병부의 반쪽을 본떠서 **병부 절**

+ '부절(符節)'은 인쇄술이 발달하기 전에 대(竹)나 옥(玉)으로 만든 일종의 신분증이고, '병부(兵符)'는 병사를 동원하는 패로, 똑같이 만들거나 하나를 둘로 나누어 가졌다가 필요시 맞춰 보았답니다.
+ 符(부절 부, 부호 부, 들어맞을 부), 節(마디 절, 절개 절, 계절 절), 竹(대 죽), 玉(구슬 옥), 兵(군사 병)

4급 / 5획 / 犬(犭)

개(犭)처럼 무릎 꿇어야(㔾) 할 정도로 죄를 범하니 **범할 범**

+ 犭(큰 개 견, 개 사슴 록 변)

犯人(범인) (죄를) 범한 사람.
犯罪(범죄) 죄를 범하는 일. 또는 그 죄.
防犯(방범) 범죄를 막음.

+ 罪(죄지을 죄, 허물 죄), 防(둑 방, 막을 방)

4급 / 15획 / 竹(⺮)

대(⺮)로 둘러 친 수레(車)에 범인을 무릎 꿇려(㔾) 압송하며 법의 엄중함을 본보기로 보이니 **법 범, 본보기 범**

+ ⺮(대 죽), 車(수레 거, 차 차)

規範(규범) 인간이 행동하거나 판단할 때에 마땅히 따르고 지켜야 할 가치 판단의 기준.
模範(모범) 본받아 배울 만한 규범. 본보기.
示範(시범) 본보기(모범)를 보임.

+ 規(법 규), 模(본뜰 모, 법 모, 모호할 모), 示(보일 시, 신 시)

235 원원 액위[夗怨 厄危] - 夗과 厄으로 된 한자

급외자 / 5획 / 夕

저녁(夕)에 무릎 꿇은(㔾) 것처럼 구부리고 뒹구니 **뒹굴 원**

+ 夕(저녁 석)

4급 / 9획 / 心

뒹굴며(夗) 마음(心)으로 원망하니 **원망할 원**

+ 心(마음 심, 중심 심)

怨望(원망) 못마땅하게 여기어 탓하거나 불평을 품고 미워함.
怨聲(원성) 원망하는 소리.
宿怨(숙원) 오래된 원한.

+ 願望(원망) - 원하고 바람.
+ 望(바랄 망, 보름 망), 聲(소리 성), 宿(잘 숙, 오랠 숙, 별자리 수), 願(원할 원)

3급 / 4획 / 厂

굴 바위(厂) 밑에 무릎 꿇어야(㔾) 할 정도의 재앙이니 **재앙 액**

+ 厂(굴 바위 엄, 언덕 엄)

4급 / 6획 / 卩(㔾)

사람(ク)에게 재앙(厄)이 닥치면 위험하니 **위험할 위**

+ ク[사람 인(人)의 변형]

危險(위험) 해로움이나 손실이 생길 우려가 있음. 또는 그런 상태. ↔ 安全(안전) 위험이 생기거나 사고가 날 염려가 없음.
危機(위기) 위험한 고비나 시기.
安危(안위) 안전함과 위태함.

+ 險(험할 험), 安(편안할 안), 全(온전할 전), 機(베틀 기, 기계 기, 기회 기)

236 령랭명 절[令冷命 節] – 令과 節로 된 한자

5급 / 5획 / 人

사람(人)으로 하여금 하나(一) 같이 무릎 꿇게(卩) 명령하니
하여금 령(영), 명령할 령(영)

또 명령을 잘 따르며 착하고 아름다우니 **착할 령(영), 아름다울 령(영)**

또 하늘의 명령에 따르듯 바뀌는 계절이니 **계절 령(영)**

+ 卩[무릎 꿇을 절, 병부 절(卩)의 변형]

> 命令(명령) 윗사람이 시키는 분부.
> 傳令(전령) 명령을 전함. 또는 전하는 사람.

+ 命(명령할 명, 목숨 명, 운명 명), 傳(전할 전, 이야기 전)

5급 / 7획 / 氷(冫)

얼음(冫)처럼 상관의 명령(令)은 차니 **찰 랭(냉)**

+ 冫 – 얼음 빙(氷)이 부수로 쓰일 때의 모양으로 점이 둘이니 '이 수 변'

> 冷氣(냉기) 찬 기운. ↔ 溫氣(온기) 따뜻한 기운.
> 冷戰(냉전) 서로 적대시하고 있는 대립 상태. ↔ 熱戰(열전) 무력을 사용하는 전쟁.
> 溫冷(온냉) 따뜻한 기운과 찬 기운을 아울러 이르는 말.

+ 氣(기운 기, 대기 기), 溫(따뜻할 온, 익힐 온), 戰(싸울 전, 무서워 떨 전), 熱(더울 열)

7급 / 8획 / 口

입(口)으로 명령하니(令) **명령할 명**

또 명령으로 좌우되었던 목숨이나 운명이니 **목숨 명, 운명 명**

+ '令'은 문서로 내리는 명령, 令에 입 구(口)를 더한 '명령할 명, 목숨 명(命)'은 입으로 하는 명령으로 구분되지요.

> 任命(임명) 일정한 지위나 임무를 남에게 맡김.
> 生命(생명) 살아있기 위한 힘의 바탕이 되는 것. 목숨.
> 運命(운명) 인간을 포함한 모든 것을 지배하는 초인간적인 힘. 또는 그것에 의하여 이미 정하여져 있는 목숨이나 처지.

+ 任(맡을 임), 生(날 생, 살 생, 사람을 부를 때 쓰는 접사 생), 運(운전할 운, 옮길 운, 운수 운)

5급Ⅱ / 15획 / 竹(⺮)

대(⺮)에 좋게(皀) 무릎 꿇은(卩) 모양으로 생기는 마디니 **마디 절**

또 마디마디 곧은 절개니 **절개 절**

또 마디처럼 나눠지는 계절이나 명절이니 **계절 절, 명절 절**

+ 節이 본자지만 節로 많이 씁니다.
+ 절개(節槪) – 신념이나 의리 등을 굽히거나 변하지 않는 성실한 태도. 특히 지조와 정조를 깨끗하게 지키는 여자의 품성.
+ 皀[어질 량, 좋을 량(良)의 변형], 槪(대개 개, 대강 개, 절개 개)

> 句節(구절) '구와 마디(절)'로, 긴 글의 한 부분인 토막글.
> 節約(절약) 함부로 쓰지 아니하고 꼭 필요한 데에만 써서 아낌.
> 季節(계절) 한 해를 날씨에 따라 나눈 그 한 철.

+ 句(글귀 구, 굽을 구), 約(맺을 약, 약속할 약), 季(끝 계, 계절 계)

237 묘류류 란[卯柳留 卵] - 卯와 卵으로 된 한자

3급 / 5획 / 卩

(봄기운이 왕성하여) 두 문짝을 활짝 열어 놓은(㔾㔾 → 卯) 모양을 본떠서 **왕성할 묘**

또 귀를 쫑긋 세운 토끼로도 보아 **토끼 묘**

또 토끼는 넷째 지지니 **넷째 지지 묘**

4급 / 9획 / 木

나무(木) 중 왕성하게(卯) 자라 늘어지는 버들이니 **버들 류(유)**

+ 버드나무는 생명력이 강하여 굵은 줄기를 그냥 꽂아도 살고, 가지를 쳐 주어도 금방 돋아나 왕성하게 자랍니다.

細柳(세류) 세버들(가지가 매우 가는 버드나무).
花柳東風(화류동풍) 꽃과 버들과 봄바람.

+ 細(가늘 세), 花(꽃 화), 東(동쪽 동, 주인 동), 風(바람 풍, 풍속·경치·모습·기질·병 이름 풍)

4급Ⅱ / 10획 / 田

왕성하게(乛) 일하려고 밭(田)에 머무르니 **머무를 류(유)**

+ 乛[왕성할 묘, 토끼 묘, 넷째 지지 묘(卯)의 변형], 田(밭 전, 논 전)

留任(유임) 그 자리나 직위에 머물러 있음.
留學(유학) 외국에 머무르면서 공부함.
停留(정류) (자동차 등이 일정한 장소에서 가다가) 멈추어 머무름.

+ 遊學(유학) - 타향에서 공부함.
+ 任(맡을 임), 學(배울 학), 遊(놀 유, 여행할 유), 停(머무를 정)

4급 / 7획 / 卩

물고기에 두 개씩 있는 알주머니(🥚🥚 → 卵)를 본떠서 **알 란(난)**

卵生(난생) (물고기·벌레·새 등처럼) 알로 새끼를 낳는 일.
鷄卵(계란) 달걀.
産卵(산란) 알을 낳음.

+ 生(날 생, 살 생, 사람을 부를 때 쓰는 접사 생), 鷄(닭 계), 産(낳을 산, 생산할 산)

238 앙인영 [卬印迎] - 卬으로 된 한자

특급 / 4획 / 卩

상자(匚)에 무릎 꿇고(卩) 높이 바라니 **높을 앙**
+ 匚[상자 방(匚)의 변형], 卩(무릎 꿇을 절, 병부 절, = 㔾)

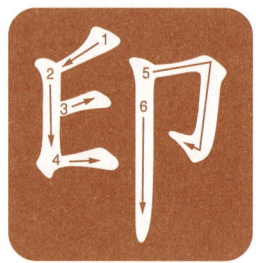

4급Ⅱ / 6획 / 卩

공문서를 올릴(卬) 때 한(一)결 같이 찍는 도장이니 **찍을 인, 도장 인**

印章(인장) '도장에 새기는 글'로, 도장을 말함.
刻印(각인) 도장을 새김. 또는 새겨 만든 도장.
印朱(인주) 도장 찍을 때 묻히는 붉은 물건.

+ 章(문장 장, 글 장), 刻(새길 각, 시각 각), 朱(붉을 주)

4급 / 8획 / 辶(辶)

높은(卬) 사람을 가서(辶) 맞이하니 **맞이할 영**
+ 辶(뛸 착, 갈 착)

迎接(영접) 손님을 맞아 대접함.
歡迎(환영) 기쁘게 맞이함.
送舊迎新(송구영신) 묵은해를 보내고 새해를 맞이함.

+ 接(이을 접, 대접할 접), 歡(기뻐할 환), 送(보낼 송), 舊(오랠 구, 옛 구), 新(새로울 신)

239 익대 과벌[弋代 戈伐] - 弋과 戈로 된 한자

특급 / 3획 / 弋

주살을 본떠서 **주살 익**

+ 주살 – 줄을 매어 쏘는 화살. 원래 '줄살'에서 ㄹ이 빠져 이루어진 말.

6급II / 5획 / 人(亻)

전쟁터에서 **사람**(亻)이 할 일을 **주살**(弋)이 대신하니 **대신할 대**

또 부모를 대신하여 이어가는 세대니 **세대 대**

또 물건을 대신하여 치르는 대금이니 **대금 대**

+ 화살이나 주살은 멀리 떨어져 있는 적을 향해 쏠 수도 있고 글이나 불을 묶어 보낼 수도 있으니, 사람이 할 일을 대신하지요.

代身(대신) 남을 대리함.
代代孫孫(대대손손) 오래도록 내려오는 여러 대.
代金(대금) 물건의 값으로 치르는 돈.

+ 身(몸 신), 孫(손자 손), 金(쇠 금, 금 금, 돈 금, 성씨 김)

2급 / 4획 / 戈

몸체가 구부러지고 손잡이 있는 창을 본떠서 **창 과**

4급II / 6획 / 人(亻)

사람(亻)이 **창**(戈) 들고 적을 치니 **칠 벌**

伐木(벌목) 나무를 침(벰).
討伐(토벌) 무력으로 쳐 없앰.
伐草(벌초) 무덤의 잡초를 베는 일.

+ 木(나무 목), 討(칠 토, 토론할 토), 草(풀 초)

240 식시[式試] - 式으로 된 한자

6급 / 6획 / 弋

주살(弋)을 만들(工) 때 따르는 법과 의식이니 **법 식, 의식 식**

+ 工(장인 공, 만들 공, 연장 공)

儀式(의식) 행사를 치르는 일정한 법식.
正式(정식) 올바른 격식이나 의식.
卒業式(졸업식) (소정의 과정을 마친 사람에게) 졸업장을 주는 의식.

+ 儀(거동 의, 법도 의), 正(바를 정), 卒(졸병 졸, 갑자기 졸, 죽을 졸, 마칠 졸), 業(업 업, 일 업)

4급II / 13획 / 言

말(言)이 법(式)에 맞는지 시험하니 **시험할 시**

+ 言(말씀 언)

試圖(시도) (어떤 일을) 꾀하거나 시험 삼아 해봄.
應試(응시) 시험에 응함.
試製品(시제품) 시험 삼아 만든 제품.

+ 圖(그림 도, 꾀할 도), 應(응할 응), 製(지을 제, 만들 제), 品(물건 품, 등급 품, 품위 품)

한자의 장점과 한자 3박자 연상 학습법

① 해석력(解釋力)이 뛰어납니다. 한자마다 뜻이 있는 뜻글자이기 때문에 한자로 된 단어는 한자만 알면 사전 없이도 뜻을 바로 알 수 있습니다.

② 조어력(造語力)이 뛰어납니다. 한자의 형태 변화나 어미나 조사의 첨가 없이 홀로 분명한 뜻을 나타내기 때문에, 복잡한 생각을 단 몇 한자만으로 쉽게 표현할 수 있습니다.

③ 한자의 모습과 뜻이 고금동일(古今同一)합니다. 한자의 모습과 뜻이 수천 년 전에 만들어질 때와 대부분 똑같아, 수천 년 된 고전도 쉽게 읽을 수 있습니다.

④ 비교적 어원(語源)이 분명하여 익히기 쉽습니다.

⑤ 익히면 우리말과 우리 문화를 더 잘 알 수 있습니다. 우리말의 대부분은 한자로 되었으니 우리말을 더 잘 알기 위해서도 한자는 알아야 합니다.

⑥ 익히면 국제화 시대에 가장 잘 대비한 것도 됩니다. 한자만 알면 중국어나 일본어도 70% 이상은 한 셈이니 세계의 중심이 된 한자 문화권의 주역이 되기 위해서도 한자를 익혀야 합니다.

⑦ 한자를 익히면 우리의 지식이 풍요로워집니다. 한자마다 나타내고자 하는 것의 가장 큰 특징을 뽑아 기발한 아이디어로 만들었으니 이런 아이디어를 익히면 무슨 일을 하더라도 그 분야 전문가가 될 수 있습니다.

12日 확인문제 (221~240)

01~04 다음 漢字의 훈(뜻)과 음(소리)을 쓰세요.

01. 招 (   )   02. 粉 (   )
03. 引 (   )   04. 智 (   )

05~08 다음 훈음에 맞는 漢字를 쓰세요.

05. 처음 초 (   )   06. 마디 절 (   )
07. 대신할 대 (   )   08. 찰 랭 (   )

09~12 다음 漢字語의 독음을 쓰세요.

09. 認定 (   )   10. 念佛 (   )
11. 氏族 (   )   12. 低級 (   )

13~14 다음 문장 중 밑줄 친 단어를 漢字로 쓰세요.

13. 여행 중에 **여비**가 모자라서 애를 먹었다. (   )
14. 생일잔치에 **친지**들을 초대하였다. (   )

15~16 다음 문장 중 漢字로 표기된 단어의 독음을 쓰세요.

15. 나는 우리 민족의 **底力**을 믿는다. (   )
16. 그는 도장과 **通帳**을 가지고 은행으로 갔다. (   )

17~18 다음 뜻풀이에 맞는 단어를 漢字로 쓰세요.

17. 윗사람이 시키는 분부. (   )   18. 직업을 잃음. (   )

19~20 다음 漢字語의 뜻을 쓰세요.

19. 眼科 (   )
20. 婚談 (   )

---

01. 부를 초 02. 가루 분 03. 끌 인 04. 지혜 지 05. 初 06. 節 07. 代 08. 冷 09. 인정
10. 염불 11. 씨족 12. 저급 13. 旅費 14. 親知 15. 저력 16. 통장 17. 命令 18. 失業
19. 눈의 병을 연구하고 치료하는 의학 분야. 20. 결혼을 시키기 위하여 오고 가는 말.

13日 241 ~ 260

241 혹역국[或域國] - 或으로 된 한자

4급 / 8획 / 戈

창(戈) 들고 식구(口)와 땅(一)을 지키며 혹시라도 있을지 모르는
적의 침입에 대비하니 **혹시 혹**

+ 口('입 구, 구멍 구, 말할 구'지만 여기서는 식구로 봄)

或是(혹시) ① 그러할 리는 없지만 만일에.
　　　　　② 어쩌다가 우연히. 행여나.
　　　　　③ 짐작대로 어쩌면.
或時(혹시) 어떠한 때에.
或如(혹여) 혹시. 설혹.

+ 是(옳을 시, 이 시), 時(때 시), 如(같을 여)

4급 / 11획 / 土

땅(土)에서 혹시(或)라도 있을지 모르는 분쟁을 막기 위하여 나눠 놓은 지경이나
구역이니 **지경 역, 구역 역**

+ 지경(地境) - ① 나라나 지역 등의 구간을 가르는 경계.
　　　　　　② 일정한 테두리 안의 땅.
+ 地(땅 지, 처지 지), 境(지경 경, 형편 경)

區域(구역) 일정한 기준에 의하여 잘라 놓은 지역.
域內(역내) 일정한 구역의 안.
領域(영역) ① 국가의 주권이 미치는 범위.
　　　　　② 관계되는 범위.
　　　　　③ 학문이나 연구 등에서 전문으로 하는 범위.

+ 區(나눌 구, 구역 구), 內(안 내), 領(거느릴 령, 우두머리 령)

8급 / 11획 / 口

사방을 에워싸고(口) 혹시(或)라도 쳐들어올 것을 지키는 나라니 **나라 국**

뗀 国 - 사방을 에워싸고(口) 구슬(玉)처럼 소중히 국민을 지키는 나라니 '나라 국'
+ 口(둘레 위, 에워쌀 위, 나라 국), 玉(구슬 옥)

愛國(애국) 나라를 사랑함.
富國強兵(부국강병) ① 나라를 부유하게 하고 군대를 강하게 함.
　　　　　　　　② 부유한 나라와 강한 군대.

+ 愛(사랑 애, 즐길 애, 아낄 애), 富(부자 부, 넉넉할 부), 強(강할 강, 억지 강), 兵(군사 병)

242 잔(전)전잔[戔錢殘] - 戔으로 된 한자

급외자 / 8획 / 戈

창(戈)을 두 개나 들고 해치니 **해칠 잔**
또 해치면 적어도 원망이 쌓이고 찌꺼기가 남으니
적을 전, 쌓일 전, 나머지 잔

[약] 㦮 – 창(戈)을 두(二)개나 들고 해치니 '해칠 잔'
　　　또 해치면 적어도 원망이 쌓이고 찌꺼기가 남으니 '적을 전, 쌓일 전, 나머지 전'
＋ 戔이 들어간 한자를 약자로 쓸 때는 '戔'부분을 '㦮'으로 씁니다.

13日

4급 / 16획 / 金

쇠(金)로 만들어 쌓아(戔)두는 돈이니 **돈 전**
[약] 銭
＋ 金(쇠 금, 금 금, 돈 금, 성씨 김)

銅錢(동전) 구리의 합금으로 동그랗게 만든 돈.
本錢(본전) '본래의 돈'으로, 무슨 일에 들어간 원금(元金).
紙錢(지전) 종이로 만든 돈.

＋ 銅(구리 동), 本(근본 본, 뿌리 본, 책 본), 元(원래 원, 으뜸 원), 紙(종이 지)

4급 / 12획 / 歹

죽도록(歹) 잔인하게 해치면(戔) 남는 나머지니
잔인할 잔, 해칠 잔, 나머지 잔
[약] 残
＋ 歹(뼈 앙상할 알, 죽을 사 변, = 歺) – 제목번호 215 列의 주 참고

殘業(잔업) 정해진 노동 시간이 끝난 뒤에 하는 노동.
殘金(잔금) ① 쓰고 남은 돈.
　　　　　② 갚다가 못다 갚은 돈.
同族相殘(동족상잔) 동족끼리 서로 해침.

＋ 業(업 업, 일 업), 同(한가지 동, 같을 동), 族(겨레 족), 相(서로 상, 모습 상, 볼 상, 재상 상)

243 재재철[㦲哉鐵] - 㦲로 된 한자

참고자 / 6획

많이(十) 창(戈)으로 찍어 끊으니 **끊을 재**
+ 어원 해설을 위해 '㦲'이 들어간 한자들을 바탕으로 생각해 본 한자로, 실제 쓰이는 한자는 아닙니다.
+ 十(열 십, 많을 십)

3급 / 9획 / 口

끊어서(㦲) 말할(口) 때 쓰는 어조사니 **어조사 재**
또 끊어서(㦲) 단정적으로 결심을 말하며(口) 비로소 일을 시작하니 **비로소 재**
+ 口(입 구, 구멍 구, 말할 구)

5급 / 21획 / 金

쇠(金) 중에 비로소(哉) 왕(王)이 된 철이니 **쇠 철**
약 鉄 - 쇠(金) 중 흔하여 잃어도(失) 되는 철이니 '쇠 철'
+ 철은 쇠 중에 제일 많이 쓰이니 쇠 중의 왕인 셈이지요.
+ 失(잃을 실)

鐵道(철도) '쇠로 만든 길'로, 나무나 콘크리트로 된 토막 위에 쇠로 만든 궤도를 설치하고, 그 위로 차량을 운전하여 여객과 화물을 운송하는 시설.
鐵石(철석) '쇠와 돌'로, 굳고 단단함을 비유하여 이르는 말.
+ 道(길 도, 도리 도, 말할 도, 행정 구역의 도), 石(돌 석)

244 무 술위세[戊 戌威歲] - 戊와 戌로 된 한자

3급 / 5획 / 戈

초목(丿)이 창(戈)처럼 자라 무성하니 **무성할 무, 다섯째 천간 무**

+ 굴 바위 엄, 언덕 엄(厂)과 비슷하지만 필순은 다르네요.
+ 丿('삐침 별'이지만 여기서는 서 있는 초목의 모양으로 봄]

3급 / 6획 / 戈

무성하던(戊) 잎 하나(一)까지 떨어지는 구월(9월)이니 **구월 술**

또 무성하게(戊) 잎 하나(一)를 보고도 짖는 개니 **개 술**

또 개는 열한 번째 지지니 **열한 번째 지지 술**

4급 / 9획 / 女

개(戌)처럼 못난 사람이 여자(女) 같은 약자에게 보이는 위엄이니 **위엄 위**

+ 女(여자 녀)

威嚴(위엄) 위세가 있어 의젓하고 엄숙한 태도.
威風(위풍) 위엄 있는 모습.

+ 嚴(엄할 엄), 風(바람 풍, 풍속·경치·모습·기질·병 이름 풍)

5급Ⅱ / 13획 / 止

크기를 그치고(止) 개(戌)가 작은(少) 새끼를 낳으면 태어난 지 한 해가 된 세월이니 **해 세, 세월 세**

+ 止(그칠 지), 少[적을 소, 젊을 소(少)의 획 줄임으로 여기서는 작다는 뜻으로 봄]

歲拜(세배) 섣달그믐이나 정초에 웃어른께 하는 절.
歲月(세월) ① 흘러가는 시간.
② 지내는 형편이나 사정 또는 재미.
③ 살아가는 세상.

+ 拜(절 배), 月(달 월, 육 달 월)

245 성성성성[成城誠盛] – 成으로 된 한자

6급Ⅱ / 6획 / 戈

무성하게(戌) 장정(丁)처럼 일하여 이루니 **이룰 성**

+ 丁[고무래 정, 못 정, 장정 정, 넷째 천간 정(丁)의 변형]

完成(완성) 완전히 다 이룸.
語不成說(어불성설) 하는 말이 조금도 사리에 맞지 않음.

+ 完(완전할 완), 語(말씀 어), 說(달랠 세, 말씀 설, 기쁠 열)

4급Ⅱ / 9획 / 土

흙(土)을 쌓아 이룬(成) 재나 성이니 **재 성, 성 성**

+ 재 – 높은 산의 고개.
+ 土(흙 토)

山城(산성) 산 위에 쌓은 성.
入城(입성) 성안으로 들어감.
築城(축성) 성을 쌓음.

+ 山(산 산), 入(들 입), 築(쌓을 축, 지을 축)

4급Ⅱ / 13획 / 言

말(言)한 대로 이루려고(成) 들이는 정성이니 **정성 성**

誠金(성금) 정성으로 내는 돈.
誠實(성실) 정성스러움과 참됨.

+ 金(쇠 금, 금 금, 돈 금, 성씨 김), 實(열매 실, 실제 실)

4급Ⅱ / 11획 / 皿

이루어진(成) 음식을 그릇(皿)에 많이 차려 성하니 **성할 성**

+ 성하다 – 한창 왕성하다.
+ 皿(그릇 명)

盛大(성대) 성하고 큼.
盛業(성업) 사업이 썩 잘됨.
豊盛(풍성) 넉넉하고 많음. 또는 그런 느낌.

+ 大(큰 대), 業(업 업, 일 업), 豊(풍년 풍, 풍성할 풍)

246 함감감[咸減感] – 咸으로 된 한자

3급 / 9획 / 口

개(戌)는 한 마리만 짖어도(口) 다 짖으니 **다 함**

+ 戌(구월 술, 개 술, 열한 번째 지지 술), 口(입 구, 구멍 구, 말할 구)

4급Ⅱ / 12획 / 水(氵)

물(氵)기가 다하면(咸) 줄어들 듯 더니 **줄어들 감, 덜 감**

열 減 – 얼음(冫)이 다(咸) 녹으면 줄어들 듯 더니 '줄어들 감, 덜 감'

減員(감원) 인원을 줄임. ↔ 增員(증원) 인원을 늘림.
減速(감속) 빠르기(속도)를 덞(줄임). ↔ 加速(가속) 점점 속도를 더함.
加減(가감) 더하거나 빼는 일. 또는 그렇게 하여 알맞게 맞추는 일.

+ 員(관원 원, 사람 원), 速(빠를 속), 增(더할 증), 加(더할 가)

6급 / 13획 / 心

(정성을) 다하여(咸) 마음(心)쓰면 누구나 느끼고 감동하니
느낄 감, 감동할 감

感動(감동) 깊이 느끼어 마음이 움직임.
生動感(생동감) 살아 움직이는 느낌.
多情多感(다정다감) 정이 많고 느낌도 많음. 감수성이 예민하여 감동하기 쉬움.

+ 動(움직일 동), 生(날 생, 살 생, 사람을 부를 때 쓰는 접사 생), 多(많을 다), 情(뜻 정, 정 정)

247 양양달 마[羊洋達 馬] – 羊과 馬로 된 한자

4급II / 6획 / 羊

앞에서 바라본 양(🐑→羊)을 본떠서 **양 양**

+ 양은 성질이 온순하여 방목하거나 길들이기도 좋으며, 부드럽고 질긴 털과 가죽과 고기를 주는 이로운 짐승이니, 양(羊)이 부수로 쓰이면 대부분 좋은 의미의 한자입니다.

羊毛(양모) 양의 털. 털실과 모직의 감으로 쓰임.
山羊(산양) 산에서 크는 양.

+ 毛(털 모), 山(산 산)

6급 / 9획 / 水(氵)

물(氵)결이 수만 마리 양(羊) 떼처럼 출렁이는 큰 바다니 **큰 바다 양**

또 큰 바다 건너편에 있는 서양이니 **서양 양**

洋食(양식) 서양식 음식.
洋酒(양주) 서양에서 들어온 술. 또는 서양의 양조법에 따라 빚은 술.
太平洋(태평양) '크게 평평한 바다'로, 지구를 둘러싼 오대양 중 가장 큰 바다.

+ 食(밥 식, 먹을 식), 酒(술 주), 太(클 태), 平(평평할 평, 평화 평)

4급II / 13획 / 辶(辶)

흙(土)에만 살던 양(羊)도 뛰어서(辶) 풀밭에 잘도 이르니 **이를 달**

또 최고에 이르도록 익혀 통달하니 **통달할 달**

+ 土(흙 토), 辶(뛸 착, 갈 착)

達成(달성) (뜻한 바를) 이르러 이룸.
通達(통달) (어떤 일에) 막힘없이 통하여 훤히 앎.
達辯(달변) '통달한 말'로, 매우 능란한 말.

+ 成(이룰 성), 通(통할 통), 辯(말 잘할 변)

5급 / 10획 / 馬

서 있는 말(🐴→)을 본떠서 **말 마**

馬耳東風(마이동풍) '동풍이 말의 귀를 스쳐 감'으로, 남의 말을 귀담아듣지 아니하고 지나쳐 흘려버림을 이르는 말.
竹馬故友(죽마고우) '대나무로 말을 타고 놀던 옛 친구'로, 어릴 때 같이 놀던 오래되고 친한 벗.

+ 耳(귀 이), 東(동쪽 동, 주인 동), 風(바람 풍, 풍속·경치·모습·기질·병 이름 풍), 竹(대 죽), 故(연고 고, 옛 고), 友(벗 우)

248 미양선양[美養善樣] - 羊의 변형(羊)으로 된 한자

6급 / 9획 / 羊(丷)

양(羊)이 커(大)가는 모양처럼 아름다우니 **아름다울 미**

+ 丷[양 양(羊)의 변형], 大(큰 대)

美人(미인) 아름다운 사람.
美德(미덕) 아름다운 덕. 훌륭한 행위.

+ 德(덕 덕, 클 덕)

5급II / 15획 / 食

양(羊)을 먹여(食) 기르니 **기를 양**

+ 食(밥 식, 먹을 식)

養鷄(양계) 닭을 기름.
養育(양육) '기르고 기름'으로, 아이를 보살펴서 자라게 함.
養成(양성) 길러냄. 가르쳐 이루게 함.

+ 鷄(닭 계), 育(기를 육), 成(이룰 성)

5급 / 12획 / 口

양(羊)처럼 풀(艹)만 입(口)으로 먹는 짐승은 순하고 착하니 **착할 선**
또 착하면 좋고 시키는 일도 잘하니 **좋을 선, 잘할 선**

+ 초식동물은 대부분 순하지요.
+ 초 두(艹)는 원래 4획이지만 여기서는 3획의 약자 형태(艹)를 변형(丷)한 것을 이용하였네요.

善惡(선악) 착한 것과 악한 것을 아울러 이르는 말.
改善(개선) (나쁜 점을) 고쳐 좋게 함.
善防(선방) 잘 막아냄.

+ 惡(악할 악, 미워할 오), 改(고칠 개), 防(둑 방, 막을 방)

4급 / 15획 / 木

나무(木) 옆에 양(羊) 떼가 길게(永) 늘어선 모양이니 **모양 양**

[역] 様 - 나무(木) 옆에 양(羊)이 물(氺) 먹는 모양이니 '모양 양'
+ 丷[양 양(羊)의 변형], 永(길 영, 오랠 영)

模樣(모양) ① 겉으로 본 생김새나 현상.
② (차림새나 단장 등을) 곱게 꾸민 꾸밈새.
③ 어떤 형편이나 상태. 또는 되어 가는 꼴.
多樣(다양) 종류가 여러 가지로 많음. 가지가지임.
各樣各色(각양각색) '각각의 모양과 각각의 색'으로, 여러 가지. 가지가지.

+ 模(본보기 모, 본뜰 모, 모호할 모), 多(많을 다), 各(각각 각), 色(색 색)

13日

249 착차[着差] - 着과 差

5급II / 12획 / 目

털에 가린 양(羊)의 붙은(丿) 눈(目)처럼 붙으니 **붙을 착**

+ 丿('삐침 별'이지만 여기서는 붙은 모양으로 봄), 目(눈 목, 볼 목, 항목 목)

到着(도착) 목적한 곳에 다다름.
接着(접착) 달라붙음. 또는 붙임.
定着(정착) (일정한 곳을) 정하여 떠나지 않음.

+ 到(이를 도, 주도면밀할 도), 接(이을 접, 대접할 접), 定(정할 정)

4급 / 10획 / 工

(붙어 다니는) 양(羊)처럼 붙어(丿) 서서 같이 만들어도(工) 다르고 어긋나니 **다를 차, 어긋날 차**

+ 工(장인 공, 만들 공, 연장 공)

差別(차별) 다르게 구별함.
格差(격차) 품등·자격·가격 등의 차이.
誤差(오차) 참값과 근삿값과의 차이(참값과 근삿값 중 큰 수에서 작은 수를 뺌).

+ 別(나눌 별, 다를 별), 格(격식 격, 헤아릴 격), 誤(그르칠 오)

250 아 의의의[我 義議儀] - 我와 義로 된 한자

3급II / 7획 / 戈

손(手)에 창(戈) 들고 지켜야 할 존재는 바로 나니 **나 아**

+ 조금만 방심하면 잡념이 생기고 엉뚱한 짓을 하게 되고, 남에게 침입 받게 되지요.
+ 手(손 수, 재주 수, 재주 있는 사람 수), 戈(창 과)

4급II / 13획 / 羊(⺶)

양(⺶)처럼 내(我)가 행동함이 옳고 의로우니 **옳을 의, 의로울 의**

+ ⺶[양 양(羊)의 변형]

義理(의리) 옳은 도리. 바른 이치.
義擧(의거) 의로운 일로 일어남.
正義(정의) '바르고 의로움'으로, 올바른 도리.

+ 理(이치 리, 다스릴 리), 擧(들 거, 행할 거, 일으킬 거), 正(바를 정)

4급II / 20획 / 言

(좋은 결론을 위해) 말(言)로 의롭게(義) 의논하니 **의논할 의**

議論(의논) 어떤 일에 대하여 서로 의견을 주고받음.
會議(회의) 모여서 의논함.
討議(토의) (어떤 문제에 대하여) 검토하고 협의함.

+ 論(논할 론, 평할 론), 會(모일 회), 討(칠 토, 토론할 토)

4급 / 15획 / 人(亻)

사람(亻)이 의리(義)에 맞게 움직이는 거동이나 법도니 **거동 의, 법도 의**

+ 거동(擧動) - 몸을 움직임. 또는 그런 짓이나 태도.
+ 擧(들 거, 행할 거, 일으킬 거), 動(움직일 동)

儀式(의식) 예식을 갖추는 법식.
儀禮(의례) 법도에 맞는(형식을 갖춘) 예의.

+ 式(법 식, 의식 식), 禮(예도 례)

251 어어선 [魚漁鮮] - 魚로 된 한자

5급 / 11획 / 魚

물고기(🐟 → 🐟) 모양을 본떠서 **물고기 어**

+ ⺈는 머리, 田은 몸통, 灬는 지느러미와 꼬리로 봅니다.

魚種(어종) 물고기 종류.
活魚(활어) 살아 있는 물고기.
緣木求魚(연목구어) 나무에 올라가서 물고기를 구한다는 뜻으로, 도저히 불가능한 일을 굳이 하려 함을 비유적으로 이르는 말.

+ 種(씨앗 종, 종류 종, 심을 종), 活(살 활), 緣(인연 연), 木(나무 목), 求(구할 구)

5급 / 14획 / 水(氵)

물(氵)에서 물고기(魚)를 잡으니 **고기 잡을 어**

+ 물고기 모양을 본떠서 '물고기 어(魚)', 물에서 물고기를 잡으니 물을 뜻하는 삼 수 변(氵)을 붙여서 '고기 잡을 어(漁)'로 구분하세요.

漁夫(어부) 물고기를 잡는 사람. '어부(漁父)'로도 씀.
漁場(어장) ① 고기잡이를 하는 곳.
② 풍부한 수산 자원이 있고 어업을 할 수 있는 수역.
漁船(어선) 고기잡이를 하는 배.

+ 夫(사내 부, 남편 부), 場(마당 장, 상황 장), 船(배 선)

5급Ⅱ / 17획 / 魚

물고기(魚)가 양(羊)처럼 곱게 깨끗하고 싱싱하니
고울 선, 깨끗할 선, 싱싱할 선

+ 羊(양 양)이 들어가면 대부분 좋은 의미의 한자입니다.

鮮明(선명) 깨끗하고 밝음.
鮮血(선혈) 상하지 않는 피. 생생한 피.
生鮮(생선) (잡은 그대로의) 싱싱한 물고기.

+ 明(밝을 명), 血(피 혈), 生(살 생, 날 생, 사람을 부를 때 쓰는 접사 생)

252 우우만[禺 遇 萬] - 禺로 된 한자

급외자 / 9획 / 内

밭(田)에 기른 농작물을 발자국(内) 남기며 훔쳐 먹는 원숭이니 **원숭이 우**
+ 内 - 성(冂)처럼 사사로이(厶) 남긴 발자국이니 '발자국 유'
+ 田(밭 전, 논 전), 冂(멀 경, 성 경), 厶(사사로울 사, 사사 사)

4급 / 13획 / 辵(辶)

원숭이(禺)를 가다가(辶) 만나니 **만날 우**

또 만나서 대접하니 **대접할 우**

> 不遇(불우) ① (포부나 재능은 있어도) 좋은 때를 만나지 못함.
> ② 살림이나 형편이 딱하고 어려움.
> 待遇(대우) 예의를 갖추어 대접함.
> 禮遇(예우) 예의를 지켜 정중히 대접함.

+ 待(대접할 대, 기다릴 대), 禮(예도 례)

풀(艹)밭에는 원숭이(禺)도 많으니 **많을 만**

또 많은 숫자인 일만이니 **일만 만**

> 역 万 - 하늘(一) 아래에는 쌓여(勹) 있는 물건도 많으니 '많을 만'
> 또 많은 숫자인 일만이니 '일만 만'
+ 한자가 만들어진 중국에는 원숭이도 많답니다.
+ 一('한 일'이지만 여기서는 하늘로 봄), 勹(쌀 포)

8급 / 13획 / 艸(艹)

> 萬能(만능) 많은 일에 능숙함.
> 萬歲(만세) ① 만년(萬年).
> ② 오래 살아 헤아릴 수 없이 많은 나이.
> ③ 어떠한 축복이나 영원한 번영을 위하여 외치는 소리.
> 萬物商(만물상) 많은 물건을 파는 장사. 또는 그 가게.

+ 能(능할 능), 歲(해 세, 세월 세), 年(해 년, 나이 년), 物(물건 물), 商(장사할 상, 헤아릴 상)

253 리금[離禽] - 离로 된 한자

4급 / 19획 / 隹

짐승(离)이나 새(隹)처럼 기약 없이 헤어지니 **헤어질 리(이)**

+ 离 - 머리 부분(亠)에 베인(乂) 듯 입 벌린 모양(凵)의 짐승이 사사로이(厶) 성(冂) 같은 발자국을 남기고 떠나니 '짐승 리, 떠날 리'
+ 亠(머리 부분 두), 乂(벨 예, 다스릴 예, 어질 예), 凵(입 벌릴 감, 그릇 감), 厶(사사로울 사, 나 사), 冂(멀 경, 성 경)
+ 隹(새 추) - 제목번호 324 참고

> **離別(이별)** 서로 갈려 떨어짐.
> **離散(이산)** 헤어져 흩어짐.

+ 別(나눌 별, 다를 별), 散(흩어질 산)

3급II / 13획 / 禸

그물(人)로 씌워 잡는 짐승(禽)은 날짐승이니 **날짐승 금**

+ 人('사람 인'이지만 여기서는 그물로 봄), 날짐승 - 날아다니는 짐승.

254 근절근질 [斤折近質] - 斤으로 된 한자

3급 / 4획 / 斤

도끼(┏ → 斤)나 저울의 모양을 본떠서 **도끼 근, 저울 근**

+ 도끼나 물건을 들어 올려 달던 옛날 저울의 모양입니다.
+ 근(斤) - 재래식 척관법으로 나타내는 저울로 다는 무게 단위. 1근은 보통 약 600g이 원칙이나, 약재 같은 것은 375g으로 잽니다.

13日

4급 / 7획 / 手(扌)

손(扌)에 도끼(斤) 들고 찍어 꺾으니 **꺾을 절**

折半(절반) 반절로 꺾음(나눔). 또는 그 반.
折傷(절상) 뼈가 부러져 다침.
屈折(굴절) ① 휘어서 꺾임.
② 생각이나 말 등이 어떤 것에 영향을 받아 본래의 모습과 달라짐.

+ 半(반 반), 傷(상할 상), 屈(굽을 굴, 굽힐 굴)

6급 / 8획 / 辵(辶)

(저울에 물건을 달 때) 저울(斤)의 막대가 조금씩 움직이는(辶) 거리처럼 가깝고 비슷하니 **가까울 근, 비슷할 근**

接近(접근) 가까이 다가감.
最近(최근) ① 얼마 되지 않은 지나간 날부터 현재. 또는 바로 직전까지의 기간.
② 거리 등이 가장 가까움.
親近(친근) (서로 사이가) 친하고 가까움.

+ 接(이을 접, 대접할 접), 最(가장 최), 親(어버이 친, 친할 친)

5급II / 15획 / 貝

도끼(斤)와 저울(斤)로 재물(貝)을 나눌 때 드러나는 바탕이니 **바탕 질**

역 貭 - 도끼(斤)로 재물(貝)을 나눌 때 드러나는 바탕이니 '바탕 질'
+ 재물을 나눌 때 본심, 즉 그 사람의 바탕이 드러나지요.
+ 貝(조개 패, 재물 패, 돈 패), 斤[도끼 근(斤)의 변형]

質問(질문) '바탕을 물음'으로, 모르는 것을 물음.
性質(성질) 사물이나 현상이 본디부터 가지고 있는 고유의 특성.
素質(소질) 본디부터 가지고 있는 성질.

+ 問(물을 문), 性(성품 성, 바탕 성, 성별 성), 素(흴 소, 바탕 소, 요소 소, 소박할 소)

255 구병[丘兵] - 됴로 된 한자

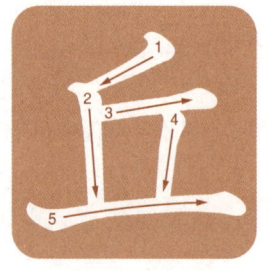

3급II / 5획 / 一

도끼(斤) 하나(一)씩 들고 지키는 언덕이니 **언덕 구**
+ 한자에는 당시의 무기를 이용하여 만들어진 한자도 많습니다. 도끼를 당시에는 무기로도 썼던 모양입니다.

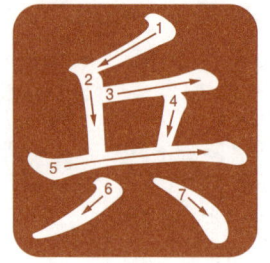

5급II / 7획 / 八

언덕(丘) 밑에 여덟(八) 명씩 있는 군사니 **군사 병**
+ 지금도 군대의 작은 단위인 1개 분대는 약 8~9명으로 편성되지요.
+ 八(여덟 팔, 나눌 팔)

兵士(병사) 군사(軍士).
義兵(의병) (나라를 위하여 스스로 일어난) 의로운 군사.

+ 士(선비 사, 군사 사, 칭호나 직업 이름에 붙이는 말 사), 軍(군사 군), 義(옳을 의, 의로울 의)

256 궤 범풍축[几 凡風築] - 几와 凡으로 된 한자

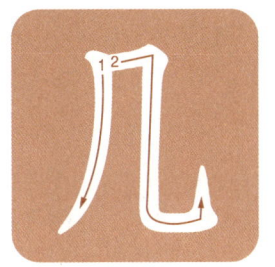

1급 / 2획 / 几

안석이나 책상의 모양을 본떠서 **안석 궤, 책상 궤**

+ 안석(案席) - 앉을 때 몸을 기대는 방석.
+ 案(책상 안, 생각 안, 계획 안), 席(자리 석)

13日

3급Ⅱ / 3획 / 几

(공부하는) 책상(几)에 점(丶)이 찍힘은 무릇 보통이니 **무릇 범, 보통 범**

+ 무릇 - 종합하여 살펴보건대. 헤아려 생각하건대. 대체로 보아.

6급Ⅱ / 9획 / 風

무릇(凡) 벌레(虫)도 옮기는 바람이니 **바람 풍**

또 바람으로 말미암은 **풍속・경치・모습・기질・병 이름 풍**

+ 작은 벌레는 바람을 타고 옮겨간다지요.
+ 虫(벌레 충)

暴風(폭풍) 몹시 사납게 부는 바람.
風景(풍경) 경치.
威風(위풍) 위엄 있는 모습.
中風(중풍) 대체로 뇌출혈로 인해 몸의 한 부분이 마비되는 병.
美風良俗(미풍양속) 아름답고 좋은 풍속.

+ 暴(사나울 폭, 사나울 포, 드러날 폭), 景(볕 경, 경치 경, 클 경), 威(위엄 위), 中(가운데 중, 맞힐 중), 美(아름다울 미), 良(좋을 량, 어질 량), 俗(저속할 속, 속세 속, 풍속 속)

4급Ⅱ / 16획 / 竹(⺮)

대(⺮)로도 장인(工)은 무릇(凡) 나무(木)처럼 쌓아 지으니

쌓을 축, 지을 축

+ 工(장인 공, 만들 공, 연장 공), 木(나무 목)

建築(건축) (집・성・다리 등을) 세워 지음.
增築(증축) (이미 지어져 있는 건축물에) 덧붙여 늘려 짓는 것.

+ 建(세울 건), 增(더할 증)

257 연연선[㕣鉛船] - 㕣으로 된 한자

5획 / 참고자

안석(几)처럼 패인 구멍(口)에 물이 고인 늪이니 **늪 연**

+ 늪 - ① 땅바닥이 우묵하게 뭉떵 빠지고 늘 물이 괴어 있는 곳.
　　　② 빠져나오기 힘든 상태나 상황을 비유적으로 이르는 말.
+ 어원 풀이를 위한 참고용으로 실제 쓰이는 한자는 아닙니다.
+ 口(입 구, 구멍 구, 말할 구)

4급 / 13획 / 金

쇠(金) 중 늪(㕣)의 물처럼 잘 녹는 납이니 **납 연**

+ 납은 낮은 온도에서도 잘 녹지요.

　鉛筆(연필) 흑연 심을 나무에 박은 필기구의 한 가지.
　色鉛筆(색연필) 심에 광물질의 물감을 섞어 빛깔이 나게 만든 연필.

+ 筆(붓 필, 글씨 필), 色(빛 색)

5급 / 11획 / 舟

배(舟) 중 늪(㕣)에도 다니도록 만든 배니 **배 선**

+ 舟 - 통나무배를 본떠서 '배 주' - 3급

　船上(선상) 배 위.
　船長(선장) 배에 탄 승무원의 우두머리.

+ 上(위 상, 오를 상), 長(길 장, 어른 장, 자랄 장)

258 수발 각곡 [殳發 殼穀] - 殳로 된 한자 1

특급 / 4획 / 殳

안석(几) 같은 것을 손(又)에 들고 치니 **칠 수**

또 치려고 드는 창이나 몽둥이니 **창 수, 몽둥이 수**

+ 又(오른손 우, 또 우)

6급II / 12획 / 癶

걸어가(癶) 활(弓)과 창(殳)을 쏘면 전쟁이 일어나니 **쏠 발, 일어날 발**

[약] 発 – 걸어가(癶) 두(二) 사람(儿)이 활을 쏘면 싸움이 일어나니 '쏠 발, 일어날 발'
+ 癶(등질 발, 걸을 발) – 제목번호 198 참고, 儿(사람 인 발, 어진사람 인)

> 發射(발사) (총·대포·로켓 등을) 쏨.
> 發生(발생) (어떤 것이) 일어나 생김.
> 發展(발전) ① 더 낫고 좋은 상태나 더 높은 단계로 나아감.
> ② 일이 어떤 방향으로 전개됨.

+ 射(쏠 사), 生(날 생, 살 생, 사람을 부를 때 쓰는 접사 생), 展(펼 전, 넓을 전)

1급 / 12획 / 殳

군사(士)들이 덮어(冖) 지키듯 하나(一)의 안석(几)처럼 편안히 감싸 쳐도(殳) 끄떡없는 껍질이니 **껍질 각**

+ 士(선비 사, 군사 사, 칭호나 직업 이름에 붙이는 말 사), 冖(덮을 멱)

4급 / 15획 / 禾

껍질(殼) 속에 여물어 차 있는 벼(禾) 같은 곡식이니 **곡식 곡**

+ 殼[껍질 각(殼)의 획 줄임], 禾(벼 화)

> 穀食(곡식) 곡물. [穀物(곡물) 사람의 식량이 되는 쌀·보리·콩·조·기장·수수·밀·옥수수 등을 통틀어 이르는 말]
> 雜穀(잡곡) (쌀 이외의) 모든 곡식.
> 脫穀(탈곡) (벼·보리 등의 이삭에서) 낟알을 떨어내는 일.

+ 食(밥 식, 먹을 식), 物(물건 물), 雜(섞일 잡), 脫(벗을 탈)

259 설투살(쇄)단[設投殺段] - 殳로 된 한자 2

4급II / 11획 / 言

말(言)로 상대의 주장을 치며(殳) 자기주장을 세우고 베푸니
세울 설, 베풀 설

設立(설립) (기관이나 조직체 등을 새로) 세움(만듦).
設備(설비) (시설을) 베풀어 갖춤.
施設(시설) (도구・기계・장치 등을) 베풀어 설비함. 또는 그런 설비.

+ 立(설 립), 備(갖출 비), 施(행할 시, 베풀 시)

4급 / 7획 / 手(扌)

손(扌)으로 창(殳)을 던져 버리니 **던질 투, 버릴 투**

投資(투자) (이익을 얻기 위하여 어떤 일이나 사업에) 자본을 대거나 시간이나 정성을 쏟음.
投票(투표) (선거를 하거나 가부를 결정할 때에) 투표용지에 의사를 표시하여 일정한 곳에 내는 일. 또는 그런 표.

+ 資(재물 자, 신분 자), 票(표 표)

4급II / 11획 / 殳

베고(乂) 나무(木)로 찍고(丶) 쳐서(殳) 죽여 빨리 감하니
죽일 살, 빠를 쇄, 감할 쇄

+ 감(減 - 줄어들 감, 덜 감)하다 - 적어지다. 줄다. 줄이다.
+ 乂(벨 예, 다스릴 예, 어질 예), 丶('점 주, 불똥 주'지만 여기서는 찍는 모양으로 봄)

殺蟲(살충) 벌레나 해충을 죽임.
殺到(쇄도) 한꺼번에 빠르게 몰려듦.
相殺(상쇄) ① 서로에게 상반되는 영향을 주어 효과나 효력이 없어지는 것.
② 양편이 서로 셈을 비겨 원래 상태가 되는 것.

+ 蟲(벌레 충), 到(이를 도, 주도면밀할 도), 相(서로 상, 모습 상, 볼 상, 재상 상)

4급 / 9획 / 殳

언덕(阝)을 치고(殳) 깎아서 일정한 간격으로 만든 계단이니 **계단 단**
또 계단 같은 차례니 **차례 단**

+ 阝[언덕 애(厓)의 변형]

階段(계단) ① 사람이 오르내리기 위하여 건물이나 비탈에 만든 층층대.
② 어떤 일을 이루는 데에 밟아 거쳐야 할 차례나 순서.
段階(단계) 일이 나아가는 과정. 순서.

+ 階(섬돌 계, 계단 계, 계급 계)

260 격계[擊繫] – 毄으로 된 한자

4급 / 17획 / 手

수레(車)가 산(山)길을 갈 때 부딪치듯(殳) 손(手)으로 치니 **칠 격**
+ 車(수레 거, 차 차), 山(산 산), 手(손 수, 재주 수, 재주 있는 사람 수)

> **擊破(격파)** 쳐서 깨뜨림.
> **射擊(사격)** '쏘아 침'으로, 총·대포·활 등을 쏨.
> **打擊(타격)** 때리어 침.

+ 破(깨질 파, 다할 파), 射(쏠 사), 打(칠 타)

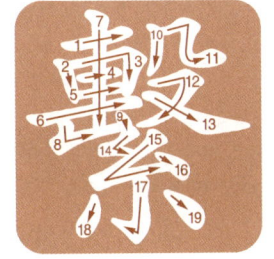

3급 / 19획 / 糸

수레(車)가 산(山)길을 갈 때 부딪침(殳)을 대비하여 실(糸)로 단단히 매니 **맬 계**
+ 糸(실 사, 실 사 변)

13日

13日 확인문제 (241~260)

01~04 다음 漢字의 훈(뜻)과 음(소리)을 쓰세요.

01. 或 (   )   02. 錢 (   )
03. 威 (   )   04. 誠 (   )

05~08 다음 훈음에 맞는 漢字를 쓰세요.

05. 쇠 철 (   )   06. 해 세 (   )
07. 기를 양 (   )   08. 붙을 착 (   )

09~12 다음 漢字語의 독음을 쓰세요.

09. 領域 (   )   10. 殘業 (   )
11. 加減 (   )   12. 達成 (   )

13~14 다음 문장 중 밑줄 친 단어를 漢字로 쓰세요.

13. 친구는 자기 애인에게 나를 <u>죽마고우</u>로 소개했다. (   )
14. 부족한 부분을 <u>개선</u>하여 새로운 상품을 만들었다. (   )

15~16 다음 문장 중 漢字로 표기된 단어의 독음을 쓰세요.

15. 많은 봉사활동에서 **多樣**한 경험을 쌓았다. (   )
16. 그의 계획은 한 치의 **誤差**도 없이 진행되었다. (   )

17~18 다음 뜻풀이에 맞는 단어를 漢字로 쓰세요.

17. 살아 있는 물고기. (   )   18. 깨끗하고 밝음. (   )

19~20 다음 漢字語의 뜻을 쓰세요.

19. 盛大 (   )
20. 山城 (   )

---

01. 혹시 혹 02. 돈 전 03. 위엄 위 04. 정성 성 05. 鐵 06. 歲 07. 養 08. 着 09. 영역 10. 잔업
11. 가감 12. 달성 13. 竹馬故友 14. 改善 15. 다양 16. 오차 17. 活魚 18. 鮮明 19. 성하고 큼.
20. 산 위에 쌓은 성.

14日 261 ~ 280

261   이성 감엄[耳聲 敢嚴] - 耳와 敢으로 된 한자

5급 / 6획 / 耳

귀(🐚 → 👂 → 耳)를 본떠서 **귀 이**

耳順(이순) 귀가 순해진다는 뜻으로, 나이 60세의 비유적인 표현.
耳目口鼻(이목구비) 귀·눈·입·코.

+ 順(순할 순), 目(눈 목, 볼 목, 항목 목), 口(입 구, 구멍 구, 말할 구), 鼻(코 비, 비롯할 비)

4급Ⅱ / 17획 / 耳

선비(士)가 놀라 뱀(尸)을 칠(殳) 때처럼 귀(耳)에 들려오는 소리니 **소리 성**

약 声 - 선비(士)가 뱀(尸)처럼 길게 내는 소리니 '소리 성'
+ 尸[뱀 파(巴)의 변형], 殳(칠 수, 창 수, 몽둥이 수)

聲量(성량) 소리가 크거나 작은 정도. 음량(音量). 볼륨.
歡呼聲(환호성) 기쁘거나 감격하여 부르짖는 소리.

+ 量(헤아릴 량, 용량 량), 歡(기뻐할 환), 呼(부를 호)

4급 / 12획 / 攴

적을 치고(攻) 귀(耳)를 잘라옴이 용감하니 **용감할 감**

+ 옛날에는 잘라온 귀의 수로 그 공을 따졌으니, 그것을 생각하고 만든 한자네요.
+ 攻(칠 공, 닦을 공) - 제목번호 178 참고

勇敢(용감) 씩씩하고 겁이 없으며 기운참.
敢行(감행) 용감하게 행함.

+ 勇(날랠 용), 行(다닐 행, 행할 행, 항렬 항)

4급 / 20획 / 口

소리소리(口口)치며 바위(厂)도 용감히(敢) 오르는 모양이 엄하니 **엄할 엄**

약 厳 - 반짝이는 불꽃(``)처럼 바위(厂)도 용감히(敢) 오르는 모양이 엄하니 '엄할 엄'
+ 口(입 구, 구멍 구, 말할 구), 厂(굴 바위 엄, 언덕 엄)

嚴格(엄격) (말·태도·규율 등이) 엄하고 격식이 있음.
嚴選(엄선) (어떤 대상을) 엄하게 가려 뽑음.
嚴守(엄수) 엄하게(어김없이) 지킴.

+ 格(격식 격, 헤아릴 격), 選(가릴 선, 뽑을 선), 守(지킬 수)

262 자식비변[自息鼻邊] - 自로 된 한자

7급II / 6획 / 自

(얼굴이 자기를 대표하니 얼굴에서 잘 드러나는)
이마(′)와 눈(目)을 본떠서 **자기 자**

또 자기 일은 스스로 하니 **스스로 자**

또 모든 것은 자기로부터 비롯되니 **부터 자**

+ ′[삐침 별(丿)의 변형이지만 여기서는 이마로 봄]

> 自他(자타) 자기와 남을 아울러 이르는 말.
> 自然(자연) '스스로 그러함'으로, 사람의 힘이 더해지지 아니하고 세상에 스스로 존재하거나 우주에 저절로 이루어지는 모든 존재나 상태.
> 自初至終(자초지종) 처음부터 끝까지(의 과정).

+ 他(다를 타, 남 타), 然(그러할 연), 初(처음 초), 至(이를 지, 지극할 지), 終(다할 종, 마칠 종)

4급II / 10획 / 心

자기(自)를 마음(心)으로 생각하며 쉬니 **쉴 식**

또 쉬면서 가쁜 숨을 고르며 숨 쉬니 **숨 쉴 식**

또 노후에 쉬도록 돌보아 주는 자식이니 **자식 식**

> 休息(휴식) (일의 도중에 잠깐) 쉼.
> 歎息(탄식) 한탄하며 한숨을 쉼.
> 子息(자식) ① 아들과 딸의 총칭. ② '놈'보다 낮추어 욕하는 말.

+ 休(쉴 휴), 歎(탄식할 탄, 감탄할 탄), 子(아들 자, 첫째 지지 자, 자네 자, 접미사 자)

5급 / 14획 / 鼻

자기(自)의 밭(田)처럼 생긴 얼굴에 받쳐 든(廾) 모양으로 우뚝 솟은 코니 **코 비**

또 코로 숨을 쉬기 시작하는 것으로부터 생명이 비롯하니 **비롯할 비**

+ 廾(받쳐 들 공)

> 鼻音(비음) 입 안의 어떤 부분을 막았다가 코 안으로 내는 소리.
> 鼻祖(비조) 맨 처음으로 시작한 사람.

+ 音(소리 음), 祖(할아버지 조, 조상 조)

4급II / 19획 / 辵(辶)

(어려움에 봉착해도) 스스로(自) 구멍(穴) 뚫린 방향(方)을 찾아 가다(辶) 보면 이르는 끝이나 가니 **끝 변, 가 변**

역 辺 - 칼(刀)처럼 날카롭게 뻗어 간(辶) 끝이나 가니 '끝 변, 가 변'
　边 - 힘(力) 있게 뛰어가면(辶) 이르는 끝이나 가니 '끝 변, 가 변'

+ 가 - 경계에 가까운 바깥쪽 부분.
+ 穴(구멍 혈, 굴 혈), 方(모 방, 방향 방, 방법 방), 辶[뛸 착, 갈 착(辵)이 줄어든 모양]

> 邊方(변방) (중심지에서 멀리 떨어진) 가장자리 지역.
> 海邊(해변) 바닷가.

+ 方(모 방, 방향 방, 방법 방), 海(바다 해)

263 상상상[尚賞常] - 尙과 尙의 변형(尚)으로 된 한자 1

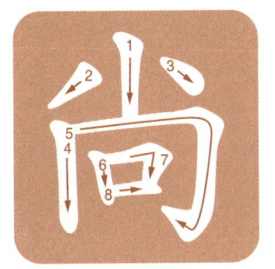

3급Ⅱ / 8획 / 小

조금(小)이라도 더 **높이**(冋) 쌓아 오히려 높으니 **오히려 상, 높을 상**

또 이런 일은 숭상하니 **숭상할 상**

+ 尙은 변형된 '尚' 모양으로 많이 쓰입니다.
+ 小(작을 소), 冋[높을 고(高)의 획 줄임]

5급 / 15획 / 貝

숭상하여(尚) 재물(貝)로 상도 주고 구경도 보내니 **상줄 상, 구경할 상**

+ 尙[오히려 상, 높을 상, 숭상할 상(尙)의 변형], 貝(조개 패, 재물 패, 돈 패)

賞罰(상벌) 상과 벌을 아울러 이르는 말.
賞春客(상춘객) 봄 경치를 구경하는 사람들.
信賞必罰(신상필벌) '믿을(상을 줄 만한) 사람에게는 상을 주고, 벌 줄 사람에게는 반드시 벌을 줌'으로, 상벌을 규정대로 분명하게 함을 말함.

+ 罰(벌할 벌), 春(봄 춘), 客(손님 객), 信(믿을 신, 소식 신), 必(반드시 필)

4급Ⅱ / 11획 / 巾

(염치를 아는 인간에게) **숭상함**(尙)이 **옷**(巾)임은 항상 보통의 일이니 **항상 상, 보통 상**

또 항상 떳떳하게 살아 떳떳하니 **떳떳할 상**

+ 인간의 생존에 기본으로 필요한 것인 '의식주(衣食住)'에서, 옷 의(衣)를 먼저 쓴 것은 염치를 아는 인간이라면 옷이 중요함을 강조한 것이지요. 옷으로 추위도 막고 부끄러운 부분도 가리니까요.
+ 巾('수건 건'이지만 여기서는 옷으로 봄), 衣(옷 의), 食(밥 식, 먹을 식), 住(살 주, 사는 곳 주)

常識(상식) (일반이 지녀야 할) 보통의 지식.
常綠樹(상록수) (나뭇잎이) 항상 푸른 나무. ↔ 落葉樹(낙엽수) 가을이나 겨울에 잎이 떨어졌다가 봄에 새잎이 나는 나무.

+ 識(알 식, 기록할 지), 綠(푸를 록), 樹(세울 수, 나무 수), 落(떨어질 락), 葉(잎 엽)

264 당당당[堂當黨] - 尙의 변형(尚)으로 된 한자 2

6급II / 11획 / 土

높이(尙) 흙(土)을 다져 지은 집이니 **집 당**

또 집에서처럼 당당하니 **당당할 당**

講堂(강당) 강의나 의식 때 쓰는 큰 방.
食堂(식당) 밥을 파는 집(가게).
正正堂堂(정정당당) 바르고 당당함(떳떳함).

+ 講(익힐 강, 강의할 강), 食(밥 식, 먹을 식), 正(바를 정)

5급II / 13획 / 田

(농업을) 숭상하여(尙) 전답(田)을 잘 가꾸는 일처럼 마땅하니 **마땅할 당**

또 마땅하게 어떤 일을 당하니 **당할 당**

⑭ 当 - 작은(⺌) 손(⺕)길이라도 정성스럽게 대해야 함이 마땅하니 '마땅할 당'
+ ⺌[작을 소(小)의 변형], ⺕(고슴도치 머리 계, 오른손 우)

當然(당연) 마땅히 그렇게 되어야 할 일.
當番(당번) 일할 차례에 당함. 또는 그 사람. ↔ 非番(비번) 당번을 설 차례가 아님.
正當(정당) (이치에 맞아) 올바르고 마땅함.

+ 然(그러할 연), 番(차례 번, 번지 번), 非(어긋날 비, 아닐 비, 나무랄 비)

4급II / 20획 / 黑

높은(尙) 뜻을 품고 어두운(黑) 현실을 개척하려고 모인 무리니 **무리 당**

⑭ 党 - (어떤 뜻을) 숭상하는(尙) 사람(儿)들의 무리니 '무리 당'
+ 黑(검을 흑) - 제목번호 271 참고, 儿(사람 인 발, 어진사람 인)

黨派(당파) 당의 갈래.
徒黨(도당) ① 불순한 사람의 무리.
② 집단을 이룬 무리.

+ 派(물갈래 파, 파벌 파), 徒(한갓 도, 걸을 도, 무리 도)

265 금 간은[金 艮銀] - 金과 艮으로 된 한자 1

8급 / 8획 / 金

덮여 있는(人) 한(一)곳의 흙(土) 속에 **반짝반짝**(丷) 빛나는 쇠나 금이니
쇠 금, 금 금

또 금처럼 귀한 돈이나 성씨니 **돈 금, 성씨 김**

+ 人('사람 인'이지만 여기서는 덮여 있는 모양으로 봄), 丶('점 주, 불똥 주'지만 여기서는 반짝반짝 빛나는 모양)

金庫(금고) (돈이나 재물을 넣어두는) 쇠로 만든 창고.
金銀(금은) 금과 은.
料金(요금) 남의 힘을 빌리거나 사물을 사용·소비·관람한 대가로 치르는 돈.

+ 庫(창고 고), 銀(은 은), 料(헤아릴 료, 재료 료, 값 료)

14日

1급II / 6획 / 艮

눈(目)에 비수(匕)를 품고 멈추어 바라볼 정도로 어긋나니
멈출 간, 어긋날 간, 괘 이름 간

+ 目[눈 목, 볼 목, 항목 목(目)의 변형], 匕[비수 비, 숟가락 비(匕)의 변형]

6급 / 14획 / 金

금(金) 다음에 머물러(艮) 있는 은이니 **은 은**

+ 최고는 금이고 다음이 은이라는 데서 만든 한자.

銀賞(은상) 상(賞)의 등급을 금, 은, 동으로 나누었을 때 2등에 해당하는 상.
銀河水(은하수) 하늘에 강물처럼 모여 있는 무수히 많은 별들의 무리.

+ 비싸긴 금이 더 비싼데 은행(bank)을 금행(金行)으로 하지 않고 은행(銀行)으로 한 이유는 무엇일까요? 옛날에는 은이 금보다 생산량도 적고 정제 방법도 더 까다롭기 때문에 더 비싸서 세계 각국들이 은을 화폐의 기본으로 했기 때문이지요. 지금도 중국에서는 계산대를 수은대(收銀臺)라고 합니다.
+ 賞(상줄 상, 구경할 상), 河(물 하), 水(물 수), 行(다닐 행, 행할 행, 항렬 항), 收(거둘 수), 臺(누각 대, 정자 대)

266 한한근퇴[恨限根退] - 艮으로 된 한자 2

4급 / 9획 / 心(忄)

항상 마음(忄)에 머물러(艮) 한하고 뉘우치니 **한할 한, 뉘우칠 한**

+ 한(恨) - ① 억울하고 원통한 일이 풀리지 못하고 응어리진 마음.
　　　　② 한탄.
+ 忄(마음 심 변)

怨恨(원한) 원통하고 한스러운 생각.
痛恨(통한) ① 몹시 분하거나 억울하여 한스럽게 여김.
　　　　② 몹시 원통한 데가 있음.

+ 怨(원망할 원), 痛(아플 통)

4급II / 9획 / 阜(阝)

언덕(阝)에 막혀 멈춰야(艮) 하는 한계니 **한계 한**

+ 阝(언덕 부 변)

限界(한계) ① 땅의 경계.
　　　　② 사물의 정하여진 범위.
限度(한도) 일정하게 정한 정도.
時限(시한) 어떤 일을 하는 데 주어진 시간의 한계.

+ 界(경계 계, 세계 계), 度(법도 도, 정도 도, 헤아릴 탁), 時(때 시)

6급 / 10획 / 木

나무(木)를 머물러(艮) 있게 하는 뿌리니 **뿌리 근**

根據(근거) 의견의 내용을 뒷받침해 주는 까닭.
根本(근본) 사물이 생기는 본바탕.
事實無根(사실무근) 사실이라는 뿌리(근거)가 없음. 전혀 사실과 다름.

+ 據(의지할 거, 증거 거), 本(근본 본, 뿌리 본, 책 본), 事(일 사, 섬길 사), 實(열매 실, 실제 실), 無(없을 무)

4급II / 10획 / 辵(辶)

(하던 일을) 멈추고(艮) 물러나니(辶) **물러날 퇴**

退勤(퇴근) '일에서 물러남'으로, 직장에서 근무를 마치고 나옴.
後退(후퇴) 뒤로 물러남.
進退兩難(진퇴양난) 이러기도 어렵고 저러기도 어려운 매우 난처한 처지에 놓여 있음을 이르는 말.

+ 勤(부지런할 근, 일 근), 後(뒤 후), 進(나아갈 진), 兩(두 량, 짝 량, 냥 냥), 難(어려울 난, 비난할 난)

267 량랑 식음 [良朗 食飮] - 良과 食으로 된 한자

5급II / 7획 / 艮

점(丶) 같은 작은 잘못도 그치면(艮) 좋고 어지니
좋을 량(양), 어질 량(양)

良心(양심) 사물의 선악을 판단을 내리는 도덕적 의식.
改良(개량) 나쁜 점을 고쳐 좋게 함.
善良(선량) 행실이나 성질이 착함.

+ 心(마음 심, 중심 심), 改(고칠 개), 善(착할 선, 좋을 선, 잘할 선)

5급II / 11획 / 月

어질어(良) 마음이 달빛(月)처럼 밝으니 **밝을 랑(낭)**

+ 月(달 월, 육 달 월)

朗讀(낭독) '밝게 읽음'으로, 글을 소리 내어 읽음.
朗報(낭보) 밝은(반가운) 소식.
明朗(명랑) (우울한 빛이 없이 활발하여) 밝음.

+ 讀(읽을 독, 구절 두), 報(알릴 보, 갚을 보), 明(밝을 명)

7급II / 9획 / 食(飠)

사람(人) 몸에 좋은(良) 밥을 먹으니 **밥 식**

또 밥 같은 음식을 먹으니 **먹을 식**

+ 한자의 변으로 쓰일 때는 '飠(밥 식, 먹을 식 변)'입니다.

食品(식품) 사람이 일상적으로 섭취하는 음식물.
飮食(음식) 마시고 먹는 것.
食言(식언) '말을 먹어버림'으로, 약속한 대로 지키지 않음.

+ 品(물건 품, 등급 품, 품위 품), 飮(마실 음), 言(말씀 언)

6급II / 13획 / 食(飠)

먹을(飠) 때 하품(欠)하듯 입 벌리고 마시니 **마실 음**

+ 欠[하품 흠, 모자랄 흠, 이지러질 결, 빠질 결(缺)의 약자] - 제목번호 273 참고

過飮(과음) (술을) 지나치게 마심.
米飮(미음) 쌀을 푹 끓여 마실 수 있게 만든 음식.
飮料水(음료수) 사람이 갈증을 해소하거나 맛을 즐길 수 있도록 만든 마실 거리.

+ 過(지날 과, 지나칠 과, 허물 과), 米(쌀 미), 料(헤아릴 료, 재료 료, 값 료), 水(물 수)

14日

268 여여제[余餘除] - 余로 된 한자

3급 / 7획 / 人

(다 가고) 사람(人) 한(一) 명만 나무(朩) 위에 남아있는 나니 **나 여**

또 **남을 여(餘)**의 속자

+ 朩[나무 목(木)의 변형]

4급II / 16획 / 食(飠)

먹고(飠) 남으니(余) **남을 여**

⑭ 余
+ 飠(밥 식, 먹을 식 변)

餘暇(여가) 남는 시간. 짬. 틈. 겨를.
餘談(여담) '남은 말씀'으로, 본 줄거리와 관계없이 하는 이야기.
餘力(여력) (어떤 일을 하고) 남은 힘. 다른 일을 할 수 있는 힘.

+ 暇(겨를 가, 한가할 가), 談(말씀 담), 力(힘 력)

4급II / 10획 / 阜(阝)

언덕(阝)에 남은(余) 적을 제거하여 덜어내니 **제거할 제, 덜 제**

또 덜듯이 나누는 나눗셈이니 **나눗셈 제**

+ 阝(언덕 부 변)

除外(제외) 범위 밖에 두어 빼어 놓음.
除籍(제적) 학적·당적 등에서 이름을 지워 버림.

+ 外(밖 외), 籍(서적 적, 문서 적)

269 막모묘[莫模墓] - 莫으로 된 한자

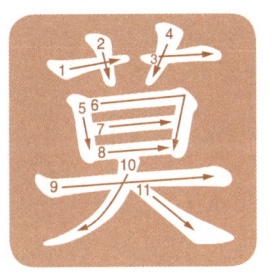

3급II / 11획 / 草(⺿)

풀(⺿)에는 해(日)처럼 큰(大) 영향을 끼치는 것이 없으니, 가리지 말라는 데서
없을 막, 말 막

또 풀(⺿)에는 해(日)가 가장 큰(大) 영향을 끼치니 **가장 막**

+ ⺿(초 두), 日(해 일, 날 일), 大(큰 대)

4급 / 15획 / 木

나무(木)로 없어질(莫) 것을 대비하여 본보기로 본떠 만든 법이니
본뜰 모, 법 모

또 본떠 만들면 아무리 잘해도 차이가 나 모호하니 **모호할 모**

模造(모조) 본떠서 만듦.
模唱(모창) '본떠 노래 부름'으로, 남의 노래를 흉내 내어 부름.
規模(규모) ① 본보기가 될 만한 틀이나 제도.
② 사물이나 현상의 크기나 범위.

+ 造(지을 조), 唱(노래 부를 창), 規(법 규)

4급 / 14획 / 土

없는(莫) 것처럼 흙(土)으로 덮어 만든 무덤이니 **무덤 묘**

墓所(묘소) 산소. 무덤.
省墓(성묘) '묘를 살핌'으로, 조상의 산소를 찾아가서 살피어 돌봄.

+ 所(장소 소, 바 소), 省(살필 성, 줄일 생)

270 복외박종 [卜外朴從] - 卜으로 된 한자

3급 / 2획 / 卜

(옛날에는 거북 등껍데기를 불태워 갈라진 모양을 보고 점쳤으니)
거북 등껍데기(🐢 → 卜)가 갈라진 모양을 본떠서 **점 복**

+ 한자가 만들어지던 옛날에는 점을 많이 쳐서 그런지, 점과 관련되어 만들어진 한자가 많습니다.

8급 / 5획 / 夕

저녁(夕)에 점(卜)치러 나가던 밖이니 **밖 외**

+ 夕(저녁 석)

外出(외출) 밖에 나감.
外形(외형) ① 사물의 겉모양.
　　　　　② 겉으로 드러난 형세.

+ 出(날 출, 나갈 출), 形(모양 형)

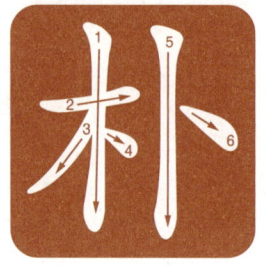

6급 / 6획 / 木

나무(木)껍질이나 점(卜)칠 때 쓰는 거북 등은 투박하여 순박하니 **순박할 박**

또 순박한 사람들의 성씨니 **성씨 박**

素朴(소박) 꾸밈이나 거짓이 없이 수수한 그대로임.
質朴(질박) (꾸밈새 없이) 바탕이 순수함.

+ 素(흴 소, 바탕 소, 요소 소, 소박할 소), 質(바탕 질)

4급 / 11획 / 彳

걸어서(彳) 두 사람(人人) 중 점쳐(卜) 고른 사람(人)을 좇아 따르니
좇을 종, 따를 종

⑩ 從 – 걸어서(彳) 이쪽저쪽(丷)으로 아래(下)까지 사람(人)을 좇아 따르니 '좇을 종, 따를 종'
从 – 사람(人)이 사람(人)을 좇아 따르니 '좇을 종, 따를 종'

+ 彳(조금 걸을 척), 下(아래 하, 내릴 하)

從事(종사) ① 어떤 일에 마음과 힘을 다함.
　　　　　② 어떤 일을 일삼아서 함.
從前(종전) 지금보다 이전.
從多數(종다수) 다수의 의견을 따름.

+ 事(일 사, 섬길 사), 前(앞 전), 多(많을 다), 數(셀 수, 두어 수, 자주 삭, 운수 수)

271 점점 흑점[占店 黑點] - 占과 黑으로 된 한자

4급 / 5획 / 卜

점(卜)쟁이에게 말하며(口) 점치니 **점칠 점**

또 표지판(卜)을 땅(口)에 세우고 점령하니 **점령할 점**

+ '점령할 점'의 어원 풀이에서는 卜을 표지판으로, 口를 땅으로 보았네요.

占術(점술) 점을 치거나 마법, 마술 등을 통해 장래 일을 알아내는 주술 행위.
占領(점령) 어떤 장소를 차지하여 자리를 잡음.
獨占(독점) 홀로 점령함. 독차지.

+ 術(재주 술, 기술 술), 領(거느릴 령, 우두머리 령), 獨(홀로 독, 자식 없을 독)

14日

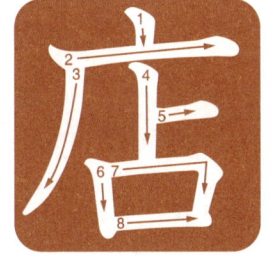

5급Ⅱ / 8획 / 广

집(广)에 점령하듯(占) 물건을 진열하여 파는 가게니 **가게 점**

+ 广(집 엄)

商店(상점) 물건을 파는 가게.
書店(서점) 책을 파는 가게.
支店(지점) 본점에서 갈라져 나간 점포.

+ 商(장사할 상, 헤아릴 상), 書(쓸 서, 글 서, 책 서), 支(다룰 지, 가를 지, 지출할 지)

5급 / 12획 / 黑

굴뚝(里)처럼 불(灬)때면 그을려 검으니 **검을 흑**

[약] 黒 - 마을(里)이 불(灬)에 그을려 검으니 '검을 흑'
+ 里(구멍 뚫린 굴뚝의 모양으로 봄), 灬(불 화 발), 里(마을 리, 거리 리)

黑白(흑백) 검은빛과 흰빛.
黑人(흑인) 털과 피부의 빛깔이 검은 사람.

+ 白(흰 백, 밝을 백, 깨끗할 백, 아뢸 백), 人(사람 인)

4급 / 17획 / 黑

검게(黑) 점령하듯(占) 찍은 점이니 **점 점**

또 점을 찍듯 불을 켜니 **불 켤 점**

[약] 点 - 점령하듯(占) 찍은 네 점(灬)이니 '점 점'
    奌 - 점령하듯(占) 크게(大) 찍은 점이니 '점 점'

點檢(점검) (낱낱이) 점을 찍어가며 검사함.
點數(점수) '점의 숫자'로, 성적을 나타내는 숫자.
點燈(점등) 등에 불을 켬. ↔ 消燈(소등) 등불이나 전등을 끔.

+ 檢(검사할 검), 數(셀 수, 두어 수, 운수 수, 자주 삭), 燈(등불 등), 消(끝 소, 삭일 소, 물러설 소)

272 주도기[走徒起] - 走로 된 한자

4급II / 7획 / 走

땅(土)을 점(卜)치듯 사람(人)이 가려 디디며 달리고 도망가니
달릴 주, 도망갈 주

走行(주행) 달려감.
完走(완주) 마지막까지 다 달림.
競走(경주) 사람·동물·차량 등이 일정한 거리를 달려 빠르기를 겨루는 일이나 그런 경기.

+ 行(다닐 행, 행할 행, 항렬 항), 完(완전할 완), 競(다툴 경, 겨룰 경)

4급 / 10획 / 彳

한갓 걷거나(彳) 달리는(走) 무리니 **한갓 도, 걸을 도, 무리 도**

+ 한갓 - 다른 것 없이 겨우.
+ 彳(조금 걸을 척)

徒步(도보) (탈것을 타지 않고) 걸어 다님.
信徒(신도) 종교를 믿는 무리.
徒勞無益(도로무익) 애만 쓰고 이로움이 없음.

+ 步(걸음 보), 信(믿을 신, 소식 신), 勞(수고할 로, 일할 로), 無(없을 무), 益(더할 익, 유익할 익)

4급II / 10획 / 走

달리려고(走) 몸(己)이 일어나니 **일어날 기**

또 일어나 시작하니 **시작할 기**

+ 己(몸 기, 자기 기, 여섯째 천간 기) - 제목번호 071 참고

起床(기상) 평상(잠자리)에서 일어남.
起工(기공) 공사를 시작함.
起死回生(기사회생) '죽음에서 일어나 다시 살아남'으로, 다 죽게 되었다가 어렵게 다시 살아남을 말함.

+ 床(평상 상, 책상 상), 工(장인 공, 만들 공, 연장 공), 死(죽을 사), 回(돌 회, 돌아올 회, 횟수 회), 生(날 생, 살 생, 사람을 부를 때 쓰는 접사 생)

273 흠(결) 차자자[欠 次姿資] - 欠과 次로 된 한자

1급 / 4획 / 欠

사람(人)이 기지개켜며 하품하는 모양에서 **하품 흠**

또 하품하며 나태하면 능력이 모자라니 **모자랄 흠**

또 **이지러질 결, 빠질 결**(缺)의 약자

+ 缺(이지러질 결, 빠질 결) - 제목번호 101 참고

14日

4급II / 6획 / 欠

두(二) 번이나 하품(欠)하며 미루는 버금(다음)이니 **버금 차, 다음 차**

또 다음으로 이어지는 차례와 번이니 **차례 차, 번 차**

+ 버금 - 으뜸의 바로 아래. 또는 그런 지위에 있는 사람이나 물건.

次期(차기) 다음 기. 또는 다음 기회.
次例(차례) 나가는 순서.
次男(차남) 둘째 아들.

+ 期(기간 기, 기약할 기), 例(법식 례, 보기 례), 男(사내 남)

4급 / 9획 / 女

마음씨 다음(次)으로 여자(女)가 가꿔야 할 것은 맵시나 모양이니

맵시 자, 모양 자

+ 심성(心性) - 마음의 성품(씀씀이).
+ 心(마음 심, 중심 심), 性(성품 성, 바탕 성, 성별 성)

姿態(자태) 몸가짐과 맵시.
千姿萬態(천자만태) 가지각색의 자태.

+ 態(모양 태), 千(일천 천, 많을 천), 萬(많을 만, 일만 만)

4급 / 13획 / 貝

사업에서 사람 다음(次)으로 중요한 것은 재물(貝)이니 **재물 자**

또 재물의 정도로 따지는 신분이니 **신분 자**

+ 貝(조개 패, 재물 패, 돈 패)

資金(자금) 사업을 하는 데 쓰는 돈.
資本(자본) ① 장사나 사업 등의 기본이 되는 돈.
  ② 상품을 만드는 데 필요한 생산 수단이나 노동력.
資材(자재) 무엇을 만들기 위한 기본적인 재료.

+ 金(쇠 금, 금 금, 돈 금, 성씨 김), 本(뿌리 본, 근본 본, 책 본), 材(재목 재, 재료 재)

274 방방방방[方訪防妨] - 方으로 된 한자

7급II / 4획 / 方

(쟁기로 흙을 갈면 흙의 모양이 모나고 넘어가는 방향이 일정하니)
쟁기 모양을 본떠서 **모 방, 방향 방**

또 쟁기질은 밭을 가는 중요한 방법이니 **방법 방**

> 方式(방식) 일정한 방식이나 형식.
> 方言(방언) 어느 한 지방에서만 쓰는 표준어가 아닌 말.
> 方針(방침) ① 앞으로 일을 치러 나갈 방향과 계획.
> ② 방위를 가리키는 자석의 바늘.

+ 式(법 식, 의식 식), 言(말씀 언), 針(바늘 침)

4급II / 11획 / 言

좋은 말씀(言)을 듣기 위해 어느 방향(方)으로 찾아 방문하니
찾을 방, 방문할 방

> 訪問(방문) '찾아서 물음'으로, 누구를 만나기 위해 찾음.
> 訪韓(방한) 한국을 방문함.

+ 問(물을 문), 韓(한국 한)

4급II / 7획 / 阜(阝)

언덕(阝)처럼 일정한 방향(方)에 쌓은 둑이니 **둑 방**

또 둑을 쌓아 막으니 **막을 방**

+ 阝(언덕 부 변)

> 防火(방화) 불이 나는 것을 미리 막음.
> 防水(방수) 스며들거나 새거나 넘쳐흐르는 물을 막음.
> 消防(소방) 화재를 진압하거나 예방함.

+ 火(불 화), 水(물 수), 消(끌 소, 삭힐 소, 물러설 소)

4급 / 7획 / 女

여자(女)가 사방(方)에서 유혹하며 방해하니 **방해할 방**

> 妨害(방해) 해를 주는 행동이나 작용.
> 無妨(무방) 방해가 없음. 괜찮음.
> 妨害物(방해물) 방해되는 물건.

+ 害(해칠 해, 방해할 해), 無(없을 무), 物(물건 물)

275 방격 유[放激 遊] - 放과 遊로 된 한자

6급II / 8획 / 攵

어떤 **방향**(方)으로 가도록 **쳐**(攵) 놓으니 **놓을 방**

+ 攵(칠 복, = 攴)

放牧(방목) 놓아 기름.
放學(방학) 너무 덥거나 추워서 학교를 쉼.
解放(해방) 구속이나 억압, 부담 등에서 벗어나게 함.

+ 牧(기를 목), 學(배울 학), 解(해부할 해, 풀 해)

4급 / 16획 / 水(氵)

물(氵)결이 하얗게(白) 일어나도록 놓아(放) 격하게 부딪치니
격할 격, 부딪칠 격

+ 白(흰 백, 밝을 백, 깨끗할 백, 아뢸 백) – 제목번호 058 참고

急激(급격) (변화의 움직임 등이) 급하고 격렬함.
過激(과격) 정도가 지나치게 격렬함.
激烈(격렬) '부딪침이 사나움'으로, 매우 맹렬함.

+ 急(급할 급), 過(지날 과, 지나칠 과, 허물 과), 烈(사나울 렬, 매울 렬)

4급 / 13획 / 辵(辶)

사방(方)으로 사람(ᄼ)이 아들(子)을 데리고 다니며(辶) 놀고 여행하니
놀 유, 여행할 유

+ ᄼ[사람 인(人)의 변형], 辶(뛸 착, 갈 착)

遊興(유흥) 흥겹게 놂.
遊學(유학) 타향에서 공부함.
遊園地(유원지) 돌아다니며 구경하거나 놀기 위하여 여러 가지 설비를 갖춘 곳.

+ 留學(유학) – 외국에 머무르면서 공부함.
+ 興(흥할 흥, 흥겨울 흥), 學(배울 학), 園(동산 원), 地(땅 지, 처지 지), 留(머무를 류)

276 려족시기[旅族施旗] - 方로 된 한자

5급II / 10획 / 方

사방(方)의 사람(𠂉)들이 씨족(氏)처럼 모인 군사니 **군사 려(여)**

또 군사처럼 지나가는 나그네니 **나그네 려(여)**

+ 氏[성 씨, 뿌리 씨, 사람을 높여 부르는 조사 씨(氏)의 변형]

旅團(여단) 군대 단위의 하나로, 사단 바로 아래 단위.
旅行(여행) 일이나 유람을 목적으로 다른 고장이나 외국에 가는 일.

+ 團(둥글 단, 모일 단), 行(다닐 행, 행할 행, 항렬 항)

6급 / 11획 / 方

사방(方)에서 사람(𠂉)과 사람(𠂉)이 크게(大) 모여 이룬 겨레니 **겨레 족**

+ 겨레 - 같은 핏줄을 이어받은 민족.

貴族(귀족) 신분이 높고 가문이 좋은 사람.
氏族(씨족) 공동의 조상을 가진 혈족 단체.
親族(친족) ① 촌수 가까운 일가.
② 배우자, 혈족, 인척을 통틀어 이르는 말.

+ 貴(귀할 귀), 氏(성 씨, 뿌리 씨, 사람을 높여 부르는 조사 씨), 親(어버이 친, 친할 친)

4급II / 9획 / 方

사방(方)에서 사람(𠂉)이 또한(也) 일을 행하며 은혜를 베푸니

행할 시, 베풀 시

+ 也(또한 야, 어조사 야) - 제목번호 085 참고

施政(시정) (정부가) 정치를 행함.
實施(실시) 실제로 시행함.
施惠(시혜) 은혜를 베풂.

+ 政(다스릴 정), 實(열매 실, 실제 실), 惠(은혜 혜)

7급 / 14획 / 方

사방(方) 사람(𠂉)들이 알아보도록 만든 그(其)것은 기니 **기 기**

+ 其(그 기) - 제목번호 211 참고

旗手(기수) '기를 드는 사람'으로, 앞장서는 사람을 비유하여 이르는 말.
國旗(국기) 국가의 상징으로 정하여진 기.
白旗(백기) ① 흰 빛깔의 기.
② 항복의 표시로 쓰는 흰 기.

+ 手(손 수, 재주 수, 재주 있는 사람 수), 國(나라 국), 白(흰 백, 밝을 백, 깨끗할 백, 아뢸 백)

277 망죄벌[罒罪罰] - 罒으로 된 한자 1

부수자 / 5획

양쪽 기둥에 그물을 얽어 맨 모양을 본떠서 **그물 망** (= 网)

+ 罒은 5획, 网은 6획입니다.

14日

5급 / 13획 / 网(罒)

법망(罒)에 걸리도록 **어긋나게(非)** 죄지은 허물이니 **죄지을 죄, 허물 죄**

+ 법망(法網) - 법의 그물.
+ 非(어긋날 비, 아닐 비, 나무랄 비), 法(법 법), 網(그물 망)

罪人(죄인) 죄를 지은 사람.
犯罪(범죄) 죄를 범함(지음).
重罪(중죄) 무거운 죄.

+ 人(사람 인), 犯(범할 범), 重(무거울 중, 귀중할 중, 거듭 중)

4급Ⅱ / 14획 / 网(罒)

법망(罒)에 걸린 사람을 말(言)로 꾸짖고 칼(刂)로 베어 벌하니 **벌할 벌**

+ 言(말씀 언), 刂(칼 도 방)

罰金(벌금) 벌로 내는 돈.
處罰(처벌) 형벌에 처하거나 또는 그 벌.

+ 金(쇠 금, 금 금, 돈 금, 성씨 김), 處(곳 처, 살 처, 처리할 처)

278 매치라[買置羅] - 罒으로 된 한자 2

5급 / 12획 / 貝

가져온 그물(罒)에 재물(貝)을 넣으며 사니 **살 매**
+ 쉽게 '그물(罒)을 돈(貝) 주고 사니 살 매'라고 해도 되네요.
+ 貝(조개 패, 재물 패, 돈 패)

賣買(매매) 사고 팖.
買收(매수) 사들임.
買食(매식) 사 먹음. 또는 사 먹는 음식.

+ 賣(팔 매), 收(거둘 수), 食(밥 식, 먹을 식)

4급Ⅱ / 13획 / 网(罒)

그물(罒)을 곧게(直) 쳐 두니 **둘 치**
+ 直(곧을 직, 바를 직) - 제목번호 091 참고

放置(방치) 놓아(내버려) 둠.
備置(비치) 갖추어 둠.
位置(위치) (사람이나 물건이) 있는 자리.

+ 放(놓을 방), 備(갖출 비), 位(자리 위)

4급Ⅱ / 19획 / 网(罒)

그물(罒)을 실(糸)로 떠서 새(隹)를 잡으려고 벌이니 **벌일 라(나)**
+ 隹(새 추) - 제목번호 324 참고

羅列(나열) 죽 벌여 놓음.
新羅(신라) 우리나라 삼국 시대의 삼국 가운데 기원전 57년 박혁거세가 지금의 영남 지방을 중심으로 세운 나라.

+ 列(벌일 렬, 줄 렬), 新(새로울 신)

279 매독(두)속[賣讀續] - 賣로 된 한자

5급 / 15획 / 貝

선비(士)가 원산지에서 물건을 사다(買) 파니 **팔 매**

回 売 - 선비(士)가 덮어(冖)놓고 사람(儿)에게 물건을 파니 '팔 매'

+ 士(선비 사, 군사 사, 칭호나 직업 이름에 붙이는 말 사), 冖(덮을 멱), 儿(사람 인 발, 어진 사람 인)

賣物(매물) 팔려고 내놓은 물건.
賣場(매장) 물건을 파는 곳.
賣出(매출) 물건 등을 내다 파는 일.

+ 物(물건 물), 場(마당 장, 상황 장), 出(날 출, 나갈 출)

6급II / 22획 / 言

말(言)하여 물건을 팔(賣)듯 소리 내어 읽으니 **읽을 독**

또 띄어 읽는 글의 구절이니 **구절 두**

回 読

讀者(독자) (책·신문·잡지 등의 글을) 읽는 사람.
音讀(음독) 소리 내어 읽음.
句讀點(구두점) 글의 뜻을 분명히 하기 위하여 찍는 쉼표와 마침표.

+ 者(놈 자, 것 자), 音(소리 음), 句(글귀 구, 굽을 구), 點(점 점, 불 켤 점)

4급II / 21획 / 糸

실(糸)을 팔려고(賣) 이으니 **이을 속**

回 続

續出(속출) 잇달아 나옴.
繼續(계속) (끊이지 않고) 이어짐.
永續性(영속성) 영원히 이어지는 성질.

+ 繼(이을 계), 永(길 영, 오랠 영), 性(성품 성, 바탕 성, 성별 성)

14日

280 역택[睪擇] - 睪으로 된 한자

급외자 / 13획 / 目(罒)

그물(罒) 쳐놓고 걸리기를 바라며(幸) 엿보니 **엿볼 역**

+ '엿볼 역(睪)'이 들어간 한자를 약자로 쓸 때는 '睪'부분을 '자 척(尺)'으로 씁니다.
+ 위가 그물 망(罒)인데 부수는 눈 목(目)이네요.
+ 罒(그물 망, = 网), 幸(행복할 행, 바랄 행) - 제목번호 164 참고

4급 / 16획 / 手(扌)

손(扌)으로 엿보아(睪) 가리니 **가릴 택**

약 択 - 손(扌)으로 자(尺)를 재어 가리니 '가릴 택'

擇一(택일) (여럿 가운데서) 하나를 고름.
擇日(택일) 좋은 날을 고름.
選擇(선택) 골라서 뽑음.

+ 日(해 일, 날 일), 選(가릴 선, 뽑을 선)

14日 확인문제 (261~280)

01~04 다음 漢字의 훈(뜻)과 음(소리)을 쓰세요.

01. 聲 (   )   02. 黨 (   )
03. 限 (   )   04. 退 (   )

05~08 다음 훈음에 맞는 漢字를 쓰세요.

05. 귀 이 (   )   06. 코 비 (   )
07. 가게 점 (   )   08. 검을 흑 (   )

09~12 다음 漢字語의 독음을 쓰세요.

09. 勇敢 (   )   10. 嚴選 (   )
11. 歎息 (   )   12. 周邊 (   )

13~14 다음 문장 중 밑줄 친 단어를 漢字로 쓰세요.

13. 나는 **양심**에 거리낌이 없다. (   )
14. 졸업식장에서 환송사가 **낭독**되었다. (   )

15~16 다음 문장 중 漢字로 표기된 단어의 독음을 쓰세요.

15. 그 사람의 **常識** 밖의 행동에 깜짝 놀랐다. (   )
16. **餘談**은 그만두고 빨리 용건을 말하시오. (   )

17~18 다음 뜻풀이에 맞는 단어를 漢字로 쓰세요.

17. 상으로 주는 돈. (   )
18. 일할 차례에 당함. 또는 그 사람. (   )

19~20 다음 漢字語의 뜻을 쓰세요.

19. 除去 (   )
20. 無妨 (   )

---

01. 소리 성 02. 무리 당 03. 한계 한 04. 물러날 퇴 05. 耳 06. 鼻 07. 店 08. 黑 09. 용감
10. 엄선 11. 탄식 12. 주변 13. 良心 14. 朗讀 15. 상식 16. 여담 17. 賞金 18. 當番
19. 없애거나 사라지게 함. 20. 방해가 없음. 괜찮음.

15日 281 ~ 300

281 촉독[蜀獨] - 蜀으로 된 한자

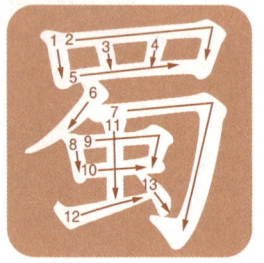

1급Ⅱ / 13획 / 虫

그물(罒) 같은 집에 싸여(勹)있는 애벌레(虫)니

애벌레 촉, 나라 이름 촉

+ 촉(蜀)나라 - 촉한(蜀漢)으로, 유비(劉備)가 세운 나라.
+ 勹(쌀 포), 虫(벌레 충)

5급Ⅱ / 16획 / 犬(犭)

개(犭)와 애벌레(蜀)의 관계처럼 어울리지 못하고 홀로니 **홀로 독**

또 늙어서 홀로 지내게 자식이 없으니 **자식 없을 독**

㈜ 独 - 개(犭)와 벌레(虫)의 관계처럼 어울리지 못하고 홀로니 '홀로 독'
　　　 또 늙어서 홀로 지내게 자식이 없으니 '자식 없을 독'
+ 犭(큰 개 견, 개 사슴 록 변)

獨立(독립) '홀로 섬'으로, 남에게 의존하지 않음.
孤獨(고독) ① 외로움.
　　　　　② 부모 없는 어린아이와 자식 없는 늙은이.
無男獨女(무남독녀) 아들 없는 집의 외동딸.

+ 立(설 립), 孤(외로울 고, 부모 없을 고), 無(없을 무), 男(사내 남), 女(여자 녀)

282 간련[柬練] – 柬으로 된 한자

특급II / 9획 / 木

나무(木)를 가려 그물(罒)처럼 촘촘하게 쓰는 편지니 **가릴 간, 편지 간**

+ 종이가 없었던 옛날에는 나무나 대나무 조각에 글자를 새겼답니다.

5급II / 15획 / 糸

실(糸)을 가려(柬) 짜듯 무엇을 가려 익히니 **익힐 련(연)**

+ 糸(실 사, 실 사 변)

練習(연습) 익숙하도록 익힘.
未練(미련) 딱 잘라 단념하지 못하는 마음.
修練(수련) (인격·기술·학문 등을) 닦고 익힘.

+ 習(익힐 습), 未(아닐 미, 아직 ~ 않을 미, 여덟째 지지 미), 修(닦을 수, 다스릴 수)

283 속속[束速] – 束으로 된 한자

5급II / 7획 / 木

나무(木)를 묶으니(口) **묶을 속**

+ 口('입 구, 구멍 구, 말할 구'지만 여기서는 묶는 모양으로 봄)

拘束(구속) (마음대로 못하게) 잡아 묶음.
約束(약속) '맺고 묶음'으로, 미리 정하여 두는 것.
團束(단속) 주의를 기울여 다잡거나 보살핌.

+ 拘(잡을 구), 約(맺을 약, 약속할 약), 團(둥글 단, 모일 단)

6급 / 11획 / 辶(辵)

(신발 끈을) 묶고(束) 뛰면(辶) 빠르니 **빠를 속**

速度(속도) 빠른 정도. 빠르기.
速讀(속독) 빠른 속도로 읽음.
速戰速決(속전속결) '빨리 싸워서 빨리 결정함'으로, 재빠르게 싸워서 손쉽게 끝내는 것.

+ 度(법도 도, 정도 도, 헤아릴 탁), 讀(읽을 독, 구절 두), 戰(싸울 전, 무서워 떨 전), 決(정할 결, 터질 결)

284 증증층 회[曾增層 會] - 曾과 會로 된 한자

3급II / 12획 / 日

열고(八) 창문(罒) 사이로 말할(曰) 정도로 일찍부터 거듭 만나던 사이니
일찍 증, 거듭 증

- 曾 – 이쪽저쪽(丷)의 밭(田)에 날(日)마다 일찍 나가 거듭 일하니 '일찍 증, 거듭 증'
+ 罒 – 창문의 모양을 본떠서 '창문 창'(실제 쓰이는 한자는 아니며, 그물 망(罒)과 혼동하지 마세요.)
+ 八(여덟 팔, 나눌 팔), 曰(가로 왈, 말할 왈)

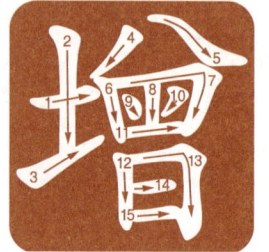

4급II / 15획 / 土

흙(土)을 거듭(曾) 더하니 **더할 증**

- 増
+ 土(흙 토)

増加(증가) 양이나 수치가 늚. ↔ 減少(감소) 양이나 수치가 줆.
増資(증자) 자본금을 늘림. ↔ 減資(감자) 회사의 공칭 자본금의 액수를 감소하는 일.

+ 加(더할 가), 少(적을 소, 젊을 소), 減(줄어들 감, 덜 감), 資(재물 자, 신분 자)

4급 / 15획 / 尸

지붕(尸) 아래에 거듭(曾) 지은 층이니 **층 층**

- 层
+ 尸('주검 시, 몸 시'지만 여기서는 지붕의 모양으로 봄)

層階(층계) 집의 층 사이를 오르내리기 위한 계단.
深層(심층) 속의 깊은 층.

+ 階(섬돌 계, 계단 계, 계급 계), 深(깊을 심)

6급II / 13획 / 日

사람(人)이 하나(一) 같이 마음의 창(罒)을 열고 말하기(曰) 위해 모이니
모일 회

- 会 – 사람(人)이 말하기(云) 위해 모이니 '모일 회'
+ 曰(가로 왈, 말할 왈), 云(이를 운, 말할 운)

會談(회담) (어떤 문제를 가지고 한 자리에) 모여서 말함.
會議(회의) ① 여럿이 모여 어떤 문제에 대하여 의논함.
② 어떤 사항을 논의하는 기관.
社會(사회) 같은 무리끼리 모여 이루는 집단.

+ 談(말씀 담), 議(의논할 의), 社(토지신 사, 모일 사)

285 로로효고[耂老孝考] - 耂으로 된 한자

부수자 / 4획

늙을 로(老)가 부수로 쓰일 때의 모양으로,

흙(土)에 지팡이(丿)를 짚으며 걸어야 할 정도로 늙으니 **늙을 로 엄**

+ '엄'은 한자의 위와 왼쪽을 덮는 부수 이름이기에 제목은 실제 뜻인 '늙을 로'의 '로'로 달았습니다.
+ 丿('삐침 별'이지만 여기서는 지팡이로 봄)

15日

7급 / 6획 / 老

흙(土)에 지팡이(丿)를 비수(匕)처럼 꽂으며 걸어야 할 정도로 늙으니
늙을 로(노)

+ 匕(비수 비, 숟가락 비) - 제목번호 212 참고

老人(노인) 나이가 들어 늙은 사람.
敬老(경로) 노인을 공경함.
男女老少(남녀노소) '남자와 여자, 늙은이와 젊은이'로, 모든 사람.

+ 敬(공경할 경), 少(적을 소, 젊을 소)

7급II / 7획 / 子

늙은(耂) 부모를 아들(子)이 받들어 모시는 효도니 **효도 효**

+ 子(아들 자, 첫째 지지 자, 자네 자, 접미사 자)

孝子(효자) 효도하는 아들.
孝誠(효성) 마음을 다해 부모를 섬기는 정성.

+ 誠(정성 성)

5급 / 6획 / 耂

늙은(耂) 사람처럼 크게(丂) 살피고 생각하니 **살필 고, 생각할 고**

+ 丂[공교할 교, 교묘할 교(丂)의 변형이지만, 여기서는 큰 대(大)의 변형으로 봄]

考慮(고려) 살피고 헤아림.
思考(사고) 생각하고 궁리함.
參考(참고) ① 살펴서 생각함.
② 살펴서 도움이 될 만한 재료로 삼음.

+ 慮(생각할 려), 思(생각할 사), 參(참여할 참, 석 삼)

제2편 한자 익히기 | 303

286 자도[者都] - 者로 된 한자

6급 / 9획 / 耂

노인(耂)이 사람이나 물건을 일컬어 **말했던**(白) 놈이나 것이니

놈 자, 것 자

+ 글의 문맥으로 보아 사람을 말할 때는 '놈'이나 '사람', 물건을 말할 때는 '것'으로 해석합니다. '놈'이나 '계집'이 요즘은 욕으로 쓰이지만 옛날에는 남자 여자를 보통으로 일컫는 말이었지요.

富者(부자) 살림이 넉넉하고 재산이 많은 사람.
兩者擇一(양자택일) 둘 중 하나를 택함.

+ 富(넉넉할 부, 부자 부), 兩(두 량, 짝 량, 냥 냥), 擇(가릴 택)

5급 / 12획 / 邑(阝)

사람(者)이 사는 고을(阝)의 도읍이니 **도읍 도**

또 도읍은 사람이 많아 모두 모인 것 같으니 **모두 도**

+ 阝(고을 읍 방)

都市(도시) 일정한 지역의 정치·경제·문화의 중심이 되는, 사람이 많이 사는 지역.
都邑(도읍) ① 한 나라의 중앙 정부가 있는 곳.
② 그 나라 수도를 정함.
③ 작은 도시.
都合(도합) 모두 합한 셈.

+ 市(저자 시, 시내 시), 邑(고을 읍), 合(합할 합, 맞을 합)

287 단탄전[單彈戰] - 單으로 된 한자

4급II / 12획 / 口

식구의 입들(口口)을 먹여 살리기 위해 밭(田)에 많이(十) 나가 일하는 혼자니 **홑 단**

얜 单 – 반짝이는 불꽃(ˇˇ)처럼 밭(田)에 많이(十) 나가 일하는 혼자니 '홑 단'
+ 홑 – 낱. 하나.
+ 口(입 구, 구멍 구, 말할 구), 田(밭 전, 논 전), 十(열 십, 많을 십)

單價(단가) 낱개의 값.
單數(단수) 하나인 수. 홑수(홑수). ↔ 複數(복수) 둘 이상의 수. 두 자리 이상의 수.
簡單(간단) 간편하고 단순함.

+ 價(값 가, 가치 가), 數(셀 수, 두어 수, 자주 삭, 운수 수), 複(겹칠 복), 簡(대쪽 간, 편지 간, 간략할 간)

4급 / 15획 / 弓

활(弓)에서 화살처럼, 총에서 하나(單)씩 탄알이 튕겨 나가니
탄알 탄, 튕길 탄

얜 弹
+ 弓(활 궁)

彈力(탄력) ① 튕기는 힘.
　　　　　 ② 본디 상태로 돌아가려는 힘.
彈壓(탄압) (권력이나 무력 등으로 억지로) 눌러 꼼짝 못 하게 함.

+ 力(힘 력), 壓(누를 압)

6급II / 16획 / 戈

홀로(單) 창(戈) 들고 싸우니 **싸울 전**
또 싸우면 무서워 떠니 **무서워 떨 전**

얜 戦 – 점령하려고(占) 창(戈) 들고 싸우니 '싸울 전'
　　　　 또 싸우면 무서워 떠니 '무서워 떨 전'
+ 戈(창 과) – 제목번호 239 참고, 占(점칠 점, 점령할 점)

戰亂(전란) 전쟁으로 세상이 어지러움.
戰友(전우) 전장(戰場)에서 승리를 위해 생활과 전투를 함께하는 동료.

+ 亂(어지러울 란), 場(마당 장, 상황 장), 友(벗 우)

288 복복부부[畐福副富] – 畐으로 된 한자

한(一) 사람의 입(口)은 밭(田)에서 난 곡식만으로도 차니 **찰 복**

급외자 / 9획 / 田

신(示)이 채워준다는(畐) 복이니 **복 복**

+ 示(보일 시, 신 시) - 제목번호 019 참고

多福(다복) 복이 많음. 많은 복.
祝福(축복) 복을 빎.
幸福(행복) 욕구가 충족되어 부족감이 없는 상태. ↔ 不幸(불행) 행복하지 아니함.

+ 多(많을 다), 祝(빌 축, 축하할 축), 幸(행복할 행, 바랄 행)

5급Ⅱ / 14획 / 示

차(畐) 있는 재산을 칼(刂)로 잘라내어 다음(버금)을 예비하니

버금 부, 예비 부

+ '버금'은 으뜸의 바로 아래로, '다음, 두 번째'의 뜻.
+ 刂(칼 도 방)

副統領(부통령) 대통령 다음의 직위.
副作用(부작용) ① 약이 지닌 그 본래의 작용 이외에 부수적으로 일어나는 해로운 다른 작용.
② 어떤 일에 곁들여 일어나는 바람직하지 못한 일.
副業(부업) '예비 일'로, 본업의 여가를 이용하여 하는 벌이.

+ 統(묶을 통, 거느릴 통), 領(거느릴 령, 우두머리 령), 作(지을 작), 用(쓸 용), 業(업 업, 일 업)

4급Ⅱ / 11획 / 刀(刂)

집(宀)에 재물이 차(畐) 넉넉한 부자니 **넉넉할 부, 부자 부**

+ 宀(집 면)

貧富(빈부) 가난함과 부유함.
豊富(풍부) 넉넉하고 많음.
富國强兵(부국강병) '부자 나라 강한 병사'로, 나라를 부유하게 하고 병력을 강하게 하는 것을 말함.

+ 貧(가난할 빈), 豊(풍년 풍, 풍성할 풍), 國(나라 국), 强(강할 강, 억지 강), 兵(군사 병)

4급Ⅱ / 12획 / 宀

289 근근[堇勤] - 堇으로 된 한자

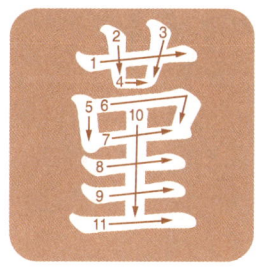

급외자 / 11획 / 土

(너무 끈끈하여) 스물(卄) 한(一) 번이나 입(口)으로 하나(一) 같이 숨 헐떡이며 걸어야 할 진흙(土)이니 **진흙 근**

+ 卄(스물 입) - 아래를 막아 써도 같은 뜻이지만, 초 두(卄)와 혼동할까봐 卄과 一을 나누어 풀었어요.

4급 / 13획 / 力

진흙(堇) 같은 어려움 속에서도 힘(力)써 부지런하게 하는 일이니

부지런할 근, 일 근

⊕ 勸(권할 권) - 제목번호 291 참고

勤勉(근면) 부지런하게 힘씀.
轉勤(전근) '일을 굴림'으로, 근무처를 옮김.
退勤(퇴근) '일에서 물러남'으로, 직장에서 근무를 마치고 나옴.

+ 勉(힘쓸 면), 轉(구를 전), 退(물러날 퇴)

15日

290 근한난탄[菫漢難歎] - 菫으로 된 한자

특급II / 11획 / 卄(廾)

너무 끈끈하여 스물(卄) 한(一) 번이나 말하며(口) 하나(一) 같이 크게(大) 힘써 걸어야 할 진흙이니 **진흙 근**

+ 菫 - 진흙 근(堇)의 변형.

7급II / 14획 / 水(氵)

물(氵)과 진흙(菫)이 많은 곳(중국 양자강 유역)에 있었던 한나라니 **한나라 한**

또 남을 흉하게 부르는 접미사로도 쓰여 **남을 흉하게 부르는 접미사 한**

+ 한나라는 진나라를 이은 중국 두 번째의 통일 왕국이고, 중국 역사를 창조해 낸 중국 최고의 제국이기 때문에 옛날 중국을 대표하는 말로 쓰이고 있습니다.

漢文(한문) 한자로 쓰인 글.
漢字(한자) 중국에서 만들어 오늘날에도 쓰고 있는 문자.
漢江投石(한강투석) ① 아무리 도와도 보람이 없는 것.
② 아무리 투자를 하거나 애를 써도 보람이 없음.

+ 文(무늬 문, 글월 문), 字(글자 자), 江(강 강), 投(던질 투), 石(돌 석)

4급II / 19획 / 隹

진흙(菫)에 빠져 날지 못하는 새(隹)처럼 어려우니 **어려울 난**

또 어려우면 남을 비난하니 **비난할 난**

+ 일이 힘들거나 살기 어려우면 자기 탓으로 여기지 않고 대부분 남을 비난하지요.
+ 隹(새 추) - 제목번호 324 참고

難解(난해) 풀기 어려움.
苦難(고난) 괴로움과 어려움.
非難(비난) (남의 잘못이나 흠 등을) 책잡아 나쁘게 함.

+ 解(해부할 해, 풀 해), 苦(쓸 고, 괴로울 고), 非(어긋날 비, 아닐 비, 나무랄 비)

4급 / 15획 / 欠

진흙(菫)에 빠짐을 하품하듯(欠) 입 벌려 탄식하니 **탄식할 탄**

또 탄식하듯이 입 벌리며 감탄하니 **감탄할 탄**

+ 欠(하품 흠, 모자랄 흠) - 제목번호 273 참고

歎息(탄식) 한탄하며 한숨을 쉼.
恨歎(한탄) (원망하거나 뉘우침이 있을 때) 한숨짓는 탄식.
感歎(감탄) 감동하여 찬탄함.

+ 息(쉴 식, 숨 쉴 식, 자식 식), 恨(한할 한, 뉘우칠 한), 感(느낄 감, 감동할 감)

291 관권 관권환[雚權 觀勸歡] - 雚으로 된 한자

풀(艹) 속에 입(口)과 입(口)을 넣어 먹이를 찾는 새(隹)는 황새니 **황새 관**

+ 萑 - (키가 크고 흰색이라) 사람(亻)마다 한(一) 번쯤 보았을 새(隹)는 황새니 '황새 관'
+ 雚이 들어간 한자를 약자로 쓸 때는 '雚'부분을 '萑'이나 '오른손 우, 또 우(又)'로 씁니다.
+ 황새는 물가에서 고기나 여러 생물을 잡아먹고 사니 다리도 길고 목과 부리도 길지요.
+ 亻[사람 인(人)의 변형]

급외자 / 18획 / 隹

15日

나무(木)에 앉은 황새(雚)처럼 의젓해 보이는 권세니 **권세 권**

역 権, 权
참 勤(부지런할 근, 일 근) - 제목번호 289 참고

權勢(권세) 권력과 세력.
人權(인권) 인간으로서 당연히 가지는 기본적 권리.

+ 勢(형세 세, 권세 세), 人(사람 인)

4급II / 22획 / 木

황새(雚)처럼 목을 늘이고 보니(見) **볼 관**

역 観, 观

觀光(관광) (다른 나라 다른 지방의) 문화·풍광 등을 봄.
觀覽(관람) '보고 봄'으로, 연극·영화·경기 등을 구경함.
觀察(관찰) 보고 살핌.

+ 光(빛 광, 경치 광), 覽(볼 람), 察(살필 찰)

5급II / 25획 / 見

황새(雚)처럼 의젓하도록 힘(力)써 권하니 **권할 권**

역 勧, 劝
+ 力(힘 력)

勸告(권고) 어떤 일을 하도록 권함. 또는 그런 말.
勸勉(권면) 알아듣도록 권하고 격려하여 힘쓰게 함.
勸奬(권장) 권하여 장려함.

+ 告(알릴 고, 뵙고 청할 곡), 勉(힘쓸 면), 奬(권면할 장, 장려할 장)

4급 / 20획 / 力

황새(雚)가 하품(欠)하듯 입 벌리며 기뻐하니 **기뻐할 환**

역 歓, 欢
+ 欠(하품 흠, 모자랄 흠) - 제목번호 273 참고

歡談(환담) 기쁘게 이야기함.
歡迎(환영) 기쁘게 맞이함. ↔ 歡送(환송) 떠나는 사람을 기쁜 마음으로 보냄.
歡呼(환호) '기쁘게 부름'으로, 기뻐서 크게 고함을 지름.

+ 談(말씀 담), 迎(맞이할 영), 送(보낼 송), 呼(부를 호)

4급 / 22획 / 欠

292 영영로[榮營勞] - 𤇾으로 된 한자

4급II / 14획 / 木

불(火)과 불(火)에 덮인(冖) 듯 나무(木)에 꽃이 피어 성하니 **성할 영**
또 성하여 누리는 영화니 **영화 영**

약 栄 – 반짝이는 불꽃(⺌)으로 덮인(冖) 듯 나무(木)에 꽃이 피어 성하니 '성할 영'
또 성하여 누리는 영화니 '영화 영'

榮光(영광) 빛나고 아름다운 영예.
榮華(영화) 권력과 부귀를 마음껏 누림.

+ 光(빛 광, 경치 광), 華(화려할 화, 빛날 화)

4급 / 17획 / 火

불(火)과 불(火)에 덮인(冖) 듯 열성으로 음률(呂)을 다스리며 경영하니
경영할 영

약 営 – 불꽃(⺌)으로 덮인(冖) 듯 열성으로 음률(呂)을 다스리며 경영하니 '경영할 영'
+ 음률 – 제목번호 186 官의 주 참고
+ 呂(등뼈 려, 음률 려)

經營(경영) 기업이나 사업 등을 관리하고 운영함.
營業(영업) (영리를 목적으로) 사업을 경영함.

+ 經(지날 경, 날실 경, 글 경), 業(업 업, 일 업)

5급II / 12획 / 力

불(火)과 불(火)에 덮인(冖) 것 같은 어려운 상황에서도 힘(力)써 수고하며
일하니 **수고할 로(노), 일할 로(노)**

약 労 – 불꽃(⺌)으로 덮인(冖) 것 같은 어려운 상황에서도 힘(力)써 수고하며 일하니 '수고할 로(노), 일할 로(노)'
+ 力(힘 력)

勞苦(노고) 수고스럽게 힘들이고 애씀.
過勞(과로) 몸이 고달플 정도로 지나치게 일함. 또는 그로 말미암은 지나친 피로.

+ 苦(쓸 고, 괴로울 고), 過(지날 과, 지나칠 과, 허물 과)

293 고 정정 [高 亭停] – 高와 亭으로 된 한자

6급II / 10획 / 高

지붕(亠)과 창틀(口)과 몸체(冂)와 출입구(口) 있는
높은 누각(🏯 → 高)을 본떠서 **높을 고**

高價(고가) 높은 값.
崇高(숭고) 숭엄하고 고상함.
高山流水(고산유수) ① 높은 산과 흐르는 물.
② 훌륭한 음악. 특히 거문고 소리를 비유함.

+ 價(값 가, 가치 가), 崇(높일 숭, 공경할 숭), 流(흐를 류)

3급II / 9획 / 亠

높이(高) 지어 장정(丁)들이 쉬도록 한 정자니 **정자 정**

+ 정(亭) – 명사 뒤에 붙어서 정자(亭子)의 뜻을 나타내는 말.
+ 高 [높을 고(高)의 획 줄임], 丁(고무래 정, 못 정, 장정 정, 넷째 천간 정)

5급 / 11획 / 人(亻)

사람(亻)이 정자(亭)에 머무르니 **머무를 정**

停止(정지) 움직이고 있던 것이 멎거나 그침.
停會(정회) 회의를 멈춤(정지함).
停車場(정거장) (손님이 타고 내리도록) 차가 머무는 마당(곳).

+ 止(그칠 지), 會(모일 회), 車(수레 거, 차 차), 場(마당 장, 상황 장)

294 요 교교 [夭 喬橋] – 夭와 喬로 된 한자

1급 / 4획 / 大

위(丿)로 크게(大) 자라나는 모양이 젊고 예쁘니 **젊을 요, 예쁠 요**
또 기울어(丿) 큰(大) 뜻을 펼치지 못하고 일찍 죽으니 **일찍 죽을 요**

+ 丿('삐침 별'이지만 여기서는 '위'와 '기운 모양'으로 봄), 大(큰 대)

1급 / 12획 / 口

젊은(夭) 사람이 높이(高) 올라가 높으니 **높을 교**

+ 高[높을 고(高)의 획 줄임]

5급 / 16획 / 木

나무(木)를 높이(喬) 걸쳐 만든 다리니 **다리 교**

鐵橋(철교) 철을 주재료로 하여 놓은 다리.
連陸橋(연륙교) (섬을) 육지와 이어 주는 다리.

+ 鐵(쇠 철), 陸(뭍 륙), 連(이을 련)

295 죽 소근적 [竹 笑筋籍] - 竹과 ⺮으로 된 한자

4급II / 6획 / 竹

잎이 붙은 대(→ 竹)를 본떠서 **대 죽**

+ 부수로 쓰일 때는 '⺮'처럼 내려 그은 획을 짧게 씁니다.
+ 종이가 없었던 옛날에는 대 조각에 글을 썼기 때문에 책과 관련된 한자들에 '竹'이 들어가지요.

竹器(죽기) 대로 만든 그릇.
松竹(송죽) 소나무와 대나무.

+ 器(그릇 기, 기구 기), 松(소나무 송)

15日

4급II / 10획 / 竹(⺮)

대(⺮)가 구부러지듯 젊은(夭) 사람이 허리 굽혀 웃으니 **웃을 소**

談笑(담소) (스스럼없이) 웃으며 이야기함.
大笑(대소) 크게 웃음.
一笑一少(일소일소) 한 번 웃으면 그만큼 더 젊어짐.

+ 談(말씀 담), 大(큰 대), 少(적을 소, 젊을 소)

4급 / 12획 / 竹(⺮)

댓(⺮)조각처럼 질겨 몸(月)에서 힘(力)쓰는 힘줄이니 **힘줄 근**

+ 月(달 월, 육 달 월), 力(힘 력)

筋力(근력) 근육의 힘. 또는 그 힘의 지속성. 체력.
筋肉(근육) 힘줄과 살을 아울러 이르는 말.
鐵筋(철근) 콘크리트 속에 박아 뼈대로 삼는 가늘고 긴 쇠막대.

+ 肉(고기 육), 鐵(쇠 철)

4급 / 20획 / 竹(⺮)

댓(⺮)조각에 쟁기(耒)로 밭 갈 듯 글을 새겨 오랫(昔)동안 남도록 만든 서적이나 문서니 **서적 적, 문서 적**

+ 耒(가래 뢰, 쟁기 뢰)

書籍(서적) 책.
學籍(학적) 학교에 비치하는 학생에 관한 기록.

+ 書(쓸 서, 글 서, 책 서), 學(배울 학)

296 천훈주 류[川訓州 流] - 川과 流로 된 한자

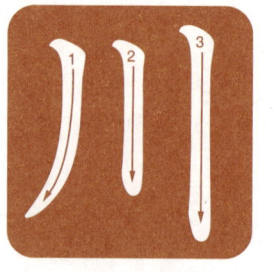

7급 / 3획 / 川

물 흐르는 내( )를 본떠서 **내 천**

川邊(천변) 냇가.
河川(하천) 시내. 강.
山川草木(산천초목) '산과 내와 풀과 나무'로, 자연을 가리킴.

+ 邊(끝 변, 가 변), 河(내 하, 강 하), 山(산 산), 草(풀 초), 木(나무 목)

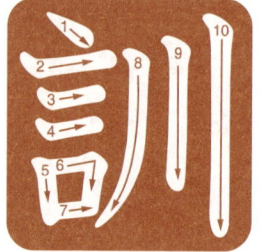

6급 / 10획 / 言

말(言)을 내(川)처럼 길게 하며 가르치니 **가르칠 훈**

訓練(훈련) 가르쳐 익히게 함.
敎訓(교훈) 앞으로의 행동이나 생활에 지침이 될 만한 것을 가르침.
校訓(교훈) 학교의 이념이나 목표를 간단명료하게 나타낸 표어.

+ 練(익힐 련), 敎(가르칠 교), 校(학교 교, 교정볼 교, 장교 교)

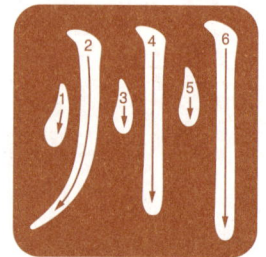

5급II / 6획 / 川

내(川) 사이에 점들(丶丶丶)처럼 집들이 있는 고을이니 **고을 주**

+ 나주(羅州), 충주(忠州)처럼 고을 이름에 '주(州)'가 들어가면 물가에 있습니다.

州郡(주군) '주(州)와 군(郡)'으로, 옛날 지방 행정 구역의 명칭.
濟州島(제주도) 우리나라 서남쪽에 있는 섬으로 이루어진 도.

+ 郡(고을 군), 濟(건널 제, 구제할 제), 島(섬 도)

5급II / 10획 / 水(氵)

물(氵)이 소리내며(云) 내(巛)처럼 흐르니 **흐를 류(유)**

+ 云(이를 운, 말할 운), 巛[내 천(川)의 변형]

流失(유실) 흘러가 잃어버림.
流行(유행) 번져나가 널리 퍼짐.
交流(교류) ① 근원이 다른 물줄기가 서로 섞이어 흐름. 또는 그런 줄기.
② 문화나 사상 등이 서로 통함.

+ 失(잃을 실), 行(다닐 행, 행할 행, 항렬 항), 交(사귈 교, 오고갈 교)

297 천재[巛災] - 巛으로 된 한자

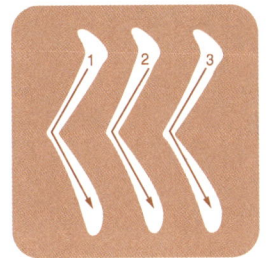

부수자 / 3획

내 천(川)이 부수로 쓰일 때의 모양으로 개미허리 같다 하여 **개미허리 천**

5급 / 7획 / 火

냇(巛)물이나 불(火)로 인하여 입는 재앙이니 **재앙 재**

+ 火(불 화)

産災(산재) 산업 재해.
災難(재난) '재앙과 어려움'으로, 뜻밖의 불행한 일.
災害(재해) 불시의 재난. 또는 그로 인한 피해.

+ 産(낳을 산, 생산할 산), 難(어려울 난, 비난할 난), 害(해칠 해, 방해할 해)

298 경경경 [坙輕經] – 坙으로 된 한자

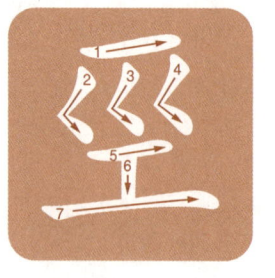

급외자 / 7획 / 川(巛)

하나(一)의 냇물(巛)처럼 만들어지는(工) 물줄기니 **물줄기 경**

동 조 - 또(又) 흙(土) 위에 생긴 물줄기니 '물줄기 경'
+ 坙이 들어간 한자의 약자를 쓸 때는 '坙'부분을 '조'로 씁니다.
+ 工(장인 공, 만들 공, 연장 공), 又(오른손 우, 또 우), 土(흙 토)

5급 / 14획 / 車

수레(車)가 물줄기(坙)처럼 저절로 달리도록 가벼우니 **가벼울 경**

약 軽
+ 車(수레 거, 차 차)

輕減(경감) 덜어서 가볍게 함. ↔ 加重(가중) 더 무겁게 함.
輕傷(경상) 가볍게 다침.
輕重(경중) ① 가벼움과 무거움. 또는 가볍고 무거운 정도.
② 중요함과 중요하지 않음.

+ 減(줄어들 감, 덜 감), 加(더할 가), 傷(상할 상), 重(무거울 중, 귀중할 중, 거듭 중)

4급II / 13획 / 糸

실(糸)이 물줄기(坙)처럼 길게 지나가는 날실이니 **지날 경, 날실 경**

또 베를 짤 때 날줄이 기본이듯이 사람 사는 기본을 적어놓은 글이니 **글 경**

약 経
+ 베를 짤 때 길게 늘어뜨린 쪽의 실을 날실(經), 좁은 쪽의 실을 씨실(緯 – 씨실 위)이라 합니다.

經歷(경력) 겪어 지내 온 일들.
經濟(경제) 인간 생활에 필요한 재화나 용역을 생산·분배·소비하는 모든 활동.
經書(경서) 옛 성현들의 사상과 교리를 써 놓은 책.

+ 歷(지날 력, 책력 력, 겪을 력), 濟(건널 제, 구제할 제), 書(쓸 서, 글 서, 책 서)

299 권권권 [㕣 卷 券] – 㕣로 된 한자

참고자 / 6획

팔(八)자 걸음으로 사내(夫)가 걷는 모양처럼 구부정하게 구부리니 **구부릴 권**

+ 어원 해설을 위해 가정해 본 한자로 실제 쓰이는 한자는 아닙니다.

4급 / 8획 / 㔾(卩)

허리 구부리고(㕣) 무릎 꿇고(㔾) 앉아 읽는 책이니 **책 권**

+ 㔾(무릎 꿇을 절, 병부 절, = 卩)

卷數(권수) 책의 수효.
壓卷(압권) '누르는 책'으로, 어떤 책 가운데서 가장 뛰어난 부분. 또는 그런 물건. 하이라이트.

+ 數(셀 수, 두어 수, 자주 삭, 운수 수), 壓(누를 압)

4급 / 8획 / 刀

구부리고(㕣) 앉아 칼(刀)로 새겨 만든 문서니 **문서 권**

+ 옛날에는 나무 조각에 칼로 글자를 새겨서 문서를 펴냈지요.
+ 무릎 꿇고(㔾) 앉아 읽으면 '책 권(卷)', 칼(刀)로 새겨 만든 문서면 '문서 권(券)'으로 구분하세요.
+ 刀(칼 도)

福券(복권) 당첨되면 상금이나 그 밖의 이득을 받게 되는 문서.
入場券(입장권) 장내(場內)로 들어가는 것을 허락하는 표.

+ 福(복 복), 入(들 입), 場(마당 장, 상황 장), 內(안 내)

300 승등[勝騰] - 朕으로 된 한자

6급 / 12획 / 力

몸(月) 구부려(类) 힘(力)써 이기니 **이길 승**

또 이기면 뭔가 나으니 **나을 승**

+ 月(달 월, 육 달 월), 力(힘 력)

勝利(승리) 겨루어서 이김.
必勝(필승) 반드시 이김.
勝景(승경) 나은(뛰어나게 좋은) 경치.

+ 利(이로울 리, 날카로울 리), 必(반드시 필), 景(볕 경, 경치 경, 클 경)

3급 / 20획 / 馬

몸(月)을 구부려(类) 말(馬)에 뛰어 오르니 **오를 등**

+ 馬(말 마)

15日 확인문제 (281~300)

01~04 다음 漢字의 훈(뜻)과 음(소리)을 쓰세요.

01. 增 (   )   02. 層 (   )
03. 單 (   )   04. 勸 (   )

05~08 다음 훈음에 맞는 漢字를 쓰세요.

05. 홀로 독 (   )   06. 익힐 련 (   )
07. 묶을 속 (   )   08. 살필 고 (   )

09~12 다음 漢字語의 독음을 쓰세요.

09. 彈壓 (   )   10. 副作用 (   )
11. 豊富 (   )   12. 權勢 (   )

13~14 다음 문장 중 밑줄 친 단어를 漢字로 쓰세요.

13. 그 집은 위에 삼간 아래에 삼간 **도합** 여섯 칸 집이다. (   )
14. 나는 **다복**한 가정에서 태어났다. (   )

15~16 다음 문장 중 漢字로 표기된 단어의 독음을 쓰세요.

15. 우리 반 학생들은 매사에 성실하고 **勤勉**하다. (   )
16. 동해의 해돋이는 절로 **感歎**이 나올 만큼 장관이었다. (   )

17~18 다음 뜻풀이에 맞는 단어를 漢字로 쓰세요.

17. 다른 나라나 다른 지방의 문화·풍광 등을 봄. (   )
18. 몸이 고달플 정도로 지나치게 일함. (   )

19~20 다음 漢字語의 뜻을 쓰세요.

19. 苦難 (   )
20. 歡談 (   )

---

01. 더할 증 02. 층 층 03. 홑 단 04. 권할 권 05. 獨 06. 練 07. 束 08. 考 09. 탄압 10. 부작용
11. 풍부 12. 권세 13. 都合 14. 多福 15. 근면 16. 감탄 17. 觀光 18. 過勞 19. 괴로움과 어려움.
20. 기쁘게 이야기함.

16日 301 ~ 320

301 견(현)현규시 [見現規視] - 見으로 된 한자

5급II / 7획 / 見

눈(目)으로 사람(儿)이 보니 **볼 견, 뵐 현**
+ 뵈다 – ① 웃어른을 대하여 보다.
　　　　② '보이다'의 준말.
+ 儿(사람 인 발, 어진사람 인)

　見聞(견문) 보고 들음. 또는 그 지식.
　見物生心(견물생심) 물건을 보면 가지고 싶은 마음이 생김.

+ 聞(들을 문), 物(물건 물), 生(날 생, 살 생, 사람을 부를 때 쓰는 접사 생), 心(마음 심, 중심 심)

6급II / 11획 / 玉(王)

옥(王)돌을 갈고 닦으면 이제 바로 무늬가 보이고(見) 나타나니
이제 현, 나타날 현

　現金(현금) 현재 있는 돈.
　現在(현재) ① 지금의 시간. ② 기준으로 삼은 그 시점.
　再現(재현) 다시 나타남. 또는 다시 나타냄.

+ 金(쇠 금, 금 금, 돈 금, 성씨 김), 在(있을 재), 再(다시 재, 두 번 재)

5급 / 11획 / 見

사내(夫)가 눈여겨보아야(見) 할 법이니 **법 규**
+ 혈기 왕성한 사내는 자칫 법을 어길 수 있으니 조심해야 하지요.

　法規(법규) 지켜야 할 규범.
　規格(규격) 일정한 규정에 들어맞는 격식.
　規則(규칙) 여러 사람이 다 같이 지키기로 한 법칙.

+ 法(법 법), 格(격식 격, 헤아릴 격), 則(곧 즉, 법칙 칙)

4급II / 12획 / 見

보이는(示) 것을 잘 보며(見) 살피니 **볼 시, 살필 시**
+ 示(보일 시, 신 시)

　視野(시야) 시력이 미치는 범위.
　重視(중시) (어떤 대상을) 중요하게 여김. ↔ 輕視(경시) 가볍게 여기거나 업신여김.
　視察(시찰) (돌아다니며 실제의 사정을) 보고 살핌.

+ 野(들 야, 거칠 야), 重(무거울 중, 귀중할 중, 거듭 중), 輕(가벼울 경), 察(살필 찰)

302 쇠(치)하동후[夊夏冬後] - 夊로 된 한자

부수자 / 3획

사람(ク)이 다리를 끌며(乀) 천천히 걸어 뒤져오니

천천히 걸을 쇠, 뒤져올 치

+ ク[사람 인(人)의 변형], 乀('파임 불'이지만 여기서는 다리를 끄는 모양으로 봄)

16日

7급 / 10획 / 夊

(너무 더워서) 하나(一) 같이 스스로(自) 천천히 걸으려고(夊) 하는 여름이니

여름 하

+ 自(자기 자, 스스로 자, 부터 자) - 제목번호 262 참고

夏期(하기) 여름의 시기.
夏服(하복) 여름옷.
春夏秋冬(춘하추동) 봄·여름·가을·겨울.

+ 期(기간 기, 기약할 기), 服(옷 복, 먹을 복, 복종할 복), 春(봄 춘), 秋(가을 추), 冬(겨울 동)

7급 / 5획 / 氷(氵)

(사철 중) 뒤에 와서(夊) 물이 어는(冫) 겨울이니 **겨울 동**

+ 冫['얼음 빙(氷)'이 부수로 쓰일 때의 모양인 이 수 변(氵)의 변형]

冬至(동지) 이십사절기의 하나로, 양력 12월 22일경임. (북반구에서는 연중 밤이 가장 긴 날)
嚴冬雪寒(엄동설한) 엄하게(몹시) 춥고 눈이 오는 겨울.

+ 至(이를 지, 지극할 지), 嚴(엄할 엄), 雪(눈 설, 씻을 설), 寒(찰 한)

7급II / 9획 / 彳

조금씩 걷고(彳) 조금(幺)씩 천천히 걸으면(夊) 뒤지고 늦으니

뒤 후, 늦을 후

+ 彳(조금 걸을 척), 幺(작을 요, 어릴 요)

後繼(후계) 뒤를 이음.
前後(전후) ① 앞 뒤.
② 처음과 마지막.
前無後無(전무후무) 전(앞)에도 없었고 후(뒤)에도 없음.

+ 繼(이을 계), 前(앞 전), 無(없을 무)

303 우우 강(항)[憂優 降] – 憂와 降으로 된 한자

3급II / 15획 / 心

머리(頁)에 걱정하는 마음(心)이 있어 천천히 걸으며(夂) 근심하니
근심할 우

+ 頁[머리 혈(頁)의 변형]

4급 / 17획 / 人(亻)

사람(亻)이 노력하며 근심하여(憂) 우수하니 **우수할 우**

또 사람(亻)이 근심하며(憂) 머뭇거리니 **머뭇거릴 우**

또 사람(亻)이 근심하듯(憂) 주어진 대본을 생각하며 연기하는 배우니 **배우 우**

優秀(우수) 빼어나게 우수함.
優先(우선) 딴 것에 앞서 특별하게 대우함.
優勝(우승) 경기·경주 등에서 이겨 첫째를 차지함.
學優登仕(학우등사) 배움이 우수하면 벼슬에 오를 수 있음.

+ 秀(빼어날 수), 先(먼저 선), 勝(이길 승, 나을 승), 學(배울 학), 登(오를 등, 기재할 등), 仕(벼슬할 사, 섬길 사)

4급 / 9획 / 阜(阝)

언덕(阝)에서 천천히 걸어(夂) 소(牛)처럼 내려오니 **내릴 강**

또 내려와 몸을 낮추고 항복하니 **항복할 항**

+ 소는 빨리 걷지 못함을 생각하고 만든 한자네요.
+ 阝(언덕 부 변), 牛[소 우(牛)의 변형]

降雨(강우) 비가 내림. 내린 비.
降伏·降服(항복) 힘에 눌리어 적에게 굴복함.

+ 雨(비 우), 伏(엎드릴 복), 服(옷 복, 먹을 복, 복종할 복)

304 총총[悤總] – 悤으로 된 한자

특급Ⅱ / 11획 / 心

끈(丿)으로 게으름(夂)을 에워싸(囗) 버린 마음(心)처럼 바쁘고 밝으니
바쁠 총, 밝을 총
+ 丿('삐침 별'이지만 여기서는 끈으로 봄), 夂('천천히 걸을 쇠, 뒤져올 치'지만 여기서는 게으름으로 봄), 囗(둘레 위, 에워쌀 위, 나라 국)

4급Ⅱ / 17획 / 糸

실(糸)로 바쁘고(悤) 복잡한 것을 모두 모아 거느리니
모두 총, 모을 총, 거느릴 총
🈁 総 – 실(糸)을 공평한(公) 마음(心)으로 모두 묶어 거느리니 '모두 총, 거느릴 총'
+ 糸(실 사, 실 사 변), 公(공평할 공, 대중 공, 귀공자 공)

總計(총계) 전체를 한데 모아서 헤아림. 또는 그 계산.
總論(총론) 전체를 총괄하는 이론. ↔ 各論(각론) 각 세목에 대한 논설.

+ 計(셈할 계, 꾀할 계), 論(논할 론, 평할 론), 各(각각 각)

16日

305 복복부(복)[复複復] - 复으로 된 한자

급외자 / 9획 / 夂

사람(亻)들은 해(日)가 지면 천천히 걸어(夂) 날마다 집으로 돌아오기를 거듭하니 **돌아올 복, 거듭 복**

+ 亻[사람 인(人)의 변형], 日(해 일, 날 일), 夂(천천히 걸을 쇠, 뒤져올 치)

4급 / 14획 / 衣(衤)

옷(衤)을 거듭(复) 입어 겹치니 **겹칠 복**

+ 衤(옷 의 변)

複寫(복사) '겹쳐 베낌'으로, 원본을 베끼는 것.
複線(복선) 겹줄.
複雜(복잡) 겹치고 섞임.

+ 寫(그릴 사, 베낄 사), 線(줄 선), 雜(섞일 잡)

4급Ⅱ / 12획 / 彳

걸어서(彳) 다시 돌아오니(复) **다시 부, 돌아올 복**

+ 彳(조금 걸을 척)

復活(부활) ① (죽었다가) 다시 살아 남.
② 일단 폐지하였다가 다시 씀.
復興(부흥) (쇠퇴하였던 것이) 다시 일어남.
復舊(복구) ① 그 전의 상태로 회복함.
② 손실을 회복함.

+ 活(살 활), 興(흥할 흥, 흥겨울 흥), 舊(오랠 구, 옛 구)

306 복고산[攵故散] - 攵으로 된 한자 1

부수자 / 4획

이리(丿)저리(一) 어질게(乂) 치니 **칠 복**

- 동 攴(攵) - 점(卜)칠 때 오른손(又)에 회초리를 들고 툭툭 치니 '칠 복'
- 유 夊(천천히 걸을 쇠, 뒤져올 치)
- + 칠 복(攴, = 攵)은 4획, 천천히 걸을 쇠, 뒤져올 치(夊)는 3획이네요.
- + 乂(벨 예, 다스릴 예, 어질 예), 卜(점 복), 又(오른손 우, 또 우)

16日

4급II / 9획 / 攵

오래(古)된 일이지만 하나씩 짚으며(攵) 묻는 연고 있는 옛날이니

연고 고, 옛 고

+ '오랠 고, 옛 고(古)'는 단순히 시간상으로 옛날이고, '연고 고, 옛 고(故)'는 연고 있는 옛날, 즉 사연 있는 옛날이라는 뜻입니다.

緣故(연고)	① 사유(事由). ② 혈통·정분·법률 등으로 맺어진 관계. ③ 인연(因緣).
故事(고사)	유래가 있는 옛날의 일. 또는 그런 일을 표현한 어구.
故意(고의)	'연고 있는 뜻'으로, 일부러 하는 행동이나 생각. ↔ 過失(과실) ① 부주의나 태만 등에서 비롯된 잘못이나 허물. ② 조심하지 아니하여 어떤 결과가 일어날 것을 미리 내다보지 못한 일.

+ 緣(인연 연), 事(일 사, 섬길 사), 由(까닭 유, 말미암을 유), 因(말미암을 인, 의지할 인), 意(뜻 의), 過(지날 과, 지나칠 과, 허물 과), 失(잃을 실)

4급 / 12획 / 攵

풀(艹)이 난 땅(一)에 고기(月)를 놓고 치면(攵) 여러 조각으로 흩어지니

흩어질 산

+ 艹[초 두(艸)의 약자], 一('한 일'이지만 여기서는 땅으로 봄), 月(달 월, 육 달 월)

散髮(산발)	머리를 너저분하게 풀어헤침.
散發(산발)	(어떤 일이) 여기저기서 이따금씩 일어남.
閑散(한산)	(일이 없어) 한가함.

+ 髮(터럭 발, 머리털 발), 發(쏠 발, 일어날 발), 閑(한가할 한)

307 패목교[敗牧敎] - 攵으로 된 한자 2

5급 / 11획 / 攵

재물(貝) 때문에 치고(攵) 싸워서 패하니 **패할 패**

+ 貝(조개 패, 재물 패, 돈 패)

敗北(패배) ① 패하여 도망감.
② 싸움에 짐.
敗因(패인) (싸움·경쟁·경기 등에서) 지게 된 원인.
失敗(실패) '잃고 패함'으로, 목적과는 반대로 헛일이 됨.

+ 北(등질 배, 달아날 배, 북쪽 북), 因(말미암을 인, 의지할 인), 失(잃을 실)

4급Ⅱ / 8획 / 牛(牜)

소(牜)를 치며(攵) 기르니 **기를 목**

+ 牜(소 우 변)

牧歌(목가) '목동의 노래'로, 전원을 읊은 노래.
牧場(목장) (가축을) 기르는 마당(곳).

+ 歌(노래 가), 場(마당 장, 상황 장)

8급 / 11획 / 攵

어질게(乂) 많이(丷) 자식(子)을 치며(攵) 가르치니 **가르칠 교**

🔄 敎 – 늙은이(耂)가 자식(子)을 치며(攵) 가르치니 '가르칠 교'

+ 乂(벨 예, 다스릴 예, 어질 예), 丷['열 십, 많을 십(十)'의 변형], 子(아들 자, 첫째 지지 자, 자네 자, 접미사 자), 耂(늙을 로 엄)

敎育(교육) 가르쳐서 기름.
敎材(교재) 가르치는 데에 쓰이는 재료.
敎學相長(교학상장) 가르치고 배우는 과정에서 서로(스승과 제자가 함께) 성장함.

+ 育(기를 육), 材(재목 재, 재료 재), 學(배울 학), 相(서로 상, 모습 상, 볼 상, 재상 상), 長(길 장, 어른 장, 자랄 장)

308 유수조[攸修條] - 攸로 된 한자

특급II / 7획 / 攴

사람(亻)이 지팡이(丨)로 땅을 치면서(攵) 사라져 아득하니 **아득할 유**

+ 아득하다 - ① 보이는 것이나 들리는 것이 희미하고 매우 멀다.
              ② 까마득히 오래되다.
+ 丨('뚫을 곤'이지만 여기서는 지팡이로 봄)

4급II / 10획 / 人(亻)

아득히(攸) 흘러가는 깨끗한 물에 머리(彡) 감듯이 마음을 닦고 다스리니
닦을 수, 다스릴 수

+ 彡(터럭 삼, 긴머리 삼)

修道(수도) 도를 닦음.
修理(수리) (고장 나거나 허름한 데를) 다스려 고침.
修人事待天命(수인사대천명) 사람의 힘으로 할 수 있는 일을 다하고 하늘의 명을 기다림.

+ 道(길 도, 도리 도, 말할 도, 행정 구역의 도), 理(이치 리, 다스릴 리), 事(일 사, 섬길 사),
  待(대접할 대, 기다릴 대), 天(하늘 천), 命(명령할 명, 목숨 명, 운명 명)

4급 / 11획 / 木

아득히(攸) 나무(木)에서 뻗어 가는 가지니 **가지 조**

또 가지처럼 나눠진 조목이니 **조목 조**

약 条 - (본줄기보다) 뒤져서(夂) 나무(木)에 돋는 가지니 '가지 조'
        또 가지처럼 나눠진 조목이니 '조목 조'

+ 木(나무 목), 夂(천천히 걸을 쇠, 뒤져올 치)

條目(조목) 낱낱이 들어 벌인 일의 가지(가닥).
條約(조약) 조목을 세워 맺은 언약.

+ 目(눈 목, 볼 목, 항목 목), 約(맺을 약, 약속할 약)

309 구수[丩收] - 丩로 된 한자

급외자 / 2획 /丨

서로 얽힌 모양에서 **얽힐 구**

4급II / 6획 / 攵

줄기에 얽힌(丩) 열매를 쳐(攵) 거두니 **거둘 수**

약 收 – 줄기에 얽힌(丩) 열매를 또(又) 거두니 '거둘 수'

收支(수지) 수입과 지출.
收縮(수축) 오그라들거나 줄어듦.
收入(수입) 돈이나 물품 등을 거두어들임. 또는 그 돈이나 물품. ↔ 支出(지출) 어떤 목적을 위하여 돈을 지불하는 일.

+ 支(다룰 지, 가를 지, 지출할 지), 縮(줄어들 축), 入(들 입), 出(날 출, 나갈 출)

310 두과료[斗科料] - 斗로 된 한자

4급II / 4획 / 斗

자루 달린 국자를 본떠서 **국자 두**

또 국자처럼 곡식을 퍼 올려 되는 말이니 **말 두**

+ 지금은 물건의 양을 무게로 환산하여 그램(g)이나 킬로그램(kg)으로 표시하지만, 얼마 전까지만 해도 되(升 - 되 승)나 말(斗)에 곡식을 담아 헤아렸어요. 열 되가 한 말이고 한 말은 8kg이지요.

6급II / 9획 / 禾

벼(禾)의 양을 말(斗)로 헤아려 품질과 용도에 따라 나눈 조목이니 **조목 과**

또 지식을 조목조목 나누어 설명한 과목이니 **과목 과**

+ 禾(벼 화)

科目(과목) (가르치거나 배워야 할 지식을 세분하여) 분류한 조목. 교과목.
科擧(과거) 과목으로 관리를 뽑는 옛날의 시험 제도.
金科玉條(금과옥조) 금이나 옥처럼 귀중히 여겨 꼭 지켜야 할 법칙이나 규정.

+ 目(눈 목, 볼 목, 항목 목), 擧(들 거, 행할 거, 일으킬 거), 金(쇠 금, 돈 금, 금 금. 성씨 김), 玉(구슬 옥), 條(가지 조, 조목 조)

5급 / 10획 / 斗

쌀(米)의 양을 말(斗)로 헤아려 무엇을 만드는 재료로 쓰거나 계산하던 값이니 **헤아릴 료(요), 재료 료(요), 값 료(요)**

+ 옛날에는 벼와 쌀이 곡식의 대표로 물물 거래의 기준이었습니다.
+ 米(쌀 미)

思料(사료) 생각하여 헤아림.
材料(재료) 물건을 만드는 원료.
無料(무료) 값이나 요금이 없음.

+ 思(생각할 사), 材(재목 재, 재료 재), 無(없을 무)

16日

311 루수(삭)[婁數] - 婁로 된 한자

특급II / 11획 / 女

쌓이게(曲) 여자(女)가 끌어다 쌓으니 **끌 루(누), 쌓을 루(누)**

7급 / 15획 / 攴

쌓인(婁) 물건을 치며(攵) 두어 개씩 세니 **셀 수, 두어 수**

또 세듯이 자주 닥쳐오는 운수니 **자주 삭, 운수 수**

약 数 - 쌀(米)자루를 여자(女)가 치면서(攵) 두어 개씩 세니 '셀 수, 두어 수'
또 세듯이 자주 닥쳐오는 운수니 '자주 삭, 운수 수'

+ 攵(칠 복, = 攴)

數學(수학) 수·양·공간을 연구하는 학문.
數日(수일) 이삼 일. 또는 사오 일. 며칠.
數脈(삭맥) (정상 이상으로) 자주 뛰는 맥박.
運數(운수) 인간의 힘을 초월한 운명.

+ 學(배울 학), 脈(혈관 맥, 줄기 맥), 運(운전할 운, 옮길 운, 운수 운)

312 포 구구극[勹 句苟極] - 勹와 句로 된 한자

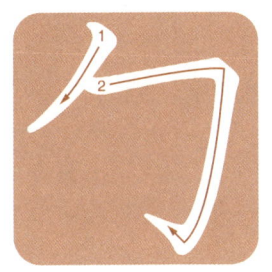

부수자 / 2획

사람(人)이 몸 구부려 싸니 **쌀 포**

+ 사람을 나타내는 人의 한쪽이 구부러지는 모양으로 '쌀 포(勹)'를 나타냈네요.

4급II / 5획 / 口

몇 단어씩 싸서(勹) 입(口)으로 읽기 좋게 나누어 놓은 글귀니 **글귀 구**

또 구부리고(勹) 구멍(口)으로 들어가는 모양처럼 굽으니 **굽을 구**

> 句節(구절) 구와 절. 한 토막의 말이나 글.
> 高句麗(고구려) 우리나라 고대의 삼국 가운데, 동명왕 주몽이 기원전 37년에 세운 나라.

+ 글에서 句와 節은 둘 이상의 단어로 이루어진 것은 같지만, 주어와 술어 관계를 갖추지 못한 것은 '句', 주술 관계를 갖춘 것이면 '節'이라 합니다.
+ 節(마디 절, 절개 절, 계절 절), 高(높을 고), 麗(고울 려)

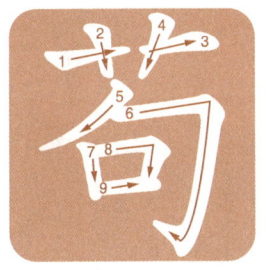

3급 / 9획 / 草(艹)

풀(艹)처럼 굽어(句) 사는 모양이 구차하니 **구차할 구**

또 구차하지만 진실로 구하니 **진실로 구**

+ 艹(초 두)

4급II / 13획 / 木

나무(木) 옆에서 하나(一)의 글귀(句)를 또(又) 한(一)번 끝까지 다하여 익히니 **끝 극, 다할 극**

+ 木(나무 목), 又(오른손 우, 또 우)

> 南極(남극) 남쪽 끝.
> 極盡(극진) 마음과 힘을 다함.
> 極讚(극찬) 매우 칭찬함. 또는 그런 칭찬.

+ 南(남쪽 남), 盡(다할 진), 讚(칭찬할 찬, 기릴 찬)

313 포포포[包砲胞] - 包로 된 한자

4급II / 5획 / 勹

싸고(勹) 또 뱀(巳)처럼 긴 실로 묶어 싸니 **쌀 포**

+ 巳 - 몸을 사리고 꼬리를 든 뱀의 모양에서 '뱀 사, 여섯째 지지 사' - 3급

包裝(포장) 물건을 싸서 꾸림.
小包(소포) 작게 싼 우편물의 한 종류.

+ 裝(꾸밀 장), 小(작을 소)

4급II / 10획 / 石

돌(石)을 싸서(包) 던지는 대포니 **대포 포**

+ 옛날의 대포는 돌을 멀리 던지기 위하여 만든 도구였답니다.

大砲(대포) ① 화약의 힘으로 포탄을 멀리 쏘는 큰 화기.
② 허풍이나 거짓말을 비유하여 이르는 말.
砲手(포수) ① 총으로 짐승을 잡는 사람.
② 대포를 쏘는 군인.
發砲(발포) 총이나 포를 쏨.

+ 手(손 수, 재주 수, 재주 있는 사람 수), 發(쏠 발, 일어날 발)

4급 / 9획 / 肉(月)

몸(月)을 싸고(包) 있는 세포니 **세포 포**

+ 月(달 월, 육 달 월)

細胞(세포) 생물체를 이루는 기본 단위.
同胞(동포) '같은 세포'로, 같은 피를 이어받은 같은 민족.

+ 細(가늘 세), 同(한가지 동, 같을 동)

314 경경경[敬警驚] – 敬으로 된 한자

5급II / 13획 / 攵

진실로(苟) 대하는 줄 알면 채찍질(攵)해도 공경하니 **공경할 경**

+ 攵(칠 복, = 攴)

> 尊敬(존경) 높여 공경함.
> 敬老孝親(경로효친) 노인을 공경하고 부모에게 효도함.

+ 尊(높일 존), 老(늙을 로), 孝(효도 효), 親(어버이 친, 친할 친)

4급II / 20획 / 言

진실한(苟) 마음으로 채찍질(攵)하며 말(言)로 경계하고 깨우치니

경계할 경, 깨우칠 경

> 警戒(경계) 잘못이 없도록 주의시킴.
> 警護(경호) (위험으로부터) 경계하고 보호함.
> 警覺(경각) (잘못을 하지 않도록 정신 차리고) 깨어 있음.

+ 戒(경계할 계), 護(보호할 호), 覺(깨달을 각)

4급 / 23획 / 馬

진실한(苟) 마음으로 채찍질(攵)해도 말(馬)은 놀라니 **놀랄 경**

+ 馬(말 마)

> 驚異(경이) 놀랍도록 이상함.
> 驚天動地(경천동지) '하늘을 놀라게 하고 땅을 뒤 흔듦'으로, 세상을 몹시 놀라게 함.

+ 異(다를 이), 天(하늘 천), 動(움직일 동), 地(땅 지, 처지 지)

16日

315 작약적[勺約的] - 勺으로 된 한자

1급 / 3획 / 勹

싸서(勹) 한 점(丶)의 물이나 담을 수 있는 구기 같은 작은 그릇이니
구기 작, 작은 그릇 작

+ 쌀 포(勹) 안에 점 주, 불똥 주(丶)를 찍기도 하고 한 일(一)을 넣기도 합니다.
+ 구기 – 자루가 달린 술 따위를 푸는 용기.
+ 작(勺) – 용량의 하나로, 한 홉의 10분의 1.
+ 器(그릇 기, 기구 기)

5급Ⅱ / 9획 / 糸

실(糸)로 작은(勺) 매듭을 맺듯이 맺고 약속하니 **맺을 약, 약속할 약**

約束(약속) '맺고 묶음'으로, 미리 정하여 두는 것.
要約(요약) (말이나 글에서) 중요한 것만 맺음(묶음).
約婚(약혼) 결혼하기로 약속함.

+ 束(묶을 속), 要(중요할 요, 필요할 요), 婚(결혼할 혼)

5급Ⅱ / 8획 / 白

하얗게(白) 싼(勹) 판에 점(丶) 찍어 맞히는 과녁이니 **맞힐 적, 과녁 적**

또 잘 보이도록 만드는 과녁처럼 밝으니 **밝을 적**

또 '그 성격을 띠는, 그에 관계된, 그 상태로 된'의 뜻을 더하는 접미사니
접미사 적

+ 白(흰 백, 밝을 백, 깨끗할 백, 아뢸 백), 丶(점 주, 불똥 주)

的中(적중) (화살이) 과녁에 맞음.
的確(적확) 밝고 확실함. 틀림없음.
目的地(목적지) 목적으로 삼는 땅(곳).

+ 中(가운데 중, 맞힐 중), 確(굳을 확, 확실할 확), 目(눈 목, 볼 목, 항목 목), 地(땅 지, 처지 지)

316 물물균[勿物均] - 勿로 된 한자

3급II / 4획 / 勹

싸(勹) 놓은 것을 털어버리면(丿丿) 없으니 **없을 물**

또 이처럼 털어버리지 말라는 데서 **말 물**

+ 丿('삐침 별'이지만 여기서는 터는 모양으로 봄)

16日

7급II / 8획 / 牛(牜)

소(牛)를 팔아 없애서(勿) 그 돈으로 사는 물건이니 **물건 물**

+ 옛날에는 소가 집안의 재산 목록 1호로, 큰 일이 있으면 소를 팔아서 그 돈으로 필요한 물건을 샀지요.
+ 牛(소 우 변)

物件(물건) (자연적으로나 인공적으로 되어) 존재하는 모든 유형의 것.
巨物(거물) 큰 인물이나 물건.
生物(생물) 살아있는 물건.

+ 件(물건 건, 사건 건), 巨(클 거), 生(날 생, 살 생, 사람을 부를 때 쓰는 접사 생)

4급 / 7획 / 土

흙(土)을 없애고(勻) 평평하게 고르니 **평평할 균, 고를 균**

+ 勻['적을 균, 두루 균'이지만 여기서는 말 물, 없을 물(勿)의 변형으로 봄]

平均(평균) '평평함'으로, (많고 적음이 없이) 균일함.
均等(균등) (차별 없이) 고르고 같음. ↔ 差等(차등) 차이가 나는 등급.
均一(균일) 한결같이 고름. 차이가 없음.

+ 平(평평할 평, 평화 평), 等(같을 등, 무리 등, 차례 등), 差(다를 차, 어긋날 차)

317 긍(선)선[亘宣] - 亘으로 된 한자

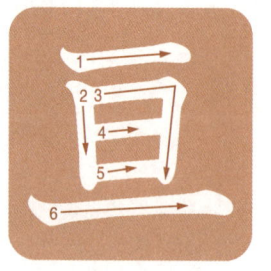

1급 / 6획 / 二

하늘(一)과 땅(一) 사이에 햇(日)빛이 뻗치고 펴지니 **뻗칠 긍, 펼 선**

+ 一('한 일'이지만 여기서는 하늘과 땅으로 봄)

4급 / 9획 / 宀

집(宀)에서 펴(亘) 베푸니 **펼 선, 베풀 선**

+ 宜 - 집(宀)처럼 또(且)한 생활하기에 마땅하니 '마땅할 의' - 3급
+ 宀(집 면), 且(또 차, 구차할 차)

> 宣告(선고) 선언하여 널리 알림. 법원에서 재판의 판결을 공표하는 일.
> 宣敎(선교) '가르침을 폄'으로, 종교를 선전하여 널리 폄.
> 宣傳(선전) '펴서 전함'으로, 많은 사람에게 이해시켜 공감을 얻을 목적으로 잘 설명하여 널리 알리는 일.

+ 告(알릴 고, 뵙고 청할 곡), 敎(가르칠 교), 傳(전할 전, 이야기 전)

318 단득[旦得] - 旦으로 된 한자

3급II / 5획 / 日

해(日)가 지평선(一) 위로 떠오르는 아침이니 **아침 단**

+ 一('한 일'이지만 여기서는 지평선으로 봄)

4급II / 11획 / 彳

걸어가(彳) 아침(旦)부터 법도(寸)에 맞게 일하면 무엇이나 얻으니 **얻을 득**

+ 彳(조금 걸을 척), 寸(마디 촌, 법도 촌) - 제목번호 087 참고

> 得失(득실) ① 얻음과 잃음, ② 이익과 손해.
> 所得(소득) '얻은 바'로, 어떤 일의 결과로 얻은 정신적, 물질적 이익.
> 一擧兩得(일거양득) ① 한 번 들어 둘을 얻음. ② 한 가지 일을 하여 두 가지 이득을 봄.

+ 失(잃을 실), 所(장소 소, 바 소), 擧(들 거, 행할 거, 일으킬 거), 兩(두 량, 짝 량, 냥 냥)

319 이(역)양 [易 昜] - 易와 昜

4급 / 8획 / 日

해(日)가 구름에 가려 **없어**(勿)졌다 나타났다 하듯 쉽게 바꾸니
쉬울 이, 바꿀 역

또 사서삼경의 하나로, 점치는 주역(周易)도 나타내어 **주역 역, 점칠 역**

+ 주역(周易) – 중국의 점에 관한 책으로, 오경(五經)의 하나.
+ 日(해 일, 날 일), 勿(없을 물, 말 물)

安易(안이) 편안하고 쉬움.
容易(용이) 어렵지 아니하고 아주 쉬움.
交易(교역) (주로 나라들 사이에서 물건을 사고팔고 하며) 서로 바꿈.

+ 安(편안할 안), 容(얼굴 용, 받아들일 용, 용서할 용), 交(사귈 교, 오고 갈 교)

특급 / 9획 / 日

아침(旦)마다 **없던**(勿) 해가 떠서 비치는 볕과 햇살이니 **볕 양, 햇살 양**

+ 旦(아침 단)

16일

320 양장장상[陽場腸傷] - 昜으로 된 한자

6급 / 12획 / 阜(阝)

언덕(阝) 위를 비추는 햇볕(昜)이니 **볕 양**

또 볕이 비추면 드러나니 **드러날 양**

+ 阝(언덕 부 변)

陽地(양지) 볕이 바로 드는 땅.
陽刻(양각) (글자나 그림 등을) 도드라지게 새긴 조각. ↔ 陰刻(음각) 평평한 면에 글자나 그림 등을 안으로 들어가게 새긴 조각.
陰德陽報(음덕양보) 남모르게 덕행을 쌓은 사람은 뒤에 그 보답을 드러나게 받음.

+ 地(땅 지, 처지 지), 刻(새길 각, 시각 각), 陰(그늘 음), 德(덕 덕, 클 덕), 報(알릴 보, 갚을 보)

7급II / 12획 / 土

흙(土)이 햇살(昜)처럼 넓게 펴진 마당이니 **마당 장**

또 마당에서 벌어지는 상황이니 **상황 장**

+ 土(흙 토)

場所(장소) 어떤 일을 하거나 할 수 있는 공간.
入場(입장) 장내(場內)로 들어가는 것.
立場(입장) 당면하고 있는 상황.

+ 所(장소 소, 바 소), 入(들 입), 內(안 내), 立(설 립)

4급 / 13획 / 肉(月)

몸(月) 속에 햇살(昜)처럼 넓게 펴져 있는 창자니 **창자 장**

大腸(대장) 큰창자.
小腸(소장) 작은창자.

4급 / 13획 / 人(亻)

사람(亻)과 사람(亠)은 햇살(昜)에 피부가 상하니 **상할 상**

+ 亻(사람 인 변), 亠[사람 인(人)의 변형]

傷處(상처) 살갗이 다친 상태. 또는 그 자리.
損傷(손상) ① 물체가 깨지거나 상함.
　　　　② 병이 들거나 다침.
　　　　③ 품질이 변하여 나빠짐.
重傷(중상) 몹시 다침.

+ 處(살 처, 곳 처, 처리할 처), 損(덜 손), 重(무거울 중, 귀중할 중, 거듭 중)

16日 확인문제 (301~320)

01~04 다음 漢字의 훈(뜻)과 음(소리)을 쓰세요.

01. 複 (   )   02. 散 (   )
03. 牧 (   )   04. 收 (   )

05~08 다음 훈음에 맞는 漢字를 쓰세요.

05. 법 규 (   )   06. 패할 패 (   )
07. 공경할 경 (   )   08. 가르칠 교 (   )

09~12 다음 漢字語의 독음을 쓰세요.

09. 視察 (   )   10. 總論 (   )
11. 復興 (   )   12. 緣故 (   )

13~14 다음 문장 중 밑줄 친 단어를 漢字로 쓰세요.

13. 내 예감이 <u>적중</u>했다. (   )
14. 창간호를 홍보 차원에서 <u>무료</u> 배포합니다. (   )

15~16 다음 문장 중 漢字로 표기된 단어의 독음을 쓰세요.

15. 대학교까지 **優秀**한 성적으로 졸업했다. (   )
16. 적에게 **降伏**을 받아내다. (   )

17~18 다음 뜻풀이에 맞는 단어를 漢字로 쓰세요.

17. 보고 들음, 또는 그 지식. (   )
18. 미리 정하여 두는 것. (   )

19~20 다음 漢字語의 뜻을 쓰세요.

19. 修道 (   )
20. 條約 (   )

---

01. 겹칠 복 02. 흩어질 산 03. 기를 목 04. 거둘 수 05. 規 06. 敗 07. 敬 08. 敎 09. 시찰
10. 총론 11. 부흥 12. 연고 13. 的中 14. 無料 15. 우수 16. 항복 17. 見聞 18. 約束 19. 도를 닦음.
20. 조목을 세워 맺은 언약.

17日 321 ~ 340

321 호허려처 [虍虛慮處] – 虍로 된 한자

부수자 / 6획

범 가죽 무늬를 본떠서 **범 호 엄**

+ 범 – 호랑이.
+ 범과 관련된 한자에 부수로 쓰입니다. '엄'은 부수 이름이고, 이 한자를 독음으로 찾으려면 '호'로 찾아야 하니 제목을 '호'로 했어요.

4급II / 12획 / 虍

범(虍)이 이쪽(㇚)저쪽(㇀)으로 다니는 땅(一)은 다른 동물이 모두 도망가 비니
빌 허
또 비어 아무 것도 못 잡아 헛되니 **헛될 허**

역 虚 – 범(虍) 같이(丨丨) 사나운 짐승이 이쪽저쪽(丷)으로 다니는 땅(一)은 다른 동물이 모두 도망가 비니 '빌 허'
또 비어 아무 것도 못 잡아 헛되니 '헛될 허'

虛空(허공) (아무것도 없는) 빈 공간.
虛費(허비) 헛되이 써 버림.
虛虛實實(허허실실) '빈 것 같으나 실제가 있음'으로, 허(虛)를 찌르고 실(實)을 꾀하는 계책으로 싸우는 모양을 이르는 말.

+ 空(빌 공, 하늘 공), 費(쓸 비, 비용 비), 實(열매 실, 실제 실)

4급 / 15획 / 心

범(虍)처럼 무서운 것을 자꾸 생각하고(思) 염려하니
생각할 려(여), 염려할 려(여)

+ 思(생각할 사) – 제목번호 033 참고

考慮(고려) 헤아려 생각함.
念慮(염려) (마음을 놓지 못하고 늘) 생각함.
憂慮(우려) 근심과 걱정.

+ 考(살필 고, 생각할 고), 念(생각 념), 憂(근심할 우)

4급II / 11획 / 虍

범(虍)처럼 천천히 걸으며(夂) 안석(几) 같이 편한 곳에 사니 **곳 처, 살 처**

또 살면서 많은 일을 처리하니 **처리할 처**

역 処 – 천천히 걸으며(夂) 안석(几)처럼 편한 곳에 사니 '곳 처, 살 처'
    또 살면서 많은 일을 처리하니 '처리할 처'
+ 夂(천천히 걸을 쇠, 뒤져올 치), 几(안석 궤, 책상 궤)

傷處(상처) 다친 곳.
處世(처세) '세상에 삶'으로, 남들과 사귀면서 살아가는 일.
處方(처방) (병을) 처리하는 방법.

+ 傷(상할 상), 世(세대 세, 세상 세), 方(모 방, 방향 방, 방법 방)

17日

322 호 거극[號 據劇] – 虎와 豦로 된 한자

6급 / 13획 / 虍

입(口)을 크게(丂) 벌리고 범(虎)처럼 부르짖는 이름이나 부호니
부르짖을 호, 이름 호, 부호 호

역 号 – 입(口)을 크게(丂) 벌리고 부르짖는 이름이나 부호니 '부르짖을 호, 이름 호, 부호 호'
+ 虎 – 범(虍)은 사람처럼 영리하니 사람 인 발(儿)을 붙여서 '범 호'
+ 丂['공교할 교, 교묘할 교'지만 여기서는 큰 대(大)의 변형으로 봄]

號令(호령) 부르짖듯이 큰소리로 명령하거나 꾸짖음.
國號(국호) 국명(國名 – 나라의 이름).
等號(등호) (두 식, 또는 두 수가) 같음을 나타내는 부호.

+ 令(하여금 령, 명령할 령, 남을 높이는 말 령), 國(나라 국), 名(이름 명, 이름날 명), 等(같을 등, 무리 등, 차례 등)

4급II / 16획 / 手(扌)

손(扌)으로 범(虍)이나 돼지(豕)를 잡으려고 도구에 의지하니 **의지할 거**

또 의지하는 증거니 **증거 거**

역 拠 – 손(扌)으로 어느 곳(処)을 잡고 의지하니 '의지할 거'
+ 豕(돼지 시), 処[곳 처, 살 처, 처리할 처(處)의 약자]

占據(점거) (일정한 곳을) 점령하여 자리를 잡음.
據點(거점) 의지하여 활동의 근거지로 삼는 곳.
證據(증거) (어떤 사실을) 증명할 수 있는 근거.

+ 占(점칠 점, 점령할 점), 點(점 점, 불 켤 점), 證(증명할 증, 증거 증)

4급 / 15획 / 刀(刂)

범(虍)과 돼지(豕)를 잡으려고 칼(刂)로 찌르는 것이 심하니 **심할 극**

또 심하게 실제와 똑같이 하는 연극이니 **연극 극**

劇藥(극약) '심한 약'으로, 독약(毒藥)보다는 약하나, 적은 분량으로도 사람이나 동물에게 위험을 주는 약품.
悲劇(비극) ① 내용이 슬프고 불행한 결말을 가지는 연극. ② 매우 비참한 사건.

+ 藥(약 약), 悲(슬플 비)

323 첨검검험험[僉儉檢險驗] - 僉으로 된 한자

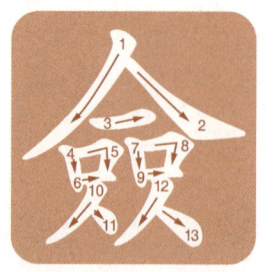
1급 / 13획 / 人

사람(人)이 하나(一) 같이 입들(口口)을 다물고 둘(人人)씩 모두 다 모이니
모두 첨, 다 첨

얔 佥 - 사람(人)들은 모두 다 하나(一) 같이 입(口)으로 말하며 사람(人)을 사귀니 '모두 첨, 다 첨'

4급 / 15획 / 人(亻)

사람(亻)은 대부분 다(僉) 검소하니 **검소할 검**

얔 俭

儉素(검소) 사치하지 않고 수수함.
勤儉(근검) 부지런하고 검소함.

+ 素(흴 소, 바탕 소, 요소 소, 소박할 소), 勤(부지런할 근, 일 근)

4급II / 17획 / 木

(좋은 나무를 찾기 위해) 나무(木)를 모두(僉) 검사하니 **검사할 검**

얔 检

檢査(검사) (일정한 기준에 따라 사물의 상태를) 조사함.
檢事(검사) 범죄의 수사·공소의 제기·형 집행의 감독 등을 행하는 사법 검찰관.
檢問(검문) (경찰관·헌병 등이 의심쩍은 사람을) 조사하고 물음.

+ 査(조사할 사), 事(일 사, 섬길 사), 問(물을 문)

4급 / 16획 / 阜(阝)

언덕(阝)처럼 다(僉) 험하니 **험할 험**

얔 险

+ 阝(언덕 부 변)

險難(험난) ① 위험하고 어려움. ② 험하여 고생이 됨.
險談(험담) (남의 흠을 찾아내어) 험하게 하는 말.
探險(탐험) 위험을 무릅쓰고 어떤 곳을 찾아가서 살펴보고 조사함.

+ 難(어려울 난, 비난할 난), 談(말씀 담), 探(찾을 탐)

4급II / 23획 / 馬

말(馬)을 다(僉) 타 보며 시험하니 **시험할 험**

얔 验

試驗(시험) 재능·실력 등을 일정한 절차에 따라 알아보는 일.
實驗(실험) ① 실제로 시험함. ② 실제의 경험.
體驗(체험) (자기가) 몸소 경험함. 또는 그러한 경험.

+ 試(시험할 시), 實(열매 실, 실제 실), 體(몸 체)

324 추추(퇴)진 [隹推進] - 隹로 된 한자 1

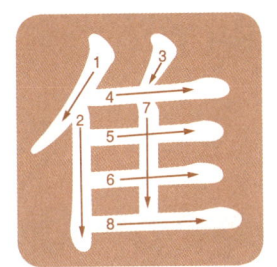

급외자 / 8획 / 隹

꼬리 짧은 새(→ → 隹)를 본떠서 **새 추**

4급 / 11획 / 手(扌)

(놓아 주려고) 손(扌)으로 새(隹)를 미니 **밀 추**

推進(추진) 앞으로 밀고 나감.
推測(추측) 미루어 생각하여 헤아림.
推算(추산) 짐작으로 미뤄서 셈하거나 또 그 계산.

+ 進(나아갈 진), 測(헤아릴 측), 算(셈 산)

4급Ⅱ / 12획 / 辵(辶)

(앞으로만 나아가는) 새(隹)처럼 나아가니(辶) **나아갈 진**

+ 새는 뒤로는 못가고 앞으로만 나아가지요.

進度(진도) 일이 진행되는 속도. 또는 그 정도.
行進(행진) (여럿이 줄을 지어) 앞으로 나아감.

+ 度(법도 도, 정도 도, 헤아릴 탁), 行(다닐 행, 행할 행, 항렬 항)

325 잡웅집준[雜雄集準] - 隹로 된 한자 2

4급 / 18획 / 隹

우두머리(亠) 아래 모인 사람(人)과 사람(人)들이 나무(木)에 여러 종류의 새(隹)들처럼 섞이니 **섞일 잡**

역 雜 – 많이(九) 나무(木)에 여러 종류의 새(隹)들처럼 섞이니 '섞일 잡'
+ 亠(머리 부분 두), 木(나무 목), 九(아홉 구, 클 구, 많을 구)

雜技(잡기) 여러 가지 재주.
雜誌(잡지) 여러 가지 글을 모아서 편집한 정기 간행물.
混雜(혼잡) 여럿이 한데 뒤섞이어 어수선해지는 형편이나 상태.

+ 技(재주 기), 誌(기록할 지, 책 지), 混(섞을 혼)

5급 / 12획 / 隹

열(ナ) 마리를 사사로이(厶) 거느린 새(隹)는 수컷이며 크니 **수컷 웅, 클 웅**

+ 보통 수컷 한 마리에 암컷 열 마리의 비율로 짐승을 기르지요.
+ ナ[열 십, 많을 십(十)의 변형], 厶(사사로울 사, 나 사)

雄辯(웅변) 유창하고 당당하게 말함.
英雄(영웅) 지혜와 재능이 뛰어나고 용맹하여 보통 사람이 하기 어려운 일을 해내는 사람.

+ 辯(말 잘할 변), 英(꽃부리 영, 영웅 영)

6급II / 12획 / 隹

새(隹)가 나무(木) 위에 모이듯 모이니 **모일 집**

또 여러 내용을 모아 만든 책이니 **책 집**

集結(집결) (사람들이 한 곳으로) 모임.
集合(집합) (물건 등을 한 군데로) 모음.
全集(전집) 한 사람의 모든 저작물을 한데 모아서 출판한 책.

+ 結(맺을 결), 合(합할 합, 맞을 합), 全(온전할 전)

4급II / 13획 / 水(氵)

물(氵) 위에 새(隹) 열(十) 마리가 평평하게 법도에 준하여 날아가니
평평할 준, 법도 준, 준할 준

역 準 – 얼음(冫)처럼 추운 하늘에 새(隹) 열(十) 마리가 평평하게 법도에 준하여 날아가니 '평평할 준, 법도 준, 준할 준'
+ 준하다 – 어떤 본보기에 비추어 그대로 좇다.
+ 새들은 법도에 준하듯 일정한 대열을 이루며 날아가지요.

基準(기준) 기본이 되는 법도.
準備(준비) 미리 마련하여 갖춤.
平準化(평준화) 모두가 평평하도록 조정함.

+ 基(터 기, 기초 기), 備(갖출 비), 平(평평할 평, 평화 평), 化(될 화, 변화할 화, 가르칠 화)

326 안응 호확[雁應 護確] - 雁과 隹로 된 한자

3급 / 12획 / 隹

바위(厂)틈에 살며 사람(亻)처럼 예의 바른 새(隹)는 기러기니 **기러기 안**

+ 厂(굴 바위 엄, 언덕 엄)

4급II / 17획 / 心

집(广)에서 사람(亻)이 키운 새(隹)처럼 주인의 마음(心)에 응하니 **응할 응**

[약] 応 - 집(广)에 적응하는 마음(心)처럼 무엇에 응하니 '응할 응'

應急(응급) 급한 것에 응하여 우선 처리함.
應答(응답) (물음에) 응하여 대답함.
應試(응시) 시험에 응함.

+ 急(급할 급), 答(대답할 답, 갚을 답), 試(시험할 시)

4급II / 21획 / 言

말(言) 못하는 풀(艹) 속의 새(隹)들도 또(又)한 보호하니 **보호할 호**

+ 言(말씀 언), 艹(초 두), 又(오른손 우, 또 우)

護國(호국) 나라를 보호함.
看護(간호) (환자나 부상자를) 보살펴 보호함.
護身術(호신술) 몸을 보호하기 위하여 익히는 무술.

+ 國(나라 국), 看(볼 간), 身(몸 신), 術(재주 술, 기술 술)

4급II / 15획 / 石

돌(石)로 덮으면(冖) 새(隹)도 날지 못함이 굳게 확실하니

굳을 확, 확실할 확

+ 石(돌 석), 冖(덮을 멱)

正確(정확) 바르고 확실함.
確實(확실) 틀림없이 그러함.
確答(확답) 확실한 답.
確固不動(확고부동) 확실하게 굳어 움직이지 않음.

+ 正(바를 정), 實(열매 실, 실제 실), 答(대답할 답, 갚을 답), 固(굳을 고, 진실로 고), 動(움직일 동)

17日

327 조명도[鳥鳴島] - 鳥로 된 한자

4급II / 11획 / 鳥

앉아있는 새(🐦→鳥)의 옆 모양을 본떠서 **새 조**

鳥獸(조수) 새와 짐승.
候鳥(후조) 철새.
如鳥數飛(여조삭비) 배우기를 쉬지 않고 끊임없이 연습하고 익힘.

+ 獸(짐승 수), 候(기후 후, 염탐할 후), 如(같을 여), 數(셀 수, 두어 수, 자주 삭, 운수 수), 飛(날 비, 높을 비, 빠를 비)

4급 / 14획 / 鳥

입(口)으로 새(鳥)처럼 우니 **울 명**

共鳴(공명) 남의 사상이나 감정, 행동 등에 공감하여 자기도 그와 같이 따르려 함.
悲鳴(비명) '슬프게 욺'으로, 다급할 때 지르는 소리.
百家爭鳴(백가쟁명) 많은 학자나 문화인 등이 자기의 학설이나 주장을 자유롭게 발표하여, 논쟁하고 토론하는 일.

+ 共(함께 공), 悲(슬플 비), 百(많을 백, 일백 백), 家(집 가, 전문가 가), 爭(다툴 쟁)

5급 / 10획 / 山

(바다에서) 새(鳥)들이 사는 산(山)처럼 높은 섬이니 **섬 도**

동 嶋 - 바다에 산(山)이 있어 새(鳥)들도 사는 섬이니 '섬 도'
+ 鳥[새 조(鳥)의 획 줄임], 山(산 산)

群島(군도) 무리를 이루고 있는 크고 작은 섬들.
半島(반도) 삼면이 바다로 둘러싸이고 한 면은 육지에 이어진 땅.
列島(열도) 길게 줄을 지은 모양으로 늘어서 있는 여러 개의 섬.

+ 群(무리 군), 半(반 반), 列(벌일 렬, 줄 렬)

328 우습요[羽習曜] - 羽로 된 한자

3급II / 6획 / 羽

새의 양쪽 날개와 깃(→)을 본떠서 **날개 우, 깃 우**

6급 / 11획 / 羽

아직 깃(羽)이 흰(白) 어린 새가 나는 법을 익히니 **익힐 습**

+ 새는 종류에 관계없이 아주 어릴 때는 깃이 모두 흰색이고, 처음부터 나는 것이 아니고 익혀서 낢을 생각하고 만든 한자.
+ 白(흰 백, 밝을 백, 깨끗할 백, 아뢸 백)

> 復習(복습) 배운 것을 다시 익혀 공부함.
> 演習(연습) (실지로 하는 것처럼) 펴 익힘.
> 練習(연습) (학문이나 기예 등을) 익숙하도록 되풀이하여 익힘.

+ 復(다시 부, 돌아올 복), 演(펼 연, 설명할 연), 練(익힐 련)

5급 / 18획 / 日

해(日) 뜨면 날개(羽)치는 새(隹)들처럼 빛나게 활동하는 요일이니 **빛날 요, 요일 요**

> 曜日(요일) 1주일의 각 날을 이르는 말.
> 土曜日(토요일) 한 주일(週日)의 요일의 하나.

+ 日(해 일, 날 일), 土(흙 토), 週(주일 주, 돌 주)

329 참(삼)진[參珍] - 參과 珍

5급II / 11획 / 厶

장식품(厸)을 사람(人)이 머리(彡)에 꽂고 행사에 참여하니 **참여할 참**

또 사람 인(人)에 사사로울 사(厶)와 삐침 별(丿)을 셋씩 썼으니 **석 삼**

[약] 参 – 사사로이(厶) 크게(大) 머리(彡)를 꾸미고 행사에 참여하니 '참여할 참'
　　　또 사사로울 사(厶)와 큰 대(大)에 삐침 별(丿)을 세 개 썼으니 '석 삼'
+ '석 삼'으로는 변조하면 안 되는 계약서 등에 쓰입니다.
+ 厶('사사로울 사, 나 사'지만 여기서는 머리에 꽂은 장식품으로 봄), 彡(터럭 삼, 긴머리 삼)

> 參加(참가) 모임이나 단체 또는 일에 관계하여 들어감.
> 參席(참석) 자리에 참여함.
> 參與(참여) 어떤 일에 끼어들어 관계함.

+ 加(더할 가), 席(자리 석), 與(줄 여, 더불 여, 참여할 여)

4급 / 9획 / 玉(王)

구슬(王)을 사람(人)의 머리털(彡)처럼 작은 부분까지 정교하게 다듬은 보배니 **보배 진**

[약] 珎 – 구슬(玉)처럼 사람(𠆢)들이 좋아하는 작은(小) 보배니 '보배 진'
+ 王(임금 왕, 으뜸 왕, 구슬 옥 변), 𠆢[사람 인(人)의 변형], 小(작을 소)

> 珍貴(진귀) 보배롭고 귀중함.
> 珍風景(진풍경) '보배 같은 풍경'으로, 구경거리라 할 만한 희한한 광경.
> 閑中珍味(한중진미) 한가한 가운데 느끼는 보배 같은(참다운) 맛.

+ 貴(귀할 귀), 風(바람 풍, 풍속·경치·모습·기질·병 이름 풍), 景(볕 경, 경치 경, 클 경), 閑(한가할 한), 中(가운데 중, 맞힐 중), 味(맛 미)

330 발발[犮髟] - 犮로 된 한자

급외자 / 5획 / 犬(犭)

개(犬)가 발을 쭉(丿) 뽑아 달리니 **뽑을 발, 달릴 발**

4급 / 15획 / 髟

긴(镸) 털(彡)도 뽑을(犮) 수 있는 터럭이나 머리털이니 **터럭 발, 머리털 발**

+ 터럭 – 몸에 난 길고 굵은 털.
+ 镸[길 장, 어른 장, 자랄 장(長)의 옛 한자], 彡(터럭 삼, 긴머리 삼)

> 短髮(단발) 머리털을 짧게 자름. 또는 그 머리털.
> 毛髮(모발) ① 사람의 몸에 난 털을 통틀어 이르는 말.
>   ② 사람의 머리털.
> 白髮(백발) 하얗게 센 머리털.

+ 短(짧을 단, 모자랄 단), 毛(털 모), 白(흰 백, 밝을 백, 깨끗할 백, 아뢸 백)

17日

331 위위위 혁[韋偉圍 革] - 韋와 革으로 된 한자

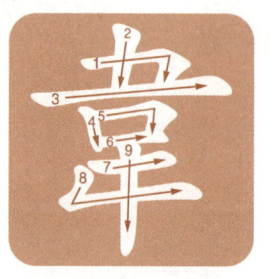

1급II / 9획 / 韋

위아래를 잘 다듬은 가죽을 본떠서 **가죽 위**

또 서로 반대 방향으로 가는(어기는) 모양으로도 보아 **어길 위**

5급II / 11획 / 人(亻)

보통 사람(亻)과 달리(韋) 크고 훌륭하니 **클 위, 훌륭할 위**

偉大(위대) '크고 큼'으로, 뛰어나고 훌륭함.
偉力(위력) 큰 힘.
偉人(위인) 훌륭한 사람.

+ 大(큰 대), 力(힘 력)

4급 / 12획 / 囗

가죽(韋)으로 둘레를 에워싸니(囗) **둘레 위, 에워쌀 위**

얔 囲 - 우물틀(井)처럼 둘레를 에워싸니(囗) '둘레 위, 에워쌀 위'
+ 囗(둘레 위, 에워쌀 위, 나라 국), 井(우물 정, 우물틀 정)

範圍(범위) ① 일정하게 한정된 영역.
         ② 어떤 것이 미치는 한계.
周圍(주위) 둘레. 환경.
包圍(포위) 주위를 둘러 쌈.

+ 範(법 범, 본보기 범), 周(두루 주, 둘레 주), 包(쌀 포)

4급 / 9획 / 革

걸어 놓은 짐승 가죽의 머리(卄)와 몸통(口)과 다리(一)와 꼬리(丨)를 본떠서 **가죽 혁**

또 가죽으로 무엇을 만들려고 고치니(가공하니) **고칠 혁**

革帶(혁대) 가죽 띠.
革命(혁명) (사물의 상태나 사회 활동 등에) 급격한 변혁이 일어나는 일.
革新(혁신) (제도나 방법, 조직이나 풍습 등을) 고치거나 버리고 새롭게 함.

+ 帶(찰 대, 띠 대), 命(명령할 명, 목숨 명, 운명 명), 新(새로울 신)

332 행(항)위가[行衛街] - 行으로 된 한자

6급 / 6획 / 行

사람이 다니는 사거리를 본떠서 **다닐 행**

또 다니며 행하니 **행할 행**

또 (친척 사이에) 다니듯 가리는 항렬이니 **항렬 항**

旅行(여행) 일이나 유람을 목적으로 다른 고장이나 외국에 가는 일.
行動(행동) 몸을 움직임. 또는 그 동작.
行列(항렬) 같은 혈족의 직계에서 갈라져 나간 계통 사이의 대수(代數) 관계. 형제자매 관계를 같은 항렬로 같은 돌림자를 써서 나타냄.

+ 旅(군사 려, 나그네 려), 動(움직일 동), 列(벌일 렬, 줄 렬)

4급Ⅱ / 15획 / 行

엇갈리게(韋) 다니며(行) 빈틈없이 지키니 **지킬 위**

+ 일정한 시간마다 서로 엇갈리게 다니면서, 즉 서로 방향을 바꿔가면서 서야 빈틈이 없다는 뜻으로 만들어진 한자네요.

衛生(위생) '생명을 지킴'으로, 건강의 보존과 증진을 꾀하고 질병의 예방과 치료에 힘쓰는 일.
防衛(방위) 막아서 지킴.
守衛(수위) 관청 등의 경비를 맡은 사람.

+ 生(날 생, 살 생, 사람을 부를 때 쓰는 접사 생), 防(둑 방, 막을 방), 守(지킬 수)

4급Ⅱ / 12획 / 行

다닐(行) 수 있게 흙을 돋워(圭) 만든 거리니 **거리 가**

+ 돋우다 - 밑을 괴거나 쌓아 올려 도드라지거나 높아지게 하다.
+ 圭['홀 규, 영토 규, 서옥 규'지만, 여기서는 흙 토(土)를 반복했으니 흙을 돋운 모양으로 봄]

街路燈(가로등) 길거리를 밝히는 등.
街路樹(가로수) 길거리에 심은 나무.

+ 路(길 로), 燈(등불 등), 樹(세울 수, 나무 수)

17日

333 출술[朮術] - 朮로 된 한자

특급Ⅱ / 5획 / 木

여러 갈래로 나뉘어 여는 차조를 본떠서 **차조 출**

또 여러 갈래로 뻗어가는 삽주뿌리(🌿→ 朮)를 본떠서 **삽주뿌리 출**

+ 차조 – 찰기가 있는 조.
+ 삽주 – 국화과의 여러해살이풀로 뿌리는 한약재로 쓰입니다.

6급Ⅱ / 11획 / 行

삽주뿌리(朮)처럼 여러 갈래로 뻗어 **가는**(行) 재주와 기술이니
재주 술, 기술 술

技術(기술) 말이나 일을 솜씨 있게 하는 재주.
學術(학술) ① 학문과 기술을 아울러 이르는 말.
② 학문의 방법이나 이론.

+ 技(재주 기), 學(배울 학)

334 간한 조조[𠦝韓 朝潮] - 𠦝과 朝로 된 한자

참고자 / 8획

나무 사이에 해(日) 돋는 모양에서 **해 돋을 간**

+ 어원 해설을 위해 추정해 본 한자로 실제 쓰이지는 않습니다.

8급 / 17획 / 韋

해 돋는(𠦝) 동쪽의 위대한(韋) 한국이니 **한국 한**

+ 韋['가죽 위, 어길 위'지만 여기서는 클 위, 위대할 위(偉)의 획 줄임으로 봄]

> 韓紙(한지) (닥나무 등의 섬유를 원료로 하여) 한국 전통의 제조법으로 만든 종이.
> 韓屋(한옥) 한국 고유의 형식으로 지은 집.
> 大韓民國(대한민국) 우리나라의 국호(國號).

+ 紙(종이 지), 屋(집 옥), 民(백성 민), 國(나라 국), 號(부르짖을 호, 이름 호, 부호 호)

6급 / 12획 / 月

해는 뜨는데(𠦝) 아직 달(月)도 있는 아침이니 **아침 조**

또 (신하는) 아침마다 조정에 나가 임금을 뵈었으니 **조정 조, 뵐 조**

+ 초승 무렵의 달은 일찍 지지만, 그믐에 가까운 달은 아침에도 있지요.

> 朝夕(조석) 아침과 저녁.
> 朝會(조회) ① 왕조 때, 신하들이 아침마다 임금을 뵙던 일.
> ② 주로 학교에서 수업 시작 전에 나누는 아침 인사.

+ 夕(저녁 석), 會(모일 회)

4급 / 15획 / 水(氵)

바다에서 물(氵)이 아침(朝) 저녁으로 불었다 줄었다 하는 조수니 **조수 조**

> 潮水(조수) 주기적으로 들었다가 나갔다가 하는 바닷물.
> 潮流(조류) ① 바닷물의 흐름.
> ② 시세의 동향.
> 干潮(간조) 바다에서 조수가 빠져나가 해수면이 가장 낮아진 상태. ↔ 滿潮(만조) 밀물이 가장 높은 해면까지 꽉 차게 들어오는 현상.

+ 流(흐를 류), 干(방패 간, 범할 간, 얼마 간, 마를 건), 滿(찰 만)

335 시거전속[尸居展屬] - 尸로 된 한자

특급II / 3획 / 尸

사람이 누워 있는 모양을 본떠서 **주검 시, 몸 시**

+ 사람이나 집과 관련된 한자에 부수로도 쓰입니다.

4급 / 8획 / 尸

몸(尸)이 오래(古) 머물러 사니 **살 거**

또 몸(尸)이 오래(古) 머무르려고 앉으니 **앉을 거**

+ 古(오랠 고, 옛 고) - 제목번호 055 참고

居住(거주) 일정한 곳에 자리를 잡고 머물러 삶. 또는 그곳.
隱居(은거) (세상을 피하여) 숨어서 삶.
居間(거간) ① 흥정을 붙이는 일.
② 사고파는 사람사이에 들어 흥정을 붙이는 일을 하는 사람.

+ 住(살 주, 사는 곳 주), 隱(숨을 은, 은은할 은), 間(사이 간)

5급II / 10획 / 尸

죽은(尸) 풀(卄)이 쓰러져 펴지고 넓게 되니(𠃌) **펼 전, 넓을 전**

+ 무엇이 없으면 넓게 보이지요.
+ 卄[초 두(艹)의 약자], 𠃌[변화할 화, 될 화, 가르칠 화(化)의 변형]

展示(전시) 벌여 놓아 보이게 함.
展開(전개) 내용을 진전시켜 펴 나감.
發展(발전) 널리 뻗어 나감.

+ 示(보일 시, 신 시), 開(열 개), 發(쏠 발, 일어날 발)

4급 / 21획 / 尸

몸(尸)에서 진액(氺)을 빨아먹으려고 벌레(蜀)들이 붙어사니 **붙어살 속**

또 붙어사는 무리니 **무리 속**

약 属 - 몸(尸)에 비스듬히(丿) 붙어살며 가운데(中)를 발자국(内)처럼 파먹는 벌레들의 무리니 '붙어살 속, 무리 속'

+ 진액 – 생물의 몸 안에서 나는 액체.
+ 尸(주검 시, 몸 시), 氺[물 수 발(氺)의 변형], 内(발자국 유)

從屬(종속) 주되는 것에 딸려 붙음.
專屬(전속) 오로지 한 곳에만 속함.
直屬(직속) 직접 속함.

+ 從(좇을 종, 따를 종), 專(오로지 전, 마음대로 할 전), 直(곧을 직, 바를 직)

336 출굴[出屈] - 出로 된 한자

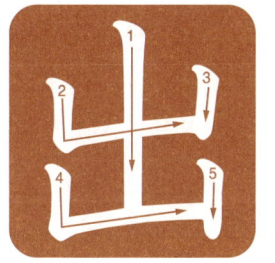
7급 / 5획 / 凵

(높은 데서 보면) 산(山) 아래로 또 산(山)이 솟아나고 나가니 **날 출, 나갈 출**

出家(출가) '집을 나옴'으로, 집을 나와 중이 됨.
家出(가출) (가족과의 불화 등으로) 집을 나감.

+ 한자로 된 단어는 한자의 앞뒤 순서를 바꾸어도 대부분 같은 뜻이지만 '出家'와 '家出'처럼 다른 뜻으로 쓰이는 경우도 있습니다.
+ 家(집 가, 전문가 가)

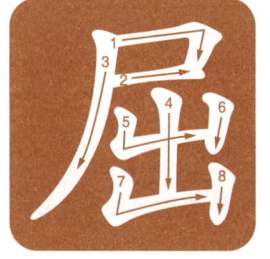
4급 / 8획 / 尸

몸(尸)이 나가려고(出) 굽은 곳에서는 굽히니 **굽을 굴, 굽힐 굴**
+ 尸(주검 시, 몸 시)

屈曲(굴곡) (이리저리) 굽어 있음.
屈伏(굴복) (저항하지 못하고) 몸을 굽혀 엎드림.
百折不屈(백절불굴) 백번 꺾어도 굽히지 않음.

+ 曲(굽을 곡, 노래 곡), 伏(엎드릴 복), 百(일백 백, 많을 백), 折(꺾을 절), 不(아닐 불, 아닐 부)

17日

337 위위[尉慰] - 尉로 된 한자

2급 / 11획 / 寸

주검(尸)을 보아도(示) 두려워하지 않고 법도(寸)를 지켜 처리하는 벼슬이니 **벼슬 위**

+ 위(尉) - 조선 시대 의빈부에 딸린 벼슬의 하나. 옹주와 결혼한 사람에게 주던 벼슬로 정1품에서 종2품까지 있었음.
+ 示(보일 시, 신 시), 寸(마디 촌, 법도 촌)

4급 / 15획 / 心

벼슬(尉)아치가 마음(心)으로 위로하니 **위로할 위**

慰勞(위로) 따뜻한 말이나 행동으로 괴로움이나 슬픔을 달래주는 것.
慰問(위문) 위로하기 위하여 방문하거나 문안함.
慰安(위안) 위로하여 마음을 안심시킴.

+ 勞(수고할 로, 일할 로), 問(물을 문), 安(편안할 안)

338 가가가[叚假暇] - 叚로 된 한자

급외자 / 9획 / 又

지붕(尸)을 두(二) 번이나 장인(ㄱ)의 손(又)을 빌려 고쳐야 하는 허물이니
빌릴 가, 허물 가

+ 尸['주검 시, 몸 시(尸)'의 변형이지만 여기서는 지붕으로 봄], ㄱ[장인 공, 만들 공, 연장 공(工)의 변형], 又(오른손 우, 또 우)

4급II / 11획 / 人(亻)

사람(亻)이 빌려서(叚) 꾸민 거짓이고 임시니 **거짓 가, 임시 가**

엽 仮 - 사람(亻)이 거꾸로(反) 꾸민 거짓이고 임시니 '거짓 가, 임시 가'
+ 亻(사람 인 변), 反(거꾸로 반, 뒤집을 반)

假裝(가장) (태도・얼굴・몸차림 등을 알아보지 못하게) 거짓으로 꾸밈.
假定(가정) (사실이 아니거나 또는 사실인지 아닌지 분명하지 않은 것을) 임시로 인정함.
假建物(가건물) 임시로 지은 건물.

+ 裝(꾸밀 장), 定(정할 정), 建(세울 건), 物(물건 물)

4급 / 13획 / 日

날(日)을 빌려온(叚) 듯 겨를이 있고 한가하니 **겨를 가, 한가할 가**

엽 昄

閑暇(한가) 겨를이 생기어 여유가 있음.
病暇(병가) 몸의 병으로 인하여 얻는 휴가.
休暇(휴가) (학업이나 근무를 일정 기간) 쉬는 일.

+ 閑(한가할 한), 病(병 병, 근심할 병), 休(쉴 휴)

339 척국[尺局] – 尺으로 된 한자

3급II / 4획 / 尸

몸(尸) 구부리고(乀) 길이를 재는 자니 **자 척**
+ 1자는 30.3cm.
+ 乀('파임 불'이지만 여기서는 구부리는 모양으로 봄)

5급II / 7획 / 尸

자(ᄀ)로 재어 바둑판처럼 나눈 판이나 부분(口)이니 **판 국, 부분 국**
+ ᄀ[자 척(尺)의 변형], 口('입 구, 구멍 구, 말할 구'지만 여기서는 나눈 부분으로 봄)

> 局面(국면) (승패를 다루는) 판의 얼굴(형세).
> 當局(당국) (어떤 일을) 담당하는 부분(곳).
> 局長(국장) 기관이나 조직에서 한 국(局)을 맡아 다스리는 직위나 그 직위에 있는 사람.

+ 面(얼굴 면, 향할 면, 볼 면, 행정 구역의 면), 當(마땅할 당, 당할 당), 長(길 장, 어른 장, 자랄 장)

17日

340 호소방[戶所房] - 戶로 된 한자

4급Ⅱ / 4획 / 戶

한 짝으로 된 문(戶)을 본떠서 **문 호**

또 (옛날에는 대부분 문이 한 짝씩 달린 집이었으니) 집도 나타내어 **집 호**

유 尸(주검 시, 몸 시) - 제목번호 335 참고

窓戶(창호) 온갖 창문과 문을 통틀어 이르는 말.
家家戶戶(가가호호) 한 집 한 집. 집집마다.

+ 窓(창문 창), 家(집 가, 전문가 가)

7급 / 8획 / 戶

집(戶)에 도끼(斤)를 두는 장소니 **장소 소**

또 장소처럼 앞에서 말한 내용을 이어 받는 '바'로도 쓰여 **바 소**

+ 斤(도끼 근, 저울 근)

宿所(숙소) '자는 장소'로, 집을 떠난 사람이 임시로 묵는 곳.
所望(소망) '바라는 바'로, 희망을 말함.
所願(소원) '원하는 바'로, 어떤 일이 이루어지기를 바람. 또는 그런 일.

+ 宿(잘 숙, 오랠 숙, 별자리 수), 望(바랄 망, 보름 망), 願(원할 원)

4급Ⅱ / 8획 / 戶

집(戶)의 어떤 방향(方)에 설치한 방이니 **방 방**

+ 方(모 방, 방향 방, 방법 방) - 제목번호 274 참고

暖房(난방) 방을 따뜻하게 함. ↔ 冷房(냉방) 실내의 온도를 낮춰 차게 함.
獨房(독방) 혼자서 쓰는 방. ↔ 雜房(잡방) 여러 사람이 한데 섞여 있는 방.

+ 暖(따뜻할 난), 冷(찰 랭), 獨(홀로 독, 자식 없을 독), 雜(섞일 잡)

17日 확인문제 (321~340)

01~04 다음 漢字의 훈(뜻)과 음(소리)을 쓰세요.

01. 儉 (   )   02. 檢 (   )
03. 進 (   )   04. 雜 (   )

05~08 다음 훈음에 맞는 漢字를 쓰세요.

05. 수컷 웅 (   )   06. 섬 도 (   )
07. 익힐 습 (   )   08. 펼 전 (   )

09~12 다음 漢字語의 독음을 쓰세요.

09. 念慮 (   )   10. 證據 (   )
11. 劇藥 (   )   12. 體驗 (   )

13~14 다음 문장 중 밑줄 친 단어를 漢字로 쓰세요.

13. <u>위인</u>의 일대기를 소재로 영화를 만들다. (   )
14. <u>약국</u>에서 약을 받아 왔다. (   )

15~16 다음 문장 중 漢字로 표기된 단어의 독음을 쓰세요.

15. 시간을 **虛費**하지 말자. (   )
16. 몇 번을 불러도 아무 **應答**이 없다. (   )

17~18 다음 뜻풀이에 맞는 단어를 漢字로 쓰세요.

17. 1주일의 각 날을 이르는 말. (   )
18. 참여하여 더함. (   )

19~20 다음 漢字語의 뜻을 쓰세요.

19. 傷處 (   )
20. 險路 (   )

---

01. 검소할 검 02. 검사할 검 03. 나아갈 진 04. 섞일 잡 05. 雄 06. 島 07. 習 08. 展 09. 염려
10. 증거 11. 극약 12. 체험 13. 偉人 14. 藥局 15. 허비 16. 응답 17. 曜日 18. 參加 19. 다친 곳.
20. 험한 길.

18日 341 ~ 360

341 창창[倉創] - 倉으로 된 한자

3급II / 10획 / 人

곡식을 보관하는 곳집(창고)을 본떠서 **곳집 창, 창고 창**

또 창고에 저장한 것을 꺼내 써야 할 만큼 급하니 **급할 창**

4급II / 12획 / 刀(刂)

창고(倉) 짓는 일은 칼(刂)로 재목을 자르는 데서 비롯하여 시작하니
비롯할 창, 시작할 창

+ 刂(칼 도 방)

創立(창립) 비롯하여(처음으로) 설립함.
創造(창조) 새로운 것을 비롯하여(고안하여) 만드는 것.
創案(창안) 처음으로 생각하여 냄.

+ 立(설 립), 造(지을 조), 案(책상 안, 생각 안, 계획 안)

342 책 편편[冊 扁篇] - 冊과 扁으로 된 한자

4급 / 5획 / 冂

글을 적은 대 조각을 한 줄로 엮어서(🏛 → 冊) 만들었던 책이니 **책 책**

또 책을 세우듯 세우니 **세울 책**

+ 종이가 없던 옛날에는 대 조각에 글을 썼답니다.

冊床(책상) 책을 읽거나 글을 쓰는 데 사용하는 상.
別冊(별책) (따로) 나누어진 책.

+ 床(평상 상, 책상 상), 別(나눌 별, 다를 별)

1급Ⅱ / 9획 / 戶

문(戶)에 책(冊)처럼 작게 만들어 건 현판이니 **작을 편, 현판 편**

+ 戶(문 호, 집 호), 冊[책 책(冊)의 변형인데, 필순은 다르네요.]

4급 / 15획 / 竹(⺮)

(종이가 없던 옛날에) 대(⺮)를 작게(扁) 잘라 글을 써서 만든 책이니 **책 편**

短篇(단편) 짤막하게 지은 글.
篇次(편차) 책을 각 순서대로 나눔.

+ 短(짧을 단, 모자랄 단), 次(버금 차, 다음 차, 차례 차, 번 차)

18日

343 륜륜론[侖輪論] - 侖으로 된 한자

특급Ⅱ / 8획 / 人

사람(人)이 한(一) 권씩 책(冊)을 들고 둥글게 모이니
둥글 륜(윤), 모일 륜(윤)
+ 冊[책 책(册)의 변형]

4급 / 15획 / 車

수레(車)에서 둥근(侖) 바퀴니 **바퀴 륜(윤)**
또 바퀴는 둥글어 잘 도니 **둥글 륜(윤), 돌 륜(윤)**
+ 車(수레 거, 차 차)

五輪(오륜) 청색·황색·흑색·녹색·적색의 순서로 5대륙을 상징하여 W자 형으로 연결한 다섯 개의 고리.
輪番(윤번) 돌아가는 차례.
三輪車(삼륜차) 세 바퀴로 가는 차.

+ 番(차례 번, 번지 번)

4급Ⅱ / 15획 / 言

말(言)로 모여서(侖) 논하고 평하니 **논할 론(논), 평할 론(논)**
+ 言(말씀 언)

論評(논평) 논하여 비평함.
論爭(논쟁) 사리를 따져서 말이나 글로 다툼.
評論(평론) 사물의 가치·우열·선악 등을 평가하여 논함. 또는 그런 글.

+ 評(평할 평), 爭(다툴 쟁)

344 이단 수유[而端 需儒] - 而와 需로 된 한자

3급 / 6획 / 而

입(一)의 아래(丿)에 이어진 수염(🍃)처럼 말이 이어지는 어조사니
말 이을 이, 어조사 이

+ 一('한 일'이지만 여기서는 다문 입으로 봄)

4급II / 14획 / 立

서(立) 있는 곳이 산(山)으로 이어진(而) 끝이니 **끝 단**
또 끝에 서면 마음이나 옷차림을 바르게 하여 찾는 실마리니
바를 단, 실마리 단

+ 立(설 립)

極端(극단) ① 맨 끝.
　　　　　② 길이나 일의 진행이 끝까지 미쳐 더 나아갈 데가 없는 지경.
端整(단정) (흐트러진 데가 없이) 정돈되고 바른 상태.

+ 極(끝 극, 다할 극), 整(가지런할 정)

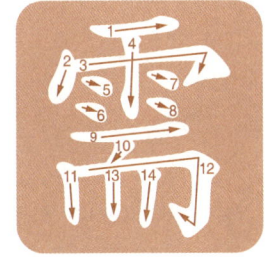

3급II / 14획 / 雨

비(雨)가 이어져(而) 내리면 구하여 쓰니 **구할 수, 쓸 수**

+ 雨(비 우) - 제목번호 193 참고

4급 / 16획 / 人(亻)

사람(亻)에게 쓰이는(需) 도를 공부하고 가르치는 선비나 유교니
선비 유, 유교 유

+ 선비 - 학문을 닦는 사람을 예스럽게 이르는 말.

儒敎(유교) 공자를 시조로 삼고 인의도덕(仁義道德)을 가르치는 유학(儒學)을 종교적인 관점에서 이르는 말.
儒生(유생) 유학(儒學)을 공부하는 선비.
儒學(유학) 중국의 공자를 시조로 하는 전통적인 학문.

+ 敎(가르칠 교), 仁(어질 인), 義(옳을 의, 의로울 의), 道(길 도, 도리 도, 말할 도, 행정 구역의 도), 德(덕 덕, 클 덕), 學(배울 학), 生(날 생, 살 생, 사람을 부를 때 쓰는 접사 생)

345 내 급급흡 [乃 及級吸] - 乃와 及으로 된 한자

3급 / 2획 / 丿

(세월이 빨라) 사람은 **지팡이**(丿)에 의지할 **허리 굽은**(㇉) 사람으로 이에 곧 변하니 **이에 내, 곧 내**

+ 이에 - 이리하여 곧.
+ 세월은 빠르고 인생은 짧으니, 백 년을 살아도 삼만 육천오백일밖에 안 되네요.
+ 丿('삐침 별'이지만 여기서는 지팡이로 봄)

3급II / 4획 / 又

곧(乃) 이르러 **미치니**(㇏) **이를 급, 미칠 급**

+ ㇏('파임 불'이지만 여기서는 이르러 미치는 모양으로 봄)

6급 / 10획 / 糸

실(糸)을 **이을**(及) 때 따지는 등급이니 **등급 급**

+ 실을 이을 때는 아무 실이나 잇지 않고 굵기나 곱기의 등급을 따져 차례로 잇지요.

級數(급수) 기술 등을 우열에 따라 매긴 등급.
進級(진급) 등급·계급·학급 등이 오름.
一資半級(일자반급) 대수롭지 않은 낮은 벼슬자리.

+ 給水(급수) - 물을 공급함. 또는 그 물.
+ 數(셀 수, 두어 수, 자주 삭, 운수 수), 進(나아갈 진), 資(재물 자, 신분 자), 半(반 반), 給(줄 급, 공급할 급), 水(물 수)

4급II / 7획 / 口

입(口)으로 공기를 폐까지 **이르도록**(及) 들이쉬어 마시니 **숨 들이쉴 흡, 마실 흡**

吸收(흡수) 빨아들임.
吸着(흡착) 어떤 물질이 달라붙음.

+ 收(거둘 수), 着(붙을 착)

346 초 입공산계 [艹廾 廾算戒] – 艹, 廾과 廾으로 된 한자

부수자 / 4획

풀 초(草)가 부수로 쓰일 때의 모양으로 주로 한자의 머리 부분에 붙으니 **머리 두(頭)**를 붙여서 **초 두**

+ 약자일 때는 3획인 '艹'형태.
+ '두'는 한자의 머리 부분에 붙는 부수 이름이기에 제목을 원래 한자의 독음인 '초'로 했지만, 어원 풀이에서는 색 조정을 하지 않았습니다.

18日

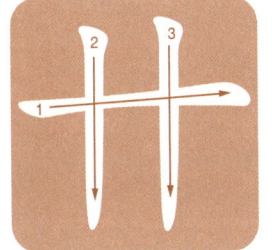

특급II / 3획 / 十

열 십, 많을 십(十) 둘을 합쳐서 **스물 입**

+ 아래 부분을 막아 써도 같은 한자입니다.

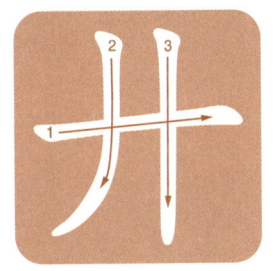

부수자 / 3획

양손으로 물건을 받쳐 든 모양을 본떠서 **받쳐 들 공**

7급 / 14획 / 竹(𥫗)

대(𥫗)에 눈(目)알 같은 구슬을 꿰어 만든 주판을 받쳐 들고(廾) 하는 셈이니 **셈 산**

+ 주판 – 옛날 셈을 하는데 쓰였던 도구. 수판. 주산.
+ 目(눈 목, 볼 목, 항목 목)

> 算數(산수) 셈법과 수의 성질을 가르치는 학과목.
> 加算(가산) 더하여 셈함. 덧셈. ↔ 減算(감산) 빼어 셈함.
> 計算(계산) (수나 어떤 일을 헤아려) 셈함.

+ 數(셀 수, 두어 수, 자주 삭, 운수 수), 加(더할 가), 減(줄어들 감, 덜 감), 計(셈할 계, 꾀할 계)

4급 / 7획 / 戈

창(戈)을 받쳐 들고(廾) 적을 경계하니 **경계할 계**

+ 戈(창 과) – 제목번호 239 참고

> 警戒(경계) (잘못되는 일이 일어나지 않도록 미리) 조심함.
> 戒律(계율) 승려나 신도가 지켜야 할 행동 규범.

+ 警(경계할 경, 깨우칠 경), 律(법률 률, 음률 률)

347 황 광광 [黃 廣鑛] - 黃과 廣으로 된 한자

6급 / 12획 / 黃

이십(廿) 일(一) 년이나 지남으로 말미암아(由) 팔(八)방이 황무지로 변하여 누르니 **누를 황**

+ 廿(스물 입, = 卄), 由(까닭 유, 말미암을 유) - 제목번호 032 참고

黃金(황금) '누런빛의 금'으로, 금을 다른 금속과 구별하여 이르는 말.
黃海(황해) 한반도와 중국에 둘러싸인 바다.

+ 金(쇠 금, 금 금, 돈 금, 성씨 김), 海(바다 해)

5급II / 15획 / 广

집(广) 아래 누런(黃) 들판이 넓으니 **넓을 광**

⑱ 広 - 집(广) 안에 사사로이(厶) 이용하는 땅이 넓으니 '넓을 광'
+ 广(집 엄), 厶(사사로울 사, 나 사)

廣告(광고) 널리 알림.
廣場(광장) 너른 마당.
無邊廣大(무변광대) 끝이 없이 넓고 큼.

+ 告(알릴 고, 뵙고 청할 곡), 場(마당 장, 상황 장), 無(없을 무), 邊(끝 변, 가 변)

4급 / 23획 / 金

쇠(金)가 함유된 넓은(廣) 쇳돌이니 **쇳돌 광**

⑱ 鉱
+ 金(쇠 금, 금 금, 돈 금, 성씨 김)

鑛山(광산) 유용한 쇳돌을 캐내는 산.
鑛石(광석) 유용한 금속이 많이 섞여 있는 돌.
炭鑛(탄광) 석탄을 캐내는 광산.

+ 石(돌 석), 炭(숯 탄, 석탄 탄)

348 세엽 화[世葉 華] – 世와 華로 된 한자

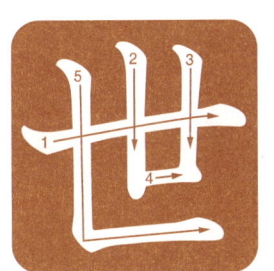

7급II / 5획 / 一

(한 세대를 30년으로 봐서) **열 십(十)** 셋을 합치고
(세대는 서로 연결되어 있다는 데서) 아랫 부분을 연결하여 **세대 세**
또 세대들이 모여 사는 세상도 뜻하여 **세상 세**

世代(세대) ① 같은 시대에 살면서 공통의 의식을 가지는 비슷한 연령층의 사람들.
② 어린아이가 성장하여 부모 일을 계승할 때까지의 기간. 약 30년.
③ 한 생물이 생겨나서 생존을 끝마칠 때까지의 사이.
世界(세계) 우주. 지구상의 모든 나라.
世態(세태) 세상의 모양.

+ 代(대신할 대, 세대 대, 대금 대), 界(경계 계, 세계 계), 態(모양 태)

5급 / 13획 / 草(艹)

풀(艹)처럼 세대(世)마다 나무(木)에 나는 잎이니 **잎 엽**

+ 이 한자에서 세대는 풀이 돋아나서 씨앗을 맺고 죽는 1년 정도를 가리킵니다.

葉書(엽서) '잎에 적은 글'로, 우편엽서의 준말.
落葉(낙엽) 나뭇잎이 떨어짐, 또는 떨어진 잎.

+ 書(쓸 서, 글 서, 책 서), 落(떨어질 락)

4급 / 11획 / 草(艹)

풀(艹) 하나(一) 풀(艹) 하나(一)마다 시월(十)의 바람에 단풍들어 화려하게 빛나니 **화려할 화, 빛날 화**

+ 華에 쓰인 艹 둘을 4획의 艹로 보기도 하고, 약자 형태인 3획의 艹로 보기도 해서, 획수도 그에 따라 달라지네요.

華麗(화려) 번화하고 고움.
榮華(영화) 권력과 부귀를 마음껏 누리는 일.
富貴榮華(부귀영화) 재산이 많고 지위가 높으며 영화로움.

+ 麗(고울 려), 榮(영화 영, 성할 영), 富(넉넉할 부, 부자 부), 貴(귀할 귀)

18日

349 훼 분(비)분[卉 賁憤] - 卉와 賁으로 된 한자

1급 / 5획 / 十

많은(十) 풀(卅)이니 **많을 훼, 풀 훼**

+ 十(열 십, 많을 십), 卅(받쳐 들 공)

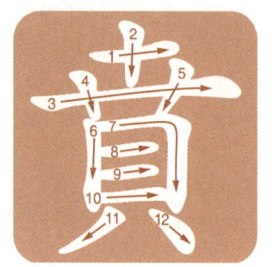

특급II / 12획 / 貝

많은(卉) 재물(貝)을 들여 크게 꾸미니 **클 분, 꾸밀 비**

+ 貝(조개 패, 재물 패, 돈 패) - 제목번호 384 참고

4급 / 15획 / 心(忄)

마음(忄)이 크게(賁) 쓰이도록 분하니 **분할 분**

+ 忄(마음 심 변)

憤怒(분노) 분하여 성을 냄.
公憤(공분) ① 공중(公衆)이 다 같이 느끼는 분노. '대중의 분노'로 순화.
② 공적(公的)인 일로 느끼는 분노.

+ 공중(公衆) - 사회의 대부분의 사람들.
+ 怒(성낼 노), 公(공평할 공, 대중 공, 귀공자 공), 衆(무리 중), 的(과녁 적, 맞힐 적, 밝을 적, 접미사 적)

350 구구사 [臼舊寫] - 臼로 된 한자

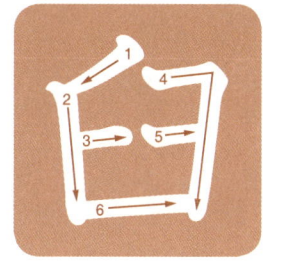

1급 / 6획 / 臼

절구를 본떠서 **절구 구**

+ 절구 - 곡식을 빻거나 찧거나 떡을 치기도 하는 기구. 통나무나 돌, 쇠 등으로 속을 우묵하게 만듦.

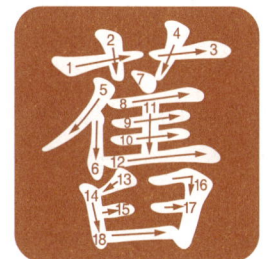

5급II / 18획 / 臼

풀(艹)로 새(隹)들이 절구(臼) 같은 둥지를 만듦은 오래된 옛날부터니

오랠 구, 옛 구

역 旧 - 일(丨) 일(日)만 지났어도 오래된 옛날이니 '오랠 구, 옛 구'

+ 艹(초 두), 臼(절구 구), 丨('뚫을 곤'이지만 여기서는 숫자 1로 봄)

> 親舊(친구) 친하게 오래 사귄 사람.
> 舊式(구식) ① 예전의 방식.
> ② 시대에 뒤떨어진 것.
> 守舊(수구) 묵은 관습이나 제도를 그대로 지키고 따름.

+ 親(어버이 친, 친할 친), 式(법 식, 의식 식), 守(지킬 수)

5급 / 15획 / 宀

집(宀)에 절구(臼)와 아궁이에 싸여(勹) 있는 불(灬)을 소재로 그리니 **그릴 사**

또 그리듯이 베끼니 **베낄 사**

역 写 - 덮어(冖) 놓고 주어진(与) 대로만 그리고 베끼니 '그릴 사, 베낄 사'

+ 宀(집 면), 勹(쌀 포), 灬(불 화 발), 与(줄 여, 더불 여, 참여할 여)

> 寫本(사본) 원본을 베낌. 또는 베낀 책이나 서류. ↔ 原本(원본) 작성자가 내용을 표시하기 위해 확정적인 것으로서 최초에 작성한 문서.
> 寫眞(사진) (물건의) 진짜 모습 그대로 그려 냄.
> 複寫(복사) 원본을 베낌. 카피(copy).

+ 本(근본 본, 뿌리 본, 책 본), 原(언덕 원, 근원 원), 眞(참 진), 複(겹칠 복)

351 여흥 여거[舁興 與擧] - 舁와 與로 된 한자

급외자 / 10획 / 臼

절구(臼)를 받쳐(廾) 마주 드니 **마주 들 여**

+ 절구는 커서 혼자는 못 들고 여럿이 마주 들어야 하지요.
+ 廾[받쳐 들 공(廾)의 변형]

4급II / 16획 / 臼

마주 들어(舁) 같이(同) 일하면 흥하고 흥겨우니 **흥할 흥, 흥겨울 흥**

[약] 兴 – 점(丶)점(丶)점(丶) 함께(一) 나누어(八) 일하면 흥하고 흥겨우니 '흥할 흥, 흥겨울 흥'
+ 흥(興)하다 – 번성하여 잘되어 가다.
+ 舁[마주 들 여(舁)의 변형], 同(한가지 동, 같을 동) – 제목번호 098 참고, 八(여덟 팔, 나눌 팔)

> 復興(부흥) (쇠퇴하였던 것이) 다시 흥함(일어남).
> 興味(흥미) ① (흥을 느끼는) 재미.
>   ② (대상에 끌려) 관심을 가지는 감정.
> 興趣(흥취) (마음이 끌릴 만큼) 흥미를 느끼는 취미.

+ 復(다시 부, 회복할 복), 味(맛 미), 趣(재미 취, 취미 취)

4급 / 14획 / 臼

마주 들어(舁) 주며(与) 더불어 참여하니 **줄 여, 더불 여, 참여할 여**

[약] 与 – 하나(一)씩 작은 그릇(勹)에 나누어 주며 더불어 참여하니 '줄 여, 더불 여, 참여할 여'
+ 더불다 – ① 둘 이상의 사람이 함께하다. ② 무엇과 같이 하다.
+ 与[줄 여, 더불 여, 참여할 여(与)의 변형], 勹[구기 작, 작은 그릇 작(勺)의 변형]

> 與件(여건) 주어진 물건이나 조건.
> 與黨(여당) '참여한 당'으로, 정당 정치에서 정권을 잡고 있는 정당. ↔ 野黨(야당) 정당 정치에서 현재 정권을 잡고 있지 아니한 정당.
> 與民同樂(여민동락) 백성과 더불어 같이 즐김.

+ 件(물건 건, 사건 건), 黨(무리 당), 野(들 야, 거칠 야), 民(백성 민), 同(한가지 동, 같을 동), 樂(노래 악, 즐길 락, 좋아할 요)

5급 / 18획 / 手(扌)

더불어(與) 손(手)으로 들어 행하고 일으키니 **들 거, 행할 거, 일으킬 거**

[약] 挙 – 점(丶)점(丶)점(丶) 하나(一)씩 나누어(八) 손(手)에 들고 행하여 일으키니 '들 거, 행할 거, 일으킬 거'
+ 手(손 수, 재주 수, 재주 있는 사람 수)

> 擧手(거수) 손을 듦.
> 擧行(거행) ① 명령에 따라서 시행함.
>   ② 행사나 의식(예식)을 차리어 치름.
> 擧事(거사) 큰일을 일으킴.

+ 行(다닐 행, 행할 행, 항렬 항), 事(일 사, 섬길 사)

352 서 석도(탁)[庶 席度] - 庶와 庶의 획 줄임(庶)으로 된 한자

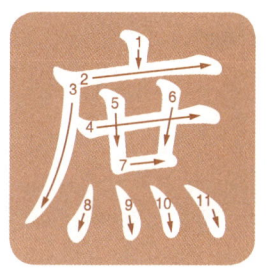

3급 / 11획 / 广

집(广)에 스물(卄) 한(一) 곳, 즉 많은 곳에 불(灬)을 때며 모여 사는 여러 백성이니 **여러 서, 백성 서**

또 일반 백성처럼 대했던 첩의 아들이니 **첩의 아들 서**

+ 계급 제도가 있었던 옛날에는 본부인의 아들을 적자(嫡子), 첩의 아들을 서자(庶子)라 부르며 차별하였지요.
+ 广(집 엄), 卄(스물 입, = 廿), 灬(불 화 발), 嫡(본 마누라 적) - 1급

6급 / 10획 / 巾

여러(庶) 사람이 앉도록 수건(巾)을 깐 자리니 **자리 석**

+ 庶[여러 서, 백성 서, 첩의 아들 서(庶)의 획 줄임], 巾(수건 건)

席次(석차) ① 자리의 차례.
　　　　　　② 성적의 차례.
缺席(결석) 자리에 나오지 않음. ↔ 出席(출석) 어떤 자리에 나아가 참석함.
座席(좌석) ① 앉는 자리.
　　　　　　② 여러 사람이 모인 자리.

+ 次(버금 차, 다음 차, 차례 차, 번 차), 缺(이지러질 결, 빠질 결), 出(날 출, 나갈 출), 座(자리 좌, 위치 좌)

6급II / 9획 / 广

여러(庶) 사람이 손(又)으로 법도에 따라 정도를 헤아리니
법도 도, 정도 도, 헤아릴 탁

+ 又(오른손 우, 또 우) - 제목번호 132 참고

制度(제도) 제정된 법규.
速度(속도) 빠르기의 정도.

+ 制(마름질 제, 제도 제, 억제할 제, 절제할 제), 速(빠를 속)

18日

353 공이선[共異選] - 共으로 된 한자

6급II / 6획 / 八

많은(卄) 사람들이 마당(一)에서 일을 나누어(八) 함께하니 **함께 공**
+ 卄('스물 입'이지만 여기서는 '많은'의 뜻으로 봄), 一('한 일'이지만 여기서는 마당으로 봄)

共同(공동) (둘 이상의 사람이) 일을 같이 하거나 같은 자격으로 참여함.
共犯(공범) ① 둘 이상이 공모하여 함께 죄를 범함.
　　　　　② 공범자의 준말.
自他共認(자타공인) 자기나 남이 함께(모두) 인정함.

+ 同(한가지 동, 같을 동), 犯(범할 범), 自(자기 자, 스스로 자, 부터 자), 他(다를 타, 남 타), 認(알 인, 인정할 인)

4급 / 11획 / 田

밭(田)은 함께(共) 있어도 주인도 다르고 심어진 곡식도 다르니 **다를 이**
+ 田(밭 전, 논 전)

異見(이견) '다르게 봄'으로, 서로 다른 의견.
異色(이색) ① 다른 빛.
　　　　② 보통의 것과 색다름.
異口同聲(이구동성) '서로 다른 입에 같은 소리'로, 여러 사람의 말이 한결같음을 이르는 말.

+ 見(볼 견, 뵐 현), 色(빛 색), 口(입 구, 구멍 구, 말할 구), 同(한가지 동, 같을 동), 聲(소리 성)

5급 / 16획 / 辵(辶)

뱀들(巳巳)처럼 어울려 함께(共) 가(辶) 가려 뽑으니 **가릴 선, 뽑을 선**
+ 巳(뱀 사, 여섯째 지지 사), 辶(뛸 착, 갈 착)

選擧(선거) 뽑아 일으킴.
嚴選(엄선) 엄격하고 공정하게 가리어 뽑음.

+ 擧(들 거, 행할 거, 일으킬 거), 嚴(엄할 엄)

354 항항[巷港] – 巷으로 된 한자

3급 / 9획 / 己

함께(共) 다니는 뱀(巳)처럼 길게 뻗은 거리니 **거리 항**

4급II / 12획 / 水(氵)

물(氵)에 거리(巷)의 차들처럼 배가 드나드는 항구니 **항구 항**

+ 巷[거리 항(巷)의 변형]

港口(항구) '뱃길의 입구'로, 배를 댈 수 있도록 설비한 곳.
歸港(귀항) (배가 출발하였던) 항구로 돌아오거나 돌아감.
出港(출항) 배가 항구를 떠나는 것.

+ 口(입 구, 구멍 구, 말할 구), 歸(돌아갈 귀, 돌아올 귀), 出(날 출, 나갈 출)

355 폭(포)폭[暴爆] – 暴으로 된 한자

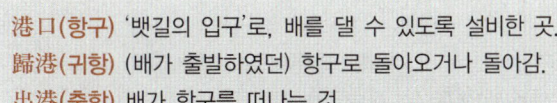

4급II / 15획 / 日

(서로 상극인) 해(日)와 함께(共) 물(氺)이 만난 듯 사나우니
사나울 폭, 사나울 포

또 사나우면 잘 드러나니 **드러날 폭**

+ 오행(五行)에서 불과 물은 상극(相剋)으로, 해도 불에 해당하니 이런 어원이 가능하네요.
+ '사납다'의 뜻으로 쓰일 때는 단어에 따라 '폭'과 '포'로 읽습니다.
+ 氺(물 수 발), 相(서로 상, 모습 상, 볼 상, 재상 상), 剋(이길 극)

暴力(폭력) 남을 거칠고 사납게 제압할 때에 쓰는, 주먹이나 발 또는 몽둥이 등의 수단이나 힘.
暴惡(포악) (성질이) 사납고 모짐.
暴落(폭락) 물가 등이 갑자기 대폭 떨어짐.

+ 力(힘 력), 惡(악할 악, 미워할 오), 落(떨어질 락)

4급 / 19획 / 火

불(火)을 붙이면 사납게(暴) 터지니 **터질 폭**

爆發(폭발) 불이 일어나며 갑작스럽게 터짐.
爆笑(폭소) 여럿이 폭발하듯 갑자기 웃는 웃음.
爆破(폭파) 폭발시켜서 파괴함.

+ 笑(웃을 소), 破(깨질 파, 다할 파)

356 명익도진[皿益盜盡] - 皿으로 된 한자

1급 / 5획 / 皿

받침 있는 그릇(🍶→皿)을 본떠서 **그릇 명**

4급Ⅱ / 10획 / 皿

나누고(八) 한(一) 번 더 나누어(八) 그릇(皿)에 더하니 **더할 익**

또 더하면 유익하니 **유익할 익**

역 益 - 양쪽(")으로 하나(一)씩 더 나누어(八) 그릇(皿)에 더하니 '더할 익'
　　　또 더하면 유익하니 '유익할 익'
+ 八(여덟 팔, 나눌 팔)

有益(유익) 이롭거나 도움이 될 만한 것이 있음.
利益(이익) (물질적으로나 정신적으로) 보탬이 되는 것.
多多益善(다다익선) 많으면 많을수록 더하여(더욱) 좋음.

+ 有(가질 유, 있을 유), 利(이로울 리, 날카로울 리), 多(많을 다), 善(착할 선, 좋을 선, 잘할 선)

4급 / 12획 / 皿

침(氵) 흘리며 하품(欠)하듯 입 벌리고 그릇(皿)의 음식을 훔치는 도둑이니

훔칠 도, 도둑 도

+ 氵('삼 수 변'이지만 여기서는 침으로 봄), 欠(하품 흠, 모자랄 흠)

盜用(도용) '훔쳐서 사용함'으로, 남의 이름이나 물건을 몰래 씀.
盜聽(도청) (금지하는 것을 몰래) 훔쳐 들음.
强盜(강도) 폭행이나 협박 등으로 남의 재물을 빼앗는 도둑. 또는 그런 행위.

+ 用(쓸 용), 聽(들을 청), 强(강할 강, 억지 강)

4급 / 14획 / 皿

손(⺕)에 부젓가락(⊥)을 들고 불(灬)이 있는 화로 그릇(皿)을 뒤적이면

꺼져 다하니 **다할 진**

역 盡 - 자(尺)로 눈금을 재면서 한 점(丶) 한 점(丶) 최선을 다하니 '다할 진'
+ 부젓가락 - 불을 뒤적이는 젓가락 모양의 막대.
+ 불을 뒤적이면 산소가 들어가 금방 다 타버리고 꺼지지요.
+ 灬(불 화 발), 尺(자 척), 丶(점 주, 불똥 주)

極盡(극진) '끝까지 다함'으로, 마음과 힘을 다함.
未盡(미진) 아직 다하지 못함.
脫盡(탈진) 기운이 다 빠져 없어짐.

+ 極(끝 극, 다할 극), 未(아닐 미, 아직 ~ 않을 미, 여덟째 지지 미), 脫(벗을 탈)

357 혈중[血衆] - 血로 된 한자

4급II / 6획 / 血

핏방울(丿)이 그릇(皿)에 떨어지는 모양에서 **피 혈**

+ 丿('삐침 별'이지만 여기서는 떨어지는 핏방울로 봄)

血緣(혈연) 같은 핏줄에 의하여 연결된 인연.
血肉(혈육) 피를 나눈 부모·형제·자매 등을 이르는 말.
止血(지혈) (나오던) 피가 그침.

+ 緣(인연 연), 肉(고기 육), 止(그칠 지)

4급II / 12획 / 血

핏(血)줄 가까운 우두머리(丿)를 따라(丨) 양쪽(〈〈)으로 모인 무리니 **무리 중**

㈜ 象(코끼리 상, 모양 상, 본뜰 상) - 제목번호 155 참고
+ 丿('삐침 별'이지만 여기서는 우두머리로 봄)

衆志(중지) 여러 사람의 생각이나 의지.
衆智(중지) 여러 사람의 지혜.
觀衆(관중) 구경꾼들.

+ 志(뜻 지), 智(지혜 지), 觀(볼 관)

358 예문부흉[乂文父凶] - 乂로 된 한자

특급II / 2획 / 丿

이리저리 베어 다스리는 모양이 어지니 **벨 예, 다스릴 예, 어질 예**

7급 / 4획 / 文

머릿(亠)속의 생각을 다스려(乂) 무늬처럼 써 놓은 글월이니
무늬 문, 글월 문

+ 글월 - 글이나 문장.
+ 亠(머리 부분 두)

> 文樣(문양) 무늬.
> 文法(문법) 글을 짜고 꾸미는 법칙.

+ 樣(모양 양), 法(법 법)

8급 / 4획 / 父

사람이 알아야 할 것을 조목조목 나누어(八) 어질게(乂) 가르치는 아버지니
아버지 부

+ 八(여덟 팔, 나눌 팔)

> 父母(부모) 아버지와 어머니.
> 祖父(조부) 할아버지.
> 父傳子傳(부전자전) '아버지가 전하고 자식이 전함'으로, 대대로 이어져 감을 말함.

+ 母(어미 모), 祖(할아버지 조, 조상 조), 傳(전할 전, 이야기 전), 子(아들 자, 첫째 지지 자, 자네 자, 접미사 자)

5급II / 4획 / 凵

움푹 패이고(凵) 베인(乂) 모양이 흉하니 **흉할 흉**
또 먹을 것이 없어 흉하게 살아야 할 흉년이니 **흉년 흉**

+ 凵('입 벌릴 감, 그릇 감'이지만 여기서는 움푹 패인 모양으로 봄)

> 凶器(흉기) 사람을 살상(殺傷)할 때 쓰는 연장.
> 凶作(흉작) 농작물의 수확이 평년작을 훨씬 밑도는 일이나 또는 그런 농사.
> 凶年(흉년) 농작물이 잘 되지 않은 해.

+ 器(그릇 기, 기구 기), 殺(죽일 살, 감할 쇄, 빠를 쇄), 傷(상할 상), 作(지을 작), 年(해 년, 나이 년)

359 효학각[爻學覺] - 爻로 된 한자

1급 / 4획 / 爻

육효가 서로 엇갈린 점괘를 본떠서 **점괘 효**

또 서로 교차하여 사귀며 좋은 점을 본받으니 **사귈 효, 본받을 효**

+ 육효(六爻) - 주역(周易)의 괘를 이루는 6개의 가로 그은 획.
+ 주역(周易) - 유학 경전의 하나.

18日

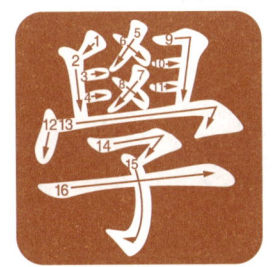

8급 / 16획 / 子

절구(臼) 같은 교실에서 친구도 사귀며(爻) 덮인(冖) 책을 펴놓고 아들(子)이 글을 배우니 **배울 학**

역 学 - 점(丶)점(丶)점(丿) 많은 글자(字)를 배우니 '배울 학'
+ 臼[절구 구(臼)의 변형], 冖(덮을 멱), 字(글자 자)

學校(학교) 학생에게 교육을 실시하는 기관.
學問(학문) 어떤 분야를 체계적으로 배워서 익힘. 또는 그런 지식.
勉學(면학) 배움에 힘씀.

+ 校(학교 교, 교정볼 교, 장교 교), 問(물을 문), 勉(힘쓸 면)

4급 / 20획 / 見

배우고(學) 보면서(見) 이치를 깨달으니 **깨달을 각**

역 覚 - 점(丶)점(丶)점(丿) 덮인(冖) 것을 보고(見) 깨달으니 '깨달을 각'
+ 𦥯[배울 학(學)의 획 줄임], 見(볼 견, 뵐 현)

視覺(시각) 눈을 통해 빛의 자극을 받아들이는 감각 작용.
自覺(자각) 스스로 깨달음.

+ 視(볼 시, 살필 시), 自(자기 자, 스스로 자, 부터 자)

360 봉(풍)결 [丰潔] - 丰으로 된 한자

특급 / 4획 / |

풀이 무성한 모양에서 **풀 무성할 봉**

또 풀이 무성하면 예쁘니 **예쁠 봉**

또 재물이 삼(三)대까지 이어질(|) 정도로 풍성하니 **풍성할 풍**

4급Ⅱ / 15획 / 水(氵)

물(氵)로 어지럽게(丰) 더러워진 칼(刀)과 실(糸)을 씻어 깨끗하니 **깨끗할 결**

+ 刀(칼 도), 糸(실 사, 실 사 변)

潔白(결백) '깨끗하고 흼'으로, 허물이 없음.
純潔(순결) 순수하고 깨끗함.
淸潔(청결) 맑고 깨끗함.

+ 白(흰 백, 밝을 백, 깨끗할 백, 아뢸 백), 純(순수할 순), 淸(맑을 청)

18일 확인문제 (321~360)

01~04 다음 漢字의 훈(뜻)과 음(소리)을 쓰세요.

01. 篇 (   )   02. 戒 (   )
03. 鑛 (   )   04. 憤 (   )

05~08 다음 훈음에 맞는 漢字를 쓰세요.

05. 넓을 광 (   )   06. 잎 엽 (   )
07. 오랠 구 (   )   08. 들 거 (   )

09~12 다음 漢字語의 독음을 쓰세요.

09. 創造 (   )   10. 冊床 (   )
11. 端整 (   )   12. 儒敎 (   )

13~14 다음 문장 중 밑줄 친 단어를 漢字로 쓰세요.

13. 우리는 졸업 <u>사진</u>을 찍었다. (   )
14. 그는 이번 <u>선거</u>에서 당선되었다. (   )

15~16 다음 문장 중 漢字로 표기된 단어의 독음을 쓰세요.

15. 부귀와 **榮華**를 누리다. (   )
16. **興味** 위주의 오락물은 자제해야 한다. (   )

17~18 다음 뜻풀이에 맞는 단어를 漢字로 쓰세요.

17. 농작물이 잘 되지 않은 해. (   )
18. 자기나 남이 함께(모두) 인정함. (   )

19~20 다음 漢字語의 뜻을 쓰세요.

19. 吸收 (   )
20. 輪番 (   )

---

01. 책 편 02. 경계할 계 03. 쇳돌 광 04. 분할 분 05. 廣 06. 葉 07. 舊 08. 擧 09. 창조
10. 책상 11. 단정 12. 유교 13. 寫眞 14. 選擧 15. 영화 16. 흥미 17. 凶年 18. 自他共認 19. 빨아들임.
20. 돌아가는 차례.

19日 361~380

361 해헌[害憲] - 害와 憲으로 된 한자

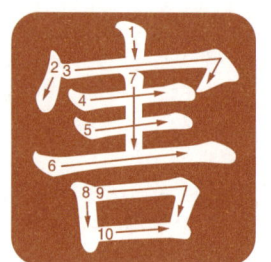

5급Ⅱ / 10획 / 宀

집(宀)에서 어지럽게(丰) 말하며(口) 해치고 방해하니
해칠 해, 방해할 해

+ 무성하니 어지럽다는 뜻도 되지요.
+ 宀(집 면), 丰[풀 무성할 봉, 예쁠 봉, 풍성할 풍(丰)의 변형]

害蟲(해충) 인간 생활에 해를 끼치는 벌레. ↔ 益蟲(익충) 사람에게 이익을 주는 곤충.
妨害(방해) (무슨 일을) 제대로 하지 못하게 함.
百害無益(백해무익) 해롭기만 하고 조금도 이로운 구석이 없음.

+ 蟲(벌레 충), 益(더할 익, 유익할 익), 妨(방해할 방), 百(일백 백, 많을 백), 無(없을 무)

4급 / 16획 / 心

집(宀)이나 나라의 어지러운(丰) 일을 법망(罒)으로 다스리기 위해
마음(心)을 다해 만든 법이니 **법 헌**

+ 법망(法網) - 범죄자에 대한 제재를 물고기에 대한 그물로 비유하여 이르는 말.
+ 罒(그물 망, = 网), 法(법 법), 網(그물 망)

憲法(헌법) 국가 기관의 조직 및 작용에 대한 기본적 원칙과 국민의 기본적 권리·의무 등을 규정한 근본법.
憲章(헌장) 어떠한 사실에 대하여 약속을 이행하기 위하여 정한 규범.

+ 章(문장 장, 글 장)

362 모수 배[毛手 拜] - 毛, 手와 拜로 된 한자

4급II / 4획 / 毛

짐승의 꼬리털(🐾→毛)을 본떠서 **털 모**

毛織(모직) 털실로 짠 피륙.
九牛一毛(구우일모) '많은 소에서 한 개의 털'로, 썩 많은 것 중의 극히 적은 부분을 일컬음.

+ 織(짤 직), 九(아홉 구, 클 구, 많을 구), 牛(소 우)

19日

7급II / 4획 / 手

손가락을 편 손(✋)을 본떠서 **손 수**

또 손으로 하는 재주나 재주 있는 사람을 가리켜서
재주 수, 재주 있는 사람 수

+ 한자의 왼쪽에 붙는 부수인 변으로 쓰일 때는 '손 수 변(扌)'

手法(수법) (일을 다루는) 재주나 방법.
選手(선수) ① 경기에 출전하는 사람.
② 어떤 일을 능숙하게 하거나 버릇으로 자주 하는 사람을 빗대어 이르는 말.

+ 法(법 법), 選(가릴 선, 뽑을 선)

4급II / 9획 / 手(扌)

손(手)과 손(扌)을 하나(一)로 모으고 하는 절이니 **절 배**

+ 手, 扌[손 수, 재주 수, 재주 있는 사람 수(手)의 변형]

歲拜(세배) (섣달그믐이나 정초에 하는) 해가 바뀌는 인사.
崇拜(숭배) 우러러 공경함.
禮拜(예배) (공경한 마음으로) 예의를 갖추어 절함.

+ 歲(해 세, 세월 세), 崇(높일 숭, 공경할 숭), 禮(예도 례)

363 건대 시자[巾帶 市姉] - 巾과 市로 된 한자

1급 / 3획 / 巾

성(冂)처럼 사람(丨)이 몸에 두르는 수건이니 **수건 건**
+ 冂(멀 경, 성 경), 丨('뚫을 곤'이지만 여기서는 사람으로 봄)

4급Ⅱ / 11획 / 巾

장식을 꿰어 만든 끈(卅)으로 덮어(冖) 수건(巾)처럼 둘러차는 띠니
찰 대, 띠 대
+ 冖(덮을 멱)

帶同(대동) '같이 참'으로, 데리고 함께 감.
一帶(일대) 어느 지역의 전부.
革帶(혁대) 가죽으로 만든 띠. 가죽 띠.

+ 同(한가지 동, 같을 동), 革(가죽 혁, 고칠 혁)

7급Ⅱ / 5획 / 巾

머리(亠)를 수건(巾)으로라도 꾸미고 가던 시장이나 시내니
시장 시, 시내 시
+ 옛날에는 모자처럼 수건을 두르고 시장에 갔던가 봐요.
+ 亠(머리 부분 두)

市內(시내) 도시의 안. 또는 시의 구역 안.
市街地(시가지) 도시의 큰 거리.
門前成市(문전성시) '문 앞이 시장을 이룸'으로, 어떤 집 문 앞이 방문객들로 붐비는 일.

+ 內(안 내), 街(거리 가), 地(땅 지, 처지 지), 門(문 문), 前(앞 전), 成(이룰 성)

4급 / 8획 / 女

여자(女) 중 시내(市)에도 다닐 정도로 자란 손위 누이니 **손위 누이 자**
원 姊 - 여자(女) 중 교묘하게(丂) 사람(亻)을 잘 다스리는 손위 누이니 '손위 누이 자'
+ 丂 - 한(一) 번에 묶어 싸는(勹) 기술이 공교하고 교묘하니 '공교할 교, 교묘할 교'
+ 원자보다 속자인 姉로 많이 씁니다.
+ 亻[사람 인(人)의 변형], 勹[쌀 포(勹)의 변형]

姉妹(자매) (여자끼리의) 언니와 아우.
姉兄(자형) 손위 누이의 남편.

+ 妹(누이 매), 兄(형 형, 어른 형)

364 포(보)희[布希] - 布로 된 한자

4급II / 5획 / 巾

많이(ナ) 사용하는 수건(巾)처럼 베를 펴니 **베 포, 펼 포**

또 불교에서 펴 베푸는 보시니 **보시 보**

+ ナ['열 십, 많을 십(十)'의 변형]

宣布(선포) '펴고 폄'으로, 세상에 널리 펴 알림.
布施(보시) 자비심으로 남에게 재물이나 불법을 베풂.

+ 宣(펼 선, 베풀 선), 施(행할 시, 베풀 시)

4급II / 7획 / 巾

찢어진(乂) 베(布)옷이면 새 옷을 바라니 **바랄 희**

+ 乂(벨 예, 다스릴 예, 어질 예) - 제목번호 358 참고

希求(희구) 바라고 구함.
希望(희망) (앞일에 대하여 어떤 기대를 가지고) 바람.

+ 求(구할 구), 望(바랄 망, 보름 망)

19日

365 제제[制製] - 制로 된 한자

4급II / 8획 / 刀(刂)

소(牛)고기나 천(巾)을 칼(刂)로 잘라 마름질하는 제도니 **마름질 제, 제도 제**

또 제도에 맞도록 억제하고 절제하니 **억제할 제, 절제할 제**

+ 마름질하다 - 옷감이나 재목 등을 치수에 맞도록 재거나 자르다.
+ 牛(소 우), 巾('수건 건'이지만 여기서는 천으로 봄), 刂(칼 도 방)

> 制度(제도) 제정된 법규.
> 制動(제동) 움직임을 억제함.

+ 度(법도 도, 정도 도, 헤아릴 탁), 動(움직일 동)

4급II / 14획 / 衣

제도(制)에 따라 옷(衣)을 지어 만드니 **지을 제, 만들 제**

+ 衣(옷 의)

> 製作(제작) 사람이 어떤 물건이나 창작물을 지음.
> 手製(수제) 손으로 만듦. 또는 그 물건.

+ 作(지을 작), 手(손 수, 재주 수, 재주 있는 사람 수)

366 수사 관관[帥師 官管] - 帥와 官으로 된 한자

3급II / 9획 / 巾

쌓인(𠂤) 듯 많은 군사를 거느리고 깃발(巾)을 든 장수니 **장수 수**

역 帅 - 칼(刂)을 수건(巾)으로 닦으며 위험을 대비하는 장수니 '장수 수'
+ 𠂤 - 비스듬히(丿) 흙이 쌓여(㠯) 있는 모양에서 '쌓일 퇴, 언덕 퇴'로, '쌓일 퇴, 언덕 퇴(堆)'의 원자인 垖의 획 줄임.
+ 巾('수건 건'이지만 여기서는 깃발로 봄), 刂[칼 도 방(刂)의 변형]

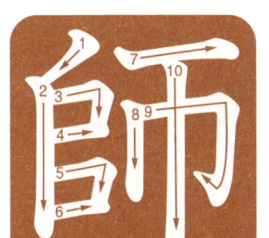

4급II / 10획 / 巾

쌓이듯(𠂤) 많은 제자들이 빙 둘러(帀) 있는 스승이나 전문가니
스승 사, 전문가 사

또 많이(𠂤) 둘러싼(帀) 군사니 **군사 사**

역 师 - 장수(帅)와 한(一) 가지로 엄해야 하는 스승이나 전문가니 '스승 사, 전문가 사'
또 장수(帅)가 하나(一) 같이 거느리는 군사니 '군사 사'
+ 帀 - 머리(一)에 수건(巾) 두른 모양에서 '두를 잡'
+ 一('한 일'이지만 여기서는 머리로 봄)

> 師弟(사제) 스승과 제자.
> 醫師(의사) 면허를 얻어 의술과 약으로 병을 진찰·치료하는 사람.
> 師團(사단) 육군에서 군단의 아래고 연대의 위인 군대 편성의 단위.

+ 弟(아우 제, 제자 제), 醫(의원 의), 團(둥글 단, 모일 단)

4급II / 8획 / 宀

(옛날에) 집(宀)이 높은 언덕(𠂤)에 있으면 주로 관청이었으니 **관청 관**

또 관청에 근무하는 벼슬이니 **벼슬 관**

+ 㠯[쌓일 퇴, 언덕 퇴(𠂤)의 획 줄임]

> 官權(관권) 관청의 권력.
> 長官(장관) 국무를 나누어 맡아 처리하는 행정 각 부의 우두머리.

+ 權(권세 권), 長(길 장, 어른 장, 자랄 장)

4급 / 14획 / 竹(⺮)

대(⺮)가 벼슬(官)한 것처럼 좋게 쓰인 대롱이나 피리니 **대롱 관, 피리 관**

또 피리 구멍을 잘 조정하여 불 듯 잘 관리하니 **관리할 관**

> 汽管(기관) 증기가 통하게 만든 대롱(파이프).
> 血管(혈관) 혈액을 몸의 각부로 보내는 관.
> 管理(관리) ① 사람을 통제하고 지휘 감독하는 것.
> ② 시설이나 물건의 유지·개량 등을 꾀하는 것.
> ③ 일을 맡아 처리하는 것.

+ 汽(김 기), 血(피 혈), 理(이치 리, 다스릴 리)

367 정타[丁打] - 丁으로 된 한자

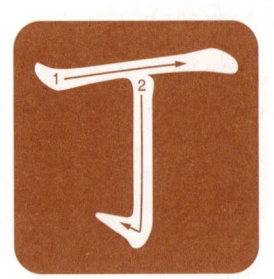

4급 / 2획 / 一

고무래나 못(丅 → 丁)을 본떠서 **고무래 정, 못 정**

또 고무래처럼 튼튼한 장정도 가리켜서 **장정 정, 넷째 천간 정**

+ '고무래'는 곡식을 말릴 때 넓게 펴서 고르는 도구니, 단단한 나무로 튼튼하게 만들었지요.

> 壯丁(장정) 나이가 젊고 기운이 좋은 남자.
> 目不識丁(목불식정) '고무래를 보고도 고무래 정(丁) 자를 모른다'로, 글자를 전혀 모름. 또는 그러한 사람을 이르는 말.

+ 壯(굳셀 장, 장할 장), 目(눈 목, 볼 목, 항목 목), 不(아닐 불, 아닐 부), 識(알 식, 기록할 지)

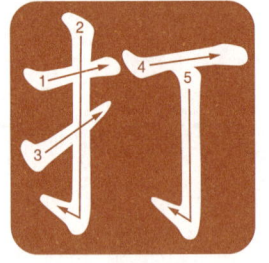

5급 / 5획 / 手(扌)

손(扌)에 망치 들고 못(丁)을 치듯이 치니 **칠 타**

> 打擊(타격) 때리어 침.
> 打破(타파) (규정이나 관습, 제도 등을) 쳐 깨뜨림.
> 致命打(치명타) 치명적인(죽을 지경에 이를 정도의) 타격.

+ 擊(칠 격), 破(깨질 파, 다할 파), 致(이룰 치, 이를 치), 命(명령할 명, 목숨 명, 운명 명)

368 가하가[可河歌] - 可로 된 한자

5급 / 5획 / 口

장정(丁)처럼 씩씩하게 **말할**(口) 수 있는 것이면 옳으니 **옳을 가**

또 옳으면 가히 허락하니 **가히 가, 허락할 가**

+ 가히 - ('~ㄹ 만하다', '~ㄹ 수 있다', '~ㅁ직하다' 등과 함께 쓰여) '능히', '넉넉히'의 뜻입니다.

可否(가부) ① 옳고 그름의 여부.
② 찬성과 반대의 여부.
可能(가능) 할 수 있거나 될 수 있는 것. ↔ 不可能(불가능) 가능하지 않음.
認可(인가) 인정하여 허락함.

+ 否(아닐 부, 막힐 비), 能(능할 능), 認(알 인, 인정할 인)

5급 / 8획 / 水(氵)

물(氵)이 가히(可) 틀을 잡고 흘러가는 내나 강이니 **내 하, 강 하**

河川(하천) 시내. 강.
氷河(빙하) 물이 얼기 시작하거나 얼음이 녹기 시작하는 온도 이하.
運河(운하) 선박의 통행이나 농지에 물을 대기 위하여 육지를 파서 만든 수로.

+ 川(내 천), 氷(얼음 빙), 運(운전할 운, 옮길 운, 운수 운)

7급 / 14획 / 欠

옳다(可) 옳다(可) 하며 하품(欠)하듯 입 벌리고 부르는 노래니 **노래 가**

+ 欠(하품 흠, 모자랄 흠) - 제목번호 273 참고

歌手(가수) 노래 부르는 일을 직업으로 삼는 사람.
歌謠(가요) 대중들이 부르는 노래.
流行歌(유행가) 유행하는(널리 불리는) 대중가요.

+ 手(손 수, 재주 수, 재주 있는 사람 수), 謠(노래 요), 流(흐를 류), 行(다닐 행, 행할 행, 항렬 항)

19日

369 기기[奇寄] - 숯로 된 한자

4급 / 8획 / 大

크게(大) 옳으면(可) 기이하니 **기이할 기**

또 기이함이 짝도 없는 홀수니 **홀수 기**

奇異(기이) 기괴하고 이상함.
奇數(기수) 홀수.
好奇心(호기심) 기이한 것을 좋아하는 마음.

+ 異(다를 이), 數(셀 수, 두어 수, 자주 삭, 운수 수), 好(좋을 호), 心(마음 심, 중심 심)

4급 / 11획 / 宀

집(宀)에 기이하게(奇) 붙어사니 **붙어살 기**

또 붙어살도록 부치니 **부칠 기**

+ 부치다 - 편지나 물건 등을 일정한 수단이나 방법을 써서 상대에게로 보내다.

寄與(기여) '부쳐 줌'으로, 도움이 되도록 이바지함.
寄宿舍(기숙사) 학교나 회사 등에 딸려 있어 학생이나 사원에게 싼 값으로 숙식을 제공하는 시설.
寄生蟲(기생충) 다른 동물체에 붙어서 양분을 빨아먹고 사는 벌레.

+ 與(줄 여, 더불 여, 참여할 여), 宿(잘 숙, 오랠 숙, 별자리 수), 舍(집 사), 蟲(벌레 충)

370 곡전[曲典] - 曲으로 된 한자

5급 / 6획 / 日

대바구니의 굽은 모양을 본떠서 **굽을 곡**

또 굽은 듯 소리가 올라가고 내려가는 노래니 **노래 곡**

由(까닭 유, 말미암을 유) - 제목번호 032 참고

曲線(곡선) 구부러진 선. ↔ 直線(직선) 곧은 줄.
名曲(명곡) 이름난 노래.
不問曲直(불문곡직) 옳고 그른 것을 묻지도 않고 함부로 마구함.

+ 線(줄 선), 名(이름 명, 이름날 명), 不(아닐 불, 아닐 부), 問(물을 문), 直(곧을 직, 바를 직)

5급II / 8획 / 八

굽은(曲) 것도 종류별로 나누어(八) 법으로 만든 책이니 **법 전, 책 전**

또 법으로 물건을 저당잡히니 **저당잡힐 전**

+ 曲[굽을 곡, 노래 곡(曲)의 변형], 八(여덟 팔, 나눌 팔)

典範(전범) 규칙, 법, 본보기.
古典(고전) (가치 있는) 옛날 책.
法典(법전) 국가가 제정한 법을 모아 놓은 책.

+ 範(법 범, 본보기 범), 古(오랠 고, 옛 고), 法(법 법)

371 풍례 골체[豊禮 骨體] - 豊과 骨로 된 한자

4급II / 13획 / 豆

굽을(曲) 정도로 제기(豆)에 음식을 차리게 풍년이니 **풍년 풍**

또 풍년이 든 듯 풍성하니 **풍성할 풍**

원 豐

+ 원자는 제기에 음식을 풍성하게 차린 모양을 본뜬 '豐'이지만 약자인 '豊'으로 많이 씁니다.

豊年(풍년) 농사가 잘 된 해.
豊盛(풍성) 넉넉하고 많음. 또는 그런 느낌.
豊富(풍부) 넉넉하고 많음.

+ 年(해 년, 나이 년), 盛(성할 성), 富(넉넉할 부, 부자 부)

6급 / 18획 / 示

신(示) 앞에 풍성한(豊) 음식을 차리는 것은 신에 대한 예도니 **예도 례(예)**

약 礼 - 신(礻) 앞에 몸 구부리고(乚) 표하는 예도니 '예도 례(예)'

+ 示(보일 시, 신 시), 乚[새 을, 둘째 천간 을, 굽을 을(乙)이 부수로 쓰일 때의 모양], 礻(보일 시, 신 시 변)

禮度(예도) 예의와 법도를 아울러 이르는 말.
禮拜(예배) (공경한 마음으로) 예의를 갖추어 절함.
禮物(예물) 사례의 뜻으로 주는 물건. 결혼식에서 신랑·신부가 주고받는 물건.

+ 度(법도 도, 정도 도, 헤아릴 탁), 拜(절 배), 物(물건 물)

4급 / 10획 / 骨

살 속에 들어 있는 뼈의 모양에서 **뼈 골**

骨折(골절) 뼈가 부러짐.
骨材(골재) '뼈가 되는 재료'로, 콘크리트나 모르타르에 쓰이는 모래나 자갈 등의 재료.

+ 折(꺾을 절), 材(재목 재, 재료 재)

6급II / 23획 / 骨

뼈(骨)마디로 풍성하게(豊) 이루어진 몸이니 **몸 체**

약 体 - 사람(亻)에게 근본(本)은 몸이니 '몸 체'

참 本(뿌리 본, 근본 본, 책 본) - 제목번호 008 참고

體驗(체험) 자기가 몸소 경험함. 또는 그러한 경험.
身體(신체) 사람의 몸.
形體(형체) 물건의 모양과 그 바탕.

+ 驗(경험할 험), 身(몸 신), 形(모양 형)

19日

372 진(신)농[辰農] - 辰으로 된 한자

3급Ⅱ / 7획 / 辰

전갈자리별(🦂 → 辰) 모양을 본떠서 **별 진, 날 신, 다섯째 지지 진**

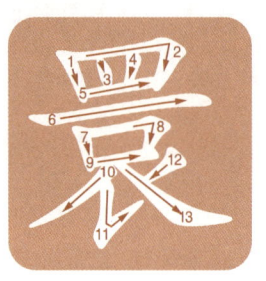

7급Ⅱ / 13획 / 辰

허리 구부리고(曲) 별(辰) 있는 새벽부터 짓는 농사니 **농사 농**

> 農夫(농부) 농사를 직업으로 삼는 사람.
> 農村(농촌) 농부들이 모여 사는 마을.
> 都農(도농) 도시와 농촌.

+ 夫(사내 부, 남편 부), 村(마을 촌), 都(도시 도, 모두 도)

373 경환[睘環] - 睘으로 된 한자

특급 / 13획 / 目(罒)

눈(罒)이 하나(一)의 입(口)처럼 크게 변하며(夊) 휘둥그레지니
눈 휘둥그레질 경

+ 휘둥그레지다 – 놀래거나 두려워서 눈이 크고 둥그렇게 되다.
+ 罒['그물 망'이지만 여기서는 눈 목(目)을 눕혀 놓은 모양으로 봄]

4급 / 17획 / 王(玉)

옥(王)으로 눈 휘둥그레지듯이(睘) 둥글게 만든 고리니 **고리 환**

또 고리처럼 두르니 **두를 환**

+ 王(임금 왕, 으뜸 왕, 구슬 옥 변)

> 花環(화환) 꽃으로 고리처럼 둥글게 만든 것.
> 環境(환경) '두른 경계'로, 생활하는 주위의 상태.

+ 花(꽃 화), 境(경계 경, 형편 경)

374 지무치연[止武齒延] - 止로 된 한자

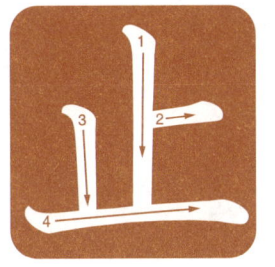

5급 / 4획 / 止

그쳐 있는(서 있는) 두 발의 정강이와 발을 본떠서 **그칠 지**

止血(지혈) (나오던) 피가 그침.
防止(방지) 막아 그치게 함.
行動擧止(행동거지) '다니고 움직이고 들고 그침'으로, 몸을 움직이는 모든 동작을 이르는 말.

+ 血(피 혈), 防(둑 방, 막을 방), 行(다닐 행, 행할 행, 항렬 항), 動(움직일 동), 擧(들 거, 행할 거, 일으킬 거)

19日

4급Ⅱ / 8획 / 止

하나(一)의 주살(弋)로도 적의 침략을 그치게(止) 하는 군사니 **군사 무**

또 군사들이 사용하는 무기니 **무기 무**

+ 弋(주살 익)

武力(무력) 군사상의 힘.
非武裝(비무장) 무기로 꾸미지 않음. 또는 그러한 상태.

+ 力(힘 력), 非(어긋날 비, 아닐 비, 나무랄 비), 裝(꾸밀 장)

4급Ⅱ / 15획 / 齒

그쳐(止) 윗니(人人)와 나란히(一) 아랫니(人人)가 입 벌린(凵)

속에 있는 이니 **이 치**

또 (옛날에) 이의 숫자로 알았던 나이니 **나이 치**

齒 - 씹기를 그치고(止) 입 벌린(凵) 속에 있는 쌀 미(米) 자처럼 나눠진 이의 모양에서
'이 치'
또 (옛날에) 이의 숫자로 알았던 나이니 '나이 치'

+ 옛날에는 이(齒)의 숫자로 나이를 짐작했답니다.
+ 凵(입 벌릴 감, 그릇 감), 人('사람 인'이지만 여기서는 이로 봄)

養齒(양치) 이를 닦고 물로 입 안을 가심.
蟲齒(충치) 벌레 먹은 이.
年齒(연치) '나이'의 높임말. 연세(年歲).

+ 養(기를 양), 蟲(벌레 충), 年(해 년, 나이 년), 歲(해 세, 세월 세)

4급 / 7획 / 廴

비뚤어져(丿) 하던 일을 그치고(止) 길게 걸으면서(廴) 끌고 늘이니

끌 연, 늘일 연

+ 丿(삐침 별), 止[그칠 지(止)의 변형], 廴(길게 걸을 인)

延期(연기) (정한) 기한을 늘임.
延長(연장) 시간이나 거리 등을 본래보다 길게 늘림.

+ 期(기간 기, 기약할 기), 長(길 장, 어른 장, 자랄 장)

375 4정[正政定整] - 正으로 된 한자

7급II / 5획 / 止

(무엇이나) 하나(一)에 그쳐(止) 열중해야 바르니 **바를 정**

+ 이성이나 직업이나 오직 하나만을 택하여 열중해야 바르지요.
+ 止(그칠 지)

> 正義(정의) '바르고 옳음'으로, 올바른 도리.
> 正直(정직) (마음이) 바르고 곧음.
> 正正堂堂(정정당당) 바르고 당당함.

+ 義(옳을 의, 의로울 의), 直(곧을 직, 바를 직), 堂(집 당, 당당할 당)

4급II / 8획 / 攵

바르도록(正) 치며(攵) 다스리니 **다스릴 정**

+ 攵(칠 복, = 攴)

> 政府(정부) (국가를) 다스리는 관청.
> 政治(정치) 나라를 다스리는 일.
> 善政(선정) 잘 다스리는 정치. ↔ 暴政(폭정) 포악한 정치.

+ 府(관청 부, 마을 부, 창고 부), 治(다스릴 치), 善(착할 선, 좋을 선, 잘할 선), 暴(사나울 폭, 사나울 포, 드러날 폭)

6급 / 8획 / 宀

집(宀) 안의 물건도 바르게(疋) 자리를 정하니 **정할 정**

㋁ 芝 - 집(宀)에서 갈(之) 곳을 정하니 '정할 정'
+ '집(宀) 아래(下) 사람(人)이 잘 곳을 정하니 정할 정'이라고도 합니다.
+ 疋[바를 정(正)의 변형], 下(아래 하, 내릴 하), 之(갈 지, ~의 지, 이 지) - 3급II

> 定員(정원) (일정한 규정에 의하여) 정한 인원.
> 定着(정착) (일정한 곳을) 정하여 떠나지 않음.
> 安定(안정) 안전하게 자리를 정함(잡음).

+ 員(관원 원, 사람 원), 着(붙을 착), 安(편안할 안)

4급 / 16획 / 攵

(개수가 많은 물건은 가운데를) 묶어(束) 양끝을 쳐서(攵) 바르게(正) 하면 가지런하니 **가지런할 정**

+ 束(묶을 속) - 제목번호 283 참고

> 整理(정리) 가지런히 잡아서 다스림.
> 調整(조정) 고르게(알맞게) 정리함.

+ 理(이치 리, 다스릴 리), 調(고를 조, 어울릴 조, 가락 조)

376 시제제[是提題] - 是로 된 한자

4급II / 9획 / 日

해(日)처럼 밝고 **바르면**(疋) 옳으니 **옳을 시**

또 해(日)처럼 밝게 **바로**(疋) 이것이라며 가리키니 **이 시**

+ 疋[바를 정(正)의 변형]

> 是非(시비) ① 옳음과 그름.
> ② 옥신각신 다툼.
> 是認(시인) 옳다고 인정함. ↔ 否認(부인) 어떤 내용이나 사실을 옳거나 그러하다고 인정하지 아니함.

+ 非(어긋날 비, 아닐 비, 나무랄 비), 認(알 인, 인정할 인), 否(아닐 부, 막힐 비)

19日

4급II / 12획 / 手(扌)

손(扌)으로 **옳게**(是) 끌어 내놓으니 **끌 제, 내놓을 제**

> 提高(제고) 끌어 올려 높임.
> 提示(제시) (어떤 문제·내용·방향 등을) 드러내 보이거나 가리킴.
> 提出(제출) (의견이나 서류 등을 지정된 곳에) 내놓음.

+ 高(높을 고), 示(보일 시, 신 시), 出(날 출, 나갈 출)

6급II / 18획 / 頁

내용을 **옳게**(是) 알 수 있는 글의 **머리**(頁)는 제목이니 **제목 제**

또 먼저 쓰는 제목처럼 먼저 내는 문제니 **문제 제**

+ 頁(머리 혈) - 제목번호 390 참고

> 題目(제목) 글의 첫머리에 쓰는 글의 이름.
> 主題(주제) ① 대화나 연구 등에서 중심이 되는 문제.
> ② 예술 작품에서 지은이가 나타내고자 하는 주된 사상.
> 宿題(숙제) ① (학생에게) 내어주는 과제.
> ② 앞으로 두고 해결해야 할 문제.

+ 目(눈 목, 볼 목, 항목 목), 主(주인 주), 宿(잘 숙, 오랠 숙, 별자리 수)

377 보족[步足] - 步와 足

4급II / 7획 / 止

한 발은 **멈추고(止)** 다른 발은 **조금씩(少)** 옮기는 것을 반복하며 걷는 걸음이니 **걸음 보**

+ 한 발 한 발 걷는 모양을 생각하고 만든 한자.
+ 少[적을 소, 젊을 소(少)의 획 줄임]

步行(보행) 걸어 다님.
速步(속보) 빠른 걸음.
步武堂堂(보무당당) 걸음걸이가 굳세고 당당함.

+ 行(다닐 행, 행할 행, 항렬 항), 速(빠를 속), 武(군사 무, 무기 무), 堂(집 당, 당당할 당)

7급II / 7획 / 足

무릎(口)부터 **발(龰)**까지를 본떠서 **발 족**

또 발까지 편해야 마음이 넉넉하니 **넉넉할 족**

+ 口('입 구, 구멍 구, 말할 구'지만 여기서는 무릎뼈로 봄)

滿足(만족) 가득하여 넉넉함.
手足(수족) ① 손발.
② '손발처럼 마음대로 부리는 사람'을 비유하여 이르는 말.
充足(충족) 넉넉하게 채움.

+ 滿(찰 만), 手(손 수, 재주 수, 재주 있는 사람 수), 充(가득 찰 충, 채울 충)

378 과과 보[果課 保] - 果와 保로 된 한자

6급II / 8획 / 木

과실(🍇 → 田)이 **나무**(木) 위에 열린 모양을 본떠서 **과실 과**

또 과실은 그 나무를 알 수 있는 결과니 **결과 과**

+ 田('밭 전', '논 전'이지만 여기서는 과실의 모양으로 봄)

果實(과실) 나무의 열매.
結果(결과) ① 과실을 맺음. 또는 그 과실.
　　　　　② 어떤 원인으로 생긴 결말.
成果(성과) 일이 이루어진 결과.

+ 實(열매 실, 실제 실), 結(맺을 결), 成(이룰 성)

5급II / 15획 / 言

말(言)을 들은 **결과**(果)로 세금을 부과하니 **부과할 과**

또 **말**(言)로 연구한 **결과**(果)를 보며 공부하는 과정이니

공부할 과, 과정 과

課稅(과세) 세금을 정하여 그것을 내도록 의무를 지움.
課外(과외) 정해진 학과 과정이나 근무 시간 밖.

+ 稅(세낼 세, 세금 세), 外(밖 외)

4급II / 9획 / 人(亻)

(말로 화를 입는 경우가 많아) **사람**(亻)은 **입**(口)을 말 없는 **나무**(木)처럼

지키고 보호하니 **지킬 보, 보호할 보**

+ 亻(사람 인 변), 口(입 구, 구멍 구, 말할 구)

保健(보건) 건강을 지킴.
保護(보호) (위험이나 곤란 등이 미치지 아니하도록) 잘 보살펴 돌봄.
保證(보증) 보호할 것을 증명함.

+ 健(건강할 건), 護(보호할 호), 證(증명할 증, 증거 증)

19日

379 제제찰[祭際察] - 祭로 된 한자

4급Ⅱ / 11획 / 示

고기(夕)를 손(又)으로 신(示)께 올리는 제사니 **제사 제**

또 제사처럼 많은 사람이 모여 즐기는 축제니 **축제 제**

+ 夕[달 월, 육 달 월(月)의 변형], 又[오른손 우, 또 우(又)의 변형], 示(보일 시, 신 시)

祭物(제물) ① 제사에 쓰는 음식.
② '희생물'의 비유.
祝祭(축제) 어떤 일을 축하하여 벌이는 즐거운 행사.

+ 物(물건 물), 祝(빌 축, 축하할 축)

4급Ⅱ / 14획 / 阜(阝)

언덕(阝)에서 제사(祭) 지낼 때니 **때 제**

또 이럴 때는 모두 모여 즐겁게 사귀니 **사귈 제**

+ 시제(時祭) - 음력 10월에 5대 이상의 조상 무덤에 가족들이 모여 지내는 제사.
+ 阝(언덕 부 변), 時(때 시)

際限(제한) 끝이 되는 부분. 끝. 한도.
交際(교제) 만나서 서로 사귐. ↔ 絕交(절교) 교제를 끊음.
國際(국제) '나라끼리 사귐'으로, 나라 사이에 관계되는 것.

+ 限(한계 한), 交(사귈 교, 오고갈 교), 絕(끊을 절, 죽을 절, 가장 절), 國(나라 국)

4급Ⅱ / 14획 / 宀

집(宀)에서 제사(祭)를 살피니 **살필 찰**

+ 宀(집 면)

觀察(관찰) 사물이나 현상을 주의하여 자세히 살펴봄.
警察(경찰) ① 경계하며 살핌.
② '경찰관'의 준말.

+ 觀(볼 관), 警(경계할 경, 깨우칠 경)

380 연연[然燃] - 然으로 된 한자

7급 / 12획 / 火(灬)

고기(夕)를 보면 개(犬)가 불(灬)처럼 열 내며 달려가듯 순리에 맞게 그러하니
그러할 연
+ 夕[달 월, 육 달 월(月)의 변형], 犬(개 견), 灬[불 화(火)가 한자의 아래에 붙는 부수인 발로 쓰일 때의 모양으로 '불 화 발']

然則(연즉) 그러면 곧. 그런즉.
然後(연후) 그러한 뒤.
當然(당연) 마땅히 그렇게 되어야 할 일.

+ 則(곧 즉, 법칙 칙), 後(뒤 후), 當(마땅할 당, 당할 당)

4급 / 16획 / 火

불(火)처럼 그렇게(然) 타거나 태우니 **불탈 연, 태울 연**

燃料(연료) (빛·열·동력 등을 얻기 위하여) 태우는 재료.
可燃性(가연성) 가히 불에 타는 성질.

+ 料(헤아릴 료, 재료 료, 값 료), 可(옳을 가, 가히 가, 허락할 가), 性(성품 성, 바탕 성, 성별 성)

19일 확인문제 (361~380)

01~04 다음 漢字의 훈(뜻)과 음(소리)을 쓰세요.

01. 憲 (   )   02. 毛 (   )
03. 拜 (   )   04. 希 (   )

05~08 다음 훈음에 맞는 漢字를 쓰세요.

05. 법 전 (   )   06. 해칠 해 (   )
07. 노래 가 (   )   08. 예도 례 (   )

09~12 다음 漢字語의 독음을 쓰세요.

09. 帶同 (   )   10. 布施 (   )
11. 製作 (   )   12. 官權 (   )

13~14 다음 문장 중 밑줄 친 단어를 漢字로 쓰세요.

13. <u>운하</u>를 건설하여 동서를 연결하는 교통로로 사용하고 있다. (   )
14. 한국의 미는 <u>곡선미</u>라 할 수 있다. (   )

15~16 다음 문장 중 漢字로 표기된 단어의 독음을 쓰세요.

15. 1등을 한 선수에게 트로피와 花環이 수여되었다. (   )
16. 非武裝 지대에는 민가가 없다. (   )

17~18 다음 뜻풀이에 맞는 단어를 漢字로 쓰세요.

17. 때리어 침. (   )   18. 인정하여 허락함. (   )

19~20 다음 漢字語의 뜻을 쓰세요.

19. 制動 (   )
20. 師弟 (   )

---

01. 법 헌 02. 털 모 03. 절 배 04. 바랄 희 05. 典 06. 害 07. 歌 08. 禮 09. 대동 10. 보시
11. 제작 12. 관권 13. 運河 14. 曲線美 15. 화환 16. 비무장 17. 打擊 18. 認可 19. 움직임을 억제함.
20. 스승과 제자.

20日 381 ~ 400

381 장상(장) 장장 [爿狀 壯裝] - 爿과 壯으로 된 한자

부수자 / 4획

나무를 세로로 나눈 왼쪽 조각을 본떠서 **나무 조각 장**

또 나무 조각이라도 들고 싸우는 장수니 **장수 장 변**

약 丬

+ '장수 장 변'에서 '변'은 부수 이름이므로 제목에 넣지 않았습니다.

4급Ⅱ / 8획 / 犬(犭)

나무 조각(爿)에 새긴 개(犬)의 모양이니 **모양 상**

또 (글자가 없었던 옛날에) 모양을 그려 작성했던 문서니 **문서 장**

약 状

+ 犬(개 견)

狀況(상황) (일이 되어 가는) 과정이나 형편.
狀態(상태) (사물·현상이 놓여 있는) 모양이나 형편.
案內狀(안내장) 안내하는 내용을 적은 문서.

+ 況(상황 황, 하물며 황), 態(모양 태), 案(책상 안, 생각 안, 계획 안), 內(안 내)

4급 / 7획 / 士

나무 조각(爿)이라도 들고 군사(士)가 싸우는 모양이 장하고 씩씩하니 **장할 장, 씩씩할 장**

약 壮

+ 장하다 - ① 기상이나 인품이 훌륭하다.
　　　　　② 크고 성대하다.
+ 士(선비 사, 군사 사, 칭호나 직업 이름에 붙이는 말 사)

壯士(장사) (기개와 체질이) 굳센 사람.
壯丁(장정) 나이가 젊고 기운이 좋은 남자.
雄壯(웅장) '크고 굳셈'으로, 규모 등이 거대하고 성대함.

+ 丁(고무래 정, 못 정, 장정 정, 넷째 천간 정), 雄(수컷 웅, 클 웅)

4급 / 13획 / 衣

장하게(壯) 옷(衣)으로 꾸미니 **꾸밀 장**

약 装

裝置(장치) ① 어떤 목적에 따라 기능을 발휘하도록 기계나 설비 등을 그 장소에 장착함.
② 어떤 일을 원만하게 수행하기 위하여 설정된 조직 구조나 규칙 등을 말함.
裝着(장착) 의복·가구·장비 등을 붙이거나 착용함.
包裝(포장) 물건을 싸서 꾸림.

+ 置(둘 치), 着(붙을 착), 包(쌀 포)

382 장장[將獎] - 將으로 된 한자

4급Ⅱ / 11획 / 寸

(전쟁에 나가기 전에) 나무 조각(爿)에 고기(夕)를 차려 놓고 법도(寸)에 따라 제사지내는 장수니 **장수 장**

또 장수는 장차 전쟁이 나면 나아가 싸워야 하니 **장차 장, 나아갈 장**

약 将 - 나무 조각(爿)이라도 들고 손톱(爫)도 마디마디(寸) 세우고 싸우는 장수니 '장수 장'
또 장수는 장차 전쟁이 나면 나아가 싸워야 하니 '장차 장, 나아갈 장'

+ 夕[달 월, 육 달 월(月)의 변형], 爫[손톱 조(爪)가 부수로 쓰일 때의 모양]

將兵(장병) 장교와 병사.
將次(장차) '앞으로'로, 미래의 어느 때를 나타내는 말.
日就月將(일취월장) '날로 나아가고 달로 나아감'으로, 계속 발전해 나아 감.

+ 兵(군사 병), 次(버금 차, 다음 차, 차례 차, 번 차), 就(나아갈 취, 이룰 취)

4급 / 15획 / 大

장차(將) 크게(犬) 되도록 권면하고 장려하니 **권면할 장, 장려할 장**

약 奖

+ 권면(勸勉) - 알아듣도록 권하고 격려하여 힘쓰게 함.
+ 犬('개 견'이지만 여기서는 '클 태'로 봄), 勸(권할 권), 勉(힘쓸 면)

勸獎(권장) 권하여 장려함.
獎學金(장학금) ① 주로 성적은 우수하지만 경제적인 이유로 학업에 어려움을 겪는 학생에게 보조해 주는 돈.
② 학문의 연구를 돕기 위하여 연구자에게 주는 장려금.

+ 學(배울 학), 金(쇠 금, 금 금, 돈 금, 성씨 김)

383 기기기 비[气汽氣 飛] - 气와 飛로 된 한자

부수자 / 4획

사람(⺈) 입에서 입김(一)이 나오는(乀) 기운이니 **기운 기**

+ 기운 - ① 살아 움직이는 힘.
          ② 눈에 보이지는 않으나 느껴지는 현상.
+ ⺈[사람 인(人)의 변형], 一('한 일'이지만 여기서는 입김으로 봄)

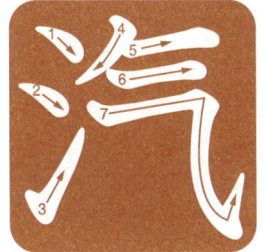

5급 / 7획 / 水(氵)

물(氵)이 끓으면서 기운(气)차게 올라가는 김이니 **김 기**

汽船(기선) 증기 기관을 동력으로 하여 항해하는 배.
汽車(기차) 기관차(여객차나 화차를 끌고 다니는 철도 차량).

+ 船(배 선), 車(수레 거, 차 차)

7급Ⅱ / 10획 / 气

기운(气)이 쌀(米) 밥을 지을 때처럼 올라가는 기운이니 **기운 기**

또 이런 기운으로 이루어지는 대기니 **대기 기**

역 気 - 기운(气)이 교차하는(乂) 모양에서 '기운 기'
+ 米(쌀 미) - 제목번호 040 참고

氣力(기력) 기운과 힘.
氣溫(기온) 대기의 온도.
氣山心海(기산심해) 기운은 산과 같고 마음은 넓은 바다와 같음.

+ 力(힘 력), 溫(따뜻할 온, 익힐 온), 山(산 산), 心(마음 심, 중심 심), 海(바다 해)

4급Ⅱ / 9획 / 飛

새가 날개 치며(⻤) 날아오르는(升) 모양을 본떠서 **날 비**

또 날면 높고 빠르니 **높을 비, 빠를 비**

飛行(비행) 공중으로 날아감.
飛火(비화) ① 튀어 박히는 불똥.
             ② 어떤 일의 영향이 다른 데까지 번짐.
各散盡飛(각산진비) 각기 뿔뿔이 흩어져 감.

+ 行(다닐 행, 행할 행, 항렬 항), 火(불 화), 各(각각 각), 散(흩어질 산), 盡(다할 진)

384 패구 탐빈[貝具 貪貧] - 貝로 된 한자 1

3급 / 7획 / 貝

아가미가 나온 조개( ) → 貝)를 본떠서 **조개 패**

또 인쇄술이 발달하기 전에는 조개껍질을 재물이나 돈으로도 썼으니 **재물 패, 돈 패**

⊕ 頁(머리 혈) - 제목번호 390, 見(볼 견, 뵐 현) - 제목번호 301 참고

5급II / 8획 / 八

재물(貝)을 하나(一)씩 갖추니 **갖출 구**

또 갖추어 놓고 쓰는 기구니 **기구 구**

具備(구비) (빠짐없이) 갖춤.
家具(가구) 집안 살림에 쓰이는 기구.

+ 備(갖출 비), 家(집 가, 전문가 가)

3급 / 11획 / 貝

지금(今) 앞에 재물(貝)이 있으면 탐내니 **탐낼 탐**

+ 今(이제 금, 오늘 금), 貝(조개 패, 재물 패, 돈 패)

4급II / 11획 / 貝

나눈(分) 재물(貝)이면 몫이 적어 가난하니 **가난할 빈**

+ 조개(貝) 한 마리도 나누어(分) 먹을 정도로 가난하니 '가난할 빈(貧)'이라고도 합니다.
+ 分(나눌 분, 단위 분, 단위 푼, 신분 분, 분별할 분, 분수 분)

貧困(빈곤) 가난하여 살기 곤란함.
貧富(빈부) 가난함과 부유함.
貧益貧(빈익빈) 가난할수록 더욱 가난해 짐.

+ 困(곤할 곤), 富(넉넉할 부, 부자 부), 益(더할 익, 유익할 익)

385 저적부[貯賊負] - 貝으로 된 한자 2

5급 / 12획 / 貝

재물(貝)을 집(宀)에 고무래(丁)로 당기듯 모아 쌓으니 **쌓을 저**

+ 宀(집 면), 丁(고무래 정, 못 정, 장정 정, 넷째 천간 정)

貯金(저금) (금융 기관 등에) 돈을 쌓아(맡겨) 둠. 또는 그 돈.
貯蓄(저축) (절약하여) 쌓아 둠.

+ 金(쇠 금, 금 금, 돈 금, 성씨 김), 蓄(쌓을 축)

4급 / 13획 / 貝

재물(貝)을 창(戈) 들고 많이(十) 훔치는 도둑이니 **도둑 적**

+ 戈(창 과), 十[열 십, 많을 십(十)의 변형]

逆賊(역적) (나라나 임금에게) 반역하는 사람.
海賊(해적) 해상에서 배를 습격하여 재물을 빼앗는 강도.

+ 逆(거스를 역, 배반할 역), 海(바다 해)

4급 / 9획 / 貝

사람(ク)이 재물(貝)을 가져가려고 짊어지니 **질 부**

또 싸움에도 지고 빚도 지니 **패할 부, 빚질 부**

+ ク[사람 인(人)의 변형]

負擔(부담) 어떠한 의무나 책임을 짐.
勝負(승부) (경기나 경쟁 등에서) 이기고 지는 것.

+ 擔(멜 담, 맡을 담), 勝(이길 승, 나을 승)

20日

386 원손원[員損圓] – 員으로 된 한자

4급II / 10획 / 口

입(口)에 먹고 살기 위하여 재물(貝)을 받고 일하는 관원이나 사람이니
관원 **원**, 사람 **원**

+ 관원 – 벼슬아치.
+ 취직할 곳이 관청 밖에 없었던 옛날에는 '관원 원'으로 쓰였는데, 요즘에는 '사람 원'으로 쓰입니다.

官員(관원) 관청의 직원.
減員(감원) 인원을 줄임. ↔ 增員(증원) 인원 수를 늘림.
滿員(만원) (정한) 인원이 가득 참.

+ 官(관청 관, 벼슬 관), 減(줄어들 감, 덜 감), 增(더할 증), 滿(찰 만)

4급 / 13획 / 手(扌)

손(扌)으로 사람(員)이 물건을 덜어낸 듯 잃으니 **덜 손, 잃을 손**

損害(손해) 경제적으로 밑지는 일.
破損(파손) 깨어져 못 쓰게 됨.
損失(손실) 잃어버리거나 축나서 손해를 봄. 또는 그 손해.

+ 害(해칠 해, 방해할 해), 破(깨질 파, 다할 파), 失(잃을 실)

4급II / 13획 / 口

사람(員)을 에워싼(口) 모양처럼 둥그니 **둥글 원**

또 옛날 돈은 둥글었으니 화폐 단위로도 쓰여 **화폐 단위 원**

+ 1954년에 행한 통화 개혁 전의 화폐 단위의 하나. 1전(錢)의 100배.
+ 口(둘레 위, 에워쌀 위, 나라 국), 錢(돈 전)

圓滿(원만) 둥글둥글하고 부족함이 없이 참.
圓卓(원탁) 둥근 탁자.
方圓(방원) 모난 것과 둥근 것.

+ 滿(찰 만), 卓(높을 탁, 뛰어날 탁, 탁자 탁), 方(모 방, 방향 방, 방법 방)

387 즉(칙)측[則測] - 則으로 된 한자

5급 / 9획 / 刀(刂)

재물(貝)을 칼(刂)로 나눌 때 곧 있어야 하는 법칙이니 **곧 즉, 법칙 칙**

+ 卽 - 날이 하얀(白) 비수(匕) 앞에 곧 무릎 꿇으니(卩) '곧 즉' - 3급Ⅱ
+ 刂(칼 도 방)

反則(반칙) 법칙·규정·규칙 등을 어김.
罰則(벌칙) (규율을 위반할 때) 벌로 적용하는 규칙.
原則(원칙) (규정하는 사항이) 기본적인 법칙.

+ 反(거꾸로 반, 뒤집을 반), 罰(벌할 벌), 原(근원 원)

4급Ⅱ / 12획 / 水(氵)

물(氵)의 양이나 깊이를 정해진 법칙(則)에 따라 헤아리니 **헤아릴 측**

測量(측량) 양을 헤아림.
測定(측정) 헤아려(재어서) 정함.
觀測(관측) 관찰하여 헤아림.

+ 量(헤아릴 량, 용량 량), 定(정할 정), 觀(볼 관)

20日

388 귀유[貴遺] - 貴로 된 한자

5급 / 12획 / 貝

가운데(中) 간직한 하나(一)의 재물(貝)이 귀하니 **귀할 귀**

+ 위험할 때는 물건들 사이에 귀한 것을 넣어 보관하지요.
+ 中(가운데 중, 맞힐 중), 貝(조개 패, 재물 패, 돈 패)

貴重(귀중) 귀하고 중요함.
富貴功名(부귀공명) 재산이 많고 지위가 높으며, 공을 세워 이름남.

+ 重(무거울 중, 중요할 중, 거듭 중), 富(넉넉할 부, 부자 부), 功(공 공, 공로 공), 名(이름 명, 이름날 명)

4급 / 16획 / 辵(辶)

귀한(貴) 물건을 가면서(辶) 남기거나 잃으니 **남길 유, 잃을 유**

遺産(유산) ① 죽은 사람이 남겨 놓은 재산.
            ② 앞 세대가 물려준 사물 또는 문화.
遺失(유실) (물건이나 돈을) 흘리거나 잃어버림.

+ 流失(유실) - 흘러가 잃어버림.
+ 産(낳을 산, 생산할 산), 失(잃을 실), 流(흐를 류)

389 고(가)가 관실[賈價 貫實] - 賈와 貫으로 된 한자

1급II / 13획 / 貝

덮어(襾) 쌓아 놓고 재물(貝)을 파는 장사니 **장사 고, 성씨 가**
+ 장사와 장수는 아래와 같이 '事(일 사, 섬길 사)'와 '手(손 수, 재주 수, 재주 있는 사람 수)'로 구분합니다.
  - 장사(事) - 물건 파는 일.
  - 장수(手) - 물건 파는 사람.
+ 襾[덮을 아(襾)의 변형]

5급II / 15획 / 人(亻)

사람(亻)이 장사(賈)할 때 부르는 값이니 **값 가**

또 값을 매기는 가치니 **가치 가**

약 価 - 사람(亻)이 덮어(襾) 놓고 파는 값이니 '값 가'
   또 값을 매기는 가치니 '가치 가'
+ 襾[덮을 아(襾)의 변형]

價格(가격) 물건이 지니고 있는 가치를 돈으로 나타낸 것.
定價(정가) ① 정해진 값.
         ② 값을 정함.
代價(대가) ① 물건을 산 대신의 값.
         ② 어떤 일을 하기 위해 생기는 희생.

+ 格(격식 격, 헤아릴 격), 定(정할 정), 代(대신할 대, 세대 대, 대금 대)

3급II / 11획 / 貝

(옛날 돈인 엽전은 구멍이 있어서 일정한 양만큼 꿰어 보관했으니)

꿰어(毌) 놓은 돈(貝)의 무게 단위를 생각하여 **꿸 관, 무게 단위 관**

+ 1관은 3.75kg.
+ 毌(꿰뚫을 관)

5급II / 14획 / 宀

수확하여 집(宀)에 꿰어(貫) 놓은 열매니 **열매 실**

또 열매처럼 중요한 실제니 **실제 실**

약 実 - 집(宀)에 두(二) 개씩 크게(大) 꿰어 놓은 열매니 '열매 실'
   또 열매처럼 중요한 실제니 '실제 실'

果實(과실) (사람이 먹을 수 있는 나무의) '열매'로, 과일로 많이 부름.
實感(실감) 실제로(체험하듯이) 느낌.
有名無實(유명무실) 이름뿐이고 실제가 없음.

+ 果(과실 과, 결과 과), 感(느낄 감, 감동할 감), 有(가질 유, 있을 유), 名(이름 명, 이름날 명), 無(없을 무)

390 혈령순[頁領順] - 頁로 된 한자 1

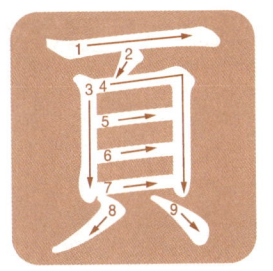

특급II / 9획 / 頁

머리(一)에서 이마(丿)와 눈(目) 있는 얼굴 아래 목(八)까지를 본떠서 **머리 혈**

+ 一('한' 일이지만 여기서는 머리로 봄), 丿('삐침 별'이지만 여기서는 이마로 봄), 目(눈 목, 볼 목, 항목 목), 八('여덟 팔, 나눌 팔'이지만 여기서는 목으로 봄)

5급 / 14획 / 頁

명령하며(令) 거느리는 우두머리(頁)니
거느릴 령(영), 우두머리 령(영)

+ 令(하여금 령, 명령할 령, 남을 높이는 말 령) - 제목번호 236 참고

領導(영도) 거느려 이끎. 앞장서 지도함.
大統領(대통령) 크게 거느린 우두머리. 한 나라의 최고 책임자.

+ 導(인도할 도), 統(묶을 통, 거느릴 통)

5급II / 12획 / 頁

(위에서 아래로 흐르는) 냇물(川)처럼 우두머리(頁)의 명령을 따름이 순하니
순할 순

+ 川(내 천) - 제목번호 296 참고

順理(순리) ① 도리에 순종함.
　　　　　② 마땅한 도리나 이치.
順産(순산) 순조롭게 아이를 낳음.
順從(순종) 순하게 따름.

+ 理(이치 리, 다스릴 리), 産(낳을 산, 생산할 산), 從(좇을 종, 따를 종)

391 류액현[類額顯] - 頁로 된 한자 2

5급II / 19획 / 頁

쌀(米)밥을 보고 달려오는 개(犬)들의 머리(頁)처럼 닮으니 **닮을 류(유)**

또 닮은 것끼리 모인 무리니 **무리 류(유)**

+ 米(쌀 미), 犬(개 견)

> 種類(종류) 사물의 부문을 나누는 갈래.
> 類類相從(유유상종) 같은 무리끼리 서로 따르며 사귐.

+ 種(씨앗 종, 종류 종, 심을 종), 相(서로 상, 모습 상, 볼 상, 재상 상), 從(좇을 종, 따를 종)

4급 / 18획 / 頁

손님(客)의 머리(頁)에서 잘 드러나는 이마니 **이마 액**

또 손님(客)의 머리(頁) 수로 계산한 액수니 **액수 액**

또 이마처럼 드러나게 걸어놓은 현판이니 **현판 액**

+ 현판(懸板) - 글자나 그림을 새겨 벽에 거는 널조각.
+ 客(손님 객), 懸(매달 현, 멀 현), 板(널조각 판)

> 總額(총액) 모은 전체의 액수.
> 額子(액자) (그림·글씨·사진 등을 넣어) 벽에 걸기 위한 틀.
> 額字(액자) 현판에 쓴 글자.

+ 總(모두 총, 거느릴 총), 子(아들 자, 첫째 지지 자, 자네 자, 접미사 자), 字(글자 자)

4급 / 23획 / 頁

햇(日)빛이나 작고(幺) 작은(幺) 불(灬)에도 머리(頁)는 드러나니

드러날 현

⟨약⟩ 顕 - 해(日)와 같이(丨丨) 이쪽저쪽(丷)의 땅(一)에 머리(頁)가 드러나니 '드러날 현'

+ 幺(작을 요, 어릴 요), 灬(불 화 발)

> 具顯(구현) '갖추어 나타남'으로, 구체적인 모습으로 뚜렷하게 나타남.
> 顯忠日(현충일) (목숨 바쳐 나라를 지켜낸 이의) 충성을 드러내 기념하는 날.

+ 具(갖출 구, 기구 구), 忠(충성 충), 日(해 일, 날 일)

392 경경[頃傾] – 頃으로 된 한자

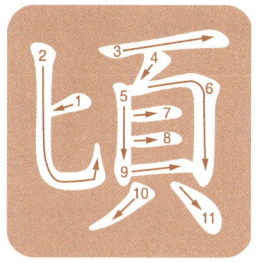

3급II / 11획 / 頁

비수(匕)처럼 번쩍 머리(頁)에 어떤 생각이 스치는 잠깐이니 **잠깐 경**

또 잠깐 사이의 어떤 즈음이나 잠깐 사이에 만들어지는 이랑이니
즈음 경, 이랑 경

+ 이랑 – 갈아 놓은 밭의 한 두둑과 한 고랑을 아울러 이르는 말.
+ 匕(비수 비, 숟가락 비)

4급 / 13획 / 人(亻)

사람(亻)은 잠깐(頃) 사이에 어느 쪽으로 기우니 **기울 경**

傾向(경향) 마음이나 형세가 어느 한쪽으로 향하여 기울어짐.
傾聽(경청) 귀를 기울이고 들음.

+ 向(향할 향, 나아갈 향), 聽(들을 청)

393 둔순[屯純] – 屯으로 된 한자

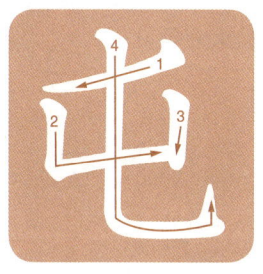

3급 / 4획 / 屮(屯)

땅(丿)에 싹(屯)이 묻혀 있는 모양에서 **묻힐 둔**

또 묻히듯이 숨어 병사들이 진 치니 **진 칠 둔**

+ 丿('삐침 별'이지만 여기서는 땅의 모양으로 봄), 屯[屮(싹 날 철, 풀 초)의 변형]

4급II / 10획 / 糸

깨끗한 흰 실(糸)과 아직 땅에 묻혀(屯) 올라오는 새싹처럼 순수하니 **순수할 순**

純潔(순결) 순수하고 깨끗함.
單純(단순) 복잡하지 않고 간단함.
不純(불순) ① 물질 등이 순수하지 아니함.
　　　　　② 딴 속셈이 있어 참되지 못함.

+ 潔(깨끗할 결), 單(홑 단), 不(아닐 불, 아닐 부)

394 화(오)오[吳誤] - 吳로 된 한자

1급II / 7획 / 口

입(口) 벌리고 목 젖히며(👤 → ㄱ) 큰(大)소리쳤던 오나라니
큰소리칠 화, 오나라 오

+ 오(吳)나라 - 중국 춘추 시대의 나라.
+ 口(입 구, 구멍 구, 말할 구), ㄱ(목을 뒤로 젖힌 모양)

4급II / 14획 / 言

말(言)할 때 큰소리(吳)로 허풍떨며 자신을 그르치니 **그르칠 오**

誤答(오답) 잘못된 대답을 하는 것. 또는 그 대답.
誤發(오발) (총기를) 잘못 발사(發射)함.
誤報(오보) (어떤 소식을 사실과 다르게) 잘못 보도하는 것. 또는 그 보도.

+ 答(대답할 답, 갚을 답), 發(쏠 발, 일어날 발), 射(쏠 사), 報(알릴 보, 갚을 보)

395 아악(오)[亞惡] - 亞로 된 한자

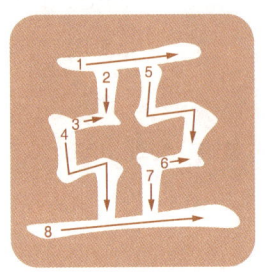

3급II / 8획 / 二

(신체 능력이 보통 사람과 조금 다른) 두 척추장애인(👥)을 본떠서
버금 아, 다음 아

약 亜 - 버금 아, 다음 아(亞)를 쉽게 써서 '버금 아, 다음 아'
+ '버금'은 으뜸의 바로 아래로, '다음, 두 번째'의 뜻입니다.

5급II / 12획 / 心

(최선이 아닌) 다음(亞)을 생각하는 마음(心)이 악하니 **악할 악**
또 악은 모두 미워하니 **미워할 오**

약 悪
+ 무슨 나쁜 짓을 하는 것만이 악이 아니라, 최선을 다하지 않고 '이것이 안 되면 다음 것 하지' 식으로 다음을 생각하는 마음도 제일 큰 악이지요.

惡用(악용) 잘못 씀. 나쁜 일에 씀. ↔ 善用(선용) 알맞게 쓰거나 좋은 일에 씀.
惡化(악화) 일의 형세나 병의 증세가 나빠짐. ↔ 好轉(호전) 일의 형세나 병의 증세가 나아짐.

+ 用(쓸 용), 善(착할 선, 좋을 선, 잘할 선), 化(될 화, 변화할 화, 가르칠 화), 好(좋을 호), 轉(구를 전)

396 충충[虫蟲] - 虫으로 된 한자

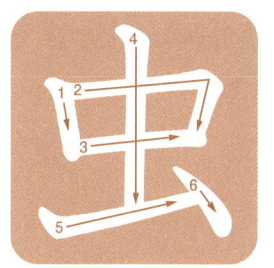

특급 / 6획 / 虫

벌레 충(蟲)이 속자나 부수로 쓰일 때의 모양으로, 벌레를 본떠서 **벌레 충**

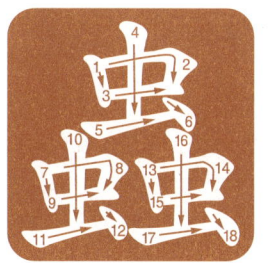

4급II / 18획 / 虫

(벌레는 원래 한 마리가 아니니) 많은 벌레가 모인 모양을 본떠서 **벌레 충**

蟲齒(충치) 벌레 먹은 이.
病蟲(병충) 농작물을 병들게 하는 벌레.
冬蟲夏草(동충하초) 겨울에는 벌레이던 것이 여름에는 풀처럼 나타난다는 데서 이름 지어진 버섯.

+ 齒(이 치, 나이 치), 病(병 병, 근심할 병), 冬(겨울 동), 夏(여름 하), 草(풀 초)

397 제제[齊濟] - 齊로 된 한자

3급II / 14획 / 齊

벼 이삭이 패서 가지런한 모양을 본떠서 **가지런할 제**

액 斉 - 무늬(文)가 가로(二)로 세로(刂)로 가지런하니 '가지런할 제'
+ 文(무늬 문, 글월 문) - 제목번호 358 참고

4급II / 17획 / 水(氵)

물(氵)살이 가지런할(齊) 때 건너거나 빠진 사람을 구제하니
건널 제, 구제할 제

액 済

經濟(경제) '지나고 건넘'으로, 사람이 생활하며 필요로 하는 물건이나 서비스를 만들고 나누고 쓰는 것.
救濟(구제) '도와 건너게 함'으로, 불행이나 재해를 만난 사람을 도와 줌.

+ 經(지날 경, 날실 경, 글 경), 救(구원할 구, 도울 구)

398 천 걸걸[舛 桀傑] - 舛과 桀로 된 한자

특급II / 6획 / 舛

저녁(夕)에는 어두워 하나(一)씩 덮어(乚) 꿰어도(丨) 어긋나니 **어긋날 천**

+ 夕(저녁 석), 乚[감출 혜, 덮을 혜(匚 = 匸)의 변형], 丨(뚫을 곤)

1급II / 10획 / 木

어긋난(舛) 사람을 나무(木) 위에 매달아 벌줌이 사나우니 **사나울 걸**

또 사납기로 대표적인 걸 임금이니 **걸 임금 걸**

+ 걸주(桀紂) - (중국 역사상 폭군의 대표적인) 하(夏)나라의 걸왕(桀王)과 은(殷)나라의 주왕(紂王)을 일컫는 말.
+ 殷(은나라 은, 성할 은), 紂(주 임금 주)

4급 / 12획 / 人(亻)

사람(亻)이 사납게(桀) 무엇에 열중하여 뛰어나니 **뛰어날 걸**

또 재주와 용기가 뛰어난 호걸이니 **호걸 걸**

㊛ 杰 - 나무(木)가 불(灬)타듯이 열성적이면 뛰어나니 '뛰어날 걸'
+ 灬(불 화 발)

> 傑作(걸작) ① 뛰어난 작품. 명작(名作).
> ② 말이나 행동이 유별나게 우스꽝스러워 이목을 끄는 사람을 이르는 말.
> 傑出(걸출) 남보다 훨씬 뛰어난 사람.

+ 作(지을 작), 名(이름 명, 이름날 명), 出(날 출, 나갈 출)

399 무무[無舞] - 無로 된 한자

5급 / 12획 / 火(灬)

사람(𠂉)이 장작더미를 쌓아서(卌) 그 밑에 불(灬)을 지핀 모양으로,
불타 버리고 없으니 **없을 무**

약 无 - 하늘(一) 땅(一) 사이에 사람(儿) 하나 없으니 '없을 무'
    旡 - 하나(一)도 숨은(乚) 사람(儿)이 없으니 '없을 무'
+ 𠂉[사람 인(人)의 변형], 灬(불 화 발), 儿[사람 인 발, 어진사람 인(儿)의 변형], 匚(감출 혜, 덮을 혜, = 乚)

無能(무능) (무엇을 할) 능력이 없음.
無妨(무방) 방해가 없음. 괜찮음.
無識(무식) 아는 것이 없음.

+ 能(능할 능), 妨(방해할 방), 識(알 식, 기록할 지)

4급 / 14획 / 舛

정신없이(無) 발을 어긋나게(舛) 디디며 춤추니 **춤출 무**

+ 無[없을 무(無)의 획 줄임]

亂舞(난무) ① 어지럽게 마구 추는 춤. ② 옳지 않은 것이 함부로 나타남.
歌舞(가무) ① 노래와 춤. ② 노래하면서 추는 춤.

+ 亂(어지러울 란), 歌(노래 가)

20日

400 부(관)요[缶謠] - 缶로 된 한자

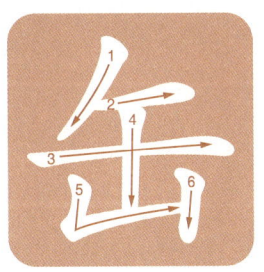

특급II / 6획 / 缶

사람(𠂉)이 하나(一)의 산(山)처럼 길쭉하게 만든 장군이나 두레박이니
장군 부, 두레박 관

+ 장군 - 물이나 술·오줌 같은 액체를 담아 나르던 도구로, 배가 부른 달걀을 눕혀 놓은 모양임.
+ 두레박 관(罐)의 약자.

4급II / 17획 / 言

말(言)하듯 고기(夕)를 장군(缶)에 놓고 먹으며 부르는 노래니 **노래 요**

+ 言(말씀 언), 夕[달 월, 육 달 월(月)의 변형]

謠言(요언) 뜬 소문.
民謠(민요) (예부터 내려오는) 민속 노래.

+ 民(백성 민)

확인문제 (381~400)

01~04 다음 漢字의 훈(뜻)과 음(소리)을 쓰세요.

01. 裝 (   ) 02. 貧 (   )
03. 賊 (   ) 04. 測 (   )

05~08 다음 훈음에 맞는 漢字를 쓰세요.

05. 김 기 (   ) 06. 갖출 구 (   )
07. 쌓을 저 (   ) 08. 귀할 귀 (   )

09~12 다음 漢字語의 독음을 쓰세요.

09. 狀況 (   ) 10. 將兵 (   )
11. 勸獎 (   ) 12. 破損 (   )

13~14 다음 문장 중 밑줄 친 단어를 漢字로 쓰세요.

13. 경기 중 부정행위가 드러나 벌칙을 받았다. (   )
14. 이 장부에 상품명, 수량, 단가를 빠짐없이 차례로 기입해라. (   )

15~16 다음 문장 중 漢字로 표기된 단어의 독음을 쓰세요.

15. 산세가 雄壯하고 기이하다. (   )
16. 내일 있을 경기에서 최종 勝負가 결정될 것이다. (   )

17~18 다음 뜻풀이에 맞는 단어를 漢字로 쓰세요.

17. 이름뿐이고 실제가 없음. (   )
18. 순하게 따름. (   )

19~20 다음 漢字語의 뜻을 쓰세요.

19. 飛行 (   )
20. 滿員 (   )

---

01. 꾸밀 장 02. 가난할 빈 03. 도둑 적 04. 헤아릴 측 05. 汽 06. 具 07. 貯 08. 貴 09. 상황 10. 장병 11. 권장 12. 파손 13. 罰則 14. 單價 15. 웅장 16. 승부 17. 有名無實 18. 順從 19. 공중으로 날아감. 20. 정한 인원이 가득 참.

제 3 편

한자 응용하기

제1장　고사성어(故事成語)
제2장　약자(略字)
제3장　일자다음자(一字多音字)
제4장　동음이의어(同音異義語)
제5장　유의자(類義字)
제6장　유의어[類義語(同義語)] 1
제7장　유의어[類義語(同義語)] 2
제8장　반대자(反對字)/상대자(相對字)
제9장　반대어(反對語)/상대어(相對語)
제10장　한자음(漢字音)의 장단(長短)

1장 고사성어(故事成語)

고사성어는 단 몇 개의 한자로 말하고 싶은 내용을 명쾌하게 표현할 수 있다는 장점이 있어서 각종 시험은 물론 일상생활에도 많이 쓰입니다.

고사성어를 익힐 때는 무조건 외지 마시고, 먼저 한자대로 해석해 보고 다음에 의역하여 뜻을 분명히 알아 두었다가 일상생활에서 자주 사용해 보세요. 자신도 모르게 익혀집니다.

그리고 원래 있는 고사성어대로만 쓰지 마시고 상황에 맞게 한자를 바꾸어서도 써 보세요. 그만큼 한자 실력과 어휘 실력이 늘어나게 됩니다.

 다다익선(多多益善) 많을수록 더욱 좋음.
　　대대익선(大大益善) 클수록 더욱 좋음.
　　소소익선(少少益善) 젊을수록 더욱 좋음.
　　조조익선(早早益善) 이를수록 더욱 좋음.
　　소소익선(小小益善) 작을수록 더욱 좋음.

+ 이 말에서 선(善)을 惡(악할 악, 미워할 오)으로 바꿔보면 '좋음'이 '나쁨'으로 되어 多多益惡(많을수록 더욱 나쁨)처럼 반대의 뜻이 되지요.
+ 多(많을 다), 益(더할 익, 유익할 익), 善(착할 선, 좋을 선, 잘할 선), 早(일찍 조), 小(작을 소), 少(적을 소, 젊을 소)

家家戶戶 (가가호호)
집집마다.
+ 家(집 가, 전문가 가), 戶(문 호, 집 호)

各樣各色 (각양각색)
각각의 모양과 각각의 색.
+ 各(각각 각), 樣(모양 양), 色(빛 색)

角者無齒 (각자무치)
'뿔 있는 자는 이가 없음'으로, 한 사람이 모든 재주나 복을 다 가질 수 없음을 말함.
+ 角(뿔 각, 모날 각, 겨룰 각), 者(놈 자, 것 자), 無(없을 무), 齒(이 치, 나이 치)

甘言利說 (감언이설)
(남의 비위에 맞도록) 달콤한 말과 이로운 조건을 내세워 꾀는 말.
+ 甘(달 감, 기쁠 감), 言(말씀 언), 利(이로울 리, 날카로울 리), 說(달랠 세, 말씀 설, 기쁠 열)

居安思危 (거안사위)
평안할 때에도 위험과 곤란이 닥칠 것을 생각하며 잊지말고 미리 대비해야 함.
+ 居(살 거, 많을 거), 安(편안할 안), 思(생각할 사), 危(위태로울 위)

格物致知 (격물치지)
실제의 사물의 이치를 연구하여 지식을 완전하게 함.
+ 格(헤아릴 격, 격식 격), 物(물건 물), 致(이를 치, 이룰 치), 知(알 지)

見利思義(견리사의)

'이로움을 보면 의를 생각함'으로, 이로움을 보면 그것이 의에 맞는가 어떤가를 먼저 생각하라는 말.
+ 見(볼 견, 뵐 현), 義(옳을 의, 의로울 의)

見物生心(견물생심)

물건을 보면 욕심이 생김.
+ 物(물건 물), 生(날 생, 살 생, 사람을 부를 때 쓰는 접사 생), 心(마음 심, 중심 심)

決死反對(결사반대)

죽기를 결심하고 반대함.
+ 決(정할 결, 터질 결), 死(죽을 사), 反(거꾸로 반, 뒤집을 반), 對(상대할 대, 대답할 대)

結草報恩(결초보은)

'풀을 묶어 은혜를 갚음'으로, 죽은 후에라도 은혜를 잊지 않고 갚음을 말함.
+ 중국 춘추시대에 진나라 위과(魏顆)가 아버지의 유언을 어기고 서모(庶母)를 개가(改嫁)시켜 순사(殉死)하지 않게 했더니, 그 뒤 그 서모 아버지의 혼령이 적군의 앞길에 풀을 묶어 적을 넘어뜨려 위과가 공을 세울 수 있도록 하였다는 고사에서 유래.
+ 草(풀 초), 報(알릴 보, 갚을 보), 恩(은혜 은), 改(고칠 개), 嫁(시집갈 가), 殉(따라 죽을 순), 死(죽을 사), 서모(庶母) – 아버지의 첩

敬老孝親(경로효친)

노인을 공경하고 부모에게 효도함.
+ 敬(공경할 경), 老(늙을 로), 孝(효도 효), 親(어버이 친, 친할 친)

驚天動地(경천동지)

'하늘이 놀라고 땅이 움직임'으로, 세상을 몹시 놀라게 함.
+ 驚(놀랄 경), 天(하늘 천), 動(움직일 동), 地(땅 지, 처지 지)

敬天愛人(경천애인)

하늘을 공경하고 사람을 사랑함.
+ 愛(사랑 애, 즐길 애, 아낄 애), 人(사람 인)

鷄卵有骨(계란유골)

'달걀에 뼈가 있음'으로, 운수가 나쁜 사람은 모처럼 좋은 기회를 만나도 역시 잘 안 됨을 말함.
+ 속 안 되는 놈은 뒤로 자빠져도 코가 깨진다.
+ 鷄(닭 계), 卵(알 란), 有(가질 유, 있을 유), 骨(뼈 골)
+ 고사 성어에서 속은 속담을 말함.

孤立無援(고립무원)

(의지할 곳 없이) 외톨이가 되어 도와주는 사람이 없음.
+ 孤(외로울 고, 부모 없을 고), 立(설 립), 無(없을 무), 援(당길 원, 도울 원)

1장
고사성어

苦盡甘來(고진감래)

'쓴 것이 다하면 단 것이 옴'으로, 고생 끝에 즐거움이 온다는 말.
+ 반 興盡悲來(흥진비래)
+ 苦(쓸 고, 괴로울 고), 盡(다할 진), 甘(달 감, 기쁠 감), 來(올 래), 興(흥할 흥, 흥겨울 흥), 悲(슬플 비)

骨肉相殘(골육상잔)

뼈와 살이 가까운 친족끼리 서로 해침.
+ 동 骨肉相爭(골육상쟁)
+ 骨(뼈 골), 肉(고기 육), 相(서로 상, 모습 상, 볼 상, 재상 상), 殘(잔인할 잔, 해칠 잔, 나머지 잔), 爭(다툴 쟁)

功過相半(공과상반)

공로와 허물이 반반임.
+ 功(공 공), 過(지날 과, 지나칠 과, 허물 과), 半(반 반)

空前絶後(공전절후)

'앞이 비고 뒤가 끊어짐'으로, 비교할 만한 것이 이전이나 이후에도 없음.
+ 동 前無後無(전무후무)
+ 空(빌 공, 하늘 공), 前(앞 전), 絶(끊을 절, 죽을 절, 가장 절), 後(뒤 후)

過失相規(과실상규)

잘못을 서로 고쳐줌.
+ 失(잃을 실), 規(법 규)

九死一生(구사일생)

여러 번 죽을 고비를 넘기고 간신히 살아남.
+ 九(아홉 구, 클 구, 많을 구), 死(죽을 사), 一(한 일)

九牛一毛 (구우일모)
'많은 소에 한 가닥의 털'로, 많은 가운데 극히 적은 부분.
+ 牛(소 우), 毛(털 모)

九折羊腸 (구절양장)
'많이 꺾인 양의 창자'로, 꾸불꾸불한 양의 창자처럼 일이나 앞길이 매우 험난함을 비유한 말.
+ 折(꺾을 절), 羊(양 양), 腸(창자 장)

舊態依然 (구태의연)
'옛 모습에 그대로 의지함'으로, 예전과 조금도 달라진 것이 없이 똑같음.
+ 舊(오랠 구, 옛 구), 態(모양 태), 依(의지할 의), 然(그러할 연)

權不十年 (권불십년)
'권세는 10년을 가지 못함'으로, 권력이나 세도는 오래 가지 못하고 늘 변함을 이르는 말.
+ 동 花無十日紅(화무십일홍 - 꽃은 십일 동안 붉지 않음)
+ 權(권세 권), 不(아닐 불·부), 十(열 십, 많을 십), 年(해 년, 나이 년), 花(꽃 화), 紅(붉을 홍)

金科玉條 (금과옥조)
'금 같은 과목, 옥 같은 조목'으로, 아주 귀중한 법칙이나 제도를 이르는 말.
+ 金(쇠 금, 금 금, 돈 금, 성씨 김), 科(과목 과, 조목 과), 玉(구슬 옥), 條(가지 조, 조목 조)

今時初聞 (금시초문)
이제야 처음 들음.
+ 동 今始初聞(금시초문)
+ 今(이제 금, 오늘 금), 時(때 시), 初(처음 초), 聞(들을 문)

奇奇妙妙 (기기묘묘)
'기이하고 묘함'을 강조하여 이르는 말.
+ 奇(기이할 기, 홀수 기), 妙(묘할 묘, 예쁠 묘)

起死回生 (기사회생)
'죽음에서 일어나 다시 살아남'으로, 다 죽게 되었다가 어렵게 다시 살아남을 말함.
+ 起(일어날 기, 시작할 기), 死(죽을 사), 回(돌 회 돌아올 회, 횟수 회), 生(날 생, 살 생, 사람을 부를 때 쓰는 접사 생)

奇想天外 (기상천외)
'기이한 생각이 하늘 밖'으로, 보통 사람이 쉽게 짐작할 수 없을 정도로 엉뚱하고 기발한 생각.
+ 想(생각 상), 天(하늘 천), 外(밖 외)

落木寒天 (낙목한천)
나뭇잎이 다 떨어진 겨울의 춥고 쓸쓸한 풍경이나 또는 그런 계절.
+ 落(떨어질 락), 木(나무 목), 寒(찰 한), 天(하늘 천)

難攻不落 (난공불락)
'공격하기 어려워 함락되지 아니함'으로, 공격하여 정복하기 어려움.
+ 難(어려울 난, 비난할 난), 攻(칠 공, 닦을 공), 落(떨어질 락)

難兄難弟 (난형난제)
'(누구를) 형이라 하기도 어렵고 동생이라 하기도 어려움'으로, 우열을 가리기 어렵게 서로 비슷함을 말함.
+ 동 莫上莫下(막상막하), 五十步百步(오십보백보), 大同小異(대동소이)
+ 속 도토리 키 재기.
+ 兄(형 형, 어른 형), 弟(아우 제, 제자 제), 莫(없을 막, 말 막, 가장 막), 步(걸음 보), 同(한가지 동, 같을 동), 異(다를 이)

怒發大發 (노발대발)
'성을 내고 크게 일어남'으로, 몹시 노하여 펄펄 뛰며 성을 냄.
+ 怒(성낼 노), 發(쏠 발, 일어날 발)

論功行賞 (논공행상)
공(功)을 논하여 알맞은 상을 내림.
+ 論(논할 론, 평할 론), 功(공 공, 공로 공), 行(다닐 행, 행할 행, 항렬 항), 賞(상줄 상, 구경할 상)

能小能大 (능소능대)
'작은 것에도 능하고 큰 것에도 능함'으로, 모든 일에 두루 능함.
+ 能(능할 능), 小(작을 소), 大(큰 대)

多多益善(다다익선)

많으면 많을수록 더욱 좋음.
+ 多(많을 다), 益(더할 익, 유익할 익), 善(착할 선, 좋을 선, 잘할 선)

多聞博識(다문박식)

(보고) 들은 것이 많고 아는 것이 넓음(많음).
+ 聞(들을 문), 博(넓을 박), 識(알 식, 기록할 지)

多情多感(다정다감)

'정도 많고 느낌도 많음'으로, 애정이 많고 감수성이 예민하여 마음이 약해지기 쉬운 사람을 일컬음.
+ 情(뜻 정, 정 정), 感(느낄 감)

大義名分(대의명분)

사람으로서 마땅히 지키고 행하여야 할 도리나 본분.
+ 大(큰 대), 義(옳을 의), 名(이름날 명, 이름 명), 分(나눌 분)

大驚失色(대경실색)

크게 놀라 얼굴빛을 잃음(하얗게 변함).
+ 大(큰 대), 驚(놀랄 경), 失(잃을 실), 色(빛 색)

大同小異(대동소이)

'크게 같고 조금 다름'으로, 큰 차이가 없이 거의 같음.
+ 同(한가지 동, 같을 동), 異(다를 이)

徒勞無功(도로무공)

헛되이 애만 쓰고 공(보람)이 없음.
+ 徒(한갓 도, 걸을 도, 무리 도), 勞(수고할 로, 일할 로), 無(없을 무), 功(공 공, 공로 공)

獨不將軍(독불장군)

'혼자서는 장군이 아님'으로, 혼자 잘난 척 뽐내다가 따돌림 받는 외로운 사람을 말함.
+ 獨(홀로 독, 자식 없을 독), 將(장수 장, 장차 장, 나아갈 장), 軍(군사 군)

讀書亡羊(독서망양)

'글을 읽는 데 정신이 팔려서 먹이던 양을 잃음'으로, 다른 일에 정신을 뺏겨 낭패 봄을 이르는 말.
+ 讀(읽을 독, 구절 두), 書(쓸 서, 글 서, 책 서), 亡(망할 망, 달아날 망, 죽을 망), 羊(양 양)

同苦同樂(동고동락)

'같이 고생하고 같이 즐거워함'으로, 고락(苦樂)을 같이 하며 함께 삶.
+ 同(한가지 동, 같을 동), 苦(쓸 고, 괴로울 고), 樂(노래 악, 즐길 락, 좋아할 요)

東問西答(동문서답)

'동쪽을 묻는데 서쪽을 대답함'으로, 묻는 말에 엉뚱하게 대답함.
+ 東(동쪽 동, 주인 동), 問(물을 문), 西(서쪽 서), 答(대답할 답, 갚을 답)

得意滿面(득의만면)

뜻한 바를 얻어(이루어) 기쁜 표정이 얼굴에 가득함.
+ 得(얻을 득), 意(뜻 의), 滿(찰 만), 面(얼굴 면, 향할 면, 볼 면, 행정 구역의 면)

燈下不明(등하불명)

'등잔 밑이 어두움'으로, 가까이 있는 것을 오히려 잘 모름.
+ 燈(등불 등), 下(아래 하, 내릴 하), 明(밝을 명)

燈火可親(등화가친)

'등잔불과 가히 친함'으로, 서늘한 가을밤은 등불을 가까이하여 글 읽기에 좋음을 말함.
+ 火(불 화), 可(옳을 가, 가히 가, 허락할 가), 親(어버이 친, 친할 친)

馬耳東風(마이동풍)

'말귀에 동풍'으로, 다른 사람의 말을 조금도 귀담아 듣지 않음을 말함.
+ 동 牛耳讀經(우이독경)
+ 馬(말 마), 耳(귀 이), 東(동쪽 동, 주인 동), 風(바람 풍, 풍속·경치·모습·기질·병 이름 풍), 牛(소 우), 讀(읽을 독, 구절 두), 經(지날 경, 날실 경, 글 경)

莫上莫下(막상막하)

어느 것이 위이고 아래인지 구별할 수 없음, 즉 우열의 차이가 없음.
+ 동 難兄難弟(난형난제)
+ 莫(없을 막, 말 막, 가장 막), 上(위 상, 오를 상)

萬古不變(만고불변)
만고에(아주 오래도록) 변하지 않음.
+ 萬(일만 만, 많을 만), 古(오랠 고, 옛 고), 變(변할 변)

萬古絶色(만고절색)
세상에 비길 데 없이 뛰어난 미인.
+ 萬(일만 만, 많을 만), 古(예 고), 絶(끊을 절), 色(빛 색)

明鏡止水(명경지수)
'맑은 거울과 그쳐있는 물'로, 맑고 깨끗한 마음을 말함.
+ 明(밝을 명), 鏡(거울 경), 止(그칠 지)

明明白白(명명백백)
'밝고 밝음'으로, 더할 나위 없이 명백함.
+ 白(흰 백, 밝을 백, 깨끗할 백, 아뢸 백)

名不虛傳(명불허전)
'이름은 헛되이 전해지지 않음'으로, 이름이 있는 것은 그것에 부합하는 사실이 있어서 그런 것이지 공연히 전해지지 않는다는 말.
+ 名(이름 명, 이름날 명), 不(아니 불, 아닐 부), 虛(빌 허, 헛될 허), 傳(전할 전, 이야기 전)

目不識丁(목불식정)
'고무래를 보고도 고무래 정(丁) 자를 모른다'로, 한 자를 전혀 모름, 또는 그러한 사람을 이르는 말.
= 一字無識(일자무식)
+ 족 낫 놓고 기역자도 모름.
+ 目(눈 목, 볼 목, 항목 목), 識(알 식, 기록할 지), 丁(고무래 정, 못 정, 장정 정), 字(글자 자)

無不通知(무불통지)
'통하여 알지 못할 바가 없음'으로, 무슨 일이던지 환히 알 수 있다는 말.
+ 無(없을 무), 通(통할 통), 知(알 지)

無法天地(무법천지)
'법이 없는 천지'로, 질서가 없는 사회를 일컬음.
+ 法(법 법), 天(하늘 천), 地(땅 지, 처지 지)

無爲徒食(무위도식)
하는 일 없이 한갓 먹기만 함.
+ 爲(할 위, 위할 위), 徒(한갓 도, 걸을 도, 무리 도), 食(밥 식, 먹을 식)

文房四友(문방사우)
서재에 갖추어 두는 붓, 먹, 종이, 벼루의 뜻.
+ 文(글월 문), 房(방 방), 四(넉 사), 友(벗 우)

聞一知十(문일지십)
'하나를 들으면 열을 앎'으로, 매우 총명함.
+ 聞(들을 문), 知(알 지), 十(열 십, 많을 십)

門前成市(문전성시)
'문 앞이 시장을 이룸'으로, 어떤 집 문 앞이 방문객으로 붐빔.
+ 門(문 문), 前(앞 전), 成(이룰 성), 市(시장 시, 시내 시)

物各有主(물각유주)
물건마다 각각 주인이 있음.
+ 物(물건 물), 各(각각 각), 有(가질 유, 있을 유), 主(주인 주)

美風良俗(미풍양속)
아름답고 좋은 풍속.
+ 美(아름다울 미), 風(바람 풍, 풍속·경치·모습·기질·병 이름 풍), 良(좋을 량, 어질 량), 俗(저속할 속, 속세 속, 풍속 속)

博覽强記(박람강기)
'널리 보고 힘써 기억함'으로, 널리 여러 가지 책을 많이 읽고 잘 기억함을 말함.
+ 博(넓을 박), 覽(볼 람), 强(굳셀 강, 억지 강), 記(기록할 기, 기억할 기)

博學多識(박학다식)
널리 배우고 많이 앎.
+ 學(배울 학), 多(많을 다), 識(알 식, 기록할 지)

半信半疑 (반신반의)
반쯤 믿고 반쯤 의심함.
+ 半(반 반), 信(믿을 신, 소식 신), 疑(의심할 의)

百年大計 (백년대계)
'백년의 큰 꾀'로, 먼 장래를 내다보는 원대한 계획.
+ 百(일백 백, 많을 백), 年(해 년, 나이 년), 大(큰 대), 計(셈할 계, 꾀할 계)

白面書生 (백면서생)
'흰 얼굴에 글만 읽은 사람'으로, 한갓 글만 읽고 세상일에 경험이 없는 사람.
+ 面(얼굴 면, 향할 면, 볼 면, 행정 구역의 면), 書(쓸 서, 글 서, 책 서), 生(날 생, 살 생, 사람을 부를 때 쓰는 접사 생)

百發百中 (백발백중)
'백 번 쏘아 백 번 다 맞힘'으로, 무슨 일이나 꼭꼭 들어맞아 잘 됨을 이르는 말.
+ 發(쏠 발, 일어날 발), 中(가운데 중, 맞힐 중)

百藥無效 (백약무효)
'온갖 약이 다 효험이 없음'으로, 온갖 방법을 다 써 봐도 아무 소용이 없을 때 쓰는 말.
+ 藥(약 약), 無(없을 무), 效(본받을 효, 효험 효)

白衣從軍 (백의종군)
'흰옷을 입고 군사를 따름'으로, 벼슬이 없는 사람이 군대를 따라 전쟁터로 나감을 말함.
+ 衣(옷 의), 從(좇을 종, 따를 종), 軍(군사 군)

百戰百勝 (백전백승)
'백 번 싸워 백 번 다 이김'으로, 전쟁에 능해서 싸움마다 이김.
+ 戰(싸울 전, 무서워 떨 전), 勝(이길 승, 나을 승)

百折不屈 (백절불굴)
'백 번 꺾어도 굴하지 않음'으로, 어떠한 어려움에도 굽히지 않음.
+ 折(꺾을 절), 屈(굽을 굴, 굽힐 굴)

百害無益 (백해무익)
'백 가지가 해롭고 이로울 것은 없음'으로, 해롭기만 하고 하나도 이로울 것이 없음.
+ 害(해칠 해, 방해할 해), 無(없을 무), 益(더할 익, 유익할 익)

富國強兵 (부국강병)
나라를 부유하게 하고 병력을 강하게 함.
+ 富(부자 부, 넉넉할 부), 國(나라 국), 強(군셀 강, 억지 강), 兵(군사 병)

夫婦有別 (부부유별)
오륜의 하나로, 남편과 아내 사이의 도리는 서로 침범하지 않음에 있음을 이른다.
+ 夫(남편 부, 사내 부), 婦(며느리 부), 有(있을 유, 가질 유), 別(나눌 별, 다를 별)

富貴在天 (부귀재천)
부귀를 누리는 일은 하늘의 뜻에 달려 있어 사람의 힘으로는 어찌할 수 없음을 말함.
+ 富(부자 부, 넉넉할 부), 貴(귀할 귀), 在(있을 재), 天(하늘 천)

父傳子傳 (부전자전)
'아버지가 전하고 자식이 전함'으로, 대대로 이어져 감.
+ 父(아버지 부), 傳(전할 전, 이야기 전), 子(아들 자, 첫째 지지 자, 자네 자, 접미사 자)

不可思議 (불가사의)
가히 생각하거나 의론할 수 없음.
+ 可(옳을 가, 가히 가, 허락할 가), 思(생각할 사), 議(의론할 의)

不可抗力 (불가항력)
'가히 저항할 힘이 없음'으로, 천재지변(天災地變) 같은 것을 말함.
+ 抗(막을 항), 力(힘 력), 天(하늘 천), 災(재앙 재), 地(땅 지, 처지 지), 變(변할 변)

不可形言 (불가형언)
'가히 말로 형용할 수 없음'으로, 말로 어떻게 표현해야 좋을지 알 수 없다는 말.
+ 形(모양 형), 言(말씀 언)

不問可知 (불문가지)
묻지 않아도 가히 앎.
+ 問(물을 문), 知(알 지)

不問曲直(불문곡직)

'굽고 곧음을 묻지 않음'으로, 잘잘못을 따지지 않고 함부로 일을 처리함.
+ 曲(굽을 곡, 노래 곡), 直(곧을 직, 바를 직)

非一非再(비일비재)

'하나도 아니고 둘도 아님'으로, 아주 많음.
+ 非(어긋날 비, 아닐 비, 나무랄 비), 再(다시 재, 두 번 재)

死生決斷(사생결단)

'죽고 살기를 정하여 결단함'으로, 죽기 아니면 살기로 끝장을 내려고 대듦을 이르는 말.
+ 死(죽을 사), 生(날 생, 살 생, 사람을 부를 때 쓰는 접사 생), 決(정할 결, 터질 결), 斷(끊을 단, 결단할 단)

四通五達(사통오달)

'사방, 오방(동, 서, 남, 북, 중앙)으로 통함'으로, 길이 사방으로 막힘없이 통함.
+ 동 四通八達(사통팔달)
+ 通(통할 통), 達(이를 달, 통달할 달), 八(여덟 팔, 나눌 팔)

事必歸正(사필귀정)

일은 반드시 바른 데로 돌아감.
+ 事(일 사, 섬길 사), 必(반드시 필), 歸(돌아올 귀, 돌아갈 귀), 正(바를 정)

山戰水戰(산전수전)

'산에서도 싸우고 물에서도 싸움'으로, 세상의 온갖 고생과 어려움을 다 겪었음을 이르는 말.
+ 戰(싸울 전, 무서워 떨 전)

山海珍味(산해진미)

산과 바다에서 나는 온갖 진귀한 물건으로 차린, 맛이 좋은 음식.
+ 山(산 산), 海(바다 해), 珍(보배 진), 味(맛 미)

殺身成仁(살신성인)

'자신의 몸을 죽여(희생하여) 어짊을 이룸'으로, 몸을 바쳐 옳은 도리를 행함.
+ 殺(죽일 살, 빠를 쇄, 감할 쇄), 身(몸 신), 成(이룰 성), 仁(어질 인)

殺生有擇(살생유택)

세속오계의 하나이며, 살생하는 데에 가림이 있다는 뜻으로, 살생을 함부로 하지 말고 가려서 해야 함을 이른다.
+ 殺(죽일 살, 빠를 쇄, 감할 쇄), 生(날 생), 有(있을 유, 가질 유), 擇(가릴 택)

三三五五(삼삼오오)

3-4명 또는 5-6명씩 떼를 지은 모양을 말함.

上通下達(상통하달)

'위로 통하고 아래로 이름'으로, 위아래로 명령이나 의사가 잘 통함.
+ 通(통할 통), 達(이를 달, 통달할 달)

先公後私(선공후사)

공적인 일을 먼저하고 사적인 일은 뒤로 미룬다는 말.
+ 처음에는 공을 위한 척하지만 결국은 사로 돌아간다는 뜻으로 쓰일 때도 있음.
+ 先(먼저 선), 公(공정할 공, 대중 공, 귀공자 공), 後(뒤 후), 私(사사로울 사)

善男善女(선남선녀)

'좋은 남자와 좋은 여자'로, ① 순결하고 마음씨가 착한 남자와 여자. ② 불법(佛法)에 귀의한 남자와 여자를 이르는 말.
+ 善(착할 선, 좋을 선, 잘할 선), 男(사내 남), 女(여자 녀), 佛(부처 불, 프랑스 불), 法(법 법)

先發制人(선발제인)

'먼저 일어나면 사람을 제압함'으로, 먼저 하면 남을 이기고 뒤져 기회를 잃으면 남에게 제압당한다는 말.
+ 發(쏠 발, 일어날 발), 制(제도 제, 억제할 제)

先病者醫(선병자의)

'먼저 병을 앓아본 사람이 의원'으로, 경험 있는 사람이 남을 인도할 수 있다는 말.
+ 病(병 병, 근심할 병), 者(놈 자, 것 자), 醫(의원 의)

說往說來(설왕설래)

'말이 가고 옴'으로, 무슨 일의 시비를 따지느라 말로 옥신각신함.
+ 說(달랠 세, 말씀 설, 기쁠 열), 往(갈 왕), 來(올 래)

所願成就(소원성취)
원한 바를 이루어 나감.
+ 所(장소 소, 바 소), 願(원할 원), 成(이룰 성), 就(나아갈 취)

速戰速決(속전속결)
'빨리 싸워서 빨리 결정함'으로, 재빠르게 싸워서 손쉽게 끝내는 것을 말함.
+ 速(빠를 속), 戰(싸울 전, 무서워 떨 전), 決(정할 결, 터질 결)

送舊迎新(송구영신)
'묵은 것을 보내고 새로운 것을 맞이함'으로, 묵은해를 보내고 새해를 맞이함.
+ 送(보낼 송), 舊(오랠 구, 옛 구), 迎(맞이할 영), 新(새로울 신)

是是非非(시시비비)
'옳은 것을 옳다고 하고 그른 것을 그르다고 함'으로, 옳고 그름을 분명히 가림.
+ 是(옳을 시, 이 시), 非(어긋날 비, 아닐 비, 나무랄 비)

始終如一(시종여일)
처음이나 끝이 한결 같음.
+ 始(처음 시), 終(다할 종, 마칠 종), 如(같을 여)

信賞必罰(신상필벌)
'믿을(상을 줄 만한) 사람에게는 상을 주고, 벌을 줄 만한 사람에게는 반드시 벌을 줌'으로, 상벌을 규정대로 분명하게 시행함을 말함.
+ 信(믿을 신, 소식 신), 賞(상줄 상, 구경할 상), 必(반드시 필), 罰(벌줄 벌)

身言書判(신언서판)
인물을 선택하는 데 표준으로 삼던 조건으로 신수, 말씨, 문필, 판단력의 네 가지를 말함.
+ 身(몸 신), 言(말씀 언), 書(글 서), 判(판단할 판)

實事求是(실사구시)
'실제의 일에서 옳은 것을 구함'으로, 사실에 근거하여 진리를 탐구함.
+ 實(열매 실, 실제 실), 事(일 사, 섬길 사), 求(구할 구)

心機一轉(심기일전)
지금까지 품었던 생각과 마음의 자세를 완전히 바꿈.
+ 心(마음 심), 機(베틀 기, 기계 기, 기회 기), 一(한 일), 轉(구를 전)

惡戰苦鬪(악전고투)
'악한 싸움 괴로운 싸움'으로, 매우 어려운 조건을 무릅쓰고 힘을 다하여 고생스럽게 싸움.
+ 惡(악할 악, 미워할 오), 戰(싸울 전, 무서워 떨 전), 苦(쓸 고, 괴로울 고), 鬪(싸울 투)

安貧樂道(안빈낙도)
가난해도 마음 편히 생각하며 도를 즐김.
+ 安(편안할 안), 貧(가난할 빈), 樂(노래 악, 즐길 락, 좋아할 요), 道(길 도, 도리 도, 말할 도, 행정 구역의 도)

眼下無人(안하무인)
'눈 아래 사람이 없음'으로, 성질이 방자하고 교만하여 모든 사람을 업신여김.
+ 眼(눈 안), 下(아래 하, 내릴 하), 無(없을 무)

藥房甘草(약방감초)
'약방의 감초'로, (한약에는 항상 감초가 들어간다는 데서) 무슨 일에나 빠짐없이 끼는 사람이나 사물을 이르는 말.
+ 藥(약 약), 房(방 방), 甘(달 감, 기쁠 감), 草(풀 초)

弱肉强食(약육강식)
'약자의 살은 강자의 밥이 됨'으로, 약한 것은 강한 것에게 먹힘.
+ 弱(약할 약), 肉(고기 육), 强(강할 강, 억지 강), 食(밥 식, 먹을 식)

良藥苦口(양약고구)
'좋은 약은 입에는 씀'으로, ① 좋은 약은 입에는 쓰나 병에는 이로움. ② 충언(忠言)은 귀에 거슬리나 몸에는 이롭다는 말.
+ 忠言逆耳(충언역이)
+ "충언역이이어행(忠言逆耳利於行) 양약고구익어병(良藥苦口益於病) - 충고의 말은 귀에는 거슬리나 행동에는 이롭고, 좋은 약은 입에는 쓰나 병에는 이롭다"에서 유래.

+ 良(좋을 량, 어질 량), 藥(약 약), 苦(쓸 고, 괴로울 고), 忠(충성 충), 言(말씀 언), 逆(거스를 역), 耳(귀 이), 利(이로울 리, 날카로울 리), 於(어조사 어, 탄식할 오), 行(다닐 행, 행할 행, 항렬 항), 益(더할 익, 유익할 익), 病(병 병, 근심할 병)

兩者擇一(양자택일)

둘 가운데 하나를 택함.
+ 兩(둘 량, 짝 량, 냥 냥), 者(놈 자, 것 자), 擇(가릴 택)

語不成說(어불성설)

말이 조금도 사리에 맞지 않음.
+ 語(말씀 어), 成(이룰 성), 說(달랠 세, 말씀 설, 기쁠 열)

億萬長者(억만장자)

억만금을 가진 큰 부자.
+ 億(억 억), 萬(일만 만, 많을 만), 長(길 장, 어른 장, 자랄 장), 者(놈 자, 것 자)

言語道斷(언어도단)

'언어에 도리가 끊김'으로, (매우 심하거나 나쁘거나 하여) 어이가 없어 말로써 나타낼 수가 없음을 말함.
+ 道(길 도, 도리 도, 말할 도, 행정 구역의 도), 斷(끊을 단, 결단할 단)

言中有骨(언중유골)

'말 가운데 뼈가 있음'으로, 예사로운 말 속에 만만치 않은 속뜻이 들어 있음.
+ 中(가운데 중, 맞힐 중), 有(가질 유, 있을 유), 骨(뼈 골)

言行相反(언행상반)

말과 행실이 서로 반대임.
+ 반 言行一致(언행일치)
+ 行(다닐 행, 행할 행, 항렬 항), 相(서로 상, 모습 상, 볼 상, 재상 상), 反(거꾸로 반, 뒤집을 반), 致(이룰 치, 이를 치)

嚴冬雪寒(엄동설한)

눈이 오는 엄하게(몹시) 추운 겨울.
+ 嚴(엄할 엄), 冬(겨울 동), 雪(눈 설, 씻을 설), 寒(찰 한)

如出一口(여출일구)

'한 입에서 나온 것 같음'으로, 여러 사람의 말이 한 사람이 말한 것 같음.
+ 如(같을 여), 出(날 출, 나갈 출)

年年歲歲(연년세세)

'해마다 해마다'로, '매년(每年)'을 힘주어 이르는 말.
+ 年(해 년, 나이 년), 歲(해 세, 세월 세), 每(매양 매, 항상 매)

緣木求魚(연목구어)

'나무에 인연하여 물고기를 구함'으로, 목적과 수단이 일치하지 않아 성공이 불가능함을 비유적으로 이르는 말.
+ 동 上山求魚(상산구어)
+ 緣(인연 연), 木(나무 목), 求(구할 구), 魚(물고기 어)

連戰連勝(연전연승)

'이어 싸우고 이어 이김'으로, 싸울 때마다 승리함.
+ 반 連戰連敗(연전연패)
+ 連(이을 련), 戰(싸울 전, 무서워 떨 전), 勝(이길 승, 나을 승), 敗(패할 패)

溫故知新(온고지신)

옛 것을 익히고 그것을 미루어 새 것을 앎.
+ 溫(따뜻할 온, 익힐 온), 故(연고 고, 옛 고), 知(알 지), 新(새로울 신)

完全無缺(완전무결)

완전하여 아무런 결점이 없음.
+ 完(완전할 완), 全(온전할 전), 無(없을 무), 缺(이지러질 결, 빠질 결)

右往左往(우왕좌왕)

'오른쪽으로 가고 왼쪽으로 감'으로, 방향을 정하지 못하고 오락가락함을 비유한 말.
+ 右(오른쪽 우), 往(갈 왕), 左(왼쪽 좌, 낮은 자리 좌)

牛耳讀經(우이독경)

'쇠귀에 경 읽기'로, 아무리 가르치고 일러 주어도 알아듣지 못함.
+ 牛(소 우), 耳(귀 이), 讀(읽을 독, 구절 두), 經(지날 경, 날실 경, 글 경)

危機一髮(위기일발)

'위기가 한 가닥의 머리털'로, 거의 여유가 없는 위급한 순간.
+ 危(위험할 위), 機(베틀 기, 기계 기, 기회 기), 髮(터럭 발)

威風堂堂 (위풍당당)

'위엄 있는 모습으로 당당한 것'으로, 행동에 기세가 있고 품위가 있음을 이르는 말.
+ 威(위엄 위), 風(바람 풍, 풍속·경치·모습·기질·병 이름 풍), 堂(집 당, 당당할 당)

有口無言 (유구무언)

'입은 있으나 말이 없음'으로, 변명할 말이 없거나 변명하지 못함을 이르는 말.
+ 有(가질 유, 있을 유), 無(없을 무), 言(말씀 언)

有名無實 (유명무실)

'이름만 있고 실제가 없음'으로, 이름만 요란하고 실제 알맹이는 없음.
+ 名(이름 명, 이름날 명), 實(열매 실, 실제 실)

有備無患 (유비무환)

사전의 대비가 충분하면 훗날의 근심을 없앨 수 있음.
+ 有(있을 유, 가질 유), 備(갖출 비), 無(없을 무), 患(근심 환)

類類相從 (유유상종)

같은 무리끼리 서로 따르며 사귐.
+ 동 草綠同色(초록동색)
+ 속 가재는 게 편.
+ 類(무리 류, 닮을 류), 相(서로 상, 모습 상, 볼 상, 재상 상), 從(좇을 종, 따를 종), 草(풀 초), 綠(푸를 록), 同(한가지 동, 같을 동), 色(빛 색)

陰德陽報 (음덕양보)

남모르게 덕행을 쌓은 사람은 드러나게 보답을 받게 됨.
+ 陰(그늘 음), 德(덕 덕, 클 덕), 陽(볕 양, 드러날 양), 報(알릴 보, 갚을 보)

異口同聲 (이구동성)

'다른 입에 같은 소리'로, 여러 사람의 말이 한결같음을 이르는 말.
+ 異(다를 이), 同(한가지 동, 같을 동), 聲(소리 성)

以卵擊石 (이란격석)

'계란으로 돌을 침'으로, 약한 것으로 강한 것을 당해 내려는 어리석음을 비유한 말.
+ 동 以卵投石(이란투석)
+ 以(써 이, 까닭 이), 卵(알 란), 擊(칠 격), 石(돌 석), 投(던질 투)

耳目口鼻 (이목구비)

귀·눈·입·코를 아울러 이르는 말.
+ 耳(귀 이), 目(눈 목, 볼 목, 항목 목), 鼻(코 비)

以民爲天 (이민위천)

'백성으로 써 하늘을 삼음'으로, 백성을 하늘같이 소중히 여김.
+ 民(백성 민), 爲(할 위, 위할 위), 天(하늘 천)

以實直告 (이실직고)

실제로써 바르게 알림.
+ 實(열매 실, 실제 실), 直(곧을 직, 바를 직), 告(알릴 고, 뵙고 청할 곡)

以心傳心 (이심전심)

(말이나 글로 전하지 않고) 마음으로써 마음을 전함.
+ 心(마음 심, 중심 심), 傳(전할 전, 이야기 전)

二律背反 (이율배반)

'두 가지 법률이 서로 등지고 거꾸로임'으로, 서로 모순되는 사실이 한 행동이나 사건 속에 주장되는 일.
+ 律(법률 률, 음률 률), 背(등 배, 등질 배), 反(거꾸로 반, 뒤집을 반)

離合集散 (이합집산)

떨어지고 합치고 모이고 흩어짐.
+ 離(헤어질 리), 合(합할 합, 맞을 합), 集(모일 집, 모을 집, 책 집), 散(흩어질 산)

利害得失 (이해득실)

이익과 손해와 얻음과 잃음을 아울러 이르는 말.
+ 利(이로울 리, 날카로울 리), 害(해칠 해, 방해할 해), 得(얻을 득), 失(잃을 실)

因果應報 (인과응보)

원인과 결과는 상응하여 갚는다는 뜻으로, 행한대로 결실을 얻는다는 말.
+ 因(말미암을 인, 의지할 인), 果(과실 과, 결과 과), 應(응할 응), 報(알릴 보, 갚을 보)

人命在天 (인명재천)

'사람의 목숨은 하늘에 매여 있음'으로, 사람의 목숨은 태어날 때 정해져서 사람 마음대로 되지 않는다는 말.
+ 命(명령할 명, 목숨 명, 운명 명), 在(있을 재), 天(하늘 천)

人事不省(인사불성)
'사람의 일을 살피지 못함'으로, ① 제 몸에 벌어지는 일을 모를 만큼 정신을 잃은 상태. ② 사람으로서의 예절을 차릴 줄 모름.
+ 事(일 사, 섬길 사), 省(살필 성, 줄일 생)

人死留名(인사유명)
'사람은 죽어도 이름은 머무름(남음)'으로, 그 삶이 헛되지 않으면 이름이 길이 남는다는 말.
+ 死(죽을 사), 留(머무를 류), 名(이름 명, 이름날 명)

人山人海(인산인해)
'사람이 산을 이루고 바다를 이룸'으로, 사람이 헤아릴 수 없이 많이 모인 모양을 말함.
+ 山(산 산), 海(바다 해)

因人成事(인인성사)
'사람으로 인하여 일을 이룸'으로, 자기가 직접 하지 못하고 남의 힘으로 일을 성사시킴.
+ 因(말미암을 인, 의지할 인), 成(이룰 성), 事(일 사, 섬길 사)

仁者無敵(인자무적)
어진 사람은 (모든 사람이 사랑하므로 세상에) 적이 없음.
+ 仁(어질 인), 者(놈 자, 것 자), 無(없을 무), 敵(원수 적)

一擧兩得(일거양득)
한 가지 일을 하여 두 가지 이득을 봄.
+ 동 一石二鳥(일석이조)
+ 속 꿩 먹고 알 먹기. 도랑치고 가재 잡기. 마당 쓸고 돈 줍기.
+ 擧(들 거, 행할 거, 일으킬 거), 兩(둘 량, 짝 량, 냥 냥), 得(얻을 득), 石(돌 석), 鳥(새 조)

一口二言(일구이언)
(한 가지 일에 대하여) 한 입으로 두 가지 말을 함.
+ 口(입 구, 말할 구, 구멍 구), 言(말씀 언)

一罰百戒(일벌백계)
'한 사람을 벌주어 백 사람을 경계함'으로, (다른 사람들에게 경각심을 불러일으키기 위하여) 본보기로 하는 처벌.
+ 罰(벌줄 벌), 百(일백 백, 많을 백), 戒(경계할 계)

一絲不亂(일사불란)
'한 오라기 실도 엉키지 않음'으로, 질서나 체계가 정연하여 조금도 어지러운 데가 없음.
+ 絲(실 사), 亂(어지러울 란)

一石二鳥(일석이조)
'하나의 돌로 두 마리 새를 잡음'으로, 한 가지 일로 두 가지 이득을 얻음.
+ 동 一擧兩得(일거양득)

一心同體(일심동체)
'한마음 같은 몸'으로, 서로 굳게 결합함을 이르는 말.
+ 心(마음 심, 중심 심), 同(한가지 동, 같을 동), 體(몸 체)

一日三秋(일일삼추)
'하루가 세 가을'로, 하루가 삼 년처럼 매우 지루하거나 몹시 애태우며 기다림을 비유한 말.
+ 一日如三秋(일일여삼추)의 준말.
+ 秋(가을 추), 如(같을 여)

一字無識(일자무식)
① 글자를 한 자도 모를 정도로 무식함. 또는 그런 사람. ② 어떤 분야에 대하여 아는 바가 하나도 없음을 비유적으로 이르는 말.
+ 字(글자 자), 無(없을 무), 識(알 식, 기록할 지)

一長一短(일장일단)
'하나의 장점과 하나의 단점'으로, 장점도 있고 단점도 있음을 말함.
+ 동 一短一長(일단일장)
+ 長(길 장, 어른 장, 자랄 장), 短(짧을 단, 모자랄 단)

一朝一夕(일조일석)
'하루 아침 하루 저녁'으로, 아주 짧은 시간을 말함.
+ 朝(아침 조, 조정 조, 뵐 조), 夕(저녁 석)

一寸光陰(일촌광음)
'한 마디 빛과 그늘'로, 매우 짧은 동안의 시간.
+ 寸(마디 촌, 법도 촌), 光(빛 광), 陰(그늘 음)

日就月將(일취월장)

'날로 나아가고 달로 나아감'으로, 계속 발전해 나아감.
+ 동 日新又日新(일신우일신), 日進月步(일진월보)
+ 就(나아갈 취, 이룰 취), 將(장수 장, 장차 장, 나아갈 장), 新(새로울 신), 又(오른손 우, 또 우), 進(나아갈 진), 步(걸음 보)

自強不息(자강불식)

스스로 힘쓰며 쉬지 않음.
+ 自(자기 자, 스스로 자, 부터 자), 強(강할 강, 억지 강), 息(쉴 식, 숨 쉴 식, 자식 식)

自古以來(자고이래)

'예로부터 써 오는 동안'으로, 예로부터 지금까지의 동안.
+ 동 自古(자고), 古來(고래)
+ 古(오랠 고, 옛 고), 以(써 이, 까닭 이), 來(올 래)

自過不知(자과부지)

자기 허물을 알지 못함.
+ 過(지날 과, 지나칠 과, 허물 과), 知(알 지)

自給自足(자급자족)

'스스로 주고 스스로 만족함'으로, 필요한 물자를 스스로 생산하여 충당함.
+ 給(줄 급), 足(발 족, 넉넉할 족)

自力更生(자력갱생)

'자기 힘으로 다시 살아남'으로, 자기의 어려웠던 환경을 딛고 다시 재기함.
+ 力(힘 력), 更(고칠 경, 다시 갱), 生(날 생, 살 생, 사람을 부를 때 쓰는 접사 생)

自問自答(자문자답)

'스스로 묻고 스스로 답함'으로, 의심나는 곳을 자기의 마음으로 진단해서 스스로 판단함.
+ 問(물을 문), 答(대답할 답, 갚을 답)

自手成家(자수성가)

(물려받은 재산이 없이) 자기 혼자의 손(힘)으로 집안을 일으키고 재산을 모음.
+ 手(손 수, 재주 수, 재주 있는 사람 수), 成(이룰 성), 家(집 가, 전문가 가)

自業自得(자업자득)

자기가 저지른 일의 결과를 자기가 받음.
+ 業(일 업, 업 업), 得(얻을 득)

子子孫孫(자자손손)

자손의 여러 대대.
+ 子(아들 자, 자네 자, 접미사 자), 孫(손자 손)

自初至終(자초지종)

처음부터 끝까지.
+ 初(처음 초), 至(이를 지, 지극할 지), 終(끝 종, 마칠 종)

自畫自讚(자화자찬)

'스스로 그리고 스스로 칭찬함'으로, 자기가 한 일을 스스로 자랑함.
+ 畫(그림 화, 그을 획), 讚(기릴 찬)

作心三日(작심삼일)

'한 번 작정한 마음이 사흘을 못 감'으로, 결심이 굳지 못함을 말함.
+ 作(지을 작), 心(마음 심, 중심 심)

張三李四(장삼이사)

'장씨의 셋째 아들과 이씨의 넷째 아들'로, 평범한 사람을 일컫는 말.
+ 張(베풀 장, 키울 장, 성씨 장), 李(오얏 리, 성씨 이)

積小成大(적소성대)

작은 것이 쌓여 큰 것을 이룸.
+ 동 積土成山(적토성산)
+ 積(쌓일 적), 成(이룰 성), 合(합할 합, 맞을 합), 太(클 태)

適者生存(적자생존)

'적응한 것만 살아 존재함'으로, 생존 경쟁의 결과 그 환경에 적응하는 것만 살아남음.
+ 適(알맞을 적, 갈 적), 者(놈 자, 것 자), 生(날 생, 살 생, 사람을 부를 때 쓰는 접사 생), 存(있을 존)

適材適所(적재적소)

적당한 인재를 적당한 곳에 씀.
+ 材(재목 재, 재료 재), 所(장소 소, 바 소)

電光石火 (전광석화)
번갯불이나 부싯돌의 불이 번쩍거리는 것과 같이 매우 짧은 시간이나 매우 재빠른 움직임을 이르는 말.
+ 電(번개 전), 光(빛 광), 石(돌 석), 火(불 화)

前代未聞 (전대미문)
'앞선 대에서 아직 듣지 못함'으로, 이제까지 들어 본 적이 없음.
+ 前(앞 전), 代(대신할 대, 세대 대, 대금 대), 未(아닐 미, 아직 ~ 않을 미, 여덟째 지지 미), 聞(들을 문)

前無後無 (전무후무)
'전에도 없었고 후에도 있을 수 없음'으로, 좀처럼 있기 어려운 일을 말함.
+ 동 空前絶後(공전절후)
+ 無(없을 무), 後(뒤 후), 空(빌 공, 하늘 공), 絶(끊을 절, 죽을 절, 가장 절)

絶世美人 (절세미인)
세상에서 가장 아름다운 사람.
+ 世(세대 세, 세상 세), 美(아름다울 미)

正正堂堂 (정정당당)
'바르고 당당함'으로, 태도나 수단이 공정하고 떳떳함.
+ 正(바를 정), 堂(집 당, 당당할 당)

種豆得豆 (종두득두)
콩을 심으면 콩이 나듯이 심는대로 거둔다는 뜻.
+ 種(씨앗 종), 豆(콩 두), 得(얻을 득), 豆(콩 두)

走馬看山 (주마간산)
'달리는 말 위에서 산을 봄'으로, 바쁘게 대충 보며 지나감을 말함.
+ 속 수박 겉핥기. 처삼촌 묘 벌초하기
+ 走(달릴 주, 도망갈 주), 馬(말 마), 看(볼 간)

晝夜不息 (주야불식)
'낮이나 밤이나 쉬지 않음'으로, 열심히 일함.
+ 晝(낮 주), 夜(밤 야), 息(쉴 식, 숨 쉴 식, 자식 식)

竹馬故友 (죽마고우)
'대나무말을 타고 놀던 옛 친구'로, 어릴 때부터 같이 놀던 오래된 친구. 소꿉친구.
+ 놀이기구가 없던 옛날에는 대를 말 타듯이 가랑이 사이에 끼고 놀았던 데서 유래.
+ 竹(대 죽), 故(연고 고, 옛 고), 友(벗 우)

衆口難防 (중구난방)
(마구 지껄이는) 여러 사람들의 입은 막기 어려움.
+ 衆(무리 중), 難(어려울 난, 비난할 난), 防(둑 방, 막을 방)

重言復言 (중언부언)
'거듭 말하고 다시 말함'으로, 거듭 되풀이하여 말함.
+ 重(무거울 중, 귀중할 중, 거듭 중), 言(말씀 언), 復(다시 부, 회복할 복)

知恩報恩 (지은보은)
은혜를 알고 은혜를 갚음.
+ 恩(은혜 은), 報(알릴 보, 갚을 보)

智者樂水 (지자요수)
지혜로운 사람은 (사리에 밝아 막힘이 없는 것이 흐르는 물과 같아서) 물을 좋아함.
+ 智(지혜 지), 者(놈 자, 것 자), 樂(노래 악, 즐길 락, 좋아할 요)

進退兩難 (진퇴양난)
'나아가기도 물러나기도 둘 다 어려움'으로, 꼼짝할 수 없는 궁지에 몰린 경우.
+ 동 進退無路(진퇴무로)
+ 進(나아갈 진), 退(물러날 퇴), 兩(둘 량, 짝 량, 냥 냥), 難(어려울 난, 비난할 난)

天災地變 (천재지변)
'하늘의 재앙과 땅의 이변'으로, 홍수·태풍 등의 자연현상으로 인한 재앙.
+ 天(하늘 천), 災(재앙 재), 地(땅 지, 처지 지), 變(변할 변)

千差萬別(천차만별)

'천 가지 차이와 만 가지 다름'으로, 여러 가지 물건이 모두 차이가 있고 구별이 있다는 말.
+ 千(일천 천, 많을 천), 差(다를 차, 어긋날 차), 萬(일만 만), 別(나눌 별, 다를 별)

千態萬象(천태만상)

사물은 수천, 수만가지의 자태와 모양이 있다는 뜻.
+ 千(일천 천), 態(모양 태), 萬(일만 만), 象(코끼리 상, 모양 상, 본뜰 상)

千篇一律(천편일률)

'여러 책이 한결같음'으로, 많은 사물이 한결같고 비슷비슷함을 이르는 말.
+ 篇(책 편), 律(법률 률, 가락 률)

靑山流水(청산유수)

'청산에 흐르는 물'로, 거침없이 잘 하는 말을 비유하여 씀.
+ 靑(푸를 청), 流(흐를 류)

草綠同色(초록동색)

'풀색과 녹색은 같은 색'으로, 처지가 같은 사람들끼리 한패가 되는 경우를 비유하여 이르는 말.
+ 동 類類相從(유유상종)
+ 속 가재는 게 편.
+ 草(풀 초), 綠(푸를 록), 同(한가지 동, 같을 동), 色(빛 색), 類(무리 류, 닮을 류), 相(서로 상, 모습 상, 볼 상, 재상 상), 從(좇을 종, 따를 종)

寸鐵殺人(촌철살인)

'조그만 쇳덩어리로 사람을 죽일 수 있음'으로, 간단한 말로도 남을 감동시키거나 남의 약점을 찌를 수 있음을 이르는 말.
+ 寸(마디 촌, 법도 촌), 鐵(쇠 철), 殺(죽일 살, 빠를 쇄, 감할 쇄)

秋風落葉(추풍낙엽)

'가을바람에 떨어지는 잎'으로, 세력이나 형세가 갑자기 기울거나 시듦을 비유한 말.
+ 秋(가을 추), 風(바람 풍, 풍속·경치·모습·기질·병 이름 풍), 落(떨어질 락), 葉(잎 엽)

忠言逆耳(충언역이)

충고의 말은 귀에 거슬림.
+ 忠(충성 충), 言(말씀 언), 逆(거스를 역), 耳(귀 이)

ㅌ

卓上空論(탁상공론)

'탁상(책상) 위에서 헛된 의논'으로, 전혀 실현성이 없는 허황한 이론이나 논의를 말함.
+ 卓(탁자 탁, 높을 탁), 空(빌 공, 하늘 공), 論(논할 론, 평할 론)

ㅍ

八方美人(팔방미인)

'팔방으로 미인'으로, ① 어느 모로 보나 아름다운 미인. ② 여러 방면에 능통한 사람.
+ 方(모 방, 방향 방, 방법 방), 美(아름다울 미)

敗家亡身(패가망신)

가문을 욕되게 하고 신세를 망쳐 망신당함.
+ 敗(패할 패), 家(집 가, 전문가 가), 亡(망할 망, 달아날 망, 죽을 망), 身(몸 신)

平地風波(평지풍파)

'평화로운 땅에 바람과 파도'로, (평온한 땅에 느닷없이 풍파가 일어나는 것처럼) 뜻밖에 불행이 일어남을 비유한 말.
+ 平(평평할 평, 평화 평), 地(땅 지, 처지 지), 風(바람 풍, 풍속·경치·모습·기질·병 이름 풍), 波(물결 파)

風前燈火(풍전등화)

'바람 앞의 등불'로, 위태로운 상태를 말함.
+ 前(앞 전), 燈(등불 등), 火(불 화)

必有曲折(필유곡절)

'반드시 곡절이 있음'으로, 반드시 어떤 특수한 사정이나 복잡한 내용이 있을 것임.
+ 必(반드시 필), 有(가질 유, 있을 유), 曲(굽을 곡, 노래 곡), 折(꺾을 절)

下學上達 (하학상달)
'아래부터 배워서 위에 이름'으로, 쉬운 것을 깨쳐 어려운 이치에 통함.
+ 學(배울 학), 達(이를 달, 통달할 달)

漢江投石 (한강투석)
'한강에 돌 던지기'로, 아무리 많이 주워 넣어 봤자 한강을 메울 수 없듯이 작은 도움으로는 효과가 없음을 비유한 말.
+ 漢(한나라 한, 남을 흉하게 부르는 접미사 한), 江(강 강), 投(던질 투), 石(돌 석)

行動擧止 (행동거지)
'다니고 움직이고 들고 그침'으로, 몸을 움직여 하는 모든 동작.
+ 行(다닐 행, 행할 행, 항렬 항), 動(움직일 동), 擧(들 거, 행할 거, 일으킬 거), 止(그칠 지)

虛張聲勢 (허장성세)
'헛되이 소리와 세력만 키움'으로, 실력이 없으면서 허세 부림을 이르는 말.
+ 虛(빌 허, 헛될 허), 張(베풀 장, 넓힐 장), 聲(소리 성), 勢(형세 세, 권세 세)

賢母良妻 (현모양처)
(자식에게는) 어진 어머니이면서 (남편에게는) 착한 아내.
+ 賢(어질 현), 母(어미 모), 良(좋을 량, 어질 량), 妻(아내 처)

形形色色 (형형색색)
'모양과 색이 각각임'으로, 가지각색의 사물을 말함.
+ 形(모양 형), 色(빛 색)

好衣好食 (호의호식)
'좋은 옷과 좋은 음식'으로, 잘 입고 잘 먹음을 이르는 말.
+ 好(좋을 호), 衣(옷 의), 食(밥 식, 먹을 식)

呼兄呼弟 (호형호제)
'형이라 부르고 동생이라 부름'으로, 형이니 아우니 할 정도로 썩 가까운 친구 사이를 이르는 말.
+ 呼(부를 호), 兄(형 형, 어른 형), 弟(아우 제, 제자 제)

花容月態 (화용월태)
'꽃 같이 아름다운 얼굴과 달 같이 우아한 자태'로, 아름다운 여인의 얼굴과 태도, 또는 미인을 상징하는 말.
+ 花(꽃 화), 容(얼굴 용, 받아들일 용, 용서할 용), 月(달 월, 육 달 월), 態(모양 태)

會者定離 (회자정리)
'만남에는 이별이 정해짐'으로, 만나는 사람은 반드시 헤어질 운명에 있음을 이르는 말.
+ 會(모일 회), 者(놈 자, 것 자), 定(정할 정), 離(떠날 리)

興盡悲來 (흥진비래)
'즐거운 일이 다하면 슬픈 일이 옴'으로, 세상일은 순환되는 것임을 이르는 말.
+ 興(흥할 흥, 흥겨울 흥), 盡(다할 진), 悲(슬플 비), 來(올 래)

喜喜樂樂 (희희낙락)
매우 기뻐하고 즐거워 함.
+ 喜(기쁠 희), 樂(노래 악, 즐길 락, 좋아할 요)

2장 약자(略字)

약자(略字)는 원래의 한자를 간략하게 줄여 쓰는 한자를 말합니다. 바쁜 현대로 오면서 약자로 쓰는 경향이 있으며, 시험 문제에도 출제가 되므로 알아두어야 합니다. 약자도 어원으로 익히면 보다 쉽게 익힐 수 있어, 약자가 나온 본문을 제목번호로 표시했으니 참고하세요.
+ 略(대략 략, 간략할 략, 빼앗을 략), 字(글자 자)

한자	훈과 음	약자	제목번호	한자	훈과 음	약자	제목번호
價	값 가, 가치 가	価	389	敎	가르칠 교	教	307
假	거짓 가, 임시 가	仮	338	舊	오랠 구, 옛 구	旧	350
覺	깨달을 각	覚	359	區	나눌 구, 구역 구	区	028
據	의지할 거, 증거 거	拠	322	國	나라 국	国	241
擧	들 거, 행할 거, 일으킬 거	挙	351	勸	권할 권	勧, 劝	291
儉	검소할 검	倹	323	權	권세 권	権, 权	291
檢	검사할 검	検	323	歸	돌아갈 귀, 돌아올 귀	帰	143
堅	굳을 견	坚	182	氣	기운 기, 대기 기	気	383
經	지날 경, 날실 경, 글 경	経	298	斷	끊을 단, 결단할 단	断	172
輕	가벼울 경	軽	298	單	홀 단	単	287
繼	이을 계	継	172	團	둥글 단, 모일 단	団	109
關	빗장 관, 관계 관	関	113	擔	멜 담	担	078
觀	볼 관	観, 观	291	當	마땅할 당, 당할 당	当	264
廣	넓을 광	広	347	黨	무리 당	党	264
鑛	쇳돌 광	鉱	347	對	상대할 대, 대답할 대	対	167

한자	훈과 음	약자	제목번호	한자	훈과 음	약자	제목번호
圖	그림 도, 꾀할 도	図	199	絲	실 사	糸	175
獨	홀로 독, 자식 없을 독	独	281	辭	말씀 사, 글 사, 물러날 사	辞	152
讀	읽을 독, 구절 두	読	279	寫	그릴 사, 베낄 사	写	350
燈	등불 등	灯	198	狀	모양 상, 문서 장	状	381
亂	어지러울 란	乱	152	聲	소리 성	声	261
來	올 래	来	007	屬	붙어살 속, 무리 속	属	335
兩	둘 량, 짝 량, 냥 냥	両	097	收	거둘 수	収	309
麗	고울 려, 빛날 려	麗	218	數	셀 수, 두어 수, 자주 삭, 운수 수	数	311
禮	예도 례	礼	371	肅	엄숙할 숙	粛	139
勞	수고할 로, 일할 로	労	292	實	열매 실, 실제 실	実	389
龍	용 룡	竜	163	兒	아이 아	児	072
萬	일만 만, 많을 만	万	252	惡	악할 악, 미워할 오	悪	395
滿	찰 만	満	097	樂	노래 악, 즐길 락, 좋아할 요	楽	174
賣	팔 매	売	279	壓	누를 압	圧	045
脈	혈관 맥, 줄기 맥	脉	230	藥	약 약	薬	174
無	없을 무	无	399	樣	모양 양	様	248
發	쏠 발, 일어날 발	発	258	餘	남을 여	余	268
變	변할 변	変	176	與	줄 여, 더불 여, 참여할 여	与	351
邊	끝 변, 가 변	辺,边	262	榮	영화 영, 성할 영	栄	292
寶	보배 보	宝	186	營	다스릴 영	営	292
佛	부처 불, 프랑스 불	仏	225	豫	미리 예	予	155
師	스승 사, 전문가 사, 군사 사	师	366	藝	재주 예, 기술 예	芸	077

한자	훈과 음	약자	제목번호
溫	따뜻할 온, 익힐 온	温	026
圍	둘레 위, 둘러쌀 위	囲	331
爲	할 위, 위할 위	為	146
陰	그늘 음	陰	194
應	응할 응	応	326
醫	의원 의	医	080
益	더할 익, 유익할 익	益	356
殘	잔인할 잔, 해칠 잔, 나머지 잔	残	242
雜	섞일 잡	雑	325
壯	장할 장	壮	381
裝	꾸밀 장	装	381
將	장수 장, 장차 장, 나아갈 장	将	382
奬	권면할 장, 장려할 장	奨	382
爭	다툴 쟁	争	150
傳	전할 전, 이야기 전	伝	109
轉	구를 전	転	109
戰	싸울 전, 무서워 떨 전	戦,战	287
錢	돈 전	銭	242
點	점 점	点,奌	271
定	정할 정	㝎	375
濟	건널 제, 구제할 제	済	397
條	가지 조, 조목 조	条	308

한자	훈과 음	약자	제목번호
卒	졸병 졸, 갑자기 졸, 마칠 졸, 죽을 졸	卆	199
從	좇을 종, 따를 종	従,从	270
晝	낮 주	昼	142
準	평평할 준, 법도 준, 준할 준	凖	325
證	증명할 증, 증거 증	証	198
增	더할 증	増	284
珍	보배 진	珎	329
盡	다할 진	尽	356
質	바탕 질	质	254
參	참여할 참, 석 삼	参	329
處	곳 처, 살 처, 처리할 처	処	320
鐵	쇠 철	鉄	243
聽	들을 청	聴	092
廳	관청 청	庁	092
體	몸 체	体	371
總	모두 총, 거느릴 총	総	304
蟲	벌레 충	虫	396
齒	이 치, 나이 치	歯	374
稱	일컬을 칭	称	147
彈	탄알 탄, 튕길 탄	弾	287
擇	가릴 택	択	280
學	배울 학	学	359

한자	훈과 음	약자	제목번호
解	해부할 해, 풀 해	解	104
虛	빌 허, 헛될 허	虚	321
險	험할 험	険	323
驗	시험할 험	験	323
顯	드러날 현	顕	391

한자	훈과 음	약자	제목번호
賢	어질 현	賢	182
號	부르짖을 호, 이름 호, 번호 호	号	322
畫	그림 화, 그을 획	画	142
會	모일 회	会	284
興	흥할 흥, 흥겨울 흥	兴	351

MEMO

3장 일자다음자(一字多音字)

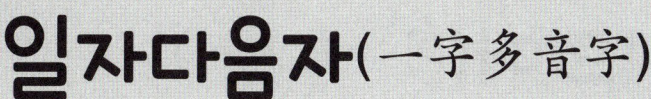

하나의 한자에 둘 이상의 음(音)을 가진 한자를 일자다음자라 합니다. 각 발음으로 쓰인 예는 제2편 한자 익히기에 있으니 단어로도 알아 두세요.

한자	훈과 음
降	내릴 강 항복할 항
更	고칠 경 다시 갱
車	수레 거 차 차
見	볼 견 뵐 현
告	알릴 고 뵙고 청할 곡
金	쇠 금 금 금 돈 금 성씨 김
度	법도 도 정도 도 헤아릴 탁
讀	읽을 독 구절 두

한자	훈과 음
洞	마을 동 동굴 동 밝을 통
北	등질 배 달아날 배 북쪽 북
復	회복할 복 다시 부
否	아닐 부 막힐 비
分	나눌 분, 단위 분 분수 분, 신분 분 분별할 분 단위 푼
不	아닐 불 아닐 부
殺	죽일 살 빠를 쇄 감할 쇄
狀	모양 상 문서 장

한자	훈과 음
省	살필 성 줄일 생
說	달랠 세 말씀 설 기쁠 열
數	셀 수 두어 수 운수 수 자주 삭
宿	잘 숙 오랠 숙 별자리 수
識	알 식 기록할 지
樂	노래 악 즐길 락 좋아할 요
惡	악할 악 미워할 오
易	쉬울 이 바꿀 역

한자	훈과 음
則	곧 즉 법칙 칙
參	참여할 참 석 삼
切	모두 체 끊을 절 간절할 절
宅	집 택 집 댁
布	베 포 펼 포 보시 보
暴	사나울 폭 사나울 포 드러날 폭
行	다닐 행 행할 행 항렬 항
畫	그림 화 그을 획

4장 동음이의어(同音異義語)

한자는 해석력(解釋力)이 뛰어납니다. 한자는 각각의 글자에 고유의 뜻이 담긴 문자이기 때문에, 한자로 된 단어는 그 단어를 구성하는 한자만 알면 사전 없이도 뜻을 바로 알 수 있고 동음이의어(同音異義語 - 소리는 같으나 뜻이 다른 단어)도 분명히 구분할 수 있지요. 그러니 단어 따로, 뜻 따로 억지로 외는 시간에 그 단어에 쓰인 한자를 익혀 그 한자로 해석하면 그 단어의 뜻은 물론 그 한자가 쓰인 수많은 단어의 뜻까지도 저절로 알 수 있습니다.

아래에 제시한 동음이의어(同音異義語)는 시험에 출제되는 것만 일부 실어놓은 것이니 참고만 하시고 어떤 단어가 있으면 한자의 뛰어난 해석력을 이용하여 분명히 해석해 보고, 또 적시 적절한 한자어도 많이 만들어 사용해 보세요.

+ 解(해부할 해, 풀 해), 釋(풀 석), 力(힘 력), 同(한가지 동, 같을 동), 音(소리 음), 異(다를 이), 義(옳을 의, 의로울 의, 뜻 의), 語(말씀 어), 造(지을 조, 만들 조)

가계	家系	한 집안의 대대로 이어져 내려오는 혈통.
	家計	집안 살림을 꾸려나가는 수입과 지출의 형편.

가구	家口	집안 식구.
	家具	집에서 쓰는 기구(세간).

가산	加算	더하여 셈함.
	家産	집안의 재산.

가설	假說	'임시 말씀'으로, 어떤 사실을 설명하거나 어떤 이론 체계를 증명하기 위하여 설정한 가정.
	假設	① 임시로 설치함. ② 실제로 없는 것을 있는 것으로 침.
	加設	덧붙이거나 추가하여 설치함.
	街說	세상의 평판.

가세	加勢	힘을 더함.
	家勢	집안의 운수나 살림살이 등의 형세.
	加稅	세금을 물림.

감사	感謝	고마움을 느낌. 또는 그런 마음.
	監査	감독하고 검사함.
	監事	단체의 서무에 관한 일을 맡아 봄.
감상	感想	마음속에서 일어나는 느낌이나 생각.
	感傷	하찮은 일에도 쓸쓸하고 슬퍼져서 마음이 상함. 또는 그런 마음.
	感賞	마음에 깊이 느끼어 칭찬함.
견지	見地	어떤 사물을 판단하거나 관찰하는 입장.
	堅持	주장, 주의 등을 굳게 지니는 일.
경기	景氣	매매나 거래에 나타나는 호황·불황 등의 경제 활동 상태.
	競技	일정한 규칙 아래 기량과 기술을 겨룸.
고도	高度	평균 해수면 등을 0으로 하여 측정한 대상 물체의 높이.
	古都	옛 도읍.
	孤島	육지에서 멀리 떨어진 외딴 섬.
고소	苦笑	쓴웃음.
	高所	높은 곳. 고처(高處).

공기	工期	공사하는 기간.
	公器	공공의 물건.
	空氣	지구 대기의 하층 부분을 이루고 있는 무색투명한 기체.
공동	共同	둘 이상의 사람이 힘을 합하여 일을 함께 함.
	空洞	텅 빈 굴. 동굴.
교정	校庭	학교의 뜰이나 운동장.
	交情	서로 사귀는 정분. 교분.
	校正	(교정쇄와 원고를 대조하여 오자, 오식, 배열, 색 등을) 바로잡음.
구도	構圖	그림에서 모양·색깔·위치 등의 얽음(짜임새).
	求道	종교적인 깨달음의 경지를 구함.
	舊都	옛 도읍.
구상	具象	예술 작품 등이 직접 경험하거나 지각할 수 있도록 일정한 형태와 성질을 갖춤.
	構想	(예술 작품의 내용이나 형식 등의) 생각을 얽음(정리함).
기력	汽力	증기의 힘. 증기력.
	氣力	사람의 몸으로 활동할 수 있는 기운의 힘.

기사	技士	① 운전기사 ② 기술 자격 등급의 하나.
	技師	(관청이나 회사에서) 전문 지식이 특별한 기술 업무를 맡아보는 사람.
	奇事	기이한 일.
	記事	① 사실을 적음. 또는 그런 글. ② 신문·잡지 등에 실린 글.

기서	寄書	편지를 부침. 또는 그 편지.
	奇書	내용이 기이한 책.

기수	旗手	군대 또는 행사 때 대열의 앞에서 기를 드는 일을 맡은 사람.
	奇數	홀수.
	機首	비행기의 앞부분.

기술	技術	사물을 잘 다룰 수 있는 방법이나 능력.
	奇術	잠시 눈을 속여 재미있게 부리는 재주. 요술.

난색	暖色	따뜻한 느낌을 주는 색.
	難色	곤란해하는 기색.

단계	段階	일이 나아가는 과정. 순서.
	短計	얕은 꾀. 졸렬한 꾀.

단정	端正	얌전하고 깔끔함.
	斷定	판단하여 분명히 결정함.
	斷情	정이나 사랑을 끊음.

대지	大地	넓고 큰 땅.
	大志	큰 뜻.
	大智	뛰어난 지혜.

대사	大師	'중'을 높여 이르는 말.
	大使	외교를 맡아보는 최고 직급.
	大事	큰일.

대치	對置	마주 놓음.
	代置	다른 것으로 대신하여 놓음.
	大治	치안이 잘 유지됨.

도표	圖表	그림으로 나타낸 표.
	導標	도로의 방향이나 이정(里程) 등을 표시하여 길에 세운 푯말.

독자	獨子	① 외아들(다른 자식이 없이 단 하나뿐인 아들). ② 독신(獨身 - 형제자매가 없는 사람).
	獨自	① 남에게 기대지 아니하는 자기 한 몸. 또는 자기 혼자. ② 다른 것과 구별되는 그 자체만의 특유함.
	讀者	책·신문 등 출판물을 읽는 사람.

동기	動機	행동을 일으키게 하는 계기.
	同期	같은 시기.
	冬期	겨울철.
	同氣	형제와 자매, 남매를 통틀어 이르는 말.

동선	銅線	구리줄.
	動線	움직이는 자취나 방향을 나타내는 선.

동시	同時	같은 때.
	同視	① 똑같은 것으로 봄. ② 똑같이 대우함.
	童詩	① 주로 어린이를 독자로 예상하고 어린이의 정서를 읊은 시. ② 어린이가 지은 시.

동정	動靜	상황이 전개되는 상태.
	同情	남의 어려운 처지를 자기 일처럼 딱하고 가엾게 여김.

	東庭	집안의 동쪽 뜰.

동지	同志	① 목적이나 뜻이 서로 같음. 또는 그런 사람. ② [북한어] 이름 아래 쓰여 존경과 흠모의 정을 나타내는 말.
	冬至	이십사절기의 하나.

명성	名聲	세상에 널리 퍼져 평판이 높은 이름.
	明星	샛별.

매장	每場	① 장날마다. ② 시장마다.
	賣場	물건을 파는 장소. 판매장.

명명	命名	이름을 지어 붙임.
	明命	신령이나 임금의 명령.
	明明	매우 밝음. 분명하여 의심할 여지가 없음.

무명	武名	무용이 탁월하여 난 이름.
	無名	이름이 세상에 널리 알려지지 않음.

반감	反感	반대하거나 반항하는 감정.
	半減	절반으로 줆. 또는 그렇게 줄임.

방문	訪問	어떤 사람이나 장소를 찾아가서 만나거나 봄.
	房門	방으로 드나드는 문.
	方文	약의 처방을 적은 글.

방위	防衛	적의 공격을 막아서 지킴.
	方位	동서남북을 기준으로 하여 정한 방향.
	防圍	적을 막아서 에워쌈.

보도	步道	사람이 걸어 다니는 길.
	報道	새로운 소식을 알림.
	保導	보호하여 지도함.

보석	寶石	빛깔과 광택이 아름다우며 희귀한 광물.
	步石	디딤돌. 섬돌.

복운	復運	운세가 회복됨. 또는 그 운세.
	福運	복과 운을 아울러 이르는 말. 좋은 운수.

부상	負傷	상처를 입음.
	副賞	상장 외에 덧붙여 주는 상금이나 상품.

부상	富商	밑천이 넉넉한 부유한 상인.
	負商	등에 짊어지고 다니는 장수. 등짐장수.

부정	否定	그렇지 않다고 함.
	不正	바르지 않음.
	不定	일정하지 아니함.
	父情	자식에 대한 아버지로서의 정.

분식	分食	나누어 먹음.
	粉食	(밀가루 등으로 만든) 가루음식.

비명	悲鳴	① 슬피 욺. 또는 그런 울음소리. ② 일이 매우 위급하거나 몹시 두려움을 느낄 때 지르는 외마디 소리.
	非命	제명대로 다 살지 못하고 죽음.

비보	飛報	급한 통지.
	悲報	슬픈 소식.
	祕報	비밀히 하는 보고.

사고	事故	뜻밖에 일어난 사건.
	思考	생각하고 궁리함.

	史庫	역사 기록물을 두는 곳집.
	社告	회사의 광고.
사기	史記	역사적 사실을 기록한 책.
	士氣	의욕이나 자신감으로 충만한 기세.
	事記	사건을 중심으로 쓴 기록.
	死期	죽을 시기.
사경	四經	시경·서경·역경·춘추의 네 경서.
	四境	사방의 경계 또는 지경.
	死境	죽을 지경. 또는 죽음에 임박한 경지.
사관	史官	역사 편찬을 맡아보던 벼슬. 또는 그런 벼슬아치.
	史觀	역사관.
	士官	장교를 통틀어 이르는 말.
사료	史料	역사 연구에 필요한 재료.
	思料	깊이 생각하여 헤아림.

사설	私設	어떤 시설을 개인이 사사로이 설립함. 또는 그 시설.
	社說	신문이나 잡지 등에서 그 사(社)의 주장으로 게재하는 논설.
	辭說	① 늘어놓는 말이나 이야기. ② 잔소리나 푸념을 길게 늘어놓음. 또는 그 잔소리와 푸념.
	私說	한 개인의 의견.
	師說	스승의 의견이나 학설.
사유	私有	개인이 사사로이 소유함. 또는 그런 소유물.
	事由	일의 까닭. 또는 연고. 연유.
사인	死因	사망의 원인.
	私人	개인 자격으로서의 사람.
	社印	회사의 인장.
	私印	개인의 인장.
사은	師恩	스승의 은혜.
	謝恩	받은 은혜에 대하여 감사히 여겨 사례함.
	私恩	사사로이 입은 은혜.

사정	事情	일의 형편이나 까닭.
	査定	조사하거나 심사하여 결정함.
	査正	조사하여 바로잡음.
	私情	사사로운 정.
사지	四知	두 사람 사이의 비밀을 알고 있는 네 가지 존재(하늘, 땅, 두 당사자).
	死地	도저히 살아날 길이 없는 매우 위험한 곳.
	私智	자기 혼자만의 작은 지혜.
	私地	개인 소유의 땅.
상기	想起	지난 일을 돌이켜 생각해 냄.
	上氣	흥분이나 부끄러움으로 얼굴이 붉어짐.
상론	相論	서로 의논함.
	常論	별다른 차이가 없는 보통의 논의.
상용	常用	일상적으로 씀.
	商用	① 상업상의 볼일. ② 장사하는 데 씀.
	相容	서로 상대편의 말이나 행동을 너그러운 마음으로 받아들임.
상품	上品	질이 좋은 물품.
	商品	사고파는 물품.
	賞品	상으로 주는 물품.
선전	宣傳	잘 설명하여 널리 알림.
	善戰	있는 힘을 다하여 잘 싸움.
	宣戰	한 나라가 다른 나라에 대해 싸움의 시작을 알림.
성문	成文	문장으로 나타냄. 또는 그 문장이나 조문.
	城門	성의 출입구에 만든 문.
	聲聞	① 명성(名聲). ② 소문(所聞).
	聲問	방문, 소식.
성전	成典	정해진 법칙. 성문의 법전.
	聖典	성경(聖經). 성인의 말씀으로 이루어진 책.
	性典	성(性)에 관한 지침이나 비결 따위를 적은 책.
	盛典	성대한 의식.
	聖戰	신성한 전쟁.

성원	成員	모임이나 단체를 구성하는 인원.
	聲援	소리 질러 응원함.

수도	水道	상수도.
	首都	한 나라의 중앙 정부가 있는 도시.
	修道	도를 닦음.
	水都	강과 호수가 있는 경치 좋은 도시.

수상	受賞	상을 받음.
	首相	내각의 우두머리.
	手相	손금.
	水上	물 위. 또는 물의 상류.
	受傷	상처를 입음.
	樹上	나무의 위.

수석	首席	등급이나 직위 등에서 머리 자리(맨 윗자리).
	水石	물과 돌. 물과 돌로 이루어진 경치.

수신	受信	통신을 받음.

	修身	마음과 행실을 바르게 닦아 수양함.
	守身	자기의 본분을 지켜 불의에 빠지지 않도록 함.
	水神	물을 다스리는 신.

수용	收用	거두어들여 사용함.
	受容	어떠한 것을 받아들임.

숙원	宿怨	오래 묵은 원한.
	宿願	오랫동안 품어온 바람이나 소원.

시가	市街	도시의 큰 길거리.
	市價	시장에서 상품이 매매되는 가격.
	時價	일정한 시기의 물건 값.
	詩歌	① 가사를 포함한 시문학을 통틀어 이르는 말. ② 시와 노래.
	詩家	시를 짓는 사람. 시인(詩人).

시각	時刻	시간의 어느 한 시점.
	視覺	눈을 통해 빛의 자극을 받아들이는 감각 작용.
	視角	무엇을 보는 각도.

시사	時事	그 당시에 생긴 여러 가지 세상일.
	試寫	영화를 개봉하기에 앞서 시험적으로 특정인에 상영해 보임.
	詩史	시의 발생·변천·발달 과정에 관한 역사. 또는 그것에 관한 저술.

실례	失禮	언행이 예의에 벗어남.
	實例	실제의 예.

실수	失手	조심하지 아니하여 잘못함.
	實數	실제의 수효.
	實收	실제의 수입이나 수확.

심성	心性	마음과 성품.
	深省	깊이 반성함.

양식	糧食	생존을 위하여 필요한 사람의 먹을거리.
	樣式	일정한 모양이나 형식.
	洋食	서양 요리.

양호	良好	매우 좋음.
	養護	기르고 보호함.

역전	力戰	힘을 다하여 싸움. 역투(力鬪).
	逆戰	역습하여 나아가 싸움.
	逆轉	형세가 뒤집혀짐.

연기	演技	배우가 무대에서 하는 몸짓이나 말.
	煙氣	무엇이 불에 탈 때에 생겨나는 기체.
	延期	정해진 기한을 늘림.
	連記	잇대어 적음. 둘 이상의 것을 나란히 적음.

요리	要理	긴요한 이치나 도리.
	料理	음식을 일정한 방법으로 만듦. 또는 그 음식.

우수	優秀	여럿 가운데 뛰어남.
	雨水	빗물. 24절기의 하나.
	右手	오른손.

원망	怨望	남이 한 일을 억울하게 여겨 탓함.
	願望	원하고 바람.
	遠望	멀리 바라봄.

유지	有志	① 마을이나 지역에서 명망 있고 영향력을 가진 사람. ② 어떤 일에 뜻이 있거나 관심이 있는 사람.
	油紙	기름 종이.

은인	恩人	자신에게 은혜를 베푼 사람.
	隱人	속세를 떠나 숨어 사는 사람.

의병	義兵	의를 위하여 일어난 군사.
	疑兵	적의 눈을 속이는 가짜 군사.

의사	意思	무엇을 하고자 하는 생각.
	義士	의로운 지사(志士).
	醫師	병을 치료하는 것을 직업으로 삼는 사람.
	議事	회의에서 어떤 일을 의논함.

인수	引受	물건이나 권리를 건네받음.
	引水	물을 끌어다 댐.
	因數	인수 분해할 때의 구성 부분.

인성	人聲	사람의 소리.
	引性	끌어당기는 성질.

임지	任地	관원이 부임하는 곳.
	林地	수풀을 이룬 땅.

재력	才力	재주와 능력.
	財力	재물의 힘. 재산상의 능력.

적기	敵機	적군의 비행기.
	適期	알맞은 시기.
	赤旗	붉은 기.

전경	前景	앞쪽에 보이는 경치.
	戰警	전투 경찰.
	全景	전체의 경치.

전공	專攻	어느 한 분야를 전문적으로 연구함.
	戰功	전투에서 세운 공로.
	前功	전에 세운 공로나 공적.
	電工	전기 공업. 전기공.
	全功	모든 공로. 결점이 없는 공로.

전기	傳記	한 사람의 일생 행적을 적은 기록.
	電氣	전류의 현상.
	前記	어떤 대목을 기준으로 하여 그 앞부분에 씀.
	前期	일정 기간을 몇 개로 나눈 첫 시기.
	傳奇	기이한 일을 내용으로 한 이야기.
	戰記	전쟁의 기록.
	轉機	전환점을 이루는 기회나 고비.
	轉記	한 장부에서 다른 장부로 옮겨 적음.

전업	前業	이전에 종사하였던 직업.
	專業	전문으로 하는 직업이나 사업.
	轉業	직업을 바꿈.

절감	節減	절약하고 줄임.
	切感	절실하게 느낌. 통감(痛感)함.

절조	絶調	아주 뛰어난 곡조.
	節操	절개와 지조.

접수	接收	① 권력으로써 다른 사람의 소유물을 일방적으로 수용함. ② 받아서 거둠.
	接受	① 신청이나 신고 등을 구두(口頭)나 문서로 받음. ② 돈이나 물건 등을 받음.

정당	正當	바르고 옳음. 이치에 맞아 올바르고 마땅함.
	政黨	정치적인 주의나 주장이 같은 사람들이 정권을 잡고 정치적 이상을 실현하기 위하여 조직한 단체.

정도	精度	정밀도.
	正道	올바른 길. 또는 정당한 도리.
	程度	얼마의 분량이나 어떠한 한도.
	定道	이미 정하여진 제도나 법도.
	定都	도읍을 정함.

정부	政府	① 입법, 사법, 행정의 삼권을 포함하는 통치 기구를 통틀어 이르는 말. ② 행정부(삼권 분립에 의하여, 행정을 맡아보는 국가 기관).
	正否	바른 것과 그른 것. '옳고 그름'으로 순화.
	正副	주장하는 으뜸과 그의 버금

정사	正史	정확한 사실을 바탕으로 한 역사.
	精査	자세히 조사함.
	情事	남녀 간의 사랑에 관한 일.
	政事	정치에 관한 일. 행정상의 사무.

정전	停電	전기가 끊어짐.
	停戰	교전 중에 합의하여 일시적으로 전투를 중단하는 일.

제명	製命	'지어진 목숨'으로, 타고난 목숨.
	除名	명부에서 성명을 빼어버림.
	題名	표제의 이름.

조선	造船	배를 설계하여 만듦.
	朝鮮	1392년, 이성계가 고려를 무너뜨리고 세운 나라.

조성	助成	도와서 이룸.
	造成	만들어서 이룸.
	組成	짜 맞추어 만듦.
	早成	일찍 성취함.
	鳥聲	새소리.

조정	調整	어떤 기준이나 실정에 맞게 정돈함.
	調定	조사하여 확정함.
	調停	분쟁을 중간에서 화해시킴.

조수	潮水	달, 태양 등의 인력에 의하여 주기적으로 높아졌다 낮아졌다 하는 바닷물.
	助手	어떤 일을 도와주는 사람.

조화	造化	만물을 창조하고 기르는 대자연의 이치.
	調和	서로 잘 어울림.
	造花	인공적으로 만든 꽃.

존속	存續	존재하여 계속함.
	尊屬	부모와 같은 항렬 이상의 혈족.

좌우	左右	왼쪽과 오른쪽.
	座右	앉은 자리의 오른쪽. 또는 그 옆.

주간	晝間	낮. 낮 동안.
	週間	한 주일 동안.

주부	主婦	한 가정의 살림살이를 맡아 꾸려 가는 안주인.
	主部	중요한 부분.

중지	中止	하던 일을 중도에서 그만둠.
	中指	가운데 손가락.
	衆智	여러 사람의 지혜.
	中智	보통의 지혜. 평범한 지혜.

지대	至大	더없이 큼.
	地帶	한정된 일정한 구역.
	地代	남의 토지를 이용하는 사람이 빌려준 사람에게 무는 셋돈.

지력	地力	농작물을 길러 낼 수 있는 땅의 힘.
	地歷	지리와 역사를 아울러 이르는 말.
	知力	지식의 능력. 지식의 힘.
	智力	슬기의 힘. 사물을 헤아리는 지능.

지사	支社	본사의 관할 아래 일정한 지역에서 본사의 일을 대신 맡아 하는 곳.
	志士	나라와 민족을 위하여 일하려는 뜻을 가진 사람.

	指事	사물을 가리켜 보임.
	知事	한 도(道)의 행정 사무를 총괄하는 광역 자치 단체장.

지상	地上	땅의 위.
	紙上	종이의 위. 신문의 지면.
	至上	가장 높은 위.

지성	知性	생각·판단하는 능력.
	至誠	지극한 정성.
	至性	매우 착한 성질.
	至聖	지덕이 지극히 뛰어난 성인.

진화	進化	일이나 사물 등이 점점 발달하여 감.
	珍貨	진귀한 물품

차등	差等	고르거나 가지런하지 않고 차별이 있음.
	次等	버금되는 등급.

착근	着近	친근하게 착 달라붙음.
	着根	옮겨 심은 식물이 뿌리를 내림.

천재	天才	선천적으로 타고난 뛰어난 재주.
	天災	자연 현상으로 일어나는 재난. 태풍·홍수·지진 등.

최고	最古	가장 오래됨.
	最高	가장 높음. 제일임.

축전	祝電	축하하기 위하여 보내는 전보.
	祝典	축하하는 뜻으로 행하는 의식이나 행사.
	蓄電	축전지에 전기를 모아둠.

충성	忠誠	진정에서 우러나는 정성.
	蟲聲	벌레 소리.

타력	他力	다른 힘. 남의 힘.
	打力	타격하는 힘.

탐문	探聞	더듬어 찾아서 들음.
	探問	더듬어 찾아 물음.

택지	宅地	집 터.
	擇地	좋은 땅을 고름.

통계	統計	한데 몰아쳐서 셈함.
	通計	통틀어 계산함. 통산(通算).

통화	通話	전화로 말을 주고받음.
	通貨	유통 수단·지불 수단으로 기능하는 화폐.
	通化	부처의 가르침을 펴서 중생을 교화함.

통풍	通風	바람을 통하게 함.
	痛風	관절이 붓고 아픈 요산성(尿酸性) 관절염.

평가	平價	'평균 가격'으로, 싸지도 비싸지도 않은 물건값.
	評價	① 물건 값을 헤아려 매김. 또는 그 값. ② 사물의 가치나 수준 등을 평함. 또는 그 가치나 수준.

폭발	暴發	감정 등이 사납게 터짐.
	爆發	불이 일어나며 갑작스럽게 터짐.

표결	表決	의안에 대한 가부 의사를 표시해 결정함.
	票決	투표로써 결정함.

4장 동음이의어

필사	必死	① 반드시 죽음. 또는 살 가망이 없음. ② 죽을힘을 다함.
	筆寫	베껴 씀.

한중	閑中	한가한 동안. 한가한 사이.
	寒中	소한부터 대한까지의 사이. 가장 추운 계절.
	韓中	한국과 중국.

해독	害毒	좋고 바른 것을 망치거나 손해를 끼침. 또는 그 손해.
	解毒	독기를 풀어 없앰.
	解讀	어려운 문구 등을 읽어 이해하거나 해석함.

현상	現想	보고 듣는데 관련하여 일어나는 생각.
	現象	인간이 지각할 수 있는, 사물의 모양과 상태.
	現狀	나타나 보이는 현재의 상태.

호기	好期	좋은 시기.
	好機	좋은 기회.
	號旗	신호하는 데 쓰는 기.
	好奇	신기한 것을 좋아함.

혹시	或是	만일에. 어떤 경우에.
	或時	어떤 때. 간혹.

화단	花壇	꽃을 심기 위해 만든 꽃밭.
	畫壇	화가의 사회.

회기	會期	회의가 열리고 있는 시간.
	回期	돌아올 시간.

회수	回收	도로 거두어들임.
	回數	돌아오는 차례의 수효.

5장 유의자(類義字)

한자는 다른데 뜻이 비슷한 한자를 유의자라고 합니다. 앞에서 익힌 내용을 바탕으로 읽어 보시면 정리가 잘될 거예요.

家	집 가, 전문가 가
屋	집 옥
宅	집 택, 집 댁
堂	집 당, 당당할 당
舍	집 사
院	집 원, 관청 원
室	집 실, 방 실, 아내 실
戶	집 호, 문 호

歌	노래 가
曲	노래 곡, 굽을 곡
謠	노래 요
樂	노래 악, 즐길 락, 좋아할 요

價	값 가, 가치 가
値	값 치

覺	깨달을 각
警	깨우칠 경, 경계할 경

簡	간단할 간, 편지 간
略	간략할 략, 대략 략, 빼앗을 략

減	줄어들 감, 덜 감
損	덜 손, 줄일 손
除	덜 제, 제거할 제, 나눗셈 제
省	줄일 생, 살필 성
失	잃을 실
殺	감할 쇄, 빠를 쇄, 죽일 살

康	편안할 강
安	편안할 안

改	고칠 개
更	고칠 경, 다시 갱

居	살 거
住	살 주

拒	막을 거, 물리칠 거
防	막을 방, 둑 방
障	막을 장

建	세울 건
立	설 립

健	건강할 건
康	편안할 강

見	볼 견, 뵐 현
示	보일 시, 신 시
視	볼 시
看	볼 간
監	볼 감
觀	볼 관
覽	볼 람
目	볼 목, 눈 목, 항목 목

堅	굳을 견
固	굳을 고, 진실로 고
確	굳을 확

結	맺을 결
約	묶을 약, 약속할 약

更	다시 갱, 고칠 경
復	다시 부, 회복할 복

境	경계 경, 형편 경
域	구역 역
界	경계 계, 세계 계
區	구역 구, 나눌 구

競	겨룰 경, 다툴 경
爭	다툴 쟁
戰	싸울 전, 두려워 떨 전

計	셈할 계, 꾀할 계
算	셈할 산
數	셀 수, 두어 수, 자주 삭

階	계단 계, 계급 계, 섬돌 계
段	계단 단, 차례 단
層	층 층, 겹칠 층

繼	이을 계
續	이을 속
連	이을 련
承	이을 승
接	이을 접, 대접할 접

古	옛 고, 오랠 고
故	옛 고, 연고 고
舊	옛 구, 오랠 구

高	높을 고
卓	높을 탁, 뛰어날 탁, 탁자 탁
崇	높일 숭, 공경할 숭
尊	높을 존

孤	외로울 고, 부모 없을 고
獨	홀로 독, 자식 없을 독
單	홑 단

한자	뜻과 음
空	빌 공, 하늘 공
虛	빌 허, 헛될 허

한자	뜻과 음
共	함께 공
同	한가지 동, 같을 동

한자	뜻과 음
果	과실 과, 결과 과
實	열매 실, 실제 실

한자	뜻과 음
過	지날 과, 지나칠 과, 허물 과
去	갈 거, 제거할 거
歷	지낼 력
經	지날 경, 날실 경, 글 경
往	갈 왕

한자	뜻과 음
過	허물 과, 지날 과, 지나칠 과
失	잃을 실
誤	그릇될 오

한자	뜻과 음
敎	가르칠 교
訓	가르칠 훈

한자	뜻과 음
具	갖출 구
備	갖출 비

한자	뜻과 음
救	구원할 구, 도울 구
濟	구제할 제, 건널 제

한자	뜻과 음
群	무리 군
衆	무리 중
隊	무리 대, 군대 대
等	무리 등, 같을 등, 차례 등
類	무리 류, 닮을 류
徒	무리 도, 한갓 도, 걸을 도
黨	무리 당

한자	뜻과 음
君	임금 군
王	임금 왕, 으뜸 왕, 구슬 옥 변
帝	임금 제

5장 유의자

한자	뜻과 음
屈	굽을 굴, 굽힐 굴
曲	굽을 곡, 노래 곡
折	꺾을 절

한자	뜻과 음
券	문서 권
籍	문서 적, 서적 적
狀	문서 장, 모양 상

한자	뜻과 음
卷	책 권
篇	책 편
冊	책 책

한자	뜻과 음
歸	돌아올 귀, 돌아갈 귀
回	돌아올 회, 돌 회, 횟수 회
反	거꾸로 반, 뒤집을 반

한자	뜻과 음
均	고를 균
平	평평할 평, 평화 평
調	고를 조, 어울릴 조, 가락 조

根	뿌리 근
本	뿌리 본, 근본 본

金	쇠 금, 금 금, 돈 금, 성씨 김
鐵	쇠 철

急	급할 급
速	빠를 속

技	재주 기
術	재주 술, 기술 술
才	재주 재, 바탕 재
藝	재주 예, 기술 예

記	기록할 기
錄	기록할 록
識	기록할 지, 알 식
誌	기록할 지, 책 지

年	해 년, 나이 년

歲	해 세, 세월 세

努	힘쓸 노
務	힘쓸 무, 일 무
勉	힘쓸 면

斷	끊을 단, 결단할 단
絶	끊을 절, 죽을 절, 가장 절

大	큰 대
太	클 태
巨	클 거
偉	클 위, 훌륭할 위

擔	멜 담
任	맡을 임

道	길 도, 도리 도, 말할 도
路	길 로
街	거리 가

圖	그림 도, 꾀할 도
畫	그림 화, 그을 획

盜	훔칠 도
賊	도둑 적

逃	도망할 도
亡	달아날 망, 망할 망, 죽을 망
走	도망갈 주, 달릴 주
北	달아날 배, 등질 배, 북쪽 북
避	피할 피

到	이를 도, 주도면밀할 도
達	이를 달, 통달할 달
着	붙을 착
致	이룰 치, 이를 치

度	헤아릴 탁, 법도 도, 정도 도
量	헤아릴 량, 용량 량

料	헤아릴 료, 재료 료, 값 료
測	헤아릴 측

頭	머리 두, 우두머리 두
首	머리 수, 우두머리 수

羅	벌릴 라, 비단 라
列	벌일 렬

麗	고울 려
鮮	고울 선, 깨끗할 선, 싱싱할 선

論	논할 론, 평할 론
議	의논할 의

里	마을 리, 거리 리
村	마을 촌
府	마을 부, 관청 부, 창고 부

末	끝 말
端	끝 단, 단정할 단, 실마리 단

死	죽을 사
亡	죽을 망, 달아날 망, 망할 망

明	밝을 명
朗	밝을 랑
洞	밝을 통, 마을 동, 동굴 동

毛	털 모
髮	털 발

文	글월 문, 무늬 문
章	글 장, 문장 장
書	글 서, 쓸 서, 책 서

物	물건 물
品	물건 품, 등급 품, 품위 품
件	물건 건, 사건 건

博	넓을 박
普	넓을 보, 보통 보
廣	넓을 광

番	차례 번, 번지 번
序	차례 서, 먼저 서
第	차례 제
次	차례 차, 다음 차, 번 차

法	법 법
式	법 식
範	법 범, 본보기 범
度	법도 도, 정도 도, 헤아릴 탁
例	법식 례, 조목 례, 보기 례
則	법칙 칙, 곧 즉
規	법 규
律	법률 률, 음률 률
模	본보기 모, 본뜰 모, 모호할 모
典	법 전, 책 전, 저당잡힐 전
憲	법 헌

變	변할 변
化	변화할 화, 될 화, 가르칠 화

邊	가 변, 끝 변
際	가 제, 때 제, 사귈 제

兵	병사 병
卒	졸병 졸, 갑자기 졸, 마칠 졸, 죽을 졸
士	군사 사, 선비 사, 칭호나 직업 이름에 붙이는 말 사
軍	군사 군

報	알릴 보, 갚을 보
告	알릴 고, 뵙고 청할 곡

保	지킬 보, 보호할 보
守	지킬 수
衛	지킬 위
護	보호할 호

奉	받들 봉
仕	섬길 사, 벼슬할 사

助	도울 조
援	도울 원, 당길 원
護	보호할 호

副	버금 부, 예비 부
次	다음 차, 번 차

屬	붙어살 속, 무리 속
着	붙을 착

府	관청 부, 마을 부, 창고 부
廳	관청 청

負	패할 부, 짐질 부, 빚질 부
敗	패할 패

分	나눌 분, 단위 분, 단위 푼, 신분 분, 분별할 분, 분수 분
班	나눌 반, 양반 반
別	나눌 별, 다를 별, 구별할 별
配	나눌 배, 짝 배

憤	성날 분
怒	성낼 노

不	아닐 불, 아닐 부
未	아닐 미, 아직 ~ 않을 미, 여덟째 지지 미
非	아닐 비, 어긋날 비, 나무랄 비
否	아닐 부, 막힐 비

批	비평할 비
評	평할 평

貧	가난할 빈
窮	곤궁할 궁, 다할 궁
困	곤할 곤

思	생각할 사
念	생각 념
想	생각할 상
慮	생각할 려

한자	뜻과 음
社	모일 사, 토지신 사
會	모일 회
集	모일 집, 모을 집, 책 집

한자	뜻과 음
殺	감할 쇄, 죽일 살, 빠를 쇄
除	덜 제, 제거할 제, 나눗셈 제

한자	뜻과 음
三	석 삼
參	석 삼, 참여할 참

한자	뜻과 음
生	살 생, 날 생, 사람을 부를 때 쓰는 접사 생
活	살 활

한자	뜻과 음
宣	베풀 선, 펼 선
張	베풀 장, 키울 장
設	베풀 설, 세울 설
施	베풀 시, 행할 시

한자	뜻과 음
先	먼저 선
前	앞 전

한자	뜻과 음
選	가릴 선, 뽑을 선
擇	가릴 택
別	구별할 변, 나눌 별, 다를 별

한자	뜻과 음
省	살필 성, 줄일 생
察	살필 찰

한자	뜻과 음
素	흴 소, 바탕 소, 요소 소, 소박할 소
白	흰 백, 밝을 백, 깨끗할 백, 아뢸 백

한자	뜻과 음
素	소박할 소, 흴 소, 바탕 소, 요소 소
朴	순박할 박, 성씨 박

한자	뜻과 음
樹	나무 수, 세울 수
木	나무 목
林	수풀 림

한자	뜻과 음
授	줄 수, 가르칠 수
與	줄 여, 더불 여, 참여할 여
給	줄 급

한자	뜻과 음
純	순수할 순
潔	깨끗할 결

한자	뜻과 음
始	처음 시
初	처음 초

한자	뜻과 음
試	시험할 시
驗	시험할 험

한자	뜻과 음
身	몸 신
體	몸 체
己	몸 기, 자기 기

한자	뜻과 음
申	아뢸 신, 펼 신, 아홉째 지지 신, 원숭이 신
告	알릴 고, 뵙고 청할 곡

한자	뜻과 음
心	마음 심, 중심 심
情	정 정, 뜻 정

한자	뜻과 음
探	찾을 탐
訪	찾을 방

5장 유의자

한자	뜻과 음
兒	아이 아
童	아이 동

한자	뜻과 음
眼	눈 안
目	눈 목, 볼 목, 항목 목

한자	뜻과 음
養	기를 양
育	기를 육

한자	뜻과 음
言	말씀 언
語	말씀 어
談	말씀 담
話	말씀 화
說	말씀 설, 달랠 세, 기쁠 열
辭	말씀 사, 글 사, 물러날 사
辯	말씀 변

한자	뜻과 음
餘	남을 여
遺	남길 유, 잊을 유
殘	나머지 잔, 잔인할 잔, 해칠 잔

한자	뜻과 음
硏	연구할 연, 갈 연
究	연구할 구

한자	뜻과 음
演	펼 연, 설명할 연
發	쏠 발, 일어날 발
展	펼 전, 넓을 전

한자	뜻과 음
永	길 영, 오랠 영
遠	멀 원

한자	뜻과 음
午	낮 오, 말 오, 일곱째 지지 오,
晝	낮 주

한자	뜻과 음
溫	따뜻할 온, 익힐 온
暖	따뜻할 난

한자	뜻과 음
用	쓸 용
費	쓸 비, 비용 비

한자	뜻과 음
容	얼굴 용, 받아들일 용, 용서할 용

한자	뜻과 음
面	얼굴 면, 향할 면, 볼 면, 행정 구역의 면

한자	뜻과 음
優	우수할 우, 배우 우, 머뭇거릴 우
秀	빼어날 수

한자	뜻과 음
圓	둥글 원, 화폐 단위 원
團	둥글 단, 모일 단

한자	뜻과 음
怨	원망할 원
恨	한할 한, 뉘우칠 한

한자	뜻과 음
委	맡길 위
任	맡을 임

한자	뜻과 음
恩	은혜 은
惠	은혜 혜

한자	뜻과 음
音	소리 음
聲	소리 성

한자	뜻과 음
飮	마실 음
吸	마실 흡, 숨 들이쉴 흡

意	뜻 의
志	뜻 지
情	뜻 정, 정 정

衣	옷 의
服	옷 복

義	옳을 의, 의로울 의
可	옳을 가, 가히 가, 허락할 가

議	의논할 의
論	논할 론, 평할 론

二	두 이
再	두 번 재, 다시 재
兩	둘 량, 짝 량, 냥 냥

移	옮길 이
運	옮길 운, 운전할 운, 운수 운

引	끌 인

導	인도할 도
提	끌 제, 들 제

仁	어질 인
良	어질 양, 좋을 양

姿	모습 자
態	모양 태
樣	모양 양
形	모양 형

長	길 장, 어른 장, 자랄 장
永	길 영, 오랠 영

財	재물 재
貨	재물 화, 물품 화
資	재물 자

貯	쌓을 저
蓄	쌓을 축

戰	싸울 전, 두려워 떨 전
爭	다툴 쟁
鬪	싸울 투

節	마디 절, 절개 절, 계절 절
寸	마디 촌, 법도 촌

停	머무를 정
留	머무를 류

正	바를 정
直	바를 직, 곧을 직

政	다스릴 정
治	다스릴 치

精	정밀할 정, 찧을 정
定	정할 정

製	지을 제
作	지을 작

5장 유의자

造	지을 조

組	짤 조
織	짤 직
績	길쌈할 적

調	어울릴 조, 고를 조, 가락 조
和	화목할 화

存	있을 존
在	있을 재
有	있을 유, 가질 유

終	마칠 종
卒	마칠 졸, 졸병 졸, 갑자기 졸, 죽을 졸
極	다할 극, 끝 극
端	끝 단, 단정할 단, 실마리 단

座	자리 좌, 위치 좌
席	자리 석
位	자리 위

朱	붉을 주
紅	붉을 홍
赤	붉을 적

航	배 항
船	배 선

州	고을 주
郡	고을 군
邑	고을 읍

增	더할 증
加	더할 가
益	더할 익, 유익할 익

知	알 지
識	알 식, 기록할 지
認	알 인, 인정할 인

至	이를 지
到	이를 도, 주도면밀할 도

持	가질 지, 잡을 지
取	가질 취, 취할 취

進	나아갈 진
就	나아갈 취

珍	보배 진
寶	보배 보

盡	다할 진
窮	다할 궁, 곤궁할 궁
極	다할 극, 끝 극

患	근심 환
病	근심할 병, 병 병

差	다를 차, 어긋날 차
異	다를 이
別	다를 별, 나눌 별
他	다를 타, 남 타

한자	뜻·음
讚	기릴 찬, 칭찬할 찬
頌	기릴 송

한자	뜻·음
參	참여할 참, 석 삼
與	참여할 여, 줄 여, 더불 여

한자	뜻·음
處	곳 처, 살 처, 처리할 처
所	장소 소, 바 소

한자	뜻·음
聽	들을 청
聞	들을 문

한자	뜻·음
淸	맑을 청
潔	깨끗할 결

한자	뜻·음
招	부를 초
呼	부를 호
唱	부를 창

한자	뜻·음
祝	축하할 축, 빌 축
慶	경사 경

한자	뜻·음
蓄	쌓을 축
積	쌓을 적
貯	쌓을 저
築	쌓을 축

한자	뜻·음
出	날 출, 나갈 출
生	날 생, 살 생, 사람을 부를 때 쓰는 접사 생

한자	뜻·음
趣	뜻 취, 재미 취, 취미 취
意	뜻 의

한자	뜻·음
寢	잠잘 침
宿	잘 숙, 오랠 숙, 별자리 수

한자	뜻·음
打	칠 타
擊	칠 격
討	칠 토, 토론할 토
伐	칠 벌
攻	칠 공
拍	칠 박

한자	뜻·음
探	찾을 탐
訪	찾을 방

한자	뜻·음
土	흙 토
地	땅 지

한자	뜻·음
統	거느릴 통
領	거느릴 령, 우두머리 령

한자	뜻·음
疲	피곤할 피
勞	수고할 로, 일할 로
困	곤할 곤

한자	뜻·음
河	내 하, 강 하
川	내 천

한자	뜻·음
寒	찰 한
冷	찰 랭

한자	뜻·음
每	매양 매
常	항상 상

5장 유의자

海	바다 해
洋	큰 바다 양, 서양 양

號	이름 호, 부호 호, 부르짖을 호
名	이름 명, 이름날 명

休	쉴 휴
息	쉴 식, 숨 쉴 식, 자식 식

解	풀 해, 해부할 해
散	흩어질 산

混	섞일 혼
雜	섞일 잡

希	바랄 희
望	바랄 망
願	바랄 원

賢	어질 현
良	어질 량, 좋을 량

和	화목할 화
調	고를 조

現	나타날 현, 이제 현
顯	드러날 현

歡	기쁠 환
喜	기쁠 희

6장 유의어 [類義語(同義語)] 1

같은 뜻의 한자로 결합된 말을 유의어라고 합니다. 한자는 한자마다 고유한 뜻을 가진 문자이기에 한자 순서를 바꾼 단어도 대부분 같은 뜻의 단어로 쓰입니다.

歌曲 가곡	感覺 감각	拒絕 거절	結構 결구	景光 경광	繼續 계속
街道 가도	監督 감독	居住 거주	決斷 결단	經歷 경력	計數 계수
街路 가로	監査 감사	健康 건강	潔白 결백	慶福 경복	繼承 계승
歌樂 가악	監視 감시	建立 건립	結束 결속	經營 경영	季節 계절
家屋 가옥	監察 감찰	建設 건설	潔淨 결정	競爭 경쟁	階層 계층
歌謠 가요	康健 강건	檢査 검사	決判 결판	慶祝 경축	考究 고구
歌唱 가창	改革 개혁	檢察 검찰	警覺 경각	階級 계급	苦難 고난
家宅 가택	巨大 거대	格式 격식	境界 경계	階段 계단	孤獨 고독
簡略 간략	擧動 거동	堅強 견강	警戒 경계	計略 계략	考慮 고려
簡擇 간택	居留 거류	堅固 견고	經過 경과	計算 계산	告白 고백

告示 고시	過失 과실	救援 구원	貴重 귀중	根源 근원	念慮 염려
考察 고찰	過誤 과오	救濟 구제	規格 규격	急速 급속	勞務 노무
困窮 곤궁	課程 과정	構造 구조	規範 규범	給與 급여	論議 논의
困難 곤난	觀覽 관람	軍兵 군병	規式 규식	器具 기구	斷決 단결
攻擊 공격	管理 관리	軍士 군사	規律 규율	記錄 기록	段階 단계
恭敬 공경	觀察 관찰	君王 군왕	規則 규칙	起立 기립	單獨 단독
共同 공동	廣大 광대	君主 군주	規度 규탁	起發 기발	斷絕 단절
工作 공작	敎訓 교훈	群衆 군중	均等 균등	技術 기술	端整 단정
工造 공조	區別 구별	屈曲 굴곡	均調 균조	技藝 기예	達成 달성
空虛 공허	區分 구분	屈折 굴절	極端 극단	基底 기저	達通 달통
果敢 과감	具備 구비	窮究 궁구	極盡 극진	納入 납입	擔任 담임
過去 과거	口舌 구설	窮極 궁극	勤勞 근로	冷寒 냉한	談話 담화
果實 과실	區域 구역	勸戒 권계	根本 근본	年歲 연세	到達 도달

徒黨 도당	等類 등류	模樣 모양	法規 법규	保衛 보위	思考 사고
道路 도로	良好 양호	文書 문서	法度 법도	保護 보호	思念 사념
道理 도리	連續 연속	文章 문장	法律 법률	服從 복종	事務 사무
逃亡 도망	離別 이별	門戶 문호	法式 법식	本源 본원	士兵 사병
都市 도시	離散 이산	物件 물건	法典 법전	奉仕 봉사	思想 사상
都邑 도읍	末端 말단	物品 물품	法則 법칙	部隊 부대	辭說 사설
導引 도인	亡失 망실	美麗 미려	變更 변경	部類 부류	事業 사업
到着 도착	每常 매상	發起 발기	變革 변혁	分區 분구	査察 사찰
圖畫 도화	命令 명령	發射 발사	變化 변화	分配 분배	舍宅 사택
同等 동등	明白 명백	發展 발전	兵卒 병졸	分別 분별	社會 사회
洞里 동리	名稱 명칭	方道 방도	病患 병환	費用 비용	算數 산수
同一 동일	名號 명호	配分 배분	報告 보고	貧困 빈곤	想念 상념
等級 등급	毛髮 모발	背後 배후	保守 보수	貧窮 빈궁	相思 상사

6장 유의어 1

狀態 상태	省察 성찰	樹木 수목	失敗 실패	言語 언어	英特 영특
傷害 상해	成就 성취	修習 수습	心性 심성	嚴肅 엄숙	榮華 영화
省略 생략	世界 세계	授與 수여	心情 심정	業務 업무	例規 예규
生産 생산	世代 세대	守衛 수위	兒童 아동	餘暇 여가	藝術 예술
生活 생활	素朴 소박	純潔 순결	眼目 안목	旅客 여객	完全 완전
書籍 서적	素質 소질	崇高 숭고	安易 안이	域境 역경	要求 요구
書冊 서책	損減 손감	時期 시기	安全 안전	硏究 연구	料量 요량
善良 선량	損傷 손상	施設 시설	愛好 애호	年歲 연세	料度 요탁
選別 선별	損失 손실	始初 시초	約束 약속	連續 연속	勇敢 용감
選擇 선택	損害 손해	試驗 시험	糧穀 양곡	硏修 연수	用費 용비
宣布 선포	受納 수납	式典 식전	養育 양육	緣由 연유	優良 우량
說話 설화	受領 수령	申告 신고	樣態 양태	念慮 염려	運動 운동
性心 성심	樹林 수림	身體 신체	言辭 언사	永遠 영원	願望 원망

6장 유의어 1

怨恨 원한	意志 의지	姿態 자태	絶斷 절단	組織 조직	主君 주군
危急 위급	離別 이별	殘餘 잔여	接續 접속	調和 조화	周圍 주위
危險 위험	利益 이익	獎勸 장권	淨潔 정결	尊貴 존귀	朱紅 주홍
肉身 육신	移轉 이전	才術 재술	停留 정류	存在 존재	重複 중복
陸地 육지	理解 이해	才藝 재예	精誠 정성	尊重 존중	中央 중앙
肉體 육체	引導 인도	財貨 재화	正直 정직	卒兵 졸병	重厚 중후
律法 율법	認識 인식	典例 전례	政治 정치	終結 종결	增加 증가
隱密 은밀	因緣 인연	典範 전범	除減 제감	終端 종단	至極 지극
恩惠 은혜	認知 인지	典式 전식	帝王 제왕	終了 종료	知識 지식
音聲 음성	一同 일동	戰爭 전쟁	製作 제작	終末 종말	眞實 진실
衣服 의복	自己 자기	典籍 전적	製造 제조	座席 좌석	進出 진출
意思 의사	資財 자재	戰鬪 전투	早速 조속	罪過 죄과	進就 진취
意義 의의	資質 자질	切斷 절단	造作 조작	住居 주거	質朴 질박

集團 집단
集會 집회
差別 차별
差異 차이
次第 차제
參與 참여
創作 창작
責任 책임
處所 처소
清潔 청결
青綠 청록
聽聞 청문
清淨 청정

體身 체신
村落 촌락
村里 촌리
出生 출생
充滿 충만
層階 층계
治理 치리
親族 친족
侵略 침략
稱讚 칭찬
打擊 타격
土地 토지
通達 통달

統合 통합
退去 퇴거
鬪爭 투쟁
鬪戰 투전
判決 판결
敗亡 패망
敗北 패배
便安 편안
平均 평균
平等 평등
平安 평안
平和 평화
包容 포용

包圍 포위
表皮 표피
豊富 풍부
豊盛 풍성
豊足 풍족
豊厚 풍후
疲勞 피로
下降 하강
河川 하천
學習 학습
寒冷 한랭
恨歎 한탄
抗拒 항거

害毒 해독
解放 해방
解散 해산
解消 해소
海洋 해양
行動 행동
幸福 행복
行爲 행위
鄕村 향촌
許可 허가
虛空 허공
虛無 허무
憲法 헌법

刑罰 형벌
形象 형상
形式 형식
形容 형용
形態 형태
呼稱 호칭
化變 화변
和平 화평
和協 화협
確固 확고
歡樂 환락
歡喜 환희
回歸 회귀

會社	休息	凶暴	喜樂	希望	希願
회사	휴식	흉포	희락	희망	희원

回轉	凶惡	興起
회전	흉악	흥기

6장 유의어 1

MEMO

7장 유의어 [類義語(同義語)] 2

各別 ≒ 特別	故國 ≒ 祖國	無事 ≒ 安全
각별 　 특별	고국 　 조국	무사 　 안전

看病 ≒ 看護	過激 ≒ 急進	未開 ≒ 原始
간병 　 간호	과격 　 급진	미개 　 원시

改良 ≒ 改善	歸省 ≒ 歸鄕	發達 ≒ 進步
개량 　 개선	귀성 　 귀향	발달 　 진보

拒否 ≒ 拒絕	計圖 ≒ 企劃	背恩 ≒ 忘德
거부 　 거절	계도 　 기획	배은 　 망덕

去就 ≒ 進退	氣質 ≒ 性格	不運 ≒ 悲運
거취 　 진퇴	기질 　 성격	불운 　 비운

儉約 ≒ 節約	氣品 ≒ 風格	使命 ≒ 任務
검약 　 절약	기품 　 풍격	사명 　 임무

決心 ≒ 決意	能辯 ≒ 達辯	手段 ≒ 方法
결심 　 결의	능변 　 달변	수단 　 방법

經驗 ≒ 體驗	達成 ≒ 成就	宿命 ≒ 天命
경험 　 체험	달성 　 성취	숙명 　 천명

計劃 ≒ 意圖	獨占 ≒ 專有	視界 ≒ 視野
계획 　 의도	독점 　 전유	시계 　 시야

7장 유의어 2

- 實施(실시) ≒ 實行(실행)
- 心友(심우) ≒ 知己(지기)
- 眼界(안계) ≒ 視野(시야)
- 業績(업적) ≒ 功績(공적)
- 無期限(무기한) ≒ 永遠(영원)
- 外見(외견) ≒ 外觀(외관)
- 外國(외국) ≒ 異國(이국)
- 運勢(운세) ≒ 運命(운명)
- 運營(운영) ≒ 運用(운용)
- 願望(원망) ≒ 希望(희망)
- 有名(유명) ≒ 高明(고명)

- 應對(응대) ≒ 應接(응접)
- 異論(이론) ≒ 異議(이의)
- 利用(이용) ≒ 活用(활용)
- 一致(일치) ≒ 合致(합치)
- 資産(자산) ≒ 財産(재산)
- 節約(절약) ≒ 儉約(검약)
- 志望(지망) ≒ 志願(지원)
- 至上(지상) ≒ 最高(최고)
- 進步(진보) ≒ 向上(향상)
- 質問(질문) ≒ 質疑(질의)
- 招待(초대) ≒ 招請(초청)

- 統治(통치) ≒ 支配(지배)
- 平常(평상) ≒ 平素(평소)
- 鄕里(향리) ≒ 故鄕(고향)
- 許可(허가) ≒ 認可(인가)
- 效用(효용) ≒ 效能(효능)
- 理想鄕(이상향) ≒ 別天地(별천지)

8장 반대자(反對字) / 상대자(相對字)

뜻이 서로 반대인 한자입니다. 어문회 시험에서는 대개 한 문장 속에서 빈칸이 포함된 두 음절의 한자어를 제시하고, 빈칸에 나머지 한자의 반대자를 써 문장을 완성하는 방식으로 출제됩니다.

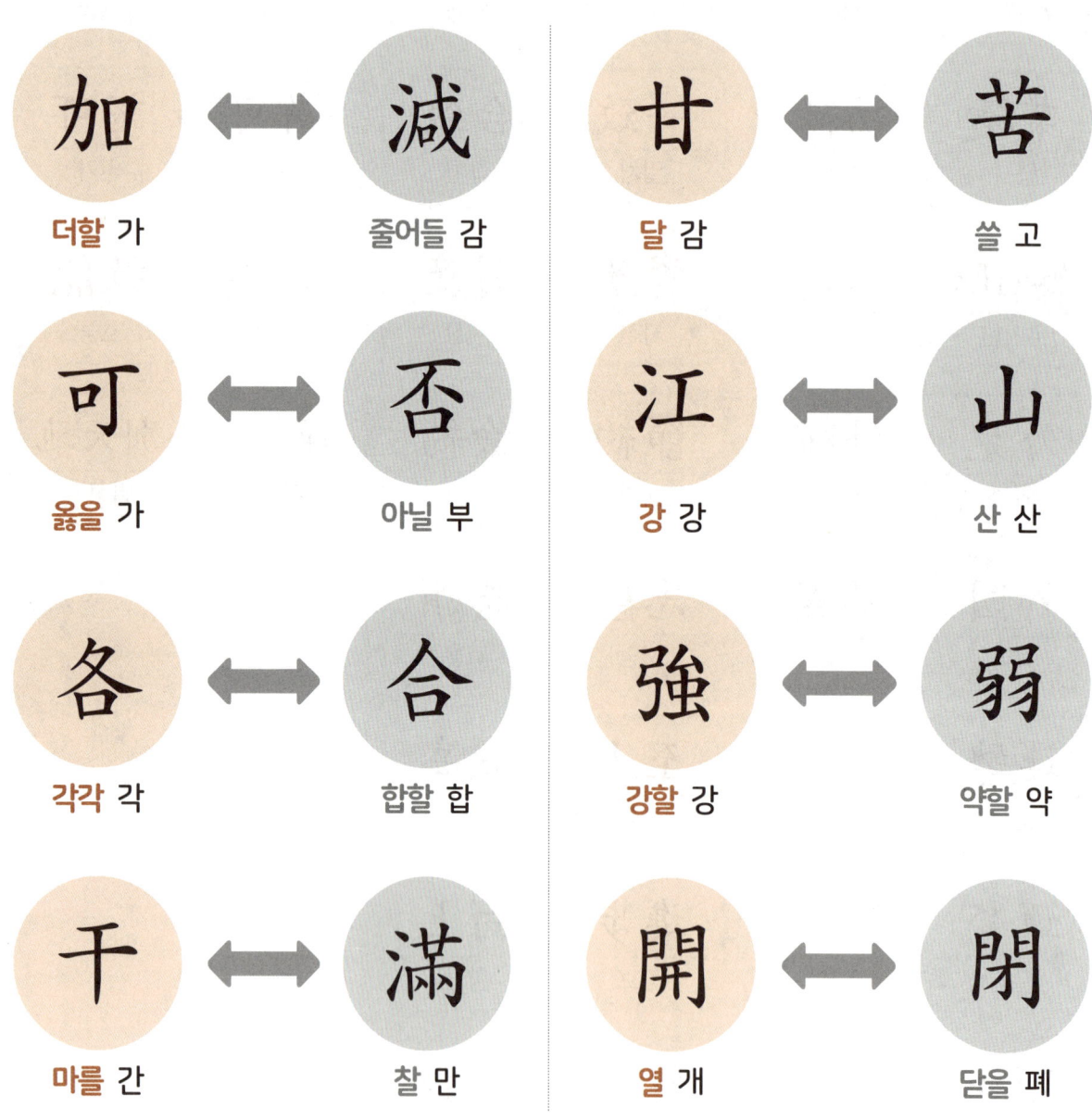

加 ↔ 減	甘 ↔ 苦
더할 가 / 줄어들 감	달 감 / 쓸 고
可 ↔ 否	江 ↔ 山
옳을 가 / 아닐 부	강 강 / 산 산
各 ↔ 合	強 ↔ 弱
각각 각 / 합할 합	강할 강 / 약할 약
干 ↔ 滿	開 ↔ 閉
마를 간 / 찰 만	열 개 / 닫을 폐

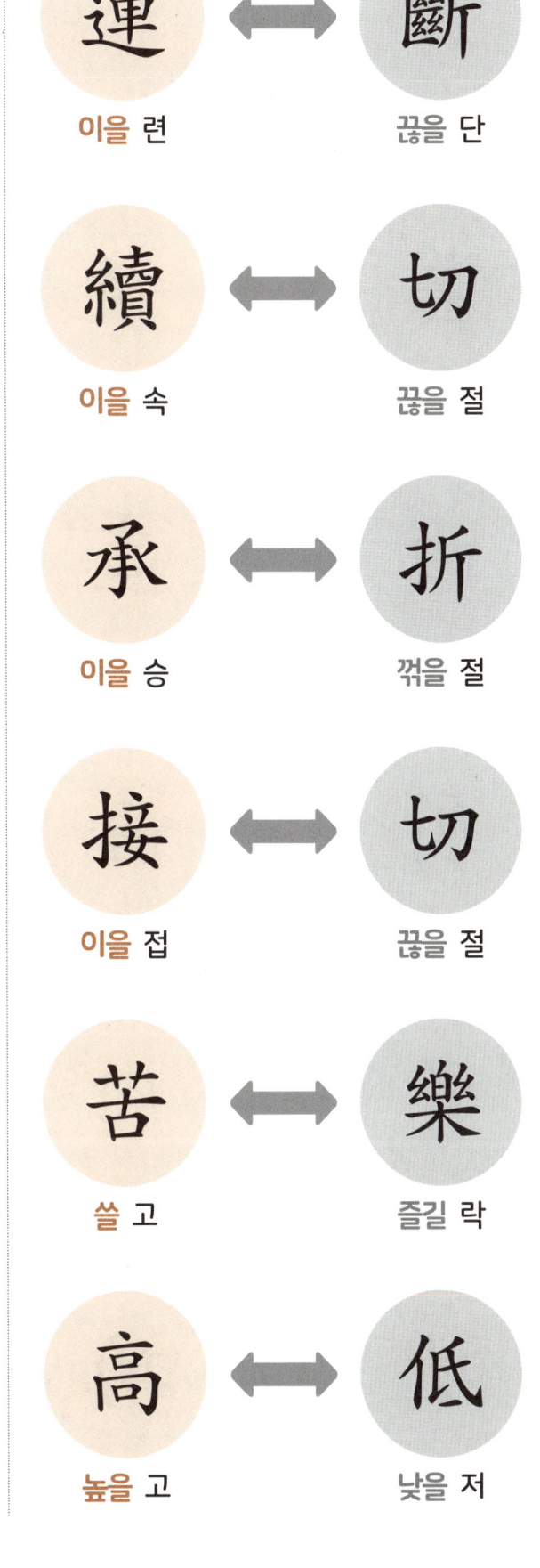

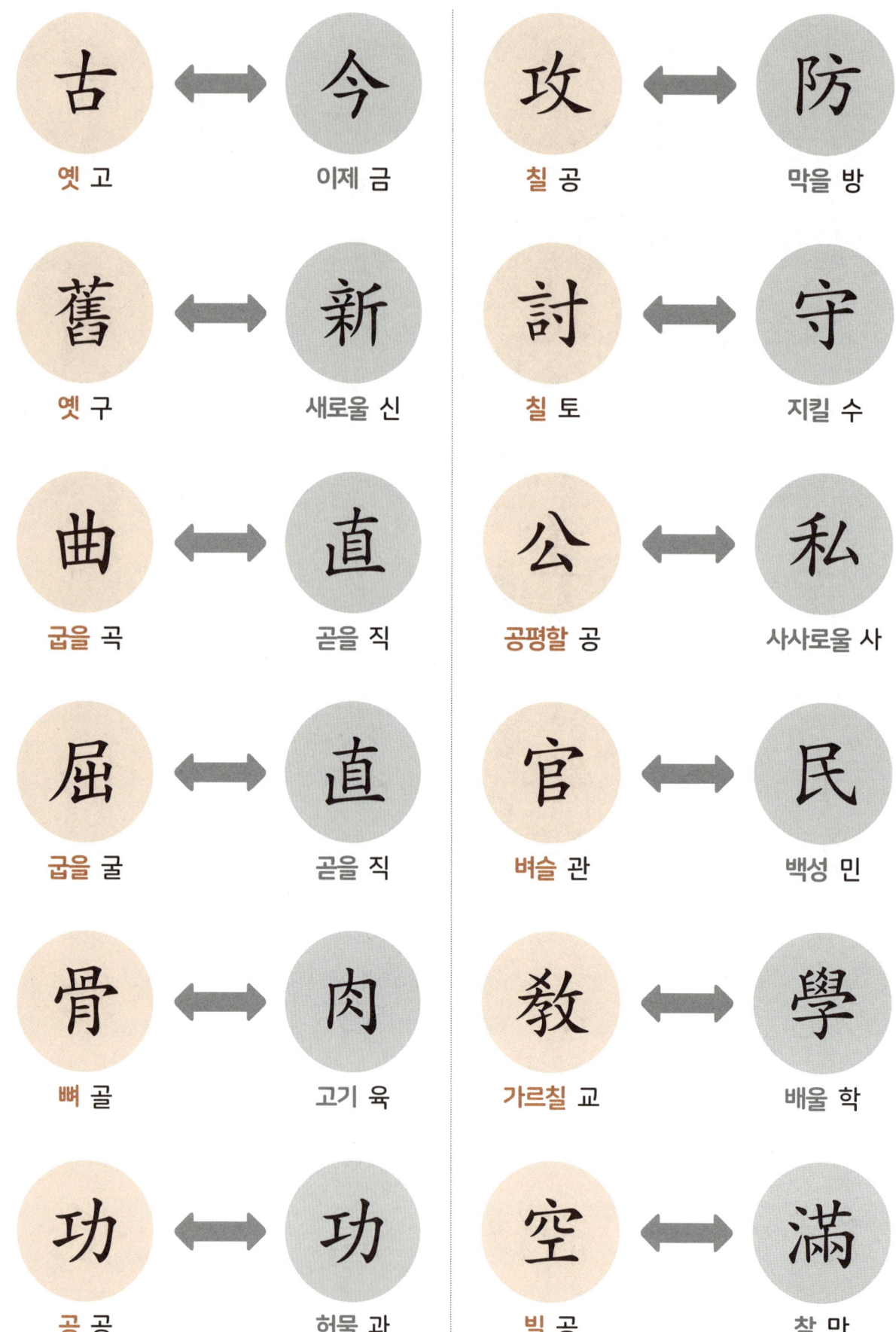

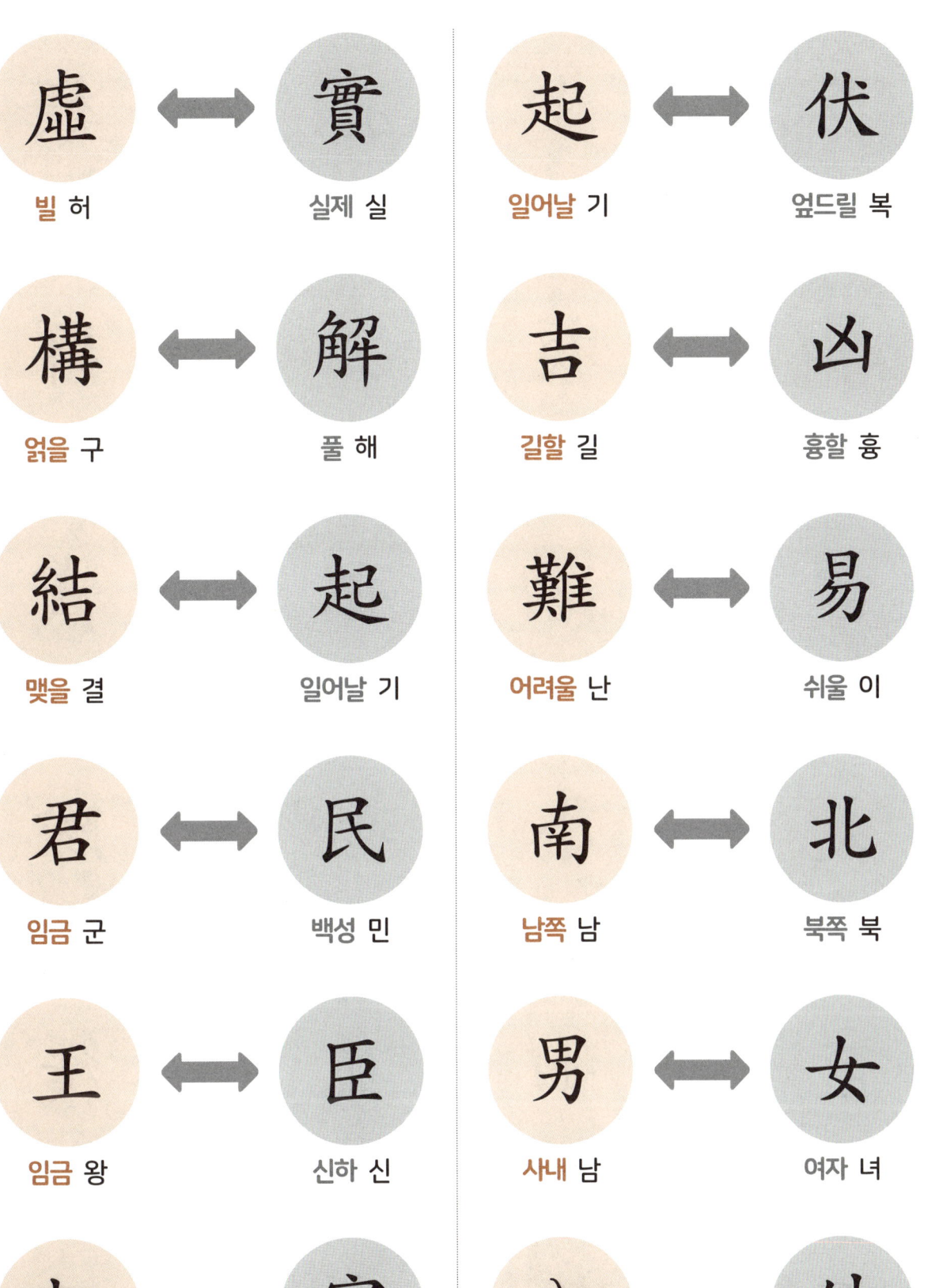

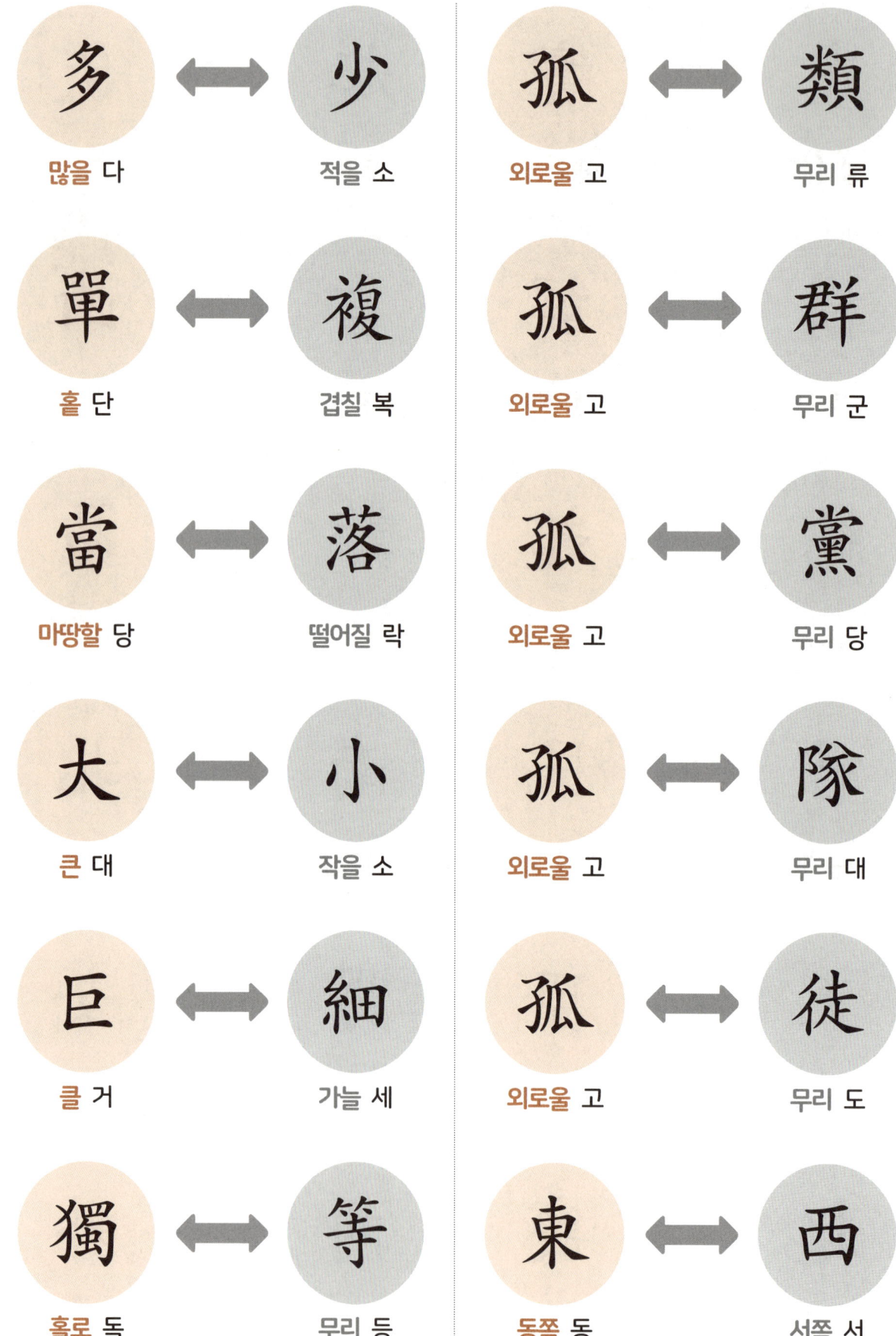

動 ⟷ 靜	陸 ⟷ 海
움직일 동 / 고요할 정	**육지** 륙 / 바다 해
冬 ⟷ 夏	離 ⟷ 合
겨울 동 / 여름 하	**헤어질** 리 / 합할 합
得 ⟷ 失	利 ⟷ 害
얻을 득 / 잃을 실	**이로울** 리 / 해칠 해
來 ⟷ 往	利 ⟷ 損
올 래 / 갈 왕	**이로울** 리 / 덜 손
老 ⟷ 少	晩 ⟷ 早
늙을 로 / 젊을 소	**늦을** 만 / 일찍 조
勞 ⟷ 使	賣 ⟷ 買
일할 로 / 부릴 사	**팔** 매 / 살 매

8장 반대자/상대자

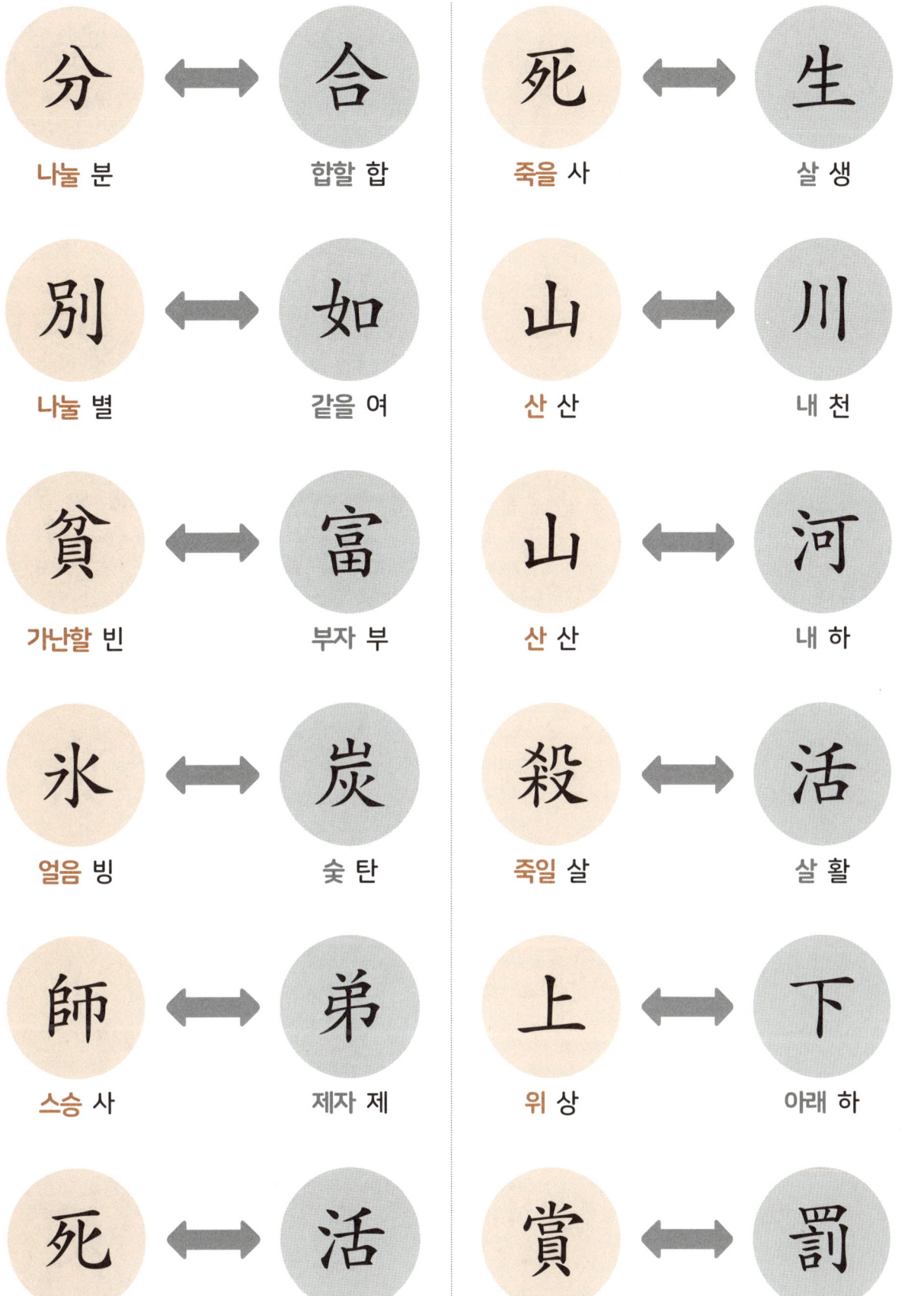

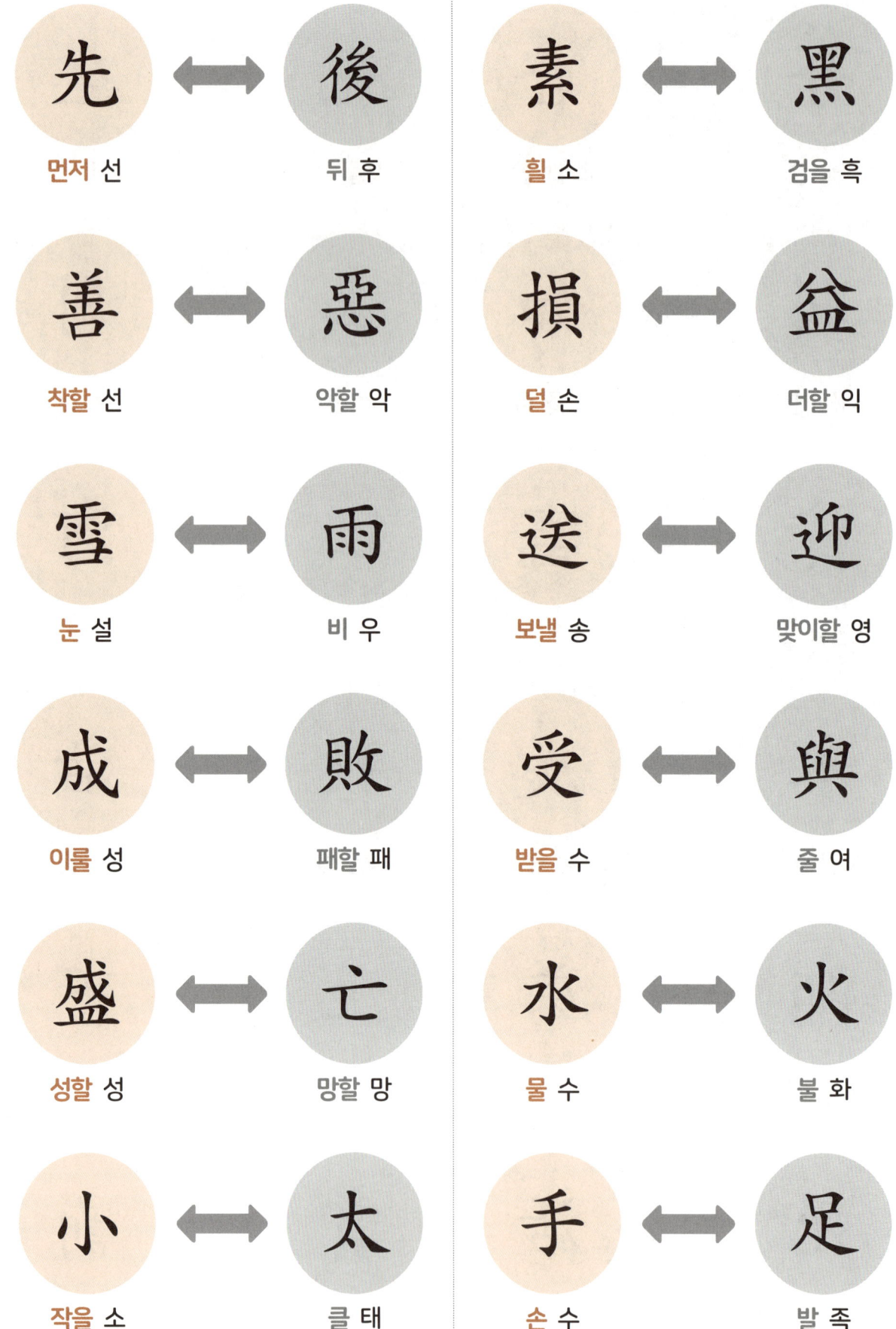

授 ⟷ 受	始 ⟷ 端
줄 수 / 받을 수	처음 시 / 끝 단
收 ⟷ 支	是 ⟷ 非
거둘 수 / 지출할 지	옳을 시 / 아닐 비
順 ⟷ 逆	心 ⟷ 身
순할 순 / 거스를 역	마음 심 / 몸 신
勝 ⟷ 負	心 ⟷ 體
이길 승 / 패할 부	마음 심 / 몸 체
勝 ⟷ 敗	心 ⟷ 己
이길 승 / 패할 패	마음 심 / 몸 기
始 ⟷ 末	安 ⟷ 危
처음 시 / 끝 말	편안할 안 / 위험할 위

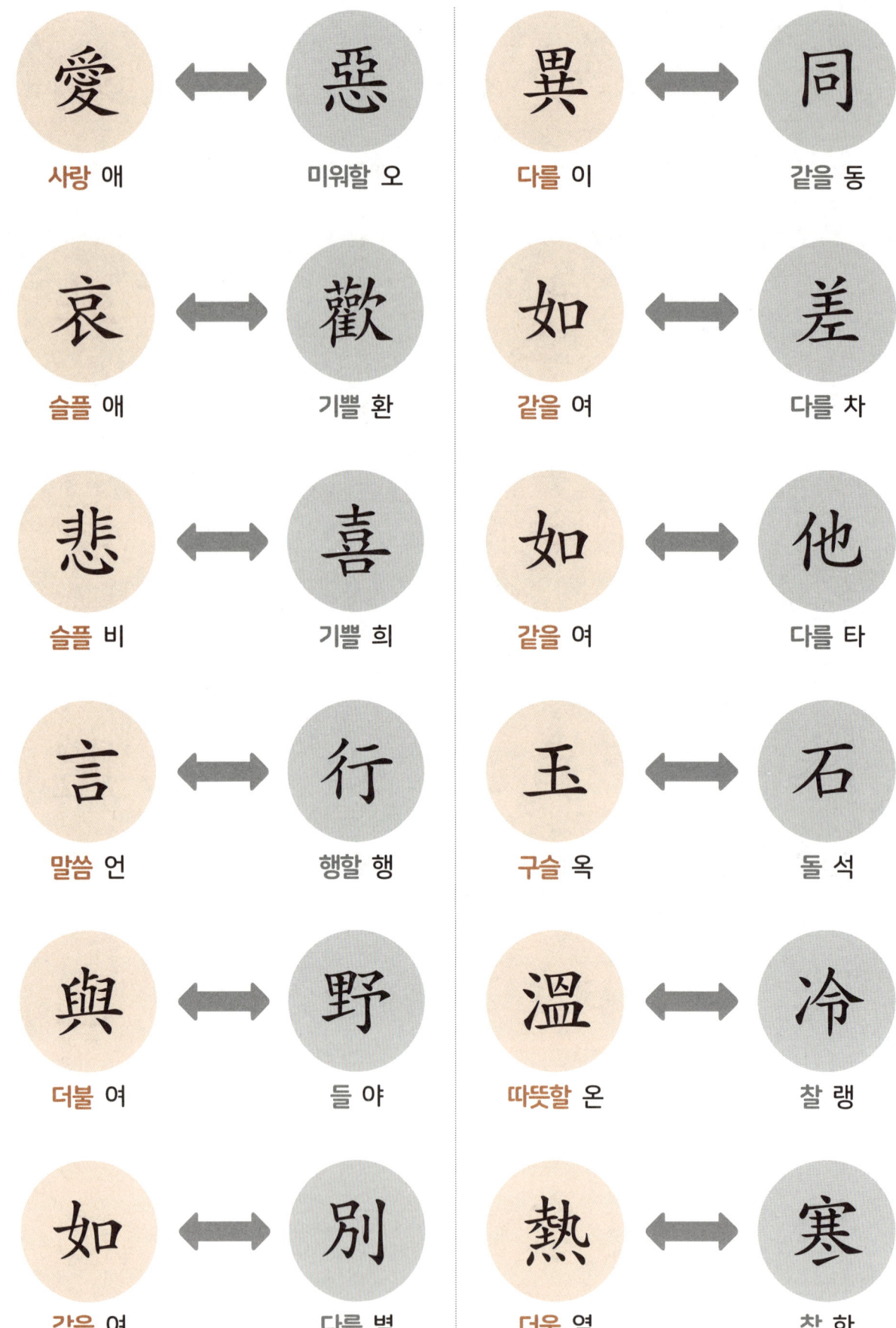

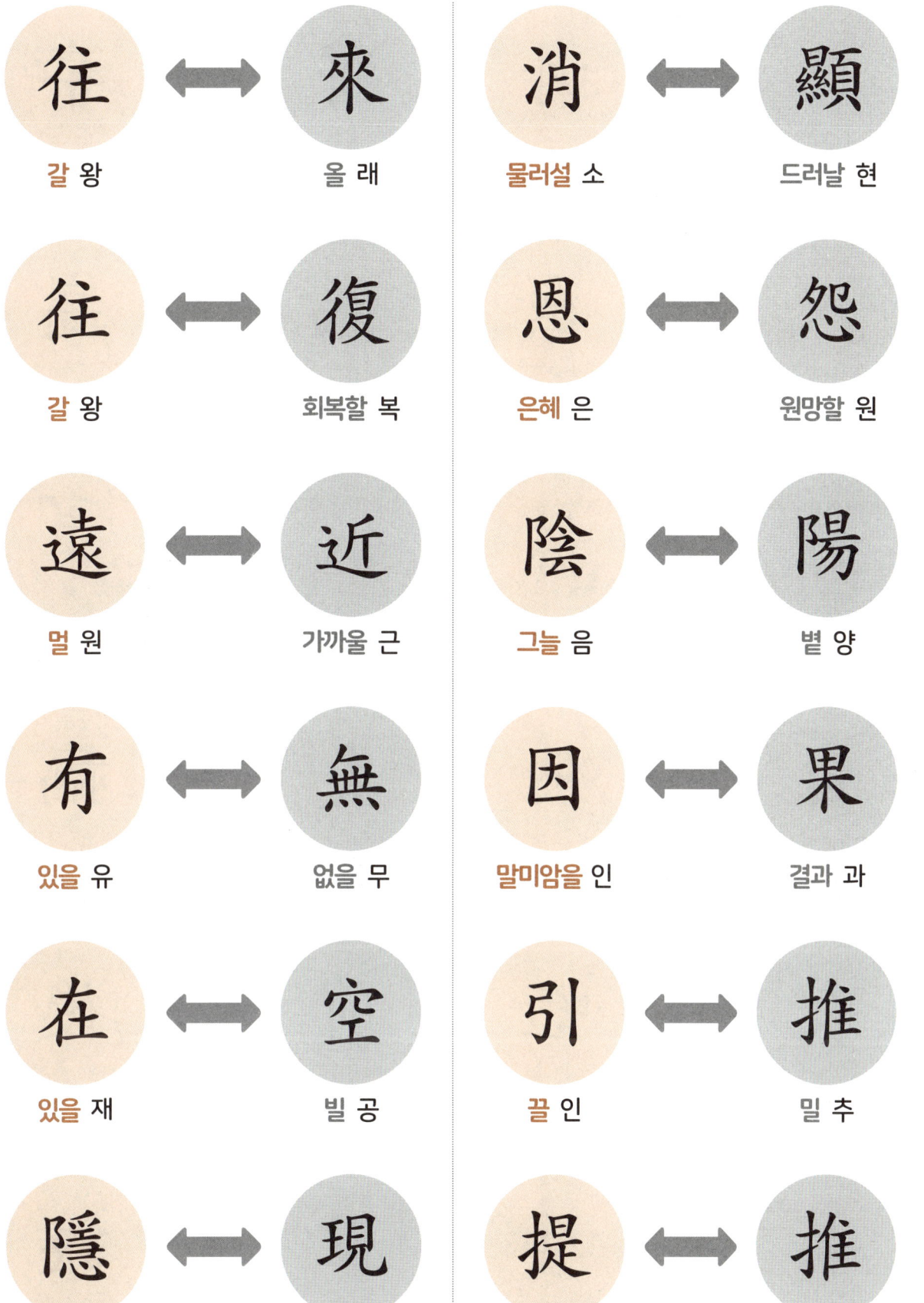

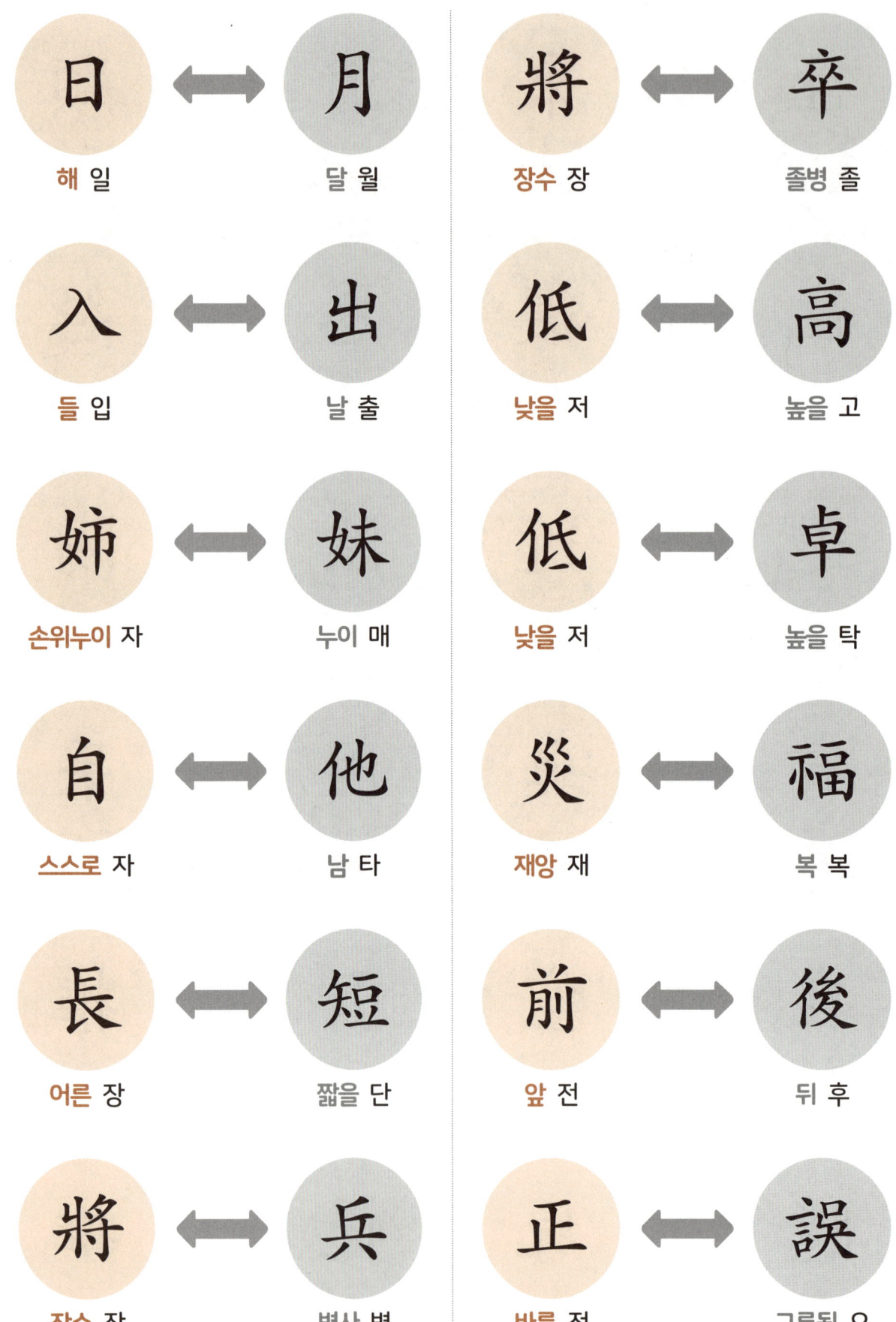

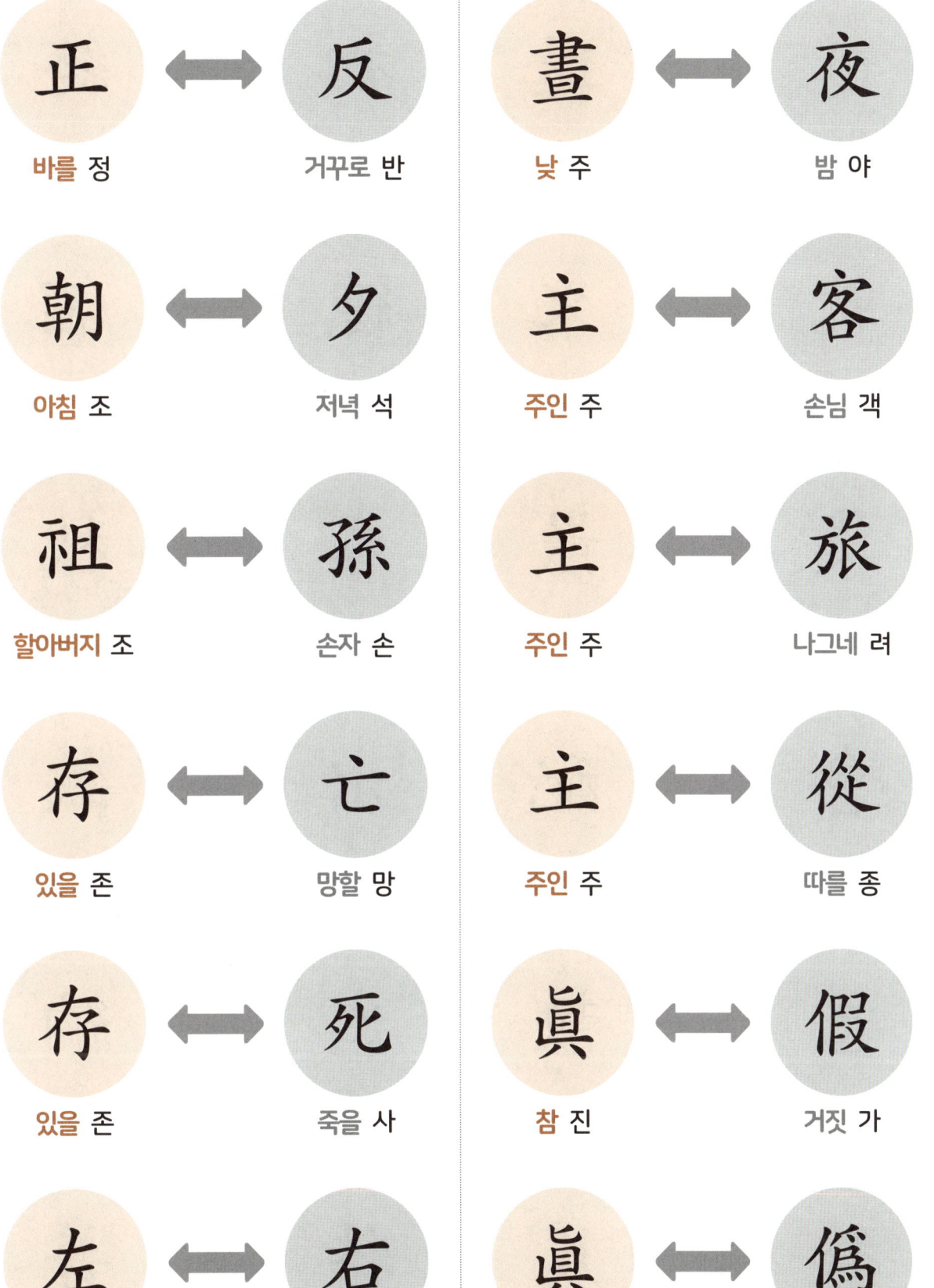

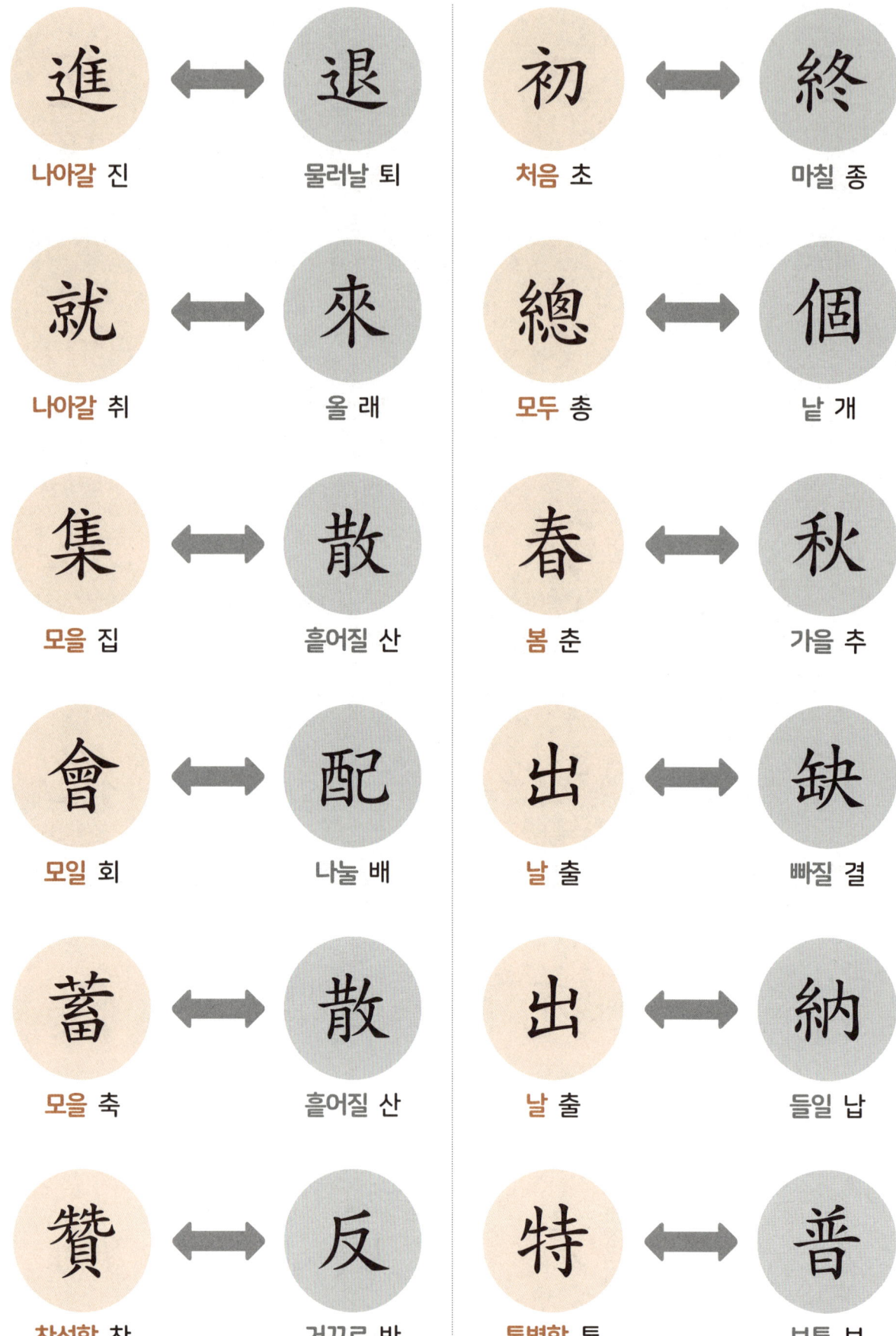

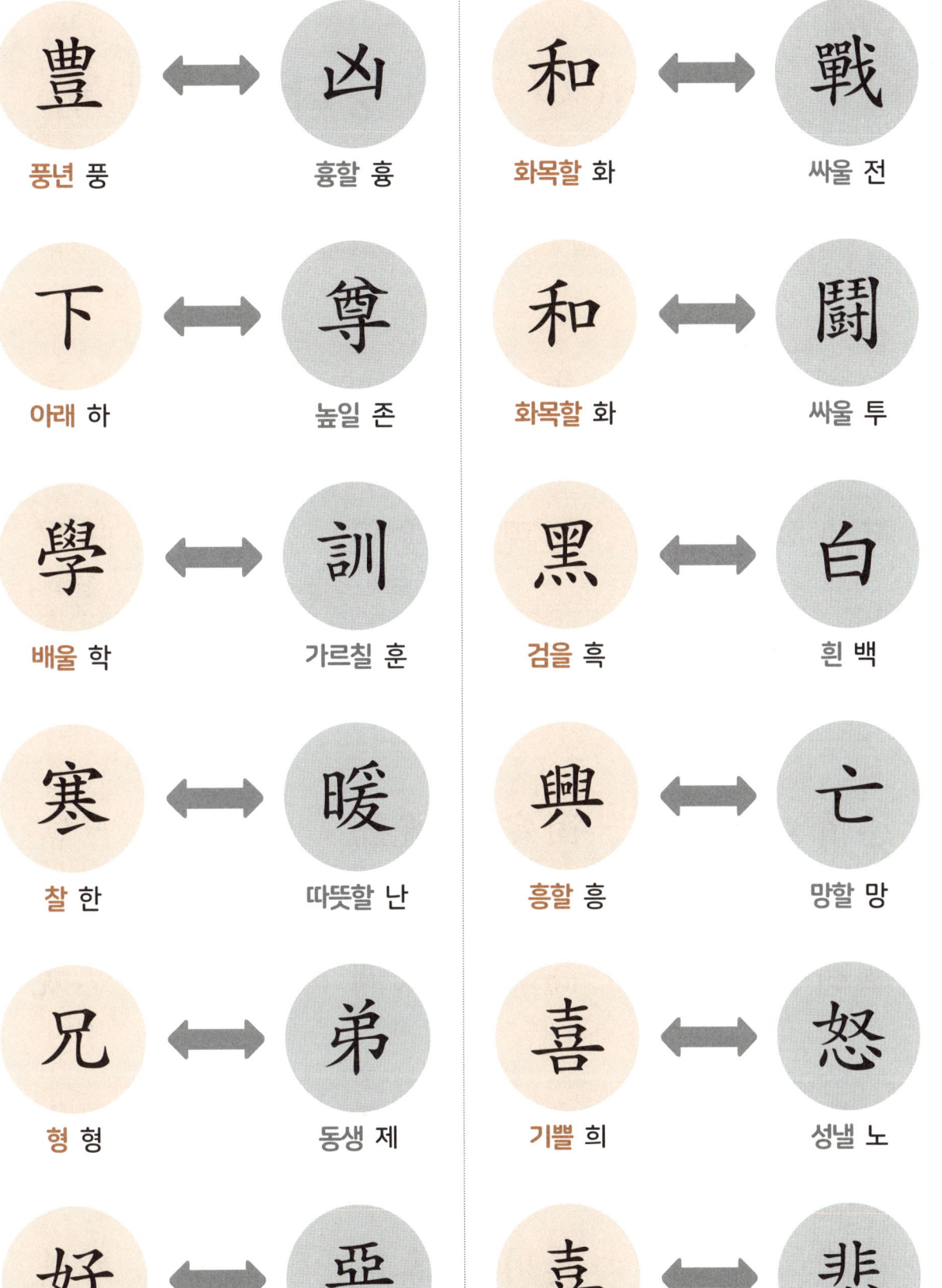

9장 반대어(反對語) / 상대어(相對語)

뜻이 서로 반대인 한자어입니다. 시험에서는 대개 한자어를 제외하고 빈칸에 그와 반대되는 한자어를 쓰는 방식으로 출제됩니다.

加害 ↔ 損害 가해　　손해	輕減 ↔ 加重 경감　　가중	過去 ↔ 未來 과거　　미래
可決 ↔ 否決 가결　　부결	輕視 ↔ 重視 경시　　중시	光明 ↔ 暗黑 광명　　암흑
簡單 ↔ 複雜 간단　　복잡	繼續 ↔ 中斷 계속　　중단	權利 ↔ 義務 권리　　의무
感情 ↔ 理性 감정　　이성	固定 ↔ 流動 고정　　유동	極貧 ↔ 巨富 극빈　　거부
個別 ↔ 全體 개별　　전체	高調 ↔ 低調 고조　　저조	樂觀 ↔ 悲觀 낙관　　비관
客觀 ↔ 主觀 객관　　주관	空想 ↔ 現實 공상　　현실	內容 ↔ 形式 내용　　형식
客體 ↔ 主體 객체　　주체	共用 ↔ 專用 공용　　전용	內容 ↔ 外樣 내용　　외양
結果 ↔ 原因 결과　　원인	空虛 ↔ 充實 공허　　충실	能動 ↔ 受動 능동　　수동

多元 ↔ 一元	登場 ↔ 退場	別居 ↔ 同居
다원 / 일원	등장 / 퇴장	별거 / 동거

單數 ↔ 複數	母音 ↔ 子音	保守 ↔ 進步
단수 / 복수	모음 / 자음	보수 / 진보

單純 ↔ 複雜	無能 ↔ 有能	保守 ↔ 革新
단순 / 복잡	무능 / 유능	보수 / 혁신

單式 ↔ 複式	物質 ↔ 精神	本業 ↔ 副業
단식 / 복식	물질 / 정신	본업 / 부업

單一 ↔ 複合	未備 ↔ 完備	部分 ↔ 全體
단일 / 복합	미비 / 완비	부분 / 전체

短縮 ↔ 延長	密集 ↔ 散在	富者 ↔ 貧者
단축 / 연장	밀집 / 산재	부자 / 빈자

對話 ↔ 獨白	反抗 ↔ 服從	不實 ↔ 充實
대화 / 독백	반항 / 복종	부실 / 충실

動機 ↔ 結果	發達 ↔ 退步	否認 ↔ 是認
동기 / 결과	발달 / 퇴보	부인 / 시인

同議 ↔ 異議	放心 ↔ 操心	分斷 ↔ 連結
동의 / 이의	방심 / 조심	분단 / 연결

登山 ↔ 下山	背恩 ↔ 報恩	不法 ↔ 合法
등산 / 하산	배은 / 보은	불법 / 합법

不幸 ↔ 幸福	損失 ↔ 利得	暗示 ↔ 明示
불행 / 행복	손실 / 이득	암시 / 명시
不運 ↔ 幸運	小人 ↔ 君子	連結 ↔ 絶斷
불운 / 행운	소인 / 군자	연결 / 절단
非番 ↔ 當番	收入 ↔ 支出	連敗 ↔ 連勝
비번 / 당번	수입 / 지출	연패 / 연승
死後 ↔ 生前	順行 ↔ 逆行	精神 ↔ 肉體
사후 / 생전	순행 / 역행	정신 / 육체
生食 ↔ 火食	承認 ↔ 拒絶	溫情 ↔ 冷情
생식 / 화식	승인 / 거절	온정 / 냉정
生花 ↔ 造化	勝利 ↔ 敗北	容易 ↔ 困難
생화 / 조화	승리 / 패배	용이 / 곤란
先天 ↔ 後天	實質 ↔ 形式	友好 ↔ 敵對
선천 / 후천	실질 / 형식	우호 / 적대
成功 ↔ 失敗	惡用 ↔ 善用	怨恨 ↔ 恩惠
성공 / 실패	악용 / 선용	원한 / 은혜
消極 ↔ 積極	惡意 ↔ 善意	異端 ↔ 正統
소극 / 적극	악의 / 선의	이단 / 정통
消費 ↔ 生産	安全 ↔ 危險	理想 ↔ 現實
소비 / 생산	안전 / 위험	이상 / 현실

利益 ↔ 損失	正當 ↔ 不當	快樂 ↔ 苦痛
이익 / 손실	정당 / 부당	쾌락 / 고통

人爲 ↔ 自然	正常 ↔ 異常	退院 ↔ 入院
인위 / 자연	정상 / 이상	퇴원 / 입원

入金 ↔ 出金	正午 ↔ 子正	退化 ↔ 進化
입금 / 출금	정오 / 자정	퇴화 / 진화

自動 ↔ 受動	增加 ↔ 減少	平等 ↔ 差別
자동 / 수동	증가 / 감소	평등 / 차별

自立 ↔ 依存	增進 ↔ 減退	平面 ↔ 立體
자립 / 의존	증진 / 감퇴	평면 / 입체

自律 ↔ 他律	直接 ↔ 間接	豊年 ↔ 凶年
자율 / 타율	직접 / 간접	풍년 / 흉년

自意 ↔ 他意	眞實 ↔ 虛僞	好轉 ↔ 逆轉
자의 / 타의	진실 / 허위	호전 / 역전

反抗 ↔ 服從	質疑 ↔ 應答	好況 ↔ 不況
반항 / 복종	질의 / 응답	호황 / 불황

敵對 ↔ 友好	質疑 ↔ 答辯	後退 ↔ 前進
적대 / 우호	질의 / 답변	후퇴 / 전진

絶對 ↔ 相對	淸潔 ↔ 不潔	希望 ↔ 絶望
절대 / 상대	청결 / 불결	희망 / 절망

9장 반대어/상대어

10장 한자음(漢字音)의 장단(長短)

1. 장음(長音)으로 발음되는 한자어(漢字語)

훈음	한자	단어	훈음	한자	단어
옳을 가	可	可決 可否 可視	거울 경	鏡	鏡城
거짓 가	假	假令 假名 假作 假定	다툴 경	競	競技 競馬 競試 競爭
겨를 가	暇	假日	이어맬 계	系	系列 系統
덜 감	減	減少 減員 減損 減縮	경계할 계	戒	戒告 戒嚴 戒律
감히 감	敢	敢然 敢戰 敢鬪 敢行	계절 계	季	季氏 季節
느낄 감	感	感激 感動 感謝 感化	지경 계	界	界域 界標 界限
욀 강	講	講究 講讀 講習 講演	맬 계	係	係數 係員 係長
갈 거	去	去年 去來 去勢 去就	셀 계	計	計略 計量 計算 界畫
클 거	巨	巨大 巨物 巨人 巨餘洞	이을 계	繼	繼母 繼續 繼承 繼統
막을 거	拒	拒否 拒逆 拒絶	예 고	古	古今 古代 古典
근거 거	據	據點	알릴 고	告	告發 告白 告示 告知書
들 거	擧	擧國 擧動 擧手 擧行	곤할 곤	困	困境 困窮 困難
세울 건	建	建國 建物 建設 建築	구멍 공	孔	孔德洞
굳셀 건	健	健康 健在 健全	함께 공	共	共感 共動 共通
검소할 검	儉	儉朴 儉素 儉約	칠 공	攻	攻擊 攻守 攻防戰
검사할 검	檢	檢擧 檢查 檢出 檢電器	과실 과	果	果樹 果實 果然 果斷性
볼 견	見	見聞 見識 見學 見解	지날 과	過	過去 過激 過誤
공경할 경	敬	慶禮 敬愛 敬意	넓을 광	廣	廣告 廣州 廣範圍
경사 경	慶	慶事 慶州	쇳돌 광	鑛	鑛山 鑛夫 鑛石 鑛業
경계할 경	警	儆戒 警告 警備 警覺心	학교 교	校	校舍 校長 校正 校訓

가르칠 교	教	教授 教育 教訓 教會		익힐 련	練	練習 練兵場
예 구	舊	舊面 舊式 舊習 舊正		예도 례	禮	禮物 禮拜 禮義
구원할 구	救	救命 救助 救世軍		법식 례	禮	例式 例法
고을 군	郡	郡內 郡民 郡守 郡廳		늙을 로	老	老人
권할 권	勸	勸農 勸善		길 로	路	路上 路線 路資
귀할 귀	貴	貴族 貴中 貴公子		마을 리	里	里數 里長 里程標
돌아올 귀	歸	歸家 歸國 歸省客		다스릴 리	理	理科 理論 理致
가까울 근	近	近郊 近似 近世 近況		이로울 리	利	利己主義
금할 금	禁	禁忌 禁煙 禁止		떠날 리	離	離陸 離別 離婚
따뜻할 난	暖	暖帶 暖流 暖衣飽食		오얏 리	李	李氏
안 내	內	內科 內部 內外		말 마	馬	馬車 馬上 馬事會 馬耳東風
생각 념	念	念頭 念佛		일만 만	萬	萬能 萬歲 萬民法
성낼 노	怒	怒氣 怒色		망할 망	亡	亡身
끊을 단	斷	斷交 斷水 斷食 斷煙		바랄 망	望	望鄕 望夫石 望遠鏡
대신할 대	代	代理 代表 代行		살 매	買	買價 買受 買食 買入 買占
기다릴 대	待	待機 待望 待遇 待避		낯 면	面	面壁 面識 面接 面會
대할 대	對	對決 對象 對外 對話		힘쓸 면	勉	勉從 勉學
길 도	道	道路 道德 道行		목숨 명	命	命令 命脈 命名 命中
이를 도	到	到達 到任 到着 到處		어미 모	母	母系 母校 母情 母性愛
인도할 도	導	導入 導出 導水路		묘할 묘	妙	妙計 妙技
한가지 동	同	洞內 洞里		무덤 묘	墓	墓碑 墓所 墓誌
움직일 동	動	動機 動力 動物		군사 무	武	武家 武器 武斷 武力
무리 등	等	等級 等式		힘쓸 무	務	務望 務實力行
알 란	卵	卵子		춤출 무	舞	舞曲
어지러울 란	亂	亂動 亂離		물을 문	問	問答 問病 問安 問題
밝을 랑	朗	朗讀 朗報		돌이킬 반	反	反共 反對 反復 反省
찰 랭	冷	冷氣 冷待		반 반	半	半減 半生 半導體
두 량	兩	兩家 兩極 兩親				

훈음	한자	예
찾을 방	訪	訪客 訪求 訪問
절 배	拜	拜金 拜禮 拜伏 拜席
등 배	背	背景 背水陣
나눌/짝 배	配	配管 配給 配當 配列
범할 범	犯	犯法 犯人 犯罪 犯行
법 범	範	範式 範圍
말 잘할 변	辯	辯論 辨明 辯士 辯護人
변할 변	變	變改 變更 變動 變化
걸음 보	步	步道 步兵 步行
넓을 보	普	普通法
갚을 보	報	報答 報告書 報道陣
보배 보	寶	寶庫 寶物 寶石 寶玉
받들 봉	奉	奉公 奉仕 奉送
아닐 부	否	否決 否認 否定 否票
질 부	負	負擔 負傷
버금 부	副	副官 副業
넉넉할 부	富	富强 富國 富貴 富者
분할 분	憤	憤激 憤氣 憤敗
견줄 비	比	比例
비평할 비	批	批答 批判 批評
숨길 비	祕	祕結 祕密 祕書
슬플 비	悲	悲觀 悲劇 悲鳴
쓸 비	費	費目 費用 費財
갖출 비	備	備考 備蓄
코 비	鼻	鼻高 鼻祖 鼻出血
선비 사	士	士官 士氣 士兵
넉 사	四	四季 四時 四月 四君子
역사 사	史	史家 史記 史學
죽일 사	死	死力 死亡 死文 死因
일 사	事	事件 事理 事物 事大主義
하여금 사	使	使動 使命 使臣 使者
사례할 사	謝	謝禮 謝意 謝恩 謝罪
낳을 산	産	産故 産氣 産卵 産母
흩어질 산	散	散文 散在
셈 산	算	算數 算術 算出
위 상	上	上客 上層 上品 上下
생각할 상	想	想起 想念 想定
차례 서	序	序頭 序論 序文 序例
착할 선	善	善導 善惡 善意 善行
뽑을 선	選	選擧 選定 選出
성품 성	性	性格 性質 性品
성씨 성	姓	姓名 姓氏
성할 성	盛	盛大 盛況
성인 성	聖	聖歌 聖經 聖女 聖人
인간 세	世	世界 世代 世上 世評
씻을 세	洗	洗禮 洗面器
가늘 세	細	細密 細部 細胞
세금 세	稅	稅關 稅金 稅制 稅務士
해 세	歲	歲拜 歲費 歲時
권세 세	勢	勢道 勢力
작을 소	小	小劇場 小說家
적을 소	少	少量 少數
바 소	所	所見 所望 所信 所長
웃을 소	笑	笑聲 笑話 笑門萬福來

훈음	한자	단어
덜 손	損	損傷 損失 損益 損財 損害
보낼 송	送	送別 送舊迎新
기릴 송	頌	頌歌 頌德 頌詩
순할 순	順	順理 順産 順序 順位
저자 시	市	市街 市立 市民 市場
보일 시	示	示達 示範 示威
펼 전	展	展開 展望 展覽會 展示場
전기 전	電	電球 電氣 電鐵 電話
돈 전	錢	錢穀 錢主 錢貨
싸움 전	戰	戰亂 戰略 戰爭 戰死者
전할 전	轉	轉落 轉移
가게 점	店	店員 店村
정할 정	定	定價 定立 定着
가지런할 정	整	整理 整備 整然 整地
아우 제	弟	弟子
마를 제	制	制度 制動 制服 制約
임금 제	帝	帝國 帝王 帝政
차례 제	第	第一 第三 第三者
제사 제	祭	祭器 祭禮 祭物
처음 시	始	始動 始作 始終 始務式
이 시	是	是日 是認 是正 是是非非
베풀 시	施	施工 施政 施行
볼 시	視	視力 視野 視察 視聽者
믿을 신	信	信用 信義 信任
책상 안	案	案件 案內 案頭 案出
눈 안	眼	眼境 眼孔 眼目 眼下無人
어두울 암	暗	暗記 暗示
밤 야	夜	夜間 夜景 夜勤 夜學
들 야	野	野球 野望 野人 野生馬
기를 양	養	養鷄 養成 養育
말씀 어	語	語感 語根 語不成說
더불 여	與	與件 與民 與樂 與野
갈 연	硏	硏究 硏修 硏學
펼 연	演	演劇 演士 演習
오랠 영	永	永久
미리 예	豫	豫感 豫告 豫想 豫約
재주 예	藝	藝能 藝文 藝術
낮 오	午	午時 午正 午後
다섯 오	五	五感 五色
그르칠 오	誤	誤記 誤報 誤算 誤解
갈 왕	往	往年 往來 往復
바깥 외	外	外家 外國 外見上 外交官
빛날 요	曜	曜日
쓸 용	用	用兵 用意 用品
날랠 용	勇	勇氣 勇斷 勇士 勇將
벗 우	友	友軍 友愛 友情
오른 우	右	右軍 右往左往
비 우	雨	雨期 雨備 雨天時
만날 우	遇	遇賊歌 遇事生風
옮길 운	運	運命 運營 運行
도울 원	援	援軍 援兵 援助 援護

멀 원	遠	遠景 遠近		살 주	住	住居 住民 住所 住宅街
원할 원	願	願望 願書		부을 주	注	注力 注目 注文 注意
있을 유	有	有感 有口無言 有名無實		준할 준	准	準備 準例 準決勝
응할 응	應	應當 應授		써 이	以	以南 以上 以心傳心
뜻 의	意	意見 意圖 意志		귀 이	耳	耳順 耳目口鼻
옳을 의	義	義理 義務 義士 義人		다를 이	異	異見 異質的 異口同聲
두 이	二	二類 二律背反		재물 자	資	姿勢 姿態 姿色
지을 제	製	製粉 製藥 製作		장할 장	壯	壯觀 壯年
때 제	際	際遇 際會		있을 재	在	在庫 在所者 在野 在學中
건널 제	濟	濟度 濟世		두 재	再	再開 再建 再考 再現
아침 조	早	早産 早退 早失父母		밑 저	低	低價 低調 低開發 低質化
도울 조	助	助敎 助力 助言		밑 저	底	底力 底流 底邊 底意
지을 조	造	造景 造成 造語 造作		쌓을 저	貯	貯金 貯蓄 貯炭場
왼 좌	左	左傾		법 전	典	典據 典禮 典範
앉을 좌	座	座談 座席 座中 座右銘				
허물 죄	罪	罪過 罪惡 罪人				

2. 두 가지로 발음되는 장단(長短) 한자(漢字)

거리 가	街	가	街路樹 街路燈
		ː가	假道 街頭示威
사이 간	間	간	間數
		ː간	間食 間接 間或
편지 간	簡	간	簡單 簡略 簡素
		ː간	簡易 簡紙
강할 강	強	강	強力 強化 強大國
		ː강	強勸 強盜 強制
항복할 항	降	항	降兵 降伏
내릴 강		ː강	降雨 降雪 降等
낱 개	個	개	個人
		ː개	個別 個性 個體
볕 경	景	경	景氣 景物 景致
		ː경	景品 景福宮
굳을 고	固	고	固辭 固守 固着
		ː고	固城
연고 고	故	고	故鄕
		ː고	故國 故事 故人 故障
과정 과	課	과	課業 課題
		ː과	課稅
입 구	口	구	口文 口錢
		ː구	口論 口辯 口號
갖출 구	具	구	具備 具色 具現
		ː구	具氏
부지런할 근	勤	근	勤苦
		ː근	勤儉 勤勞 勤務 勤念
어려운 난	難	난	難關 難局 難解
		ː난	難處 難兄難弟
짧을 단	短	단	短點 短縮
		ː단	短歌 短期
큰 대	大	대	大斗 大田
		ː대	大家 大國 大將
띠 대	帶	대	帶狀
		ː대	帶同
겨울 동	冬	동	冬至
		ː동	冬期
올 래	來	래	來年 來歷 來日
		ː래	來客 來住
하여금 령	令	령	令夫人 令愛
		ː령	令監
헤아릴 료	料	료	料理 料食 料量
		ː료	料金 料給
버들 류	柳	류	柳京 柳氏
		ː류	柳器 柳綠
매양 매	每	매	每日
		ː매	每年 每事 每回 每時間
팔 매	賣	매	賣買
		ː매	賣家 賣上
들을 문	聞	문	聞慶
		ː문	聞見 聞一知十
아닐 미	未	미	未安
		ː미	未開 未決 未來

훈음	한자	음	예
아름다울 미	美	미	美國 美人(미국인)
		ː미	美術 美人(미녀)
놓을 방	放	방	放學
		ː방	放談 放送
나눌 배	配	배	配達族
곱 배	倍	ː배	倍加 倍量
지킬 보	保	부	保證
		ː보	保健 保管 保留
회복할 복	復	복	復古 復歸 復學
다시 부		ː부	復活 復興
관청 부	府	부	府使 府域
		ː부	府郡
나눌 분	分	분	分家 分校 分配
		ː분	分量 分福 分數
가루 분	粉	분	粉食
		ː분	粉紅
아닐 비	非	비	非但
		ː비	非常 非情 非行 非公開
생각 사	思	사	思考 思念
		ː사	念想
절 사	寺	사	寺門 寺院
관청 시		ː시	寺人 寺正
쏠 사	射	사	射擊 射殺 射手 射精
		ː사	射場
죽일 살	殺	살	殺氣 殺伐 殺傷 殺生
감할 쇄		ː쇄	殺到
모양 상	狀	상	狀態 狀況
문서 장		ː장	狀頭
말씀 설	說	설	說明 說往說來
달랠 세		ː세	說客
흴 소	素	소	素朴 素數 素材 素質
		ː소	素服 素物
손자 손	孫	손	孫女 孫婦 孫氏 孫子
		ː손	孫 後孫
받을 수	受	수	受講 受賞 受信 受業
		ː수	受苦
시험 시	試	시	試驗
		ː시	試官 試食 試金石
사랑 애	愛	애	愛國 愛人 愛情 愛酒
		ː애	愛煙
바꿀 역	易	역	易數 易理 易學
쉬울 이		ː이	易行
비칠 영	映	영	映寫 映畫
		ː영	映窓
중요할 요	要	요	要領 要所 要約
		ː요	要求 要人 要點
할 위	爲	위	爲始 爲人(사람됨)
		ː위	爲人(사람을 위함) 爲하다
마실 음	飮	음	飮毒 飮料
		ː음	飮福 飮食

훈음	한자	음	예	훈음	한자	음	예
의논할 의	議	의	議決 議事 議員 議長	바늘 침	針	침	針葉樹
		ˇ의	議政府			ˇ침	針母 針線
맡길 임	任	임	任氏	편할 편	便	편	便利 便法 便安 便易
		ˇ임	任期 任命 任務 任員			ˇ편	便紙
길 장	長	장	長短 長篇	펼 포	布	포	布木 布衣寒士
		ˇ장	長官 長老 長成 長者			ˇ포	布告 布敎 布德 布石
장수 장	將	장	將軍 將來 將次 將就	쌀 포	包	포	包裝 包紙
		ˇ장	將校 將帥 將兵 將星			ˇ포	包容
				사나울 폭 사나울 포	暴	폭	暴徒 暴行
						ˇ포	暴惡
장려할 장	奬	장	奬忠壇	한국 한	韓	한	韓山 韓氏
		ˇ장	奬學生			ˇ한	韓國 韓服
점령할 점	占	점	占術	다닐 행	行	행	行動 行路 行事 行政
		ˇ점	占據 占領 占有物			ˇ행	行實
점 점	點	점	點檢 點線 點數 點火	부르짖을 호	號	호	號角
		ˇ점	點心			ˇ호	號外
바를 정	正	정	正月 正二月 正朝 正初	불 화	火	화	火曜日
		ˇ정	正堂 正道 定式 正直			ˇ화	火氣 火力 火病
잡을 조	操	조	操作 操業短縮	될 화	化	화	化學
		ˇ조	操心性			ˇ화	化石 化身
좇을 종	從	종	從當 從屬 從事 從軍	그을 획	畫	획	劃順 劃一
		ˇ종	從弟 從祖 從兄	그림 화		ˇ화	畫家
씨 종	種	종	種犬 種鷄 種子 種族	고리 환	環	환	環狀
		ˇ종	種類 種目 種別			ˇ환	環境
				흥할 흥	興	흥	興亡 興盛
						ˇ흥	興味 興趣

제3편 시험 유형 익히기 | 499

제 4 편

실전 모의고사

제1회 실전 모의고사
제2회 실전 모의고사
제3회 실전 모의고사
정답 및 해설

제1회 한자능력검정시험 4급 실전 모의고사

정답 508쪽

4급 실전 모의고사 제1회

[問 1-32] 다음 밑줄 친 漢字語의 讀音을 쓰시오.

○ 우리는 [1] 解決하여야 할 문제를 [2] 討論의 대상으로 삼았다.
○ [3] 政府는 전통문화의 [4] 守護에 적극 [5] 支援하고 있다.
○ [6] 童詩는 주로 어린이를 [7] 讀者로 [8] 豫想하고 어린이의 정서를 읊은 시이다.
○ [9] 藝術 작품의 [10] 眞價를 알아보는 [11] 眼目이 있구나.
○ [12] 聽衆들의 [13] 拍手소리를 들으며 [14] 演說을 시작했다.
○ 국민에게는 [15] 納稅의 [16] 義務가 있다.
○ 인공위성은 궤도를 따라 [17] 地球 [18] 周圍를 돌고 있다.
○ 그의 말은 [19] 明快하여 한 점의 [20] 疑心도 남기지 않았다.
○ 이 [21] 映畫는 작품성이 [22] 缺如되어 [23] 評價가 좋게 나오지 않고 있다.
○ 우리는 [24] 講堂에 모여 [25] 合唱 [26] 演習을 했다.
○ 이번 [27] 競技에서 종합 [28] 優勝을 [29] 目標로 열심히 훈련했다.
○ [30] 備蓄된 식량을 풀어 [31] 災害에 어려움을 겪는 사람들을 [32] 救濟했다.

[問 33-54] 다음 漢字의 訓과 音을 쓰시오.

[33] 移   [34] 味   [35] 妹
[36] 禁   [37] 看   [38] 想
[39] 組   [40] 送   [41] 犬
[42] 困   [43] 恩   [44] 忠
[45] 細   [46] 糧   [47] 碑
[48] 私   [49] 秀   [50] 香
[51] 厚   [52] 壓   [53] 判
[54] 松

[問 55-57] 다음 漢字의 部首를 쓰시오.

[55] 將   [56] 素   [57] 盜

[問 58-60] 다음 漢字의 略字를 쓰시오.

[58] 當   [59] 亂   [60] 來

[問 61-63] 다음 單語 중 첫소리가 長音인 것을 가려 그 번호를 쓰시오.

[61] ① 依支   ② 意志
[62] ① 回轉   ② 會戰
[63] ① 案前   ② 安全

[問 64-66] 다음 밑줄 친 漢字와 뜻이 반대(또는 상대)되는 漢字를 ( ) 속에 적어 문장을 완성하시오.

[64] 사실을 ( )減 없이 전달했다.
[65] 문에 자동 ( )閉 장치를 설치했다.
[66] 晝( )를 불문하고 학문에 정진했다.

[問 67-69] 다음 漢字와 뜻이 같거나 비슷한 漢字를 ( ) 속에 적어 문장을 완성하시오.

[67] 아무리 큰 나무도 根( )은 작은 씨앗이다.
[68] 공룡은 대부분 몸집이 ( )大하다.
[69] 국내 居( ) 외국인이 많아졌다.

[問 70-72] 다음 제시한 漢字語와 뜻에 맞는 同音語를 漢字로 쓰시오.

[70] 可算 - (   ) 집안의 재산.
[71] 空氣 - (   ) 공사하는 기간.
[72] 求道 - (   ) 옛 도읍.

[問 73-75] 다음 漢字語의 뜻을 〈보기〉에서 찾아 그 번호를 쓰시오.

〈보기〉
① 감독하고 검사함.
② 가까운 사이. 요사이.
③ 고마움을 느낌. 또는 그런 마음.
④ 최근에 출판되었거나 출판될 간행물.
⑤ 학교의 뜰이나 운동장.

[73] 校庭
[74] 監査
[75] 近間

[問 76-80] 다음 ( ) 안에 알맞은 漢字를 적어 四字成語를 완성하시오.

[76] 有口無( ) : '입은 있어도 말은 없음'으로, 변명할 말이 없거나 변명하지 못함을 이르는 말.
[77] 同苦同( ) : 같이 고생하고 같이 즐김.
[78] 多多益( ) : 많으면 많을수록 더욱 좋음.
[79] 見( )生心 : 어떠한 실물을 보게 되면 그것을 가지고 싶은 욕심이 생김.
[80] 眼下( )人 : '눈 아래에 사람이 없음'으로, 방자하고 교만하여 다른 사람을 업신여김을 이르는 말.

[問 81-100] 다음 각 문장의 밑줄 친 單語를 漢字(正字)로 쓰시오.

○ 오랜만에 [81] 가족이 모여 오순도순 [82] 정담을 나누었다.
○ 대통령의 [83] 국민에 대한 [84] 책임은 막중하다.
○ 웃어른께는 [85] 격식에 맞추어 [86] 편지를 써야 한다.
○ [87] 객관의 [88] 입장에 서서 정확하게 평가했다.
○ 이번 달 수출이 월별 실적으로는 [89] 사상 [90] 최고를 기록했다.
○ [91] 대회의 우승자에게 [92] 상금을 수여했다.
○ 노력하는 사람의 [93] 성공은 [94] 당연한 결과이다.
○ 그는 포도농사 [95] 방법의 [96] 개량에 힘썼다.
○ 회견문 [97] 낭독이 끝나자 청중의 [98] 질문이 시작되었다.
○ [99] 학교를 가는 길에 [100] 서점에 들러 참고서를 한 권 샀다.

♣ 수고하셨습니다.

제2회 한자능력검정시험 4급 실전 모의고사

4급 실전 모의고사 제2회

[問 1-32] 다음 밑줄 친 漢字語의 讀音을 쓰시오.

○ 어려웠던 문제를 [1] 明快하게 [2] 解決하니 [3] 氣分이 좋구나.
○ 병사들은 [4] 勇敢하게 [5] 敵陣에 뛰어들어 [6] 勝利를 거두었다.
○ 공부에만 [7] 專念하더니 어려운 [8] 試驗에 [9] 合格하였구나.
○ [10] 頭痛이 심하여 [11] 病院에 다녀왔다.
○ [12] 運動은 [13] 閑暇로운 [14] 午後 시간을 이용해서 한다.
○ [15] 議長이 [16] 閉會를 [17] 宣言하자 모두 박수를 쳤다.
○ 나는 그들의 [18] 質問에 [19] 簡單히 [20] 應待했다.
○ [21] 座席이 [22] 便安하여 [23] 休息이 즐겁구나.
○ 굳센 [24] 意志로 [25] 難關을 극복하자.
○ 그들은 새로운 [26] 希望과 [27] 歡喜에 들떠 있었다.
○ 이곳은 [28] 交通의 [29] 要地라 사람의 [30] 往來가 빈번하다.
○ 그 작가는 요즘 중산층의 [31] 意識과 생활을 [32] 素材로 한 작품을 쓰고 있다.

[問 33-54] 다음 漢字의 訓과 音을 쓰시오.

[33] 頌   [34] 針   [35] 早
[36] 仁   [37] 伏   [38] 拍
[39] 泉   [40] 源   [41] 縮
[42] 評   [43] 呼   [44] 造
[45] 疑   [46] 稅   [47] 脫
[48] 煙   [49] 酒   [50] 尊
[51] 深   [52] 探   [53] 助
[54] 協

[問 55-57] 다음 漢字의 部首를 쓰시오.

[55] 宣   [56] 得   [57] 易

[問 58-60] 다음 漢字의 略字를 쓰시오.

[58] 卒   [59] 國   [60] 禮

[問 61-63] 다음 單語 중 첫소리가 長音인 것을 가려 그 번호를 쓰시오.

[61] ① 消息   ② 小食
[62] ① 造船   ② 朝鮮
[63] ① 武器   ② 無記

[問 64-66] 다음 밑줄 친 漢字와 뜻이 반대(또는 상대)되는 漢字를 ( ) 속에 적어 문장을 완성하시오.

[64] 前( ) 사정을 자세히 말했다.
[65] 사소한 일로 ( )非를 따지지 말라.
[66] 한 번의 成( )에 좌우되지 말고 열심히 노력하자.

[問 67-69] 다음 漢字와 뜻이 같거나 비슷한 漢字를 ( ) 속에 적어 문장을 완성하시오.

[67] 야생 동물의 生( )을 관찰하다.
[68] 어머님의 ( )患을 고쳤다.
[69] 이것은 明( )한 사실이다.

[問 70-72] 다음 제시한 漢字語와 뜻에 맞는 同音語를 漢字로 쓰시오.

[70] 獨自 - ( ) 책, 신문 등 출판물을 읽는 사람.
[71] 動機 - ( ) 같은 시기.
[72] 私有 - ( ) 일의 까닭. 또는 연고. 연유.

[問 73-75] 다음 漢字語의 뜻을 〈보기〉에서 찾아 그 번호를 쓰시오.

〈보기〉
① 질이 좋은 물품.
② 조사하여 바로잡음.
③ 일의 형편이나 까닭.
④ 사고파는 물품.
⑤ 한 나라의 중앙 정부가 있는 도시.

[73] 事情
[74] 上品
[75] 首都

[問 76-80] 다음 ( ) 안에 알맞은 漢字를 적어 四字成語를 완성하시오.

[76] 自( )不知 : 자기 허물을 알지 못함.
[77] 自問自( ) : 스스로 묻고 스스로 답함.
[78] 自( )至終 : 처음부터 끝까지.
[79] ( )德陽報 : 남모르게 덕행을 쌓은 사람은 드러나게 보답을 받게 됨.
[80] 離合( )散 : 떨어지고 합치고 모이고 흩어짐.

[問 81-100] 다음 각 문장의 밑줄 친 單語를 漢字(正字)로 쓰시오.

○ 이 사진은 [81] 흑백이 [82] 조화를 이루고있다.
○ 언젠가는 [83] 세계 일주 [84] 여행을 해보고 싶다.
○ 어느덧 자라 부모로부터 [85] 독립된 [86] 생활을 하게 되었다.
○ [87] 행복한 삶은 대다수의 [88] 소망이다.
○ [89] 금년에는 짧은 머리가 [90] 유행이다.
○ 올해에는 [91] 자연의 [92] 재해가 없었으면 좋겠다.
○ [93] 교통 [94] 법규를 잘 지켜야 한다.
○ [95] 실패는 [96] 성공의 어머니다.
○ [97] 재료가 좋으면 [98] 음식도 맛있다.
○ [99] 약속 장소에 시간에 맞추어 [100] 도착했다.

♣ 수고하셨습니다.

제3회 한자능력검정시험 4급 실전 모의고사

정답 516쪽

4급 실전 모의고사 제3회

[問 1-32] 다음 밑줄 친 漢字語의 讀音을 쓰시오.

○ 우리의 [1] 推測에 의하면 이번 [2] 講座는 수강하기 어려울 것 같다.
○ 참가자 모두가 [3] 固定 좌석에 앉자 [4] 討論이 시작되었다.
○ [5] 製品을 생산할 때는 [6] 規格을 꼭 맞춰야 한다.
○ [7] 價格이 급등하자 [8] 消費者들은 [9] 節約 생활을 실천하였다.
○ 우리의 [10] 文化財를 [11] 保存하기 위한 [12] 法律이 제정되었다.
○ 심각한 [13] 交通 체증 [14] 改善 방안을 [15] 提案했다.
○ [16] 技術 혁신은 [17] 發展 속도를 높이고 [18] 生産 구조를 바꾼다.
○ 청소년은 [19] 經驗을 통해 [20] 成長한다.
○ 부상이라는 [21] 例外의 상황에서도 선수는 [22] 決勝 경기에 진출했다.
○ 나는 [23] 友情을 지키기 위해 [24] 誠意를 다하였다.
○ [25] 知識을 [26] 活用하여 [27] 問題를 해결했다.
○ [28] 愛情을 바탕으로 [29] 書信을 주고받았다.
○ [30] 國際 회의에서는 [31] 環境 문제와 세계 [32] 平和 정착에 대해 논의했다.

[問 33-54] 다음 漢字의 訓과 音을 쓰시오.

[33] 暖   [34] 差   [35] 折
[36] 慰   [37] 烈   [38] 祕
[39] 崇   [40] 潮   [41] 妙
[42] 勸   [43] 舞   [44] 童
[45] 骨   [46] 繼   [47] 抗
[48] 痛   [49] 負   [50] 窮
[51] 林   [52] 籍   [53] 拍
[54] 伏

[問 55-57] 다음 漢字의 部首를 쓰시오.

[55] 線   [56] 證   [57] 歲

[問 58-60] 다음 漢字의 略字를 쓰시오.

[58] 缺   [59] 壓   [60] 賣

[問 61-63] 다음 單語 중 첫소리가 長音인 것을 가려 그 번호를 쓰시오.

[61] ① 視野   ② 時事
[62] ① 賣買   ② 每回
[63] ① 降兵   ② 故人

[問 64-66] 다음 밑줄 친 漢字와 뜻이 반대(또는 상대)되는 漢字를 ( ) 속에 적어 문장을 완성하시오.

[64] 勞( ) 갈등이 장기화되고 있다는 소식이 들려왔다.
[65] 인류학자들은 ( )今의 상황을 심각하게 바라보고 있다.
[66] 전산실은 기계 과열을 막기 위해 ( )溫 조절 장치가 설치되어 있다.

[問 67-69] 다음 漢字와 뜻이 같거나 비슷한 漢字를 ( ) 속에 적어 문장을 완성하시오.

[67] 참고할 ( )籍을 찾기 위해 도서관을 방문했다.
[68] 봄날의 정원은 꽃향기로 充( )하였다.
[69] 외국인 근로자의 국내 居( ) 기간이 연장되었다.

[問 70-72] 다음 제시한 漢字語와 뜻에 맞는 同音語를 漢字로 쓰시오.

[70] 全市 - (   ) 벌여 놓아 보이게 함.
[71] 虛家 - (   ) 행동이나 일을 하도록 허용함.
[72] 整地 - (   ) 움직이고 있던 것이 멎거나 그침.

[問 73-75] 다음 漢字語의 뜻을 〈보기〉에서 찾아 그 번호를 쓰시오.

〈보기〉
① 소의 젖.
② 둥근 탁자.
③ 널리 알림.
④ 기리고 칭송함.
⑤ 전에 없던 것을 처음으로 만듦.

[73] 圓卓
[74] 牛乳
[75] 創造

[問 76-80] 다음 ( ) 안에 알맞은 漢字를 적어 四字成語를 완성하시오.

[76] 非一非( ) : 한두 번이나 한둘이 아니고 많음.
[77] ( )立無援 : 외톨이가 되어 도와주는 사람이 없음.
[78] 事必( )正 : 일은 반드시 바른 데로 돌아감.
[79] 走馬( )山 : 바쁘게 대충 보며 지나감.
[80] 惡戰苦( ) : 매우 어려운 조건을 무릅쓰고 힘을 다하여 고생스럽게 싸움.

[問 81-100] 다음 각 문장의 밑줄 친 單語를 漢字(正字)로 쓰시오.

○ [81] 참여 의식이 높아진 시민들이 [82] 대표를 직접 뽑았다.
○ [83] 충성 정신이 조직의 [84] 단결을 강화했다.
○ [85] 관찰 결과, 병목 [86] 현상이 나타났다.
○ [87] 인생에서 [88] 의지는 가장 중요한 힘이다.
○ [89] 학습 습관이 좋아야 [90] 성과가 따른다.
○ [91] 경제 위기가 [92] 사회 전반에 영향을 주었다.
○ [93] 증거를 확보하여 [94] 특이 현상을 설명하였다.
○ 밤새 [95] 수집한 자료는 [96] 택배로 부쳤다.
○ 스키장 [97] 제설 장비가 고장이 나서 [98] 통로에 물이 가득했다.
○ 책의 [99] 서문을 읽자 자연스레 어릴 적 빌었던 [100] 소원이 떠올랐다.

♣ 수고하셨습니다.

제1회 한자능력검정시험 4급 실전 모의고사 정답 및 해설

4급 실전 모의고사 제1회 정답

1	해결
2	토론
3	정부
4	수호
5	지원
6	동시
7	독자
8	예상
9	예술
10	진가
11	안목
12	청중
13	박수
14	연설
15	납세
16	의무
17	지구
18	주위
19	명쾌
20	의심
21	영화
22	결여
23	평가
24	강당
25	합창
26	연습
27	경기
28	우승
29	목표
30	비축
31	재해
32	구제
33	옮길 이
34	맛 미
35	누이 매
36	금할 금
37	볼 간
38	생각할 상
39	짤 조
40	보낼 송
41	개 견
42	곤할 곤
43	은혜 은
44	충성 충
45	가늘 세
46	양식 량
47	비석 비
48	사사로울 사
49	빼어날 수
50	향기 향
51	두터울 후
52	누를 압
53	판단할 판
54	소나무 송
55	寸
56	糸
57	皿
58	当
59	乱
60	来
61	②
62	②
63	①
64	加
65	開
66	夜
67	本
68	巨
69	住
70	家産
71	工期
72	舊都
73	⑤
74	①
75	②
76	言
77	樂
78	善
79	物
80	無
81	家族
82	情談
83	國民
84	責任
85	格式
86	便紙
87	客觀
88	立場
89	史上
90	最高
91	大會
92	賞金
93	成功
94	當然
95	方法
96	改良
97	朗讀
98	質問
99	學校
100	書店

01 解決(풀 해, 결단할 결) – 제기된 문제를 해명하거나 얽힌 일을 잘 처리함.

02 討論(칠 토, 의논할 론) – 어떤 문제에 대하여 여러 사람이 각각 의견을 말하며 논의함.

03 政府(정치 정, 마을 부) – 국민이 살아가는 데에 필요한 법을 만들거나 나라에 관한 여러 가지 일을 처리하는 국가의 기관.

04 守護(지킬 수, 보호할 호) – 지키고 보호함.

05 支援(지탱할 지, 도울 원) – 지지하여 도움.

06 童詩(아이 동, 시 시) – ㉠ 주로 어린이를 독자로 예상하고 어린이의 정서를 읊은 시. ㉡ 어린이가 지은 시.

07 讀者(읽을 독, 놈 자) – 책, 신문, 잡지 등의 글을 읽는 사람.

08 豫想(미리 예, 생각할 상) – 어떤 일을 직접 당하기 전에 미리 생각하여 두거나 또는 그런 내용.

09 藝術(재주 예, 재주 술) – 문화의 한 부분으로, 예술 활동과 그 성과의 총칭.

10 眞價(참 진, 값 가) – 참된 값어치.

11 眼目(눈 안, 눈 목) – 사물을 보고 분별하는 견문과 학식.

12 聽衆(들을 청, 무리 중) – 강연이나 설교, 음악 등을 듣기 위하여 모인 사람들.

13 拍手(칠 박, 손 수) – 기쁨, 찬성, 환영을 나타내거나 장단을 맞추려고 두 손뼉을 마주침.

14 演說(펼 연, 말씀 설) – 여러 사람 앞에서 자기의 생각이나 주장을 발표함.

15 納稅(들일 납, 세금 세) – 세금을 냄.

16 義務(옳을 의, 힘쓸 무) – 사회적 질서를 유지하고 조정하기 위한 강제 및 구속.

17 地球(땅 지, 공 구) – 태양계의 행성 중 하나로 인류가 살고 있는 천체.

18 周圍(두루 주, 둘레 위) – ㉠ 어떤 곳의 바깥 둘레. ㉡ 환경.

19 明快(밝을 명, 쾌할 쾌) – ㉠ 말이나 글 등의 내용이 명백하여 시원함. ㉡ 명랑하고 쾌활함.

20 疑心(의심할 의, 마음 심) – 믿지 못하여 이상하게 여기는 생각이나 마음.

21 映畫(비칠 영, 그림 화) – 일정한 의미를 갖고 움직이는 대상을 촬영하여 영사기로 영사막에 재현하는 종합 예술.

22 缺如(이지러질 결, 같을 여) – 마땅히 있어야 할 것이 빠져서 없거나 모자람.

23 評價(평할 평, 값 가) – ㉠ 물건값을 헤아려 매기거나 또는 그 값. ㉡ 사물의 가치나 수준 등을 평하거나 또는 그 가치나 수준.

24 講堂(익힐 강, 집 당) – 강연이나 강의, 의식 등을 할 때에 쓰는 건물이나 큰 방.

25 合唱(합할 합, 노래 부를 창) – 두 사람 이상이 함께 부르는 가창 형태.

26 演習(펼 연, 익힐 습) – 실제로 하는 것처럼 하면서 익힘.

27 競技(다툴 경, 재주 기) – 일정한 규칙 아래 기량과 기술을 겨루거나 또는 그런 일.

28 優勝(우수할 우, 이길 승) – 경기, 경주 등에서 이겨 첫째를 차지함. 또는 첫째 등위.

29 目標(눈 목, 표 표) – ㉠ 어떤 목적을 이루려고 지향하는 실제적 대상으로 삼거나 또는 그 대상. ㉡ 도달해야 할 곳을 목적으로 삼거나 또는 목적으로 삼아 도달해야 할 곳. ㉢ 행동을 취하여 이루려는 최후의 대상.

30 備蓄(갖출 비, 쌓을 축) – 만약의 경우를 대비하여 미리 갖추어 모아 두거나 저축함.

31 災害(재앙 재, 해할 해) – 재앙으로 말미암아 받는 피해.

32 救濟(구원할 구, 건널 제) – 자연적인 재해나 사회적인 피해를 당하여 어려운 처지에 있는 사람을 도와줌.

33~63 해설 생략.

64 加減(더할 가, 덜 감) – 더하거나 빼는 일.

65 開閉(열 개, 닫을 폐) - 열고 닫음.

66 晝夜(낮 주, 밤 야) - ㉠ 낮과 밤. ㉡ 쉬지 아니하고 계속함.

67 根本(뿌리 근, 근본 본) - ㉠ 사물의 생겨나는 근원. ㉡ 어떤 것의 본질로 되거나 어떤 것이 이루어지는 바탕. ㉢ 시초적인 것이나 주가 되거나 기본이 되는 것.

68 巨大(클 거, 큰 대) - 엄청나게 큼.

69 居住(살 거, 살 주) - 일정한 곳에 자리를 잡고 머물러 삶.

70 可算(옳을 가, 셈 산) - 자연수의 집합과 일대일의 대응을 만들 수 있음을 이르는 말.
家産(집 가, 낳을 산)

71 空氣(빌 공, 기운 기) - ㉠ 지구의 표면을 둘러싸고 있는 무색, 무취, 투명의 기체. ㉡ 그 자리에 감도는 기분이나 분위기.
工期(장인 공, 기약할 기)

72 求道(구할 구, 길 도) - 진리나 종교적인 깨달음의 경지를 구함. 또는 불교에서, 불법의 정도(正道)를 구함.
舊都(예 구, 도읍 도)

73 校庭(학교 교, 뜰 정) - 학교의 뜰이나 운동장.

74 監査(볼 감, 조사할 사) - 감독하고 검사함.

75 近間(가까울 근, 사이 간) - 가까운 사이. 요사이.

76 有(있을 유), 口(입 구),
無(없을 무), 言(말씀 언)

77 同(한가지 동), 苦(쓸 고),
同(한가지 동), 樂(즐길 락)

78 多(많을 다), 多(많을 다),
益(더할 익), 善(착할 선)

79 見(볼 견), 物(물건 물),
生(날 생), 心(마음 심)

80 眼(눈 안), 下(아래 하),
無(없을 무), 人(사람 인)

81 가족(家 집 가, 族 겨레 족) - 부부와 같이 혼인으로 맺어지거나, 부모·자식과 같이 혈연으로 이루어지는 집단.

82 정담(情 뜻 정, 談 말씀 담) - ㉠ 정답게 주고받는 이야기. ㉡ 마음에서 우러나는 진정한 이야기.

83 국민(國 나라 국, 民 백성 민) - 국가를 구성하는 사람. 또는 그 나라의 국적을 가진 사람.

84 책임(責 꾸짖을 책, 任 맡길 임) - ㉠ 맡아서 해야 할 임무나 의무. ㉡ 어떤 일에 관련되어 그 결과에 대하여 지는 의무나 부담. 또는 그 결과로 받는 제재. ㉢ 위법한 행동을 한 사람에게 법률적 불이익이나 제재를 가하는 일.

85 격식(格 격식 격, 式 법 식) - 격에 맞는 일정한 방식.

86 편지(便 편할 편, 紙 종이 지) - 안부, 소식, 용무 등을 적어 보내는 글.

87 객관(客 손님 객, 觀 볼 관) - 자기와의 관계에서 벗어나 제삼자의 입장에서 사물을 보거나 생각함.

88 입장[立 설 립(입), 場 마당 장] - 당면하고 있는 상황.

89 사상(史 역사 사, 上 위 상) - 역사에 나타나 있는 바.

90 최고(最 가장 최, 高 높을 고) - 가장 높음. 제일임.

91 대회(大 큰 대, 會 모일 회) - ㉠ 큰 모임이나 회의. ㉡ 기술이나 재주를 겨루는 큰 모임.

92 상금(賞 상줄 상, 金 쇠 금) - 선행이나 업적에 대하여 격려하기 위하여 주는 돈.

93 성공(成 이룰 성, 功 공 공) - 목적하는 바를 이룸.

94 당연(當 마땅할 당, 然 그러할 연) - 일의 앞뒤 사정을 놓고 볼 때 마땅히 그러함. 또는 그런 일.

95 방법(方 모 방, 法 법 법) – 어떤 일을 해 나가거나 목적을 이루기 위하여 취하는 수단이나 방식.

96 개량(改 고칠 개, 良 어질 량) – 나쁜 점을 보완하여 더 좋게 고침.

97 낭독[朗 밝을 랑(낭), 讀 읽을 독] – 글을 소리 내어 읽음.

98 질문(質 바탕 질, 問 물을 문) – 의문이나 이유를 캐 물음.

99 학교(學 배울 학, 校 학교 교) – 선생님이 가르치고 학생들이 배우는 장소.

100 서점(書 글 서, 店 가게 점) – 책을 갖추어 놓고 팔거나 사는 가게.

제2회 한자능력검정시험 4급 실전 모의고사 정답 및 해설

4급 실전 모의고사 제2회 정답

번호	정답
1	명쾌
2	해결
3	기분
4	용감
5	적진
6	승리
7	전념
8	시험
9	합격
10	두통
11	병원
12	운동
13	한가
14	오후
15	의장
16	폐회
17	선언
18	질문
19	간단
20	응대
21	좌석
22	편안
23	휴식
24	의지
25	난관
26	희망
27	환희
28	교통
29	요지
30	왕래
31	의식
32	소재
33	칭송할 송
34	바늘 침
35	일찍 조
36	어질 인
37	엎드릴 복
38	칠 박
39	샘 천
40	근원 원
41	줄어들 축
42	평할 평
43	부를 호
44	지을 조
45	의심할 의
46	세금 세
47	벗을 탈
48	연기 연
49	술 주
50	높을 존
51	깊을 심
52	찾을 탐
53	도울 조
54	도울 협
55	宀
56	彳
57	日
58	卆
59	国
60	礼
61	②
62	①
63	①
64	後
65	是
66	敗
67	活
68	病
69	白
70	讀者
71	同期
72	事由
73	③
74	①
75	⑤
76	過
77	答
78	初
79	陰
80	集
81	黑白
82	調和
83	世界
84	旅行
85	獨立
86	生活
87	幸福
88	所望
89	今年
90	流行
91	自然
92	災害
93	交通
94	法規
95	失敗
96	成功
97	材料
98	飮食
99	約束
100	到着

01 明快(밝을 명, 쾌할 쾌) - ㉠ 밝고 말끔함. ㉡ 말이나 글 등의 내용이 명백하여 듣기에 마음이 시원함.

02 解決(풀 해, 결단할 결) - 제기된 문제를 해명하거나 얽힌 일을 잘 처리함.

03 氣分(기운 기, 나눌 분) - ㉠ 대상·환경 등에 따라 마음에 절로 생기며 한동안 지속되는, 유쾌함이나 불쾌함 등의 감정. ㉡ 주위를 둘러싸고 있는 상황이나 분위기.

04 勇敢(날랠 용, 감히 감) - 용기가 있으며 씩씩하고 기운참.

05 敵陣(원수 적, 진 칠 진) - 적이 모여 있는 진지나 진영.

06 勝利(이길 승, 이로울 리) - 겨루어서 이김.

07 專念(오로지 전, 생각 념) - 오직 한 가지 일에만 마음을 씀.

08 試驗(시험 시, 시험 험) - 지식 수준이나 기술의 숙달 정도를 알아보는 절차.

09 合格(합할 합, 격식 격) - ㉠ 시험이나 조건에 맞아서 뽑힘. ㉡ 어떤 조건이나 격식에 맞음.

10 頭痛(머리 두, 아플 통) - 머리가 아픈 증세.

11 病院(병 병, 집 원) - 환자를 진찰하고 치료하기 위하여 설치한 장소.

12 運動(옮길 운, 움직일 동) - ㉠ 사람이 몸을 단련하거나 건강을 위하여 몸을 움직이는 일. ㉡ 어떤 목적을 이루려고 힘쓰는 일. 또는 그런 활동.

13 閑暇(한가할 한, 겨를 가) - ㉠ 할 일이 없어 몸과 틈이 있음. ㉡ 마음이 편함.

14 午後(낮 오, 뒤 후) - ㉠ 정오부터 밤 열두 시까지의 시간. ㉡ 정오부터 해가 질 때까지의 동안.

15 議長(의논할 의, 길 장) - 회의를 주재하고 그 회의의 집행부를 대표하는 사람.

16 閉會(닫을 폐, 모일 회) - 집회 또는 회의를 마침.

17 宣言(펼 선, 말씀 언) - ㉠ 널리 펴서 말함. 또는 그런 내용. ㉡ 국가나 집단이 자기의 방침, 의견, 주장 등을 외부에 정식으로 표명함. ㉢ 어떤 회의의 진행에 한계를 두기 위하여 말함. 또는 그런 말.

18 質問(바탕 질, 물을 문) - 의문이나 이유를 캐물음.

19 簡單(간략할 간, 홑 단) - ㉠ 간략하고 또렷함. ㉡ 어수선하거나 복잡함이 없이 짤막함.

20 應待(응할 응, 기다릴 대) - 손님을 맞아들여 접대함.

21 座席(자리 좌, 자리 석) - 앉을 수 있게 마련된 자리.

22 便安(편할 편, 편안할 안) - 편하고 걱정 없이 좋음.

23 休息(쉴 휴, 쉴 식) - 하던 일을 멈추고 잠깐 쉼.

24 意志(뜻 의, 뜻 지) - 어떠한 일을 이루고자 하는 마음.

25 難關(어려울 난, 빗장 관) - 일을 해 나가기가 어려움.

26 希望(바랄 희, 바랄 망) - ㉠ 어떤 일을 이루거나 하기를 바람. ㉡ 앞으로 잘될 수 있는 가능성.

27 歡喜(기쁠 환, 기쁠 희) - 매우 기뻐하거나 또는 큰 기쁨.

28 交通(사귈 교, 통할 통) - 자동차, 기차, 배 등을 이용해 사람이 오고 가거나, 짐을 실어 나르는 일.

29 要地(중요할 요, 땅 지) - 정치·문화·교통·군사 등의 가장 중요한 핵심이 되는 곳.

30 往來(갈 왕, 올 래) - 가고 오고 함.

31 意識(뜻 의, 알 식) - ㉠ 깨어 있는 상태에서 자기 자신이나 사물에 대하여 인식하는 작용. ㉡ 사회적·역사적으로 형성되는 사물이나 일에 대한 개인적·집단적 감정이나 견해나 사상.

32 素材(흴 소, 재목 재) - 어떤 것을 만드는 데 바탕이 되는 재료.

33~63 해설 생략.

64 前後(앞 전, 뒤 후) - ㉠ 앞과 뒤. ㉡ 먼저와 나중.

65 是非(옳을 시, 아닐 비) - ㉠ 옳음과 그름. ㉡ 잘잘못.

66 成敗(이룰 성, 패할 패) - 성공과 실패.

67 生活(날 생, 살 활) - 살아서 활동함. 또는 생계를 유지하여 살아나감.

68 病患(병 병, 근심 환) - '병'의 높임말

69 明白(밝을 명, 흰 백) - 의심할 것 없이 아주 뚜렷하고 환함.

70 獨自(홀로 독, 스스로 자) - 남에게 기대지 아니하는 자기 한 몸. 또는 자기 혼자.
讀者(읽을 독, 놈 자)

71 動機(움직일 동, 틀 기) - 어떤 일이나 행동을 일으키게 하는 계기.
同期(한가지 동, 기약할 기)

72 私有(사사로울 사, 있을 유) - 개인의 소유.
事由(일 사, 말미암을 유)

73 事情(일 사, 뜻 정) - 일의 형편이나 까닭.

74 上品(위 상, 물건 품) - 질이 좋은 물품.

75 首都(머리 수, 도읍 도) - 한 나라의 중앙 정부가 있는 도시.

76 自(스스로 자), 過(지날 과),
不[아닐 부(불)], 知(알 지)

77 自(스스로 자), 問(물을 문),
自(스스로 자), 答(대답 답)

78 自(스스로 자), 初(처음 초),
至(이를 지), 終(마칠 종)

79 陰(그늘 음), 德(덕 덕),
陽(볕 양), 報(알릴 보)

80 離[떠날 리(이)], 合(합할 합),
集(모일 집), 散(흩어질 산)

81 흑백(黑 검을 흑, 白 흰 백) - ㉠ 검은색과 흰색. ㉡ 옳고 그름.

82 조화(調 고를 조, 和 화할 화) - 서로 잘 어울림.

83 세계(世 세상 세, 界 지경 계) - 우리가 사는 지구상의 모든 나라를 일컫는 이름.

84 여행[旅 나그네 려(여), 行 다닐 행] - 일이나 유람을 목적으로 다른 고장이나 외국에 가는 일.

85 독립(獨 홀로 독, 立 설 립) - 남의 힘을 입지 않고 홀로 섬.

86 생활(生 날 생, 活 살 활) - 살아서 활동함. 생계를 유지하여 살아나감.

87 행복(幸 다행 행, 福 복 복) - ㉠ 복된 좋은 운수. ㉡ 생활에서 충분한 만족과 기쁨을 느끼어 흐뭇하거나 또는 그러한 상태

88 소망(所 바 소, 望 바랄 망) - 어떤 일을 바람. 또는 그 바라는 것.

89 금년(今 이제 금, 年 해 년) - 지금 지나가고 있는 이해. 올해.

90 유행[流 흐를 류(유), 行 다닐 행] - 한 사회 내에서 일정한 기간 동안 유사한 문화 양식과 행동 양식이 일정 수의 사람들에게 공유되는 사회 현상.

91 자연(自 스스로 자, 然 그러할 연) - 사람의 힘이 더해지지 아니하고 세상에 스스로 존재하거나 우주에 저절로 이루어지는 모든 존재나 상태.

92 재해(災 재앙 재, 害 해할 해) - 재앙으로부터 받은 피해.

93 交通(사귈 교, 통할 통) - 자동차, 기차, 배 등을 이용해 사람이 오고 가거나, 짐을 실어 나르는 일.

94 법규(法 법 법, 規 법 규) - 일반 국민의 권리와 의무에 관계있는 법 규범.

95 실패(失 잃을 실, 敗 패할 패) - 일을 잘못하여 뜻한 대로 되지 아니하거나 그르침.

96 성공(成 이룰 성, 功 공 공) – 목적하는 바를 이룸.

97 재료(材 재목 재, 料 헤아릴 료) – 물건을 만드는 데 드는 원료.

98 음식(飮 마실 음, 食 밥/먹을 식) – 먹는 것과 마시는 것.

99 약속(約 맺을 약, 束 묶을 속) – 다른 사람과 앞으로의 일을 어떻게 할 것인가를 미리 정하여 두거나 또는 그렇게 정한 내용.

100 도착(到 이를 도, 着 붙을 착) – 목적한 곳에 다다름.

제3회 한자능력검정시험 4급 실전 모의고사 정답 및 해설

4급 실전 모의고사 제3회 정답

번호	정답
1	추측
2	강좌
3	고정
4	토론
5	제품
6	규격
7	가격
8	소비자
9	절약
10	문화재
11	보존
12	법률
13	
14	
15	제안
16	기술
17	발전
18	생산
19	경험
20	성장
21	예외
22	결승
23	우정
24	성의
25	지식
26	활용
27	문제
28	애정
29	서신
30	국제
31	환경
32	평화
33	따뜻할 난
34	다를 차
35	꺾을 절
36	위로할 위
37	매울 렬
38	숨길 비
39	높일 숭
40	조수 조
41	묘할 묘
42	권할 권
43	춤출 무
44	아이 동
45	뼈 골
46	이을 계
47	겨룰 항
48	아플 통
49	질 부
50	곤궁할/다할 궁
51	수풀 림
52	문서 적
53	칠 박
54	엎드릴 복
55	糸
56	言
57	止
58	欠
59	圧
60	売
61	①
62	②
63	②
64	使
65	昨
66	冷
67	書
68	滿
69	住
70	展示
71	許可
72	停止
73	②
74	①
75	⑤
76	再
77	孤
78	歸
79	看
80	鬪
81	參與
82	代表
83	忠誠
84	團結
85	觀察
86	現象
87	人生
88	意志
89	學習
90	成果
91	經濟
92	社會
93	證據
94	特異
95	收集
96	宅配
97	通路
98	製雪
99	序文
100	所願

01 推測(밀 추, 헤아릴 측) – 미루어 생각하여 헤아림.
02 講座(익힐 강, 자리 좌) – 강의나 강연 또는 설교를 하는 자리.
03 固定(굳을 고, 정할 정) – 한번 정한 대로 변경하지 아니함.
04 討論(칠 토, 논할 론) – 어떤 문제에 대하여 여러 사람이 의견을 내세워 그것의 정당함을 논함. 또는 그 논의.
05 製品(지을 제, 물건 품) – 원료를 써서 물건을 만듦. 또는 그렇게 만들어 낸 물품.
06 規格(법 규, 격식 격) – 일정한 규정에 들어맞는 격식.
07 價格(값 가, 격식 격) – '가치를 헤아림'으로, 물건이 지니고 있는 가치를 돈으로 나타낸 것.
08 消費者(삭일 소, 쓸 비, 놈 자) – 재화를 소비하는 사람.
09 節約(마디 절, 맺을 약) – 함부로 쓰지 아니하고 꼭 필요한 데에만 써서 아낌.
10 文化財(글월 문, 될 화, 재물 재) – 문화 활동에 의하여 창조된 가치가 뛰어난 사물.
11 保存(지킬 보, 있을 존) – 잘 보호하고 간수하여 남김.
12 法律(법 법, 법률 률) – 국가 및 공공 기관이 제정한 법률, 명령, 규칙, 조례 등.
13 交通(사귈 교, 통할 통) – 사람이나 짐이 오고 가거나, 짐을 실어 나르는 일.
14 改善(고칠 개, 착할 선) – 고쳐 좋게 함.
15 提案(끌 제, 책상 안) – 안이나 의견으로 내놓음. 또는 그 안이나 의견.
16 技術(재주 기, 재주 술) – 말이나 일을 솜씨 있게 하는 재주.
17 發展(쏠 발, 펼 전) – 더 낫고 좋은 상태나 더 높은 단계로 나아감.
18 生産(날 생, 낳을 산) – 인간이 생활하는 데 필요한 각종 물건을 만들어 냄.
19 經驗(지날 경, 시험할 험) – 자신이 실제로 해 보거나 겪어 봄. 또는 거기서 얻은 지식이나 기능.
20 成長(이룰 성, 길 장) – 사람이나 동식물 등이 자라서 점점 커짐. 또는 사물의 규모나 세력 등이 점점 커짐.
21 例外(법식 례, 밖 외) – 일반적 규칙이나 정례에서 벗어나는 일.
22 決勝(결단할 결, 이길 승) – 운동 경기 등에서, 마지막 승자를 결정함.
23 友情(벗 우, 뜻 정) – 친구 사이의 정.
24 誠意(정성 성, 뜻 의) – 정성스러운 뜻.
25 知識(알 지, 알 식) – 어떤 대상에 대하여 배우거나 실천을 통하여 알게 된 명확한 인식이나 이해.
26 活用(살 활, 쓸 용) – 도구나 물건 따위를 충분히 잘 이용함.
27 問題(물을 문, 제목 제) – 해답을 요구하는 물음. 또는 논쟁, 논의, 연구 따위의 대상이 되는 것.
28 愛情(사랑 애, 뜻 정) – 사랑하는 마음.
29 書信(글 서, 믿을 신) – 글로 전하는 소식.
30 國際(나라 국, 때 제) – 나라 사이에 관계되는 것.
31 環境(고리 환, 경계 경) – 생활하는 주위의 상태.
32 平和(평평할 평, 화목할 화) – 평온하고 화목함.

33~63 해설 생략.

64 勞使[일할 로(노), 부릴 사] – 노동자와 사용자(자본가)를 아울러 이르는 말.
65 昨今(어제 작, 이제 금) – 어제와 오늘을 아울러 이르는 말. 또는 요즈음.

66 冷溫[찰 랭(냉), 따뜻할 온] – 찬 기운과 따뜻한 기운을 아울러 이르는 말.
67 書籍(글 서, 문서 적) – 책.
68 充滿(채울 충, 찰 만) – 가득 참.
69 居住(살 거, 살 주) – 일정한 곳에 자리를 잡고 머물러 삶. 또는 그곳.
70 全市(온전할 전, 시장 시) – 시(市)의 전체.
    展示(펼 전, 보일 시)
71 虛家(빌 허, 집 가) – 지붕 물매를 고르게 하려고 욱어진 곳에 이어 짓는 집.
    許可(허락할 허, 옳을 가)
72 整地(가지런할 정, 땅 지) – 땅을 반반하고 고르게 만듦.
    停止(머무를 정, 그칠 지)
73 圓卓(둥글 원, 높을 탁) – 둥근 탁자.
74 牛乳(소 우, 젖 유) – 소의 젖.
75 創造(비롯할 창, 지을 조) – 전에 없던 것을 처음으로 만듦.
76 非(아닐 비), 一(한 일),
    非(아닐 비), 再(두 재)
77 孤(외로울 고), 立(설 립),
    無(없을 무), 援(도울 원)
78 事(일 사), 必(반드시 필),
    歸(돌아갈 귀), 正(바를 정)
79 走(달릴 주), 馬(말 마),
    看(볼 간), 山(산 산)
80 惡(악할 악), 戰(싸울 전),
    苦(쓸 고), 鬪(싸울 투)
81 참여(參 참여할 참, 與 줄/더불 여) – 어떤 일에 끼어들어 관계함.
82 대표(代 대신할 대, 表 겉 표) – 조직이나 집단을 대신하여 일을 맡아 하거나, 여러 사람의 의사를 대신하여 나타내는 사람.
83 충성(忠 충성 충, 誠 정성 성) – 참마음에서 우러나오는 정성.
84 단결(團 둥글 단, 結 맺을 결) – 많은 사람이 한데 뭉침.
85 관찰(觀 볼 관, 察 살필 찰) – 보고 살핌.
86 현상(現 나타날 현, 象 코끼리 상) – 인간이 지각할 수 있는, 사물의 모양과 상태.
87 인생(人 사람 인, 生 날 생) – 사람이 세상을 살아가는 일.
88 의지(意 뜻 의, 志 뜻 지) – 마음의 뜻.
89 학습(學 배울 학, 習 익힐 습) – 배워서 익힘.
90 성과(成 이룰 성, 果 과실 과) – 이루어 낸 결실.
91 경제(經 지날 경, 濟 건널 제) – 인간 생활에 필요한 재화나 용역을 생산·분배·소비하는 모든 활동.
92 사회(社 모일 사, 會 모일 회) – 같은 무리끼리 모여 이루는 집단.
93 증거(證 증거 증, 據 의지할 거) – 어떤 사실을 증명할 수 있는 근거.
94 특이(特 특별할 특, 異 다를 이) – 보통 것이나 보통 상태에 비하여 두드러지게 다름.
95 수집(收 거둘 수, 集 모일 집) – 거두어 모음.
96 택배(宅 집 택, 配 나눌/짝 배) – 우편물이나 짐, 상품 등을 요구하는 장소까지 직접 배달해 주는 일.
97 제설(製 지을 제, 雪 눈 설) – 인공적으로 눈을 만듦.
98 통로(通 통할 통, 路 길 로) – 통하여 다니는 길.
99 서문(序 차례 서, 文 – 글월 문) – 책이나 논문 따위의 첫머리에 내용이나 목적 따위를 간략하게 적은 글.
100 소원(所 바 소, 願 원할 원) – 어떤 일이 이루어지기를 바람. 또는 그런 일.

제 5 편

한자 찾아보기

한자 찾아보기 (ㄱ~ㅎ)

한자 찾아보기

- 각 한자의 뒤의 숫자는 제목번호입니다.
- 두음 법칙을 고려하여 달리 발음될 수 있는 한자들도 찾기 쉽도록 반영하였습니다.

ㄱ

가 加 083	갑 甲 032	검 檢 323	경 罽 373
가 家 154	강 講 102	격 格 127	경 頃 392
가 街 332	강 江 178	격 擊 260	경 傾 392
가 段 338	강 康 208	격 激 275	계 界 034
가 假 338	강 強 224	견 犬 018	계 季 043
가 暇 338	강 降 303	견 堅 182	계 計 053
가 可 368	개 介 034	견 見 301	계 ㅋ 139
가 歌 368	개 個 056	결 決 101	계 鷄 153
가 賈 389	개 改 071	결 缺 101	계 繼 172
가 價 389	개 開 113	결 結 175	계 系 177
각 角 104	개 皆 216	결 欠 273	계 係 177
각 各 127	객 客 127	결 潔 360	계 階 216
각 刻 205	갱 更 031	경 更 031	계 繫 260
각 殼 258	거 車 106	경 競 074	계 戒 346
각 覺 359	거 巨 180	경 冂 095	고 古 055
간 看 011	거 拒 180	경 竟 160	고 苦 055
간 干 062	거 去 190	경 境 160	고 固 055
간 間 114	거 據 322	경 鏡 160	고 告 066
간 簡 114	거 居 335	경 京 201	고 庫 106
간 艮 265	거 擧 351	경 景 201	고 孤 145
간 柬 282	건 件 056	경 慶 218	고 考 285
감 監 181	건 建 141	경 巠 298	고 高 293
감 甘 211	건 健 141	경 經 298	고 故 306
감 減 246	건 巾 363	경 輕 298	고 賈 389
감 感 246	걸 桀 398	경 敬 314	곡 谷 015
감 敢 261	걸 傑 398	경 警 314	곡 告 066
	검 儉 323	경 驚 314	곡 穀 258

곡 曲 370	구 區 028	극 劇 322	**ㄴ**
곤 困 026	구 九 047	**근** 斤 254	
골 骨 371	구 溝 102	근 近 254	**나** 羅 278
공 公 052	구 構 102	근 根 266	**낙** 落 127
공 孔 068	구 究 187	근 菫 289	낙 樂 174
공 工 178	구 求 208	근 勤 289	**난** 暖 149
공 功 178	구 救 208	근 筋 295	난 亂 152
공 攻 178	구 球 208	**금** 禁 010	난 卵 237
공 空 187	구 丘 255	금 今 022	난 難 290
공 廾 346	구 句 312	금 禽 253	**남** 男 033
공 共 353	구 苟 312	금 金 265	남 南 095
과 過 111	구 臼 350	**급** 給 023	남 覽 181
과 瓜 145	구 舊 350	급 急 139	**납** 納 096
과 戈 239	구 具 384	급 及 345	**낭** 朗 267
과 科 310	**국** 口 025	급 級 345	**내** 來 007
과 果 378	국 國 241	**긍** 亘 317	내 內 096
과 課 378	국 局 339	**기** 器 018	내 乃 345
관 關 113	**군** 軍 107	기 技 053	**냉** 冷 236
관 萑 291	군 君 140	기 己 071	**냥** 兩 097
관 觀 291	군 群 140	기 紀 071	**녀** 女 135
관 官 366	군 郡 140	기 記 071	**녁** 疒 110
관 管 366	**굴** 屈 336	기 幾 171	**년** 年 063
관 貫 389	**궁** 宮 186	기 機 171	**념** 念 022
관 缶 400	궁 窮 188	기 其 211	**노** 路 127
광 光 072	**권** 權 291	기 期 211	노 奴 135
광 廣 347	권 勸 291	기 基 211	노 努 136
광 鑛 347	권 券 299	기 起 272	노 怒 136
괘 咼 111	권 卷 299	기 旗 276	노 老 285
교 交 202	**궤** 几 256	기 奇 369	노 勞 292
교 校 202	**귀** 歸 143	기 寄 369	**녹** 綠 156
교 喬 294	귀 貴 388	기 气 383	녹 錄 156
교 橋 294	**규** 規 301	기 汽 383	녹 鹿 218
교 敎 307	**균** 均 316	기 氣 383	**논** 論 343
구 口 025	**극** 極 312	**길** 吉 119	**농** 農 372
			능 能 213

ㄷ

다 多 005
단 團 109
단 彖 155
단 斷 172
단 短 196
단 亶 204
단 壇 204
단 檀 204
단 段 259
단 單 287
단 旦 318
단 端 344
달 達 247
담 談 002
담 擔 078
답 答 023
당 堂 264
당 當 264
당 黨 264
대 大 017
대 待 090
대 隊 154
대 對 167
대 台 192
대 代 239
대 帶 363
댁 宅 064
덕 悳 092
덕 德 092
도 道 093
도 導 093
도 到 191
도 圖 199

도 逃 220
도 刀 221
도 徒 272
도 都 286
도 島 327
도 嶋 327
도 度 352
도 盜 356
독 毒 124
독 督 133
독 讀 279
독 獨 281
동 東 007
동 童 035
동 動 037
동 同 098
동 洞 098
동 銅 098
동 冬 302
두 豆 196
두 頭 196
두 亠 199
두 讀 279
두 斗 310
둔 屯 393
득 得 318
등 等 089
등 登 198
등 燈 198
등 騰 300

ㄹ

라 羅 278
락 落 127

락 樂 174
란 亂 152
란 卵 237
란 難 290
람 覽 181
랑 朗 267
래 來 007
랭 冷 236
략 略 127
량 量 036
량 糧 036
량 兩 097
량 良 267
려 麗 218
려 慮 321
력 曆 044
력 歷 044
력 力 083
련 連 106
련 戀 176
련 練 282
렬 列 215
렬 烈 215
령 令 236
령 領 390
례 例 215
례 禮 371
로 路 127
로 耂 285
로 老 285
로 勞 292
록 彔 156
록 綠 156
록 錄 156

록 鹿 218
론 論 343
료 了 068
료 料 310
룡 龍 163
루 婁 311
류 柳 237
류 留 237
류 流 296
류 類 391
륙 六 047
륙 坴 076
륙 陸 076
륜 侖 343
륜 輪 343
률 律 141
리 吏 030
리 里 035
리 理 035
리 利 043
리 李 043
리 離 253
림 林 010
립 立 157

ㅁ

마 馬 247
막 莫 269
만 滿 097
만 萬 252
말 末 008
망 亡 200
망 望 200
망 罒 277

매 妹 009	**미** 未 008	**범** 犯 234	**봉** 奉 021
매 每 138	미 味 009	범 範 234	봉 丰 360
매 買 278	미 米 040	범 凡 256	**부** 夫 017
매 賣 279	미 美 248	**법** 法 190	부 不 050
맥 脈 230	**민** 民 231	**벽** 辟 165	부 否 050
면 面 094	**밀** 密 189	벽 壁 165	부 付 088
면 宀 185		**변** 便 031	부 府 088
면 眠 231	ㅂ	변 采 040	부 專 108
명 明 004	**박** 拍 058	변 辯 164	부 婦 143
명 名 005	박 博 108	변 變 176	부 孚 151
명 命 236	박 朴 270	변 邊 262	부 音 170
명 鳴 327	**반** 半 051	**별** 別 223	부 部 170
명 皿 356	반 反 132	**병** 病 110	부 副 288
모 矛 070	반 班 223	병 立 169	부 富 288
모 母 138	**발** 癶 198	병 並 169	부 復 305
모 模 269	발 發 258	병 兵 255	부 父 358
모 毛 362	발 犮 330	**보** 甫 108	부 負 385
목 木 006	발 髮 330	보 報 166	부 缶 400
목 目 011	**방** 方 274	보 普 169	**북** 北 219
목 牧 307	방 妨 274	보 寶 186	**분** 分 222
묘 妙 049	방 訪 274	보 布 364	분 粉 222
묘 卯 237	방 防 274	보 步 377	분 賁 349
묘 墓 269	방 放 275	보 保 378	분 憤 349
무 務 070	방 房 340	**복** 伏 056	**불** 不 050
무 戊 244	**배** 配 080	복 服 166	불 弗 225
무 武 374	배 倍 170	복 卜 270	불 佛 225
무 無 399	배 北 219	복 畐 288	**비** 卑 038
무 舞 399	배 背 219	복 福 288	비 碑 038
문 門 112	배 拜 362	복 夏 305	비 否 050
문 問 112	**백** 白 058	복 復 305	비 備 104
문 聞 112	백 百 058	복 複 305	비 秘 189
문 文 358	**번** 番 040	복 夊 306	비 匕 212
물 勿 316	**벌** 伐 239	복 夂 306	비 比 216
물 物 316	벌 罰 277	**본** 本 008	비 批 216

제5편 한자 찾아보기 | **523**

비 非 220	산 産 116	선 船 257	소 所 340
비 悲 220	산 散 306	선 亘 317	**속** 俗 015
비 費 225	산 算 346	선 宣 317	속 續 279
비 鼻 262	**살** 殺 259	선 選 353	속 束 283
비 賣 349	**삼** 三 046	**설** 說 075	속 速 283
비 飛 383	삼 參 329	설 雪 193	속 屬 335
빈 貧 384	**상** 床 006	설 舌 210	**손** 孫 177
빙 氷 001	상 相 012	설 設 259	손 損 386
	상 想 012	**성** 省 049	**송** 送 017
ㅅ	상 上 133	성 姓 116	송 松 052
	상 象 155	성 性 116	송 頌 052
사 査 013	상 商 199	성 星 116	**쇄** 殺 259
사 社 019	상 尙 263	성 聖 122	**쇠** 夂 302
사 乍 024	상 常 263	성 成 245	**수** 水 001
사 史 030	상 賞 263	성 城 245	수 囚 026
사 使 030	상 傷 320	성 誠 245	수 秀 042
사 思 033	상 狀 381	성 盛 245	수 宿 061
사 私 041	**새** 塞 184	성 聲 261	수 守 087
사 四 046	**색** 塞 184	**세** 細 033	수 首 093
사 射 088	색 色 233	세 洗 067	수 垂 117
사 謝 088	**생** 省 049	세 稅 075	수 樹 119
사 寺 089	생 生 116	세 說 075	수 受 148
사 士 118	**서** 序 069	세 勢 077	수 授 148
사 仕 118	서 西 079	세 歲 244	수 氺 208
사 事 139	서 書 142	세 世 348	수 殳 258
사 辭 152	서 庶 352	**소** 杲 028	수 修 308
사 糸 175	**석** 夕 005	소 小 048	수 收 309
사 絲 175	석 石 128	소 肖 048	수 數 311
사 厶 190	석 席 352	소 消 048	수 需 344
사 舍 210	**선** 仙 014	소 少 049	수 手 362
사 死 212	선 線 059	소 素 124	수 帥 366
사 寫 350	선 先 067	소 掃 143	**숙** 宿 061
사 師 366	선 善 248	소 召 222	숙 叔 133
삭 數 311	선 鮮 251	소 笑 295	숙 肅 139
산 山 014			

순 順 390	실 室 191	양 量 036	역 驛 280
순 純 393	실 失 227	양 糧 036	역 易 319
술 戌 244	실 實 389	양 兩 097	연 年 063
술 術 333	심 深 082	양 羊 247	연 演 039
숭 崇 020	심 心 189	양 洋 247	연 煙 079
습 濕 217	십 十 047	양 樣 248	연 連 106
습 習 328	씨 氏 228	양 養 248	연 硏 128
승 承 068		양 良 267	연 緣 155
승 勝 300	**ㅇ**	양 易 319	연 戀 176
시 示 019		양 陽 320	연 鉛 257
시 詩 089	아 兒 072	어 語 209	연 練 282
시 時 090	아 兩 103	어 魚 251	연 延 374
시 豕 154	아 亞 395	어 漁 251	연 然 380
시 始 192	아 我 250	억 億 158	연 燃 380
시 矢 227	악 樂 174	언 言 209	열 說 075
시 試 240	악 惡 395	엄 厂 044	열 熱 077
시 施 276	안 安 185	엄 嚴 261	열 列 215
시 視 301	안 案 185	업 業 167	열 烈 215
시 尸 335	안 眼 231	엔 円 124	염 炎 002
시 市 363	안 雁 326	여 予 069	염 念 022
시 是 376	암 暗 158	여 女 135	염 厭 045
식 植 091	압 壓 045	여 如 135	엽 葉 348
식 識 161	앙 央 100	여 麗 218	영 永 001
식 式 240	앙 印 238	여 余 268	영 映 100
식 息 262	애 愛 148	여 餘 268	영 英 100
식 食 267	액 液 200	여 旅 276	영 令 236
신 神 019	액 厄 235	여 慮 320	영 迎 237
신 申 032	액 額 391	여 舁 351	영 榮 292
신 新 163	야 野 069	여 與 351	영 營 292
신 辛 164	야 也 085	역 曆 044	영 領 390
신 臣 181	야 夜 200	역 歷 044	예 埶 077
신 身 188	약 略 127	역 力 083	예 藝 077
신 信 209	약 藥 174	역 逆 094	예 豫 155
신 辰 372	약 弱 224	역 域 241	예 例 215
	약 約 315		

예 乂 358	우 又 132	위 威 244	음 飮 267
예 禮 371	우 友 132	위 韋 331	**읍** 邑 233
오 五 046	우 ㅋ 139	위 偉 331	**응** 應 326
오 午 063	우 雨 193	위 圍 331	**의** 疑 070
오 吳 394	우 禺 252	위 衛 332	의 醫 080
오 誤 394	우 遇 252	위 尉 337	의 意 158
오 惡 395	우 憂 303	위 慰 337	의 衣 206
옥 玉 120	우 優 303	**유** 由 032	의 依 206
옥 屋 191	우 羽 328	유 油 039	의 義 250
온 溫 026	**운** 運 107	유 酉 080	의 儀 250
와 咼 111	운 云 194	유 有 130	의 議 250
와 臥 181	운 雲 194	유 乳 151	이 移 005
완 完 073	**웅** 雄 325	유 柳 237	**이** 吏 030
왈 曰 003	**원** 原 060	유 留 237	이 里 035
왕 王 120	원 源 060	유 遊 275	이 理 035
왕 往 123	원 願 060	유 流 296	이 利 043
외 外 270	원 元 073	유 攸 308	이 李 043
요 了 068	원 院 073	유 儒 344	이 二 046
요 要 103	원 円 124	유 遺 388	이 以 190
요 幺 171	원 爰 149	유 類 391	이 台 192
요 樂 174	원 援 149	**육** 六 047	이 離 253
요 夭 294	원 袁 207	육 陸 076	이 耳 261
요 料 310	원 遠 207	육 肉 096	이 易 319
요 曜 328	원 園 207	육 育 190	이 而 344
요 謠 400	원 夗 235	육 育 194	이 異 353
욕 浴 015	원 怨 235	**윤** 尹 140	**익** 弋 239
용 容 015	원 員 386	윤 輪 343	익 益 356
용 用 104	원 圓 386	**율** 聿 141	**인** 人 016
용 甬 105	**월** 月 004	율 律 141	인 因 027
용 勇 105	**위** 囗 025	**은** 恩 027	인 寅 039
용 龍 163	위 委 042	은 隱 146	인 仁 056
우 牛 062	위 爲 146	은 銀 265	인 儿 072
우 郵 117	위 位 157	**음** 音 158	인 垔 079
우 右 130	위 危 235	음 陰 194	인 刃 221

인 忍 221	장 壯 381	전 錢 242	제 提 376
인 認 221	장 裝 381	전 戰 287	제 題 376
인 引 224	장 狀 381	전 展 335	제 祭 379
인 印 238	장 將 382	전 典 370	제 際 379
일 日 003	장 獎 382	**절** 切 223	제 齊 397
일 一 046	**재** 才 086	절 絕 233	제 濟 397
임 林 010	재 材 086	절 已 234	**조** 祖 013
임 壬 121	재 財 086	절 節 236	조 組 013
임 任 121	재 再 102	절 折 254	조 操 028
입 入 016	재 在 129	**점** 占 271	조 早 054
입 立 157	재 哉 243	점 點 271	조 造 066
	재 災 297	점 店 271	조 助 083
ㅈ	**쟁** 爭 150	**접** 接 162	조 調 099
	저 氏 229	**정** 廷 121	조 爪 146
자 子 068	저 低 229	정 庭 121	조 兆 220
자 字 186	저 底 229	정 呈 122	조 條 308
자 自 262	저 貯 385	정 程 122	조 鳥 327
자 姿 273	**적** 赤 115	정 情 125	조 朝 334
자 資 273	적 積 126	정 精 125	조 潮 334
자 者 286	적 績 126	정 靜 150	**족** 族 276
자 姉 363	적 商 168	정 井 183	족 足 377
작 作 024	적 敵 168	정 亭 293	**존** 尊 081
작 昨 024	적 適 168	정 停 293	존 存 129
작 勺 315	적 籍 295	정 丁 367	**졸** 卒 199
잔 戔 242	적 的 315	정 正 375	**종** 宗 020
잔 殘 242	적 賊 385	정 政 375	종 種 037
잡 雜 325	**전** 全 016	정 整 375	종 鍾 037
장 章 159	전 田 032	정 定 375	종 終 175
장 障 159	전 前 093	**제** 帝 157	종 從 270
장 長 232	전 專 109	제 弟 226	**좌** 坐 115
장 帳 232	전 傳 109	제 第 226	좌 座 115
장 張 232	전 轉 109	제 除 268	좌 左 130
장 場 320	전 電 193	제 制 365	**죄** 罪 277
장 腸 320	전 戔 242	제 製 365	**주** 朱 009
장 爿 381			

주 酒 080	진 眞 091	천 川 296	축 築 256
주 周 099	진 陣 106	천 巛 297	춘 春 021
주 週 099	진 進 324	천 舛 398	출 朮 333
주 主 120	진 珍 329	철 鐵 243	출 出 336
주 住 123	진 盡 356	첨 詹 078	충 忠 029
주 注 123	진 辰 372	첨 僉 323	충 充 195
주 晝 142	질 質 254	첩 妾 162	충 虫 396
주 走 272	집 集 325	청 聽 092	충 蟲 396
주 州 296		청 廳 092	취 取 137
죽 竹 295		청 靑 124	취 趣 137
준 準 325	**ㅊ**	청 淸 125	취 就 201
중 中 029	차 且 013	청 請 125	측 測 387
중 重 037	차 車 106	체 切 223	층 層 284
중 衆 357	차 差 249	체 體 371	치 致 191
즉 則 387	차 次 273	초 肖 048	치 治 192
증 證 198	착 丵 167	초 草 054	치 置 278
증 曾 284	착 着 249	초 招 222	치 夂 302
증 增 284	찬 贊 067	초 初 223	치 齒 374
지 支 053	찬 讚 067	촉 蜀 281	칙 則 387
지 地 085	찰 察 379	촌 寸 087	친 親 163
지 持 090	참 參 329	촌 村 087	칠 七 047
지 志 118	창 昌 003	총 銃 195	침 針 053
지 誌 118	창 唱 003	총 悤 304	침 侵 144
지 識 161	창 窓 187	총 總 304	침 寢 144
지 至 191	창 倉 341	최 最 137	칭 稱 147
지 旨 212	창 創 341	추 秋 041	
지 指 212	채 采 147	추 酋 081	
지 知 227	채 採 147	추 帚 143	**ㅋ**
지 智 227	책 責 126	추 佳 324	쾌 夬 101
지 紙 228	책 册 342	추 推 324	쾌 快 101
지 止 374	처 處 321	축 縮 061	
직 直 091	척 尺 339	축 祝 074	**ㅌ**
직 織 161	천 天 017	축 畜 173	타 他 085
직 職 161	천 泉 059	축 蓄 173	타 打 367
	천 千 062		탁 卓 054

탁 毛 064	편 便 031	한 閑 112	현 現 301
탁 度 352	편 扁 342	한 寒 184	현 顯 391
탄 炭 131	편 篇 342	한 恨 266	혈 穴 187
탄 彈 287	평 平 065	한 限 266	혈 血 357
탄 歎 290	평 評 065	한 漢 290	혈 頁 390
탈 脫 075	폐 閉 113	한 韓 334	협 劦 084
탐 探 082	포 專 108	함 咸 246	협 協 084
탐 貪 384	포 勹 312	합 合 023	형 兄 074
태 太 018	포 包 313	항 亢 203	형 形 183
태 兌 075	포 砲 313	항 抗 203	형 刑 183
태 台 192	포 胞 313	항 航 203	혜 惠 109
태 態 213	포 布 364	항 降 303	호 胡 057
택 宅 064	포 暴 355	항 行 332	호 湖 057
택 擇 280	폭 暴 355	항 巷 354	호 乎 065
토 討 087	폭 爆 355	항 港 354	호 呼 065
토 土 115	표 票 103	해 解 104	호 好 135
통 洞 098	표 標 103	해 海 138	호 虍 321
통 通 105	표 表 206	해 奚 153	호 號 322
통 痛 110	분 分 222	해 亥 205	호 護 326
통 統 195	품 品 025	해 害 361	호 戶 340
퇴 退 266	풍 風 256	핵 核 205	혹 或 241
퇴 推 324	풍 丰 360	행 幸 164	혼 混 217
투 鬪 197	풍 豐 371	행 行 332	혼 昏 228
투 投 259	피 皮 134	향 香 042	혼 婚 228
특 特 089	피 疲 134	향 向 095	홍 紅 178
파 破 128	피 避 165	향 鄕 174	홍 弘 224
파 波 134	필 筆 141	허 許 063	화 火 002
파 派 230	필 必 189	허 虛 321	화 禾 040
파 巴 233		헌 憲 361	화 和 041
판 判 051		험 險 323	화 畫 142
판 板 132	ㅎ	험 驗 323	화 話 210
팔 八 047	하 下 133	혁 革 331	화 化 214
패 敗 307	하 夏 302	현 賢 182	화 花 214
패 貝 384	하 河 368	현 見 301	화 貨 214
	학 學 359		

화 華 348	황 黃 347	후 厚 045	흉 凶 358
화 吳 394	회 回 025	후 侯 179	흑 黑 271
확 確 326	회 灰 131	후 候 179	흠 欠 273
환 患 029	회 會 284	후 後 302	흡 吸 345
환 歡 291	획 畫 142	훈 訓 296	흥 興 351
환 環 373	효 效 202	훼 卉 349	희 喜 119
활 活 210	효 孝 285	휘 揮 107	희 希 364
황 況 074	효 爻 359	휴 休 006	

어문회 한자능력검정시험 4급 한 권으로 끝내기

개정2판1쇄 발행	2025년 11월 25일(인쇄 2025년 09월 22일)
초 판 발 행	2020년 02월 05일(인쇄 2019년 12월 10일)
발 행 인	박영일
책 임 편 집	이해욱
편 저	박정서·박원길
편 집 진 행	박시현
표지디자인	김지수
편집디자인	김경원·임창규
일 러 스 트	기도연
발 행 처	(주)시대고시기획
출 판 등 록	제10-1521호
주 소	서울시 마포구 큰우물로 75 [도화동 538 성지 B/D] 9F
전 화	1600-3600
팩 스	02-701-8823
홈 페 이 지	www.sdedu.co.kr
I S B N	979-11-434-0116-8 (13710)
정 가	18,000원

※ 이 책은 저작권법의 보호를 받는 저작물이므로 동영상 제작 및 무단전재와 배포를 금합니다.
※ 잘못된 책은 구입하신 서점에서 바꾸어 드립니다.

시대에듀와 함께하는!
어문회 한자

어문회 한자능력검정시험 2·3급 한 권으로 끝내기

어문회 2·3급을 '한자 3박자 연상 학습법'으로 쉽고 확실하게!

- 해당 급수 배정한자 모두 수록
- '생생한 어원 풀이'로 2·3급 한자 마스터!
- 다양한 출제 유형에 맞춰 정리한 '한자 응용하기'
- 출제 경향 완벽 분석! '최신 기출 동형 모의고사' 제공
- 시험장까지 들고 가는 〈빅데이터 합격 한자〉 소책자 제공

어문회 한자능력검정시험 4·5·6급 한 권으로 끝내기

어문회 4·5·6급을 '한자 3박자 연상 학습법'으로
쉽고 재미있게!

- 해당 급수 배정한자 모두 수록
- 생생한 '어원 풀이'로 4·5·6급 한자 마스터!
- 다양한 출제 유형에 맞춰 정리한 '한자 응용하기'
- 출제 경향 완벽 분석! '실전 모의고사 3회분' 제공
- 시험장까지 들고 가는 〈빅데이터 합격 한자〉 소책자 제공

어문회 한자능력검정시험 7·8급 한 권으로 끝내기

어문회 7·8급을 '한자 3박자 연상 학습법'으로 쉽고 재미있게!

- 해당 급수 배정한자 모두 수록
- 한국어문회 기출문제 정식 계약! '공식 기출문제 5회분' 수록
- 시험에 반드시 출제되는 '출제 유형별 한자' 수록
- 무료 부가 자료 5종 - 소책자, 한자 어원 풀이 MP3,
  한자 브로마이드 / 빈출 한자 카드, 한자 쓰기 노트 PDF,
  답안지 PDF 제공

※ 도서의 이미지는 변동될 수 있습니다.

시대에듀와 함께하는!
진흥회 한자

진흥회 한자자격시험 2급 한 권으로 끝내기

진흥회 2급을 '한자 3박자 연상 학습법'으로
쉽고 확실하게!

- 한자자격시험 2급 선정한자 2,300자 수록
- '생생한 어원 풀이'로 2급 한자 마스터!
- 다양한 출제 유형에 맞춰 정리한 '한자 응용하기'
- 실제 기출문제로 실력 점검! '최신 기출문제 5회분'
- 저자가 직접 출제한 '실전 모의고사' 1회분 추가 제공
- 시험 직전 막판 뒤집기! '빅데이터 합격 한자 750'

진흥회 한자자격시험 3급 한 권으로 끝내기

진흥회 3급을 '한자 3박자 연상 학습법'으로
쉽고 확실하게!

- 한자자격시험 3급 선정한자 1,800자 수록
- '생생한 어원 풀이'로 3급 한자 마스터!
- 다양한 시험 유형에 맞춰 정리한 '한자 응용하기'
- 실제 기출문제로 실력 점검! '최신 기출문제 5회분'
- 시험 직전 막판 뒤집기! '빅데이터 합격 한자 450'

※ 도서의 이미지는 변동될 수 있습니다.

읽으면 저절로 외워지는 기적의 암기공식!

한자암기박사 시리즈

한자암기박사 1

일본어 한자암기박사1
상용한자 기본학습

중국어 한자암기박사1
기초학습

한자암기박사 2

일본어 한자암기박사2
상용한자 심화학습

중국어 한자암기박사 2
심화학습

- 20여 년간 사랑받고 검증된 '한자 3박자 연상 학습법'으로 읽으면서 익히는 한자 완전학습!
- 부수/획수/필순/활용 어휘 등 사전이 필요 없는 상세한 해설과 한자 응용!

※ 도서의 이미지는 변동될 수 있습니다.